LE GUIDE VERT

Bourgogne

Morvan

Cet ouvrage tient compte des conditions de tourisme
connues au moment de sa rédaction. Certains renseignements peuvent
perdre de leur actualité en raison de l'évolution incessante
des aménagements et des variations du coût de la vie.
Les Éditions des Voyages Michelin ne sauraient être
tenues responsables des conséquences d'éventuelles erreurs
qui pourraient s'être glissées dans la rédaction de cet ouvrage
et encouragent leurs lecteurs à se renseigner directement sur place.

NB : En raison du passage à l'euro, les tarifs sont donnés à titre indicatif.

MICHELIN

Éditions des Voyages

46, avenue de Breteuil – 75324 Paris Cedex 07
☎ 01 45 66 12 34
www.ViaMichelin.fr
LeGuideVert@fr.michelin.com

Manufacture française des pneumatiques Michelin
Société en commandite par actions au capital de 304 000 000 EUR
Place des Carmes-Déchaux – 63 Clermont-Ferrand (France)
R.C.S. Clermont-Fd B 855 200 507

© Michelin et Cie, Propriétaires-éditeurs, 2001
Dépôt légal février 2001 – ISBN 2-06-030705-8 – ISSN 0293-9436
Printed in Belgium 11-01/5.4

Compogravure : Le Sanglier à Charleville-Mézières
Impression : Casterman à Tournai
Brochage : Casterman à Tournai

Maquette de couverture extérieure : Agence Carré Noir à Paris 17

LE GUIDE VERT,
l'esprit de découverte !

Avec Le Guide Vert, voyager c'est être acteur de ses vacances, profiter pleinement de ce temps privilégié pour se faire plaisir : apprendre sur le terrain, découvrir de nouveaux paysages, goûter l'art de vivre des régions et des pays. Le Guide Vert vous ouvre la voie, suivez-le !

Grands voyageurs, nos auteurs parcourent chaque année villes et villages pour préparer vos vacances : repérage et élaboration de circuits, sélection des plus beaux sites, recherche des hôtels et des restaurants les plus agréables, reconnaissance détaillée des lieux pour réaliser des cartes et plans de qualité...

Aujourd'hui, vous avez en main un guide élaboré avec le plus grand soin, fruit de l'expérience touristique de Michelin. Régulièrement remis à jour, Le Guide Vert se tient à votre écoute. Tous vos courriers sont ainsi les bienvenus.

Partagez avec nous la passion du voyage qui nous a conduits à explorer plus de soixante destinations, en France et à l'étranger. Laissez-vous guider, comme nous, par cette curiosité insatiable, qui donne au voyage son véritable esprit : l'esprit de découverte.

Jean-Michel DULIN
Rédacteur en Chef

Sommaire

Cartographie

Informations pratiques

Invitation au voyage

*La Bourgogne tranquille
des canaux.*

*Cette sirène bicaudée pour guide des
chapiteaux bourguignons.*

Villes et sites

*Ici c'est moi le chef...
j'ai l'œil.*

*Moment sacré
des vendanges.*

Cartographie

Les cartes routières qu'il vous faut

Tout automobiliste prévoyant doit se munir d'une bonne cartographie. Les produits Michelin sont complémentaires : chaque site présenté dans ce Guide Vert est accompagné de ses références cartographiques sur les différentes gammes de cartes que nous proposons.

L'assemblage de nos cartes est présenté ci-dessous avec délimitations de leur couverture géographique. Pour circuler sur place vous avez le choix entre :

● **les cartes régionales** au 1/2000 000 nos 243, 238 et 241, 237 qui couvrent le réseau routier principal, secondaire et de nombreuses indications touristiques. Elles seront favorisées dans le cas d'un voyage qui couvre largement un secteur. Elles permettent d'apprécier chaque site d'un simple coup d'œil. Elles signalent, outre les caractéristiques des routes, les châteaux, les grottes, les édifices religieux, les emplacements de baignade en rivière ou en étang, des piscines, des golfs, des hippodromes, des terrains de vol à voile, des aérodromes...

● **les cartes détaillées** dont le fonds est équivalent aux cartes régionales mais dont le format est réduit à une demi-région pour plus de facilité de manipulation. Celles-ci sont mieux adaptées aux personnes qui envisagent un séjour davantage sédentaire sans déplacement éloigné. Consulter les cartes nos 61, 65, 66, 69, 70, 74.

● **les cartes départementales** (au 1/150 000, agrandissement du 1/200 000). Ces cartes de proximité très lisibles, permettent de circuler au cœur des départements suivants : Ain (4001), la Côte-d'Or (4021) et l'Yonne (4089). Elles disposent d'un index complet des localités et le plan de la préfecture.

Et n'oubliez pas, **la carte de France n° 989** vous offre la vue d'ensemble de la région Bourgogne, ses grandes voies d'accès d'où que vous veniez. Le pays est ainsi cartographié au 1/1 000 000 et fait apparaître le réseau routier principal. Enfin sachez qu'en complément de ces cartes, un serveur minitel **3615 michelin** permet le calcul d'itinéraires détaillés avec leur temps de parcours, et bien d'autres services. Les **3617** et **3623 michelin** vous permettent d'obtenir ces informations reproduites sur fax ou imprimante. Les internautes pourront bénéficier des mêmes renseignements en surfant sur le site www.ViaMichelin.fr

L'ensemble de ce guide est par ailleurs riche en cartes et plans, dont voici la liste.

Cartes thématiques

Plans de villes

Plans de monument

Cartes des circuits décrits

Légende

Monuments et sites

◉━━━ Itinéraire décrit,
⇒ départ de la visite

Église

Temple

Synagogue - Mosquée

Bâtiment

■ Statue, petit bâtiment

Calvaire

◎ Fontaine

━●━■ Rempart - Tour - Porte

Château

•.• Ruine

ᴗ Barrage

✿ Usine

☆ Fort

⋂ Grotte

Monument mégalithique

▼ Table d'orientation

Ψ Vue

▲ Autre lieu d'intérêt

Sports et loisirs

Hippodrome

Patinoire

Piscine : de plein air,
couverte

Cinéma Multiplex

⚓ Port de plaisance

⌂ Refuge

▫━■━■━▫ Téléphérique, télécabine

▫━┼┼┼━▫ Funiculaire,
voie à crémaillère

Chemin de fer touristique

◆ Base de loisirs

Parc d'attractions

Parc animalier, zoo

❀ Parc floral, arboretum

Parc ornithologique,
réserve d'oiseaux

Promenade à pied

Intéressant pour
les enfants

Abréviations

A   Chambre d'agriculture

C   Chambre de commerce

H   Hôtel de ville

J   Palais de justice

M   Musée

P   Préfecture, sous-préfecture

POL.   Police

Gendarmerie

T   Théâtre

U   Université, grande école

	site	station balnéaire	station de sports d'hiver	station thermale
vaut le voyage	★★★	🛳🛳🛳	❄❄❄	♨♨♨
mérite un détour	★★	🛳🛳	❄❄	♨♨
intéressant	★	🛳	❄	♨

Autres symboles

🖪		Information touristique
══	══	Autoroute ou assimilée
❶	➊	Échangeur : complet ou partiel
⇉	══	Rue piétonne
≈≈≈≈≈		Rue impraticable, réglementée
⊥⊥⊥⊥	----	Escalier - Sentier
🚂	🚉	Gare - Gare auto-train
🚌	S.N.C.F.	Gare routière
←—		Tramway
Ⓜ		Métro
🅿R		Parking-relais
♿		Facilité d'accès pour les handicapés
⊜		Poste restante
☎		Téléphone
✉		Marché couvert
⋋✕⋌		Caserne
△		Pont mobile
↺		Carrière
⚒		Mine
⏢	F	Bac passant voitures et passagers
🛥		Transport des voitures et des passagers
⛴		Transport des passagers
③		Sortie de ville identique sur les plans et les cartes Michelin
Bert (R.)...		Rue commerçante
AZ B		Localisation sur le plan

Carnet pratique

20 ch : Nombre de chambres :
38,57/57,17 € prix de la chambre pour une personne/chambre pour deux personnes

demi-pension Prix par personne, sur la base
ou pension : d'une chambre occupée par
42,62 € deux clients

🛏 6,85 € Prix du petit déjeuner; lorsqu'il n'est pas indiqué, il est inclus dans le prix de la chambre (en général dans les chambres d'hôte)

120 empl. : Nombre d'emplacements
12,18 € de camping : prix de l'emplacement pour 2 personnes avec voiture

12,18 € déj. - Restaurant : prix menu servi
16,74/38,05 € au déjeuner uniquement – prix mini/maxi : menus (servis midi et soir) ou à la carte

rest. Restaurant dans un lieu
16,74/38,05 € d'hébergement, prix mini/maxi : menus (servis midi et soir) ou à la carte

repas 15,22 € Repas type « Table d'hôte »

réserv. Réservation recommandée

⊘ Cartes bancaires non acceptées

🅿 Parking réservé à la clientèle de l'hôtel

Les prix sont indiqués pour la haute saison

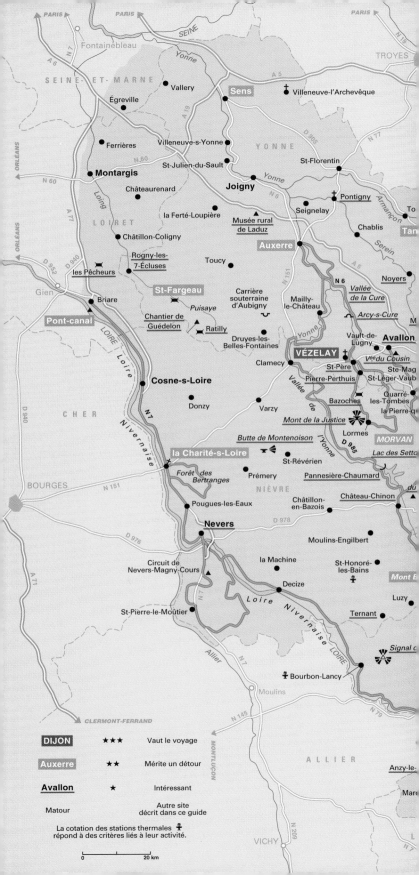

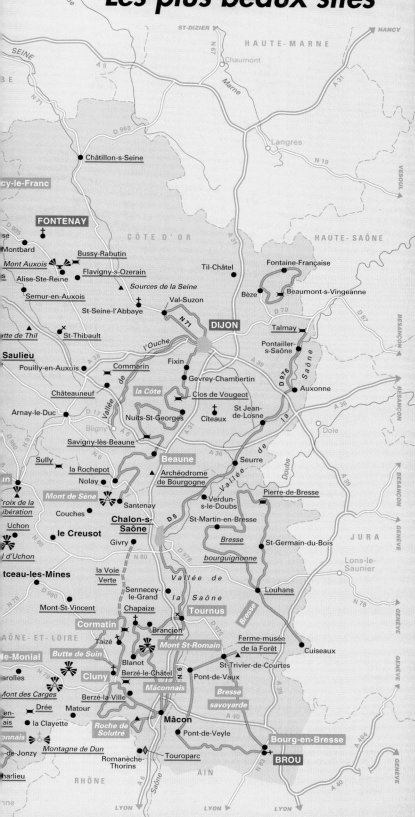

Les plus beaux sites

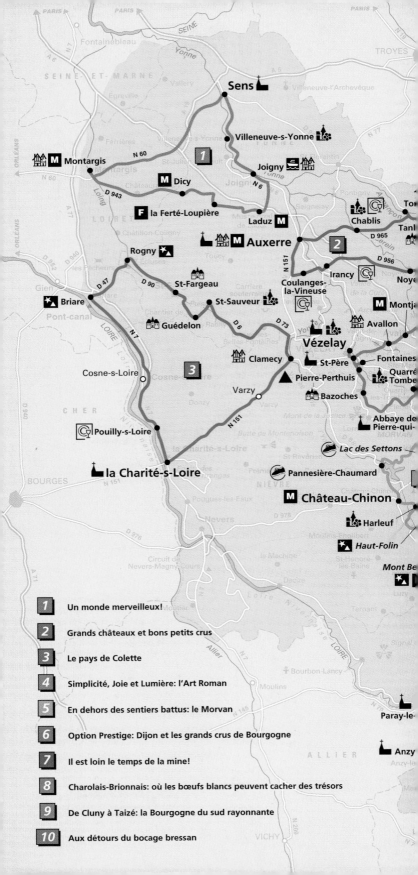

Circuits de découverte

Pour de plus amples explications, consulter
la rubrique "Itinéraires à thème"

Site antique

Édifice religieux

Château

Curiosité naturelle

Loisirs sportifs

Panorama

Promenade en bateau

Site remarquable

Ville ancienne

Village pittoresque

M Musée

F Fresque

Dégustation

Le canal de Bourgogne près de Châteauneuf.

Informations
pratiques

Avant le départ

adresses utiles

COMITÉ RÉGIONAL DE TOURISME DE BOURGOGNE

Conseil Régional, BP 1602, 21035 Dijon Cedex ; bureaux : 5 av. Garibaldi, 21000 Dijon Cedex, ☎ 03 80 28 02 80, fax 03 80 28 03 00. www.bourgogne-tourisme.com

COMITÉS DÉPARTEMENTAUX DE TOURISME

Côte-d'Or – Côte-d'Or Tourisme, BP 1601, 21035 Dijon Cedex, ☎ 03 80 63 69 49, fax 03 80 49 90 97.

Nièvre – 3 r. du Sort, 58000 Nevers, ☎ 03 86 36 39 80, fax 03 86 36 36 63.

Saône-et-Loire – 389 av. de Lattre-de-Tassigny, 71000 Mâcon, ☎ 03 85 21 02 20, fax 03 85 38 94 36. www.cdt-saone-et-loire.fr

Yonne – 1-2 quai de la République, 89000 Auxerre, ☎ 03 86 72 92 00, fax 03 86 72 92 09. www.tourisme-yonne.com

OFFICES DE TOURISME

Les coordonnées des Offices de tourisme ou syndicats d'initiative des villes et sites décrits dans le corps du guide sont données systématiquement au début de chaque chapitre (paragraphe « La situation »). Ne pas hésiter à les contacter pour obtenir des renseignements plus précis sur une ville, une région, des manifestations touristiques ou des possibilités d'hébergement.

QUELQUES ADRESSES INTERNET TESTÉES POUR VOUS

Région de négoce viticole, la Bourgogne investit les réseaux de communication, comme en témoignent de nombreux sites bien documentés et agréables à consulter. Les principaux sont cités dans les rubriques de ces Informations pratiques.
Tourisme fluvial : www.house-boat.net, www.canalous-plaisance.fr

VILLES ET PAYS D'ART ET D'HISTOIRE

Sous ce label décerné par le ministère de la Culture et de la Communication sont regroupés quelque 130 villes et pays qui œuvrent activement à la mise en valeur et à l'animation de leur patrimoine. Dans ce réseau sont proposées des visites générales ou insolites (1h1/2 ou plus), conduites par des guides-conférenciers et des animateurs du patrimoine agréés par le ministère. Les enfants ne sont pas oubliés grâce à l'opération l'été des 6-12 ans qui connaît chaque année un grand succès. Renseignements auprès des Offices de tourisme des villes ou sur le site www.vpah.culture.fr
Les villes citées dans ce guide sont Autun, Auxerre, Beaune, Chalon, Cluny, Dijon, Joigny, Nevers, Paray-le-Monial.

météo

En Bourgogne, le climat, semi-continental, est soumis à de forts contrastes saisonniers. Les éclaircies sont fréquentes, mais l'air est vif. Le Sud de la Bourgogne a un climat plus méridional.

QUAND PARTIR ?

L'**hiver** est souvent marqué par des journées ensoleillées et... glaciales ! Parfois jusqu'au mois de mai, les nuits sont fraîches (risques de gelées). Le contraste n'en est que plus fort avec la douceur de juin. Les **étés** peuvent être chauds, avec des pluies bienfaisantes. Hiver comme été, le ciel s'embrase au crépuscule de couleurs orangées superbes qui illuminent les façades des églises et des vieux hôtels.
L'**automne**, lorsque le vignoble, après les vendanges, passe par tous les tons du vert, de l'ocre et du doré (qui ont donné son nom à la Côte d'Or), le soleil est souvent au rendez-vous. C'est l'époque où il faut profiter de la Bourgogne, de ses paysages et de sa gastronomie, alors que les visiteurs sont moins nombreux. Les nappes de brouillard envahissent la plaine de la Saône et les hauteurs du Morvan (en été, les nappes de brume du matin sont signes de beau temps) et peuvent présenter un risque pour la circulation. Le Morvan, qui sert d'écran à l'influence océanique, reçoit des pluies et des averses de neige abondantes. Novembre, pluvieux et froid, ne dissuadera pas les passionnés d'assister à la vente aux enchères des Hospices de Beaune. Le brouillard s'en mêle souvent et le manteau neigeux confère aux grandes toitures et aux flèches un charme magique. Dans l'Yonne, les forêts sont pétrifiées de blancheur, et le vignoble de Chablis est éclairé par les bougies qui éloignent les risques de gelées au printemps.

RENSEIGNEMENTS

Le service **Météo-France** a mis en place un système de répondeurs téléphoniques : les bulletins diffusés

sont réactualisés trois fois par jour et sont valables pour une durée de sept jours.

Prévisions nationales – ☎ 08 92 68 01 01 (0,34€/mn).

Prévisions régionales – ☎ 08 92 68 00 00 (0,34€/mn).

Prévisions départementales – ☎ 08 92 68 02 suivi du département (☎ 08 92 68 02 21 pour la Côte-d'Or par exemple).

Toutes ces informations sont également disponibles sur 3615 météo et www.meteo.fr

transports

PAR LA ROUTE

Région de passage par excellence, la Bourgogne est idéalement placée au cœur de l'Europe de l'Ouest. Les réseaux autoroutiers nationaux et internationaux y font leur jonction à égale distance de Paris, de Lyon, de Genève. L'A 6, « l'autoroute du Soleil », dessert les grandes villes de Bourgogne (Auxerre, Beaune, Chalon-sur-Saône, Tournus et Mâcon) avant de descendre sur Lyon à travers le Beaujolais. L'A 5 (qui reçoit le trafic de Calais par l'A 26), souvent moins chargée depuis Paris, peut être une bonne solution lors des grands départs. À Mâcon, l'A 40 file vers Bourg-en-Bresse et les Alpes. A Beaune convergent l'A 6, l'A 31 (en provenance de Dijon et, plus au Nord, de Metz et Nancy), et l'A 36 qui relie Besançon à Mulhouse. Le Morvan peut apparaître comme le seul obstacle à une liaison aisée avec l'Allier, la Nièvre et le Val de Loire (emprunter l'A 6, échangeur de Dordives).

Internet et Minitel – Le site Internet www.ViaMichelin.fr offre une multitude de services et d'informations pratiques d'aide à la mobilité (calcul d'itinéraires, cartographie : des cartes pays aux plans de villes, sélection des hôtels et restaurants du Guide Rouge Michelin,…) sur 43 pays d'Europe. Les calculs d'itinéraires sont également accessibles sur Minitel (3615 ViaMichelin) et peuvent être envoyés par fax (36 17 ou 3623 Michelin).

Informations autoroutières – 3 r. Edmond-Valentin, 75007 Paris, ☎ 01 47 05 90 01 (lun.-ven.). Informations sur les conditions de circulation sur les autoroutes : ☎ 08 36 68 10 77, 3615 autoroute et www.autoroutes.fr

Prudence ! – À Mâcon, l'A 6 est rejointe par l'A 40. La densité du trafic, encombré de poids lourds, et la vitesse, peuvent rendre la conduite dangereuse. Les automobilistes doivent choisir les files correspondant à la vitesse qu'ils souhaitent adopter et ne pas bloquer inutilement la file de gauche, ce qui conduit à un effet d'engorgement qui multiplie les risques d'accident. La circulation redevient un peu plus fluide après Beaune et l'embranchement de l'A 31 vers Dijon, mais reste dense, surtout lors des retours de vacances ou de week-end, jusqu'à Paris.

EN TRAIN

Nombreux départs quotidiens par **TGV** de Paris Gare de Lyon à Dijon (1h40 avec arrêt à Montbard et correspondances par car pour Châtillon-sur-Seine, Avallon, Saulieu) et Le Creusot-Montceau-Montchanin (1h30). Deux départs quotidiens vers Chalon-sur-Saône (en 2h10, avec arrêt à Beaune). En correspondance à Dijon, les Trains Express Régionaux (**TER**) desservent de nombreuses localités bourguignonnes. Les TGV Paris Gare de Lyon-Genève s'arrêtent à Mâcon-Loché (1h40). Dijon est également relié à Lille (2h40, avec arrêt à Marne-la-Vallée et Roissy) et à Lausanne (le train « Ligne de cœur »). Les **trains corail** circulent entre Paris et Nevers (1h50), Paris et Laroche-Migennes (Sens, Auxerre ; 1h15), Lyon et Nantes (arrêt à Nevers-Saincaize), Metz et Nice (arrêt à Dijon, Beaune, Chalon-sur-Saône). Le soir, les trains allant vers l'Italie, et le **Talgo** Barcelone-Paris, s'arrêtent à Dijon.

Billet – La SNCF propose de nombreuses formules de tarifs réduits (places joker, tarif découverte, carré jeune, carte enfant). Les gares commercialisent également des formules de voyage (3615 FRANTOUR).

Renseignements et réservation – Informations générales : Minitel 3615 ou 3616 SNCF ; informations sur le réseau régional : 3615 ou 3616 TER. Informations, réservation, vente : ☎ 08 36 35 35 35. Un guide TER (Transport Express Régional) répertorie les horaires et les gares.

EN AVION

L'aéroport de Dijon-Bourgogne (☎ 03 80 67 67 67), situé à 6 km au Sud-Est de Dijon, est relié (via Clermont-Ferrand) à Angers, Angoulême, Biarritz, Bordeaux, La Rochelle, Le Havre, Lille, Marseille, Nantes, Poitiers, Rennes et Toulouse. De nombreux vols vacances pour l'étranger sont assurés au cours de l'année. L'aéroport de Roissy-Charles-de-Gaulle est relié à Dijon par TGV (1h50), les aéroports de Lyon (Saint-Exupéry), Bâle-Mulhouse et Genève sont proches par l'autoroute.

Informations et réservations à l'Aéroport de Dijon – BP 25, 21601 Longvic Cedex, ☎ 03 80 67 67 67.

Compagnie aérienne – Compagnie Air France, Dijon Longvic, 21600 Longvic, ☎ 0 820 820 820.

tourisme et handicapés

Un certain nombre de curiosités décrites dans ce guide sont accessibles aux handicapés. Elles sont signalées par le symbole ♿. Pour de plus amples renseignements au sujet de l'accessibilité des musées aux personnes atteintes de handicaps moteurs ou sensoriels, contacter la Direction des musées de France, service des Publics, 6 r. des Pyramides, 75041 Paris Cedex 1, fax 01 40 15 35 80.

Guides Michelin Hôtels-Restaurants et Camping Caravaning France – Révisés chaque année, ils indiquent respectivement les chambres accessibles aux handicapés physiques et les installations sanitaires aménagées.

Comité national français de liaison pour la réadaptation des handicapés – 236bis r. de Tolbiac, 75013 Paris, ☎ 01 53 80 66 66. Le **3614 Handitel** et www.handitel.org assurent un programme d'information au sujet des transports, des vacances, de l'hôtellerie et des loisirs adaptés, sur toute la France.

Guide Rousseau H... comme Handicaps – Édité par l'association France Handicaps (9 r. Luce-de-Lancival, 77340 Pontault-Combault, ☎ 01 60 28 50 12), il donne de précieux renseignements sur la pratique du tourisme, des loisirs, des vacances et des sports accessibles aux handicapés.

Hébergement, restauration

La Bourgogne est une destination réputée pour son vignoble, ses églises romanes et sa gastronomie, mais c'est aussi une région très attachée à sa terre, qui ne se livre pas d'un coup, qui se mérite. Il y a donc un fossé entre « vivre la Bourgogne » et la réputation flatteuse, si répandue à l'étranger, qui l'entoure. Difficile, pour découvrir ce carrefour de civilisations, où les étapes culturelles et gastronomiques sont très souvent éparpillées, de ne pas emprunter les petites routes. Il faut s'enfoncer dans le pays, mettre ses sens en éveil, sentir la terre coller à ses pieds. Il y a une mentalité un peu paysanne dans tout cela, mais les Bourguignons s'entendent à faire déguster leurs vins, mais aussi à les faire payer. Après tout, ils sont le résultat de siècles d'efforts et d'une tradition superbement maintenue. Il faut donc tomber sur les bons endroits, connaître les bonnes adresses.

les adresses du guide

Pour la réussite de votre séjour, vous trouverez la sélection des bonnes adresses de la collection LE GUIDE VERT. Nous avons sillonné la région pour repérer des chambres d'hôte et des hôtels, des restaurants et des fermes-auberges, des campings et des gîtes ruraux... En privilégiant des étapes, souvent agréables, au cœur des villes, des villages ou sur nos circuits touristiques, en pleine campagne ou les pieds dans l'eau ; des maisons de pays, des tables régionales, des lieux de charme et des adresses plus simples... pour découvrir la région autrement : à travers ses traditions, ses produits du terroir, ses recettes et ses modes de vie. Le confort, la tranquillité et la qualité de la cuisine sont bien sûr des critères essentiels ! Toutes les maisons ont été visitées et choisies avec le plus grand soin, toutefois il peut arriver que des modifications aient eu lieu depuis notre dernier passage : faites-le nous savoir, vos remarques et suggestions seront toujours les bienvenues !

Les prix que nous indiquons sont ceux pratiqués en **haute saison** ; hors saison, de nombreux établissements proposent des tarifs plus avantageux, renseignez-vous...

MODE D'EMPLOI

Au fil des pages, vous découvrirez nos carnets pratiques : toujours rattachés à des villes ou à des sites touristiques remarquables du guide, ils proposent une sélection d'adresses à proximité. Si nécessaire, l'accès est donné à partir du site le plus proche ou sur des schémas régionaux.

Dans chaque carnet, les maisons sont classées en trois catégories de prix pour répondre à toutes les attentes :

Vous partez avec un budget inférieur à 40€ ? Choisissez vos adresses parmi celles de la catégorie « **À bon compte** » : vous trouverez là des hôtels, des campings, des chambres d'hôte simples et conviviales et des tables souvent gourmandes, toujours honnêtes, à moins de 15€.

Votre budget est un peu plus large, jusqu'à 75€ pour l'hébergement et 30€ pour la restauration ? Piochez vos étapes dans les « **Valeurs sûres** ». Dans cette catégorie, vous trouverez des maisons, souvent de charme, de meilleur confort et plus agréablement aménagées, animées par des passionnés, ravis de vous faire découvrir leur demeure et leur table. Là encore, chambres et tables d'hôte sont au rendez-vous, avec également des hôtels et des restaurants plus traditionnels, bien sûr.

Vous souhaitez vous faire plaisir, le temps d'un repas ou d'une nuit, vous aimez voyager dans des conditions très confortables ? La catégorie **« Une petite folie ! »** est pour vous... La vie de château dans de luxueuses chambres d'hôte – pas si chères que ça – ou dans les palaces et les grands hôtels : à vous de choisir ! Vous pouvez aussi profiter des décors de rêve de lieux mythiques à moindres frais, le temps d'un brunch ou d'une tasse de thé... À moins que vous ne préfériez casser votre tirelire pour un repas gastronomique dans un restaurant renommé. Sans oublier que la traditionnelle formule « tenue correcte exigée » est toujours d'actualité dans ces élégantes maisons !

L'HÉBERGEMENT

LES HÔTELS

Nous vous proposons un choix très large en terme de confort. La location se fait à la nuit et le petit-déjeuner est facturé en supplément. Certains établissements assurent un service de restauration également accessible à la clientèle extérieure.

LES CHAMBRES D'HÔTE

Vous êtes reçu directement par les habitants qui vous ouvrent leur demeure. L'atmosphère est plus conviviale qu'à l'hôtel, et l'envie de communiquer doit être réciproque : misanthrope, s'abstenir ! Les prix, mentionnés à la nuit, incluent le petit-déjeuner. Certains propriétaires proposent aussi une table d'hôte, en général le soir, et toujours réservée aux résidents de la maison. Il est très vivement conseillé de réserver votre étape, en raison du grand succès de ce type d'hébergement.

LES RÉSIDENCES HÔTELIÈRES

Adaptées à une clientèle de vacanciers, la location s'y pratique à la semaine mais certaines résidences peuvent, suivant les périodes, vous accueillir à la nuitée. Chaque studio ou appartement est généralement équipé d'une cuisine ou d'une kitchenette.

LES GÎTES RURAUX

Les locations s'effectuent à la semaine ou éventuellement pour un week-end. Totalement autonome, vous pourrez découvrir la région à partir de votre lieu de résidence. Il est indispensable de réserver, longtemps à l'avance, surtout en haute saison.

LES CAMPINGS

Les prix s'entendent par nuit, pour deux personnes et un emplacement de tente. Certains campings disposent de bungalows ou de mobile homes d'un confort moins spartiate : renseignez-vous sur les tarifs directement auprès des campings.

NB : Certains établissements ne peuvent pas recevoir vos compagnons à quatre pattes ou les accueillent moyennant un supplément, pensez à demander lors de votre réservation.

LA RESTAURATION

Pour répondre à toutes les envies, nous avons sélectionné des restaurants régionaux bien sûr, mais aussi classiques, exotiques ou à thème... Et des lieux plus simples, où vous pourrez grignoter une salade composée, une tarte salée, une pâtisserie ou déguster des produits régionaux sur le pouce.

Quelques fermes-auberges vous permettront de découvrir les saveurs de la France profonde. Vous y goûterez des produits authentiques provenant de l'exploitation agricole, préparés dans la tradition et généralement servis en menu unique. Le service et l'ambiance sont bon enfant. Réservation obligatoire ! Enfin, n'oubliez pas que les restaurants d'hôtels peuvent vous accueillir.

... et aussi

Si d'aventure, vous n'avez pu trouver votre bonheur parmi toutes nos adresses, vous pouvez consulter les Guides Michelin d'hébergement ou, en dernier recours, vous rendre dans un hôtel de chaîne.

LE GUIDE ROUGE HÔTELS ET RESTAURANTS FRANCE

Pour un choix plus étoffé et actualisé, LE GUIDE ROUGE recommande hôtels et restaurants sur toute la France. Pour chaque établissement, le niveau de confort et de prix est indiqué, en plus de nombreux renseignements pratiques. Les bonnes tables, étoilées pour la qualité de leur cuisine, sont très prisées par les gastronomes. Le symbole ☺ **(bib gourmand)** sélectionne les tables qui proposent une cuisine soignée à moins de 21€.

LE GUIDE CAMPING FRANCE

Le Guide Camping propose tous les ans une sélection de terrains visités régulièrement par nos inspecteurs. Renseignements pratiques, niveau de confort, prix, agrément, location de bungalows, de mobile homes ou de chalets y sont mentionnés.

OPÉRATION « BON WEEK-END EN VILLE »

42 villes en France offrent une seconde nuit d'hôtel le week-end aux touristes individuels arrivant le vendredi ou le samedi (et qui ne sont pas des congressistes). Chalon-sur-Saône et Dijon participent à l'opération qui se fonde sur le prix affiché de la chambre (simple ou double), hors petit déjeuner et taxe de séjour, non cumulable avec d'autres réductions. En cas d'événement majeur dans la ville, l'hôtelier peut ne pas honorer la demande. Renseignements et réservations (8 jours à l'avance en se référant à l'opération) www.crt-bourgogne.fr

LES CHAÎNES HÔTELIÈRES

L'hôtellerie dite « économique » peut éventuellement vous rendre service. Sachez que vous y trouverez un équipement complet (sanitaire privé et télévision), mais un confort très simple. Souvent à proximité de grands axes routiers, ces établissements n'assurent pas de restauration. Toutefois, leurs tarifs restent difficiles à concurrencer (moins de 38€ la chambre double). En dépannage, voici donc les centrales de réservation de quelques chaînes :
B&B, ☎ 0 803 00 29 29
Etap Hôtel, ☎ 08 36 68 89 00 (0,34€ la minute)
Mister Bed, ☎ 01 46 14 38 00
Villages Hôtel, ☎ 03 80 60 92 70

Enfin, les hôtels suivants, un peu plus chers (à partir de 46€ la chambre), offrent un meilleur confort et quelques services complémentaires :

Campanile, Climat de France, Kyriad
☎ 01 64 62 46 46
Ibis, ☎ 0 803 88 22 22

SERVICES DE RÉSERVATION LOISIRS-ACCUEIL

La **fédération nationale des services de réservation Loisirs-Accueil** – 280 bd St-Germain, 75007 Paris, ☎ 01 44 11 10 44. Elle propose un large choix d'hébergements et d'activités de qualité et édite un annuaire regroupant les coordonnées des 60 SLA et, pour certains départements, une brochure détaillée. 3615 résinfrance. www.resinfrance.com ou www.fnsrla.net

HÉBERGEMENT RURAL

GÎTES DE FRANCE

Fédération nationale des Gîtes de France – 59 r. St-Lazare, 75439 Paris Cedex 09, ☎ 01 49 70 75 75. Cet organisme donne les adresses des relais départementaux et publie des guides sur les différentes possibilités d'hébergement en milieu rural (gîte rural, chambre et table d'hôte, gîte d'étape, chambre d'hôte et gîte de prestige, gîte de neige, gîte et logis de pêche, gîtes équestres). Les Gîtes de France proposent également des vacances à la ferme avec trois formules : ferme de séjour (hébergement, restauration et loisirs), camping à la ferme et ferme équestre (hébergement et activités équestres). Renseignements et réservation possibles 3615 gîtes de France et www.gites-de-france.fr

FÉDÉRATION FRANÇAISE DES STATIONS VERTES

Fédération française des stations vertes – 6 r. Ranfer-de-Bretenières, BP 71698, 21016 Dijon Cedex, ☎ 03 80 54 10 50. www.stationsvertes.com. Cet organisme regroupe 581 communes labellisées pour leur attrait naturel, leur environnement de qualité, leur offre diversifiée en matière d'hébergement et de loisirs.

FERMES-AUBERGES

Pour profiter du calme à la campagne et apprécier les produits du terroirs, consulter le *Guide des fermes-auberges*, édité par l'Association des fermes-auberges, les guides *Bienvenue à la ferme* (Éditions Solar) et *Vacances et week-ends à la ferme* (Éditions Balland) qui recensent de nombreuses adresses.

HÉBERGEMENT POUR RANDONNEURS

Les randonneurs peuvent consulter le guide *Gîtes d'étapes, refuges*, par A. et S. Mouraret (Rando-Éditions, BP 24, 65421 Ibos, ☎ 05 62 90 09 90, 3615 cadole). Cet ouvrage est principalement destiné aux amateurs de randonnées, d'alpinisme, d'escalade, de ski, de cyclotourisme et de canoë-kayak.

AUBERGES DE JEUNESSE

Ligue française pour les auberges de jeunesse, 67 r. Vergniaud, 75013 Paris, ☎ 01 44 16 78 78. 3615 auberge de jeunesse et www.auberges-de-jeunesse.com. La carte LFAJ est délivrée contre une cotisation annuelle de 10,67€ pour les moins de 26 ans et de 15,24€ au-delà de cet âge.

choisir son lieu de séjour

Faire un tel choix, c'est déjà connaître le type de voyage que vous envisagez. La carte que nous vous proposons fait apparaître des **villes-étapes**, localités de quelque importance, possédant de bonnes capacités d'hébergement et qu'il faut visiter : Auxerre, Autun, Beaune font partie de ce nombre. Les **lieux de séjour traditionnels** sont sélectionnés pour leurs possibilités d'accueil et l'agrément de leur site. Enfin Dijon, la capitale, par ses richesses historiques, artistiques et son rayonnement culturel mérite d'être classée parmi les **destinations de week-end**.

Les offices de tourisme et syndicats d'initiative renseignent sur les possibilités d'hébergement (meublés, gîtes ruraux, chambres d'hôtes), autres que les hôtels et terrains de camping sélectionnés dans les publications Michelin, et sur les activités locales de plein air, les manifestations culturelles et sportives de la région.

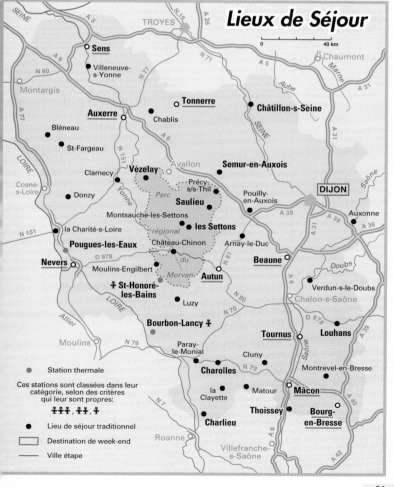

Lieux de Séjour

● Station thermale

Ces stations sont classées dans leur catégorie, selon des critères qui leur sont propres:
⧋⧋⧋, ⧋⧋, ⧋

● Lieu de séjour traditionnel

▢ Destination de week-end

— Ville étape

Propositions de séjours

idées de week-end

À DIJON

Un week-end, c'est court. Il faut donc le préparer afin d'en tirer le maximum de plaisir. Le samedi matin doit être, à coup sûr, réservé à la visite du Palais des Ducs et des États de Bourgogne... et les curiosités autour. Ce sera l'occasion de parcourir certaines des rues commerçantes du centre et ainsi repérer les magasins pour l'éventuel shopping : alcools, vins, moutarde, pain d'épices ? Selon ses goûts, on s'attardera plus ou moins au musée des Beaux-Arts, où il faut absolument voir les tombeaux de Philippe le Hardi et de Jean sans Peur. Si l'après-midi n'est pas dédiée aux achats, la visite peut se poursuivre par le quartier du Palais de Justice. Le soir, si l'on souhaite tester la gastronomie locale, mieux vaut réserver sa table au restaurant. Le dimanche, en fonction du temps disponible, on inscrira au programme : St-Bénigne, la chartreuse de Champmol et le musée de son choix.

DANS LE MÂCONNAIS

Voici un week-end facile à organiser. Le Mâconnais est au carrefour des autoroutes A 6 et A 40. La région est, en outre, desservie par le TGV (gare de Mâcon-Loché). Le point de départ de ce week-end peut être Mâcon ou Tournus ou encore un établissement isolé dans la campagne.
Le samedi est jour de marché à Mâcon (place Lamartine en bordure de Saône). L'été surtout, l'animation est garantie. Visiter Tournus et son abbaye St-Philibert en fin de matinée. Antiquaires, brocantes, produits artisanaux font de Tournus une étape pas uniquement culturelle. Repas à Tournus (petits menus ou repas gastronomiques, au choix !). L'après-

midi sera consacrée à Brancion, Chapaize et la visite, très exceptionnelle par son intérêt, du château de Cormatin. Revenir par Chissey-lès-Mâcon, le col de la Pistole, Lugny, Burgy et Viré. S'arrêter au caveau de Viré (ou au château de Viré). En fin de journée, il est temps de consacrer un peu de temps à la richesse locale : ce vin blanc sec qui fait merveille aussi bien avec un plat de poisson qu'avec un petit fromage de chèvre sec (goûtez les « boutons mâconnais »). Le dimanche matin, visite de Cluny et Taizé. Surtout ne manquez pas de saluer les étalons des haras, voisins de l'ancienne abbaye. Repas à Cluny et retour sur Mâcon par Berzé-le-Châtel et la chapelle des Moines.

100 % ART ROMAN !

Réservé pour les beaux jours, la circulation pouvant être délicate dans le Morvan, pendant les froides journées d'hiver. Vézelay, Autun, Saulieu et Fontenay : chapiteaux historiés, tympans de portails magnifiquement sculptés, nefs éblouissantes, voilà ce qui est inscrit au programme de ce week-end. Vézelay, St-Père (au Sud de Vézelay) et Fontette (à l'Est) offrent toutes les gammes d'hébergement possibles pour la première nuit. Visite de Vézelay et de la basilique Ste-Madeleine. Gagner Autun par les D 985 et 978. Déjeuner dans le Morvan ou à Château-Chinon en faisant un court détour. À Autun, visite de la cathédrale St-Lazare et du musée Rolin. Une partie de la dernière journée sera réservée à Saulieu, histoire de vérifier si la réputation gastronomique de ce haut lieu de la cuisine française est bien justifiée. Consacrer la fin du week-end à la visite de l'ancienne abbaye de Fontenay.

idées de week-end prolongé

« LA CÔTE »

Pour les amateurs de bons vins ! Il est vrai qu'un simple week-end consacré au vignoble peut s'avérer un peu court, surtout si l'on souhaite déguster. Comparer les crus... et repartir avec une petite réserve, bien sélectionnée, pour enrichir sa cave. Mieux vaut donc, d'emblée, s'accorder 3 ou 4 jours, d'autant qu'il n'est jamais inutile de rappeler que l'on ne saurait conduire en ayant abusé des « dégustations ». On reprendra

EN MORVAN

Se reposer. Renouer avec la nature. Faire du sport. Le Morvan répond à ces besoins. En camping, à l'hôtel ou en séjour dans une auberge locale, le Morvan offre le calme, le bon air vivifiant des montagnes de moyenne altitude et de nombreuses activités sportives. Sentiers balisés pour la marche, planche à voile sur les lacs ou tout simplement découverte de vieux villages et des anciennes traditions locales. Qu'il pleuve, qu'il vente ou, heureusement le plus souvent, qu'il fasse soleil, le Morvan surprend et gagne à être sillonné.

VALLÉE DE LA SAÔNE

Fluette en Côte-d'Or à Auxonne, elle prend rapidement de l'embonpoint après avoir accepté le Daules... si bien qu'à Chalon, elle est assez forte pour ne plus se laisser dévier dans son parcours et se diriger en droite ligne sur Lyon. Large, au cours régulier, la Saône est alors une rivière « royale » qui vous invite à la détente. Amateurs de pêche, vous apprécierez une semaine sur ses berges ou celles de ses affluents : la Seille ou la Reyssouze. Si vous êtes chanceux, la prise d'un silure vous donnera l'illusion d'une pêche au gros ! Pochouse, friture de la rivière, accompagnées d'un Saint-véran vous laisseront un souvenir gastronomique original de la région. Si vous trouvez ce programme de mise en forme un peu « fade », Auxonne, Chalon, Tournus, Mâcon seront des étapes plus animées.

itinéraire décrit sous la rubrique La Côte... et bonnes découvertes ! Fixin, Gevrey-chambertin, aloxe-corton, Pommard, volnay, puligny-montrachet vont alors exciter vos papilles et, si vous êtes bien conseillé, faire de ce voyage une aventure à nulle autre pareille.

SUR LES CANAUX

Qui n'a pas rêvé un jour de pouvoir naviguer sur les canaux de Bourgogne... de prendre son temps... savourer le spectacle qui défile... de jouer les mariniers ? Comme la lenteur de la progression peut lasser, nous vous conseillons, pour une première expérience, de louer une de ces merveilleuses pénichettes pour 3 à 4 jours. Le prix est d'ailleurs, lui aussi, à prendre en considération. Selon le canal que l'on souhaite explorer, Migny, Auxerre, Briare ou Digoin seront des bases de départ idéales. Un conseil : ne pas hésiter à embarquer les vélos. Les étapes n'en seront que plus intéressantes et variées.

Circuits découverte

UN MONDE MERVEILLEUX

Circuit de 170 km au départ de Sens – Le merveilleux existerait donc toujours en ce début du 21e s. ? Du rêve, de la poésie, il faudra retrouver notre âme d'enfant pour apprécier cet itinéraire. L'imposante cathédrale de Sens est, à elle seule, un monde merveilleux. Approchez seulement du portail central et détaillez les bas-reliefs des deux soubassements : Miroir de la Nature et Miroir de la Science. À l'intérieur, dans la partie nord du déambulatoire, le vitrail retraçant la vie de saint Thomas Becket présente l'immense intérêt d'avoir été exécuté peu de temps après la mort du saint. 30 km séparent Sens de Joigny qui au fil des

ans s'affirme comme le port d'attache d'une escadre pacifique de pénichettes, prêtes à fendre les flots bourguignons ! À la barre, les amiraux d'un week-end ! Si vous choisissez de rester sur la terre ferme, Laduz, l'étape suivante, propose l'incroyable, l'étonnante découverte de son musée. On rêve devant la collection de jouets anciens, on reste sous le charme de la richesse de l'ensemble. La danse macabre de La Ferté-Loupière nous invite à davantage de philosophie avant de revenir au rêve et à la poésie devant les œuvres de la Fabuloserie à Dicy. Montargis, ses pralines « merveilleuses » et surtout ses « rues sur l'eau » terminent l'itinéraire.

pierre. L'itinéraire s'attarde ensuite en Puisaye, le pays de la romancière Colette. St-Sauveur où l'écrivain est née et de nombreuses localités avec des surprises propres à éveiller l'intérêt de tous et surtout des plus jeunes : poteries, mais aussi la formidable entreprise de la construction, aujourd'hui au 21e s., d'un château de style féodal à Guédelon et, bien sûr, St-Fargeau et son splendide son et lumière. Les écluses de Rogny-les-Sept-Écluses et le pont-canal de Briare ramènent à la Loire. Tout au long de la N 7, caveaux et producteurs particuliers proposent le célèbre pouilly-fumé.

② GRANDS CHÂTEAUX ET BONS PETITS CRUS

Circuit de 140 km au départ d'Auxerre – Le quartier de la Marine n'a plus de secrets pour vous et vous avez visité la cathédrale St-Étienne, l'ancienne abbaye St-Germain. Vous avez admiré la belle vue de la ville depuis le pont Paul-Bert et salué Cadet Roussel près de la tour de l'Horloge. Il est donc temps de prendre la route ! Au cas où vous n'auriez pas connu l'existence du vignoble de l'Auxerrois, la lecture de la carte routière vous renseignera immédiatement : Coulanges-la-Vineuse, St-Bris-le-Vineux indiquent clairement l'activité dominante de cette région. Par Irancy et Noyers, vous traversez le vignoble avant de changer de paysage : vallée de l'Armançon et canal de Bourgogne. Peupliers, écluses, péniches et de nombreux bateaux de plaisance composent un décor de vacances. Parmi les 110 châteaux que comprendrait le département de l'Yonne, deux ressortent comme de purs joyaux de la Renaissance bourguignonne.
Ancy-le-Franc en pleine restauration conserve un décor intérieur peint d'un immense intérêt. Tanlay et son pont flanqué de deux obélisques constitue, lui aussi, un grand moment de cet itinéraire. Après Tonnerre et sa Fosse Dionne, on retrouve les pays de vignoble et Chablis ; « grands crus », « premiers crus », « chablis » et « petits chablis » : quelle appellation préférez-vous ?

③ LE PAYS DE COLETTE

Circuit de 200 km au départ de La Charité-sur-Loire – Un coup d'œil sur la Loire (il faut même la traverser pour avoir, de la rive opposée, la meilleure vue sur la ville), une visite à l'église prieurale Notre-Dame et l'on prendra la direction de Clamecy (N 151) à la charnière du Nivernais et du Morvan. À Druyes-les-Belles-Fontaines, on fera peut-être le détour par Aubigny et ses carrières souterraines. De mai à août un atelier propose une initiation à la taille de la

④ SIMPLICITÉ, JOIE ET LUMIÈRE : L'ART ROMAN

Circuit de 200 km au départ de Vézelay – La basilique Ste-Madeleine est le point de départ de cet itinéraire hors du commun. D'emblée, le titre prend tout son sens : simplicité et lumière de la nef, joie et lumière, encore, émanant des sculptures du tympan ou des chapiteaux. Sérénité de l'art roman ! La route de Saulieu est sinueuse mais fort heureusement plusieurs haltes sont possibles dont celles qui évoquent le souvenir de Vauban à Bazoches et St-Léger-Vauban. Le calme, la personnalité rayonnante des moines de l'abbaye de la Pierre-qui-Vire prépareront la visite de Saulieu. N'oubliez pas de vous munir d'une paire de jumelles. L'observation attentive des chapiteaux en sera facilitée et vous procurera un réel moment de bonheur. La butte de Thil et l'admirable petite ville de Semur-en-Auxois mènent à l'abbaye de Fontenay. Ce vallon solitaire, le dépouillement de l'église abbatiale sont bien dans le prolongement du thème de cet itinéraire. S'il est des visites d'où l'on sort grandi, Fontenay en fait partie. Le retour s'effectue par Montbard et Avallon. Buffon vous accueille à Montbard. Ne manquez pas la visite de la Grande Forge. Avant Avallon, le musée des voitures de chefs d'État au château de Montjalin terminera ce voyage sur une touche originale.

5 EN DEHORS DES SENTIERS BATTUS : LE MORVAN

Circuit de 145 km au départ de Château-Chinon – Sportifs, randonneurs, amoureux de la nature, le Morvan est à vous. À une condition indispensable : être animé d'un bon esprit de découverte. De vastes plans d'eau, des forêts propices à la marche, des villages qui, certes, ne se livrent pas à qui ne fait que les traverser, mais qui réservent les meilleures surprises aux amateurs d'authenticité. Arleuf, Anost, le château de Chassy : les galvachers, Balthus vous conteront le Morvan. Le Haut-Folin et le Mont Beuvray constituent les deux points forts de cette « aventure morvandelle ». Les vues sont étendues comme l'on a coutume d'écrire dans la littérature touristique et l'Histoire est au rendez-vous : l'ancienne Bibracte vous confirme que vous êtes bien au centre de la Gaule.

6 OPTION PRESTIGE : DIJON ET LES GRANDS CRUS DE BOURGOGNE

Circuit de 130 km au départ de Dijon – Dijon, Beaune, clos de Vougeot, Pommard, Meursault... si ces noms ne résument pas à eux seuls la Bourgogne, ils représentent, à coup sûr, ce qu'il y a de plus prestigieux dans cette province. Dijon d'abord où la gastronomie le dispute à l'Histoire. L'ordre de la Toison d'or, les tombeaux des ducs de Bourgogne au musée des Beaux-Arts pour les fervents d'histoire, St-Bénigne, la chartreuse de Champmol pour les curieux d'architecture et sculpture. Mais, Dijon est aussi ce que l'on appelle communément une « belle ville ». Là où il fait bon vivre, flâner et s'arrêter l'espace d'une ou deux journées. Au Sud, la N 74 jusqu'à Beaune offre une succession de villages célèbres dans le monde entier pour la qualité de leurs crus. Visites et dégustations s'imposent. Prenez votre temps, admirez ces vignes que des générations de vignerons ont entretenues avec un soin méticuleux et pourquoi ne pas le dire, avec amour. Beaune, qui jadis rivalisait avec Dijon offre toujours le même attrait, les hospices, le célèbre polyptyque du jugement dernier... et, on y revient toujours, en son centre, de formidables boutiques où l'on se laissera tenter par les mille et une spécialités de la région. Meursault et Pommard achèvent cette voie royale du savoir-faire vigneron. Itinéraire, à moins que l'on ne préfère regagner Dijon par le même chemin, s'enfonce dans l'arrière Côte et permet de découvrir d'étonnants châteaux : La Rochepot, Châteauneuf (que l'on distingue si souvent depuis l'A 6) et Commarin.

7 IL EST LOIN LE TEMPS DE LA MINE !

Circuit de 190 km au départ de Chalon-sur-Saône – Ils sont encore nombreux à conserver, au fond de leur cœur, le souvenir de la mine. Que reste-t-il aujourd'hui de ce passé dur, mais où pourtant régnait, entre tous les hommes, une solidarité exemplaire ? C'est à la découverte de ce monde révolu que vous convie cet itinéraire au centre de la Bourgogne. Quitter Chalon-sur-Saône par la N 80 jusqu'au Creusot. Le musée de l'Homme et de l'Industrie retrace l'histoire de la dynastie des Schneider et celle de la métallurgie à la fin du 19e s. Au Sud de l'agglomération on rendra hommage au marteau-pilon, symbole de la cité. Autun, était, il y a quelques dizaines d'années le centre d'un bassin minier. Pour voir des blocs de houille, il faut maintenant visiter le Muséum d'histoire naturelle. Il faut dire qu'à Autun, on passera tout de même plus de temps à visiter la cathédrale Saint-Lazare, son magnifique tympan et ses chapiteaux que les vestiges des terrils d'antan ! En direction de Montceau-les-Mines, le temple des Mille Bouddhas retiendra l'attention. Le thème de la mine se retrouve à Montceau qui abrite un musée des Fossiles et surtout à Blanzy où un chevalement de 22 m de haut signale le carreau de l'ancien puits St-Claude. On peut visiter ces anciennes installations. On regagnera Chalon-sur-Saône par le Mont-St-Vincent et les charmantes petites villes de St-Gengoux-le-National, Buxy et Givry.

8 CHAROLAIS-BRIONNAIS : OÙ LES BŒUFS BLANCS PEUVENT CACHER DES TRÉSORS

Circuit de 142 km au départ de Charolles – Derrière les bœufs blancs, il y a tant de choses à voir et à visiter ! D'abord Charolles. Ici on a les mots justes pour vous présenter l'entrecôte persillée. D'ailleurs pour vous persuader de la rigueur des propos, la profession a créé un institut charolais qui propose des dégustations. Mais à Charolles on fait aussi dans la faïence. Bref le souvenir de Charles le Téméraire aidant, vous quitterez cette paisible petite ville en jurant d'y revenir. Ensuite, des châteaux. Par dizaines ils émaillent le bocage et d'ailleurs celui de Digoine est la première halte de cet itinéraire. Son théâtre, intact depuis 1850, a vu déclamer Sarah Bernhardt et Offenbach créer certaines de ses valses et opérettes. Étonnant non ? Paray-le-Monial retient l'attention à plus d'un titre. Sa basilique est la réplique, en plus modeste, de ce qu'était Cluny avant son démantèlement. Plus au sud, le Brionnais surprend par la qualité de ses églises, leur clocher et sculptures (Anzy-le-Duc, Semur-en-Brionnais). À St-Christophe on est au cœur de la zone d'élevage. L'activité y est à son comble les jeudis matin, mais attention, inutile de se présenter sur le champ de foire en milieu de matinée : à cette heure la « foère » est tenue ! C'est à 6 heures qu'il faut être à pied d'œuvre. L'itinéraire mène ensuite à Charlieu et sa très belle abbaye, sans oublier de faire les quelques pas qui conduisent au cloître des Cordeliers. Avec Paray, Charlieu est un point fort de ce programme de découvertes. Proche de la Clayette, le château de Drée fait l'objet d'une magnifique restauration intérieure. À ne pas manquer. Sur le chemin du retour, les 400 et quelque mètres du Mont des Carges donnent une dernière fois l'occasion de photographier le bocage charolais.

9 DE CLUNY À TAIZÉ : LA BOURGOGNE DU SUD RAYONNANTE

Circuit de 120 km au départ de Mâcon – La Bourgogne du Sud forme une entité à part. La vallée de la Saône qui élargit l'horizon, l'apparition des tuiles rondes y sont certainement pour beaucoup. Au départ de Mâcon prendre, à travers les célèbres vignobles de St-Vérand et Pouilly-Fuissé, la route de Solutré. L'ascension de la Roche, hormis quelques passages, n'est pas trop dure et la vue de son sommet est vraiment belle. Pour en savoir plus sur le « solutréen » s'arrêter au musée, en partie creusé sous la Roche. Une dizaine de kilomètres séparent la préhistoire de Lamartine : Milly qui abrite la résidence préférée du poète est une visite émouvante. St-Point pour les inconditionnels de l'auteur de *Jocelyn* n'est pas loin. Déjà, celle qui fut la « lumière du monde » se profile à l'horizon : Cluny et son abbaye malheureusement mutilée. La vallée de la Grosne serait-elle prédestinée ? En effet, à l'ombre de Cluny, le paisible village de Taizé abrite une communauté œcuménique au rayonnement mondial : lieu de rassemblement et de prière pour des milliers de jeunes venus de tous les horizons d'Europe. La tradition demeure et vit !
Après la visite de Cormatin et ses extraordinaires et uniques trésors du 17e s., l'itinéraire ouvre un nouveau chapitre de l'art roman en Bourgogne : Chapaize, Brancion et Tournus. Les petites rues autour de St-Philibert abritent antiquaires, artisans et galeries d'art. Étape gastronomique réputée, Tournus ne saurait se visiter au pas de course. Photographes amateurs, prenez votre temps. Pourquoi ne pas effectuer le retour sur Mâcon, par la Bresse.

Promenade dans les rues de Cuisery à la recherche d'une vieille édition ? Croisière sur la Seille au départ de la Truchère ? Ou sur la Reyssouze au départ de Pont-de-Vaux ? Un coup d'œil sur St-André près de Bâgé-le-Châtel et il sera temps de faire une halte intéressée à la Maison des Vins de Mâcon, au musée Lamartine ou au musée des Ursulines : en quelque sorte la synthèse de ce voyage exceptionnel à plus d'un titre.

10 AUX DÉTOURS DU BOCAGE BRESSAN

Circuit de 155 km au départ de Bourg-en-Bresse – Une vaste étendue bocagère s'étend entre la Saône et le Jura. Monotone ? Tout au contraire, la montagne jurassienne à l'Est et les monts du Mâconnais à l'Ouest sont toujours présents à l'horizon et les haies du bocage s'interrompent fort heureusement souvent, laissant admirer de magnifiques fermes où granges en pisé, avec de larges auvents pour le séchage du maïs. Nous vous proposons de commencer cet itinéraire à Bourg-en-Bresse après avoir pris tout votre temps pour visiter ce joyau unique qu'est l'église de Brou. Attardez-vous autour des tombeaux pour détailler les pleurants et dans la chapelle de Marguerite, devant le retable des Sept Joies de la Vierge exécutée dans le marbre blanc. La D 996 file sur le Nord et longe le versant du Jura. Marboz et son musée des Figurines, St-Amour, Cuiseaux sont autant de haltes intéressantes avant Louhans. La Grande Rue ne fait pas tout Louhans. Visitez l'atelier de l'ancien journal *L'Indépendant*. Proche de St-Trivier-de-Courtes, la ferme de la Forêt, transformée en musée, restitue parfaitement la ferme bressane du siècle passé. Une cheminée sarrasine y fonctionne toujours. Le domaine des Planons à St-Cyr-sur-Menthon prolonge cette découverte des fermes bressanes. Pas question de quitter la Bresse sans savourer son fameux poulet ! Quand vous aborderez Vonnas il sera peut-être l'heure d'étudier la carte des auberges locales, à moins que vous ne regagniez Brou. Les adresses en face de l'église sont, elles aussi, renommées. Bon appétit !

Itinéraires à thème

route historique

Pour découvrir le patrimoine architectural local, la fédération nationale des Routes historiques (www.routes-historiques.com) a élaboré 24 itinéraires à thème. Tracés et dépliants sont disponibles auprès des Offices de tourisme ou à La Demeure historique (Hôtel de Nesmond, 57 quai de la Tournelle, 75005 Paris, ☎ 01 55 42 60 00, fax 01 43 29 36 44. www.demeure-historique.org).

Route historique des Ducs de Bourgogne – Mme de Ferluc, Château de Massène, 21140 Semur-en-Auxois, ☎ et fax 03 80 97 03 58 ou Office de tourisme de Dijon, ☎ 03 80 44 11 44.

routes touristiques

Route des Châteaux de Bourgogne du Sud – La route réunit 12 châteaux dont Sully, Couches, Cormatin, l'abbaye de la Ferté, Drée, Pierreclos... M. Jacques Thenard, Abbaye de la Ferté, 71240 Saint-Ambreuil, ☎ 03 85 44 17 96.

Route Buissonnière – La route qui part de Fontainebleau, traverse la Bourgogne et s'arrête à Lyon. Association Route Historique Buissonnière, Mairie de Corbigny, ☎/ fax 03 86 20 08 04.

Route des Trésors de la Puisaye – Office de tourisme de St-Fargeau, ☎ 03 86 74 15 72.

Route de Madame de Sévigné – Mme Jacqueline Queneau, 6 imp. de l'Ancienne Comédie, 21140 Semur-en-Auxois, ☎ 03 80 97 28 25.

Route des Mariniers de Loire – De Neuvy-sur-Loire à Tresnay, la route traverse à la fois des villes liées à la marine de Loire mais aussi des villages transformés grâce aux richesses naturelles de la Nièvre. Comité départemental du tourisme, 3 r. du Sort, 58000 Nevers, ☎ 03 86 36 39 80.

Découvrir autrement la région

le vin

La diversité des vins de Bourgogne (96 appellations et plusieurs centaines de « climats ») peut déconcerter : vins blancs d'une finesse exquise de Chablis, souples et ronds du Mâconnais, amples et racés de la Côte de Beaune, vins rouges puissants de la Côte de Nuits, élégants de la Côte de Beaune, les plus grands vins de pinot noir du monde... Tous sont associés aux plaisirs gastronomiques. Le vin de Bourgogne est d'un abord franc et séduisant ; il se partage entre amis, mais il faut savoir l'apprécier, en débusquer les arômes, prendre son temps pour saisir les nuances de l'échelle des crus. Un dépliant (« *Entrez dans le secret des dieux – les appellations d'origine contrôlée en Bourgogne* »), distribué par le BIVB et disponible dans les offices de tourisme, donne leur classement. La N 74, qui relie Dijon à Beaune, passe par tous les villages de la Côte : Gevrey-Chambertin, Vougeot, Vosne-Romanée, des noms qui laissent rêveur... La « route des Grands Crus » permet de contempler ces parcelles si célèbres, parfois minuscules, comme Romanée-Conti ou Montrachet. Le paysage des vignes, même en hiver, est sage et mesuré, d'une calme beauté. Le terroir et les conditions climatiques conditionnent la qualité du millésime. Les visites de caves permettent de découvrir les différentes étapes de la vinification et de l'élevage des vins où le savoir-faire du viticulteur décide de la qualité du vin.

INFORMATIONS ET VISITES DE CAVE

Bureau interprofessionnel des vins de Bourgogne (BIVB) - 12 bd Bretonnière, BP 150, 21024 Beaune Cedex, ☎ 03 80 25 04 80, fax 03 80 25 04 81. www.bivb.com - Le Bureau donne de nombreuses informations et édite plusieurs brochures sur les vins, dont un Annuaire des caves de Bourgogne commercialisant leur vin en bouteilles signalant les localités et les noms des différents domaines, caves coopératives et négociants-éleveurs. Pour s'initier à l'art du « savoir boire », des stages d'initiation à la dégustation des vins de Bourgogne ou des stages œnologiques sont proposés ; ils peuvent durer 2 heures, une journée, un week-end ou plusieurs jours. Se renseigner à l'**École des vins** de Bourgogne. BIVB, ☎ 03 80 25 04 95.

« De vignes en caves » – 155 négociants-éleveurs, caves coopératives et caveaux communaux ont signé la Charte de l'Accueil dans les vignobles de Bourgogne, « De Vignes en Caves ». Une enseigne à l'entrée de leur propriété permet de les identifier et un guide distribué gratuitement dans les différents organismes touristiques permet de les situer.

Musées du vin

Ils sont décrits dans le guide et figurent sur la carte des vignobles de Bourgogne de l'« Invitation au voyage »

Beaune (21) Musée du vin de Bourgogne

Chenôve (21) Cuverie des ducs de Bourgogne

Vougeot (21) Château du Clos de Vougeot

Reulle-Vergy (21) Musée des arts et traditions des Hautes-Côtes

Cuiseaux (71) Maison de la Vigne et du Vigneron

Romanèche-Thorins (71) Hameau du Vin

Champvallon (89) Pressoir

Sites Internet

Pas facile de se repérer dans la mosaïque du vignoble bourguignon. De nombreux propriétaires ont décidé de se faire connaître sur le « réseau des réseaux », voire d'y commercialiser leur vin. Si le visiteur axe son séjour sur le vin et part à la recherche des bonnes occasions, mieux vaut préparer son itinéraire avec le guide, mais aussi Internet. On peut également recevoir le vin chez soi, ce qui donnera un avant-goût des merveilles gustatives qui vous attendent sur place...

INFORMATIONS SUR LA BOURGOGNE VITICOLE

Viticulteurs et négociants se regroupent souvent sur le portail de leurs prestataires. Une seule adresse permet ainsi d'atteindre une foule de domaines.

www.bourgogne.net – Ce réseau contient une multitude de sites fournissant des informations générales sur la Bourgogne (tourisme, économie, vin, domaines viticoles) et permet de découvrir la région aisément.

www.frenchwines.com – Lié à la précédente adresse, l'*Annuaire des vins de France* offre des cartes du vignoble, la liste des villages et des événements liés au vin, de propriétaires et de négociants, le système des appellations et une table utile des millésimes (cliquer *« Hints and Tips »*).

www.webiwine.com/english/ – Répertorie de très nombreux domaines (dont Brocard, Louis Latour, Joseph Drouhin).

www.louisjadot.com – La géographie du domaine est expliquée par le menu. La liste des appellations est aussi détaillée qu'étendue.

www.louislatour.com – Les nombreuses parcelles du domaine Latour sont illustrées par des cartes et les vins sont décrits, accompagnés de notes de dégustation.

VENTES DES VINS DES HOSPICES DE BEAUNE

Le programme des manifestations (expositions, dégustations, spectacles), qui accompagne, en novembre, la plus grande vente de charité au monde dans le cadre des « Trois Glorieuses », fait l'objet d'une rubrique particulière sur le site du Comité régional de tourisme www.crt-bourgogne.fr

ACHETER SON VIN EN LIGNE

La plupart des sites de domaine (qui ne sont pas cités) propose une transaction par bon de commande à imprimer et à envoyer ensuite. Pour les autres, lire attentivement les conditions de vente et tenir compte du coût de la livraison.

www.vins-du-beaujolais.com – Ce site très développé rassemble un grand nombre de producteurs. C'est l'un des meilleurs sites commerciaux.

www.vintime.com – Cette société, implantée à Longvic, près de Dijon, est connue pour sa sélection très étendue des grands noms de Bourgogne et sa collection de vieux millésimes.

Carnet d'adresses

Voici, quelques adresses, parmi tant d'autres, sélectionnées en raison de leurs installations ou de leur production :

CÔTE DE NUITS	
Chambolle-Musigny	**Château André Ziltener** – 21220 Chambolle-Musigny, ☏ 03 80 62 81 37, fax 03 80 62 83 75.
Corgoloin	**Clos des Langres** – RN 74, 21700 Corgolin, ☏ 03 80 62 98 73, fax 03 80 62 95 15.
Nuits-St-Georges	**Maison Moillard** – RN 74, 21700 Nuits-St-Georges, ☏ 03 80 62 42 22, fax 03 80 61 28 13.
HAUTES-CÔTES DE NUITS	
Curtil-Vergy	**Domaine du Val de Vergy** – Yves Chaley, 21220 Curtil-Vergy, ☏ 03 80 61 43 81, fax 03 80 61 42 79.
CÔTE DE BEAUNE	
Beaune	**Denis Perret** – 40 pl. Carnot, 21200 Beaune, ☏ 03 80 22 35 47. Le plus grand marchand de vin de Beaune : une anthologie des crus de Bourgogne. Un régal pour les yeux et (on imagine) pour le palais.
	L'Athenaeum – 7 r. de l'Hôtel-Dieu, 21200 Beaune. ☏ 03 80 25 08 30, fax 03 80 25 08 31. Pour tout savoir sur les vins et les vignobles, une visite s'impose ici. On y trouve tout à la fois, livres, documentation, films vidéo, matériel de cave, verrerie, objets divers.
Chassagne-Montrachet	**Caveau SA Rateau Frères** – 7 r. Charles-Pasuelin, 21190 Chassagne-Montrachet, ☏ 03 80 21 38 13, fax 03 80 21 35 81.
CÔTE CHALONNAISE	
Givry	**Domaine Thenard** – 7 r. de l'Hôtel-de-Ville, 71640 Givry, ☏ 03 85 44 31 36, fax 03 85 44 47 83.
Mercurey	**Domaine Jean Maréchal** – Grande-Rue, 71640 Mercurey, ☏ 03 85 45 11 29, fax 03 85 45 18 52.
	Domaine Michel et Laurent Juillot – Grande-Rue, 71640 Mercurey, ☏ 03 85 998 99 89, fax 03 85 98 99 88. www.domaine-michel-juillot.fr
MÂCONNAIS	
Fuissé	**Château de Fuissé** – J.-J. Vincent, 71960 Fuissé, ☏ 03 85 35 61 44, fax 03 85 35 67 34. www.chateau-fuisse.fr
Mâcon	**Maison Mâconnaise des Vins** – 520 av. De-Lattre-de-Tassigny, 71000 Mâcon, (sur la RN 6), ☏ 03 85 38 62 22, fax 03 85 38 82 20.
	Restaurant-vente, 484 av. De-Lattre-de-Tassigny, 71000 Mâcon, ☏ 03 85 38 36 70, fax 03 85 38 62 51.
LOIRE	
Pouilly-sur-Loire	**Hervé Seguin** – « Le Bouchot » 58150 Pouilly-sur-Loire, ☏ 03 86 39 10 75, fax 03 86 39 10 26.
	Jean Pabiot et Fils – Les Loges, 58150 Pouilly-sur-Loire, ☏ 03 86 39 10 25, fax 03 86 39 10 12.

au fil de l'eau

950 km de canaux presque désertés par la navigation commerciale attendent les plaisanciers. Ces canaux, construits à partir du 17e s., constituent, avec les rivières navigables (Yonne, Saône, Seille), un réseau exceptionnel pour tous ceux qui veulent découvrir la Bourgogne intime, lier connaissance avec ses paysages, se bercer au rythme de la vie à la campagne, des parties de pêche, de bicyclette et des rencontres avec les gens du pays.

BATEAUX HABITABLES

La location de « maisons habitables » *(house-boats)*, aménagées pour 4 à 12 personnes, permet une approche insolite des sites parcourus sur les canaux. C'est le plaisir de se réveiller chaque matin dans un lieu différent, de faire du vélo sur un chemin de halage... Diverses formules existent : à la journée, au week-end ou à la semaine. Les tarifs varient selon la période de location, la dimension et le confort du bateau. Aucun permis n'est exigé (la manette de commande n'a que deux positions), mais le barreur doit être majeur ; il reçoit une leçon théorique et pratique avant le début de la croisière. Le respect des limitations de vitesse, la prudence et les conseils du loueur, en particulier pour passer les écluses et pour accoster, suffisent pour manœuvrer ce type de bateau.

Les principales bases de départ sont Digoin, St-Jean-de-Losne, Tournus.

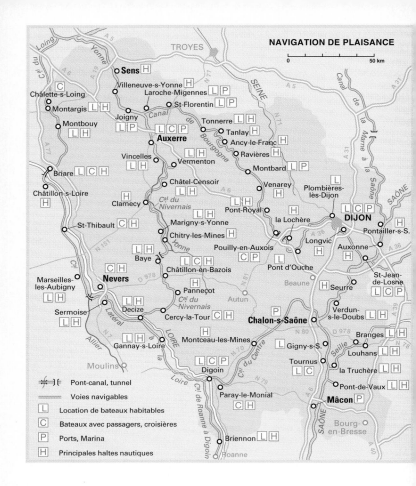

NAVIGATION DE PLAISANCE

Légende :
- Pont-canal, tunnel
- Voies navigables
- L Location de bateaux habitables
- C Bateaux avec passagers, croisières
- P Ports, Marina
- H Principales haltes nautiques

PÉNICHES-HÔTELS

Elles sont une dizaine en Bourgogne, équipées d'un service hôtelier en pension complète, et effectuent des croisières de 2 à 7 jours. C'est le moyen le plus confortable pour découvrir la Bourgogne et sa gastronomie. Les capacités d'hébergement varient entre 6 et 24 passagers. Les prix s'échelonnent entre 762,25 et 2 286,74€ par personne et par semaine et incluent le transfert de l'aéroport (parfois

depuis Paris), les excursions, les animations en soirée et les visites de caves.

BATEAUX PROMENADES

C'est un moyen de découvrir rivières et canaux de Bourgogne pendant quelques heures et de faire une excursion agréable. Les pilotes connaissent toutes les anecdotes attachées aux voies d'eau qu'ils empruntent. Les bateaux peuvent accueillir de 6 à 200 personnes et proposent des croisières à l'heure, à la demi-journée ou à la journée (dans ce cas, elle peut s'accompagner, sur certains bateaux, d'un déjeuner à bord). Vous pouvez aussi embarquer seul, en famille ou en groupe. Les programmes à la carte sont souvent possibles, mais certains bateaux ne naviguent qu'en saison.

INFORMATIONS PRATIQUES

Un péage est perçu sur les rivières et canaux gérés par Voies navigables de France (175 r. Ludovic-Boutleux, 62408 Béthune Cedex, ☎ 03 21 63 24 54) en fonction de la surface du bateau et de la durée d'utilisation. Quatre formules sont possibles : forfait journée ; forfait vacances, valable 16 jours consécutifs ; forfait loisirs, valable 30 jours non consécutifs ; forfait annuel. La brochure *Tourisme fluvial en Bourgogne*, disponible auprès du Comité régional de tourisme, indique l'ensemble des formules et les coordonnées de tous les prestataires. En règle générale, les canaux sont fermés de la mi-novembre à la mi-mars ; les autres périodes de « chômage » (période de fermeture des voies navigables pour travaux d'entretien) sont indiquées aux plaisanciers par des « Avis à la batellerie ». À noter que les écluses ne fonctionnent pas les jours fériés suivants : dimanche de Pâques, 1er mai, dimanche de Pentecôte, 14 juillet et 1er novembre.

Avant de partir, il est conseillé de se procurer cartes nautiques et guides fluviaux qui fournissent des renseignements pratiques et précieux pour la navigation :
Guide de la collection Navicarte, *Bourgogne Ouest* (d'*Avon à Digoin*) n°20 et *Bourgogne Est* (de Joigny à Chalon/saône) n° 19.
Guides des éditions du Breil, *Bourgogne - Franche Comté* (n° 3) et *Bourgogne-nivernais* (n° 11) ; disponibles à la « Librairie verte zoothèque » - 32 r. de la Victoire, 75009 Paris, ☎ 01 53 20 06 05 ou aux Éditions Grafocartes, 125 r. Jean-Jacques-Rousseau, BP 40, 92132 Issy-les-Moulineaux Cedex, ☎ 01 41 09 19 00.
Avant de partir, il est conseillé de se procurer cartes nautiques et guides fluviaux qui fournissent des renseignements pratiques et précieux pour la navigation :
Guides de la collection Vagnon, *la Saône et la Seille* (n° 6) et *Bourgogne-Centre-Nivernais* (n° 3), aux Éditions du Plaisancier - 43 porte du Grand-Lyon, Neyron, 01707 Miribel Cedex, ☎ 04 72 01 58 68, fax 04 72 01 58 69.

par le rail

Il est possible de parcourir la région à bord d'un des nombreux trains touristiques, qui, loin des routes et près de la nature, révèlent des sites autrement inaccessibles.
Le petit train de la Côte-d'Or – APTCO, Gare de Plombières-Canal, 21370 Plombières-lès-Dijon, ☎ 03 80 45 88 51. Promenade le long de la rivière de l'Ouche et du canal de Bourgogne. Départ du lac Kir.
Train touristique des Lavières – R. des Pins, 21120 Is-sur-Tille, ☎ 03 80 95 36 36. Circuit dans la forêt de pins près d'Is-sur-Tille.
Chemin de fer de la vallée d'Ouche – 4 r. Pasumot, 21200 Beaune, ☎ 03 80 20 16 65, fax 03 80 24 65 92. Petit train à vapeur ou diesel sur l'ancienne ligne Dijon-Epinac, au départ de la

gare de Bligny-sur-Ouche et jusqu'à Pont-d'Ouche. Juil.-août : tlj ; de déb. mai à fin sept. : dim. et j. fériés.
Chemin de fer des Combes au Creusot – R. des Pyrénées, 71200 Le Creusot, ☎ 03 85 55 26 23. Point de vue sur Le Creusot et les premiers monts du Morvan. Circuit de 10 km à travers un parc boisé de 70 hectares. Locomotives à vapeur de 1917.
Chemin de fer touristique de Puisaye – Av. de la Gare, 89130 Toucy, ☎ 03 86 44 05 58. Circulation en draisine ou locotracteur, musée ferroviaire ouv. de mai au dernier dim. de sept. : w.-end et j. fériés.
Le p'tit train de l'Yonne – ATPVM, 89310 Nitry. ☎ 03 86 33 93 33 ou 03 86 33 62 74. 5 km dans la vallée du Serein, entre Massangis et Civry. Dép. de Massangis.

vue du ciel

Les amateurs de tourisme aérien peuvent avoir une vue imprenable depuis une montgolfière, qui sont nombreuses à survoler le vignoble de la Côte de Beaune à la belle saison et en automne. Ne pas oublier l'appareil photo. Vol de 1h à 3h, d'avril à novembre, tôt le matin ou en fin de journée pour bénéficier des meilleurs conditions atmosphériques.
Air Adventures – R. Dessous, 21320 Chailly. ☎ 03 80 90 74 23, fax 03 80 90 72 86.
Air Escargot – 71150 Remigny, ☎ 03 85 87 12 30, fax 03 85 87 08 84.
France Montgolfières – 6 pl. de la gare, 89270 Vermenton, ☎ 03 86 81 63 70, fax 03 86 81 64 93.
Montgolfières de l'Yonne – 21 r. de Valmy, 89000 Auxerre, ☎ 03 86 46 15 18, fax 03 86 52 32 28.
De préférence, choisir les sites d'envol en deltaplane ou en parapente qui sont agréés par la Fédération française de vol libre ; certains clubs régionaux sont réputés pour le vol à voile et l'ULM.

en gourmand

L'art de vivre, c'est aussi l'art de bien manger, en prenant son temps. Les gougères tièdes (qui accompagnent fort bien une dégustation de vins), le fameux *Helix pomatia*, ou escargot de Bourgogne, l'andouillette du Morvan, la pôchouse, dont la tradition remonte à la grande époque du flottage du bois, les volailles fermières de la Bresse louhanaise (qui bénéficient d'une AOC depuis 1919), les cuisses de grenouilles, les pavés Charolais participent à la renommée de la table bourguignonne. La région compte nombre de restaurants qui tracent comme une sorte de « voie triomphale » jusqu'à Saulieu, capitale gourmande de la Bourgogne, mais chaque village possède son auberge et l'on appréciera les petits établissements qui jalonnent le cours de la Saône et de ses affluents. Les bœufs élevées dans les herbages du Morvan, de l'Auxois, du Charolais et du Nivernais, les ovins des plaines dijonnaises et de l'Auxerrois fournissent une viande délicieuse. La Bourgogne, c'est aussi un plateau de 27 fromages, parfois très locaux, à la saveur inimitable, qui se découvrent au hasard des pérégrinations. Ce n'est pas pour rien si Époisses est le berceau du fromage qui y est toujours produit : la qualité des produits du terroir vient des « usages locaux, loyaux et constants ». Les mêmes promenades remplissent le panier de pâtisseries, de confiseries ou de desserts glacés, souvent à base de petits fruits : la seule évocation de la poire « belle dijonnaise », pelée (avec la queue) et pochée dans un sirop vanillé, nappée d'une purée de framboise à déguster avec une glace à la vanille et des amandes grillées suffit pour éveiller les sens...

La Maison régionale des Arts de la table – 15 r. St-Jacques, 21230 Arnay-le-Duc, ☎/fax 03 80 90 11 59, présente chaque année une exposition sur un thème lié à la gastronomie.

SÉJOURS ET COURS DE CUISINE

Des séjours avec cours de cuisine sont organisés, principalement en hiver, par certains restaurateurs :

« À la découverte de la truffe et des vins de Bourgogne » – Service Loisirs Accueil Yonne, 1-2 quai de la république, 89000 Auxerre, ☎ 03 86 72 92 10, fax 03 86 72 92 14 - Du 15 septembre au 08 décembre, le samedi, matinée découverte de la truffe (conférence, démonstration, dégustation) en compagnie de Jean-Luc Barnabet, chef à Auxerre et d'un trufficulteur, M. Beaucamp.

Visit Bourgogne (Charrecey) – M. Carpentier, ☎ 03 85 45 38 97, fax 03 85 45 38 98 - Leçons de cuisine dans les vignobles, en pays charolais et en terroir bressan (de 1 à 5 jours).

L'ABC de la grande cuisine (Joigny) – ☎ 03 86 62 09 70, fax 03 86 91 49 70 - Jean-Michel Lorain, de la Côte Saint-Jacques, partage son univers gastronomique et initie à la cuisine contemporaine. Forfait séjour, programme et calendrier sur demande.

Les Toques Nivernaises (La Charité-sur-Loire) – M. James Grennerat, restaurant Le Monarque, ☎ 03 86 70 21 73, fax 03 86 69 62 32 - Cette association propose des cours de cuisine à thèmes ou en fonction du choix des participants (de 6 à 12 personnes).

Le cellier du Goût (La Charité-sur-Loire) – ☎ 03 86 70 36 21 - Cette association propose des initiations au goût, dîners et repas commentés en présence de grands chefs, ainsi que des dégustations de plateaux terroirs en saison estivale.

avec les enfants

On imagine des vacances en Bourgogne, région posée, comme un peu sérieuses. En fait, comme les toits de tuiles vernissées, bien des curiosités surprendront les petits et les plus grands. Nous avons sélectionné pour vous un certain nombre de sites qui intéresseront particulièrement votre progéniture. Il s'agit, par exemple, de parcs animaliers comme le parc de Boutissaint, près de St-Fargeau, le parc zoologique et d'attractions Touroparc à Romanèche-Thorins ou le parc de l'Auxois à Arnay-sous-Vitteaux, des musées bien adaptés à ce type de public, comme la ferme-musée de la Forêt à St-Trivier-de-Courtes, le musée de l'Automobile à Chauffailles, celui des voitures de chefs d'État à Montjalin, la collection de motos du château de Savigny-lès-Beaune et celle de jouets anciens du musée des Arts et Traditions populaires de Laduz, près de Joigny. Des sites comme le pont-canal de Briare, le chevalement du puits St-Claude à Blanzy, le paysage industriel et minier du Creusot et de sa région les intrigueront, tandis que le musée de la Civilisation celtique du mont Beuvray, bâti au pied de l'oppidum de Bibracte, capitale des Éduens, l'Archéodrome d'Alésia ou, plus fort encore, le chantier, à l'aube du 21e s. du château de Guédelon, tout droit sorti du Moyen Âge, leur donneront l'impression de remonter dans le temps. Vous repérerez ces curiosités dans la partie « Villes et sites » grâce au pictogramme ▣.

Parc de l'Auxois – 21350 Arnay-sous-Vitteaux, ☎ 03 80 49 64 01, fax 03 80 49 68 63.

Parc naturel de Boutissaint – 89820 Treigny, ☎ 03 86 74 07 08. 400 ha de forêt abritent une faune entièrement sauvage, espèces nombreuses appartenant à tous les climats (cervidés, mouflon, bison d'Europe). S'armer de patience.

Parc zoologique et d'attractions Touroparc – 71570 Romanèche-Thorins, ☎ 03 85 35 51 53.

RÉSEAU VILLE ET PAYS D'ART ET D'HISTOIRE

Le réseau Villes et Pays d'art et d'histoire (ministère de la Culture et de la Communication) propose des visites-découvertes et ateliers du patrimoine aux enfants. Munis de livrets-jeux et d'outils adaptés à leur âge, ces derniers s'initient à l'histoire et à l'architecture et participent activement à la découverte de la ville. En atelier, ils s'expriment à partir de multiples supports (maquettes, gravures, vidéo) et au contact d'intervenants de tous horizons : architectes, tailleurs de pierre, conteurs, comédiens. Ces activités ont lieu pendant les vacances d'été dans le cadre de l'opération l'été des 6-12 ans.
Les villes citées dans ce guide sont Autun, Auxerre, Beaune, Chalon, Cluny, Dijon, Joigny, Nevers, Paray-le-Monial.

à la découverte des techniques

Réputée pour son patrimoine artistique et sa gastronomie, la Bourgogne bénéficie en outre d'un riche réseau d'entreprises dynamiques qui perpétuent des savoir-faire ancestraux et concourent à l'innovation technique. Le développement du tourisme artisanal et industriel ne se dément pas. La Chambre de commerce et d'industrie de Dijon publie régulièrement un guide de découverte économique de la Côte-d'Or.
On peut notamment voir la Grande Forge de Buffon, aux environs de Montbard, le Musée de la Mine et la Mine-image à La Machine, la mine et les hommes à Blanzy, l'Écomusée et le centre des techniques du Creusot, la carrière souterraine d'Aubigny et le Musée Nicéphore-Niepce (photo) de Chalon-sur-Saône.

Sports et loisirs

Une multitude de circuits sont consacrés à la randonnée sous toutes ses formes. Demander la **brochure** *La Bourgogne Loisirs nature* qui indique l'ensemble des formules possibles et les coordonnées de tous les prestataires.

le Parc naturel régional du Morvan

Le Morvan se prête, par le caractère pittoresque de ses vallées encaissées, ses forêts (60 % du territoire) qui ferment l'horizon, ses innombrables cours d'eau, étangs et lacs, à de nombreuses activités sportives respectueuses de la nature.
Longtemps isolé, ce vieux massif de granit, érodé par la chevelure de mille ruisseaux et cascades, a conservé une civilisation rurale authentique. Le bistrot côtoie la maison construite avec la pierre locale et recouverte d'ardoises et l'on déguste, à 2 h de Paris, jambon de pays, fromages et truites dans les auberges de pays ou à une sympathique table d'hôtes.

LA MAISON DU PARC

Pour toutes les activités concernant la découverte du Parc du Morvan et des loisirs en général, pour recevoir le

guide des informations Touristiques, s'adresser à la Maison du Parc, 58230 St-Brisson. ☎ 03 86 78 79 00. 3615 Parc Morvan. www.parcdumorvan.org

RANDONNÉES PÉDESTRES

La marche est une vieille tradition dans le Parc naturel régional du Morvan qui offre 1 500 km d'itinéraires balisés aux normes de la Fédération française de randonnée pédestre.

SENTIERS DE GRANDE RANDONNÉE (GR)

GR13 – Linéaire de 170 km entre Vézelay et Autun. Étapes de 10 à 24 km entre chaque gîte. Balisage rouge et blanc.

GR de pays « Le tour du Morvan par les grands lacs » – Boucle de 290 km en 10 étapes de 20 km environ chacune. Deux transversales permettent des boucles de 4 à 7 jours. Balisage rouge et jaune.

SENTIERS DE PETITE RANDONNÉE

30 circuits de petite randonnée et 5 circuits de week-end (2 jours) sont décrits dans le topoguide *Le Morvan*, Éd. Chamina.

Des promenades familiales en boucles avec des cartes postales de randonnées de 5 à 15 km (50 circuits différents sur le territoire du Parc).

SENTIERS THÉMATIQUES

Sentier Bibracte-Alésia – Cet itinéraire, long de 120 km, praticable à pied, à cheval ou en VTT, relie deux sites phares de la civilisation celtique. Il dévoile des paysages, des villages et des monuments typiques des trois départements traversés (Côte-d'Or, Nièvre, Saône-et-Loire). Le sentier (balisage jaune et bleu) peut être parcouru à pied en 5 jours, mais on peut l'emprunter à partir d'une étape (Anost, Saulieu ou Thil, par exemple). Le topoguide *Bibracte-Alésia* est en vente à Bibracte, dans certains Offices de tourisme ou auprès des comités départementaux de tourisme.

Sentier de découverte de l'étang Taureau à la Maison du Parc à St-Brisson. 13 panneaux jalonnent le circuit et donnent des informations sur les étangs du Morvan, leur faune et leur flore.

RANDONNÉES ACCOMPAGNÉES

Guides en Morvan –
71320 Charbonnat,
guidesenmorvan@parcdumorvan.org.

Morvan Découverte –
« la Peurtantaine », école du Bourg,
71550 Anost, ☎ 03 85 82 77 74.

RANDONNÉES EN VÉLO

Service Loisirs Accueil du Nivernais-Morvan – 3 r. du Sort, 58000 Nevers, ☎ 03 86 59 14 22, propose des circuits pédestres (vignobles) et un circuit-vélo en Val-de-Loire d'une semaine avec transfert des bagages. Locations de gîtes. Pour tout séjour organisé contacter Randonièvre ☎ 03 86 36 92 98.

France Randonnée – 9 r. des Portes-Mordelaises, 35000 Rennes, ☎ 02 99 67 42 21, fax 02 99 30 02 96.

RANDONNÉES EN VTT

1 400 km ont été aménagés en une vingtaine de boucles faciles à parcourir en une journée autour de Vézelay, Saulieu, Les Settons, Château-Chinon. Les circuits sont balisés avec des couleurs différentes selon le degré de difficulté et la distance à parcourir est indiquée dans le guide disponible à la Maison du Parc, mais il faut savoir doser son effort car les chemins peuvent avoir jusqu'à 875 m de dénivelé.

Association Morvan VTT, Maison du Parc – M. Oppin, ☎ 03 86 78 71 77, fax 03 86 78 74 22.

Base de plein air – Plan d'eau du Vallon, 71400 Autun, ☎ 03 85 86 20 96, fax 03 85 52 27 52 - 250 km de pistes en forêt.

LE TOUR ÉQUESTRE DU MORVAN

Un grand itinéraire balisé de 500 km permet de découvrir le Parc naturel régional du Morvan en préparant des randonnées sur mesure, du week-end à la semaine, ou plus, par étapes de 15 à 40 km. Un topoguide édité par le Parc contient des fiches au 1/50 000, les parcours, les relais étapes et les centres de tourisme équestre.

Association pour la randonnée équestre en Morvan (AREM) – Mêmes coordonnées que la Maison du Parc, www.morvanacheval.com Se renseigner auprès de la Maison du Parc pour les séjours en roulotte et en chariot, les balades en sulky de randonnée ou en attelage autour des fermes et des gîtes équestres.

PRESTATIONS ORGANISÉES

L'**Association pour la randonnée équestre en Morvan** regroupe des prestataires et des professionnels du tourisme équestre en Morvan. Sorties accompagnées par des guides de tourisme équestre (de quelques heures à quelques jours, tous niveaux), balades en calèche, séjours en roulotte, randonnées avec des ânes de bât, promenades en poney pour les enfants.

VOILE, BAIGNADE, LOISIRS NAUTIQUES

Avec 1 300 ha de lacs, le Morvan est une destination prisée par les adeptes de voile. La base nautique du lac des Settons, station-voile labellisée par la Fédération française de voile, gère également le lac de Chaumeçon et l'étang de Baye où se trouve une base

de loisirs ; les lacs-réservoirs de Chamboux, Pannesière, Saint-Agnan offrent aussi de bonnes possibilités. On peut partir à la découverte des berges de ces lacs à pied ou en VTT.

Station voile du lac des Settons – Les Branlasses, 58230 Montsauche-les-Settons, ☎ 03 86 84 51 98, fax 03 86 84 56 70. Nombreuses activités nautiques et terrestres.

Base Activital de loisirs – Baye, 58110 Bazolles, ☎ 03 86 38 97 39, fax 03 86 38 90 47.

EAUX VIVES

La Cure, l'Armance et l'Yonne sont le domaine des eaux vives. Le débit de la Cure et du Chalaux est régulé par les lâchers d'eau des barrages (en principe tous les week-ends, de mars à novembre). Le région des lacs offre également un bon potentiel : passage de rapides, traversées de gorges, descentes en raft, hot dog, nage avec palmes, hydrospeed, canoë-kayak à partir de la base nautique du lac de Chaumeçon (avec moniteurs). S'informer à la Maison du Parc ou auprès des organismes suivants :

AN Rafting – 58230 St-Agan, ☎ 03 86 22 65 28 (en saison) et ☎ 01 42 96 63 63 (toute l'année), www.an-rafting.com - Spécialiste des eaux vives, organise un raid interdisciplinaire en équipes de 6 personnes.

Centre Sport nature de Chaumeçon - 58140 St-Martin-du-Puy, ☎/fax 03 86 22 61 35 - Ce centre est complémentaire de la base nautique des Settons, car axé sur des sports d'eau vive. Randonnées pédestres et VTT autour du lac.

Ab Loisirs – Rte du camping, 89450 St-Père-sous-Vézelay, ☎ 03 86 33 38 38, fax 03 86 24 89 78, www.grandsespaces.com

AUTRES ACTIVITÉS

L'escalade se pratique surtout entre Vieux-Château (Côte-d'Or) et Dun-les-Places (Nièvre). **Loisirs en Morvan**, 105 r. des Mignottes, 89000 Auxerre, ☎ 03 86 49 55 50, fax 03 86 49 55 52, propose un parcours aventure, mélange d'escalade et de spéléo.

Pour les autres activités (tir à l'arc, baignade, promenade en âne de bât), se renseigner à la Maison du Parc, ou e-mail :
morvanloisirssportsnature@parcdumorvan.org

HÉBERGEMENT

Renseignements à la Maison du Parc ou e-mail.

Pour les **gites d'étape** :
morvanrandoaccueil@parcdumorvan.org ;
Pour les **campings** :
belleetoile@parcdumorvan.org ;

Pour les **hôtels** :
sejourdecharme@parcdumorvan.org ;
Pour les **hébergements équestres** :
arem@parcdumorvan.org

randonnées pédestres

6 000 km de sentiers, adaptés à l'effort de chacun, permettent d'apprécier des aspects connus ou moins connus de la Bourgogne : les îles de la Loire, vers Decize et le Bec d'Allier, remarquables pour leur faune, la forêt de Cîteaux en Côte-d'Or ou celle de Vauluisant (traversée au Sud par le GR2), le bocage de Puisaye, sur les traces de Colette, ou les villages ocres du Mâconnais sur les traces d'Alphonse de Lamartine. Au Sud de la Bourgogne, le sentier des moines, de Couches à Cluny, offre des églises romanes à foison à travers un paysage de vignes...

Fédération française de randonnée pédestre, Comité national des sentiers de Grande Randonnée – 14 r. Riquet, 75019 Paris, ☎ 01 44 89 93 90. www.ffrp.asso.fr. La fédération donne le tracé détaillé des GR, GRP et PR ainsi que d'utiles conseils.

Comité régional de la randonnée pédestre de Bourgogne – 13 r. de la Paix, 21240 Talant, ☎ 03 80 57 11 22.

Comité départementaux de randonnée pédestre :

Côte-d'Or – Hôtel du département, BP 1601, 21035 Dijon Cedex, ☎ 03 80 63 64 60, fax 03 80 49 90 97.

Nièvre – 5bis r. de la Parcheminerie, 58000 Nevers, ☎/fax 03 86 36 92 98.

Saône-et-Loire – Centre de loisirs, Vieille route d'Ozenay, 71700 Tournus, ☎ 03 85 51 06 15.

Yonne – Maison Départementale des Sports, 12 bd Galliéni, 89000 Auxerre, ☎/fax 03 86 52 39 09.

Service Loisirs Accueil Nièvre/Randonièvre – *Voir ci-avant.*

VISITES GUIDÉES DE L'ONF

Chaque année, l'**Office national des Forêts** organise, l'été principalement, des visites guidées dans les forêts domaniales, comme celles de Bertranges, de Prémery (toutes deux dans la Nièvre) ou de Chaumour (Côte-d'Or).

Office national des Forêts – Direction régionale, 29 r. de Talant, 21000 Dijon, ☎ 03 80 76 98 30, fax 03 80 76 98 49.

Conservatoire des sites naturels bourguignons – Chemin du Moulin des Etangs, 21600 FENAY, ☎ 03 80 79 25 99, fax 03 80 79 25 95.

randonnées équestres

L'équitation, c'est une autre manière de découvrir la nature, de parcourir les chemins ; mais c'est aussi une sensation de liberté et une complicité qui unit le cavalier à sa monture, toutes choses que les paysages de Bourgogne devraient révéler au fil de vos promenades. Les centres équestres sont nombreux : ils proposent des stages, des séjours, des promenades, des randonnées en forêt... Napoléon Ier créa le premier dépôt d'étalons à Cluny au tout début du 19e s. ; c'est aujourd'hui l'un des haras nationaux les plus réputés et visités.

Délégation nationale au tourisme équestre – 9 bd Macdonald, 75019 Paris, ☎ 01 53 26 15 50. 3615 FFE, n° vert 0 800 02 59 10. Le comité édite une brochure annuelle, *Tourisme et Loisirs équestres en France*, répertoriant par région et par département les possibilités de pratiquer l'équitation de loisirs.
Les **comités départementaux** peuvent fournir la liste des centres du département avec les différentes activités, les gîtes et relais, les randonnées de 2 à 8 jours.

Côte-d'Or – Les Randonnées de Haute Bourgogne, M. Michel Burel, 21330 Griselles, ☎ 03 80 81 46 15, fax 03 80 81 62 77.

Nièvre – Mme Maligne, Mairie, 58120 Château-Chinon, ☎ 03 86 85 15 05, fax 03 86 85 16 41.

Saône-et-Loire – M. Guyot de Caila, Moulin de Vaux, 71600 Nochize, ☎ 03 85 88 31 51, fax 03 85 24 07 96.

Yonne – M. Bruneau, impasse de la Maladrerie, 89740 Cruzy-le-Châtel, ☎ 03 86 75 23 16, fax 03 86 75 28 25. www.yonneacheval.com

AUTRES ADRESSES EN BOURGOGNE

Ligue bourguignonne d'équitation, de randonnée et de tourisme équestre – M. Brochant, Mairie, 58800 Corbigny. ☎/fax 03 86 20 08 04. Minitel 3615 EQUIBOURGOGNE. www.bourgogneacheval.com

Ligue équestre de Bourgogne – 6 r. du Palais, 21000 Dijon, ☎ 03 80 30 05 08, fax 03 80 49 98 09.

Haras nationaux de Cluny – 2 r. de la Porte-aux-Prés, 71250 Cluny, ☎ 03 85 59 85 00, fax 03 85 59 24 54.

vélo

Quoi de plus plaisant que d'emprunter les petites routes de campagne, de traverser les villages, de visiter, le temps d'une pause, une église romane, de croiser de grandes abbayes cisterciennes perdues au milieu des solitudes ou de contempler les ondulations des vignes sagement alignées ? Les parcours sont faciles, sur des routes tranquilles ; c'est une autre manière de découvrir la Bourgogne, par étapes de 25 à 40 km, à deux ou en petits groupes : le Sud Morvan, le canal du Nivernais, les reliefs vers St-Honoré-les-Bains, la Bresse, les vallonnements du Mâconnais, où une « voie verte » a été spécialement aménagée entre Cluny et Givry. Cette ancienne voie de chemin de fer désaffectée est désormais le domaine des randonneurs à pied, en vélo ou en roller (une piste en terre pour les chevaux relie Massilly à Cluny). La voie traverse des sites comme le château de Cormatin ou le vignoble de la Côte chalonnaise. Le succès ne se dément pas et l'on parle de la prolonger jusqu'à Mâcon au Sud et Chalon au Nord, où il sera possible de rejoindre le vignoble de Côte d'Or par la piste cyclable Santenay-Beaune. De là, pourquoi ne pas suivre la route des Grands Crus, à mi-pente le long de la Côte ? Les plus sportifs s'attaqueront aux reliefs du Sud Morvan ou au Val Suzon, près de Dijon, mais il faut avoir de bons mollets.

Service Loisirs Accueil Nièvre/Randonièvre, Service Loisirs Accueil Yonne *et* **Maison de la Randonnée** – voir Parc régional du Morvan.

Des vacances en vélo sont également organisées par :

Bourgogne Tour Incoming – 11 r. de la Liberté, 21000 Dijon, ☎ 03 80 30 49 49, fax 03 80 30 69 87.

Bourgogne randonnée – 7 av. du 8-Septembre, 21200 Beaune, ☎ 03 80 22 06 03, fax 03 80 22 15 58.

Dili Voyages – 10 av. de la République, 21200 Beaune, ☎ 03 80 24 24 82, fax 03 80 24 24 94.

Cyclo Vert 71 – 6 r. St-Nizier, 71000 Mâcon, ☎ 03 85 39 09 88.

France Randonnée – 9 r. des Portes-Mordelaises, 35000 Rennes, ☎ 02 99 67 42 21, fax 02 99 30 02 96.

VTT

ombreux sont ceux qui parcourent la
ourgogne en VTT. La
ransmorvandelle a lieu, tous les ans,
e premier dimanche de septembre.
n pleine forêt ou dans le bocage, sur
s chemins escarpés ou en pente
ouce, ce sport est toujours synonyme
'une nature préservée. Des stages
'initiation sont organisés et des
noniteurs peuvent accompagner les
andonneurs individuels sur demande
ocation de VTT sur place).

a Bourgogne compte cinq centres
gréés par la Fédération française de
yclisme :

orvan – *voir ci-avant.*

a Croix Messire Jean – 71190
chon, ☎ 03 85 54 42 06, fax 03 85 54
2 23 - 230 km dans un cadre d'étangs
 de rochers (à 680 m d'altitude). Ce
entre a la particularité d'être un
entre d'apprentissage de la
artographie et de l'orientation et
organiser des sorties VTT nocturne,
mpe frontale bien accrochée.

entre VTT Les Granges – 71960
errières - 226 km dans la région
llonnée (Val Lamartinien) entre
ône, Charolais et Beaujolais avec
gnobles et châteaux (le centre
ossède une école de VTT).

**entre de VTT de St-Saulge (dans la
ièvre)** – Syndicat d'initiative,
3330 Saint-Saulge, ☎ 03 86 58 25 74 -
 circuits totalisant 550 km pour
écouvrir la faune, les monuments et
s produits locaux.

our en savoir plus sur les activités en
TT :

édération française de cyclisme –
r. de Rome, 93561 Rosny-sous-Bois
edex, ☎ 01 49 35 69 24. La
dération propose 36 000 km de
ntiers balisés pour la pratique du
TT, répertoriés dans un guide
sponible à la fédération, sur le 3615
C et sur le www.ffc.fr

**édération française de
yclotourisme** – 12 r. Louis-Bertrand,
4200 Ivry-sur-Seine, ☎ 01 56 20

88 88. La fédération fournit des fiches-
itinéraires pour toute la France avec
kilométrages, difficultés et curiosités
touristiques. 3615 VTT ou 3615 FFC.

Office de tourisme de l'Auxerrois –
quai de la République, 89000 Auxerre.
☎ 03 86 52 06 19. Il suggère des
circuits de découverte de l'Auxerrois
en voiture, à pied, à vélo ou en bateau
électrique pour profiter des villages et
paysages typiques de la région.
Possibilités de location de VTT, vélos
et bateau électriques.

pêche

Truite, perche, tanches, carpes,
anguilles, ombres, brochets, sandres et
le fameux silure, écrevisses dans le
Morvan... La région, riche en étangs,
lacs, rivières et canaux, attire de
nombreux pêcheurs qui lancent leurs
lignes dans les étangs de Bresse et du
Morvan (pêche au coup), sur les
parcours et dans les réservoirs (pêche
à la mouche), en bateau sur la Saône.
Ces rencontres avec la nature se
prolongent autour d'une table, sur les
terrasses des auberges des bords de
Saône, pour déguster les fritures ou la
pôchouse, les truites accordées de
mille façons dans les fermes-auberges.
Quel que soit l'endroit choisi, il
convient d'observer la réglementation
nationale et locale (les eaux de
première catégorie sont autorisées de
mars à septembre, celles de deuxième
catégorie toute l'année ; les périodes
particulières pour chaque espèce sont
fixées par arrêté préfectoral), de
s'affilier pour l'année en cours dans le
département de son choix à une
association de pêche et de pisciculture
agréée, d'acquitter les taxes afférentes
au mode de pêche pratiqué ou
éventuellement d'acheter une carte
journalière.

INFORMATIONS

Conseil supérieur de la pêche –
134 av. Malakoff, 75016 Paris, ☎ 01 45
02 20 20.

L'association régionale des fédérations
pour la pêche et la protection des
milieux aquatiques, Rés.
« Le Courtépée », 25 r. Courtépée,
21000 Dijon, ☎ 03 80 57 11 15, les
fédérations de pêche des
départements de la Côte-d'Or
(☎ 03 80 57 11 15) et de la Saône-et-
Loire (☎ 03 85 38 28 52) et le Comité
départemental de tourisme de la
Nièvre (☎ 03 86 36 39 80) peuvent
vous renseigner sur la pratique de la
pêche et tiennent à votre disposition
un dépliant et une carte piscicole.

CARNET D'ADRESSES

**Étang du Châtelet (Féd. dép. de la
pêche)** – 7 quai de Mantoue, 58000
Nevers ☎ 03 86 61 18 98, fax 03 86 61
93 04 - Réservoir fédéral de pêche à la
mouche du Châtelet, aménagé près de

Château-Chinon, accessible avec un permis de pêche journalier (de mars à la fin octobre, sauf le mardi).

Domaine de Tarperon – Rte de St-Marc, 21510 Aignay-le-Duc, ☎ 03 80 93 83 74.

Château de Thenissey – R. Pont, 21150 Thenissey, ☎ 03 80 35 85 55, fax 03 80 35 86 95.

Au fil de l'eau – 26 r. Lyon, 89200 Avallon, ☎ 03 86 34 50 41.

PÊCHE AU GROS

L'Association Mâcon Pêche au Gros – 4 r. de la Liberté, 71000 Mâcon, ☎ 03 85 29 02 50, fax 03 85 34 19 97, propose de découvrir la pêche au silure, poisson carnassier pouvant atteindre 3 mètres de long et un poids de 150 kg. Accompagné d'un guide de pêche sur une embarcation louée à Chalon ou Mâcon. La pêche est possible toute l'année et peut se prolonger par un week-end dans les environs.

PÊCHE EN FAMILLE

Elle se pratique à la journée et il est possible de louer son propre étang. Des écoles de pêche organisent des stages pendant les vacances scolaires (à partir de 8 ans) avec hébergement en camp.

Domaine de la Roche-en-Brenil – RN 6, 21530 La Roche-en-Brenil, ☎ 03 80 64 74 44, fax 03 80 64 78 29.

École française de pêche – M. Stéphane Sence, BP 16, 33450 St-Sulpice et Cameyrac, ☎ 05 56 30 24 50, fax 05 56 30 27 60. www.ecoledepeche.com

loisirs nautiques

La planche à voile se pratique sur le lac du Bourdon (près de St-Fargeau), la lac de Pont et le lac de Panthier (en Côte-d'Or), le lac Kir (à Dijon), le lac de la Sorme (près de Montceau-les-Mines) et le plan d'eau de Torcy (près du Creusot). Basés sur la Saône, la Loire, l'Yonne et le lac des Settons, de juin à septembre, de nombreux clubs de ski nautique accueillent le

débutant ou le sportif confirmé. Le **stade aquatique d'Arc-sur-Tille** (Côte-d'Or) avec son bassin principal de 800 m équipé pour le slalom et le saut, est ouvert aux compétitions et peut recevoir jusqu'à 3 000 spectateurs assis.

Fédération française de ski nautique – 16 r. Clément-Marot, 75008 Paris, ☎ 01 47 20 05 00. 3615 skinautic. www.ffsn.asso.fr

Ligue de Bourgogne de ski nautique – C/o Michel Butel, r. Skopje, 21000 Dijon, ☎ /fax 03 80 75 39 44. www.perso.wanadoo.fr/adb/arc

eaux vives

La pratique des activité sportives d'eaux vives connaît actuellement un succès croissant. Pour les amateurs de glisse, d'émotion, mais aussi de calme d'imprévu, le Morvan offre ses multiples cours d'eau et ses lacs de retenue *(voir ci-devant)*, mais la Saône et l'Yonne, voire la Loire, sont aussi des aires prisées pour les sports nautiques. De nombreux centres sport-loisirs de la Fédération française de canoë-kayak organisent des stages des raids-découverte, des compétitions ou une journée d'excursion sur l'Yonne, le canal de Bourgogne, la Saône, la Loire et les lacs du Morvan.

Fédération française de canoë-kayak – 87 quai de la Marne, BP 58, 94344 Joinville-le-Pont, ☎ 01 45 11 08 50. La fédération édite, avec le concours de l'IGN, une carte France canoë-kayak et sports d'eau vive, avec tous les cours d'eau praticables. 3615 canoëplus, www.ffcanoe.asso.fr

golf

La Bourgogne dispose d'un potentiel important : 18 parcours, dont 11 de 18 trous répartis sur les 4 départements et alliant diversité des sites (parfois occupés par des demeures historiques comme à Tanlay) et facilité d'accès. Le site Internet du Comité régional de tourisme www.crt-bourgogne.fr est

rès bien conçu pour le golf et donne
outes les informations
nécessaires (cliquer sur « *Activités &
Loisirs* », puis sur « *Activités* ») :
localisation générale sur une carte,
liste avec coordonnées, description
rapide, tarifs et localisation plus
précise par rapport aux axes routiers.
À 2 heures d'autoroute, moins encore
par le TGV, pourquoi ne pas quitter
les terrains fréquentés des grandes
métropoles et profiter de l'air pur ?
Les hôtels et restaurants de quelques
olfs permettent d'y passer un week-
nd dans un cadre agréable et
paisible. Drapeau rouge golf.

CÔTE-D'OR

Golf de Vénarey-les-Laumes – 25 bis
av. Jean-Jaurès, 21150 Vénarey-les-
Laumes, ☎ (OT) 03 80 96 89 13 -
trous à deux pas d'Alésia.

Hôtel-Golf du château de Chailly –
1320 Chailly-sur-Armançon, ☎ 03 80
0 30 40, fax 03 80 90 30 00 - Superbe
hâteau-hôtel - (à 6 mn de la sortie de
ouilly-en-Auxois de l'A 6).

**Golf Jacques Laffite Dijon
Bourgogne** – 21490 Norges-la-Ville,
☎ 03 80 35 71 10, fax 03 80 35 79 27.
arcours à 10 mn du centre de Dijon,
ans un bel environnement boisé et
égèrement vallonné, cadre de l'open,
www.golfdijonbourgogne.com

NIÈVRE

Golf public du Nivernais – Parcours
e plaine, près du circuit de formule 1
t bénéficiant d'une hôtellerie de
ualité sur place.

SAÔNE-ET-LOIRE

Golf du Château d'Avoise – 9 r. de
Mâcon, 71210 Montchanin, ☎ 03 85 78
9 19, fax 03 85 78 15 16 - Vaste
omaine de 120 ha et parcours
echnique de grande qualité.

Golf d'Autun – Plan d'eau du vallon,
1400 Autun, ☎ 03 85 52 09 28,
ax 03 85 52 33 48 - 9 trous avec
anorama sur Autun et le Morvan.

Golf du Château de la Fredière – La
redière Ceron, 71110 Marcigny,
☎ 03 85 25 27 40, fax 03 85 52 25 06 12
Campagne vallonnée, obstacles d'eau
t hôtel-restaurant avec piscine.

YONNE

Golf de Clairis – 89150 Savigny-sur-
Clairis, ☎/fax 03 86 86 33 90 -
Parcours 18 trous technique plat dans
la forêt de chênes. Très proche de la
sortie de Courtenay de l'A 6.

Golf Domaine du Roncemay –
89110 Chassy (par Aillant-sur-Tholon),
☎ 03 86 73 50 50, fax 03 86 73 69 46 -
18 trous dans l'ancien parc boisé du
château, dessiné à la façon des
fameux links écossais ; hôtellerie,
restauration et séminaire.

**Association Sportive du Golf de
Tanlay** – Parc du château, 89430
Tanlay, ☎ 03 86 75 92 - 9 trous dans
le parc de ce superbe château
Renaissance.

autres activités

ESCALADE

La Bourgogne est un bon terrain
d'essais avant d'attaquer les sommets :
rochers du Saussois dans l'Yonne
(dominent la D 100 entre Mailly-la-
Ville et Châtel-Censoir) et leurs dalles
en surplomb ; Saffres, en Côte-d'Or, à
6 km de Vitteaux, site école très
fréquenté les week-ends (autres sites
pour sportifs confirmés : Bouilland,
Hauteroche, Vieux-Château ;
Chambolle-Musigny et Talant, près de
Dijon pour l'apprentissage), la région
de Clamecy (roches de Surgy et de
Basseville) dans la Nièvre.

KARTING ET QUAD

En bordure du circuit de Nevers-
Magny-Cours (grand prix de F1),
karting à partir de 12 ans (piste de
1 110 m divisible en 2 circuits).
Le quad est une moto à 4 roues et au
ras du sol, dont les pneumatiques à
basse pression autorisent les
randonnées en forêts sur des sentiers
spécialement balisés, généralement
accompagnées d'un guide.

Laffite Système Karting – Complexe
Automobile de Pouilly-en-Auxois,
21320 Meilly-sur-Rouvres, ☎ 03 80 90
60 77, fax 03 80 90 68 29. mer.-dim.
10h-20h.

Forme et santé

Le qualificatif « thermal » s'applique plus particulièrement aux eaux dont la température est d'au moins 35° à leur sortie du sol. Connues des Romains, grands amateurs de sources chaudes, et même des Celtes et des Gaulois, ces sources ont un long et riche passé. Les vertus des eaux thermales ont été redécouvertes aux 18e et 19e s. Outre les cures, certaines stations proposent des séjours de remise en forme. Le **Guide Rouge Michelin France** signale les dates officielles d'ouverture et de clôture de la saison thermale.

Fédération thermale et climatique française – 16 r. de l'Estrapade, 75005 Paris, ☎ 01 43 25 11 85. 3615 therm.

les stations et leurs spécialités

Saint-Honoré-les-Bains, dans le Morvan, et Bourbon-Lancy, en Saône-et-Loire sont les deux stations thermales de Bourgogne.

SAINT-HONORÉ-LES-BAINS

Oto-rhino-laryngologie et traitements des voies respiratoires pour adultes et enfants grâce aux eaux sulfurées et arsenicales.

Établissement thermal – BP 8, 58360 St-Honoré-les-Bains. ☎ 03 86 30 73 27 ; ouv. de déb. avr. à mi-oct. - Séjour de remise en forme, cure anti-tabac, rhumatologie. Nombreuses activités et manifestations.

BOURBON-LANCY

L'eau de source hyperthermale de Bourbon-Lancy, légèrement bicarbonatée et radioactive, a un effet sédatif, antalgique et décontracturant sur les localisations douloureuses des rhumatismes, notamment de l'arthrose et une action stimulante sur le plan cardio-vasculaire. Elle émerge entre 56° et 60°, et chauffe l'ensemble des bâtiments du centre thermal. Lors de son parcours dans les profondeurs terrestres, elle se charge en oligoéléments et en sels minéraux.

Damona – Quartier thermal, BP 40, 71140 Bourbon-Lancy, ☎ 03 85 89 67 37, fax 03 85 89 36 01. Centre balnéothérapie parc thermal.

Souvenirs

Beaune, centre de tourisme international, affiche une activité commerçante qui peut surprendre pour une ville de cette taille. De nombreuses boutiques de souvenirs, de décoration et d'arts de la table, des antiquaires et, naturellement, des marchands de vin s'égrènent le long des rues de la vieille ville. Avec le large choix d'hôtels de standing et de restaurants, ces commerces rendent le séjour dans la ville très agréable. À Dijon, autres ambiances. Dans les ruelles du centre, place aux douceurs et aux enseignes patinées. Salons de thé, pâtisseries, confiseries : tôt ou tard, votre œil sera attiré par les devantures alléchantes de produits locaux et la tentation sera irrésistible.

pour les gourmands

VINS

Le vin de Bourgogne est cher, de 12,20€ à 15€ en moyenne pour une appellation communale ou communale 1er cru. On le trouve dans toutes les caves de villages vignerons comme dans les boutiques spécialisées des grandes villes. Certaines occasions peuvent se présenter : un grand cru autour 22,87€, par exemple, mais les bouteilles les plus prisées atteignent facilement les 75€, voire plus, s'il s'agit de bouteilles de collection...

L'Athenaeum, 7 r. de l'Hôtel-Dieu, 21200 Beaune. ☎ 03 80 25 08 30, fax 03 80 25 08 31. Pour tout savoir sur les vins et les vignobles, une visite s'impose ici. On y trouve tout à la fois, livres, documentation, films vidéo, matériel de cave, verrerie, objets divers.

EAUX-DE-VIE

Comment repartir de Dijon sans avoir acheté une bouteille de cassis et du bourgogne aligoté (celui-ci peut se déguster seul et l'aligoté bouzeron est un excellent vin), nécessaire pour préparer le kir ? Celui-ci sera « royal » avec du crémant de Bourgogne, sec ou brut, pétillant et désaltérant. À consommer (avec modération) en apéritif... Issus de la vigne ou des fruits, d'une distillation ou d'une infusion, les digestifs terminent les repas : crèmes de fruits (framboise, cassis, mûre, pêche de vigne), marc de Bourgogne, à déguster après le café, dans une tasse encore chaude et sucrée, et fine de Bourgogne.

Lejay-Lagoute (fabrication de cassis) – 19 r. Ledru-Rollin, BP 97001, 21070 Dijon, ☎ 03 80 78 43 43.
Renseignements et réservations à l'Office de tourisme de Dijon, ☎ 03 80 44 11 44.

DOUCEURS

La liste en est si longue que l'on se rend en Bourgogne pour céder à la gourmandise et contaminer les autres par nos excès. Chaque étape apporte son écot au chapelet des douceurs : anis de Flavigny-sur-Ozerain, dans leur petite boîte vieillotte, bouguignottes d'Auxerre, bûchettes de Sens, granités roses de Semur-en-Auxois, marguerites de Bourgogne de Tonnerre, nougatines (mises à la mode par Napoléon III) de Nevers, cabaches (du nom du roi du carnaval) et graviers de Saône de Chalon-sur-Saône, corniottes de Tournus et Chagny, graviers de Saône de Mâcon, pains d'anis d'Autun. À Dijon, c'est le feu d'artifice : cassissines, jacquelines, gimblettes, colombiers et le fameux pain d'épices originaire d'Asie et que les Croisés auraient rapporté, vendu assez cher et que l'on débite encore au pavé.
Le miel est un autre produit savoureux que l'on trouve sur les étals de marché, comme le pain d'épice.

PRODUITS FERMIERS

Pour le fromage, il n'y a que l'embarras du choix : le cîteaux, l'époisses, le saint-florentin, le brillat savarin et le soumaintrain, issus du lait de vache, le mâcon et le bouton de culotte fabriqués à partir du lait de chèvre. Les moines cisterciens de l'abbaye de la Pierre-qui-Vire détiennent le secret de fabrication de

la boulette qui se distingue des nombreux fromages locaux : les vézelay, vermenton, pourly, lormes, claquebitou, cendré d'Aisy. Le fromage supporte mal le transport (vous-même aurez sans doute du mal à en supporter les effluves parfumant votre coffre). Un petit « truc » cependant si vous tenez absolument à en rapporter : prenez dans vos bagages une boîte en plastique hermétique, les odeurs les plus tenaces ne s'échapperont pas.

pour décorer la maison

CRISTAL

Atelier de taille sur cristal – Pl. Pouyat, 58250 Fours, ☎ 03 86 50 25 50.

POTERIES & FAÏENCE

Très répandus dans le Sud de la France, les marchés des potiers sont plus rares en Bourgogne, et pourtant la région compte une riche culture céramique, illustrée par la faïence de Nevers et de Charolles, la poterie de St-Amand-en-Puisaye, les tuiles et les carreaux traditionnels et près de 80 céramistes contemporains.
On trouvera des faïences (plats, vases, cache-pots, objets) à Nevers. Il est possible de visiter des ateliers de Puisaye, terre d'argile, en en demandant la liste au :

Syndicat d'initiative intercommunal de la Puisaye nivernaise – Sq. de Castellamonte, 58310 St-Amand-en-Puisaye, ☎/fax 03 86 39 63 15.

Association de potiers-créateurs de Puisaye – Colette Biquand, Les Lacs, 58350 Colmery. ☎ 03 86 39 81 26.

Des stages d'initiation ou de perfectionnement (tournage céramique) ont lieu au CNIFOP (Centre National de la Poterie et du Grès), rte de St-Sauveur, 58310 St-Amand-en-Puisaye, ☎ 03 86 39 60 17.

Kiosque

ouvrages généraux, tourisme

La Bourgogne romane, Éd. Zodiaque, 1986.

Villages de Bourgogne, par D. Bruillot et A. Roels, Éd. du Parcours, 1996.

Beauté de la Bourgogne, par P. Dupuy, Éd. Minerva, 1998.

La Bourgogne vue du ciel, par Y. et A. Arthus-Bertrand, Éd. du Chêne, 1990.

Le Parc naturel régional du Morvan, Guide Gallimard.

De nombreux guides sur le Morvan (ainsi que les topoguides) sont décrits sur le site du Parc naturel régional et peuvent être commandés, aller à www.parcdumorvan.org et cliquer « *Activités culturelles* », « *Librairie* ».

Promenades en Gâtinais, Ahvol et l'Arbre.

histoire, ethnographie

L'État Bourguignon 1363-1477, par Bertrand Schnerb, Éd. Perrin, 1999.

Splendeur de la cour de Bourgogne, Récits et chroniques, Éd. Robert Laffont.

Les Grands Ducs de Bourgogne, par J. Calmette, Éd. Albin Michel, 1976.

Bibracte et les Éduens : à la découverte d'un peuple gaulois, par C. Goudineau et Christian Peyre, Éd. Errance, 1993.

La faïence de Charolles, par J. Plat et J. Febvre, Éd. Les Amis du Prieuré.

vin & gastronomie

Les vins de Bourgogne, par S. Pitiot et J.-C. Servant, Coll. Pierre-Poupon, PUF.

Le Vin de Bourgogne, par J.-F. Bazin, Éd. Hachette, 1996.

Les meilleures recettes bourguignonnes, par C. Berthet et F. Colin, Éd. Ouest-France, 1984.

Histoire de moutarde, cassis et pain d'épice, par G. Renaud, Éd. Le Bien public, 1987.

littérature

L'Adieu aux champs, par R. Vincent, Éd. Seuil, 1989.

La Billebaude, Le pape des escargots, Les étoiles de Compostelle, par H. Vincenot, Éd. Gallimard, coll. Folio.

Ma Bourgogne, le toit du monde occidental, par H. Vincenot, Éd. la Renaissance du Livre.

Le Blé en herbe, Chéri, La Chatte, Sido, Le Fanal bleu, La Naissance du jour, Les Vrilles de ma vigne... par Colette, coll. Le Livre de Poche.

Colas Breugnon, par R. Rolland, coll. Le Livre de Poche, 1988.

La Croix de fourche, par D. Cornaille, Éd. Presses de la Cité, 1997.

La Jument verte, par M. Aymé, Éd. Gallimard, coll. Folio, 1976.

Labours d'hiver, par D. Cornaille, Éd. Presse de la Cité, 1995, 1996.

Méditations poétiques, par A. de Lamartine, Éd. Gallimard, coll. Bibliothèque Lattès, 1981.

médias

QUOTIDIENS

Côte-d'Or : Les Dépêches et Le Bien Public

Nièvre : Le Journal du Centre

Saône-et-Loire : Le Journal de Saône-et-Loire

Yonne : L'Yonne Républicaine

REVUE

Bourgogne magazine, ☎ 03 80 25 01 25, fax 03 80 25 01 26, e-mail comedit@axnet.fr –Revue richement illustrée, à la mise en page attrayante, bien documentée sur la région. Numéros spéciaux culturels, sur la gastronomie ou les balades à faire en Bourgogne.

Cinéma

Quelques films tournés dans la région

Hiroshima mon amour (1959) d'Alain Resnais, avec Eiji Okada et Emmanuelle Riva (Nevers).

La grande vadrouille (1966) de Gérard Oury, avec Louis de Funès et Bourvil (Meursault, Beaune).

Le souffle au cœur (1971) de Louis Malle, avec Clara Massari, Daniel Gélin, Benoît Ferreux (St-Honoré-les-Bains).

Mado (1976) de Claude Sautet, avec Romy Schneider et Michel Piccoli (Savigny-sur-Seille).

Partir, revenir (1985) de Claude Lelouch, avec Richard Anconina, Évelyne Bouix, Jean-Louis Trintigant (Châteauneuf-en-Auxois).

Cyrano de Bergerac (1990) de Jean-Paul Rappeneau, avec Gérard Depardieu, Anne Brochet et Jacques Weber (abbaye de Fontenay).

Conte d'hiver (1992) d'Éric Rohmer, avec Charlotte Véry et Frédéric Van Den Driessche (Nevers).

Calendrier festif

En Bourgogne, on aime faire la fête. Le blanc bourguignon est là pour le rappeler. Fête truculente, gourmande, conviviale ! Déjà les marchés ont un air de gaieté : il fait bon s'y retrouver, même dans le froid ; cela vaut la peine de se lever tôt (entre 4h et 8h du matin), de préférence en automne, pour assister au marché aux bestiaux de St-Christophe-en-Brionnais ou à un jour de foire à Louhans. La diversité des manifestations est étonnante : grands moments de l'année vigneronne, fêtes de villages, foires aux bestiaux et aux produits du terroir (et la Bourgogne compte de nombreux fleurons !), foire gastronomique, festivals de danse et de musique, élan de spiritualité des notes résonnants sous les voûtes et animations de rue pendant le carnaval. Le choix, si large, augmente le plaisir d'être « bien tombé » lors d'une étape ou d'un séjour en Bourgogne et de participer à la vie locale.

La **Maison du Parc régional du Morvan** édite, en février et en octobre, la brochure *Programme culturel en Morvan* contenant les dates, les tarifs, les lieux et les coordonnées des manifestations et des spectacles (sur une période allant de février à mai et d'octobre à décembre). *Morvan en fête »* est en vente sur place, en été, ou consulter le Minitel 3615 PARCMORVAN.

Palais des congrès de Dijon – 3 bd de Champagne, BP 67827, 21078 Dijon Cedex, ☎ 03 80 77 39 00, fax 03 80 77 39 39.

Auditorium de Dijon – 11 bd de Verdun, 21000 Dijon, ☎ 03 80 60 44 44, fax 03 80 60 44 45.

festivals

Fin février-début mars Carnaval de Chalon, ☎ 03 85 48 37 97.	**Chalon-sur-Saône**
Mars Festival Art Danse, festival de danse contemporaine, ☎ 03 80 73 97 27.	**Auxerre, Beaune, Dijon, Chalon, Le Creusot**
De mai à juillet Les concerts de la Tour de Bassy, ☎ 03 85 33 28 77.	**St-Gengoux-de-Scissé (71)**
Mai Jazz à Auxerre, ☎ 03 86 94 08 12.	**Auxerre**
Début juin Fêtes médiévales de Semur, ☎ 03 80 97 05 96, fax 03 80 97 08 85.	**Semur-en-Auxois**

De mai à septembre

Saison musicale des amis de Pontigny, ☎ 03 86 47 54 99, **Pontigny**
fax 03 86 51 23 27.

Juin

Festival de Vauluisant, ☎ 03 86 86 78 40. **Vauluisant (89)**

Juin-juillet

L'Estivade, ☎ 03 80 74 51 95. **Dijon**

Juin-septembre

Tournus Passion (ensemble des manifestations à Tournus), **Tournus**
☎ 03 85 27 00 20, fax 03 85 27 00 21.

Fin juin-début juillet

Festival national de blues, ☎ 03 85 55 68 99. **Le Creusot**
Festival de danses contemporaines (Synodales), **Sens**
☎ 03 86 95 52 22, fax 03 86 95 51 49.

Début juillet

Festival international de carillon, ☎ 03 80 56 68 01, **Beaune, Dijon,**
03 80 51 51 83 ou 03 80 71 59 86. **Nuits-St-Georges,**
Selongey, Seurre

Juillet

Festival de musique en Tonnerrois, ☎ 03 86 54 45 26. **Tonnerre et environs**
Festival international de musique baroque, **Beaune**
☎ 03 80 26 21 33, fax 03 80 22 37 20.
Festival de chanson française : Guinguette et Music-Hall, **Lormes**
☎ 03 86 22 82 74.

3e semaine de juillet

Festival national des artistes de rue, ☎ 03 85 48 05 22. **Chalon-sur-Saône**

2e quinzaine de juillet

Musique en Morvan (festival de musique sacrée), **Autun, Morvan**
☎ 03 85 82 53 81.

Fin juillet-mi août

Musicales en Auxois, ☎ 03 80 96 20 24, fax 03 80 97 29 25. **Semur-en-Auxois et**
environs

De juillet à septembre

Festival international d'orgue, ☎ 03 86 95 67 84, **Sens (cathédrale)**
fax 03 86 95 28 88.

Juillet-novembre

Festival des Grands Crus de Bourgogne, « Les rencontres **Noyers-sur-Serein**
musicales de Noyers-sur-Serein », ☎ 03 86 82 83 72, **(89)**
fax 03 86 82 63 41.

Début août

7e édition des fruits de Mhère (Rencontre d'arts musicaux, **Mhère**
d'arts plastiques, de théâtre et de cinéma), ☎ 03 86 22 82
74 (OT Lormes).

1re quinzaine d'août

Jazz à Cluny, ☎ 03 85 59 15 60. **Cluny**

Fin août-début septembre

Folkloriades internationales et fêtes de la vigne (festival **Beaune, Dijon**
de musiques et danses populaires), ☎ 03 80 30 37 95,
fax 03 80 30 23 44.

Week-ends de septembre

Festival « Musique en voûtes », ☎ 03 80 67 11 22, **Localités diverses**
fax 03 80 67 12 22.

Fin octobre

Rencontres cinématographiques, ☎ 03 80 24 56 86, **Beaune**
fax 03 80 24 50 24.

son et lumière

De juin à fin septembre
« Les Grandes Heures d'Auxerre », cathédrale St-Étienne, ☎ 03 86 52 23 29, fax 03 86 51 01 39.

Auxerre

Vendredis et samedis de mi-juillet à fin-août
Son et lumière (grand spectacle historique : 600 acteurs, 3 000 costumes, 50 cavaliers), ☎ 03 86 74 05 67.

St-Fargeau

Juillet- août
Son et lumière au château *« La Pierre des Faillettes »*, ☎ 03 85 28 00 16.

La Clayette

Son et lumière *« De la peur de l'an 1000 à la crainte de l'an 2000 »*, ☎ 03 86 82 81 12.

Noyers-sur-Serein

3 premiers week-ends d'août
Spectacle historique nocturne *« Il était une fois Augustodunum »*, ☎ 03 85 86 80 13 (Mairie).

Autun

fêtes traditionnelles

Fin-janvier-début-février
Saint-Vincent tournante (procession en l'honneur du patron des vignerons ; ville ou village changeant chaque année), ☎ 03 86 42 80 80, www.chablis.net, ☎ 03 80 61 07 12 (Dijon), ☎ 03 86 53 31 68 (Tonnerre).

Chablis, Dijon, Meursault, Tonnerre

Fin février-début mars
Carnaval de Chalon (parade musicale et grand jour des Goniots, cortèges et bal costumé des enfants, cavalcade et fête foraine), ☎ 03 85 48 37 97.

Chalon-sur-Saône

Début mars
Carnaval, ☎ 03 80 37 34 46, fax 03 80 31 02 34

Auxonne (21)

Mars
Vente des vins des Hospices de Nuits-Saint-Georges, ☎ 03 80 62 67 04.

Nuits-St-Georges

De fin à début juin
Fête de la Bague (course de chevaux dont l'origine remonte à 1639), ☎ 03 80 97 05 96.

Semur-en-Auxois

3e dimanche de juin
Grand pardon des mariniers (bénédiction des bateaux de transport fluvial), ☎/fax 03 80 29 05 48.

St-Jean-de-Losne (21)

14 juillet
Joutes nautiques, ☎ 03 86 27 02 51, fax 03 86 27 20 65.

Clamecy (58)

22 juillet et 15 août
Grande fête de la nature et des animaux sauvages (spectacle de vénerie, trompes de chasse, messe de St-Hubert), ☎ 03 86 74 07 08. www.boutissaint.com.

Boutissaint (89)

15 d'août
Fête du Grand Morvan, fête de l'accordéon, ☎ 03 85 86 15 75.

St-Léger-sous-Beuvray (71)

Joutes nautiques, ☎ 03 86 81 70 32.

Coulanges-sur-Yonne

Autour du 15 août
Feu d'artifice sonorisé, embrasement des remparts, ☎ 03 80 97 01 11.

Semur-en-Auxois

Dimanche après le 15 août
Fête des fleurs, ☎ 03 86 30 74 87.

St-Honoré-les-Bains

2e quinzaine d'août
Fête de la vielle, ☎ 03 80 64 38 65.

Anost (71)

Fête du Charolais, ☎/fax 03 80 64 06 09.

Saulieu

Dernier week-end d'août
Présentation d'attelages et d'étalons.

Cluny

Début septembre

Puces dijonnaises, ☎ 03 80 77 39 00, fax 03 80 77 39 39. **Dijon**

2e quinzaine de septembre

Marché des potiers de Bourgogne. **Pierre-de-Bresse**

2e quinzaine de novembre

« Les Trois Glorieuses » (Chapitre de la Confrérie des Chevaliers du Tastevin ; vente des vins des Hospices de Beaune, ☎ 03 80 61 07 12 ; La Paulée, ☎ 03 80 21 22 62, fax 03 80 21 26 00). **Clos Vougeot, Beaune, Meursault**

fêtes gastronomiques, foires et marchés

Mi-mars

Défilé carnavalesque « tape chaudrons » et fête du crémant, ☎ 03 80 91 50 50. **Châtillon-sur-Seine**

Week-end de Pâques

Les Vinées Tonnerroises, ☎ 03 86 55 02 74. **Tonnerre**

2e quinzaine d'avril

Festival de l'Escargot, ☎ 03 86 73 23 73, fax 03 86 73 26 08. **Bassou (89)**

Mai

Foire internationale des vins de France, ☎ 03 85 38 13 48. **Mâcon**

Fin mai

Journées gourmandes du Grand Morvan et des pays de Bourgogne, ☎ 03 80 64 09 22, fax 03 80 64 19 81. **Saulieu**

Dernier dimanche de juin

Foire aux cerises. **Escolives-Ste-Camille (89)**

Mi juillet

Fête des terroirs (vente aux enchères de grands crus), ☎/fax 03 86 39 03 75. **Pouilly-sur-Loire (58)**

Fin juillet

Fête de l'oignon, ☎/fax 03 80 47 84 42. **Pontailler-sur-Saône (21)**

Août

Fête des myrtilles, ☎ 03 86 36 39 80, fax 03 86 36 36 63. **Glux-en-Glenne (58)**
Foire nationale des reproducteurs ovins. **Decize**

Mi-août

Journées gourmandes médiévales, ☎ 03 80 37 34 46, fax 03 80 31 62 34. **Auxonne**

Exposition nationale et fête du Charolais (samedi et dimanche suivant le 15 août). ☎/fax 03 80 64 06 09. **Saulieu**

15 août

Foire aux vins, ☎ 03 86 39 03 75 (OT), fax 03 86 39 18 30. **Pouilly-sur-Loire**

1er septembre

Fête du roi Chambertin, ☎ 03 80 34 38 40. **Gevrey-Chambertin**

Fin octobre

Foire aux marrons, ☎ 03 85 82 53 00. **St-Léger-sous-Beuvray (71)**

1re quinzaine de novembre

Foire internationale et gastronomique, ☎ 03 80 77 39 00, fax 03 80 77 39 39. **Dijon**

Fin octobre-novembre

Fêtes des vins de l'Yonne, ☎ 03 86 42 80 80 (Chablis), ☎ 03 86 62 11 05 (Joigny), ☎ 03 86 53 66 76 (St-Bris). **Chablis, Joigny, St-Bris-le-Vineux**

2e vendredi et samedi de novembre

Foire interdépartementale des reproducteurs, ☎ 03 85 24 17 54. **Charolles**

Début décembre
Fête du pain d'épice, ☎ 03 80 44 11 44, fax 03 80 74 52 91.   **Dijon**

2e week-end de décembre
Foire aux dindes et aux oies, ☎ 03 85 25 03 51.   **Marcigny**

3e vendredi et samedi de décembre
Concours de volailles plumées et préparées,   **Bourg-en-Bresse**
☎ 04 74 22 29 90.

Réveillon de Noël et Saint-Sylvestre
Marché du Réveillon aux caves de Bailly,   **St-Bris-le-Vineux**
☎ 03 86 53 77 77.

Lundi matin
Marché aux volailles de Bresse, ☎ 03 85 76 04 44.   **Louhans**
Marché aux bestiaux (ovins).   **Moulins-Engilbert**

Mardi matin
Marché aux bestiaux (bovins).   **Moulins-Engilbert**

Mercredi matin
Marché aux bestiaux.   **Charolles**

Jeudi matin
Marché aux bestiaux.   **St-Christophe-en-
Brionnais**

Samedi matin
Marché couvert et découvert.   **Beaune**

Dimanche matin
Marché bourguignon.   **Chablis**

fêtes religieuses & pèlerinages

22-24 juin
Pèlerinage du Sacré-Cœur, ☎ 03 85 81 62 22.   **Paray-le-Monial**

2e quinzaine de juillet
Sessions d'été de Paray-le-Monial (rencontres et prière),   **Paray-le-Monial**
☎ 03 85 81 10 92.

22 juillet
Pèlerinage de la Madeleine, ☎ 03 86 33 39 50.   **Vézelay**

Début septembre
Pèlerinage et Mystère de sainte Reine, ☎ 03 80 96 86 55.   **Alise-Ste-Reine**

24 décembre
Messe de Minuit et crèche vivante, ☎ 03 80 49 21 59,   **Châteauneuf-en-
Auxois**
fax 03 80 49 21 64.

rencontres sportives

Fin avril
Randonnée pédestre Auxerre-Vézelay (vignobles de   **GR13 entre
Auxerre et Vézelay**
St-Bris-le-Vineux et d'Irancy, vallée de la Cure, grottes
d'Arcy) sur le GR13, Club alpin français,
☎ 03 86 62 07 19, fax 03 86 62 43 28.

Début juillet
Grand Prix de France de formule 1, ☎/fax 03 86 21 80 00.   **Circuit de Nevers-
Magny-Cours**

Mi-septembre
Bol d'Or (motocyclisme), info/réservation : Larivière   **Circuit de Nevers-
Magny-Cours**
Organisation, ☎ 01 41 40 32 32, fax 01 41 40 32 55 ou
circuit ☎/fax 03 86 21 80 00.

20 octobre
5e Marathon de la route des Grands Crus.   **Marsannay-la-Côte**
☎ 03 80 65 92 65.

Les Hospices de Beaune.

*Invitation
au voyage*

Les Grands Ducs d'Occident

C'est sous la dynastie des ducs Valois que durant plus d'un siècle la Bourgogne parvint à l'apogée de sa puissance et de son prestige.

Philippe II le Hardi, le bien nommé (1363-1404)

Lors de la bataille de Poitiers contre le Prince noir (1356), Philippe n'a pas quinze ans qu'il combat héroïquement aux côtés de son père, le roi de France Jean le Bon. Il se voit qualifier de « hardi » lorsque, blessé et prisonnier avec celui-ci, il assène un soufflet à un gentilhomme anglais qui tient des propos désobligeants pour le roi. « Desleal chevalier, dit Philippe au perfide, t'appartient-il de desmentir si noble personne que le roi de France ? »

Lorsqu'il fait son entrée solennelle à Dijon en novembre 1364, ses titres de courage lui ayant valu le duché,

Philippe II le Hardi est un beau chevalier, femmes, ne négligeant rien pour servir les mariage (en 1369) avec Marguerite de de Rouvres, il hérite en 1384 d'un ter- nais, comté de Bourgogne – Franche- Flandre) qui fait de lui le plus puis- tienté. Dans le palais qu'il a fait convie peintres et sculpteurs de son Il est toujours somptueusement vêtu, et aimant le jeu, le luxe et les intérêts de sa maison. Par son Mâle, la veuve de Philippe ritoire conséquent (Niver- Comté –, Artois et sant prince de la chré- reconstruire à Dijon, il domaine des Flandres. son chapeau est garni de plumes, douze d'autruche, deux de faisan et deux d'oiseaux des Indes. Un collier d'or avec un aigle et un lion portant sa devise « En loyauté », des rubis, des saphirs, des perles à profusion constituent sa parure habituelle.

Soucieux d'assurer à sa dynastie une nécropole royale, Philippe, premier pair de France, fonde la chartreuse de Champmol et charge le sculpteur **Jean de Marville** des plans de son tombeau. Les plus beaux marbres sont apportés de Liège, les pierres d'albâtre de Gênes. À sa mort, il a dilapidé sa fortune au point que ses fils doivent, pour payer les funérailles, mettre en gage l'argenterie ducale. Selon la coutume de Bourgogne, sa veuve vient, en signe de renonciation à la succession mobilière, déposer sur le cercueil sa bourse, son trousseau de clefs et sa ceinture.

Ci-contre : Assemblée du parlement de Bourgogne sous Charles le Téméraire. Château de Versailles.

En bas : Philippe le Bon par Roger Van der Weyden. Musée des Beaux-Arts, Dijon.

Jean sans Peur (1404-1419)

Né à Dijon en 1371, chétif et laid, mais brave, intelligent et ambitieux, Jean de Nevers s'est illustré au cours de la croisade – désastreuse – de Nicopolis contre les Turcs (en avril avait eu lieu à Dijon une grande parade pour fêter le départ). Succédant à son père Philippe le Hardi, mais plus secret et hypocrite, il reprend la lutte au Conseil royal face au parti de son cousin et ennemi Louis d'Orléans, frère du roi dément Charles VI, et prône des réformes dans le gouvernement. Il espère en toute simplicité régner sur la France.

Comme Louis a pour emblème un bâton noueux, Jean adopte un rabot, signifiant par là qu'il saura bien un jour « planer ce bâton ». Ce qu'il réalise en commanditant l'assassinat de son rival en 1407. Il quitte aussitôt Paris dont il s'était rendu maître.

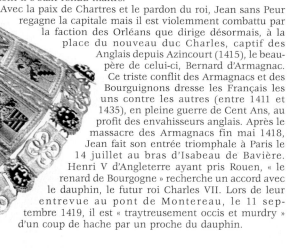

Ordre de la Toison d'or. Collier héraldique du roi d'armes de 1516.

Avec la paix de Chartres et le pardon du roi, Jean sans Peur regagne la capitale mais il est violemment combattu par la faction des Orléans que dirige désormais, à la place du nouveau duc Charles, captif des Anglais depuis Azincourt (1415), le beau-père de celui-ci, Bernard d'Armagnac.

Ce triste conflit des Armagnacs et des Bourguignons dresse les Français les uns contre les autres (entre 1411 et 1435), en pleine guerre de Cent Ans, au profit des envahisseurs anglais. Après le massacre des Armagnacs fin mai 1418, Jean fait son entrée triomphale à Paris le 14 juillet au bras d'Isabeau de Bavière. Henri V d'Angleterre ayant pris Rouen, « le renard de Bourgogne » recherche un accord avec le dauphin, le futur roi Charles VII. Lors de leur entrevue au pont de Montereau, le 11 septembre 1419, il est « traytreusement occis et murdry » d'un coup de hache par un proche du dauphin.

Philippe III le Bon (1419-1467) et la Toison d'or

Par esprit de vengeance, mais aussi pour préserver la Bourgogne, Philippe III le Bon, fils unique de Jean sans Peur, s'allie aux Anglais. Il est l'un des signataires du traité de Troyes par lequel le dauphin est déchu de ses droits.

Lors de l'entrée de Philippe le Bon à Dijon en 1422, les Bourguignons fidèles au roi de France prêtent hommage à Henri V tout en précisant dans les textes que c'est simplement par respect de la volonté du duc.

Dix ans plus tard, sur les instances de Jeanne d'Arc, Charles VII est sacré à Reims et tente de reconquérir son royaume. En réaction, Philippe le Bon cherche à s'allier la noblesse en fondant, à l'occasion de son mariage avec Isabelle de Portugal (janvier 1430), l'ordre souverain de la Toison d'or. Créée en l'honneur de Dieu, de la Vierge et de saint André, cette société inspirée de la légende de Jason et des Argonautes comporte à l'origine vingt-cinq membres qui jurent de servir loyalement le Grand Maître, en l'espèce le duc et ses successeurs. Les chevaliers se réunissent au moins tous les trois

GÉNÉALOGIE DES MAISONS DE FRANCE ET DE BOURGOGNE AUX XIVᵉ ET XVᵉ siècles

VALOIS

PHILIPPE VI (1328-1350)
Jeanne de Bourgogne
Blanche de Navarre

JEAN II LE BON (1350-1364)
Bonne de Luxembourg

CHARLES V (1364-1380) Jeanne de Bourbon	LOUIS D'ANJOU Marie de Blois	JEAN DE BERRY Jeanne d'Armagnac Jeanne II d'Auvergne	PHILIPPE LE HARDI (1364-1404) Marguerite de Flandre

CHARLES VI (1380-1422)
Isabeau de Bavière

LOUIS D'ORLEANS
Valentine de Milan

JEAN SANS PEUR (1404-1419)
Marguerite de Bavière

CHARLES VII (1422-1461)
Marie d'Anjou

CHARLES D'ORLEANS
Isabelle de France
Marie de Clèves

PHILIPPE LE BON (1419-1467)
Michèle de Valois
Bonne d'Artois
Isabelle de Portugal

LOUIS XI (1461-1483)
Charlotte de Savoie

CHARLES LE TEMERAIRE (1467-1477)
Catherine de Valois
Isabelle de Bourbon
Marguerite d'York

CHARLES VIII (1483-1498)
Anne de Bretagne

ANNE de Beaujeu

JEANNE de France
Louis XII - - -

LOUIS XII (1498-1515)
Jeanne de France
Anne de Bretagne - - - -
Marie d'Angleterre

MARIE DE BOURGOGNE
(† 1482)
Maximilien de Habsbourg

MAISON DE FRANCE

MAISON DE BOURGOGNE

ans et revêtent alors le plus somptueux des costumes : sur une robe écarlate fourrée de petits-gris repose un long manteau de la même teinte vermeille également fourré de petits-gris. La devise ducale : « Aultre n'auray », se détache comme la promesse de fidélité de Philippe à Isabelle. Le collier de l'ordre est fait de briquets – des fusils – et de silex d'où jaillissent des étincelles, en souvenir du rabot et des rabotures de Jean sans Peur. La Toison d'or est aujourd'hui encore un ordre des plus insignes et des plus fermés. À la mort de l'un de ses membres, les héritiers renvoient au Grand Maître le collier et sa Toison *(voir Dijon)*.

La même année, Jeanne d'Arc est capturée à Compiègne par le Bourguignon Jean de Luxembourg, puis livrée aux Anglais pour 10 000 écus d'or. Par le traité d'Arras (1435), dans la crainte de se retrouver isolé, Philippe change

Marie de Bourgogne. Musée Condé, Chantilly.

d'alliance, se réconcilie avec Charles VII et agrandit en contrepartie son domaine (comtés d'Auxerre et de Mâcon, villes de la Somme à titre précaire). Dijon perd un peu de son lustre au profit de Bruges et de Bruxelles tout en devenant la capitale d'un puissant État qui comprend une grande part de la Hollande, de la Belgique, le Luxembourg, la Flandre, l'Artois, le Hainaut, la Picardie et le territoire compris entre la Loire et le Jura. Cinq grands officiers, le maréchal de Bourgogne, l'amiral de Flandre, le chambellan, le grand écuyer et le chancelier – Nicolas Rolin –, des artistes comme Van Eyck entourent le duc qui possède une des cours les plus fastueuses d'Europe. Souvent vêtu de noir, le prince n'en aime pas moins les pierres précieuses, les joutes, les banquets et les femmes : on lui connaît une trentaine de maîtresses. Ce déploiement de luxe ne va pas sans engendrer quelques tensions : en 1453, l'année qui met un terme à la guerre de Cent Ans, les états généraux à Dijon s'insurgent contre les privilèges outranciers des commensaux de Philippe, la cour étant installée à Bruxelles.

Charles le Téméraire.
Statuts de la Toison d'or, 15e s.
Musée de l'Institut de Valencia
de Don Juan, Madrid.

Charles le Téméraire (1467-1477)

Le dernier des ducs Valois de Bourgogne, peut-être le plus célèbre, grand, fortement charpenté, vigoureux, aime les exercices violents, la chasse en particulier ; dès 1465 son père lui avait confié le commandement des armées de Bourgogne. C'est aussi un esprit cultivé qui connaît le flamand, l'anglais, le latin et consacre du temps à l'étude, l'histoire surtout le passionne. Il est orgueilleux et dévoré d'ambition et, comme dit de lui le perspicace Commynes (historiographe passé de son service à celui du roi) : « Il désiroit grant gloire, qui estoit ce qui plus le mectoit en ces guerres que nulle autre chose et eust bien voulu resembler à ces anciens princes dont il a tant esté parlé après leur mort. » Puisque son père a porté le même nom que Philippe de Macédoine, il rêve de devenir un nouvel Alexandre. Lors de ses rares venues à Dijon, de grandes fêtes sont organisées autour de la mythologie grecque. Le rêve de conquête du Téméraire, c'est de rattacher les moitiés Nord et Sud de ses États afin de créer un royaume. Pour cela, et pour lutter contre les rébellions que suscite son très habile rival Louis XI (« l'universelle araigne » selon Jean Molinet), il soutient des guerres continuelles. Il est proche de la réussite lorsqu'en 1475 il conquiert la Lorraine, mais ses troupes sont épuisées et subissent des défaites contre les Suisses. Il meurt en assiégeant Nancy (envisagé comme capitale) défendu par René d'Anjou, duc de Lorraine, qui avait repris la ville trois mois plus tôt. Son corps est retrouvé dans un étang glacé, à moitié dévoré par les loups, ses ennemis l'ayant dépouillé « en la trouppe, sans le congnoistre ». À propos de la triste fin de la dynastie, Olivier de la Marche parlera du « grand trabuchement » de 1477.

« Téméraire » est un terme péjoratif qui dénote l'imprudence. Charles était en réalité appelé « Hardi » par ses contemporains. Il existe un portrait de lui par Rogier Van der Weyden.

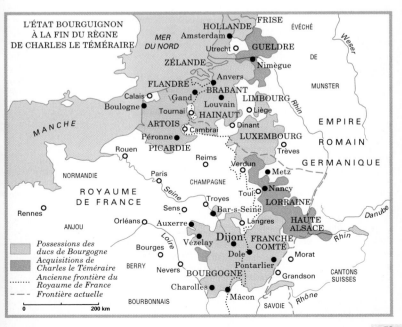

L'ÉTAT BOURGUIGNON
À LA FIN DU RÈGNE
DE CHARLES LE TÉMÉRAIRE

Possessions des ducs de Bourgogne
Acquisitions de Charles le Téméraire
Ancienne frontière du Royaume de France
Frontière actuelle

0   200 km

L'histoire

Mille ans après les Burgondes, la Bourgogne gouvernée par des princes a bien failli être à nouveau un puissant royaume. Si le nez de Louis XI eût été plus court... Il convient donc de faire la claire distinction entre l'histoire de la Bourgogne et l'histoire de France, en particulier avant la fin du 15ᵉ siècle.

Époque préhistorique

Dès les temps les plus reculés, la Bourgogne fut un lieu de passage et d'échanges entre le Bassin parisien et la vallée de la Saône, les pays du Nord et la Méditerranée.

Notre ancêtre de Cro-Magnon vit dans les grottes d'Arcy-sur-Cure quand il les préfère aux campements. La mise au jour d'ossements et d'outillages à Solutré, près de Mâcon *(voir la Roche de Solutré)*, atteste l'existence d'établissements humains entre 18 000 et 15 000 ans

Vercingétorix à Alésia par F. Hermann (1869).

avant l'ère chrétienne. Cette période du paléolithique a depuis pour nom le solutréen.

Antiquité

AVANT J.-C.

● **8ᵉ s.** – Invasion des Celtes (civilisation dite de Hallstatt, du nom d'un village autrichien célèbre pour ses épées de fer) et apparition de tertres funéraires ou tumuli, des sépultures par incinération ou par inhumation. Trésors de Blanot et de Villethierry.

● **V. 530** – Début de la société gauloise (« Celtes » se dit *Galli* en latin) et développement du commerce avec les négociants grecs d'Italie du Sud, ce dont témoigne le trésor de Vix sur la route de l'étain dans la région de Châtillon-sur-Seine *(voir ce nom)*. À l'âge de La Tène, la région est habitée par trois peuples gaulois : les Éduens, le plus puissant de Gaule avec les Arvernes, et qui ont pour capitale l'oppidum de Bibracte *(voir mont Beuvray)* ; les Séquanes au bord de la Saône ; les Lingons sur le plateau de Langres, dans le Châtillonnais.

● **58** – Menacés par les Helvètes, les Éduens demandent le secours de Rome, son alliée. Par sa victoire près de Montmort (Saône-et-Loire), César commence sa conquête des Gaules.

● **52** – Insurrection générale contre l'envahisseur romain. Les Éduens s'allient aux Arvernes après la victoire de Vercingétorix à Gergovie. Assiégé à Alésia *(voir Alise-Ste-Reine)*, le chef gaulois rend les armes à César. La guerre des Gaules prend fin quelques mois après la capitulation, tandis que César rédige ses Commentaires sur le mont Beuvray.

APRÈS J.-C.

● **21** – Révolte de Sacrovir et des Éduens contre Tibère. Prise d'otages à Augustodunum (Autun), chef-lieu remplaçant Bibracte à l'intérieur de la Gaule lyonnaise.

● **70** – Avec la *Pax romana*, la civilisation gallo-romaine s'épanouit en Bourgogne.

● **313** – Par l'édit de Milan, l'empereur Constantin accorde aux chrétiens la liberté de culte : au cours du siècle le christianisme s'étend en Bourgogne, avec l'apparition des saints Andoche, Bénigne, Reine. En 418, saint Germain, ancien commandant de garnison romaine, devient évêque d'Auxerre.

● **356** – Invasion germanique.

La Burgondie

● **442** – Originaires de la région balte (de Born-holm), porteurs d'une civilisation avancée, les Bur-gondes s'installent dans le bassin de la Saône et du Rhône puis fondent un royaume auquel ils don-nent leur nom : Burgundia, qui deviendra Bour-gogne. Le roi Gondebaud institue par la fameuse loi Gombette l'égalité entre citoyens romains et burgondes. Sous la poussée des Barbares venus de l'Est, l'Empire romain d'Occident se disloque (Rome est prise en 476).

● **500** – Clovis, roi des Francs, bat les Burgondes qui deviennent tributaires des Mérovingiens. Ses héritiers saisissent en 534 le royaume, qui couvrira près du quart Sud-Est de la France actuelle.

● **734** – La Bourgogne se soumet à Charles Martel qui a arrêté les Arabes à l'approche d'Autun. À la mort de son fils Pépin le Bref (768), la Bourgogne va à Carloman, frère de Charles Ier. Ce dernier s'en empare en 771.

● **841** – Dans la lutte pour l'Empire de Charle-magne, Charles II le Chauve bat son frère Lothaire à Fontanet (Fontenoy-en-Puisaye, près d'Auxerre). Par le traité de Verdun (843), l'Empire d'Occident est démembré entre les fils de Louis le Pieux : la Bourgogne franque, qui s'arrête à la Saône, revient à Charles le Chauve ; la Bourgogne impériale, dont le Nord deviendra le comté de Bourgogne (Franche-Comté), est attribuée à Lothaire.

Le duché de Bourgogne

● **Fin 9e s.** – Ayant repoussé les Normands, Richard le Justicier, comte d'Autun, fonde le duché qui englobe les *pagi*, c'est-à-dire les comtés, de la zone franque.

● **1002-1016** – Le roi de France Robert II le Pieux, fils d'Hugues Capet, occupe la Bourgogne.

● **1032** – Henri Ier, fils de Robert le Pieux, cède le duché à son frère Robert Ier le Vieux (branche bourguignonne de la maison capétienne) afin de préserver son trône. Langres, Troyes, Sens, Auxerre, Mâcon et Nevers n'en font plus partie. Sous les ducs capétiens, la Bourgogne devient un bastion de la chrétienté : c'est l'époque du rayonnement de Cluny puis de Cîteaux et de Clairvaux.

● **910** – Fondation de Cluny par Guillaume d'Aquitaine.

● **1098** – Fondation de l'abbaye de Cîteaux.

En 1146, saint Bernard prêche près de Vézelay la 2e croisade. Après leur échec à Damas, Allemands et Français rentrent en 1149. Ils ne sont pas totalement bre-douilles puisqu'ils rapportent un arbre alors inconnu en Europe, le prunier : de là l'expression « se battre pour des prunes ».

● **1186** – Le duc de Bourgogne se soumet à Philippe Auguste. En 1199 ce dernier est frappé d'interdit par le concile de Dijon, suite à un mariage irrégulier.

● **1361** – Après un hiver où la Bourgogne fut pillée par les Anglais (guerre de Cent Ans : 1337-1453), le jeune duc Philippe de Rouvres meurt de la peste ; avec lui s'éteint la lignée des ducs capétiens. Le duché passe alors entre les mains du roi de France, Jean II le Bon, qui le remet en apanage à son 4e fils, Philippe le Hardi, dès 1363.

Le retour à la Couronne

● **1482** – À la mort de Charles le Téméraire, Louis XI s'est empressé d'annexer la Bourgogne ducale au domaine royal ; il transfère le parlement à Dijon. Frustrée d'une partie importante de son héritage, Marie de Bourgogne, fille du défunt duc, a épousé Maximilien de Habsbourg à qui revient à sa mort le reste des territoires de l'ancien duché. Elle a donné à l'archiduc un fils, Philippe le Beau, et une fille, Marguerite d'Autriche *(voir Bourg-en-Bresse)*.

● **1513** – Dijon, assiégé par les Impériaux qui ont envahi la province, est sauvé par des négociations conduites au vin de Bourgogne.

● **1525** – Le désastre de Pavie en février contraint François Ier à céder le Milanais et la Bourgogne, à laquelle Charles Quint renoncera plus tard (paix de Cambrai, 1529).

À la tête du Saint-Empire auquel aspirait François, Charles Quint, fils de Philippe le Beau est donc prince bourguignon et francophone. L'un de ses principaux objectifs fut de reconquérir ses droits à l'héritage du duché de Bourgogne. Son rêve était d'ailleurs de prendre place parmi les siens dans la chartreuse de Champmol.

● **1559** – Par le traité de Cateau-Cambrésis, qui marque la fin des guerres d'Italie, la province est définitivement rattachée au royaume.

● **1595** – Henri IV bat les Espagnols à Fontaine-Française, libérant la Bourgogne. L'Espagne conserve le Charolais.

● **1601** – La Bourgogne s'agrandit de la Bresse, du Bugey et du Valmorey acquis au duc de Savoie.

● **1631-1789** – À partir du règne de Louis XIII et jusqu'à la Révolution, les princes de Condé se succèdent comme gouverneurs de la province, partageant le pouvoir avec l'intendant de la généralité de Dijon (justice, police et finances). En 1650, le Grand Condé implique ses administrés dans la Fronde contre le jeune roi Louis XIV.

● **1693-1710** – Années difficiles, car la région connaît les famines.

● **1789** – En juillet, Saint-Florentin est un des centres d'où part la Grande Peur. Près de Cluny et de Cormatin, des groupes de paysans révoltés sont battus par les milices. Les coupables de ces jacqueries sont condamnés à Dijon.

● **1790** – Le 24 février, la province est divisée en quatre départements. Les grands domaines du clergé, dont les vignobles, sont vendus à la bourgeoisie. Ainsi, le clos de Vougeot passe de la pioche des moines de Cîteaux à la poche de banquiers parisiens.

De la fin de l'Empire à la Grande Guerre

● **1814** – Congrès de Châtillon-sur-Seine et invasion de la Bourgogne par les Alliés. De retour de l'île d'Elbe, Napoléon est triomphalement accueilli.

● **1822** – Invention de la photographie par Nicéphore Niepce à St-Loup-de-Varenne, au Sud de Chalon-sur-Saône.

● **1832** – Le canal de Bourgogne est ouvert à la navigation.

● **1836** – La famille Schneider s'installe au Creusot.

● **1838** – Lamartine est élu député de Mâcon.

● **1842** – Lamartine fonde à Mâcon le journal *Le Bien Public*.

● **1848** – Lamartine proclame la IIe République et intègre le gouvernement provisoire comme ministre des Affaires étrangères.

● **1851** – Première vente aux enchères des vins des Hospices de Beaune. Inauguration à Dijon de la ligne PLM par Louis-Napoléon, qui en profite pour annoncer tacitement son prochain coup d'État.

● **1873** – Le maréchal Mac-Mahon, natif de Sully (Saône-et-Loire), vaincu à Sedan mais vainqueur des communards, est nommé président de la République par les monarchistes. Tenant de l'ordre moral, il institue un pèlerinage à Paray-le-Monial, dont le Renouveau charismatique relancera la mode cent ans plus tard.

● **1878** – Destruction du vignoble par le phylloxéra.

● **1914** – À Châtillon-sur-Seine, Joffre lance l'ordre du jour du 6 septembre « Au moment où s'engage une bataille... le moment n'est plus de regarder en arrière ».

● **1934** – La création de la confrérie des chevaliers du Tastevin à Nuits-St-Georges tire le vignoble bourguignon de sa léthargie.

Notre Époque

● **Juin 1940** – Le 11, Paul Reynaud et Winston Churchill tiennent un conseil suprême à Briare. Le 17, alors que de Gaulle est parti pour Londres, les Allemands sont sur place.

● **1940-1944** – Pétain rencontre Goering à St-Florentin le 1er décembre 1941. La Résistance est active en Bourgogne : combat des enfants de troupe d'Autun ; les forêts du Châtillonnais et du Morvan tiennent lieu de maquis. Le Mâconnais est resté en zone libre.

Le frère Roger Schutz venu de Suisse mais de mère bourguignonne s'installe à Taizé et y crée une communauté œcuménique.

● **14 sept. 1944** – La division Leclerc et l'armée de Lattre de Tassigny opèrent leur jonction près de Châtillon-sur-Seine. Le 11, Dijon a été libéré.

● **1945** – Le chanoine Kir est élu maire de Dijon.

● **1953** – Découverte archéologique du « Trésor de Vix » dans le Châtillonnais.

● **1959** – En avril, en visite à Dijon, le général de Gaulle s'adresse à la foule et rend hommage au chanoine Kir, député-maire : « En octobre 1944, dans les grandes joies et les grandes espérances de la Libération, j'avais à côté de moi le maire que vous avez aujourd'hui. »

● **1970** – Création du Parc naturel régional du Morvan.

● **1981** – Mise en service du TGV Sud-Est. La Bourgogne est desservie par les gares du Creusot-Montchanin et Mâcon-Loché.

● **1981** – Le 10 mai, François Mitterrand est élu président de la République.

Il prononce à Château-Chinon, dont il est le maire depuis 1959, sa première allocution radiotélévisée.

● **1982** – Création de la région Bourgogne, 500 ans après son rattachement à la France.

● **1993** – L'ancien Premier ministre Pierre Bérégovoy se suicide le 1er mai à Nevers.

Le président François Mitterrand à Solutré.

La vie monacale

Fontenay – Salle capitulaire.

La première abbaye de Bourgogne, Moutiers, fut fondée dans l'Auxois à l'époque franque par l'un des parrains de Clovis, Jean de Reôme. C'est un disciple, Sigo, qui fonde à son tour l'abbaye de St-Seine, non loin des sources dédiées à Sequana. Ainsi, les sites sacrés gaulois se font chrétiens avec les débuts du monachisme et la montée en puissance des évêques. Les ordres religieux – en premier lieu celui de Saint-Benoît – se multiplient à partir du 10ᵉ s. La Bourgogne avec Cluny s'est alors trouvée à l'avant-garde de ce mouvement mystique et, au tournant du 11ᵉ et du 12ᵉ siècle, elle conduit le renouveau avec Cîteaux et saint Bernard.

Vincent de Beauvais : « Le Miroir Historial ». St-Bernard de Clairvaux.

La lumière de Cluny

La fondation par Bernon, en 910, d'un couvent sur les terres mâconnaises du duc d'Aquitaine, Guillaume le Pieux, marque l'origine d'une importante réforme monastique. L'époque est propice : les débuts de la féodalité et l'instabilité du pouvoir royal provoquent un mouvement mystique et un afflux d'hommes vers les cloîtres. À Cluny, le retour à l'esprit de la règle bénédictine est marqué par l'observance des grands principes – chasteté, jeûnes, obéissance, silence (la communication se fait par gestes dans un langage de signes visuels) –, et les offices divins occupent la plus grande partie du temps.

Saint Benoît et la règle bénédictine

Né en Nursie et après avoir vécu en ermite, Benoît s'installe en 529 à la tête d'un groupe de moines sur le mont Cassin, au Sud du Latium, en Italie, à l'emplacement d'une ancienne colonie romaine. D'anachorète il devient cénobite (deux termes d'origine grecque qui signifient l'un « s'en est allé » et l'autre « vit en communauté »). S'inspirant des préceptes contemplatifs de saint Basile et de Cassien, et les adaptant à l'esprit occidental plus porté vers l'action, il élabore ses Constitutions. Ces conseils, d'où sortira la fameuse « règle bénédictine » qui deviendra la norme universelle en matière de vie conventuelle, témoignent d'une grande modération : si les jeûnes, le silence et l'abstinence sont prescrits, les mortifications et les pénitences douloureuses sont sévèrement condamnées. Saint Benoît accorde au travail manuel une grande place dans l'emploi du temps des moines, « les ouvriers de Dieu » (6 à 8 heures, contre 4 à la lecture et 4 à l'office divin). Élu à vie, l'abbé a une autorité absolue car il tient « aux yeux de la foi, la place du Christ ».

La règle recommande l'autarcie, suggérant que « le monastère soit construit de sorte que le nécessaire, à savoir l'eau, le moulin, le jardin, soit à l'intérieur et que s'y exercent différents métiers ».

Le succès de la règle bénédictine est dû à la volonté des rois carolingiens d'imposer un modèle monastique – dès 670 le concile d'Autun la fait adopter par de nombreuses abbayes. À cet égard, Benoît d'Aniane en a si bien fait valoir auprès de Louis le Pieux la sagesse, la simplicité, la mesure et la raison pratique qu'en 817 le fils de Charlemagne l'étend à tout l'empire.

Depuis 1964 Benoît est le patron de l'Europe.

La grande innovation consiste dans l'indépendance de Cluny à l'égard de tout pouvoir politique. En vertu de la charte de fondation, l'abbaye est directement rattachée au Saint-Siège, ce qui en fait lui assure, étant donné l'éloignement du pouvoir pontifical, une autonomie absolue. Elle sera appelée d'ailleurs « seconde Rome ». L'abbatiale édifiée en 1088 sera longtemps la plus grande église de la chrétienté. L'expansion de l'Ordre clunisien est extrêmement rapide, si l'on songe qu'au début du 12e s. en Europe 1 450 maisons comptant 10 000 moines en dépendaient. Parmi les « filiales » bourguignonnes, citons les abbayes ou prieurés de St-Germain d'Auxerre, de Paray-le-Monial, de St-Marcel de Chalon, de Vézelay, de Nevers (St-Sever et St-Étienne), de La Charité-sur-Loire.

Une telle floraison s'explique en grande partie par la personnalité et la pérennité des grands abbés de Cluny (tels saint Odon, saint Maïeul, saint Odilon, saint Hugues, Pierre le vénérable), préparant ensemble leur succession et secondés par des hommes de haute compétence qui s'appuient eux-mêmes sur une « base » sans faille. Georges Duby parle de « l'esprit d'équipe au coude à coude » qui règne entre les moines noirs.

Durant deux ou trois générations, Cluny est donc au cœur d'un véritable empire. Personnage considérable, plus puissant parfois que le pape dont il est le guide et le conseiller, l'abbé est consulté par les rois pour trancher les différends, régler les litiges. Les richesses s'accumulent (chaque filiale paie une redevance) et, au sommet de la pyramide, l'abbé adopte le train de vie d'un grand seigneur, au point de se faire construire une résidence particulière. Peu à peu le pouvoir suprême n'est plus exercé d'une façon efficace.

Cîteaux et saint Bernard

En lutte contre le relâchement des moines clunisiens s'élève la voix de saint Bernard. Prodigieuse destinée que celle de ce fils d'un chevalier du duc, né au château de Fontaine près de Dijon qui, cherchant la miséricorde de Dieu, se présente à l'âge de 21 ans avec une trentaine de compagnons au monastère de Cîteaux alors sous l'abbatiat d'Étienne Harding, en 1112.

Bernard de Clairvaux

Trois ans plus tard, il va s'installer aux limites de la Bourgogne et de la Champagne, dans un pays pauvre, la vallée de l'Absinthe, qui devient « Clairvaux » (la claire val-

Taizé – Prière autour de frère Roger.

lée). Bernard, promu abbé, accomplit là une œuvre gigantesque. Dénué de tout et de faible constitution, il se heurte au début à de grandes difficultés : rigueur du climat, maladies, souffrances physiques dues à une existence de renoncement.

Cîteaux : chapitre quotidien.

Il impose à ses moines, comme à lui-même, les plus durs travaux, « mangeant légumes à l'eau et buvant de l'eau claire, couchant sur un bat-flanc ou sur un pauvre grabat, ne se chauffant pas l'hiver, portant jour et nuit les mêmes vêtements d'humble laine ». Le travail retrouve la place centrale qu'il avait perdue avec Cluny. Selon Benoît, il est une autre façon de prier qui de plus permet la subsistance matérielle. Par ailleurs, du fait que le travail manuel est réservé au serf dans le système féodal, il constitue pour le moine une pénitence symbolique. Enfin, il contient une dimension fraternelle puisque l'ouvrage de chacun sert à tous (progressivement, toutefois, ce sont les frères convers qui auront la charge des travaux manuels).

Le renom de Bernard attire bientôt à Clairvaux un grand nombre de vocations, si bien qu'en 1121 est fondée dans la Marne l'abbaye de Trois-Fontaines, que suivront bientôt 70 monastères. Sous son abbatiat, Clairvaux connaît la prospérité : dès 1135, 1 800 ha de forêts et 350 ha de prés et de champs dépendent de l'abbaye où les bâtiments de pierre ont remplacé les bâtisses de bois des premières années.

Pourtant, lui qui se destinait à mener une vie uniquement contemplative, ce mystique pénétré de la supériorité de la vie monastique fut amené à jouer un rôle politique de première grandeur. Rédigeant la règle des Templiers, combattant l'antipape en 1130-1137, faisant condamner Abélard et sa scolastique à Sens, prêchant la 2e croisade à Vézelay *(voir ce nom)*, puis contre l'hérésie cathare, sa figure est omniprésente. Écrivain, théologien, philosophe, moine, chef militaire, homme d'État, arbitre de l'Europe, saint Bernard est en effet tout cela à la fois. On peut le qualifier aujourd'hui d'intégriste, et lui reprocher le cumul de ses mandats : il n'en a pas moins gardé sa vie durant le simple titre d'abbé. Lorsqu'il meurt, en 1153, son nom apparaît comme l'un des plus grands que l'église ait produits. Cîteaux compte alors 700 moines et son rayonnement est considérable : 350 abbayes lui sont attachées dont les 4 premières « Filles », La Ferté, Pontigny *(voir ce nom)*, Morimond et Clairvaux.

Le « B » initial de la prestigieuse signature a été repris par le conseil régional dans son logo.

La règle cistercienne

Saint Bernard a su définir radicalement la règle bénédictine promulguée avant lui et la faire appliquer à la lettre. Il interdit de percevoir des dîmes, de recevoir ou d'acheter des terres, et il impose à ses moines de Clairvaux – et par extension à tous les moines de l'ordre Cistercien – des conditions de vie draconiennes. L'emploi du temps d'une journée est scandé avec une précision rigoureuse : levés entre 1 h et 2 h du matin, les moines chantent matines, puis laudes, célèbrent les messes privées, récitent les heures canoniales (prime, tierce, sexte, none, vêpres, complies), assistent à la messe conventuelle. Les huit offices liturgiques, un nocturne et sept diurnes, représentent ainsi 6 à 7 h, et le reste du temps est partagé entre le travail manuel, le travail intellectuel et la lecture des textes sacrés. La nourriture, frugale, n'a d'autres fins que de reconstituer les forces (d'où le réfectoire, terme issu de « refaire »). Le repos est de 7 heures : les moines couchent tout habillés dans un dortoir commun, en accès direct avec l'église.

Les pères de l'abbaye de la Pierre-qui-Vire éditent les livres de la collection Zodiaque.

Chef de la communauté, l'abbé vit avec ses moines dont il partage les repas, préside aux offices, au chapitre, aux réunions ; il est assisté d'un prieur, qui le remplace lorsqu'il doit s'absenter.

L'influence de l'intransigeant saint Bernard est telle que la règle gagne les autres ordres ainsi que le clergé séculier. Il est aussi l'un des fondateurs de la mariologie (sermons sur la Vierge Mère) : dans la Divine Comédie, c'est Bernard qui guide Dante vers la Vierge en arrivant à l'Empyrée.

Règles d'aujourd'hui

Comme saint Bernard, les Cisterciens n'ont pas joué qu'un rôle dans le domaine de la foi. Extrêmement organisés et efficaces, les moines blancs ont su tirer parti des terres les plus ingrates, souvent au fond des vallées (les lieux étaient choisis pour leur ressemblance avec le désert des premiers ermites), en défrichant et en construisant digues et canaux. Ils sont ainsi passés maîtres en hydraulique, dans les techniques viticoles, et savants en œnologie comme en métallurgie.

La belle aventure a failli se terminer plus d'une fois, avec l'abandon à l'économie de marché, le succès des ordres mendiants, puis le système de la commende où l'abbé, nommé, s'isole progressivement de la communauté, et la Révolution enfin, lorsque l'ordre est interdit, et les monuments de Cîteaux détruits, notamment ceux de Cluny, par des spéculateurs sans états d'âme. Depuis le milieu du 19e s., on assiste à une réapparition.

L'organisation de l'ordre reste fondée sur la « charte de charité », sorte de lien unissant les diverses abbayes, toutes égales entre elles. Actuellement, 3 000 cisterciens trappistes (de N.-D.-de-la-Trappe, réformée par Rancé au 17e s.), gouvernés par un abbé général résidant à Rome, sont répartis à travers le monde dans 92 abbayes ou prieurés, dont 15 en France. périodiquement, les abbés de l'ordre se réunissent en chapitre général. On dénombre en outre environ 2 000 moniales dans 61 abbayes (la première, celle de Tart près de Cîteaux, ayant été fondée en 1130 grâce à l'abbé Harding) ou prieurés, dont 12 en France, conduites par le même abbé général, mais dont le chapitre général est distinct.

Hier Cluny, aujourd'hui Taizé : le rayonnement spirituel de la Bourgogne du Sud.

En 1998, des moines venus du monde entier ont participé aux célébrations du 900e anniversaire de Cîteaux. De nos jours, le troupeau de vaches appartenant à l'abbaye lui permet de fabriquer près de 900 000 fromages par an, ce qui lui assure des revenus réguliers (c'est bien le mot).

Pour apprécier la qualité architecturale des édifices cisterciens en Bourgogne, on ne manquera pas la visite de la grande abbatiale de Pontigny, non plus que celle de l'abbaye quasi complète de Fontenay, laquelle offre en outre un aperçu de la vie monastique à la « grande époque ». Si l'on souhaite mieux connaître les conditions actuelles d'existence des moines soumis à d'autres ordres, il est possible de pénétrer dans l'abbaye bénédictine de la Pierre-qui-Vire (Morvan) et, en version plus « exotique », dans le temple bouddhiste de Kagyu Ling à La Boulaye. La communauté œcuménique de Taizé, près de Cluny, est quant à elle devenue un nouveau phare pour la jeunesse chrétienne.

Cadre naturel

*Avec ses 31 000 km², la Bourgogne
est une des plus grandes régions en
Europe, plus vaste que la Belgique.
Constituée d'une mosaïque de pays
historiquement liés, elle est dépourvue d'unité physique. La complé-
mentarité des aspects géogra-
phiques, économiques et humains a*

Paysage du Morvan.

*permis, en réalisant très tôt une unité politique, de transcender
les disparités naturelles.*

Les pays bourguignons

La seule véritable région naturelle de Bourgogne se trouve partagée entre les
quatre départements : c'est le Morvan. La description des pays gagne donc à être
faite de façon « centrifuge » autour de ce massif, qui domine, à l'Ouest, la dépression du Bazois, au Nord, la Terre-Plaine, au Nord-Est, la dépression de l'Auxois, au
Sud-Est, les plaines d'Autun et du Charolais.

Le Morvan

Massif primaire usé par l'érosion puis soulevé de nouveau à l'ère tertiaire, cette
petite montagne qui ressemble parfois aux Vosges sans dépasser les 900 m s'in-
cline doucement vers le Nord. Lors du contrecoup du plissement alpin, le massif
granitique du Morvan a été disloqué sur ses bords : l'érosion a façonné une dépression qui l'entoure sur trois côtés ; cette dépression périphérique est dominée vers
l'extérieur par des plateaux calcaires.
Le Morvan – « montagne noire » – se signale par la masse de ses forêts, la médio-
crité de ses sols et la rudesse de ses paysages. Le caractère bocager de la terre se
remarque cependant : les champs et les prés, cloisonnés de haies vives, apparaissent comme une palette de tons verts, bruns ou jaunes, sans cesse renouvelés. Les
cultures se sont améliorées grâce aux engrais ; les forêts ont été défrichées et le
reboisement par des résineux compense l'exploitation méthodique de la forêt.
L'élevage des bovins surtout s'est développé, l'ancienne race morvandelle à robe
rouge étant supplantée par la race charolaise. Enfin, la création du parc régional
a permis le développement du tourisme vert.
Le réseau hydrographique du Morvan alimente surtout le bassin de la Seine, dont
le régime est parfois perturbé par des pluies abondantes. L'Yonne, la Cure et leurs
affluents, longtemps utilisés pour le flottage des bois, ont vu leur cours régularisé
par des barrages-réservoirs (Pannesière, Les Settons, Malassis, Chaumeçon, Crescent)
doublés parfois d'une petite usine hydroélectrique et souvent convertis aux activités nautiques. Celui de
St-Agnan constitue
pour les localités
proches une réserve
d'eau potable.

Les plaisirs de la voile sur le lac des Settons.

Le Nivernais

Descendant en pente douce du Morvan à l'Est jusqu'au val de Loire, le Nivernais est une succession de plateaux et de collines dont les paysages sont assurément variés et le climat de type océanique.

À l'Ouest de Chinon s'étale le Bazois, riche pays formé de terres humides et de grandes propriétés, partagées entre les cultures de céréales et de plantes fourragères sur les pentes, et les grasses prairies (prés « d'embouche ») dans les fonds.

Au Nord du Bazois, la région vallonnée de Clamecy et de Donzy (les collines atteignent parfois 450 m) et arrosée de plusieurs rivières – Nièvre, Beuvron, Yonne, Nohain –, est à la fois un pays d'élevage et de cultures. La présence d'importantes forêts, exploitées rationnellement, a permis l'installation à Leuglay et à Prémery de deux importantes usines de carbonisation du bois.

Du Bec d'Allier à Neuvy (centrale nucléaire), la Loire marque la limite entre le Nivernais et le Berry ; les prairies d'élevage y alternent avec les éperons boisés. De Pougues à La Charité, la rive droite du fleuve est assez abrupte et boisée, tandis que la rive gauche est plate et basse.

Au-delà de Pouilly, centre d'un vignoble réputé qui s'étale sur les collines dominant la vallée, la Loire se resserre, bordée à l'Ouest par les coteaux de Sancerre, puis s'élargit de nouveau à partir de Cosne.

La Basse-Bourgogne

L'appellation ne fait pas référence à l'altitude mais à l'éloignement de la capitale, Dijon.

Faisant le lien entre le Nivernais et le Gâtinais, la Puisaye présente avec ce dernier de nombreuses ressemblances : mêmes

Bocage bourguignon et beau spécimen de l'élevage charolais.

terres de sables et d'argiles, climat humide, terroir propre aux forêts et aux étangs. Mais c'est aussi une région qui se prête aux cultures fourragères et à l'élevage (les pâturages couvrent le tiers du pays) et dont le caractère bocager est l'aspect le plus franc.

Ainsi, la dispersion de l'habitat est générale, la maison noyée au milieu des haies. Les activités sont diverses : élevage de bœufs charolais, de porcs et de volailles, poteries, fabriques d'ocre et de ciment, exploitation de la forêt, scieries.

On a coutume d'intégrer la Forterre, pourtant moins humide et plus riche, au pays poyaudin.

S'étendant de Gien au Nord de Montargis, le Gâtinais, pays de sables et d'argiles, est couvert de landes et de pins, coupé de cours d'eau et semé d'étangs, la plupart tributaires du Loing. Synonyme de « mauvaise terre », le Gâtinais se tourne vers la région parisienne. Près de Montargis, le paysage devient plus verdoyant et plus

La Puisaye : vue aérienne de St-Fargeau.

humide. Le Sénonais constitue la bordure la plus septentrionale de la Bourgogne, aux confins de l'Île-de-France et de la Champagne dont certains caractères apparaissent, notamment dans l'aspect physique du pays. Région plus fertile que la Champagne pouilleuse, le pays de Sens rappelle la Brie (on est dans le Bassin parisien). Grâce à la diversité des sols, à l'épaisseur des limons et à l'exploitation en « openfield », l'agriculture y est riche et variée, avec une prédominance céréalière : c'est le « grenier » de la Bourgogne.

Les plateaux bourguignons

De la lisière septentrionale du Morvan au plateau de Langres et d'Auxerre à Dijon s'étend une zone de plateaux calcaires au climat un peu rude qui constituent le seuil de Bourgogne, zone de contact entre le bassin de la Seine et celui de la Saône (les mers s'y rejoignaient ici lors du plissement hercynien) : ici s'est constitué l'État bourguignon, au point de jonction de contrées différentes qu'il était ainsi possible de contrôler.

D'une altitude généralement médiocre (400 à 500 m), ces plateaux s'inclinent lentement au Nord-Ouest, mais s'abaissent brusquement au Sud-Est. Leur aspect sec contraste avec celui verdoyant des vallées : Yonne, Serein, Armançon. On distingue d'Ouest en Est les plateaux de l'Auxerrois, du Tonnerrois et du Châtillonnais.

Au Sud du pays d'Othe, l'Auxerrois est une plate-forme rocailleuse, fissurée de nombreuses vallées, où apparaît le calcaire d'un blanc souvent éclatant. Les versants bien exposés ont permis de développer la culture de la vigne autour de Chablis, d'Auxerre et d'Irancy, ainsi que celle des cerisiers. On y trouve aussi, plus inattendue, une certaine variété de truffes.

Les plateaux du Tonnerrois présentent des caractères semblables à ceux du plateau de Langres, mais l'altitude est plus basse et le climat proche de celui du Bassin parisien.

Le Châtillonnais apparaît comme une litanie de plateaux monotones, souvent dénudés, parfois surmontés de « tasselots » rocheux et creusés de vallées sèches. C'est un pays aux sols perméables : les eaux s'infiltrent dans la croûte calcaire et réapparaissent sous forme de résurgences ou « douix » (comme à Châtillon), tandis qu'existe tout un réseau hydrographique souterrain. Les grandes cultures, céréales, oléagineux, quoique craignant les années sèches, sont représentées ; quant à l'élevage laitier, il s'est développé à partir de la race brune des Alpes.

La Charité et le val de Loire.

Autrefois, la forêt couvrait presque tous ces plateaux. Les moines des abbayes de St-Seine, Molesmes, Clairvaux et Fontenay ont activement participé au défrichement, puis à l'exploitation du minerai de fer. Actuellement, l'industrie du bois tient une place importante et le reboisement est organisé d'une façon méthodique. Les forêts de résineux (mélèze, pin noir, épicéa, pin sylvestre, pin argenté) côtoient celles de feuillus (chêne, hêtre, charme, frêne).

L'Auxois

À l'Est du Morvan, l'Auxois de formation liasique est un pays de grasses et fortes terres burinées par les eaux. Là se sont installées les riches prairies d'élevage bovin : la race charolaise (blanche) fournit la viande, tandis que la montbéliarde (tachetée), présente surtout dans le Haut-Auxois – région de Semur et de Montbard –, donne le lait. Les chevaux de trait de l'Auxois complètent cet important élevage. Les fermes, où le bétail est nourri en hiver, dirigent des domaines atteignant 200 ha (la moyenne bourguignonne est de 65 ha).

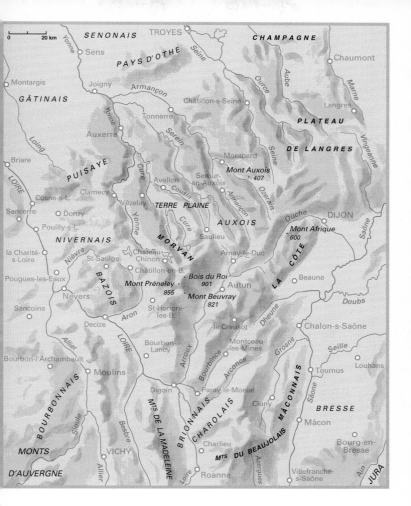

Les buttes rocheuses portent des bourgs fortifiés, tels que Semur, Flavigny-sur-Oze-rain et Mont-St-Jean, l'antique oppidum d'Alésia sur le mont Auxois, des châteaux en ruine comme Thil, sentinelles esseulées surveillant les passages.

Le bassin d'Autun

Cette dépression a été, à l'époque primaire, un vaste lac peu à peu comblé par des dépôts houillers et des schistes bitumineux qui furent à l'origine du développement industriel de la région. Le minerai local s'appelle « uranite » ou « autunite ».

L'Autunois comprend : le bassin d'Autun proprement dit, drainé par l'Arroux, les croupes granitiques qui le dominent au Sud-Est et le sillon où coulent en sens opposé la Dheune vers la Saône et la Bourbince vers la Loire ; les vallées de ces rivières sont empruntées par le canal du Centre, qui dessert le bassin minier de Blanzy-Montceau-les-Mines et le centre métallurgique du Creusot ; longtemps uti-lisé par la batellerie comme voie navigable joignant Lyon à Paris, il a été aménagé pour la navigation de plaisance.

Un village morvandiau : Bazoches.

La Côte

C'est le rebord du dernier gradin de la « Montagne » dominant la plaine de la Saône. L'escarpement est dû aux cas-sures (failles) ayant accompagné l'effon-drement de cette plaine alluviale au quaternaire. La Côte *(voir ce nom)* se caractérise par son tracé rectiligne, de direction grossièrement Nord-Sud, et par la vigueur de son tracé, la dénivellation atteignant parfois 200 m ; elle est échan-crée par des « combes » terminées le plus souvent en « bouts du monde » ou en vallées encaissées.

Les charmes des bords de l'Yonne à Vincelottes.

Tandis que le plateau de l'Arrière-Côte est occupé par les cultures, les bois et les pâtures, le talus oriental, ensoleillé, est couvert de vignes.

« Le vignoble, a écrit Gaston Roupnel, se cantonne sur les pentes basses et faciles. Il appuie son bord supérieur sur les premiers bancs calcaires. Il finit en bas dès que cesse toute pente et que la plaine commence sa lourde terre. Cette étroite e lente montée de pierrailles, c'est le vrai territoire du vignoble. »

Les villages se sont installés en plein vignoble, au débouché des combes permet tant de communiquer avec l'arrière-pays et suffisamment bas pour profiter de sources, toujours abondantes au pied des versants. Les vignerons étant pour la plu part des propriétaires exploitants, ils mènent une vie généralement plus large qu celle des autres agriculteurs.

Les essais d'extension du vignoble vers la plaine se sont soldés par des échecs su le plan de la qualité. En revanche, la partie supérieure du plateau, favorable au: vignobles des Hautes-Côtes, est progressivement replantée.

Au pied de la Côte, on exploite les carrières de pierre de taille et de marbre d Comblanchien et de Corgoloin.

Le Dijonnais

C'est dans la région de la métropole, où le climat est continental, que se trouven réunis tous les caractères des pays bourguignons : zone de plateaux calcaires buttes-témoins, grasses prairies, vaste plaine alluviale, « côte » couverte de vigne. Pourtant dénuée d'une importante rivière, l'ancienne capitale du duché s'est déve loppée en cristallisant autour d'elle l'activité économique du Châtillonnais, de la Haute-Bourgogne, de la Côte, des plaines de la Saône et du Morvan. La Bourgogne méridionale, Charolais et Mâconnais, est plutôt attirée par Lyon.

La terre dijonnaise fournit à la capitale régionale les produits de son agriculture e de son élevage, tandis que la cité alimente des activités industrielles et surtout ter tiaires. Au croisement des grandes routes de la Méditerranée vers Paris, la région de Dijon est le centre d'un commerce très actif, desservi par des voies de com munication rapides.

Le Mâconnais

C'est le prolongement, au Sud, de la zone montagneuse que forme la Côte d'Or La grande différence avec cette région provient de ce que l'abrupt des côtes es tourné vers l'intérieur, tandis que dans la Côte l'abrupt domine la plaine de la Saône les collines sont couvertes de vignes ou de prairies d'élevage. Le calcaire du jurassique se découvre sur les éperons de Solutré, Brancion ou Vergisson.

Vignoble à Pernand-Vergelesses (21)

Puissant, court sur pattes et frisé, tel apparaît le taureau charolais.

La zone de plaines est particulièrement bien développée au Sud de Chalon grâce à la vallée de la Grosne (Cluny). Comme sa voisine la Bresse, elle produit des céréales, des betteraves, des légumes et l'on y pratique l'élevage des volailles.

La vallée de la Saône

Les pays de la Saône, voie de passage de premier ordre, s'étalent au pied des plateaux calcaires. Les terres alluviales des plaines de la Saône et de ses affluents – Ouche, Tille –, souvent inondées l'hiver, sont recouvertes de grasses prairies et de terres à cultures.

Aux blé, betterave à sucre, pommes de terre, s'ajoutent les cultures maraîchères comme l'oignon à Auxonne, le maïs, le tabac, le houblon (mais les houblonnières sont en voie de disparition) et les oléagineux.

L'élevage bovin s'est beaucoup développé ; la race tachetée de l'Est, appréciée pour ses qualités laitières et sa viande de boucherie, est de plus en plus concurrencée par la pie noire pour la production de lait et par la race charolaise pour la viande.

La vallée de la Saône est en pleine expansion économique. L'activité industrielle se manifeste principalement à Chalon (Kodak y perpétue la tradition de la chimie dédiée à l'image), Mâcon restant la capitale administrative de la Saône-et-Loire.

l'orgueil d'une exploitation.

La canalisation de la rivière progresse doucement et le canal de dérivation de Mâcon permet aujourd'hui la navigation toute l'année.

Le Charolais et le Brionnais

De toutes les régions jouxtant le Morvan, le Charolais, au Sud, est la seule qui ne soit pas une dépression. Ces collines et plateaux aux ondulations larges dont elle est faite sont les rebords du Massif Central. Le Brionnais est un petit pays de l'ancienne province de Bourgogne, compris aujourd'hui dans l'arrondissement de Charolles.

Les marnes donnant d'excellents herbages, l'élevage des bovins est la grande richesse de ces deux régions. Engraissés pendant plusieurs mois dans les riches prés dits « d'embouche », les bœufs charolais ont une réputation bouchère de premier ordre. Leur sélection remonte au 18ᵉ s. ; chaque individu est immatriculé au registre généalogique (herd-book), dont le siège est à Nevers. Lors d'importantes foires comme à St-Christophe-en-Brionnais, les bestiaux s'échangent dès potron-minet pour être expédiés vers la région parisienne ainsi que dans plusieurs pays de l'Union européenne ; le marché terminé, vers 9 heures, les blouses noires entament le casse-croûte à la côte.

La Bresse

Vallonnée, sillonnée de nombreux ruisseaux (les « caunes »), piquetée de boqueteaux, la plaine bressane, au sol argileux et marneux, s'étend de la Saône au Revermont jurassien à l'altitude la plus basse de Bourgogne.

Le pays est principalement orienté vers l'élevage : vaches laitières, porcs et surtout volaille, dont la qualité a fait le renom de la Bresse *(voir ce nom)*. Les poulets s'ébattent en liberté durant leurs premiers mois sur le tapis d'herbe des limons, puis sont enfermés à l'« épinette » (cage étroite) pour être engraissés. Les grands marchés sont ceux de Louhans (« concours de volailles mortes ») et de Bourg-en-Bresse.

Cheminée sarrasine sur la ferme-musée de la Forêt à St-Trivier-de-Courtes.

Les vignobles

Avec le bois, on fait aussi les tonneaux (si vous souhaitez les voir se fabriquer, rendez-vous à la tonnellerie Meyrieux à Villers-la-Faye, près de Beaune). On dit d'un vin conservant quelque peu le goût du fût qu'il « boise ». Transition étant faite, disons que le nom de Bourgogne est pour tous les gourmets synonyme de bon vin. Le vignoble est ici l'un des plus beaux du monde et sa renommée universelle.

Le Clos de Vougeot : confrérie des chevaliers du Tastevin.

Le vin de Bourgogne dans l'histoire

Introduite dans la région bien avant qu'on y invite César, la culture de la vigne se généralise avec la conquête romaine. Très vite, le vin de Bourgogne acquiert ses titres de noblesse ; les préfets de la Séquanaise l'apprécient hautement, ce que rappelle aujourd'hui le nom même du clos de la « Romanée » qui leur fut attribué. Les Burgondes ne sont pas en reste et leur roi Gontran, converti au christianisme, donne ses vignes dijonnaises à l'abbé de St-Bénigne. Depuis, les échanges de vin (à la fois marque de richesse et substance d'ordre spirituel), de vignes et de services se sont perpétués.

Autorisés par la règle à boire un peu de vin, les autosuffisants moines de Cîteaux développent le vignoble au 12e s. et constituent le célèbre « Clos de Vougeot ». En plantant du chardonnay blanc dans la région de Pontigny, les cisterciens « inventent » le chablis.

En 1359, Jean de Bussières, abbé de Cîteaux, fit don au pape Grégoire XI de trente pièces de sa récolte du Clos de Vougeot. Le saint père promet de se souvenir d'un tel présent. Quatre ans plus tard, il le nomme cardinal. C'est l'abbé Courtépée qui rapporte cette anecdote, quelques années avant la « confiscation » du clos et l'interdiction de l'ordre cistercien par la Révolution.

Les ducs de Bourgogne s'intitulent « princes des meilleurs vins de la chrétienté » et font présent de leur vin aux rois. Charles le Téméraire en offre même à son pire ennemi, le fourbe Louis XI, qui apprécie en particulier le volnay. Philippe Auguste, déjà, avait fait venir un baril de Beaune, « vin de riche gent », avant d'affronter Jean sans Peur et ses alliés à Bouvines (1214). On sait que le Roi-Soleil prolongeait ses jours avec les vins de Nuits, que la Pompadour raffolait de la « romanée-conti » (son abbé, le libertin cardinal de Bernis, célébrait pour sa part la messe avec du meursault) et que Napoléon Ier avait un faible pour le corsé chambertin. Au sujet de ce dernier cru, Alexandre Dumas dira par la bouche d'Athos que « rien ne projette sur l'avenir une teinte plus rose ».

Le Tastevin

Au 18e s. s'organise le commerce des vins : à Beaune, puis à Nuits-St-Georges et à Dijon s'ouvrent les premières maisons de négociants qui envoient, dans le royaume et en pays étrangers (Angleterre, Belgique, Scandinavie, Suisse, Prusse et Amérique – Jefferson connaît la Côte), des représentants chargés d'ouvrir de nouveaux marchés aux vins de Bourgogne.

Au cours du siècle suivant, les échanges internationaux s'étant fort développés, l'Amérique exporte un ennemi de la vigne, le phylloxéra, un petit insecte qui fait son apparition dans le département du Gard en 1863. Signalé à Meursault

en 1878, il ravage en peu de temps tout le vignoble bourguignon, provoquant la ruine de toute la population viticole. Heureusement, la greffe de plants français sur des porte-greffes américains, immunisés, permet de reconstituer la vigne, désormais plantée en rangs. On en profite pour ne conserver que les meilleurs terroirs, ce qui a garanti la qualité des crus.

La vigne dans le paysage

Répartis sur les quatre départements, 25 000 ha de vignobles produisent des vins à appellations contrôlées. La production moyenne annuelle de vins fins est d'environ 1 400 000 hl (le double en Bordelais), dont près de 60 % partent à l'export. C'est un chiffre relativement modeste, puisque sur 250 bouteilles débouchées dans le monde, une seule provient de Bourgogne.

Dans l'Yonne, la région de Chablis offre d'excellents vins blancs, secs et légers, dont de grands crus issus des collines au Nord du village (à déguster dans l'ambiance médiévale de l'obédiencerie du domaine Laroche,

Les magnifiques caves de la maison « Patriarche ».

☎ 03 86 42 89 00) et les coteaux de l'Auxerrois d'agréables vins rosés et rouges (Irancy, récente AOC, et Coulanges-la-Vineuse).

Pouilly-sur-Loire, dans la Nièvre, fournit des vins blancs très réputés (pouilly-fumé) au goût de pierre à fusil qui les apparente aux vins de Sancerre, leurs proches voisins, tous deux à partir du cépage sauvignon.

En Côte d'Or se déroule de Dijon à Santenay le plus prestigieux des vignobles, aux 32 grands crus *(voir schéma à La Côte).*

La Côte de Nuits engendre presque exclusivement de très grands vins rouges, dont les plus célèbres sont produits dans les communes de Gevrey-Chambertin, Morey-St-Denis, Chambolle-Musigny, Vougeot, Vosne-Romanée, Nuits-St-Georges. La Côte de Beaune présente à la fois une gamme de grands vins rouges, à Aloxe-Corton, Savigny-lès-Beaune, Pommard, Volnay, et des sommités en vin blanc : corton-charlemagne, meursault, puligny-montrachet (les techniques de vinification sont expliquées au domaine Henri Clerc et fils, ☎ 03 80 21 32 74), Chassagne-Montrachet.

L'instant solennel de la vente aux enchères publiques des vins des hospices de Beaune.

En Saône-et-Loire, la région de Mercurey (Côte chalonnaise) a des vins rouges de qualité (Givry, Rully), mais surtout des vins blancs (Rully, Montagny), tandis que le Mâconnais *(voir schéma à Mâcon)* s'enorgueillit de son pouilly-fuissé, vin blanc de grande classe, aux arômes d'amande et de noisette (visite du château de Fuissé, ☎ 03 85 35 61 44). On a coutume d'intégrer l'appellation « Beaujolais » dans les vins de Bourgogne ; cependant, il ne s'en produit qu'une minorité dans les limites départementales, dont quatre fameux crus : saint-amour, juliénas, chénas et moulin-à-vent. Pour être précis, appelons cette partie du Mâconnais, au sol granitique chargé de manganèse, le « Haut Beaujolais ».

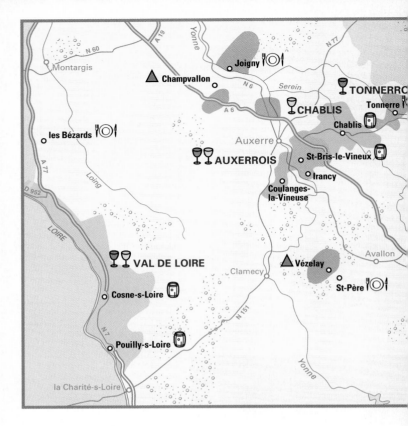

Les ferments de la grâce

La qualité d'un vin dépend surtout du cépage, du terroir et du climat.

Le cépage – Depuis fort longtemps le plant noble produisant tous les grands vins rouges de la Bourgogne est le pinot noir. Spécifiquement bourguignon, ce cépage a été implanté avec succès en Suisse et même en Afrique du Sud, dans la région du Cap. Il était déjà fort prisé à l'époque des Grands Ducs, puisqu'une ordonnance prise en 1395 par Philippe le Hardi le défendait contre le « gamay déloyal » (le gamay convient mieux en Beaujolais ; ce qu'on appelle passe-tout-grain est un cuvage en commun des deux variétés). Le jus du pinot noir est incolore et une vinification spéciale permet de produire le vin de Champagne. À noter qu'un pied de vigne peut produire du raisin pendant un siècle, et qu'il doit avoir au moins vingt ans pour fournir un grand vin.

Le chardonnay, appelé aussi « aubaine », est aux vins blancs ce que le pinot noir est aux vins rouges. Il donne naissance aux magnifiques vins blancs de la Côte d'Or (montrachet, meursault), les crus réputés de la Côte chalonnaise (rully), du Mâconnais (pouilly-fuissé) – dont c'est le terrain de prédilection –, ainsi que les vins de Chablis (le plant étant connu dans la région, en dépit de l'origine cistercienne, sous le nom de « Beaunois »).

L'aligoté, cultivé en Bourgogne depuis très longtemps, produit un vin blanc vif répandu dans les terres ne convenant ni au pinot ni au chardonnay.

Le terroir – C'est dans les sols caillouteux et secs, laissant filtrer l'eau et s'échauffant facilement, que la vigne se plaît le mieux. Les terrains calcaires, sur les escarpements de faille, donnent des vins bouquetés, forts en alcool, et de longue conservation (Côte de Nuits, Côte de Beaune), les terrains composés de silice, de calcaire et d'argile des vins légers, minéraux (Chablis – qui se déploie sur une couche d'huîtres fossiles).

Le climat – Synonyme de lieu-dit en Bourgogne, il s'agit du critère de reconnaissance en AOC, alors que c'est le cépage en Alsace, la propriété – château – en Bordelais, la marque en Champagne. Le vignoble bourguignon est généralement étagé sur des coteaux dont l'altitude varie entre 200 et 500 m. Dans chaque village, le vignoble est divisé en « climats ». Le nom des climats les mieux situés, c'est-à-dire devant produire les meilleurs vins, a le privilège d'être accolé au nom du village ainsi « Beaune-Clos des Mouches » ; le nom du cru suffit à désigner les gloires immémoriales : chambertin, musigny, clos-de-vougeot, richebourg.

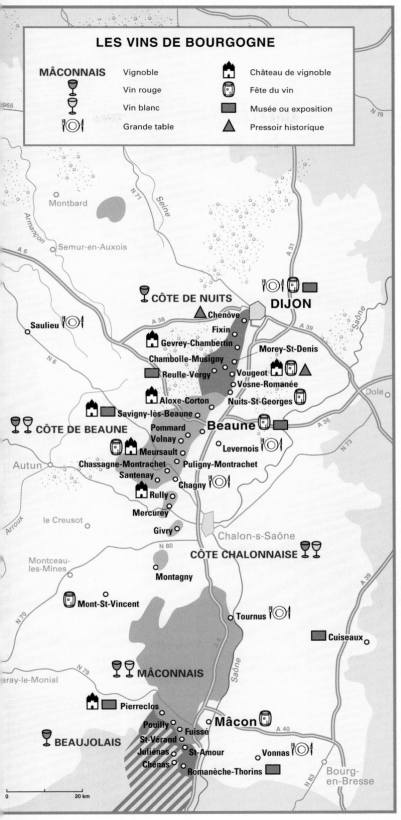

LES VINS DE BOURGOGNE

MÂCONNAIS   Vignoble   Château de vignoble

Vin rouge   Fête du vin

Vin blanc   Musée ou exposition

Grande table   Pressoir historique

Montbard

Semur-en-Auxois

CÔTE DE NUITS   **DIJON**

Saulieu

Chenôve

Fixin

Gevrey-Chambertin

Morey-St-Denis

Chambolle-Musigny

Reulle-Vergy   Vougeot

Vosne-Romanée

Aloxe-Corton   Nuits-St-Georges

Savigny-lès-Beaune

CÔTE DE BEAUNE   Pommard   **Beaune**

Volnay

Meursault   Levernois

Autun   Chassagne-Montrachet   Puligny-Montrachet

Santenay

Chagny

le Creusot   Rully

Mercurey

Givry   Chalon-s-Saône

CÔTE CHALONNAISE

Montceau-les-Mines   Montagny

Mont-St-Vincent

Tournus   Cuiseaux

aray-le-Monial   MÂCONNAIS

Pierreclos

Pouilly   Fuissé   **Mâcon**

BEAUJOLAIS   St-Vérand

Juliénas   St-Amour   Vonnas

Chénas

Romanèche-Thorins

Bourg-en-Bresse

0   20 km

Maisons de pays

L'architecture rurale, plutôt variée, est déterminée par la nature géologique du terrain et par le climat bien sûr, par l'activité du cru et par la destination des bâtiments.

Beaune : hôtel-Dieu.

Architecture du vignoble

Entourée de constructions aux multiples influences, la demeure du vigneron, assez typique et raffinée, se distingue. Plus qu'une prospérité longtemps aléatoire, c'est l'art de vivre du vigneron qui a contribué à l'élégance de l'architecture rurale de la Côte.

Concentré dans les villages, l'habitat se cache parfois derrière de hauts murs et d'amples portails ; isolé au milieu des vignes, il s'entoure de bâtiments annexes plus ou moins considérables et de chais séparés (Clos de Vougeot). On distingue trois catégories : la maison du modeste vigneron ne possédant qu'une seule pièce d'habitation « comme soulevées par la cave » (dont les murs épais et la voûte de pierre conservent la fraîcheur et l'humidité) ; celle du vigneron moyen dotée, en plus, d'une écurie ou d'une petite grange appelée « magasin » ; la maison confortable du gros propriétaire comportant cuveries et celliers, escalier extérieur protégé par un auvent, grange, magasin, écurie. De petits castels flanqués de tourelles rondes ou carrées aux grands toits pentus peuvent être indifféremment des exploitations viticoles ou consacrées à d'autres cultures. Les demeures de maîtres et d'ouvriers vignerons ont une morphologie identique : l'habitation à l'étage est desservie par un escalier de pierre extérieur au-dessus des caves et des celliers. Galeries, porches et auvents sont largement utilisés pour donner des façades ouvertes et aimables.

Nuits-St-George

Tuiles vernissées en Côte d'Or

Mosaïques des toitures

Pour l'étranger, l'image visuelle de la Bourgogne se confond avec les toits de l'hôtel-Dieu de Beaune, de l'hôtel de Vogüé à Dijon, du château de la Rochepot. L'origine de ces tuiles vernissées polychromes, appareillées en motifs géométriques : lignes brisées, losanges, entrelacs ou chevrons, est mal connue ; sans doute proviendraient-elles d'Europe Centrale via les Flandres. Ces toits décorés étaient chargés de messages symboliques, politiques ou religieux, signalant le statut social d'un notable ou la réputation d'une communauté religieuse ou laïque. Les épis de faîtage sont également en terre cuite vernissée, les girouettes travaillées, et des ergots figurent sur les arêtes des toits à pans coupés, en particulier en Côte d'Or.

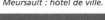

Meursault : hôtel de ville.

À l'Arrière-Côte c'est-à-dire sur les « Hautes-Côtes », où l'on produit à nouveau du vin, les maisons et dépendances, imbriquées étroitement, sont souvent adossées à une pente, au cœur d'un village-rue accroché à flanc de coteau, le plus près possible des vignes. On y retrouve une certaine « sobriété » : le logis très réduit, en surélévation au-dessus de la cave peu ou pas enterrée, sous l'escalier de pierre, protégée des variations de température par l'ampleur du palier appelé localement « plafond » ; le « magasin », quelquefois une grange transformée en cuverie où l'on faisait le vin et entreposait les cuves ; le pressoir, surmonté d'un fenil où étaient engrangés bottes de paille ou outils.

Sur les reliefs, les vastes toits sont recouverts de tuiles plates fabriquées dans le Senonais et dites « tuiles de Bourgogne », au format long et étroit, d'un brun assez foncé. Les moines cisterciens (notamment ceux de Pontigny qui l'extrayaient de leur argilière) en recouvraient les toits de leurs abbayes. Malheureusement, la tuile mécanique d'emboîtement est venue remplacer ce matériau traditionnel.

En Mâconnais, les murs des maisons de vignerons sont bâtis avec du calcaire, utilisé presque à sec et sans enduit. Une galerie, protégée par l'avancée du toit, prolonge sur l'extérieur l'ancienne salle commune et sert, l'hiver, à vaquer aux occupations domestiques à l'abri de la pluie, l'été, de cuisine ou de salle à manger.

Belle toiture à Dijon.

N'oublions pas pour clore ce chapitre la charmante caillebotte ou cabotte, une cabane faite de pierre sèche, parfois dotée d'une cheminée, qui sert d'abri au viticulteur pour le déjeuner et stocker les outils.

En pays calcaire

Le calcaire se durcit en surface et fournit un matériau très résistant. La roche du jurassique se clive en moellons très plats et se délite en minces feuilles (les « laves »). Ces dernières sont des chutes de carrières sans valeur marchande, longtemps utilisées par les couvreurs. Dans les lavières, on levait ou « lavait » les croûtes superficielles pour atteindre la pierre à bâtir. Chaque lave pouvait être calée par des cailloux (comme sur l'église d'Ozenay, village du Mâconnais) pour que l'air puisse circuler entre les pierres, facilitant l'évaporation de l'eau et évitant le gel. Le poids considérable (de 600 à 800 kg au m^2) nécessitait de fortes et coûteuses charpentes, ce qui n'empêche pas nombre de lavoirs et de fontaines d'en disposer. Dans le Châtillonnais, pays de grandes forêts défrichées, les villages, peu nombreux, sont installés dans les clairières ou le long des vallées. La grande exploitation – la « rente » – comprend de vastes bâtiments autour d'une cour centrale fermée par de hauts murs ; les entrées des granges sont généralement surmontées d'arcs surbaissés. La petite exploitation de la fin du 18e s. abrite sous le même toit le logement et les bâtiments d'exploitation ; l'entrée de la grange est surmontée d'un linteau de bois. La pièce commune comporte une porte et une fenêtre accolées sur lesquelles s'alignent les ouvertures du fenil ou du grenier qui bénéficient ainsi de la sécheresse assurée par la chaleur sous-jacente du logement. Le banc ou l'escalier de pierre devant la maison est très fréquent en Basse-Bourgogne.

Beaune : les Hospices.

ABC d'architecture

Architecture religieuse

Plan-type d'une église

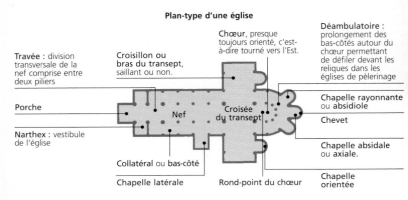

Travée : division transversale de la nef comprise entre deux piliers

Porche

Narthex : vestibule de l'église

Croisillon ou bras du transept, saillant ou non.

Chœur, presque toujours orienté, c'est-à-dire tourné vers l'Est.

Déambulatoire : prolongement des bas-côtés autour du chœur permettant de défiler devant les reliques dans les églises de pèlerinage

Nef

Croisée du transept

Chapelle rayonnante ou **absidiole**

Chevet

Collatéral ou bas-côté

Chapelle latérale

Rond-point du chœur

Chapelle absidale ou **axiale.**

Chapelle orientée

Coupe d'une église

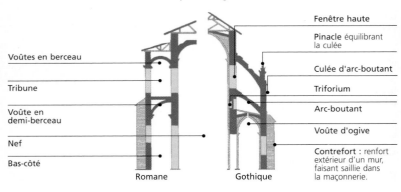

Voûtes en berceau

Tribune

Voûte en demi-berceau

Nef

Bas-côté

Romane

Fenêtre haute

Pinacle équilibrant la culée

Culée d'arc-boutant

Triforium

Arc-boutant

Voûte d'ogive

Contrefort : renfort extérieur d'un mur, faisant saillie dans la maçonnerie.

Gothique

AUTUN – Portail principale de la cathédrale St-Lazare (12e s.).

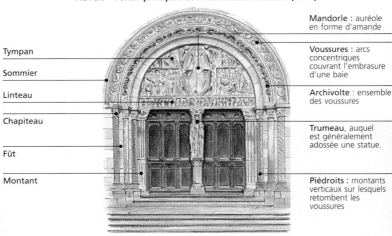

Tympan

Sommier

Linteau

Chapiteau

Fût

Montant

Mandorle : auréole en forme d'amande

Voussures : arcs concentriques couvrant l'embrasure d'une baie

Archivolte : ensemble des voussures

Trumeau, auquel est généralement adossée une statue.

Piédroits : montants verticaux sur lesquels retombent les voussures

VÉZELAY – Nef de la basilique Ste-Madeleine (1096-1215).

Fenêtre haute

Dosseret : sorte de pilastre sur lequel s'appuie une colonne

Voûte d'arêtes : formée de deux berceaux se coupant à angle droit

Formeret : arc latéral d'une voûte

Corniche à frise

Tailloir

Claveaux (pierres taillées en coin) clairs et foncés alternés

Chapiteau historié : décoré de scènes à personnages

Arc triomphal : grande arcade qui sépare la nef centrale du transept ou du chœur

Triforium : galerie de circulation pratiquée dans l'épaisseur du mur, qui deviendra une arcature purement décorative à la fin du gothique

Demi-colonnes engagées régulièrement sur les quatre faces d'une pile cruciforme

Doubleau : arc placé en doublure sous une voûte pour la renforcer

Voûte sur croisée d'ogives

Chœur

TOURNUS – Abbatiale St-Philibert (11e-12e s.).

L'aspect de forteresse du mur marquant le front du narthex, réduit défensif de l'abbaye, est un exemple du premier art roman qui pénètre en Bourgogne vers l'an mil.

Clocher porche. Son style orné est celui de la dernière génération romane.

Toit en pavillon : pyramidal

Toit en bâtière : à deux versants sur construction de plan massé

Bandes lombardes ou **lésennes :** décoration en faible saillie, faite d'une frise d'arceaux reliant des bandes verticales.

Arcatures aveugles

Abat-son

Baies jumelées

Toit en appentis

Appareil en calcaire ocre et rose

Arc en berceau plein cintre

Contrefort

PONTIGNY – Abbatiale (1150-1206).

L'architecture cistercienne se caractérise par sa simplicité, son austérité. Un soin particulier est porté à l'agencement des différents éléments de construction.

Façade sans tour mais flanquée d'un **lanterneau** dont les cisterciens sont les premiers constructeurs

Toit en croupe ronde : en cône surbaissé

Toit en croupe polygonale

Arc-boutant

Transept

Bas-côté

Fenêtre ronde polylobée

Contrefort

Chevet : extrémité extérieure du chœur d'une église ; pour désigner l'extrémité intérieure, on emploie le terme d'**abside**

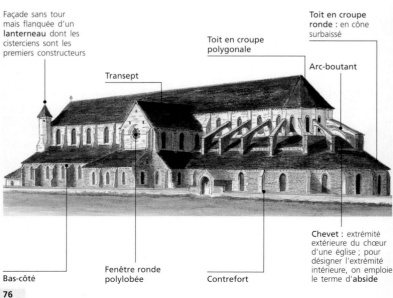

DIJON – Église St-Michel (16ᵉ et 17ᵉ s.).

La façade à deux tours s'inscrit dans la tradition gothique. Les trois portails évoquent ceux de l'art roman qui, assimilé à un art romain décadent, a servi plus ou moins directement de modèle pendant la Renaissance.

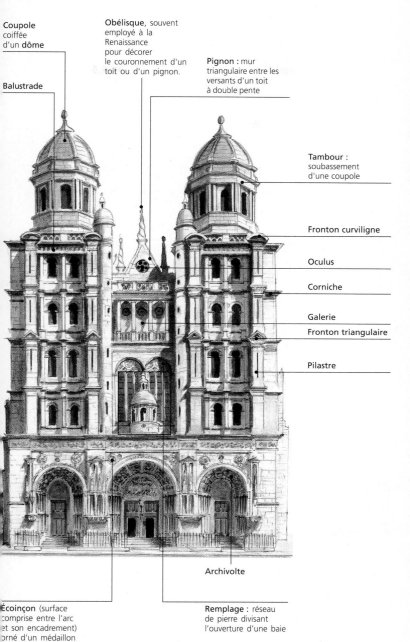

Coupole coiffée d'un **dôme**

Balustrade

Obélisque, souvent employé à la Renaissance pour décorer le couronnement d'un toit ou d'un pignon.

Pignon : mur triangulaire entre les versants d'un toit à double pente

Tambour : soubassement d'une coupole

Fronton curviligne

Oculus

Corniche

Galerie

Fronton triangulaire

Pilastre

Archivolte

Écoinçon (surface comprise entre l'arc et son encadrement) orné d'un médaillon

Remplage : réseau de pierre divisant l'ouverture d'une baie

Lanternon

Architecture civile

NEVERS - Palais Ducal (16ᵉ s.).

Le palais ducal de Nevers préfigure les châteaux de la Loire. Une régularité nouvelle ordonne une structure dont l'origine médiévale est rappelée par les grosses tours latérales.

Lucarne. Elle forme avec les fenêtres des **travées** verticales disposées symétriquement sur la façade.

Fenêtre à meneaux ; le **meneau** est l'élément vertical d'un remplage.

Terme : statue dont la partie inférieure est prise dans une gaine

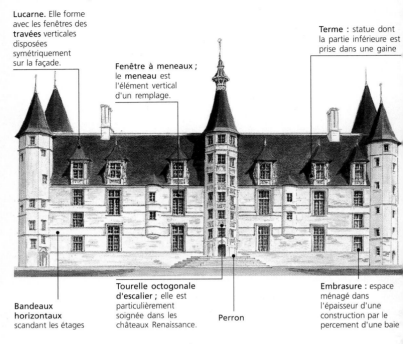

Bandeaux horizontaux scandant les étages

Tourelle octogonale d'escalier ; elle est particulièrement soignée dans les châteaux Renaissance.

Perron

Embrasure : espace ménagé dans l'épaisseur d'une construction par le percement d'une baie

ANCY-LE-FRANC – Cour intérieure du château (commencé en 1544).

La cour carrée à quatre ailes semblables est un exemple célèbre de « travée rythmique », association de baies, pilastres et niches alternés, inventée par Bramante.

Stylobate : soubassement d'une colonnade

Pilastre : pilier engagé dans un mur sur lequel il fait une faible saillie

Modillons : petites consoles soutenant la **corniche** d'un mur

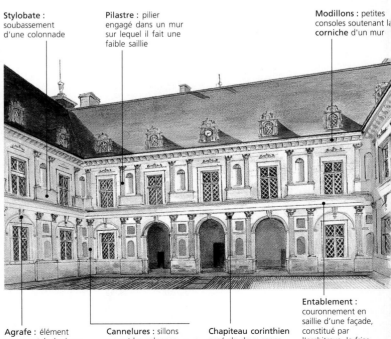

Agrafe : élément ornemental placé sur la clef d'une baie

Cannelures : sillons ornant les colonnes ou piliers

Chapiteau corinthien orné de deux rangs de feuilles d'**acanthe**

Entablement : couronnement en saillie d'une façade, constitué par l'architrave, la frise, la corniche.

DIJON - Palais des États de Bourgogne (1681-1786).

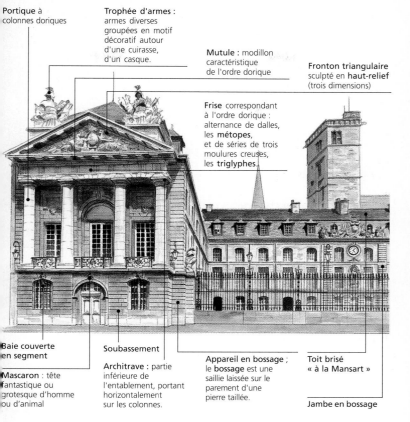

Portique à colonnes doriques

Trophée d'armes : armes diverses groupées en motif décoratif autour d'une cuirasse, d'un casque.

Mutule : modillon caractéristique de l'ordre dorique

Fronton triangulaire sculpté en haut-relief (trois dimensions)

Frise correspondant à l'ordre dorique : alternance de dalles, les **métopes**, et de séries de trois moulures creuses, les **triglyphes**.

Baie couverte en segment

Soubassement

Mascaron : tête fantastique ou grotesque d'homme ou d'animal

Architrave : partie inférieure de l'entablement, portant horizontalement sur les colonnes.

Appareil en bossage ; le **bossage** est une saillie laissée sur le parement d'une pierre taillée.

Toit brisé « à la Mansart »

Jambe en bossage

LE CREUSOT
Manufacture des cristaux de la Reine (1784-1788), château des Schneider.

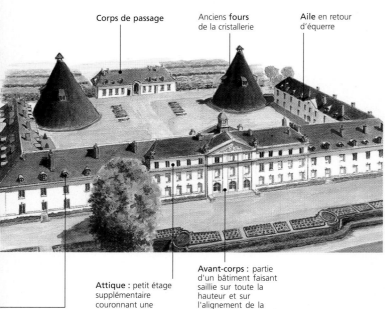

Corps de passage

Anciens **fours** de la cristallerie

Aile en retour d'équerre

Lucarne

Attique : petit étage supplémentaire couronnant une construction.

Avant-corps : partie d'un bâtiment faisant saillie sur toute la hauteur et sur l'alignement de la façade, toit y compris.

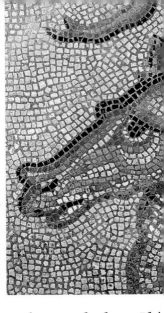

Art

Carrefour de première importance, la région a connu depuis la plus haute Antiquité les migrations de peuples et subi l'influence de civilisations diverses. Sous le règne du monachisme, l'art roman fleurit autour de Cluny et de Cîteaux comme nulle part ailleurs. Une autre période très riche sur le plan de la création artistique est celle du gothique tardif déployé à la cour des grands ducs. Philippe le Hardi puis Philippe le Bon sont les mécènes d'une pléiade de peintres, sculpteurs, musiciens, originaires pour la plupart des « Pays-Bas » du duché. À propos de ces artistes, on a parlé d'une école bourguignonne.

L'art gallo-romain

La capitale éduenne, Bibracte, rassemblait de nombreux artisans qui excellaient dans le travail du bois, de la céramique et de métaux comme le fer, le bronze puis l'argent. Des sanctuaires votifs, souvent en bois, jalonnaient les grandes voies de communication. Vers 5 avant J.-C., Auguste décide de construire un nouveau chef-lieu selon les principes romains : plan orthogonal, axes routiers. Ce transfert est un succès et Augustodunum (Autun) devient une ville phare au niveau culturel. D'autres cités comme Alésia, Mâlain, Entrains se développent sur des sites où l'artisanat prospère. Il faudra attendre le 2e s. pour qu'apparaissent les premiers éléments (*castrum* de Divio) de la future capitale, Dijon.

La nouveauté apportée par les Romains est le travail de la pierre, dont les monuments cultuels sont les premiers champs d'application. Beaucoup mieux conservés que les sculptures en bois, ils nous permettent aujourd'hui d'apprécier l'art de la période gallo-romaine. L'examen des styles ou des sanctuaires est révélateur des différents degrés de romanisation : dans les grandes villes, l'influence de Rome est assez hégémonique et de nombreux temples sont élevés en l'honneur d'Apollon, souvent associé à des divinités indigènes ; dans les campagnes, le panthéon romain parvient plus difficilement à assimiler les dieux celtes, qui résistent bien. Les matres gauloises, divinités de la prospérité et de la fécondité, restent très vénérées ; les sources sont encore fréquentées pour leurs pouvoirs curatifs ; les ex-voto anatomiques en bois *(voir la collection exceptionnelle du musée de Dijon)* y sont progressivement remplacés par d'autres en pierre (belles pièces au musée de Châtillon-sur-Seine). Une grande importance est donnée aux monuments funéraires et les stèles de plus en plus expressives et réalistes donnent une image fidèle de l'organisation de la société gallo-romaine (riche idée que de visiter les musées de Sens).

L'influence romaine est également très perceptible dans l'architecture. Les riches propriétaires se font construire des villas à la romaine : la *cella* gauloise est entourée de portiques, décorée de colonnes et de mosaïques, agrémentée de thermes et de salles chauffées par hypocauste.

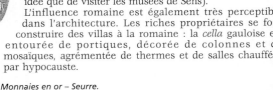

Monnaies en or – Seurre.

Ex-voto en bois. Sanctuaire des sources de la Seine.

*Mosaïque de Neptune :
les chevaux marins –
Autun, fin 2ᵉ s.*

À l'aube de la culture chrétienne, amorcée à Autun par le martyre de saint Symphorien (tableau d'Ingres dans la cathédrale St-Lazare) et accélérée par l'évangélisation de saint Martin, de nouvelles inspirations apparaissent qui vont considérablement changer et marquer l'art de la région.

*Casque de parade
en bronze martelé –
Autun, 2ᵉ s.*

L'art carolingien

Après la période d'éclipse du haut Moyen Âge, l'époque carolingienne (8ᵉ-9ᵉ s.) connaît un renouveau de l'architecture faisant la synthèse des styles byzantin, oriental et d'Antiquité tardive. Les éléments novateurs sont la crypte annulaire sous le chevet, la crypte-halle aux dimensions d'une véritable église souterraine, le chapiteau cubique. Les plans des édifices religieux sont simples et la construction, faite de pierres grossièrement taillées, rudimentaire. Une partie de l'ancienne crypte de St-Bénigne à Dijon, celles de Ste-Reine à Flavigny-sur-Ozerain et de St-Germain d'Auxerre en témoignent.

La sculpture s'exprime alors assez maladroitement : deux chapiteaux de la première représentent, sur chaque face, un homme en prière, les mains levées vers le ciel. Travaillée sur place, la pierre témoigne des tâtonnements du sculpteur ; certaines faces sont restées à l'état linéaire. Vestige de la basilique construite au milieu du 8ᵉ s., la deuxième conserve quatre fûts de colonnes dont trois semblent être romains et un seul carolingien ; les chapiteaux présentent un décor de feuilles plates, d'une facture très fruste.

À la même époque, fresques et enduits ont été employés dans la décoration. D'admirables fresques représentent avec beaucoup de vivacité la lapidation de saint Étienne ont été mises au jour en 1927. L'attention portée au statut des images distingue de Byzance l'art carolingien, dont l'un des domaines privilégiés est l'enluminure.

*Vase en céramique
métallescente – Alésia.*

*Déesse Séquana – bronze –
Sanctuaire des sources
de la Seine.*

Le roman

Bénéficiant de conditions particulièrement favorables à son expansion – villes nombreuses, riches abbayes, matériaux abondants –, l'école romane bourguignonne s'est développée avec une extraordinaire vitalité aux 11ᵉ et 12ᵉ s., en particulier dans la région de l'actuelle Saône-et-Loire (avec environ 300 édifices contre une quarantaine dans l'Yonne et la Côte-d'Or).

St-Julien-de-Jonzy : tympa du portail de l'église.

L'an mille correspond à un élan nouveau dans le désir de bâtir qu'expliquent la fin des invasions, l'essor de la féodalité et du monachisme, la découverte de nouveaux procédés de construction et... la croissance démographique. Il reste malheureusement très peu de monuments civils ou militaires de l'époque – souvent construits en bois – c'est pourquoi on confond souvent art roman avec art religieux.

Parmi les abbés constructeurs d'alors, Guillaume de Volpiano édifia à Dijon, sur l'emplacement du tombeau de saint Bénigne, une nouvelle basilique. Commencée en 1001, elle était consacrée en 1018. Les travaux de décoration furent confiés à un artiste unique, le moine Hunaud. L'abbatiale ayant complètement disparu dès le 12ᵉ s. par suite d'un incendie, c'est l'église St-Vorles de Châtillon-sur-Seine – profondément modifiée dans les premières années du 11ᵉ s. par un parent de Guillaume, l'évêque de Langres Brun de Roucy – qui permet de définir les caractères de l'art préroman : construction sommaire faite de pierres plates mal assemblées, piliers massifs, décoration très rudimentaire de

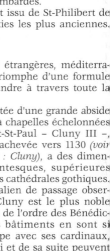

Saint-Thibault.

niches creusées dans les murs et de corniches à bandes lombardes.
D'aucuns considèrent que tout l'art roman bourguignon est issu de St-Philibert de Tournus, dont le narthex et son étage composent les parties les plus anciennes. On est écrasé par la puissance de cette sobre architecture.

L'école clunisienne

Si l'art roman à ses débuts doit beaucoup aux influences étrangères, méditerranéennes surtout, la période suivante voit avec Cluny le triomphe d'une formule nouvelle, un art opulent dont les caractères vont se répandre à travers toute la Bourgogne et au-delà.

Édifiée entre 955 et 981, l'abbatiale dite Cluny II est déjà dotée d'une grande abside

originale et d'un chevet à chapelles échelonnées et orientées. St-Pierre-et-St-Paul – Cluny III –, commencée en 1088 et achevée vers 1130 *(voir reconstitution de l'abbaye : Cluny)*, a des dimensions proprement gigantesques, supérieures même à celles des futures cathédrales gothiques. En 1247, un religieux italien de passage observait « que l'abbaye de Cluny est le plus noble couvent de moines noirs de l'ordre des Bénédictins de Bourgogne. Les bâtiments en sont si considérables que le pape avec ses cardinaux, toute sa cour, celle du roi et de sa suite peuvent y loger simultanément, sans que les religieux en éprouvent aucun dérangement et soient obligés de quitter leur cellule ».

Les vestiges de l'abbatiale, encore impressionnants par leur ampleur, permettent de dégager les caractères généraux de cette « école ». La voûte est en berceau brisé, véritable innovation par

Tournus : intérieur de l'église St-Philibert.

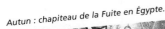
Autun : chapiteau de la Fuite en Égypte.

rapport au plein cintre, issu de l'époque romaine. Chaque travée comporte un arc doubleau : en diminuant les poussées, les arcs brisés permettent d'alléger les murs et d'élever ainsi les voûtes à une très grande hauteur. Les piliers sont cantonnés de pilastres cannelés à l'antique ; au-dessus de ces grandes arcades aiguës court un faux triforium où alternent baies et pilastres ; des fenêtres hautes surmontent l'ensemble, alors qu'auparavant la lumière venait des tribunes et des bas-côtés.

Cette ordonnance à trois niveaux, coiffée d'une voûte ogivale en berceau, se retrouve dans de nombreux édifices de la région. L'église de Paray-le-Monial apparaît comme une réplique. L'influence clunisienne est manifeste à La Charité-sur-Loire, autre prieuré dépendant de l'abbaye. À St-Lazare d'Autun, consacrée en 1130, on reconnaît le plan clunisien, très simplifié ; cependant, la tradition « romaine » reste présente : par exemple, sur l'arcature du triforium, le décor chargé est le même que sur la porte d'Arroux. À Semur-en-Brionnais, l'élévation de l'église approche celle de Cluny. Au revers de la façade, la tribune en surplomb rappelle la tribune St-Michel. Enfin, la collégiale St-Andoche de Saulieu est aussi de la famille des grandes églises clunisiennes.

Parmi les églises de village construites sous l'inspiration de Cluny, celles du Brionnais *(voir ce nom)* sont remarquables : Bois-Ste-Marie, Blanot, Monceaux-l'Étoile, Varenne-l'Arconce, Vareilles, Châteauneuf, Charlieu, Iguerande.

Face à cette école clunisienne, le cas de la basilique de la Madeleine à Vézelay est à part. Construite au début du 12ᵉ s., la nef est voûtée d'arêtes alors que jusque-là seuls les collatéraux, de faibles dimensions, l'étaient. Les grandes arcades sont surmontées directement par des fenêtres hautes qui, s'ouvrant dans l'axe de chaque travée, éclairent la nef. Les pilastres sont remplacés par des colonnes engagées, à l'encontre des édifices de type clunisien et les arcs doubleaux soutenant la voûte restent en plein cintre (peut-être l'église d'Anzy-le-Duc a-t-elle servi de modèle). Pour rompre la monotonie de cette architecture, on a recours à l'emploi de matériaux polychromes : calcaires de teintes variées, claveaux alternativement blancs et bruns. En tant que lieu de pèlerinage, la basilique est agrémentée d'un chevet à déambulatoire et de chapelles rayonnantes.

Paray-le-Monial : la basilique du Sacré-Cœur.

Vézelay : tympan du portail central.

L'art cistercien

Dans la première moitié du 12ᵉ s., le plan cistercien fait son apparition en Bourgogne. Caractérisé par un esprit de simplicité, il apparaît comme l'expression de la volonté de saint Bernard édictée dans la Charte de la charité (1119). À la théorie des grands constructeurs des 11ᵉ et 12ᵉ s., comme saint Hugues, Pierre le Vénérable, Suger, qui estiment que rien n'est trop riche pour le culte de Dieu, il s'oppose avec violence et passion. L'architecture dépouillée qu'il préconise reflète bien les principes mêmes de la règle cistercienne, qui considère comme nuisible tout ce qui n'est pas indispensable à la bonne marche de la vie monacale.

Les cisterciens imposent un plan quasi unique à toutes les constructions de l'Ordre, dirigeant eux-mêmes les travaux des nouvelles abbayes. Fontenay *(voir ce nom)* montre la disposition habituelle des différents bâtiments, qui s'est répandue à travers toute l'Europe, de la Sicile à la Suède.

En ce qui concerne l'abbatiale, la façade est élémentaire, sans portail, avec un lanterneau mais pas de clocher (nul besoin d'appeler les fidèles), la nef aveugle est couverte d'un berceau brisé comme dans l'architecture clunisienne, les collatéraux sont voûtés de berceaux transversaux en contrebutée à hauteur, le transept déborde largement (croix latine), deux chapelles carrées s'ouvrant à chaque croisillon et le chœur, carré et peu profond, se termine par un chevet plat, éclairé par deux rangées de fenêtres, en triplet. Cinq fenêtres sont percées au-dessus de l'arc triomphal et chaque travée des bas-côtés est également éclairée par une fenêtre. On trouve près de 600 églises de ce type.

Dijon : chapiteau dans la crypte de St-Bénigne.

En évitant tout décor peint et sculpté, en éliminant pratiquement tout motif d'ornementation (vitraux de couleur, pavements ou chapiteaux historiés), les cisterciens parviennent à exécuter des monuments d'une remarquable pureté. À l'instar des verrières en grisaille, même les enluminures deviennent monochromes (La Grande Bible de Clairvaux). C'est la lumière seule, la Lumière d'En Haut, qu'il convient de glorifier.

La sculpture romane

Avec le choix du support, tympan et chapiteau, la sculpture monumentale se lie à l'architecture. Le Brionnais, où l'on trouve une concentration exceptionnelle de portails sculptés, est le plus ancien foyer de sculpture romane bourguignonne. Dès le milieu du 11ᵉ s., un style un peu rude, maladroit, naît à Charlieu et dans la région : les figures sont ramassées et leurs mouvements peu aisés. Mais après avoir travaillé à Cluny, appelés par l'abbé Hugues de Semur qui appartenait à la famille des seigneurs du Brionnais, les artistes insufflèrent à leurs œuvres une grâce nouvelle, allongeant les figures et créant des compositions plus souples.

La grande abbaye bénédictine draina en effet sur son chantier de très nombreux sculpteurs et imagiers des régions voisines, devenant un centre de création pendant une vingtaine d'années (de 1095 à 1115). Un art délicat voit le jour, formant ce qu'on a appelé « le classicisme roman ».

Brou : détail du tombeau de Philibert.

Sur les chapiteaux du chœur – rare témoignage parvenu jusqu'à nous, présentés dans le farinier –, une végétation variée et des personnages aux attitudes adroitement observées révèlent un goût nouveau pour la nature (allégorie des saisons, fleuves du paradis). Les figures sont drapées de tuniques flottantes où les plis déterminent un modelé en harmonie avec la sérénité recherchée, preuve que l'on commence à s'émanciper des contraintes formelles du chapiteau.

Dans le domaine du ciseau, l'influence clunisienne s'est bien exercée à Vézelay. Outre ses chapiteaux historiés, l'église de la Madeleine abrite un grand portail sculpté dont le tympan représente le Christ envoyant ses apôtres en mission avant son ascension au ciel. La composition est envahie par un mouvement magistral où souffle l'Esprit : les corps s'agitent et les draperies, sillonnées de plis aigus et serrés, bouillonnent.

Cette œuvre, réalisée vers 1125, présente des points communs avec le portail du Jugement dernier de St-Lazare d'Autun (1130-1135), aux figures très allongées, aux draperies plissées, encore plus fines et moulées sur les corps. Le sculpteur Gislebertus *(voir Autun)* s'est attaché à rendre toute la diversité des attitudes et des sentiments humains. Les chapiteaux de la nef et du chœur évoquent, de façon vivante, des scènes de la Bible et de la vie des saints, dont s'inspireront avec talent les artistes de St-Andoche à Saulieu.

Une volonté de renouvellement du style se fait jour au milieu du 12e s. sur les portails de St-Lazare à Avallon : on y trouve conjointement une décoration luxuriante où apparaissent des colonnes torses, expression de la « tendance baroque » de l'art roman bourguignon, et une statue colonne qui fait songer à celles de Chartres. Les rondes-bosses du tombeau de St-Lazare à Autun (1170-1184) annoncent également par leur troublante présence l'évolution vers le gothique.

La peinture romane

La crypte de la cathédrale d'Auxerre renferme des fresques du 11e s., dont une représentation exceptionnelle du Christ à cheval, tenant à la main droite une verge de fer (à comparer avec celle du Christ en majesté peint dans le cul-de-four de l'abside, daté du 13e s.).

À Anzy-le-Duc, un important ensemble de peintures murales, mis au jour au milieu du 19e s., fait montre d'une tout autre technique : teintes mates, très atténuées, dessins au trait sombre recouvrant un fond composé de bandes parallèles.

Une tradition à fonds bleus apparue à Cluny III fut reprise dans la chapelle du « château des Moines » à Berzé-la-Ville – une résidence des abbés –, à travers de belles compositions (description à Mâconnais), probablement exécutées par les artisans de l'abbaye. L'imposant Christ en majesté, entouré de six apôtres et de nombreux autres personnages, a un air de famille avec les mosaïques de l'impératrice Théodora à Saint-Vital de Ravenne (6e s.). Cette correspondance entre l'art clunisien et l'art byzantin s'explique par l'action prépondérante de saint Hugues, inspirée des basiliques romaines et carolingiennes, et par le savoir-faire d'ateliers empruntant, via l'Italie, à l'Orient.

Considérant cette influence de Cluny sur tout l'art du 12e s., on peut dire que la destruction de la grande abbatiale au début du 19e s. a véritablement amputé notre patrimoine.

Berzé : détail des fresques de la chapelle des Moines.

Dijon : détail du puits de Moïse
à la chartreuse de Champmol.

Le gothique

Dès le milieu du 12ᵉ s., la croisée d'ogives apparaît en Bourgogne, prélude à une orientation nouvelle de l'architecture : allégement des voûtes, élargissement des baies, suppression des chapiteaux. À l'extérieur, les arcs-boutants dispensent les murs de porter, lesquels en profitent pour s'orner d'immenses verrières.

Architecture

En 1140, la tribune du narthex de Vézelay est voûtée d'ogives. Les cisterciens sont parmi les premiers à adopter cette formule des arcs diagonaux brisés et l'utilisent vers 1150 à Pontigny. À Sens (alors domaine royal) est érigée selon les directives de l'archevêque Sanglier la première grande cathédrale gothique (1135-1176), dédiée à saint Étienne. L'emploi de voûtes sexpartites permet de remplacer les piliers uniformes par une alternance de piles fortes et de piles faibles.

Un style « bourguignon » se précise avec Notre-Dame de Dijon, construite d'un seul jet de 1230 à 1251 : au-delà du transept, le chœur, assez profond, est flanqué d'absidioles – deux généralement – et terminé par une haute abside ; un triforium court au-dessus des grandes arcades, tandis qu'au niveau des fenêtres hautes le mur de clôture de la nef, un peu en retrait, dégage une seconde galerie de circulation. Dans l'ornementation extérieure, la présence d'une corniche – dont la forme varie d'un monument à l'autre – se développant autour du chœur, de la nef, de l'abside ou du clocher est un mode de décoration typiquement bourguignon. Parmi les édifices élevés selon ces principes, on peut citer la cathédrale d'Auxerre, la collégiale St-Martin de Clamecy, l'église Notre-Dame de Semur-en-Auxois. Dans cette dernière, l'absence de triforium ajoute encore à l'impression de hauteur vertigineuse qui se dégage d'une nef étroite. L'église de St-Père présente certaines ressemblances avec Notre-Dame de Dijon. Mais elle en diffère par son élévation qui est à deux étages avec une galerie devant les fenêtres.

L'architecture se fait à la fin du 13ᵉ s. de plus en plus légère et défie les lois de l'équilibre. En témoigne, aérien, le chœur de l'église de St-Thibault en Auxois, dont la clef de voûte s'élève à 27 m sur une largeur de 9,26 m.

En ce qui concerne les monuments civils, Dijon et un certain nombre de villes ont conservé des hôtels particuliers ou des maisons à colombages édifiés au 15ᵉ s. par de riches bourgeois ; ainsi à Flavigny-sur-Ozerain et à Châteauneuf.

C'est également de cette époque du gothique tardif que datent une partie du palais des Ducs de Bourgogne à Dijon (tour de la Terrasse, cuisines ducales), le palais synodal à Sens et l'Hôtel-Dieu de Beaune, triomphe de l'architecture de bois.

Parmi les châteaux, dont nombre ont gardé l'allure des forteresses du 13ᵉ s., signalons Châteauneuf, construit par Philippe Pot, sénéchal de Bourgogne, Posanges et le palais ducal de Nevers.

Sculpture, peinture

Les œuvres de pierre héritent au 13ᵉ s. de l'influence de l'Île-de-France et de la Champagne en ce qui concerne la composition et l'ordonnance des sujets traités. Dans des statues-colonnes d'un grand raffinement, le hanchement se fait prononcé afin de marquer les mouvements ascendants du corps. Le tempérament bourguignon apparaît dans l'interprétation même de certaines scènes, où les artistes locaux ont donné libre cours à leur fantaisie.

Parmi la statuaire de cette époque épargnée par la Révolution, il reste quelques exemples intéressants. À Notre-Dame de Dijon, les masques et figures sont traités avec un réalisme très poussé, certains avec une telle vérité dans l'expression bonhomme qu'ils laissent à penser que ce sont là des portraits de Bourguignons faits d'après nature. Le portail de St-Thibault en Auxois présente plusieurs scènes consacrées à la Vierge mais surtout cinq grandes statues figurant le duc Robert II et sa famille. À St-Père, le décor sculpté du pignon se double d'une fraîche décoration florale sur les chapiteaux. Le tympan de la porte des Bleds à Semur-en-Auxois rapporte, avec peu d'élégance, la légende de saint Thomas. Ce style progresse avec le siècle : les bas-reliefs au soubassement des portails de la façade occidentale de la cathédrale d'Auxerre, sculptés avec délicatesse, ouvrent même la voie au maniérisme.

Auxerre : chapelle axiale de l'abbaye St-Germain.

L'avènement des Grands Ducs Valois correspond pour la Bourgogne à une époque de rayonnement artistique. Pour décorer la chartreuse de Champmol, Philippe le Hardi dépense sans compter, attirant à Dijon nombre d'artistes, surtout hollandais et flamands. Des sculpteurs ayant successivement travaillé à la réalisation de son tombeau (musée de Dijon), **Claus Sluter** est le plus grand. Il a su mettre dans ses personnages du tempérament (Claus de Werve, son neveu et élève, poursuivra l'œuvre du maître avec une plus grande douceur). Du portail de la chapelle il a aussi exécuté les statues du mécène et de son épouse, qui seraient d'authentiques portraits : les draperies et les vêtements traités avec un art consommé soutiennent l'expression des personnages, d'un réalisme saisissant. La sculpture s'oriente là vers une manière toute nouvelle : les statues cessent désormais de faire corps avec l'architecture, et la physionomie est traitée de façon naturaliste, n'hésitant pas à accuser les aspects de la laideur ou de la souffrance. Les pleurants serviront de référence aux monuments funéraires du siècle en France, à commencer par le mausolée de Jean sans Peur et de Marguerite de Bavière et le singulier sépulcre de Philippe Pot, sénéchal de Bourgogne (copie à Châteauneuf). La tradition de Sluter se prolonge dans les Mises au tombeau.

Autour de la chartreuse de Philippe le Hardi, les peintres ne sont pas en reste : Jean Malouel, futur auteur d'un portrait de Jean sans Peur, le Brabançon Henri Bellechose et Melchior Broederlam réalisent des œuvres de haute volée d'où ressort une rare unité de style. Dus à ce dernier, les revers du retable de la Crucifixion (bois sculpté par Jacques de Baerze) font preuve d'un sens du détail, d'une maîtrise de la palette et d'un travail de l'espace qui seront la marque du « gothique international ».

Sous Philippe le Bon, le style spécifiquement bourguignon apparaît, aux proportions plus harmonieuses et aux draperies plus sobres. Les œuvres les plus connues de cette période sont le polyptyque de l'hôtel-Dieu de Beaune, dû à Rogier Van der Weyden et la Vierge du chancelier Rolin décorant en 1435 la chapelle du commanditaire dans la cathédrale d'Autun (désormais au Louvre), magnifique icône élaborée par Jan Van Eyck, « valet de chambre » du duc à Bruges. Commandées elles aussi par Nicolas Rolin, les tapisseries de l'Hôtel-Dieu de Beaune comptent parmi les plus belles de l'époque.

N'oublions pas pour fermer le ban du 15e s. le nom de **Pierre Spicre**, peintre dijonnais, auteur des fresques de l'église Notre-Dame de Beaune.

Dijon (musée des Beaux-Arts) : pleurants du tombeau de Philippe le Hardi.

Cormatin. Cabinet des Miroirs.

De la Renaissance au romantisme

Dans l'histoire de l'art, une hypothèse donne le réalisme gothique franco-flamand, lequel s'est splendidement exprimé en Bourgogne, comme la véritable Renaissance. Selon Vasari, en effet, les caractéristiques de celle-ci tiennent à l'imitation du naturel et à une vision neuve de l'homme. Cela dit, l'art bourguignon influencé par l'Italie suit au 16e s. une orientation nouvelle, marquée par un retour aux canons antiques.

Pour l'architecture, la transition s'effectue en douceur. En Bresse, encore partie du duché de Savoie, l'église de Brou (1513-1532) relève essentiellement de l'art gothique flamboyant. L'église St-Michel de Dijon est composite : tandis que la nef – commencée au début du 16e s. – est de style gothique, la façade, dont la construction s'échelonne entre 1537 et 1570, est un exemple d'intégration d'éléments Renaissance. C'est le triomphe des lignes horizontales et des arcs en plein cintre. On sculpte désormais en façade des médaillons à l'antique, des bustes en haut relief, tandis que les sujets religieux font place à des sujets profanes. C'est dans les années 1520 que sont sculptées les stalles de l'église de Montréal, œuvre d'inspiration locale, où pétille l'esprit bourguignon. Le peintre sénonais **Jean Cousin** réalise les cartons de vitraux pour la cathédrale St-Étienne jusqu'en 1540, date à laquelle il part à Paris. Dans la seconde moitié du 16e s. se répand à Dijon la décoration ornementale telle que la conçoit **Hugues Sambin**, auteur de la porte du palais de justice et semble-t-il d'un grand nombre d'hôtels particuliers.

La Bourgogne n'a certes pas connu une floraison de châteaux de plaisance comme le Val de Loire, mais elle compte toutefois de grandioses demeures comme Sully, Tanlay ou Ancy-le-Franc. Les fresques couvrant les murs d'Ancy (dont le nouveau propriétaire a promis la restauration), dues aux élèves du Primatice et de Nicolo dell'Abate, évoquent nettement Fontainebleau.

Le style baroque, plus enclin à la fantaisie qu'au respect du « bon goût », fait son apparition en Bourgogne sous le règne de Louis XIII dans les ors et la décoration profuse du château de Cormatin. Le sculpteur **Jean Dubois**, né à Dijon en 1625, réalise dans cet esprit la statuaire et le mobilier de nombreux édifices.

À l'opposé, imité du Louvre et plus tard de Versailles, l'art classique est marqué par la recherche de l'équilibre rationnel ; à Dijon l'on aménage la place Royale et l'on construit le palais des États de Bourgogne selon les plans d'Hardouin-Mansart, les familles de parlementaires se font édifier des hôtels particuliers. Bien qu'ayant gardé les caractères de la Renaissance, l'hôtel de Vogüé (1607-1614) présente la disposition nouvelle d'un corps de logis retiré au fond d'une cour, l'accès à la rue se faisant par une porte cochère, l'autre façade s'ouvrant sur des jardins. L'ordonnance des châteaux classiques édifiés ou agrandis aux 17e et 18e s. se signale par la rigueur et la symétrie, des ailes en retour ou esquissées par des avant-corps, une façade à fronton triangulaire ou un portique qui rappellent le temple grec. On peut citer Bussy-Rabutin, Commarin, Talmay, Beaumont-sur-Vingeanne, Pierre-de-Bresse, Drée. Le style néoclassique trouve en Germain Soufflot, né à Irancy, l'un de ses fiers représentants : la patrie fera de son église Ste-Geneviève le Panthéon.

En peinture, l'avancée de la classe bourgeoise trouve son chantre en la personne du Tournusien **Greuze**, fort apprécié de Diderot, mais dont la renommée s'éteint avec David. C'est l'élève favori de David, **Girodet** – né à Montargis –, et un enfant de Cluny, **Prud'hon**, élève lui de Devosge à l'académie de Dijon, qui reprennent le flambeau et deviennent peintres de l'Empire. Les figures rêveuses et sensuelles de celui-ci, les images traitées avec ardeur par celui-là font partie de la première iconographie du romantisme. Vingt ans plus tard, le Dijonnais **Rude** adopte le même parcours en sculpture : après des débuts proprement néoclassiques, il a illustré avec sa « Marseillaise » de l'arc de triomphe de Paris la fougue du tempérament romantique.

L'art moderne et l'art contemporain

Les arts créés au cours du 19e s. ont leur source scientifique dans la « vallée de l'image » : c'est la photographie d'abord, avec Niepce qui l'invente près de Chalon (très riche musée des Techniques et des Arts graphiques), puis le cinéma grâce au précurseur Étienne-Jules Marey qui transmettra ses découvertes aux frères Lumière.

En ce qui concerne l'architecture, l'ingénieur dijonnais **Gustave Eiffel** (1832-1923) s'est spécialisé dans la construction métallique : ponts, viaducs, gare de Budapest... Son nom reste lié à la tour qu'il éleva à Paris pour l'Exposition universelle de 1889, dont la structure repose sur le principe de la « poutre en treillis ». Le visionnaire **Claude Parent**, concepteur des centrales nucléaires, a dessiné l'église Ste-Bernadette de Nevers en se référant pour partie à l'art cistercien. La force architecturale de St-Philibert de Tournus a influencé pour sa part le compositeur Edgar Varèse, au même titre que les contrepoints de Dufay.

L'Ours, de François Pompon.

La sculpture est représentée d'un côté par les très académiques Jouffroy (« La Seine » statue ornant le bassin des sources) et Eugène Guillaume (Le Mariage romain au musée de Dijon) et de l'autre par **François Pompon** *(voir Saulieu)*, créateur des formes animalières schématiques qui sont un pan de la figuration moderne. Les peintres ont pour amis de grands noms, tels le Beaunois **Félix Ziem**, proche de Corot (qui a peint la campagne de Lormes), ou **Alphonse Legros**, né à Dijon, dont le style réaliste et les thèmes ruraux font évoquer son aîné Courbet. La veine de Legros pour les scènes d'intérieur s'est en quelque sorte perpétuée au travers du penchant intimiste de Vuillard – né à Cuiseaux en 1868 – sensible surtout dans sa période nabis. Plus proches de nous, **Jean Bertholle**, né à Dijon en 1909, décédé en 1996, a travaillé avec les Delaunay avant d'adopter l'abstraction ; accueilli près de Clamecy, le grand affichiste **Charles Loupot** introduisit dans la réclame le cubisme et le constructivisme ; l'Avallonnais **Gaston Chaissac**, « peintre rustique moderne » ou « Pablo morvandiau » selon ses propres termes, fut l'explorateur infatigable des supports et techniques inédits vite étiquetés « art brut » ; **Balthus**, immense artiste, dont la présence à Chassy dans les années 1950 nous vaut une vision élégante et tout à la fois organique du Morvan.

Château-Chinon : fontaine monumentale, œuvre de Jean Tinguely et Niki de Saint Phalle.

Les sites où s'expose l'art contemporain ne manquent pas en Bourgogne. Dans les communs du château de Tanlay ; au palais synodal de Sens ; à l'artothèque de l'abbaye St-Germain à Auxerre ; au musée des Ursulines à Mâcon ; dans la galerie des Ducs à Nevers ; au musée René Davoine à Charolles ; au château de Ratilly... à Vézelay, la fondation Zervos est animée de l'esprit de la donation Granville à Dijon. L'art brut a trouvé un lieu privilégié à Dicy près de Joigny (La Fabuloserie), l'acier Inox brille dans des œuvres monumentales à Gueugnon en Saône-et-Loire et les sculptures dues à Arman, Gottfried Honegger ou Karel Appel ont transformé le campus universitaire de Dijon en véritable musée de plein air.

Les belles lettres

Adoptons pour évoquer l'histoire des Lettres en Bourgogne la règle du jeu de rôles, qui permet d'en faire ressortir la relative unité. Le contexte de référence étant la cour des ducs – qui employaient d'ailleurs « une armée » de copistes et calligraphes, miniaturistes et relieurs –, faisons endosser à chaque écrivain, anonyme, méconnu ou célèbre le costume d'un personnage type : le chroniqueur (historien), l'orant (religieux), le chantre (auteur lyrique), le clerc (savant) et le bouffon (amuseur).

Le chroniqueur

Au « grand siècle » du duché, les Valois aiment à gager des chroniqueurs qui relatent, plutôt en panégyristes qu'en moralistes, les événements marquants de leur règne : **Philippe de Commynes**, conseiller et chambellan du Téméraire et **Olivier de La Marche**, poète à ses heures, sont les plus célèbres de ces « historiens » (à noter que tous deux sont passés au service du roi Louis XI) ; ils eurent toutefois un digne prédécesseur en la personne de **Georges Chastellain**, membre du conseil privé de Philippe le Bon, chevalier de la Toison d'or et auteur d'un éloge d'icelui. Autre grande figure de la littérature médiévale, **Christine de Pisan** dédie à Philippe le Hardi sa *Mutacion de fortune*, qui lui commande la rédaction d'un portrait du roi défunt son frère : *Livre des Faiets et bonnes mœurs du roi Charles V* (1404) est l'œuvre de la première historienne de France. Chacun à sa manière, les chroniqueurs s'inspirent des épopées légendaires relatées dans les chansons de geste, à l'époque de la chevalerie, où souvent le bourguignon s'oppose au carolingien. Dans **Girart de Roussillon** (13e s.), on raconte dans un dialecte entre le français et le provençal les mésaventures du fondateur du monastère de Vézelay face à Charles Martel.

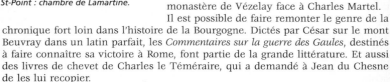

Portrait de Lamartine par H. Decaisme (1839).

St-Point : chambre de Lamartine.

Il est possible de faire remonter le genre de la chronique fort loin dans l'histoire de la Bourgogne. Dictés par César sur le mont Beuvray dans un latin parfait, les *Commentaires sur la guerre des Gaules*, destinés à faire connaître sa victoire à Rome, font partie de la grande littérature. Et aussi des livres de chevet de Charles le Téméraire, qui a demandé à Jean du Chesne de les lui recopier.

*Buste de Buffon par Pajou
(Château de Versailles).*

Les hauts faits d'armes ne sont pas indispensables. Les « petits faits vrais », cela nourrit aussi la matière de romans. Par exemple, **Restif de La Bretonne**, littérateur fécond, né à Sacy, près de Vermenton : son œuvre souvent licencieuse est fondée sur du vécu, et constitue une précieuse source de renseignements sur la société à la fin du 18ᵉ s. Dans *La Vie de mon père*, il décrit la condition paysanne dans son pays. Plus tard, **Jules Renard** (1864-1910) que l'on connaît pour son incontournable *Poil de carotte*, a fait preuve d'un sens aigu de l'observation dans ses *Histoires naturelles*, développé au cours de ses longs séjours dans le Morvan. On y trouve aussi de jolies formules : « Le Papillon, ce billet doux plié en deux, qui cherche une adresse de fleurs ».

L'enfant adoptif de Gevrey-Chambertin **Gaston Roupnel**, fidèle interprète du terroir, enseignant et romancier (*Nono*), occupa la chaire d'histoire bourguignonne à la faculté de Dijon en 1916.

Dernier et authentique chroniqueur celui-là, **Georges Duby**, qui recherchait dans le Mâconnais, autour de Cluny bien sûr, les traces de ces Français de l'an mille.

L'orant

Le lien se fait tout seul. Au Moyen Âge, l'étude, l'écriture et la diffusion du savoir se réalisent autour des églises et des monastères : l'abbaye de St-Germain d'Auxerre a ainsi joué le rôle d'une véritable université au temps de Charlemagne (les étudiants viennent de l'Europe entière) et, un peu plus tard, c'est de l'abbaye de Cluny que rayonne la vie intellectuelle (trait d'union : Odon, qui enseigna à St-Germain avant de devenir abbé de Cluny).

Saint Bernard domine le 12ᵉ s. de sa personnalité et de son génie : il réunit à Clairvaux une bibliothèque remarquable (une partie est conservée à Dijon) et nous apparaît lui-même comme l'un des grands écrivains de son temps. De sa plume il nous reste des Lettres, des sermons et quelques traités, tout en latin.

De la Renaissance on retient les noms de Pontus de Thiard, né au château de Bissy-sur-Fley en Mâconnais, grand philosophe et théologien, membre de la Pléiade, et de Théodore de Bèze, originaire de Vézelay, humaniste rallié à la Réforme, auteur de nombreux ouvrages dogmatiques dont une Vie de Calvin, à qui il avait succédé à Genève puis à la tête du protestantisme en France.

Le 17ᵉ s. est dominé en Bourgogne par la grande figure de Bossuet, dijonnais de naissance, prélat, théologien et orateur (*Les Oraisons funèbres*). « Qu'il y ait un seul moment où rien ne soit, éternellement rien ne sera », a-t-il écrit, stoïque, dans son *Traité de la connaissance de Dieu et de soi-même*.

Le **père Lacordaire**, né à Recey-sur-Ource dans le Châtillonnais, fut prédicateur à Notre-Dame. Il s'associa à Lamennais pour créer un mouvement catholique libéral. C'est lui qui, en 1843, rétablit en France l'Ordre des dominicains.

Notre contemporain **Christian Bobin**, auteur dans la tradition catholique d'un fervent *Le Très-Bas* consacré à François d'Assise, est né au Creusot qu'il n'a jamais quitté.

Le chantre

D'une vogue durable, le conte de *La Châtelaine de Vergy* marque les débuts du roman d'amour courtois. On y raconte dans une langue recherchée la noble et terrible histoire d'un chevalier aimant en secret la nièce du duc de Bourgogne. La littérature médiévale se prolonge dans les Mystères et les Passions – forme populaire du théâtre – Mystère de Jason, Mystère d'Hercule et Passion d'Autun, Passion de Semur ont connu un vif succès.

ICI COLETTE EST NÉE

On peut citer le nom du poète Jehan Régnier, né et mort à Auxerre (1393-1465), envoyé par Philippe le Bon en mission secrète à Rouen auprès des Anglais et sauvé par sa femme alors que Charles VII avait ordonné sa mise à mort. Ses rondeaux inspireront François Villon.

Dans la poésie française, **Lamartine** tient assurément une grande place. Son influence dans le mouvement romantique au 19ᵉ s. a été considérable ; parmi les méditations, il exalte les charmes de Saint-Point et de Milly, la terre natale *(voir Mâcon)* qu'il retrouve « en exil » sous le Second Empire *(La Vigne et la Maison* – 1857). Plus introvertie et secrète, **Marie Noël**, grand prix de poésie de l'Académie française en 1962, fut longtemps la voix d'Auxerre, aux accents de l'innocence. Autre femme écrivain, universellement connue, **Colette** a évoqué son enfance à Saint-Sauveur *(voir La Puisaye)* sur un ton souvent moins châtié, mais ô combien ardent. De son côté, la terre nivernaise a été chantée par Achille Millien, poète qui recueillit aussi les traditions morvandelles, et par Maurice Genevoix *(voir Decize)*.

Henri Vincenot en 1984.

Le romancier **Henri Vincenot** (1912-1985), né à Dijon, a évoqué avec tendresse la vie des paysans bourguignons pendant l'entre-deux-guerres *(La Billebaude)*. Le vagabond La Gazette nous entraîne dans *Le Pape des escargots* auprès des hauts lieux de Bourgogne.

Le clerc

Tout imprégné d'humanisme, le 16ᵉ s. a connu avec **Guy Coquille**, né à Decize, un célèbre jurisconsulte qui écrivit « Les Coutumes du pays et duché de Nivernais ». Au siècle suivant, plutôt teinté d'absolutisme, le grand ingénieur militaire **Vauban** *(voir Morvan)* fut aussi un écrivain de talent, comme en témoignent ses « Oisivetés » et son « Projet d'une dîme royale ». Les Lumières ont sans conteste pénétré la province. Tandis que l'académie de Dijon récompensait un mémoire de Rousseau, Jean Bouhier, président au parlement, correspondant avec toute l'Europe, écrit « La Coutume de Bourgogne » ; Charles de Brosses, conseiller qui deviendra à son tour premier président en 1775, se révèle un conteur plein de vie dans ses *Lettres familières écrites d'Italie*, qui réjouiront Stendhal (dont celle-ci : « L'amour de la patrie, vertu dominante des grandes âmes, me saisit toujours à l'aspect d'une bouteille de vin de Bourgogne »).

Enfin **Buffon**, l'enfant de Montbard *(voir ce nom)*, a joué un rôle de premier plan dans le rayonnement de la science française. Les Immortels ont accueilli avec des applaudissements son fameux Discours sur le style (« Le style, c'est l'homme »). La tentation encyclopédique s'est de nouveau manifestée à travers le grand œuvre du lexicographe **Pierre Larousse**, né à Toucy dans l'Yonne et, dans une moindre mesure, par les travaux du Dijonnais Adolphe Joanne, auteur des premiers guides touristiques *(Voyages en France)*.

Parmi les savants lettrés de notre siècle on retiendra surtout les noms du Tournusien Albert Thibaudet, critique littéraire à l'influence immense, et de Gaston Bachelard, en un sens son successeur, enseignant à Dijon dans les années 1930 et auteur de *L'Eau et les Rêves* – ainsi que du *Siloë* de Roupnel.

Pour clore la rubrique sur le même thème de l'humaniste, on peut invoquer le normalien **Romain Rolland**, un sage né à Clamecy, à qui l'on doit *Jean-Christophe* et *Colas Breugnon*.

Le bouffon

Que serait la cour sans cette figure ? Philippe le Bon adorait les récits assez gaillards et un peu paillards, dans le ton des fabliaux. Les Cent Nouvelles, nouvelles qui lui furent offertes relèvent de ce registre. Le dernier historiographe de la maison de Bourgogne, Jean Molinet (1435-1507), a exercé le meilleur de sa verve dans des pièces parodiques à la fantaisie débridée, pleines de savoureuses trouvailles *(Faitz et Ditz)*.

À la Renaissance, on ne craint pas d'attaquer la religion chrétienne avec les armes du rire. C'est le cas de Bonaventure des Périers, d'Arnay-le-Duc, ami de Clément Marot, conteur malicieux, souvent mordant et satirique. Étienne Tabourot, lui, avec ses *Escraignes* restitue dans toute sa familiarité la vie de Dijon. Sous Louis XIV, c'est Bussy-Rabutin *(voir ce nom)* qui donne, en particulier dans la correspondance

Théâtre du château de Digoine.

avec sa cousine Mme de Sévigné (qui fit, durant sa jeunesse, quelques séjours au château de Bourbilly), un tableau juste et parfois cocasse de la société de son temps. Le règne suivant voit s'exercer le talent de Crébillon père avec des tragédies chargées d'horrifiques rebondissements et le vilain génie d'Alexis Piron *(voir Beaune)*, auteur de la truculente *Métromanie* ainsi que de *Poésies* à l'esprit très mordant.

Le Beaunois Xavier Forneret a prolongé le lyrisme lamartinien dans la couleur noire, avec un humour extravagant qui plut fort au pape du surréalisme André Breton (« Bâtissez un pont de papier de soie et jetez-y le bien que font les hommes, il tiendra bon »). Après que Claude Tillier, auteur de *Mon oncle Benjamin (voir Clamecy)*, s'est illustré dans le pamphlet anticlérical, relais fut pris par l'humoriste **Franc-Nohain**, né à Corbigny, pour se moquer des mœurs de la bourgeoisie nivernaise. D'origine bourguignonne, le comédien-écrivain **Jacques Copeau**, rénovateur du théâtre, quittant la compagnie du Vieux-Colombier pour poser sa troupe des « Copiaus » à Pernand-Vergelesses (ce nom leur est donné par les vignerons), a relancé entre les deux guerres l'esprit des fabliaux et de la commedia dell'arte. Nul doute que son Théâtre populaire (1942) est en point de mire dans l'action de Dominique Pitoiset à la tête du Nouveau Théâtre de Bourgogne.

*Troupe de Jacques Copeau
La Ferté-sous-Jouarre en 1913.*

À table

Tout porte à croire que la Bourgogne est née à une tablée. Attachée à son terroir et cultivant l'art de vivre, la région se définit par la bonne chère. La réputation de ses vins et de sa gastronomie est établie depuis l'époque gallo-romaine – les enseignes culinaires conservées au musée archéologique de Dijon en témoignent –, mais c'est au temps des Grands Ducs que notre gourmandise nous porte, lors d'une fastueuse réception au palais, et l'on rêve un instant des fumets affriolants qui émanent du chaudron magique des cuisines ducales. De nos jours, les établissements de renommée mondiale – Côte St-Jacques à Joigny, Lameloise à Chagny, Côte d'Or à Saulieu – , les états généraux de la gastronomie française à la Foire internationale de Dijon perpétuent la tradition du bien-boire et du bien-manger. Avec moins de cérémonie, l'assiette de pays accompagnée de son verre de vin peut aussi donner du bonheur.

Une recette souvent familiale : le bœuf bourguignon.

Les produits locaux

Les solides

Plantureuse province, la Bourgogne dispose pour la viande de l'élevage de l'Auxois (bovine et chevaline), du Bazois et du Charolais ; de la Bresse en matière de volailles, chapons et dindes ; de forêts profuses en gibier, parmi les plus réputées de France. Le pigeonneau du Morvan, que l'on trouve sur la table soit rôti soit en croûte, est élevé en volière.

La région fournit des légumes de premier ordre, de délicieux champignons – mousserons, cèpes, morilles, girolles, truffes aussi –, des fruits succulents (cerises de la région d'Auxerre – bigarreaux, marmotte et burlat), des poissons blancs de la Loire et de la Saône, truites et écrevisses des rivières morvandelles aux eaux vives, et bien sûr des escargots.

Longue tradition aussi, d'origine quelquefois bénédictine, la fabrication de **fromages** : les « pâtes molles » Soumaintrain et époisses, tous deux au ton ocre, ce dernier très coulant et très fort, à la croûte lavée au marc (l'une des 34 AOC en France) ; le non affiné saint-florentin, de la région auxerroise ; le bouton-de-culotte, un chèvreton élaboré en Mâconnais, c'est le fromage le plus cher ; le « trappiste » Cîteaux, à la pâte pressée non cuite. Un « grand moment » gustatif sera l'alliance d'un grand nom millésimé avec l'un d'entre eux.

Un bon vin doit être servi avec soin.

La célèbre spécialité de Bourgogne : les escargots.

Le vin

Le repas débute par un moment de convivialité : l'apéritif. Sur ce chapitre, l'ambassadeur de Bourgogne s'appelle le **kir**. Pour le réussir, il convient de prendre une liqueur de cassis peu alcoolisée, c'est-à-dire 16°, parce qu'il faut équilibrer le sucre de la liqueur avec la légère « acidité » du vin blanc aligoté, en respectant la proportion : 1/5 de liqueur et 4/5 de vin. La recette du Kir royal est la même, mais le vin pétillant – de préférence un crémant de Bourgogne ou un champagne – remplace le vin blanc.

Ensuite, il s'agit de choisir les vins adaptés aux mets qu'ils vont accompagner. On peut recommander de servir :

– avec huîtres, coquillages, poissons : chablis, meursault, pouilly-fuissé, mâcon ou autres vins blancs secs servis frais et non frappés (10-12°) ; le puligny-montrachet accorde parfaitement ses arômes de noisette grillée et d'amande fraîche aux fruits de mer ; pour atténuer le gras du saumon fumé, un simple aligoté convient très bien ;

– avec volailles, viandes blanches et plats légers : chambolle-musigny, côte-de-beaune, mercurey, beaujolais ou autres vins rouges légers servis à la température de la cave (15-16°) ;

– avec gibier, viandes rouges, cèpes et fromages : chambertin, côte-de-nuits, pommard et autres vins rouges corsés servis chambrés (16-18°) ; pour autant, avec les chèvres secs, ne pas hésiter à déboucher une bouteille de blanc tel qu'un pouilly-fumé délivrant ses arômes de bois brûlé et de végétaux.

Le choix d'un vin doit tenir compte du renom de son cru mais aussi du millésime qui peut largement en modifier la qualité ; les conditions climatiques déterminent en effet une hiérarchie des années, qui sont parfois très contrastées :

Bourgogne blanc – grandes années : 1989-95-96-97.

Bonnes années : 1990 à 1994-1998-99.

Bourgogne rouge – grandes années : 1990-95-96-99.

Bonnes années : 1983-89-91-93-94-97-98.

Même s'ils n'ont pas l'exceptionnelle longévité du vin jaune du Jura, les vins de Bourgogne vieillissent assez bien et atteignent leur apogée après quelques années ; le temps de garde conseillé est le plus souvent de 5 à 7 ans, mais il va de 8 à 10 ans pour les grands vins blancs et de 10 à 15 ans pour les grands vins rouges. Le vieillissement est variable selon les conditions de stockage, qui doivent respecter certaines règles : lieu sombre et aéré, température stable de 15° environ, terre battue couverte de gravier, hygrométrie de 70 %. Précisons pour finir que les bourgognes rouges, moins tanniques que les bordeaux, ne demandent pas à être décantés avant le service (ceux qui voudraient approfondir le sujet au point d'en faire métier peuvent s'inscrire à l'université de Dijon qui prépare au diplôme national d'œnologue).

Vieux marc de Bourgogne.

Avec le café, les agapes se termineront agréablement sur un marc de Bourgogne. Cet alcool ambré et charpenté est produit par la distillation des marcs de raisin – peaux et pépins – et vieilli en fûts de chêne.

Les plats

À l'image du terroir, la cuisine en Bourgogne est riche et généreuse. Point de prétention dans ses élaborations, elle se façonne avec les produits que lui donne sa terre et nourrit l'appétit rustique du gros mangeur bourguignon comme celui de l'invité au bon coup de fourchette. À noter que le premier livre de recettes fut concocté par La Varenne, cuisinier du marquis du Blé d'Huxelles à Cormatin, au milieu du 17ᵉ s. Écoutons la bonne parole de Vincenot : « Composer un repas est du même ordre que créer un poème, une symphonie, un tableau et manger pour être un acte nécessaire et plusieurs fois quotidien n'en est pas moins une manifestation solennelle de l'amour de la vie. »

Le vin, gloire de la province, joue là encore un rôle de premier plan : les **meurettes**, sauces onctueuses à base de vin aromatisé et épicé, liées avec du beurre et de la farine accompagnent les poissons, les cervelles ou les œufs pochés. Le **saupiquet** est une autre sauce à base de vin blanc, additionné de crème, qui accompagne le jambon à l'os coupé en tranches et poêlé ; c'est aussi le nom de la recette, appelée parfois « jambon à la chablisienne », à accompagner naturellement d'un chablis. Les haricots rouges se préparent au lard et au vin rouge. Le coq au vin est arrosé d'un côte-de-nuits-villages, même lorsqu'il est dit – ultime prétention – « coq-chambertin ». N'oublions pas le classique **bœuf bourguignon**, plat familier et traditionnel (le collier de bœuf est longuement mijoté dans du vin rouge avec oignons et lardons) dont on rehaussera la saveur en l'agrémentant d'un bon cru régional, par exemple un irancy ; c'est un plat qui gagne à être consommé réchauffé, après que la viande s'est bien imbibée de la sauce : elle fond alors sous la langue.

La cuisine régionale offre d'autres petites choses délicieuses :

Ce millefeuilles : comment l'attaqueriez-vous ?

le jambon persillé (les morceaux maigres sont pris dans une gelée de volaille puissamment aillée et persillée), l'andouillette de Chablis, le poulet Gaston Gérard (du nom du maire gastronome de Dijon dans les années 1920), la potée bourguignonne (le Morvan est aussi adepte du pot-au-feu traditionnel), l'oignonnade auxonnaise, la **pôchouse**, matelote de poissons de la Saône au vin blanc (brochet, tanche, perche, carpe ou anguille), le lapin à la dijonnaise (à la moutarde) ou le râble de lièvre à la Piron. Les fameux escargots dits de Bourgogne, *Helix pomatia*, sont maintenant élevés en effet dans la région. On les prépare ici avec du beurre aillé, ren-coquillés et cuits en cocotte selon une recette remontant à 1825. Du temps des Éduens, il semble que l'escargot était dégusté au dessert.

Les gourmets sont gâtés en Bresse : parmi quelques recettes locales, signalons le gratin de queues d'écrevisses, préparé dans une sauce Nantua – beurre d'écrevisse et crème fraîche –, les cuisses de grenouilles sautées avec une persillade, le poulet à la crème et le gâteau de foies blonds – œufs, crème et foies de volaille.

Les spécialités

Pour accompagner la dégustation des grands crus, chablis comme corton, fixin comme meursault, la traditionnelle **gougère** est une bouchée soufflée faite de pâte à chou au fromage de gruyère, à consommer tiède.

Les plus célèbres des spécialités sont dijonnaises. Forte ou aromatisée, la **moutarde** de Dijon – dénomination réservée à la pâte fabriquée avec des produits blutés ou tamisés (décret du 10 juillet 1937 imposant ingrédients et procédé) – est celle que les Européens consomment le plus ; la société Amora, gros producteur qui a créé un musée *(voir Dijon)*, a absorbé en 1960 une marque vieille de trois siècles « Vert-pré ». Très répandue en Bourgogne dès le Moyen Âge, la moutarde fut pour Rabelais « ce baume naturel et réparant l'andouille ». Il est à parier que la devise de Philippe le Hardi, « Moult me tarde », est pour quelque chose dans ce succès.

La sauce dijonnaise accompagne ce rôti de veau.

RECETTE DU RÔTI DE VEAU DIJONNAISE

Ingrédients pour 4 personnes :
– 1 kg de noix ou de carré de veau
– 1 cuillère à soupe de moutarde de Dijon
– 20 cl de crème fraîche
– 1 cuillère à soupe d'huile d'arachide
– sel et poivre

Préparation et cuisson : 1 h, préparer la veille.
Enduire le rôti de moutarde puis le déposer dans un plat et le napper de crème fraîche ; laisser mariner jusqu'au lendemain.
Sortir la viande de sa marinade, saler, poivrer. Mettre au four le rôti, dans une cocotte huilée, pendant 3/4 d'heure à Th. 6 ; en fin de cuisson, ajouter la marinade et laisser réduire 5 mn.
Servir chaud et accompagner de haricots verts à l'étouffée.

On n'oublie pas pour autant dans la capitale ce que douceur veut dire. **Pain d'épice**, par exemple. Fait avec du seigle, du miel et de l'anis, il se présente sous deux formes. Sec, sous forme de pavé, c'était une base d'alimentation semblable à une tartine de pain sur laquelle on mettait du beurre, de la confiture, d'où son appellation « pavé de santé ». Moelleux, rond, fourré de marmelade, recouvert d'un glaçage ou décoré de fruits confits et enveloppé d'un papier d'argent, c'est la vraie friandise qui porte le nom de « nonnette » parce que faite autrefois par les nonnes, dans les couvents.

Le **cassis** pour sa part, entre dans la préparation de bonbons, les cassissines, de gelées, confitures, jus de fruits et surtout de la liqueur dite « crème de cassis » (AOC Cassis de Dijon), commercialisée depuis un siècle et demi par Lejay-Lagoute. Une variété particulièrement aromatique de cette groseille, dite « noire de Bourgogne », se trouve en abondance sur les coteaux de Nuits. La recette de la crème est très simple : les baies sont broyées avant de macérer dans de l'alcool neutre additionné de sucre.

FLAN AU CASSIS DE LA MONTAGNE

Ingrédients pour 6 personnes :
– 250 g de pâte brisée
– 300 g de sucre
– 1 kg de cassis
– 1 cuillerée à soupe de semoule
– 2 cuillerées à soupe de crème fraîche

Mettre le cassis à crever dans une cocotte de terre avec un peu d'eau.
Broyer et faire bouillir 5 mn.
Presser et exprimer le jus, ajouter le sucre et laisser bouillir 1/4 h.
Foncer un moule avec la pâte et répandre la semoule, verser le jus de cassis et cuire. Servir froid en étalant la crème à la surface.

Au registre des sucreries, le péché de gourmandise peut se prolonger avec les pralines de Montargis, les anis de Flavigny ou les nougatines de Nevers. Dans la région de ces dernières, on trouve aussi à la carte des desserts le crapiau du Nivernais, une crêpe épaisse dont la pâte a été garnie de pommes.
Pour compléter vos connaissances en matière de traditions culinaires, vous pouvez rendre visite à la maison régionale des Arts de la table, installée depuis 1980 dans les anciens hospices d'Arnay-le-Duc
(☎ 03 80 90 11 59).

Les coulis de fruits rouges font merveille avec les desserts aussi simples que ce flan au lait.

Vézelay et la basilique Ste-Madeleine.

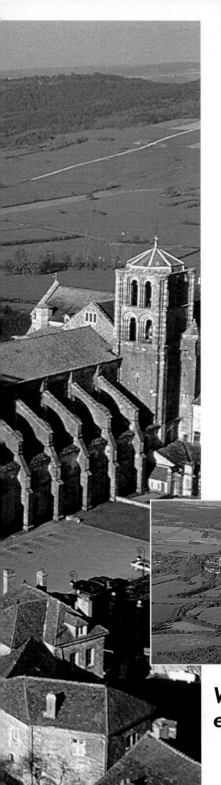

Villes
et sites

Alise-Ste-Reine

Une ambiance de chasse au trésor anime ce village depuis plus d'un siècle. Photos aériennes, fouilles interminables, thèses minutieuses... rien n'a été oublié dans cette longue quête. L'enjeu est de taille car il s'agit de prouver que le site est bien celui de la célèbre bataille d'Alésia. Mais les archéologues ne sont pas au bout de leur peine car la dernière campagne de fouille (1991-1998) n'a pu résoudre les contradictions entre les découvertes sur le terrain et le récit de César.

La situation

Cartes Michelin n°s 65 Nord du pli 18 ou 243 pli 2 – Côte-d'Or (21) – 16 km au Nord-Est de Semur-en-Auxois (D 954). Le site est adossé au mont Auxois, butte de 407 m aux versants abrupts, qui sépare les vallées de l'Oze et de l'Ozerain et domine la plaine des Laumes.

Le nom

Alise-Ste-Reine tire la première partie de son nom d'Alésia, cité gallo-romaine dont l'histoire est très controversée. La seconde partie évoque le souvenir d'une jeune chrétienne martyrisée, dit-on, en cet endroit au 3e s. et dont la fête, en septembre, attire les pèlerins.

Les gens

674 Alisiens. Un jeune cultivateur d'Alise, **Victor Pernet**, a dirigé avec une compétence incroyable les recherches ordonnées par Napoléon III. Il était assisté par de nombreux paysans recrutés pour leur connaissance du terrain.

comprendre

Débat pour une grande défaite

Le siège d'Alésia – Après son échec devant Gergovie, fief des Arvernes, près de Clermont-Ferrand au printemps de 52 *(voir Le Guide Vert Auvergne)*, le proconsul **César** bat en retraite vers le Nord, afin de rallier, près de Sens, les légions de son lieutenant Labienus. Cette jonction opérée, et alors qu'il regagnait ses bases romaines, sa route est coupée par l'armée gauloise de **Vercingétorix** *(voir mont Beuvray)*. Malgré l'effet de surprise et l'avantage du nombre, les Gaulois subissent un cuisant échec et le chasseur devenu chassé décide de ramener ses troupes dans l'oppidum d'Alésia.

Commence alors un siège mémorable. Maniant la pelle et la pioche, l'armée de César (50 000 hommes) entoure la place d'une double ligne de tranchées, murs, palissades, tours ; la contrevallation, première ligne de fortifications, face à Alésia, doit interdire toute tentative de sortie des assiégés, la seconde, la circonvallation, tournée vers l'extérieur, est faite pour contenir les assauts de l'armée gauloise de secours.

Pendant six semaines, Vercingétorix essaie en vain de briser les lignes romaines. L'armée gauloise de secours, forte de près de 250 000 guerriers, ne parvient pas davantage à forcer le barrage et bat en retraite. Affamés, les assiégés capitulent. Pour sauver ses soldats, Vercingétorix se livre à son rival. Celui-ci le fera figurer dans son « triomphe » (statue au capitole) six ans plus tard et concomitamment étrangler au fond du Tullianum, un cachot de la prison de Rome.

Une « bataille » d'érudits – L'emplacement d'Alésia a été vivement contesté sous le Second Empire par quelques érudits qui situaient le lieu du fameux combat à Alaise, village du Doubs.

Pour mettre fin à ces controverses quelque peu politiques, Napoléon III fit exécuter des fouilles autour d'Alise-Ste-Reine en 1861. Ces recherches permirent de découvrir de nombreux vestiges d'ouvrages militaires attribués à l'armée de César, des ossements d'hommes

---

CHEF DES GAULOIS

« Vercingétorix » n'est pas un véritable patronyme : il signifie littéralement « le chef suprême des combattants », le terme *rix* désignant le roi (l'homme a alors une vingtaine d'années).

et de chevaux, des armes ou débris d'armes, des meules à grain, des pièces de monnaie. L'érection, sur le plateau, au terme des fouilles en 1865, d'une statue de Vercingétorix n'a pas mis fin aux polémiques.

Des photographies aériennes et des sondages ont été effectués à l'appui de la thèse bourguignonne ; des bornes et plaques posées le long des routes qui entourent le mont Auxois signalent les endroits où ces routes recoupent des fossés reconnus par les archéologues du site comme des tranchées romaines.

découvrir

LE MONT AUXOIS★

Panorama★
À l'Ouest du plateau, à proximité de la colossale statue en bronze de Vercingétorix, œuvre du bourguignon Millet, le panorama s'étend sur la plaine des Laumes et les sites occupés par l'armée romaine lors du siège d'Alésia ; au loin, la région de Saulieu.

Les fouilles
De fin mars au 11 nov. : (dernière entrée 1/2h av. ferme-ture) 10h-18h (de fin juin à déb. sept. : 9h-19h). 4,62€ musée et fouilles (enf. : 3,10€). ☎ 03 80 96 10 95.
Au sommet de l'oppidum de 100 ha s'étendait une ville gallo-romaine dont la prospérité semble liée à son importante activité métallurgique. Au cours de la visite *(itinéraire fléché, vestiges numérotés)*, on observera sa distribution en quartiers assez distincts autour du forum.
À l'Ouest, le quartier monumental regroupe le théâtre (dont le dernier état date du 1er s. de notre ère), le centre religieux et une basilique civile. Au Nord s'étend un secteur prospère réunissant des boutiques, la grande maison de la « Cave à la Mater » équipée d'un hypocauste (système antique de chauffage par le sol) et la maison corporative des bronziers. Au Sud-Est le quartier des artisans présente de petites maisons, souvent accompagnées d'une cour où s'exerçait précisément l'activité artisanale. Au Sud-Ouest, les vestiges de la basilique mérovingienne Ste-Reine, entourée seulement d'un cimetière, marquent la fin de l'occupation du plateau par la population qui s'installe dès lors à l'emplacement du village actuel.

Musée Alésia
Mêmes conditions de visite que les fouilles.
Propriété de la Société des sciences de Semur-en-Auxois, ce musée renferme des objets découverts au cours des fouilles de la ville gallo-romaine.

visiter

Fontaine Ste-Reine
On rapporte qu'une source miraculeuse aurait jailli sur le lieu où fut décapitée sainte Reine, jeune fille au teint de rose élevée dans la foi chrétienne, qui refusa d'épouser le gouverneur romain Olibrius. Jusqu'au 18e s., la vertu curative de ses eaux fut renommée. Près de la fontaine, fréquentée par de nombreux pèlerins depuis le Moyen Âge et encore de nos jours, une chapelle abrite une statue vénérée de la sainte (15e s.). L'hôpital à proximité fut créé en 1660 sur les instances de saint Vincent de Paul.

Église St-Léger
Cette église des 7e et 10e s., restaurée dans son état primitif, a été construite sur le plan des anciennes basiliques chrétiennes avec une nef couverte en charpente et une abside en cul-de-four. Le mur Sud est mérovingien, le mur Nord carolingien.

Théâtre des Roches
Il a été créé en 1945, sur le modèle des théâtres antiques, pour accueillir les représentations du Mystère de sainte Reine.

La défaite d'Alésia après des mois de résistance aux Romains a contribué à forger l'unité de la Gaule.

Son allure extérieure simple, presque austère, ne laisse pas prévoir le décor raffiné de la cour intérieure : situé sur les bords de l'Armançon et du canal de Bourgogne ce superbe palais Renaissance reste, en dépit de maints aléas, une des belles demeures de la région.

La situation
Carte Michelin n° 65 pli 7 – Yonne (89). 18 km au Sud-Est de Tonnerre par la D 905 (Carte 238 pli 12), 28 km au Nord-Est de Montbard par D 905 (Carte 243 pli 1).

La devise
Entre les pilastres du rez-de-chaussée, la devise des Clermont-Tonnerre « Si omnes ego non » (« si tous t'ont renié, moi pas ») rappelle qu'au 12ᵉ s. le comte Sibaut de Clermont aida à rétablir sur le siège de saint Pierre le pape bourguignon Calixte II, élu à Cluny lors de la querelle des Investitures. Reconnaissant, le pape fit l'honneur à Sibaut de pouvoir porter sur les armes familiales la tiare et les clefs pontificales.

« ... on dirait presque qu'il a été tout fait en jour, tant il rend de contentement à l'œil ». Chronique ancienne.

comprendre

Un palais au bois dormant – Antoine III de Clermont, gouverneur du Dauphiné et grand maître des Eaux et Forêts, époux d'Anne-Françoise de Poitiers, sœur de la célèbre Diane, le fit construire en 1546 sur les plans de Sébastien Serlio. Le talent de cet architecte bolonais, venu à la cour de François Iᵉʳ, joua un grand rôle dans l'introduction des principes de la Renaissance italienne en France. Les travaux seront terminés 50 ans plus tard par du Cerceau.

En 1684, le domaine fut vendu à Louvois et conservé par ses descendants.

Au milieu du siècle dernier, la famille de Clermont-Tonnerre en redevint propriétaire ; à la mort du dernier duc (1940), le château d'Ancy-le-Franc revint à ses neveux, les princes de Mérode. En 1980, la propriété indivise est cédée et l'opulent mobilier vendu aux enchères. Depuis 1985 le château a vécu une période noire de quasi-abandon avant son rachat en 1999.

visiter

Extérieur
Le château, formé par 4 ailes en apparence identiques reliées par des pavillons d'angle (type inspiré de Bramante), constitue un ensemble carré d'une parfaite homogénéité. Les douves, comblées il y a plus de deux siècles, seront restituées.

Cette architecture est le premier modèle de la Renaissance classique en France. Le vaste quadrilatère a ici l'ampleur d'un véritable palais ; les côtés Nord et Sud comportent une longue galerie ouvrant par trois arcades. Serlio y utilise la travée rythmique (alternance d'arcade et de niche, créant un temps fort entre deux temps faibles).

Intérieur

Sur les quelque 120 pièces que compte le château, on en visite une vingtaine. Avr.-mai : visite guidée (1h) 10h30-12h, 14h-17h ; juin-sept. : 9h30-12h, 14h-18h ; de déb. oct. au 11 nov. : 10h30-12h, 14h-16h. 6,10€ (-11 ans : 2,29€). ☎ 03 86 75 00 25.

La somptueuse décoration murale intérieure exécutée en plusieurs campagnes dans la moitié du 16e s. fut confiée à des artistes régionaux mais aussi aux élèves de Primatice, et de Nicolo dell'Abbate (seconde école de Fontainebleau). Les rares pièces du mobilier initial du palais ne donnent qu'une idée lointaine du luxe de l'époque et de l'harmonie d'ensemble.

Rez-de-chaussée – Fermé pour restauration, il abrite la **salle de Diane** (*Diane surprise au bain par Actéon*), dont les voûtes, d'inspiration italienne, datent de 1578, et, de l'autre côté de la cour, les monumentales cuisines.

1er étage – À partir de l'aile Sud, on découvre successivement : la **chapelle Ste-Cécile**★, restaurée en 1860, elle est établie sur deux niveaux et voûtée en berceau. Les peintures en trompe l'œil sont l'œuvre d'André Ménassier, artiste bourguignon.

L'imposante salle des Gardes (200 m²) a été décorée spécialement pour Henri III qui, pour des raisons familiales, ne séjournera jamais au château. Face à la grande cheminée, portrait en pied du maréchal Gaspard de Clermont-Tonnerre (1759) par Aved. Après la **galerie de Pharsale**★ et la chambre des Fleurs, la **chambre des Arts**★ expose un rare cabinet italien du 16e s. à décor de marqueterie.

Les murs de la **chambre de Judith** sont ornés de neuf tableaux de très belle qualité (fin 16e s.) racontant l'histoire de Judith.

Si Judith est ici représentée sous les traits de Diane de Poitiers, Holopherne reprend ceux de François Ier.

Le **cabinet du Pastor Fido**★ est lambrissé de chêne sculpté. Magnifique plafond à caissons Renaissance.

La bibliothèque, riche de 3 000 volumes, puis la **galerie des sacrifices** mènent au **salon Louvois**★ (ancienne chambre du Roi dans laquelle Louis XIV a dormi le 21 juin 1674).

FOUGUEUX

Remarquez dans la galerie de Pharsale la variété d'attitude des chevaux et leur regard : ce sont eux qui donnent à l'œuvre un souffle épique.

PASTOR FIDO

Les scènes peintes en haut des murs du cabinet sont tirées d'une tragi-comédie de Guarini (1590), elle-même inspirée du drame pastoral du Tasse, *Aminta*. Le thème en est d'un oracle arcadien devant mettre fin au traditionnel sacrifice d'un jeune homme à Diane (toujours elle) grâce à un « berger fidèle ».

La chambre des Arts.

Arnay-le-Duc

Cette petite ville ancienne aux toits pointus dominant la vallée de l'Arroux est une étape agréable puisque dotée d'un étang avec baignade aménagée et d'une solide réputation gastronomique.

La situation
Cartes Michelin nos 65 Sud du pli 18 ou 243 pli 14 – Côte-d'Or (21). Sur la N 6 à 28 km de Saulieu et à presque autant d'Autun par la N 81.

Le nom
En rapport soit avec la rivière « Arroux », soit avec le dieu gaulois *Arnos*. La ville fut achetée en 1342 par le duc de Bourgogne Eudes IV.

Les gens
1 829 Arnétois. La ville a vu naître en 1510 **Jean Bonaventure** dit des Périers, littérateur, dont les contes satiriques firent l'unanimité contre lui et provoquèrent sa disgrâce. Il fut secrétaire de Marguerite de Navarre.

se promener

Nombreuses maisons anciennes (rue des Ursulines, rue St-Honoré...).

Église St-Laurent
Elle date des 15e et 16e s. Un vestibule avec dôme (18e s.) précède la nef (15e s.) dont la voûte primitive de pierre a été refaite en bois en 1859 en forme de carène renversée. La 1re chapelle à gauche possède un intéressant plafond Renaissance à caissons et un Saint Michel en bois doré du 15e s. Dans la 1re chapelle à droite, Pietà polychrome du 16e s.

Tour de la Motte-Forte
Derrière le chevet de l'église, cette grosse tour du 15e s., couronnée de mâchicoulis, est le seul vestige d'un important château féodal détruit pendant les guerres de Religion (musée archéologique).

Maison régionale des Arts de la table
Au Syndicat d'initiative, 15 r. St-Jacques. D'avr. à fin oct. : 9h-19h. 3,05€. ☎ 03 80 90 11 59.
L'ancien hospice St-Pierre (17e s.), rénové, présente chaque année une exposition sur un thème culinaire en Bourgogne : hôtellerie, gastronomie, parure et traditions de la table. Les cuisines conservent un imposant vaisselier du 18e s. et des céramiques d'antan.

Création Bernard Palissy.

alentours

Bard-le-Régulier
17 km à l'Ouest. Le hameau est doté d'une **église** qui appartenait à un prieuré de chanoines augustins. Surmontée par une élégante tour octogonale, de style oriental,

carnet pratique

HÉBERGEMENT ET RESTAURATION

• *À bon compte*
Hôtel Clair de Lune – ☎ *03 80 90 15 50 -* **P** *- 14 ch.: 27,44€ - ⊆ 4,57€.* Cette ancienne maison entièrement rénovée abrite l'annexe de Chez Camille, un petit hôtel plus modeste. Toutes sur le même modèle, les chambres sont pratiques et simples avec leur mobilier de bois peint. Petits-déjeuners copieux.

• *Valeur sûre*
Chez Camille – ☎ *03 80 90 01 38 -* **P** *- 13 ch.: 68,60€ - ⊆ 8,38€ - restaurant 16/32€.* Des chambres bourgeoises aux tissus fleuris, avec charpentes apparentes au 2e étage. Vous y dormirez tranquillement grâce au double vitrage et prendrez votre petit-déjeuner dans une salle sous verrière, sorte de jardin d'hiver joliment décoré de verdure, de fer forgé et d'un piano...

elle date de la fin du 12ᵉ s. malgré certains aspects archaïques à l'intérieur (voûtes en plein cintre dominantes, baies étroites, piles sans chapiteaux). Le sol présente aussi la particularité de s'élever par trois fois jusqu'à l'autel, pour racheter une déclivité accentuée. Elle renferme, en plus d'un gisant du 13ᵉ s., quelques statues des 15ᵉ, 16ᵉ et 17ᵉ s., dont une très élaborée, de saint Jean l'Évangéliste, en pierre (fin 15ᵉ s.), et surtout de riches et plaisantes **stalles**. Sculptées à la fin du 14ᵉ s., distribuées sur quatre rangs (deux à droite, deux à gauche, en vis-à-vis) dans la dernière travée précédant le chœur, elles sont au nombre d'une trentaine. Sur les accoudoirs sont représentées des figurines du bestiaire de l'Apocalypse de saint Jean ; sur les faces latérales, l'Annonciation, la Visitation, la Nativité, la Cène, le martyre de saint Jean l'Évangéliste, patron de l'église, etc.

> **SOURIEZ !**
> Le caractère grotesque de certaines figures des stalles hautes ne manquera pas de vous amuser.

Signal de Bard – *De Bard, 1 km à l'Est, plus 1 h 1/2 à pied AR.* ⚐ Arrivé au signal (554 m) vous aurez mérité une belle vue étendue, au Nord-Est sur l'Auxois, au Sud-Ouest sur le Morvan.

Église de Manlay

12 km à l'Ouest. Église fortifiée du 14ᵉ s. Sa façade est flanquée de deux tours rondes percées de meurtrières et son chœur est situé dans un donjon carré.

Autun★★

« Sœur et émule de Rome ». Ces mots gravés sur la façade de l'hôtel de ville peuvent paraître exagérés, mais il ne faudrait sous-estimer l'importance de cette cité gallo-romaine. Un théâtre de 20 000 places, le plus grand de Gaule, l'imposant temple de Janus, des portes monumentales et bien d'autres vestiges attestent sa puissance passée. La beauté de son cadre, les rues médiévales, les sculptures de la cathédrale et la richesse de ses musées ne peuvent manquer de séduire ses visiteurs.

La situation

Cartes Michelin nᵒˢ 69 pli 7 ou 243 pli 25 – Saône-et-Loire (71). L'accès à cette région boisée est facilité par la proximité du TGV (Le Creusot) et par un important réseau routier : N 80 (vers Le Creusot, Chalon), N 81 (vers Dijon), D 973 (vers Beaune), D 978 (vers Nevers). ▯ *2 av. Charles-de-Gaulle, 71400 Autun,* ☎ *03 85 86 80 38.*

> **G**râce aux forêts de l'Autunois (Les Battées, Planoise, où dominent les hêtres), Autun a développé une industrie réputée du meuble.

Le nom

Autun provient de la contraction d'*Augustodunum*, terme gallo-romain qui signalait la ville fortifiée d'Auguste, fondée au 1ᵉʳ s. avant J.-C. pour remplacer la capitale éduenne de Bibracte *(voir mont Beuvray).*

Adossée à des collines boisées, Autun domine la vallée de l'Arroux.

carnet pratique

VISITE

Visites guidées – Autun, qui porte le label **Ville d'art et d'histoire**, propose des visites-découvertes (1h30 à 2h) animées par des guides-conférenciers agréés par le ministère de la Culture et de la Communication. Renseignements à l'Office de tourisme ou sur www.vpah.culture.fr

RESTAURATION

• À bon compte

Le Chalet Bleu – 3 r. Jeannin - ☎ 03 85 86 27 30 - fermé 18 fév. au 5 mars, dim. soir du 15 nov. au 31 mars, lun. soir et mar. - 13,72/42,69€. Un restaurant sympathique en plein centre-ville, derrière l'hôtel de ville. La salle à manger claire est agréable avec ses plantes vertes et ses fresques murales. La table est soignée et marie habilement terroir et tradition. Prix sages.

Le Relais des Ursulines – 2 r. Dufraigne - ☎ 03 85 52 26 22 - 16,33/25,49€. Entre bistrot et restaurant, cette vieille maison à deux pas de la cathédrale est un peu insolite. Bar en bois avec cuivres, vieux objets chinés dans les brocantes, tables nappées à carreaux rouges et blancs, piano mécanique... Au menu, pizzas et grillades au feu de bois.

• Valeur sûre

Hostellerie du Vieux Moulin – Rte de Saulieu - ☎ 03 85 52 10 90 - fermé 2 déc. au 28 fév., dim. soir et lun. hors sais. - 22,87/38,11€. Passez la porte d'Arroux puis découvrez, au bord de la rivière, cet ancien moulin de 1878. Devancé par un coquet jardin, ce restaurant a le charme campagnard des demeures anciennes. Table traditionnelle et légumes du jardin. Terrasse. Quelques chambres surannées.

HÉBERGEMENT

• Valeur sûre

Hôtel St-Louis et Poste – 6 r. de l'Arbalète - ☎ 03 85 52 01 01 - 🅿 - 33 ch.: 68,60/105,19€ - ☐ 7,62€ - restaurant 25/43€. Proche de la place du Champ-de-Mars, cet ancien hôtel particulier du 18e s. a été rénové dans les règles de l'art. Les chambres sont coquettes, meublées à l'ancienne, en rotin ou fer forgé. Repas dans la salle à manger feutrée et claire ou en terrasse.

SORTIES

Irish Pub – 5 r. Mazagran - ☎ 03 85 52 73 90 - mar.-dim. 11h-2h, ven., sam. jusqu'à 3h. Le couple charmant qui tient ce pub se démène pour animer intelligemment les nuits autunoises. Les groupes de musique cajun, irlandaise, celtique ou française qui s'y produisent attirent chaque fois un public enthousiaste et reconnaissant.

Le Lutrin – 1 pl. du Terreau - ☎ 03 85 52 48 44 - lun.-jeu. 10h-1h, ven., dim. 10h-2h. Il vous faudra emprunter un escalier tapissé de vieilles publicités pour pénétrer dans cette cave voûtée décorée d'une foule d'objets insolites, meublée de fauteuils fatigués en cuir beige et de tables montées sur des chariots de mine. Ensorcelé par le blues et la musique irlandaise des nombreux concerts qui se succèdent dans ce pub, le risque est de s'installer à demeure !

ACHATS

Vous trouverez de nombreux commerces dans les petites rues piétonnes du centre ville, sur la place du Champs-de-Mars, l'avenue Charles-de-Gaulle, rue Guérin et autour de la cathédrale.

LOISIRS-DÉTENTE

Dans la forêt de Planoise a été aménagée une base de loisirs qui ajoute aux promenades dans Autun les joies du sport avec de la voile, de l'équitation, du golf, du tennis. (Plan d'eau du Vallon, ☎ 03 85 52 09 28 et 03 85 86 20 96).

CALENDRIER

Grande foire de la Saint-Ladre les 1er mars et 1er sept.

Festival Musique en Morvan la 2e quinzaine de juil.

Foire du meuble la dernière sem. d'août

Spectacle de nuit au théâtre antique en août, « Augustodunum » ou l'épopée du monde gallo-romain.

Nocturnes de la cathédrale en août.

Les gens

16 419 Autunois, tous fiers de leur grand artiste mythique **Gislebertus**. Ce sculpteur audacieux est en effet l'auteur du tympan de la cathédrale ou de la fameuse *Tentation d'Ève* conservée au musée Rolin.

comprendre

DEUX ÉPOQUES GLORIEUSES

La Rome des Gaules – Les splendeurs d'*Augustodunum*, cité romaine de prestige, éclipsèrent rapidement la place forte gauloise existante, la capitale éduenne Bibracte *(voir mont Beuvray)*. La grande route commerciale et stratégique Lyon-Boulogne, sur laquelle la ville avait été construite, fit sa fortune. Extraordinaire pôle de romanisation, Autun eut cependant à subir dès le 3e s. de désastreuses invasions. Il ne reste aujourd'hui de l'enceinte fortifiée et des nombreux monuments publics de l'époque que deux portes et les vestiges d'un théâtre.

VENU DE BEUVRAY
En 21, l'Éduen Sacrovir (dont on évoque l'épopée au musée du mont Beuvray) se révolte : il est écrasé à Autun par l'armée de Silius (Germanie).

Le siècle des Rolin – La ville allait connaître au Moyen Âge un regain de prospérité. Elle le doit en grande partie au rôle joué par les Rolin père et fils. Né à Autun en 1376 dans l'hôtel qui porte son nom (le musée actuel), **Nicolas Rolin** devint un des avocats les plus célèbres de son temps. Habile négociateur attaché à Jean sans Peur, il reçut de Philippe le Bon la charge de chancelier de Bourgogne. Parvenu au faîte des honneurs et des richesses, il fonda l'Hôtel-Dieu de Beaune sans toutefois oublier sa ville natale, dans laquelle il mourut en 1461. L'un de ses fils, le **cardinal Rolin**, devenu évêque d'Autun, en fit un grand centre religieux. De cette époque datent l'achèvement de la cathédrale St-Lazare, l'édification de remparts au Sud et la construction de nombreux hôtels particuliers.

TRANSFERT

Afin de rivaliser avec la basilique de son diocèse Ste-Madeleine de Vézelay, l'évêque Étienne de Bâgé décide en 1120 de créer un lieu de pèlerinage à Autun. Les reliques de saint Lazare, alors abritées dans la cathédrale Saint-Nazaire, feront l'objet du culte. Consacrée en 1130 par le pape Innocent II, la nouvelle cathédrale est rapidement achevée, en 1146.

se promener

LA VILLE HAUTE

Partir de la place du Champ-de-Mars (parking, office de tourisme).

Lycée Bonaparte – Ancien collège de jésuites, construit en 1709, il termine noblement le « Champ » (c'est ainsi que les Autunois appellent la place). Ses **grilles★**, forgées en 1772, sont rehaussées de motifs dorés : médaillons, mappemondes, astrolabes, lyres.

Sur la gauche, l'**église Notre-Dame** (17ᵉ s.) servit de chapelle à ce collège qui abrita du temps des jésuites le fantasque Bussy-Rabutin, puis Napoléon, Joseph et Lucien Bonaparte. Entré à une époque où l'évêque était le neveu du gouverneur de Corse, Napoléon n'y resta que quelques mois en 1779, avant d'entrer à l'école de Brienne.

Emprunter la rue St-Saulge, au n° 24 occupé par l'hôtel de Morey, du 17ᵉ s. ; puis la rue Chauchien, aux façades agrémentées de balcons en fer forgé.

Rejoindre les remparts par la rue Cocand.

Les remparts – À hauteur du boulevard des Résistants-Fusillés, bel aperçu de la portion la mieux conservée des remparts gallo-romains. Les longer à votre guise jusqu'à la tour des Ursulines, ancien donjon du 12ᵉ s.

Revenir sur la cathédrale par la rue Notre-Dame (hôtel de Millery au n° 12) pour flâner dans la rue Dufraigne (maisons à colombages) et l'impasse du jeu de Paume (hôtel Mac-Mahon). La place d'Hallencourt donne sur l'évêché dont la cour est accessible. Gagner la rue St-Antoine.

Plus loin prendre à gauche la rue de l'Arbalète qui rejoint le secteur piétonnier de la rue aux Cordiers.

Passage de la Halle – Ce passage couvert du milieu du 19ᵉ s. ouvre sur la place du Champ-de-Mars par un majestueux portail classique.

Suivre la rue De-Lattre-de-Tassigny, dotée d'hôtels particuliers du 18ᵉ s.

Hôtel de ville – Il abrite une importante **bibliothèque** contenant une riche collection de **manuscrits★** et d'incunables.

Terminez votre promenade par un passage dans la rue Jeannin, derrière la mairie, et dans l'un de ses jardins cachés par une porte cochère.

visiter

Cathédrale St-Lazare★★ *visite : 1/2 h*

Extérieurement, la cathédrale a perdu son caractère roman : le clocher, incendié en 1469, fut reconstruit et surmonté d'une flèche gothique. La partie supérieure du chœur et les chapelles du bas-côté droit datent aussi du 15ᵉ s. ; celles du bas-côté gauche sont du 16ᵉ s. Quant aux deux tours du grand portail, inspirées de celles de Paray-le-Monial, elles ont été édifiées au siècle dernier

LES ÉVÊQUES D'AUTUN

Le rôle politique de l'évêque fut longtemps très important. Molière se serait servi pour modèle au Tartuffe de l'un d'entre eux, Gabriel de Roquette. Talleyrand occupa la charge de ce diocèse de 1789 à 1791, mais lui préféra celle de député du clergé. Musset fit le rapprochement des deux :

« Roquette dans son temps

Talleyrand dans le nôtre

Furent les évêques d'Autun

Tartuffe est le portrait de l'un

Ah ! si Molière eût connu l'autre ».

EXPO

L'été, la bibliothèque organise des expositions de son fonds ancien.
☎ 03 85 86 80 35.

AUTUN

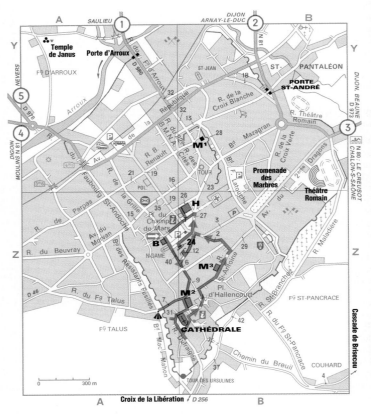

> **ŒUVRE SIGNÉE**
> La signature à cet endroit peut laisser penser que Gislebertus fut aussi le maître d'œuvre de l'ensemble de la cathédrale. On ne sait malheureusement rien de ce sculpteur (et peut-être architecte), bien que son art trahisse une formation dans les ateliers de Vézelay et sans doute de Cluny. Sa force créatrice, son sens de la forme et sa puissance expressive se retrouvent dans presque toute la décoration sculptée de St-Lazare.

à l'occasion d'importants travaux de restauration contrôlés par Viollet-le-Duc. En 1766, l'édifice eut à subir de graves dommages : les chanoines du chapitre détruisirent le jubé, le tympan du portail Nord et le tombeau de saint Lazare qui se dressait derrière le maître-autel *(les vestiges se trouvent au musée Rolin).*

Tympan du portail central★★★ – Réalisé entre 1130 et 1135, il compte parmi les chefs-d'œuvre de la sculpture romane. Son auteur, **Gislebertus,** a laissé son nom sur le rebord supérieur du linteau, sous les pieds du Christ. La composition très ordonnée du tympan, qui représente le Jugement dernier, ayant trouvé l'équilibre de ses effets sur une surface de dimensions difficiles, est bien la marque du génie.

Au centre, le Christ en majesté siège dans une mandorle soutenue par quatre anges, dominant toute la scène (**1**). Au bas, les morts sortent de leur tombeau, prévenus de l'heure du jugement par quatre anges soufflant dans de grands olifants (**4, 7, 8, 9**) ; au centre du linteau, les élus (**2**) sont séparés des damnés (**3**) par un ange. À la gauche du Christ, l'archange saint Michel fait face au Malin qui tente de fausser la pesée des âmes en tirant

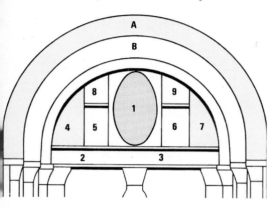

sur le fléau de la balance (**6**). Derrière lui s'ouvre l'Enfer dont la place est judicieusement réduite à l'extrême droite du tympan (**7**), tandis que le Ciel occupe tout le registre supérieur avec à droite deux apôtres – ou le prophète Élie et le patriarche Énoch transportés vivants au Ciel – (**9**), et à gauche Marie (**8**) qui domine la Jérusalem céleste (**4**) et le groupe des apôtres (**5**) attentifs à la pesée des âmes ; saint Pierre, reconnaissable à la clef qu'il porte sur l'épaule, prête main-forte à un bienheureux, tandis qu'une âme tente de prendre son envol en s'accrochant au manteau d'un ange sonnant de la trompette.

La figure humaine, privilégiée par le sujet même du tympan, est traitée avec une extrême diversité. Dieu, sa cour céleste et les personnages bibliques sont tous vêtus de draperies légères, finement plissées, qui témoignent de l'essence immatérielle des êtres qui les portent. Les morts, beaucoup plus petits mais sculptés en fort relief, ont une tout autre présence : la nudité des corps (libérés de toute honte) permet d'exprimer par des attitudes variées l'état d'âme de chacun ; les élus cheminent le regard tendu vers le Christ en un cortège paisible.
Les trois voussures de l'arc en plein cintre coiffent l'ensemble de la composition : la voussure extérieure (**A**) symbolise le temps qui passe, les médaillons représentant alternativement les travaux des mois et les signes du zodiaque ; au centre, entre les Gémeaux et le Cancer, l'année est figurée sous les traits d'un petit personnage accroupi. Sur la voussure centrale (**B**) serpente une guirlande de fleurs et de feuillage.

Intérieur – Les piliers et les voûtes datent de la première moitié du 12e s. Le caractère roman clunisien subsiste malgré de nombreux remaniements : élévation sur trois niveaux (grands arcs brisés, faux triforium et fenêtres hautes), massifs piliers cruciformes cantonnés de pilastres cannelés, berceau brisé sur doubleaux dans la nef et voûtes d'arêtes dans les collatéraux. Cependant,

> **PRENEZ GARDE !**
> La terreur des damnés s'exprime dans les lignes chaotiques des corps et la composition hachée du groupe. Parmi les élus on distingue prélats et seigneurs en manteau ainsi que deux pèlerins portant sacoches, l'une ornée d'une coquille St-Jacques, l'autre de la croix de Jérusalem.
> Les lignes anguleuses du cortège des damnés se trouvent nettement amplifiées en Enfer.

Plâtré car jugé grotesque par les chanoines, le tympan a traversé sans dommage la Révolution. Il fut redécouvert et dégagé en 1837.

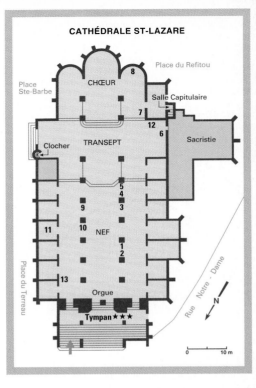

CATHÉDRALE ST-LAZARE

le chœur adopte la formule paléochrétienne de l'abside flanquée de deux absidioles ; leur voûtement en cul-de-four a disparu à la fin du 15ᵉ s. lorsque le cardinal Rolin fit éclairer le chœur par de hautes fenêtres (vitraux modernes).

Par ailleurs, la présence à Autun d'abondants vestiges antiques explique que se soit généralisé l'usage des pilastres cannelés surmontés de chapiteaux à feuillages à l'ensemble de la galerie haute, conférant ainsi à l'église une grande unité intérieure.

Cette majestueuse ordonnance est animée par le décor sculpté des chapiteaux, dont certains seraient dus au ciseau de Gislebertus. Selon un ordre que le visiteur peut suivre sur place, les pièces les plus intéressantes sont les suivantes :

1) et **2**) Simon le Magicien tente de monter au Ciel en présence de saint Pierre, clef en main, et de saint Paul ; Simon tombe, la tête la première, sous le regard satisfait de saint Pierre et les ricanements du diable.

3) Lapidation de saint Étienne, premier martyr chrétien.

4) Samson renverse le temple, représenté de façon symbolique par une colonne.

5) Chargement de l'arche de Noé lequel, à la fenêtre supérieure, surveille les travaux.

6) Porte de la sacristie du 16ᵉ s.

7) Statues funéraires de Pierre Jeannin, président du parlement de Bourgogne et ministre de Henri IV, mort en 1623, et de sa femme.

8) Les reliques de saint Lazare avaient été placées provisoirement dans l'abside de la chapelle St-Léger.

9) Apparition de Jésus à sainte Madeleine. Admirer les volutes du feuillage à l'arrière-plan de ce chapiteau inachevé.

10) Seconde tentation du Christ. Assez curieusement, le Diable seul est juché au sommet du temple.

11) Dans la chapelle de sépulture des évêques d'Autun, vitrail de 1515, représentant l'arbre de Jessé.

JUMELLES UTILES

Les chapiteaux sont placés trop haut pour être appréciés à l'œil nu. Disposer de jumelles, d'une lunette ou encore d'un téléobjectif peut s'avérer d'un grand secours. À défaut, rendez-vous à la salle lapidaire pour en voir sereinement quelques-uns des plus beaux.

12) Tableau d'Ingres (1834) représentant le martyre de saint Symphorien à la porte St-André.

13) La Nativité. La Vierge est couchée, aidée par un groupe de femmes. L'Enfant Jésus est au bain. Sur le côté, saint Joseph médite.

Salle capitulaire – *Empruntez l'escalier*. Construite au début du 16ᵉ s., elle abrite de beaux **chapiteaux**★★ (12ᵉ s.) en pierre grenée contenant du mica, qui ornaient à l'origine les piliers du chœur et du transept restaurés par Viollet-le-Duc en 1860 (après Vézelay... l'ordre de préséance n'ayant pas changé en sept siècles). Les plus remarquables sont sur le mur droit après l'entrée :

– Pendaison de Judas entre deux démons qui tirent les cordes.

– La Fuite en Égypte. On ne manquera pas de rapprocher ce chapiteau de celui de Saulieu (à vous de comparer).

– Le Sommeil des Mages. Les Mages, couronnés, sont couchés dans un même lit. Touchant la main du plus proche, un ange lui montre l'étoile à suivre.

– L'Adoration des Mages ; Joseph, relégué à droite, médite encore, le menton dans la main.

Clocher – Frappé par la foudre (fréquente en Morvan), il fut refait en 1462, élevé à 80 m au-dessus du sol, sous l'épiscopat de Jean Rolin. On y accède par 230 marches. Au sommet une belle **vue**★ se déploie sur les vieux toits de la ville, l'évêché, la curieuse silhouette conique des deux terrils des Télots (vestiges d'une exploitation de schistes bitumineux, ancienne activité autunoise) et, à l'Est, sur les croupes bleutées du massif.

Fontaine St-Lazare – Près de la cathédrale, ce charmant édifice à coupole et lanternon a été construit en 1543 par le chapitre. Un premier dôme, d'ordre ionique, en supporte un autre plus petit, d'ordre corinthien, coiffé d'un pélican (symbole de l'abnégation) dont l'original est au musée Rolin.

L'un des merveilleux chapiteaux de la salle capitulaire : la Fuite en Égypte.

Musée Rolin★

Avr.-sept. : tlj sf mar. 9h30-12h, 13h30-18h ; oct.-mars : tlj sf mar. 10h-12h, 14h-17h, dim. 10h-12h, 14h30-17h. 3,05€. ☎ 03 85 52 09 76.

Situé à l'emplacement de l'ancien hôtel Rolin, le musée présente ses collections dans une vingtaine de salles et réparties selon quatre départements. Le fonds médiéval est déposé dans une aile construite au 15ᵉ s. pour le chancelier. L'archéologie gallo-romaine, la peinture européenne à partir du 17ᵉ s. et l'histoire régionale se partagent l'hôtel Lacomme attenant, établi au 19ᵉ s. sur la base d'origine autrefois appelée « le donjon ».

Au rez-de-chaussée de celui-ci, sept salles abritent les pièces celtes et gallo-romaines. Des vestiges de l'oppidum de Bibracte y sont exposés ; la civilisation gallo-romaine est abordée à travers l'habitat, les parures et les soins du corps (remarquer un casque d'apparat romain), la religion, avec ses cultes à des divinités de traditions indigène (comme Epona, la déesse aux chevaux), romaine ou égyptienne, et enfin l'art païen (sculpture savante et mosaïque dite du Triomphe de Neptune).

> **AUX CAROLINGIENS**
>
> L'Antiquité tardive et le haut Moyen Âge sont représentés dans une dernière salle, avec en particulier des fragments du tombeau de Brunehaut (543-613), belle-sœur de Chilpéric, provenant de l'abbaye de Saint-Martin dont elle avait été la fondatrice.

Musée Rolin – La Tentation d'Ève.

À l'étage (salles 13 à 20) sont exposés des peintures, sculptures et meubles de la Renaissance à nos jours.

Traverser la cour pour accéder à l'hôtel Rolin.

Deux salles (8 et 9) abritent des chefs-d'œuvre de la **statuaire romane★★** dus, en particulier, à deux grands noms de l'école bourguignonne : Gislebertus et le moine Martin. Du premier, apprécier **La Tentation d'Ève★★** dont la sensualité naît du savant jeu de courbes du corps qui serpente et des végétaux.

Le second réalisa en partie le **tombeau de saint Lazare** : conçu comme une église miniature de 6 m de haut, il s'élevait dans le chœur de la cathédrale jusqu'à sa destruction, pour lui aussi en 1766. Il ne reste du groupe de statues qui l'entouraient, illustrant la scène de la résurrection du saint, que les longues et poignantes figures de saint André et des sœurs de Lazare, Marthe (qui se bouche le nez) et Marie-Madeleine. Un schéma aidé de fragments lapidaires tente de reconstituer le monument. Au premier étage sont rassemblées des sculptures des 14e et 15e s. provenant des ateliers d'Autun. La salle consacrée aux Rolin (10) renferme en particulier la célèbre **Nativité au cardinal Rolin★★** par le Maître de Moulins (1480), œuvre qui trahit la formation flamande du peintre par son extrême minutie d'exécution et ses couleurs froides, mais dont la plastique et la beauté grave sont la marque de la peinture gothique française. La statuaire est représentée par la **Vierge★★** d'Autun en pierre polychromée ainsi qu'un bel ensemble de sculptures (Sainte Catherine, Sainte Barbe, Saint Michel...) réalisées par des artistes à la cour de Philippe le Bon.

Muséum d'Histoire naturelle

De mi-mars à mi-nov. : tlj sf lun. et mar. 14h-17h (juin-août : 17h30) ; de mi-nov. à mi-mars. : w.-end 14h-17h. Fermé j. fériés. 3,05€. ☎ 03 85 52 09 15.

Axé sur l'évolution du bassin d'Autun, du Morvan et de la Bourgogne au cours des grandes ères géologiques, il présente, dans leur contexte d'époque magistralement évoqué, divers échantillons minéralogiques (beaux quartz) et blocs de houille conservant l'empreinte de plantes ou d'animaux (*Actinodon*) de l'ère primaire ; remarquer également les fossiles du secondaire.

QUASI VIFS

🔲 Petits (prioritaires) et grands apprécieront la collection d'oiseaux naturalisés de la Bourgogne actuelle.

découvrir

LA VILLE GALLO-ROMAINE

Théâtre romain

Les vestiges de sa *cavea* à trois étages de gradins permettent de mesurer ce que fut le plus vaste théâtre de Gaule : il peut aujourd'hui recevoir jusqu'à 12 000 spectateurs. Noter les fragments lapidaires gallo-romains encastrés dans les murs de la maison du gardien.

LES JEUX

On en donne aussi chez la sœur de Rome, comme si l'on vivait aux temps de l'Empire : c'est un peu le péplum d'Augustodunum (en août, au théâtre romain).

Le théâtre romain.

Promenade des Marbres

Cette large promenade plantée d'arbres doit son nom à des traces romaines. Près de là s'élève un bel édifice du 17e s. précédé d'un jardin à la française et couvert d'un toit en tuiles vernissées. Construit par Daniel Gittard, architecte d'Anne d'Autriche, c'est l'ancien séminaire, devenu l'**École militaire préparatoire.**

Porte St-André★

C'est là qu'aboutissaient les routes du pays des Lingons venant de Langres et de Besançon. C'est l'une des 4 portes qui, avec 54 tours semi-circulaires, formaient l'enceinte gallo-romaine. Elle présente deux grandes arcades pour le passage des voitures et deux plus petites pour le passage des piétons. Elle est surmontée d'une galerie de dix arcades. Un des corps de garde qui la flanquaient subsiste encore grâce à sa conversion en église au Moyen Âge (l'intérieur est orné de fresques représentant les différents travaux de l'année). C'est près de cette porte que la tradition place le martyre de saint Symphorien.

Porte d'Arroux

Celle-ci s'est appelée *Porta Senonica* (porte de Sens) et donnait accès à la voie Agrippa qui reliait Lyon à Boulogne-sur-Mer. De belles proportions, moins massive et moins bien conservée que la porte St-André (toutefois restaurée par Viollet-le-Duc), elle possède le même type d'arcades. La galerie supérieure, ornée d'élégants pilastres cannelés à chapiteaux corinthiens, a été édifiée à l'époque constantinienne.

Musée lapidaire

L'ancienne chapelle St-Nicolas (édifice roman du 12e s. dont l'abside est ornée d'un Christ peint en majesté) appartenait à ce qui fut un hôpital. La chapelle et ses galeries, qui enserrent le jardin attenant, abritent maints vestiges gallo-romains (fragments d'architecture et de mosaïques, stèles) et médiévaux (sarcophages, chapiteaux) que leur taille n'a pas permis de placer au musée Rolin, ainsi que des éléments de statuaire *(visite sur rdv au musée Rolin)*.

Temple de Janus

Cette tour quadrangulaire, construite extra-muros *(prendre la rue du Morvan puis le faubourg St-Andoche)*, haute de 24 m, dont il ne reste que deux pans, se dresse solitaire au milieu de la plaine, au-delà de l'Arroux. Il s'agit de la *cella* d'un temple dédié à une divinité inconnue (l'attribution à Janus est de pure fantaisie ; au moyen âge, on l'appelait Tour de Genetoye).

Les architectes clunisiens s'inspirèrent de la galerie et généralisèrent son emploi dans toute la Bourgogne.

alentours

Croix de la Libération★

6 km au Sud. Au cours de la montée en lacet, excellente vue sur la cathédrale, la vieille ville, les cônes des terrils des Télots, le Morvan à l'horizon. 50 m au-delà du pavillon d'entrée du château de Montjeu, à droite, un chemin en forte montée (20 %) conduit à la Croix de la Libération, croix de granit édifiée en 1945 pour commémorer la libération d'Autun.
De la croix, **vue**★ sur la dépression d'Autun et la vallée de l'Arroux et plus loin, de gauche à droite, sur les monts du Morvan, la forêt d'Anost et le revers de la côte.

Cascade de Brisecou

🚶 *2 km au Sud plus 3/4 h à pied AR. Se garer à Couhard près de l'église.* Un sentier longeant un ruisseau conduit au joli **site**★ d'arbres et de rochers où coule la cascade. Au retour, vue sur la **Pierre de Couhard,** que rejoint un sentier partant du parking : cette curieuse pyramide, très dégradée, serait un monument funéraire contemporain du théâtre romain, dominant alors l'une des nécropoles de la ville.

Château de Sully.

Château de Sully★

15 km au Nord-Est sur la route de Nolay. Cette résidence Renaissance constitue, avec son vaste parc aux essences rares et ses dépendances, un bel ensemble qui rappelle, par son ordonnance et sa décoration, le château d'Ancy-le-Franc.

Ayant acquis la terre de Sully en 1515, Jean de Saulx commença d'y édifier le château qui sera achevé par son petit-fils Jehan de Tavanes. « C'est le Fontainebleau de Bourgogne » disait Madame de Sévigné.

Trois siècles plus tard, en 1808, c'est dans le château que naquit le maréchal de **Mac-Mahon,** duc de Magenta, président de la République de 1873 à 1879. Le domaine appartient à ses descendants.

Portrait de Mac-Mahon.

Visite – *D'avr. à fin nov. : visite guidée (3/4h) tlj 10h-17h (août : 18h). 5,50€. ☎ 04 77 27 01 29.*

Quatre ailes flanquées de tours d'angle carrées posées en losanges enserrent une cour intérieure. À l'Ouest, la façade d'entrée présente au premier étage de larges baies séparées par des pilastres.

Sur la façade Sud, deux tourelles en encorbellement encadrent la chapelle, tandis que la majestueuse façade Nord, refaite au 18ᵉ s., est précédée d'un large escalier monumental donnant accès à une terrasse, aux beaux balustres, dominant une pièce d'eau.

Les douves qui entourent le château sont alimentées par la Drée.

Couches

25 km au Sud-Est (D 978). La maison des Templiers est une belle construction à loggia et colonnade du début du 17ᵉ s.

Château – *À 1 km du bourg. Juil.-août : visite guidée (3/4h) 10h-12h, 14h-18h ; juin et sept. : 14h-18h ; avr.-mai et oct. : dim. et j. fériés 14h-18h. 5,34€ (enf. : 3,05€). ☎ 03 85 45 57 99.*

C'est le château de Marguerite de Bourgogne (15ᵉ s.). Cette attribution provient d'une tradition locale rapportant que l'épouse répudiée de Louis X le Hutin aurait fini ses jours ici comme « prisonnière libre », après sa disparition de Château-Gaillard où elle était recluse pour adultère.

Très restauré, le château a conservé de son passé défensif un pont-levis, une partie d'enceinte, quelques vestiges de tours, et ses deux cours, haute et basse, séparées par une porte monumentale.

On visite la chapelle du 15ᵉ s. érigée par un Montaigu et consacrée par le cardinal Rolin (statues et retables d'époque), la tour des prisons et le donjon carré d'origine du 12ᵉ s. (armes, tapisseries d'Aubusson).

APRÈS LA VISITE
On peut déguster à la cave des vins de Couchois produits au domaine.

Auxerre**★★**

La capitale de la basse Bourgogne étage avec assurance ses monuments sur une colline, au bord de l'Yonne ; cette situation privilégiée a valu la création d'un port de plaisance, point de départ du canal du Nivernais. En outre, ses boulevards ombragés aménagés sur les anciens remparts de la ville, ses rues animées et accidentées, ses maisons anciennes forment un ensemble idéal pour la promenade.

La situation

Cartes Michelin nos 65 pli 5 ou 238 pli 10 – Préfecture de l'Yonne (89). Par l'A 6, Auxerre est à 166 km de Paris et à 149 km de Dijon.

🛈 *1 quai de la République, 89000 Auxerre,* ☎ *03 86 52 06 19.*

Le nom

(Prononcer Ausserre). À proximité d'une simple bourgade gauloise (*Autricum*), les conquérants romains établirent la ville d'*Autessiodurum*, située sur la grande voie de Lyon à Boulogne-sur-Mer.

Les gens

37 790 Auxerrois. Parmi les célébrités locales figure Cadet Roussel dont la statue trône sur la place Charles-Surugue. Mais la ville vibre surtout pour les exploits de son équipe de football, la fameuse AJA, fondée en 1905 par l'abbé Deschamps ; cet ecclésiastique dynamique a donné son nom au stade de la ville.

comprendre

LES CHAMPIONS D'AUXERRE

Dès le 1er siècle, c'est une ville importante dont ont témoigné les vestiges découverts récemment lors de fouilles.

L'influence intellectuelle et spirituelle de la cité au Moyen Âge repose en grande partie sur le rayonnement de l'évêque saint Germain (début du 5e s.) et des pèlerinages organisés auprès de son tombeau. Au 12e s., Auxerre est déclarée « ville sainte » par la papauté.

La ville a donné le jour à **Paul Bert** (1833-1886), savant physiologiste et homme d'État éminent de la IIIe République, à **Marie Noël** (1883-1967), poétesse dont les œuvres (*Les Chansons et les heures, Chants et psaumes d'automne, Le Cru d'Auxerre*) témoignent d'une douloureuse recherche de la paix intérieure, et en 1932 au réalisateur de *Cyrano de Bergerac* (tourné en partie à Dijon et à Fontenay), **Jean-Paul Rappeneau**.

DE PASSAGE

À quelques siècles d'intervalle, Auxerre accueille deux grandes figures de notre histoire : en 1429, **Jeanne d'Arc** y passe à deux reprises, d'abord avec la poignée de hardis compagnons qui l'accompagnent de Vaucouleurs à Chinon, puis, quelques mois plus tard, à la tête d'une armée de 12 000 hommes et en compagnie de Charles VII qu'elle conduit à Reims pour le faire sacrer.

Le 17 mars 1815, **Napoléon**, au retour de l'île d'Elbe, arrive à Auxerre ; le maréchal Ney, envoyé pour le combattre, tombe dans ses bras, et ses troupes renforcent la petite armée de l'Empereur.

De la passerelle, du pont Paul-Bert (statue), et de la rive droite de l'Yonne, on a sur la ville de très belles vues, d'autant plus remarquables que les chevets de toutes les églises se dressent perpendiculairement à la rivière.

carnet pratique

VISITE

Visites guidées – Auxerre, qui porte le label **Ville d'art et d'histoire**, propose des visites-découvertes (1h30 à 2h) animées par des guides-conférenciers agréés par le ministère de la Culture et de la Communication. Renseignements à l'Office de tourisme ou sur www.vpah.culture.fr

RESTAURATION

• *Valeur sûre*

Auberge Les Tilleuls – *89290 Vincelottes - 16 km au S d'Auxerre par N 6 et D 38 - ☎ 03 86 42 22 13 - fermé 18 déc. au 23 fév., jeu. d'oct. à Pâques et mer. - 22,11/53,36€*. Et si vous faisiez un petit détour, en retrait des routes fréquentées... Pour apprécier le cadre et la table de cette auberge de village. Sur sa terrasse d'été en bordure de l'Yonne, vous dégusterez une cuisine savoureuse.

Auberge du Château – *89580 Val-de-Mercy - 18 km au S d'Auxerre par N 6, D 85 et D 38 - ☎ 03 86 41 60 00 - fermé 31 janv. au 5 mars, dim. soir et lun. - réserv. obligatoire - 24,39/33,54€*. Voilà une auberge de campagne comme on les aime avec son décor chaleureux. La cuisine est traditionnelle et simple. Exposition de tableaux d'artistes locaux. Quelques chambres coquettes et spacieuses. Terrasse l'été dans le joli jardin fleuri.

Chamaille – *89240 Chevannes - 8 km au SO d'Auxerre par N 151 puis D 1 - ☎ 03 86 41 24 80 - fermé 2 au 17 janv., lun. sf le midi de mars à sept. et mar. - réserv. obligatoire - 27,44/52,59€*. Vous êtes comblé ! La rivière dans le jardin près de la véranda vous charmera comme les champs à perte de vue autour de cette ferme joliment rénovée.

HÉBERGEMENT

• *À bon compte*

Chambre d'hôte Domaine Borgnat Le Colombier – *1 r. de l'Église - 89290 Escolives-Ste-Camille - 9,5 km au S d'Auxerre par D 239 - ☎ 03 86 53 35 28 - domaineborgnat@wanadoo.fr - fermé mi-nov. à fév. - 5 ch.: 37/46€ - repas 19,82/33,53€*. Amateurs de vins, ne manquez pas cette magnifique ferme fortifiée du 17e s. Non seulement votre séjour en chambres d'hôte sera agréable (ou en gîte dans le pigeonnier) mais vous y dégusterez les crus du domaine viticole. Terrasse avec piscine.

• *Valeur sûre*

Hôtel Le Cygne – *14 r. du 24-Août - ☎ 03 86 52 26 51 - 🅿 - 30 ch.: 56,41/64,03€ - ☕ 6,10€*. À quelques minutes du centre-ville, vous trouverez dans cet hôtel moderne des chambres simples et confortables. Certaines sont mansardées et n'en ont que plus de charme.

Chambre d'hôte Château de Ribourdin – *89240 Chevannes - 9 km au SO d'Auxerre par N 151 puis D 1 et rte secondaire - ☎ 03 86 41 23 16 - ☐ - 5 ch.: 50/65€*. Magnifique petit château 16e s. au milieu des champs en contrebas du village. Les chambres confortables et la grande salle des petits-déjeuners occupent les dépendances du 18e s. et s'ouvrent sur la campagne.

SORTIES

Le Galion – *2 r. Étienne-Dolet - ☎ 03 86 46 96 58 - été : tlj 10h-2h ; reste de l'année : 10h-1h. Fermé mar - fermé Noël et Nouvel an.* Peu le connaissent, ce petit galion perdu de l'autre côté de la rivière. Pourtant, ce bar de copains jouit de l'une des plus belles vues sur l'Yonne et la ville d'Auxerre. L'ambiance toujours joyeuse s'agrémente de petits concerts improvisés.

Pullman Bar – *20 r. d'Egleny - ☎ 03 86 52 09 32 - lun.-ven. 16h-1h, sam. 16h-2h - fermé de déb. août à fin août.* À première vue, ce bar à bière ressemble à un café traditionnel, mais un savoureux mélange de blues, de bières rares et de bien-être imprègne ce lieu, terriblement en faveur auprès des amateurs de soirées paisibles. Cave à cigares.

Le 5 Germain Pub – *5 r. St-Germain - ☎ 03 86 46 90 09 - mar.-jeu. 17h-1h, ven.-sam. 17h-2h, dim. 17h-1h ; juin-sept. : lun.-sam. 17h-2h, dim. 19h-2h.* Sous un grand portrait du Che, une clientèle cosmopolite fréquente ce pub décoré d'affiches et de sous-bocks. Une petite cour intérieure, des bancs de bois et des rideaux blancs aux fenêtres confèrent à ce lieu vivant et animé un charme particulier.

ACHATS

Le Fin Palais – *3 pl. St-Nicolas - ☎ 03 86 51 14 03 - de déb. avr. à fin oct. tlj 9h30-19h30.* Des nombreux alcools de la région (dont une bière de Sens) aux fameuses nonnettes (pain d'épice fourré à la confiture), vous trouverez dans cette boutique une sélection des meilleurs produits du terroir. Accueil charmant.

Domaine Jean-Pierre-Colinot – *1 r. des Chariats - 89290 Irancy - ☎ 03 86 42 33 25 - lun.-sam. 8h30-18h30, dim. 9h30-12h.* Au Domaine Colinot, les vins sont élaborés selon les méthodes ancestrales pratiquées en Bourgogne. Visite et dégustation dans le chai, belles caves datant du 17e s.

Depuis les années 1980, la ville s'est fait connaître à l'international grâce à son équipe de football, l'AJA. L'entraîneur, **Guy Roux**, habitant Appoigny, au Nord d'Auxerre, est parvenu à lui faire réaliser le rare doublé championnat/coupe de France en 1996. Le centre d'entraînement est une véritable pépinière de talents, cédés très cher aux grandes équipes européennes (citons Ferreri, Cantona, Boli ou Diomède).

Pour couronner le tout, la ville est au centre d'un vignoble dont le cru le plus renommé est le chablis.

se promener

Partir du quai de la Marine (parkings).

Quartier de la Marine

Autrefois domaine des voituriers d'eau, il a gardé ses ruelles sinueuses. Prendre la rue de la Marine (n° 36) pour voir les vestiges de la tour d'angle Nord-Est de l'enceinte gallo-romaine, traverser la charmante place St-Nicolas (n° 45) qui porte le nom du patron des Mariniers, pour atteindre la place du Coche-d'Eau (n° 8). Au n° 3, maison du 16e s. abritant les expositions temporaires du **musée du Coche-d'Eau.** Remonter la rue du Docteur-Labosse (n° 10) pour rejoindre la rue Cochois.

On gagne le centre-ville par la place St-Étienne devant la cathédrale puis à gauche par la rue Maison-Fort puis Joubert.

Maisons à pans de bois du quartier de la Marine.

Centre ville

Il conserve nombre d'intéressantes vieilles demeures, la plupart du 16e s.

La rue Fécauderie (deux maisons à colombages possédant un poteau cornier sculpté à l'angle de la rue Joubert, et passage Manifacier) mène à la belle **place de l'Hôtel-de-Ville**, où, figée parmi les passants, se dresse une statue polychrome de **Marie Noël** en vieille dame ; maisons aux nos 4, 6, 16, 17, 18.

Tour de l'Horloge

De style flamboyant, cette tour, construite au 15e s. sur les fondations de l'enceinte gallo-romaine, était appelée aussi tour Gaillarde (du nom de la porte qu'elle défendait) et faisait partie des fortifications ; le beffroi et l'horloge symbolisaient les libertés communales accordées par le comte d'Auxerre. L'horloge (17e s.) présente un double cadran indiquant sur les deux faces les mouvements apparents du soleil et de la lune. Le cadran astronomique fut célébré par Restif de La Bretonne, qui a vécu plusieurs années de sa jeunesse dans un atelier d'imprimeur au pied de cette tour.

Reprendre la **rue de l'Horloge** : no 6 (poteau cornier sculpté) et quatre maisons accolées en face ; puis la **rue de la Draperie** : maisons occupées par une banque et une bijouterie. Celle-ci débouche sur la **place Charles-Surugue**, où s'élève une fontaine à l'effigie de Cadet Roussel ; maisons nos 3, 4, 5 et 18.

Si l'on déambule dans le quartier, on peut encore voir :

L'Église St-Eusèbe, vestige d'un ancien prieuré, qui conserve une belle tour du 12e s. décorée d'arcs polylobés. La flèche de pierre est du 15e. À l'intérieur, remarquer le chœur Renaissance, la belle chapelle axiale et des vitraux du 16e s. *Fermé pour restauration.*

La plus ancienne maison d'Auxerre, au no 5 **place Robillard**, des 14e et 15e s.

Un bel hôtel Renaissance dit « de Crole » à lucarnes et corniche sculptées, **rue de Paris,** no 67.

On rejoint les quais de l'Yonne au niveau de la passerelle (vue) par la rue des Boucheries puis la **rue Sous-Murs,** qui tire son nom des murailles de la cité gallo-romaine qui la bordaient ; maisons nos 14 et 19.

visiter

Cathédrale St-Étienne ★★

Visite du trésor et de la crypte sur demande préalable auprès des Amis de la Cathédrale, ☎ 03 86 52 23 29.

Ce bel édifice gothique a été construit du 13e au 16e s. À cet emplacement, un sanctuaire, fondé vers 400 par saint Amâtre et embelli au cours des siècles suivants, fut incendié à plusieurs reprises. En 1023, Hugues de Châlon entreprit aussitôt après le sinistre la construction d'une cathédrale romane.

AUXERRE

En 1215, Guillaume de Seignelay fit réaliser une cathédrale gothique, dont le chœur et les verrières étaien
achevés en 1234. En 1400, c'est au tour de la nef, de
collatéraux, des chapelles et du croisillon Sud. Dernie
élément, la tour Nord, vers 1525.

Façade – De style flamboyant, la façade est encadrée de
deux tours aux contreforts ouvragés ; la tour Sud reste
inachevée. La façade est ornée de 4 étages d'arcatures sur
montées de gâbles. Au-dessus du portail central, légèrement en retrait, une rosace de 7 m de diamètre s'inscri
entre les contreforts. Les célèbres sculptures des 13e et
14e s. ont été mutilées au 16e s. lors des guerres de Reli
gion et la tendre pierre calcaire a souffert des intempéries

Au portail de gauche, les sculptures des voussures retracent la vie de la Vierge, de saint Joachim et de sainte Anne. Le registre restant du tympan représente le couronnement de la Vierge. Les médaillons du soubassement traitent différentes scènes de la Genèse.

Le portail de droite est du 13e s. Le **tympan**, divisé en 3 registres, et les voussures sont consacrés à l'enfance du Christ et à la vie de saint Jean Baptiste. Au registre supérieur des soubassements sont représentées 6 scènes des amours de David et de Bethsabée – 8 statuettes placées entre les pinacles symbolisent la Philosophie (à droite avec une couronne) et les Sept Arts libéraux. À droite du portail, un haut-relief représente le Jugement de Salomon.

Des deux portails latéraux, celui du Sud, du 14e s., consacré à saint Étienne, est le plus intéressant. Le portail Nord est dédié à saint Germain.

Intérieur – La nef, construite au 14e s., a été voûtée au 15e s. (hauteur : 34 m).

Au mur du fond du croisillon droit, on remarque 4 consoles à figures d'un réalisme étonnant. Au-dessus, les verrières de la rosace (1550) montrent Dieu le Père entouré des Puissances célestes. La rosace du croisillon Nord du transept (1530) représente la Vierge entourée d'anges et d'emblèmes de Notre-Dame.

Le chœur et le déambulatoire datent du début du 13e s. En 1215, Guillaume de Seignelay, évêque d'Auxerre, grand admirateur de l'art nouveau appelé alors « style français » (le terme gothique n'a été employé qu'à partir du 16e s.), décida de raser le chœur roman et, sur la crypte du 11e s., fit élever ce beau morceau d'architecture. Tout autour du déambulatoire se déroule un magnifique ensemble de **vitraux★★** à médaillons du 13e s., où dominent les tons bleus et rouges. Ils représentent des scènes de la Genèse, l'histoire de David, celle de Joseph, celle de l'Enfant prodigue et de nombreuses légendes de saints. Le soubassement est souligné par une arcature aveugle ornée de têtes sculptées, figurant essentiellement des prophètes et sibylles, parfois des drôleries.

Dans la partie gauche du déambulatoire, un tableau sur bois, du 16e s., représente la Lapidation de saint Étienne. Le beau **vitrail** de la grande rosace est du 16e s. Appréciez la finesse extrême du vitrail qui se trouve dans la chapelle Notre-Dame-des-Vertus, au-dessus de la statue de la Vierge.

Crypte romane★ – Ce seul vestige de la cathédrale romane (1023-1035) qui constitue un bel ensemble architectural abrite, à défaut de reliques, des fresques réputées, du 11e au 13e s. La voûte représentant le Christ monté sur un cheval blanc et entouré de 4 anges équestres est le seul exemple d'une telle figuration connu en France. L'autre fresque, dans le cul-de-four, montre le Christ en majesté entouré des symboles des Évangélistes et de deux chandeliers à sept branches.

Trésor★ – Il renferme, entre autres pièces intéressantes, la tunique de saint Germain, des émaux champlevés des 12e et 13e s., des livres d'heures des 15e et 16e s., des miniatures et des ivoires.

Pour gagner l'abbaye St-Germain, longer le flanc Nord de la cathédrale et descendre la rue Cochois. On passe devant la préfecture, anciennement logis des évêques d'Auxerre (plaque explicative), puis devant le portail de l'ancien évêché.

Ancienne abbaye St-Germain★★

Visite libre du musée, visite guidée de la crypte (3/4h) tlj sf mar 10h-18h30 (oct.-avr. : tlj sf mar. 10h-12h, 14h-18h). Fermé j. fériés. 3,96€ (billet combiné incluant la visite du musée Leblanc-Duvernoy), gratuit 1er dim. du mois. ☎ 03 86 18 05 50.

Cette célèbre abbaye bénédictine fut fondée au 6e s. par la reine Clothilde, épouse de Clovis, à l'emplacement

Les vitraux de la cathédrale sont d'une exceptionnelle qualité.

La crypte romane.

d'un oratoire où saint Germain, évêque d'Auxerre au 5ᵉ s., avait été inhumé. Au temps de Charles le Chauve l'abbaye possédait une école célèbre où enseignèrent des maîtres réputés comme Héric et Rémi d'Auxerre, qui fu le maître de saint Odon de Cluny. L'évangélisateur de l'Irlande, saint Patrick, y apprit la science théologique.

◄ **Église abbatiale** – L'église supérieure, de style gothique a été construite du 13ᵉ au 15ᵉ s. pour remplacer une église romane carolingienne ; l'unique chapelle axiale à dix branches date de 1277 : elle est reliée par un beau passage au déambulatoire et repose sur les solides assises de deux chapelles inférieures superposées construites à la même époque. Belle hauteur sous voûte. La démolition en 1811, des travées romanes occidentales de l'édifice a isolé de ce dernier le beau **clocher** du 12ᵉ s. appelé tou St-Jean, de construction romane, haut de 51 m : sa base de plan carré, surmontée du beffroi, ses gables étagés don nent un puissant relief à l'élan de sa flèche de pierre.

Crypte★★ – Elle forme une véritable église souterraine au centre, la « confession », à trois nefs voûtées en ber ceau, offre, du haut de ses trois marches, une perspective sur la succession des voûtes carolingiennes et gothiques quatre colonnes, remplois d'éléments gallo-romains surmontées de chapiteaux imités de l'ordre ionique soutiennent deux poutres millénaires en cœur de chêne.

Dans le couloir de circulation, origine du déambulatoire des **fresques★** de 850, les plus anciennes connues en France, représentent le Jugement et la Lapidation de saint Étienne ainsi que deux évêques, aux tons rouge et ocre.

◄ Le **caveau**, profond de 5 m, où le corps de saint Germain fut déposé, est surmonté d'une voûte étoilée de soleil peints (symbole de l'éternité) rappelant les mosaïque de Ravenne où l'évêque est mort.

La chapelle d'axe, ou chapelle Ste-Maxime, reconstruit au 13ᵉ s. à l'emplacement qu'occupait autrefois la rotonde de la crypte carolingienne, comporte une belle voûte d'ogives à dix branches. Elle se superpose à la chapelle St-Clément, à laquelle on accède par un escalier droi *(à droite en sortant de la chapelle Ste-Maxime).*

Musée St-Germain – Il est installé dans les bâtiment conventuels de l'ancienne abbaye comprenant le logi de l'abbé reconstruit au début du 18ᵉ s. *(entrée de l'abbay et du musée),* le cellier du 14ᵉ s., la salle des moines, la salle capitulaire du 12ᵉ s. (dont on a retrouvé la bell façade derrière le cloître – en réfection pour abriter le œuvres médiévales) et la sacristie.

L'escalier d'honneur mène aux dortoirs des moines où es
◄ installé le **musée archéologique.** Au 2ᵉ étage, la salle de préhistoire et de protohistoire présente les grandes époques (paléolithique, néolithique, âge du bronze et âge du fer) délimitées par des panneaux expl catifs ; au centre, dans une grande vitrine, est reconst tué un site évoquant chacune d'elles.

Église St-Pierre
Rue Joubert, le portail Renaissance de l'ancienne abbay (inspiré du Castelnuovo à Naples), encastré entre deu maisons modernes, s'ouvre sur une place où s'élèv l'église St-Pierre. C'est un édifice classique où subsisten des éléments décoratifs de la Renaissance. La tour, trè ouvragée, inspirée de la tour Nord de la cathédrale, es de style flamboyant.

Musée Leblanc-Duvernoy
Tlj sf mar. 14h-18h. Fermé 1ᵉʳ janv., 1ᵉʳ et 8 mai, Ascension 1ᵉʳ et 11 nov., 25 déc. 1,98€, gratuit 1ᵉʳ dim. du mois. ☎ 0 86 18 05 50.

Aménagé dans une demeure du 18ᵉ s., ce musée est su tout consacré à la faïence : nombreuses pièces provenan de fabriques françaises ou appartenant à la productio locale (en particulier de l'époque révolutionnaire)

PÉDAGOGIE
Un peu à l'image de la volonté médiévale d'éclairer le pèlerin, la présentation muséale de l'ensemble de l'abbaye est dominée par une recherche éminemment didactique.

PARTICULIER
Le caveau contient les sarcophages de plusieurs évêques, contrairement à la tradition qui voudrait les voir dans la cathédrale.

PIÈCES PRÉCIEUSES
Dans la salle gallo-romaine, remarquez un petit cheval, enseigne gauloise provenant de Guerchy, un chaudron de Cravant, un trépied étrusque et des récipients d'importation étrusque découverts sur le site de Gurgy.

ACIDE
C'est dans un quartier d'Auxerre qu'Étienne Cha-tiliez a tourné en 1990 certaines scènes de sa comédie grinçante *Tatie Danielle.*

Il abrite également une série de fastueuses tapisseries de Beauvais du 18ᵉ s., figurant des scènes de l'Histoire de l'empereur de Chine, ainsi qu'une importante collection de grès de Puisaye.

Muséum d'histoire naturelle

Juil.-août : 10h-18h, w.-end et j. fériés 14h-18h ; sept.-juin : 10h-12h, 14h-18h, w.-end et j. fériés 14h-18h. Fermé 1ᵉʳ janv., 1ᵉʳ mai, 25 déc. 1,52€. ☎ 03 86 72 96 40.
Dans le pavillon entouré d'un petit parc botanique, ce musée se consacre à des expositions organisées sur des sujets relevant des sciences naturelles du monde entier. Une salle présente la vie et les travaux de Paul Bert.

circuit

L'AUXERROIS

Circuit de 40 km – environ 1 h 1/2.
Cette excursion dans les environs immédiats d'Auxerre présente un intérêt tout particulier en avril, à l'époque des cerisiers en fleur. Le vignoble alterne avec les vergers et ajoute à l'attrait du paysage souvent vallonné. Autour de jolis villages, de vastes cerisaies recouvrent les coteaux bordant la vallée de l'Yonne et descendent jusqu'au creux de la vallée même.
Se diriger vers St-Bris-le-Vineux : 8 km au Sud-Est.
La route s'élève le long des coteaux qui prennent l'aspect d'un immense jardin coupé de petits bois. ▶

> **RARE**
> Dans le village de Gy-l'Évêque (*9,5 km au Sud d'Auxerre*), allez visiter l'église (13ᵉ-16ᵉ s.) où est exposé un **Christ aux Orties**★ (16ᵉ s.). Le village est également très fier de son **lavoir** qui est considéré comme l'un des plus beaux de la région.

Printemps dans l'Auxerrois.

St-Bris-le-Vineux

Ce joli village du vignoble d'Auxerre possède une **église** gothique du 13ᵉ s., avec voûte du chœur et du bas-côté gauche de la Renaissance. Remarquer les vitraux Renaissance, la chaire sculptée, une peinture murale immense de l'Arbre de Jessé (généalogie du Christ), datant de 1500, dans la 1ʳᵉ travée droite du chœur. Dans le collatéral droit, une petite chapelle abritant le sarcophage de saint Cot montre une clef pendante très basse, portant un blason sculpté aux armoiries des Coligny et des Dreux de Mello. *Tlj sf w.-end 14h-18h sur demande préalable à la mairie.* ☎ *03 86 53 31 79.*
St-Bris a conservé quelques maisons anciennes des 14ᵉ et 15ᵉ s. On peut voir au n° 1 de la rue de l'Église une remarquable cave romane, à deux nefs, avec colonnes et chapiteaux.
Poursuivre 5 km au Sud. Nombreuses échappées pittoresques sur la vallée de l'Yonne. ▶

> **BON VIVANT**
> C'est ici qu'est né en 1923 le sympathique **Jean-Marc Thibault**, comédien qui fut longtemps le comparse de Roger Pierre avant d'affronter Rosy Varte pour le long succès télévisuel de *Maguy* (entre 1985 et 1993).

Irancy

Dans un vallon couvert d'arbres fruitiers, ce village, patrie de Soufflot, produit les vins rouge et rosé les plus réputés du vignoble auxerrois.
Se rendre à **Cravant** *(voir Vallée de la Cure) à 5 km au Sud-Est, puis à Escolives-Ste-Camille par la rive droite de l'Yonne à 9 km au Nord-Ouest.* ▶

> **Jacques-Germain Soufflot** (1713-1780) fut l'architecte de l'hôtel-Dieu à Lyon et du Panthéon à Paris et le directeur des travaux du Louvre.

Escolives-Ste-Camille

Située à flanc de coteau, la charmante **église** romane est précédée d'un narthex à arcades en plein cintre. Elle possède une flèche octogonale recouverte de briques disposées sur chant. La crypte du 11ᵉ s. abritait naguère les reliques de sainte Camille, compagne de sainte Magnance *(voir Avallon)* revenant de Ravenne avec la dépouille de saint Germain. À la sortie Nord du village (rue Raymond-Kapps), les vestiges, en partie sous abri, d'un bourg et de thermes gallo-romains (1ᵉʳ au 3ᵉ s.) ainsi que d'un cimetière mérovingien font l'objet de fouilles régulières.

Regagner Auxerre en longeant la rive gauche de l'Yonne (décrite en sens inverse au circuit de la vallée).

VISITE
Le dépôt de fouilles se voit certaines heures du mer. au dim. en juil.-août, surtout intéressant pour un portique à arcades gallo-romain décoré.
☎ 03 86 53 34 79.

Auxonne

Tout témoigne par ici du rôle de place forte tenu par cette ancienne ville frontalière : casernes, arsenal, remparts, champ de tir et château fort. Comme pour calmer le jeu, la Saône pacifique s'écoule au bord d'allées ombragées.

La situation

Cartes Michelin nᵒˢ 66 pli 13 ou 243 pli 17 – Côte-d'Or (21). Près de la Franche-Comté, à 32 km de Dijon par la N 5. 🛈 *Pl. d'Armes, 21130 Auxonne,* ☎ *03 80 37 34 46.*

Le nom

Prononcer : Aussonne, le « x » n'étant pas étymologique. Au 7ᵉ s., on disait *Assona,* pour faire le lien avec la Saône, alors appelée *Alisontia.*

comprendre

Le lieutenant Bonaparte – Le régiment d'artillerie de La Fère est en garnison à Auxonne depuis décembre 1787, lorsque Bonaparte y entre, au début de juin 1788, en qualité de lieutenant en second. Il a alors 18 ans et suit les cours théoriques et pratiques de l'École royale d'artillerie, avec un désir très vif de s'instruire qui le fait remarquer comme à Valence, sa garnison précédente.

Épuisé par les veilles et par les privations auxquelles sa maigre solde le contraignait, il quitte Auxonne le 1ᵉʳ septembre 1789 pour sa Corse natale. Il est de retour à la fin de février 1791, accompagné de son frère Louis dont il devient le mentor, et assiste en spectateur attentif aux événements qui se précipitent à Paris. En avril, il quitte définitivement Auxonne pour rejoindre le régiment de Grenoble. Cinq ans plus tard, il sera nommé commandant en chef de l'armée d'Italie. On connaît la suite.

carnet pratique

RESTAURATION

• À bon compte

Virion – *21130 Les Maillys - 8 km au S d'Auxonne par D 20 -* ☎ *03 80 39 13 40 - 12,96/35,06€.* Une auberge de village sympathique à côté de l'église. Deux salles à manger, l'une rustique avec ses poutres et sa cheminée, l'autre plus contemporaine réservée aux non-fumeurs. Cuisine du terroir simple et bien tournée à prix raisonnables.

HÉBERGEMENT

• À bon compte

Chambre d'hôte Les Laurentides – *27 r. du Centre - 21130 Athée -* ☎ *03 80 31 00 25 -* ⊠ *- 4 ch.: 31/42€ - repas 17€.* Cette accueillante ferme de 1870 allie charme et confort. Ses chambres, aménagées dans l'ancien grenier, sont toutes décorées d'œuvres de la maîtresse de maison, peintre à ses heures ; les plus agréables donnent sur le magnifique jardin.

se promener

Garez votre voiture près du jardin de l'Hôtel-de-ville.

Derrière l'office de tourisme, la **porte de Comté,** qui date de 1503, avait été conservée dans les fortifications ultérieures, disparues depuis.

Église Notre-Dame

Élevée à partir du 12ᵉ s., elle est hérissée de gargouilles et de statues. Son transept est flanqué à droite d'une tour romane d'origine. Le porche (16ᵉ s.) abrite les statues des prophètes refaites en 1853 par le sculpteur Buffet.

Remarquer dans l'absidiole droite une belle Vierge bourguignonne au raisin, de l'école de Claus Sluter (fin du 15ᵉ s.) ; sur le 4ᵉ pilier de la nef, à droite, une Chasse de saint Hubert, polychrome, peinte au 15ᵉ s. ; dans la 1ʳᵉ chapelle du bas-côté gauche, un Christ aux liens du 16ᵉ s. et un Saint Antoine ermite ; dans le chœur, un aigle en cuivre servant de lutrin, et des stalles de la même époque.

Près de l'église, au centre de la place d'Armes et face à l'**hôtel de ville,** édifice en brique du 15ᵉ s., s'élève la **statue** du « Lieutenant Napoléon Bonaparte » par Jouffroy (1857).

Rejoindre le château par la rue du Bourg puis de l'Hôpital : maisons anciennes.

Musée Bonaparte

De mai à mi-oct. : 10h-12h, 15h-18h. Gratuit. ☎ *03 80 37 42 52 ou* ☎ *03 80 31 15 33.*

Installé dans la plus grosse tour de la forteresse (édifiée par Louis XI, plusieurs fois remaniée), il présente des objets personnels du lieutenant et des armes de soldats du futur Empire (futurs, même, puisque Napoléon III n'est pas oublié).

> **FAITES LA DIFFÉRENCE**
> Six des statues de prophètes sont une copie fort libre du puits de Moïse de la chartreuse de Champmol à Dijon.

Le jeune officier Bonaparte.

Avallon★

Avallon, perché sur un promontoire granitique isolé entre deux ravins, occupe un site★ pittoresque au-dessus de la vallée du Cousin. La ville ne manque pas d'attraits avec sa ceinture murée, ses jardins et ses maisons anciennes. C'est aussi un excellent point de départ pour la visite de l'Avallonnais et du Morvan.

La situation

Cartes Michelin nᵒˢ 65 pli 16 ou 238 plis 23, 24 – Yonne (89).
À l'époque romaine, la station était sur la *Via Aggripa*, devenue nationale 6 (60 km d'Auxerre).
🛈 *6 r. Bocquillot, 89200 Avallon,* ☎ *03 86 34 14 19.*

Le nom

On a retrouvé sur une monnaie celte le nom gravé d'*Aballo*, qui peut être rapproché du mot saxon signifiant « pomme » : *Apfel, apple...*

Les gens

8 217 Avallonnais qui ont adopté Vauban (né à St-Léger) comme un des leurs : sa statue par Bartholdi trône au bout de la promenade des Terreaux.

comprendre

Forteresse contre Forte-épice – Puissamment fortifié, Avallon devint au Moyen Âge une des « clés » de la Bourgogne.

En 1432, alors que Philippe le Bon se trouve en Flandre, **Jacques d'Espailly,** surnommé Forte-épice, parvient, à la tête d'une bande d'aventuriers du Nivernais, à se rendre maître des châteaux de la basse Bourgogne. Il va

> **UNE PLACE CONVOITÉE**
> Parti à la conquête du duché de Bourgogne, le roi de France Robert le Pieux, fils d'Hugues Capet, assiège Avallon en 1005. Vainqueur, il massacre la plupart des habitants. L'annexion au domaine royal aura lieu en 1016.

carnet pratique

RESTAURATION

• **À bon compte**

Le Grill des Madériens – 22 r. de Paris - ☎ 03 86 34 13 16 - fermé fév., dim. soir et lun. - réserv. conseillée le w.-end - 11/23€. Amoureux de Madère, les patrons de ce restaurant s'en sont inspiré. Salles à manger voûtées avec azulejos bleus et blancs aux murs, dentelles, serveuses en costume. À déguster les fameuses brochettes accompagnées de salades, acras, rougails... Ambiance très animée.

Ferme-auberge des Châtelaines – 3 km au S d'Avallon par D 127 puis rte secondaire - ☎ 03 86 34 16 37 - fermé 15 nov. au 15 mars, du lun. au ven. hors sais. et du lun. au mer. du 1er juil. au 1er sept. - ☐ - réserv. conseillée - 11/19€. À l'entrée de la vallée du Cousin, cette ferme élève porcs, agneaux et lapins. Tout est fait maison, des terrines au fromage, en passant par les pâtisseries et les légumes du jardin. Salle à manger simple, toiles cirées, outils agrestes et gaufriers aux murs. Jolie vue sur Avallon.

• **Valeur sûre**

Relais des Gourmets – 47 r. de Paris - ☎ 03 86 34 18 90 - fermé dim. soir et lun. d'oct. à mai - 13,42/53,36€. Les bonnes fourchettes locales fréquentent la maison pour sa généreuse cuisine soignée et aussi pour la sagesse de ses prix. Sous les poutres de la salle à manger, en véranda ou sur la coquette terrasse fleurie, n'hésitez pas à mettre les pieds sous la table...

HÉBERGEMENT

• **À bon compte**

Chambre d'hôte Haras de Kenmare – 19 rte du Morvan - Le Meix - 89630 St-Germain-des-Champs - 10 km au S d'Avallon par D 944, D 10 puis D 75 - ☎ 03 86 34 27 63 - kenmare89@aol.com - ☐ - 5 ch.: 40/50€ - repas 18/25€. Construite au 19e s., c'est une vraie maison de famille bien vivante avec ses objets et meubles hétéroclites. Écrivains de la région, Vauban, Lamartine, Vincenot, Colette et la conteuse Marie Noël ont donné leurs noms aux chambres où vous retrouverez leurs livres.

• **Valeur sûre**

Dak'Hôtel – Rte de Saulieu - ☎ 03 86 31 63 20 - ☐ - 26 ch.: 42,69/48,78€ - ☐ 5,79€. Un hôtel moderne à l'écart du centre-ville. Les chambres, toutes identiques et bien insonorisées, sont sobres et fonctionnelles. La salle des petits-déjeuners ouvre sur le jardin avec sa piscine.

• **Une petite folie !**

Chambre d'hôte Château d'Island – 89200 Island - 7 km au SO d'Avallon par D 957 puis D 53 - ☎ 03 86 34 22 03 - fermé 10 janv. au 1er fév. et 15 nov. au 15 déc. - ☐ - 11 ch.: 77/153€ - repas 61€. Voilà une occasion de séjourner dans un château des 15e et 18e s., au milieu de son parc. Une chambre ou une suite ? Quel que soit votre choix, vous apprécierez les meubles anciens, les poutres massives, les cheminées et... la vue sur les arbres. Table d'hôte franco-vietnamienne.

CALENDRIER

Concours de bœuf charolais fin oct.

même jusqu'à menacer Dijon. Les Avallonnais, tranquilles dans leurs murailles, dorment sans inquiétude quand, par une nuit de décembre, Forte-épice surprend la garde, escalade les remparts, et enlève la ville. Le duc de Bourgogne, alerté, revient en hâte. Il fait diriger une « bombarde » contre la cité : les boulets de pierre ouvrent dans la muraille une large brèche par laquelle se précipite l'armée bourguignonne. Mais l'assaut est repoussé Exaspéré, Philippe le Bon envoie chercher chevaliers et arbalétriers. Forte-épice se sachant perdu disparaît par une des poternes qui ouvrent sur la rivière, abandonnant ses compagnons dans sa fuite.

découvrir

LA VILLE FORTIFIÉE★

◄ *Partir du bastion de la porte Auxerroise au Nord (parking)*

Le tour des remparts

Depuis l'hôpital, bâtiment du début du 18e s., suivre la rue Fontaine-Neuve dominée par la tour des Vaudois ; le bastion de la Côte Gally surplombe un terre-plein propice à la promenade, au-dessus du ravin du ru Potot.
Par la rue du Fort-Mahon (**9**) on rejoint le bastion de la Petite-Porte, après la tour du Chapitre (1454) et la tour Gaujard.
Prolonger à l'Est ce tour des remparts.

VUE
De la terrasse plantée de tilleuls (**Promenade de la Petite-Porte**) le regard embrasse la vallée du Cousin, à 100 m en contrebas, les monts du Morvan et quelques manoirs.

Une forteresse aujourd'hui bien paisible !

En suivant en contre-haut le ravin des Minimes, on voit la tour de l'Escharguet – bien conservée – puis la tour Beurdelaine, la plus ancienne, construite en 1404 par Jean sans Peur, renforcée en 1590 par un bastion couronné d'une échauguette en encorbellement.

Église St-Lazare

Au 4ᵉ s., un édifice fut fondé ici sous le vocable de Notre-Dame. D'un sanctuaire du 10ᵉ s. subsiste une crypte sous le chœur actuel. À cette époque l'église reçut du duc de Bourgogne, Henri le Grand, frère de Hugues Capet, le chef de saint Lazare, insigne relique à l'origine d'un culte. Dès la fin du 11ᵉ s., l'affluence des pèlerins était telle qu'il fut décidé, en accord avec les moines constructeurs de Cluny, d'agrandir l'église. Consacré en 1106 par le pape Pascal II, le sanctuaire fut vite trop petit et on reporta la façade à une vingtaine de mètres en avant pour allonger la nef.

Les portails★ – La façade était autrefois flanquée au Nord d'une tour-clocher au pied de laquelle était percé le portail Nord ; le clocher, incendié puis ruiné plusieurs fois, s'écroula à nouveau en 1633, écrasant dans sa chute ce petit portail et une partie de la façade. Il fut remplacé en 1670 par la tour actuelle. L'intérêt de la façade réside dans les deux portails qui subsistent.

Les voussures du grand portail, composées de 5 cordons sculptés – le dernier très incomplet –, sont remarquables : angelots, vieillards musiciens de l'Apocalypse, signes du zodiaque et travaux des mois, feuilles d'acanthe et de vigne y alternent. Remarquez les élégantes colonnettes à cannelures en hélice et les colonnes torses alternant avec les colonnes droites.

Le tympan et le linteau du petit portail portent encore leurs sculptures malheureusement mutilées ; on croit reconnaître l'Adoration et la Chevauchée des Mages, leur Visite à Hérode puis la Résurrection et la Descente aux limbes. Quant au décor des voussures, il est d'inspiration végétale : guirlandes de roses épanouies, giroflées, arums stylisés.

À droite, dans le prolongement de la façade, vestiges de l'ancienne église St-Pierre qui servit d'église paroissiale jusqu'à la Révolution. Sa nef abrite des expositions temporaires. À gauche du chevet, une terrasse permet d'en détailler les sculptures et de dominer la vallée du Cousin, par-delà le parc des Chaumes.

Intérieur – La façade, lors de son déplacement, s'est trouvée orientée en biais par rapport à l'axe de la nef qui suit, par paliers successifs, la déclivité du sol (le chœur se trouve 3 m plus bas que le seuil).

Dans le bas-côté Sud : statues en bois peint (17ᵉ s.), Sainte Anne et la Vierge (15ᵉ s.) et un Saint Michel terrassant le dragon, en pierre (14ᵉ s.).

Une statue-colonne aux fines draperies rigides, représentant un prophète, a été placée contre le piédroit du grand portail. Tout en longueur, elle structure de façon un peu magique le bas de la façade.

AVALLON

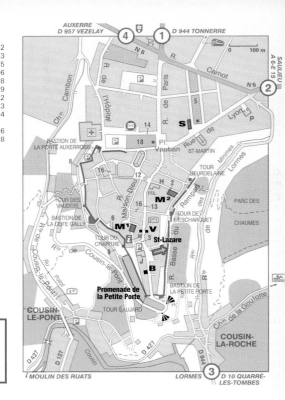

BUFFET
Ne manquez pas, lorsque vous serez « descendu » dans le chœur, de lever la tête vers la splendide tribune d'orgues, du 15ᵉ s.

◄ La chapelle en rotonde à droite du chœur est entièrement revêtue de peintures en trompe l'œil, du 18ᵉ s.
Tout près, dans la rue Bocquillot, passez voir le **grenier à sel**, ancien pressoir du 15ᵉ s., avec sa niche à coquille et ses fenêtres à meneaux.

Tour de l'Horloge
Édifiée au 15ᵉ s., sur la porte de la Boucherie, cette belle tour, flanquée d'une tourelle coiffée d'ardoise et surmontée d'un campanile qui abritait le guetteur, se dresse au point culminant de la ville.

visiter

Musée de l'Avallonnais
De mai à fin oct. : tlj sf mar. 14h-18h. 3,05€. ☎ 03 86 34 03 19.
Fondé en 1862, le musée est installé dans l'Ancien Collège.
La section de préhistoire, particulièrement riche, présente les collections de l'abbé Parat, archéologue du 19ᵉ s. qui entreprit de nombreuses fouilles dans les grottes de la Cure et de l'Yonne (grottes d'Arcy et de Saint-Moré, camp de Cora) ; ses travaux furent complétés par les découvertes effectuées de 1946 à 1963 par A. Leroy-Gourhan.
La période gallo-romaine est illustrée par des éléments uniques : les statues du sanctuaire de Montmarte (Vault-de-Lugny), la mosaïque des Chagniats (St-Germain-des-Champs), une exceptionnelle collection de monnaies romaines et médiévales. De l'époque mérovingienne, remarquer le mobilier du cimetière de Vaudonjon auquel doit prochainement s'ajouter celui du site de Bierry-les-Belles-Fontaines.
La section des Beaux-Arts privilégie les artistes régionaux : collection de pièces d'orfèvrerie réalisées de 1919 à 1971 par l'artisan décorateur Jean Desprès ; sculptures de P. Vigoureux ; peintures d'Antoine Ves-

ICÔNES MOUVANTES
Dans l'ancienne chapelle d'un couvent de capucins, face à celle des visitandines (Église St-Martin), se trouve désormais installée une salle de cinéma. De quoi plaire à Robert Bresson.
Dans un autre registre, Avallon a servi de cadre au film *Le Capitan* (1961) avec Jean Marais et Bourvil.

tier (*Petite Fille au perroquet*, 1790). On voit également la célèbre série du **Miserere**★ de Georges Rouault et les premiers tableaux qu'il a peints pour le musée en 1895 (*Stella Matutina et Stella Vespertina*, où se lit très nettement l'influence de son maître Gustave Moreau).

Musée du Costume et de la Mode
De mi-avr. à fin sept. : visite guidée (3/4h) 10h30-12h30, 13h30-17h30. 4€. ☎ 03 86 34 19 95.
Une belle demeure des 17e-18e s. sert d'écrin à des costumes d'époque en une exposition dont le thème varie chaque année.

alentours

Château de Montjalin
7 km à l'Est, sur la D 957. ♿ 9h-19h. 4,57€ (enf. : 2,29€). ☎ 03 86 34 46 42.
⌖ Cet élégant château du 18e s. accueille dans ses communs le **musée des Voitures de chefs d'État**★. Très longues et noires pour la plupart, découvertes ou blindées, majestueuses ou fringantes, une trentaine de voitures officielles illustrent un pan de la personnalité de grands hommes. Remarquer la DS 19 de De Gaulle qui porte encore les impacts de balles de l'attentat du Petit-Clamart, la Lincoln Continental de Kennedy, modèle de celle dans laquelle le président américain a été assassiné, la Lincoln « Papamobile » de Paul VI, la Zil et la CX rallongée et blindée d'Erich Honecker, ou encore l'extravagante Cadillac (pare-brise d'avion) de l'émir d'Abou Dhabi... La présentation est un peu à l'étroit et ne permet pas de circuler autour des véhicules. Les visites guidées sont un vrai « plus » car alors ces prestigieuses berlines dévoilent leurs secrets...

Une des trois Lincoln Continental construites pour le président Kennedy.

Ste-Magnance
15 km au Sud-Est en direction de Saulieu (N 6).
L'**église** de ce petit village, édifiée vers 1514, est de style gothique. Le chœur et l'abside sont surmontés de voûtes flamboyantes. *S'adresser à Mme Duban.* ☎ 03 86 33 11 86.
Elle renferme l'insolite **tombeau**★ de sainte Magnance, du 12e s., endommagé à la Révolution puis restauré. Ses bas-reliefs racontent la légende et les miracles de la sainte, qui accompagna avec sainte Camille et trois dames romaines le corps de saint Germain d'Auxerre, mort à Ravenne au milieu du 5e s.

circuit

VALLÉE DU COUSIN★
Circuit de 33 km – environ 1 h.
Effectuer tout d'abord 6 km à l'Ouest.

Vault-de-Lugny
Le bourg possède une **église** du 15e s. à chevet plat, consacrée à St-Germain.

MISERERE
Lors de la publication en 1949 de cette série de 58 planches gravées dans les années 1920, le moraliste Marcel Arland s'écrie dans *Les Arts* :
« Il ne suffit pas de dire que cette œuvre est l'œuvre essentielle de Rouault, donc l'œuvre capitale de l'art contemporain. Dans son registre, elle peut être comparée à celle de Van Gogh et à celle de Goya ; il ne me paraît pas impossible que l'avenir la juge, depuis Rembrandt, sans égale. »

À l'intérieur, une **peinture murale** du milieu du 16e s. se déroule tout autour de la nef et du chœur, entre les grandes arcades et la retombée des ogives. Cette fresque, d'environ 70 m de longueur, représente 13 tableaux de la Passion du Christ. Les scènes sont traitées avec beaucoup d'habileté.

Descendre 1,5 km au Sud-Est ; la route suit une boucle du Cousin et laisse sur la gauche un **château** féodal entouré de douves, avec donjon du 14e s. (établissement hôtelier de luxe). *De mi-mars à mi-nov. : 10h-18h sur demande préalable. Gratuit.* ☎ *03 86 34 07 86.*

Pontaubert

La localité, qui s'étage sur la rive gauche du Cousin, détient une église de style roman bourguignon due aux moines hospitaliers.

Moulin des Ruats

Poursuivre à l'Est. La route, qui longe le cours du Cousin dans une gorge granitique et boisée, serpente dans un décor de verdure. D'anciens moulins ont été aménagés en hostelleries, dans un site agréable. La route passe au pied de l'éperon que domine Avallon et continue à remonter la rive droite du Cousin.

Méluzien

Site charmant au confluent du ru des Vaux et du Cousin. La route s'élève à travers bois jusqu'à Magny ; on descend alors au Sud vers le Cousin.

Moulin-Cadoux

Un vieux pont, avec parapet en dos d'âne, franchit la rivière dans un joli site.

Marrault

On aperçoit, à droite, un château du 18e s., où Pasteur fit plusieurs séjours, et aussitôt après, à gauche, l'étang du Moulin.

Revenir à Avallon par la D 10. Jolie vue sur la ville.

Bazoches★

La route romaine Sens-Autun a disparu, les pèlerins se font rares sur la route qui relie Vézelay à St-Jacques-de-Compostelle, mais le château de Bazoches est toujours là, plus fier que jamais, dressant ses hautes tours au-dessus du village et de la campagne morvandelle.

La situation
Cartes Michelin nᵒˢ 65 pli 16 ou 238 pli 23 – Nièvre (58).
À 10 km de Vézelay par la D 958. Campé sur une colline boisée, le château de Bazoches offre de belles vues sur le site de Vézelay.

Le nom
Proche d'Autun et des thermes (fontaines salées) de St-Père-sous-Vézelay, Bazoches était un lieu d'échange pendant la période gallo-romaine. Bazoches vient du latin *basilica* qui désigne certes un édifice religieux mais aussi un entrepôt commercial.

Les gens
Tout évoque le souvenir de Vauban qui parle de « son petit patrimoine provincial qui l'oblige à beaucoup d'entretien ».

visiter

Château★
De fin mars à déb. nov. : 9h30-12h, 14h15-18h. 5,64€.
☎ 03 86 22 10 22.

Édifié à la fin du 12ᵉ s., d'architecture trapézoïdale, avec trois tours rondes et un donjon rectangulaire il est typiquement féodal (la quatrième tour, à mâchicoulis, a été ajoutée au 14ᵉ s.).

Le maréchal **Vauban** (1633-1707), qui aurait dû en hériter, fit l'acquisition du domaine en 1675, grâce à une rétribution pour la prise de Maastricht (la ville du futur traité d'Union), le transformant en garnison. Récemment restauré et entièrement meublé, l'intérieur permet de mieux connaître ce brillant ingénieur qui fut aussi un écrivain éclairé. Il affectionnait beaucoup cette demeure et les nombreux souvenirs qu'il a laissés illustrent avec bonheur sa personnalité, sa famille, ses conditions de vie et de travail.

Dans les salons, essentiellement meublés en Louis XV et Louis XVI, ne manquez pas la grande tapisserie d'Aubusson aux motifs de paons (17ᵉ s.), et par les croisées, la belle **vue** sur la colline de Vézelay. La grande galerie que fit construire Vauban pour y travailler avec ses ingénieurs à l'édification de places fortes a été reconstituée. Pour un complément d'information sur la technique des fortifications, une visite de la Maison Vauban à St-Léger s'impose.

L'antichambre conserve quelques ouvrages du maréchal, dont l'œuvre porta non seulement sur l'art militaire mais aussi sur la navigation, la statistique ou le rétablissement de l'édit de Nantes (révoqué en 1685).

La **chambre★** de Vauban, remarquablement conservée et habillée de brocard rouge, a gardé son ensemble de mobilier fort rare, composé d'un lit et de six fauteuils tapissés d'époque ; au-dessus de la cheminée, le portrait à cheval de Louis XIV par Van der Meulen. Sur le bureau hollandais, buste du maréchal par Coysevox.

L'émouvant cabinet de travail, en forme de pentagone, touche par le bucolique décor aux oiseaux de son plafond et par une collection de petits portraits dont trois dus à Clouet, peintre à la cour des Valois.

« LA DÎME ROYALE » Publié peu avant sa mort, cet ouvrage fait le bilan des observations effectuées au long des multiples périples de Vauban et les conclusions qu'il en tire sont d'ordre économique et fiscal. L'idée maîtresse est de taxer chaque individu en proportion de ses revenus. À une époque où la noblesse était exemptée d'impôts, les réactions de la cour et du roi furent tout à fait négatives, jetant, d'après Saint-Simon, son auteur visionnaire dans la disgrâce.

Le cabinet de travail.

En bas de l'escalier d'honneur sont présentées les bibliothèques, riches de milliers de volumes anciens et d'éditions rares, certains ouvrages classés étant relatifs à Vauban.

Plafond peint et portes intactes, la chambre de la maréchale présente quelques souvenirs ainsi que le portrait de l'épouse de Vauban, administratrice de la propriété pendant ses campagnes. Elle mourut en 1705, deux ans avant son époux. Petite chapelle aux voûtes peintes attribuées à Jean Mosnier, décorateur de Chambord.

Le tombeau de Vauban se trouve dans l'**église Saint-Hilaire** (12e-16e s.), son cœur reposant dans le cénotaphe érigé à sa mémoire depuis 1809 aux Invalides à Paris.

Beaune★★

Au cœur du vignoble bourguignon, Beaune, prestigieuse cité du vin, est aussi une incomparable ville d'art. Son hôtel-Dieu, ses musées, son église Notre-Dame, sa ceinture de remparts dont les bastions abritent les caves les plus importantes, ses jardins, ses maisons anciennes constituent un des plus beaux ensembles de Bourgogne.

La situation
Cartes Michelin nos 69 pli 9 ou 243 pli 27 – Côte-d'Or (21).
Il n'y a guère de ville en Bourgogne mieux desservie que Beaune : croisement de l'A 6, de l'A 31 (Nord) et de l'A 36 (Est) ; N 74 pour Chagny, D 19 pour Chalon, D 973 pour Seurre...
🛈 *R. de l'Hôtel-Dieu, 21200 Beaune, ☎ 03 80 26 21 30.*

Le nom
C'est le dieu gaulois des eaux vives, *Belenos,* qui a donné son nom à la ville.

Caves du couvent des Cordeliers.

Les gens
21 923 Beaunois, dont le peintre **Félix Ziem** et le physiologiste **Étienne-Jules Marey**. Mais la ville doit ses plus grands trésors à la puissante famille de Rolin. À Beaune et à Meursault a eu lieu en 1966 le tournage du film resté longtemps à la première place au box-office français, *La Grande Vadrouille* avec, doit-on le préciser, Bourvil et Louis de Funès.

comprendre

LA CAPITALE... DU BOURGOGNE
Cérémonial – Chaque année, sous la halle médiévale, a lieu la célèbre vente aux enchères des vins des Hospices de Beaune. Les annonces du crieur sont guettées par les experts et sa durée est limitée à la combustion de deux petites chandelles, d'où son nom d'« enchères à la chandelle ».

Le produit de ce qu'on a appelé « la plus grande vente de charité du monde » est consacré à la modernisation des installations chirurgicales et médicales ainsi qu'à l'entretien de l'hôtel-Dieu.

Naissance d'un bastion – Sanctuaire gaulois puis romain, siège d'un parlement au Moyen Âge, Beaune a été jusqu'au 14e s. la résidence habituelle des ducs de Bourgogne, avant qu'ils ne se fixent définitivement à Dijon. Les archives de la ville possèdent la charte originale des libertés communales accordées par le duc Eudes, en 1203. À partir du 15e s. ont été édifiées l'enceinte et les tours qui sont toujours là. À la mort du dernier duc de Bourgogne, Charles le Téméraire, en 1477, la ville résiste avec opiniâtreté à Louis XI et ne se rend qu'après un siège de cinq semaines.

TÉMÉRAIRE !
Bravant l'interdiction de séjour à Beaune, **Piron** se rend un dimanche à la messe et ensuite au spectacle. Les Beaunois lui manifestent si bruyamment leur courroux qu'un jeune spectateur, soucieux de ne rien perdre de la pièce, s'écrie : « Paix donc ! on n'entend rien ! – Ce n'est pas faute d'oreilles », réplique notre fanfaron. Les spectateurs se ruent sur lui, et cette nouvelle plaisanterie lui aurait coûté cher si un Beaunois compatissant ne lui avait donné asile et fait quitter la ville nuitamment.
Piron est aussi l'auteur d'épigrammes contre Voltaire.

Une querelle de clocher – La rivalité entre Dijonnais et Beaunois a fait couler des flots d'encre fielleuse sous la plume du poète satirique **Alexis Piron** (1689-1773).
À la suite d'un concours d'arquebusiers où ses concitoyens avaient été battus par les Beaunois, Piron compose une ode vengeresse, intitulée « Voyage à Beaune », dans laquelle il compare les Beaunois aux ânes de leur pays – les frères Lasnes, commerçants du lieu, avaient pris en effet pour enseigne cet animal, provoquant les quolibets de leurs compatriotes – et prétend leur couper les vivres en tranchant les chardons de tous les talus des environs. Ce poème lui vaut d'être interdit de séjour à Beaune.
À noter qu'à la fin du 18e s., la population des deux villes est tout à fait comparable, environ 20 000 habitants.

GLORIEUSES
La vente a lieu le 3e dimanche de novembre, au cours de la deuxième journée des Trois Glorieuses, après Vougeot et avant Meursault.

se promener

DANS LE CENTRE

Parkings près des bds Foch et Joffre. Entrer par la porte St-Nicolas, arc de triomphe élevé sous Louis XV.
Les n°s 18-20-22-24 de la **rue de Lorraine** forment un bel ensemble de maisons du 16e s. La chapelle de l'oratoire (1710) est occupée par le tribunal de commerce.

Hôtel de la Rochepot★
On ne visite pas. Cet édifice daté de 1522 possède une jolie façade gothique avec une galerie à trois étages.
Sur la place Monge s'élèvent le beffroi avec sa couverture de poutrelles (14e s.) et la statue de Monge, enfant du pays, par Rude.
Retrouvez au 4 place Carnot une maison du 16e s. dont la façade porte de ravissantes sculptures.

Place de la Halle
On est au cœur de la ville. L'hôtel-Dieu domine l'ensemble par sa belle toiture d'ardoise.
Autour de la place et dans les rues avoisinantes, remarquez les belles devantures des magasins de spécialités régionales : vins, alcools bien sûr et aussi confiserie.
Par l'avenue de la République et la rue d'Enfer, gagner l'ancien hôtel des Ducs de Bourgogne des 15e et 16e s., qui abrite aujourd'hui le musée du Vin de Bourgogne.
Poursuivre jusqu'à Notre-Dame.

Collégiale Notre-Dame★
Cette « fille de Cluny », commencée vers 1120 et largement inspirée de St-Lazare d'Autun, reste, malgré des adjonctions successives, un bel exemple de l'art roman bourguignon.

Extérieur – Un large porche à trois nefs du 14e s. dissimule la façade. Le décor sculpté a été détruit pendant la Révolution, mais les vantaux aux panneaux sculptés (15e s.) subsistent.
Dans cet ensemble de belles proportions, on reconnaît les différentes phases de construction : déambulatoire et absidioles de pur style roman, chœur remanié au 13e s. et arcs-boutants du 14e s.
La tour de la croisée du transept, où les baies en tiers-point se superposent aux arcatures romanes, est coiffée d'un dôme galbé avec lanternon du 16e s.

Intérieur – La haute nef, voûtée en berceau brisé, est flanquée d'étroits bas-côtés voûtés d'arêtes. Un triforium aux baies partiellement aveugles entoure l'édifice qui offre un décor d'arcatures et de pilastres cannelés, d'inspiration autunienne.
La croisée du transept est couverte d'une coupole octogonale sur trompes. Le chœur, entouré d'un déambulatoire sur lequel s'ouvrent trois absidioles en cul-de-four, est remarquable par ses proportions.
Outre la décoration des pilastres des croisillons, on peut apprécier la réussite des sculptures de certains chapiteaux de la nef figurant l'Arche de Noé, la Lapidation de saint Étienne et l'Arbre de Jessé.

GASPARD MONGE
Aîné des quatre fils d'un commerçant forain de Beaune (1746-1818), il se révéla très tôt doué pour les sciences physiques et mathématiques. Créateur de la géométrie descriptive, ministre de la Marine pendant la Révolution, il fonda l'École polytechnique et participa à l'expédition d'Égypte.

► **P**our avoir la vue la plus intéressante du chevet, contourner l'édifice par la gauche.

► **DISCRÈTE**
Notez la présence dans le chœur d'une Vierge noire du 12e s.

carnet pratique

VISITE

Visites guidées – Beaune, qui porte le label **Ville d'art et d'histoire**, propose des visites-découvertes (1h30 à 2h) animées par des guides-conférenciers agréés par le ministère de la Culture et de la Communication. Renseignements à l'Office de tourisme ou sur www.vpah.culture.fr

RESTAURATION

• À bon compte

Le Bouchon – *Pl. de l'Hôtel-de-Ville - 21900 Meursault - 8 km au SO de Beaune par N 74 - ☎ 03 80 21 29 56 - fermé 20 nov. au 28 déc., dim. soir et lun. - 9,91/19,82€.* Un bistrot tout simple bien connu des habitués, en centre-ville. L'intérieur est sobre avec ses petites tables carrées nappées. Cuisine classique régionale avec un bon choix de menus.

• Valeur sûre

Le Caveau des Arches – *10 bd Perpreuil - ☎ 03 80 22 10 37 - fermé 23 juil. au 8 août, 24 déc. au 28 janv., dim. et lun. - 16,77/32,01€.* Prévoyez votre petite laine si vous venez l'été dans ce restaurant le long des remparts : ses salles à manger voûtées sont fraîches. Admirez au passage les vestiges des arches d'un ancien pont d'accès à la cité. Cuisine classique avec spécialités bourguignonnes.

Bénaton – *25 r. du Fg-Bretonnière - ☎ 03 80 22 00 26 - fermé 1er au 7 fév., 1er au 7 juil., 26 au 30 nov., jeu. sf le soir en sais. et mer. - 19,82/39,64€.* Un petit restaurant à l'écart du centre-ville. La salle à manger est agréable avec ses teintes claires et ses murs de pierres. Petite terrasse intérieure pour les beaux jours. La cuisine au goût du jour est simple et légère, d'un bon rapport qualité/prix.

HÉBERGEMENT

• À bon compte

Chambre d'hôte Le Meix des Hospices – *R. Basse (près de l'église) - 71150 Demigny - 10 km au S de Beaune par D 18 - ☎ 03 85 49 98 49 - ⊠ - 3 ch. : 34/49€.* Simple et tranquille, cette ancienne annexe des hospices de Beaune dispose de dépendances autour d'une cour carrée ouverte. Les chambres spacieuses, dont une sous les toits, sont sobres avec leur mobilier contemporain. Salle avec cheminée, sol en pierre et poutres.

• Valeur sûre

Hôtel du Parc – *21200 Levernois - 5 km au SE de Beaune par rte de Verdun-sur-le-Doubs, D 970 puis D 111L - ☎ 03 80 24 63 00 - fermé 30 nov. au 25 janv. - 🅿 - 25 ch. : 42,69/82,32€ - ⊑ 5,79€.* Recouvert de vigne vierge et fleuri en saison, cet hôtel est tout simple mais charmant. Une petite cour intérieure sépare les deux bâtiments. Les chambres sont sobres et claires. Sur l'arrière, un parc ouvert sur la campagne assure votre tranquillité nocturne.

• Une petite folie !

Hostellerie du Château de Bellecroix – *Rte de Chalon - 71150 Chagny - 18 km au SO de Beaune par N 74 puis N 6 - ☎ 03 85 87 13 86 - fermé 19 déc. au 13 fév. et jeu. midi - 🅿 - 20 ch. : 83,85/182,94€ -*

⊑ 11,89€ - restaurant 42/57€. Au fond d'un parc boisé, se dressent les deux tours de ce château du 18e s. Derrière lui, celles d'une ancienne commanderie des Chevaliers de Malte du 12e s. Chambres meublées à l'ancienne. Belles imitations de boiseries médiévales en staff dans la salle à manger.

SORTIES

Le Bistrot Bourguignon – *8 r. Monge - ☎ 03 80 22 23 24 - mar.-sam. 11h-15h, 18h-23h - fermé de mi-fév. à mi-mars.* Si l'on parvient à résister aux attraits de la terrasse, on ira se lover avec profit au fond de l'un des fauteuils mœlleux de cette vieille demeure pour goûter à d'excellents crus tout en écoutant quelques standards. Un bistrot au charme sans pareil.

Place Carnot – *Pl. Carnot.* Sur cette grande place entièrement rénovée, les terrasses ont la chance de rester ensoleillées toute la journée. Un lieu idéal pour prendre son petit déjeuner ou plus si affinités...

L'Hallebarde – *24 bis r. d'Alsace - ☎ 03 80 22 07 68 - mar.-sam. et w.-end fériés : 9h-2h - fermé vac. scol. fév.* Plus qu'une reconstitution hypothétique d'auberge médiévale, la décoration de ce bar est une variation réussie sur le thème du Moyen Âge tel qu'on l'imagine : riche en combats chevaleresques et banquets légendaires. Vous y dégusterez bières et vins dans une atmosphère « à la bonne franquette ».

Le Pickwick's – *2 r. Notre-Dame - ☎ 03 80 22 55 52 - tlj 11h-15h, 17h-2h.* Cheminée, boiseries, fauteuils en cuir et un hommage à Charles Dickens, le père de Charles Pickwick : ce pub, monté de toutes pièces par un Anglais, est une belle illustration du confort et de la nonchalance aristocratique *made in Britain*. Aux bières et aux whiskies traditionnels, le nouveau patron a ajouté des vins de tous les pays du monde. Une touche personnelle qui ne déplaira pas.

ACHATS

L'Athenaeum de la vigne et du vin – *7 r. de l'Hôtel-Dieu - ☎ 03 80 25 08 30 - tlj 10h-19h - fermé Noël et Nouvel an.* Cette librairie a acquis une réputation internationale par son catalogue quasi exhaustif d'ouvrages sur la Bourgogne, l'œnologie et la gastronomie. Vous y trouverez aussi nombre d'objets de cave : tire-bouchons, couteaux de sommelier, verres de dégustation... Un bel espace où il fait bon musarder.

Cave Patriarche Père & Fils – *7 r. du Collège - ☎ 03 80 24 53 78 - oct.-mars : tlj 10h-11h30, 14h-17h30 ; avr.-sept. : tlj 9h30-11h30, 14h-17h30 - fermé Noël et Nouvel an.* Les plus grandes caves de Bourgogne (15 000 m2), situées dans l'ancien couvent des Dames de la Visitation, datent des 14e et 16e s. Visite audioguidée et dégustation de treize vins.

La Cave des Cordeliers – *6 r. de l'Hôtel-Dieu - ☎ 03 80 24 53 79 - oct.-mars : tlj 10h30-12h, 14h-18h ; avr.-sept. : tlj 9h30-19h - fermé Noël et Nouvel an.* Édifié en 1242, le couvent des Cordeliers sert aujourd'hui de cave que l'on peut visiter avant de déguster six grands vins de Bourgogne. Dans la cour, on notera le bas-relief réalisé en 1580 et représentant l'Adoration des Mages.

Le Comptoir Viticole – *1 r. Samuel-Legay -* ☎ *03 80 22 15 73 - lun.-sam. 9h-12h, 14h-19h - fermé j. fériés.* Si vous avez la chance de posséder quelques arpents de vigne, ou si vous êtes tout simplement amateur de vin, cette boutique est faite pour vous intéresser. Vous y trouverez tout ce que l'ingéniosité humaine a pu inventer pour transformer les fruits de la vigne en or : machines à boucher, égouttoirs à bouteilles, tire-bouchons, jéroboams, balthazars...

Marché aux vins – *2 r. Nicolas-Rolin -* ☎ *03 80 25 08 20 - www.marcheauxvins.com - de mi-juin à mi-sept. : tlj 9h30-17h45 ; de mi-sept. à mi-juin : 9h30-12h, 14h-17h30 - fermé Noël et Nouvel an.* Situé face aux célèbres hospices, dans la plus ancienne église de Beaune (13e et 14e s.), ce célèbre marché aux vins propose 18 crus de 3 à 15 ans d'âge, à déguster lentement... Vous découvrirez également un caveau abritant de très vieux millésimes depuis 1911.

Vins de Bourgogne Denis-Perret – *40 r. Carnot -* ☎ *03 80 22 35 47 - mai.-oct. : lun.-sam. 9h-19h ; reste de l'année : lun.-sam. 9h-12h, 14h-19h, dim. 9h-12h.* Cinq négociants-propriétaires et quelques grands propriétaires se sont associés pour vous présenter les plus grands crus de Bourgogne : Romanée-Conti, Clos-Vougeot,

Montrachet, Chambertin... Un tel florilège pourrait laisser pantois si de jeunes œnologues n'étaient là pour vous aider dans votre choix et vous conseiller telle ou telle recette en accompagnement.

Palais des Gourmets – *14 pl. Carnot -* ☎ *03 80 22 13 39 - mai.-sept : tlj 7h-19h30 ; oct.-avr. : mar.-dim. 7h-19h30.* Cette pâtisserie-salon de thé vous proposera plusieurs spécialités locales comme les cassissines (pâte de fruit au cassis aromatisée à la liqueur de cassis), les roulés au cointreau et les médaillons en chocolat représentant l'Hôtel-Dieu.

Caves de La Reine Pédauque – *Porte St-Nicolas -* ☎ *03 80 22 23 11 - de fin nov. à mars. : tlj 10h-12h, 14h-17h ; avr.-nov : tlj 9h30-12h30, 14h-19h.* Après l'exploration des caves voûtées du 18e s., les visiteurs sont invités à une dégustation de vins autour d'une belle table ronde en marbre de Bourgogne. Un régal !

CALENDRIER

Les w.-ends de juil. a lieu aux hospices et dans la basilique Notre-Dame le désormais fameux Festival de musique baroque (oratorios, opéras, motets et récitals), initié en 1983 pour l'année Rameau et animé par de grands noms de ce répertoire.

Glorieuses - La vente a lieu le 3e dimanche de novembre, au cours de la deuxième journée des « Trois Glorieuses », après Vougeot et avant Meursault.

En remontant le bas-côté gauche, regarder dans la seconde chapelle les fresques du 15e s. représentant la Résurrection de Lazare, attribuées à l'artiste bourguignon Pierre Spicre, une pietà du 16e s., et, dans la troisième chapelle, deux retables du 15e s. Dans le bas-côté Sud au niveau de la première travée, chapelle Renaissance au beau plafond à caissons.

Tapisseries★★ – Le plus beau se cache peut-être derrière le maître-autel : une magnifique suite de tapisseries, dites « de la Vie de la Vierge », marquant le passage de l'art du Moyen Âge à la Renaissance.

Cinq panneaux aux riches couleurs, tissés en laine et soie, retracent l'histoire de la Vierge en une série de 19 tableaux. Ils furent commandés en 1474, puis exécutés d'après les cartons de Spicre, sur les indications du cardinal Rolin, et offerts à l'église en 1500 par le chanoine Hugues Le Coq.

Bâtiments monastiques – On peut y accéder par une porte romane ouvrant dans le transept ; une partie de l'ancien cloître, qui date du 13e s., et la salle capitulaire ont été restaurées.

Retourner vers l'hôtel-Dieu.

Près de Notre-Dame, à voir de préférence du parvis, la maison du Colombier, jolie demeure Renaissance (2 r. Fraysse).

Au n° 13 de la place Fleury, l'**hôtel de Saulx**, avec jolie tourelle et cour intérieure.

Au-delà des Hospices, on peut s'arrêter rue Rolin dans la maison des Vins pour une dégustation.

Poursuivant dans cette rue, gagner la petite place Carnot, puis la place Ziem, face à la chapelle St-Étienne ; par la rue de l'Enfant puis des Tonneliers on se rend place du Dr-Jorrot.

Au n° 10 de la **rue Rousseau-Deslandes**, on remarque une maison romane ornée au premier étage d'arcatures trèflées. *On peut rejoindre l'hôtel de ville par les rues Favart et Belin.*

EXCEPTIONNEL
Remarquez les effets de profondeur et de moirage dus à l'emploi de demi-teintes.

Un souvenir de votre séjour à Beaune.

BEAUNE

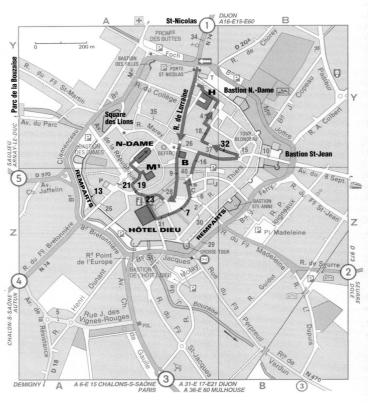

Hôtel de ville

Il occupe les bâtiments de l'ancien couvent des Ursu
lines (17ᵉ s.). Son aile droite abrite deux **musées** *(voi
plus loin).*

AUTOUR DES REMPARTS

Les remparts★

Assez bien conservés, ils forment autour de la vieille vill
un chemin de ronde presque ininterrompu de 2 km – mai
haché d'enclaves privées. Leur ceinture de moellons, rec
tangulaire, est festonnée de huit bastions (dont un es
double : **l'ancien château, dit bastion St-Jean**) de forme
variées, à bossages, et de quelques tours subsistantes.
On peut en effectuer le tour extérieur complet, à pie
ou en auto.

Visite – *Suivre les boulevards extérieurs, par l'Ouest, à partir du boulevard Joffre.* La tour Nord du château (ou **bastion St-Jean**), hérissée de gargouilles et creusée d'une niche abritant une statue de Vierge à l'Enfant, plonge dans le fossé planté de grands cerisiers. Après avoir dépassé la tour Blondeau en saillie sur le rempart, on arrive devant le **bastion Notre-Dame** au faîte garni de beaux arbres et dont une charmante échauguette coiffe l'éperon. Le rempart s'interrompt de part et d'autre de la porte St-Nicolas. On voit ensuite le bastion des Filles, dénaturé par la toiture qui le recouvre, avant de parvenir à l'ancien bastion St-Martin, arasé, dont la terrasse triangulaire et ombragée **(square des Lions)** domine un jardin. Suivent le bastion des Dames surmonté d'une belle maison et d'arbres, le **rempart des Dames,** promenade ornée d'une double file de grands platanes, et le bastion de l'Hôtel-Dieu au bas desquels court un ruisseau aboutissant à un ancien lavoir. On découvre alors la « Grosse Tour » (15e s.) du rempart Madeleine, puis le bastion Ste-Anne, livré à la végétation.

On termine devant la **tour Sud** du château, entourée ▶ d'arbres et que précède le fossé garni de haies et de bambous.

À BONNE DISTANCE
Prenez un peu de recul pour profiter du joli tableau qu'offre la tour Sud avec, à son sommet, une petite maison à pinacles noirs et, à l'arrière-plan, les toits vernissés d'autres bâtiments.

HORS LES MURS

Église St-Nicolas
Sortir par ① du plan, N 74. Église (13e s.) du quartier des vignerons possédant une tour romane avec une belle flèche de pierre. Un porche du 15e s., pourvu d'une charpente couverte de tuiles et supportée par des piliers de pierre de taille, abrite un portail du 12e s. Le tympan monolithe représente saint Nicolas sauvant trois jeunes filles que leur père voulait vendre.

Parc de la Bouzaise
Sortir par l'avenue du Parc (Fg St-Martin). C'est un agréable but de promenade, avec ses beaux ombrages et son lac artificiel aux sources de la rivière (canotage).

visiter

Hôtel-Dieu★★★
⚅ *De fin mars à mi-nov. : 9h-18h30 ; mars et de mi-nov. à fin déc. 9h-11h30, 14h-17h30. 5,03€. ☎ 03 80 24 45 00.*
Merveille de l'art burgondo-flamand, l'hôtel-Dieu de Beaune fut fondé en 1443 par le chancelier de Philippe le Bon, Nicolas Rolin. À l'intérieur de cet écrin médiéval, parvenu intact jusqu'à nous, a fonctionné jusqu'en 1971 un service hospitalier moderne. Il est aujourd'hui dévolu avec un immense succès à la visite touristique.

Façade extérieure – La vaste et haute toiture d'ardoise est le principal élément décoratif de cette sobre façade. Avec ses lucarnes, ses girouettes, ses fins pinacles et sa dentelle de plomb, elle est d'une parfaite élégance. Au centre, une flèche aiguë fuse vers le ciel.
Le porche d'entrée est surmonté d'un auvent d'une grande légèreté dont les trois pignons d'ardoise à pendentifs se terminent en pinacles ouvragés. Les girouettes portent différents blasons. Sur la porte aux beaux vantaux, remarquer le guichet de fer forgé aux pointes acérées et le heurtoir, magnifiques pièces ciselées datant du 15e s.

Cour d'honneur – Les bâtiments qui l'entourent forment un ensemble à la fois gai, intime et cossu, « plutost logis de prince qu'hospital de pauvres ». Les ailes de gauche et du fond ont une magnifique toiture de tuiles vernissées. Cette parure multicolore, ponctuée de tourelles, est perlée d'une double rangée de lucarnes et hérissée de girouettes armoriées et d'épis de plomb ouvragés. Une galerie à pans de bois, desservant le premier étage, repose sur de légères colonnettes de pierre formant cloître au rez-de-chaussée. Le bâtiment de droite, construit au 17e s.,

---

RICHES HOSPICES
Les Hospices de Beaune (ce terme englobe l'hôtel-Dieu, l'hospice de la Charité et le centre hospitalier) possèdent notamment un magnifique vignoble de 58 ha entre Aloxe-Corton et Meursault comptant des crus universellement réputés. C'est un titre de gloire que de figurer parmi les « vignerons des Hospices » (au nombre de 25).

sur des dépendances, ne dépare pas l'ensemble. Au revers de la façade, les pavillons qui encadrent la porte d'entrée datent du siècle dernier. Le vieux puits avec son armature de fer forgé et sa margelle de pierre complète ce qui est devenu un tableau classique.

Grand'salle ou chambre des pauvres★★★ – Cette immense salle de 72 m de long, 14 m de large et 16 m de haut, conserve une magnifique voûte en carène de navire renversée (comme à Tonnerre), polychrome, dont les longues poutres transversales sont « avalées » à chaque extrémité par une gueule de monstre marin. Le pavage est la reproduction du dallage primitif. Le mobilier est d'époque ou refait sur les modèles d'origine. L'ordonnance des ciels de lit, des courtines et de la literie, dans leur harmonie de tons blanc et rouge, est frappante. Au fond de la salle se dresse la statue plus grande que nature (1,76 m assis), en bois polychrome, d'un émouvant **Christ de pitié★** (15e s.).

Grand'Salle de l'hôtel-Dieu, lits à colonnes.

La cloison de style flamboyant séparant la grand'salle de la chapelle a été reconstituée au 19e s., ainsi que le grand vitrail. Le fameux retable de Roger Van der Weyden commandé pour cette chapelle par Nicolas Rolin est aujourd'hui exposé dans la salle du Polyptyque, prenait place au-dessus de l'autel.

Des vitrines présentent la collection d'art sacré Clermont-Tonnerre (objets et habits sacerdotaux).

Salle Ste-Anne – La lingerie, visible des fenêtres, était à l'origine une petite chambre réservée aux « hommes nobles ». Des mannequins, revêtus des robes que portèrent les Dames hospitalières jusqu'en 1961, mettent en scène l'activité des religieuses.

Salle St-Hugues – Cette salle de malades, désaffectée depuis 1982, a été partiellement réaménagée dans son décor du 17e s., les lits étant ceux en usage depuis la fin du 19e s. Les fresques sont d'Isaac Moillon et représentent saint Hugues, en évêque et en chartreux, ainsi que neuf miracles du Christ.

Salle St-Nicolas – Ancienne infirmerie des malades « en danger de mort » créée grâce à un don de Louis XIV, elle abrite une exposition permanente sur l'histoire de l'hôtel-Dieu, ainsi que sur les soins du corps et de l'âme qu'on y apportait.

Cuisine – *Commentaire et animation de type « son et lumière » toutes les 15 mn.* Un décor ancien a été reconstitué autour de la vaste cheminée gothique à double foyer, munie d'un tournebroche à automate datant de 1698.

Pharmacie – Dans la première salle, un beau garde-manger du 18e s. présente de la vaisselle d'étain ; dans la seconde, lambrissée, on peut voir une collection de faïences à décors verts du 18e s. et un grand mortier de bronze.

Salle St-Louis – Elle abrite des tapisseries de Tournai (début 16e s.) figurant la parabole de l'Enfant prodigue et une série tissée à Bruxelles (fin 16e s.), retraçant l'histoire de Jacob.

Un détail du polyptyque.

Salle du Polyptyque – Construite à cet effet, cette salle expose le célèbre tableau du **Jugement dernier**★★★ de Roger Van der Weyden. Ce chef-d'œuvre de l'art flamand réalisé entre 1445 et 1448 a été fort bien restauré au 19e s. (quoique scié dans l'épaisseur afin de pouvoir exposer ► les deux faces simultanément).

Dans le panneau central, le Christ préside au Jugement dernier ; il trône sur un arc-en-ciel au milieu de nuées d'or, évoquant le Paradis, au-dessus de saint Michel qui pèse sereinement les âmes. Autour des deux grandes figures, la Vierge et saint Jean Baptiste implorent la clémence du Seigneur. Derrière eux prennent place les apôtres et quelques personnages importants intercédant en faveur de l'humanité.

Sur le mur latéral droit, on voit le revers du retable. Les admirables portraits de Nicolas Rolin et de sa femme sont accompagnés de grisailles représentant saint Sébastien et saint Antoine, qui fut le premier patron de l'hôtel-Dieu, et la scène de l'Annonciation.

Sur le mur latéral gauche est exposée la belle tenture à mille fleurs du début du 15e s., racontant la légende de saint Éloi.

Face au Jugement dernier ont été placées les tapisseries ► à fond framboise de Guigone de Salins, semées de tourterelles. Au centre est représenté saint Antoine Ermite.

Musée du vin de Bourgogne★

9h30-18h (déc.-mars : tlj sf mar.). Fermé 1er janv. et 25 déc. 3,81€. ☎ 03 80 22 08 19.

Il est installé dans l'ancien hôtel des ducs de Bourgogne, des 15e et 16e s., où la pierre et le bois se complètent harmonieusement. La cour intérieure évoque un délicieux décor de théâtre. Remarquer à droite une maquette au 1/200 des remparts de Beaune. La Porterie, bâtiment du 15e s. situé à droite de la porte d'entrée, est intéressante. La cuverie (14e s.), à laquelle on accède par un vaste portail, abrite une impressionnante collection de pressoirs et de cuves.

Au 1er étage, une grande salle, décorée de deux tapisseries des ateliers d'Aubusson, l'une de Lurçat (*Le vin source de vie*) et l'autre de Michel Tourlière, est le siège de l'« Ambassade des Vins de France ».

L'histoire du vignoble bourguignon et de la culture de la vigne est retracée au rez-de-chaussée. On voit en outre une Vierge au raisin (N.-D. de Beaune), statue en pierre polychrome du 16e s.

Musée des Beaux-Arts

D'avr. à fin oct. et les 3 premiers w.-end de nov. : 14h-18h. 3,81€. ☎ 03 80 24 56 92.

Chaque année, par roulement le musée expose ses œuvres. Parmi celles-ci, un fonds important de peintures de **Félix Ziem** (1821-1911), né à Beaune.

Musée Étienne-Jules-Marey

D'avr. à fin oct. et les 3 premiers w.-end de nov. : 14h-18h. 3,81€. ☎ 03 80 24 56 92.

Ce musée, quelque peu figé dans son aménagement (surtout si l'on songe à la spécialité du savant), est consacré à cet autre enfant de Beaune. Le musée présente

Apprendre à goûter un vin.

EN DÉTAIL

Une grosse loupe mobile permet de mesurer l'extraordinaire minutie des détails et la poignante vérité d'expression de tous les personnages. Il fut un temps où le guide s'en chargeait avec une lampe de poche, et avec faconde.

FIDÉLITÉ JURÉE

Les tapisseries portent les armes des fondateurs, les initiales G et N entrelacées et la devise « Seulle », expression du fidèle attachement de Nicolas Rolin à son épouse.

L'ART CINÉTIQUE

Le physiologiste **Étienne-Jules Marey** (1830-1904), professeur au Collège de France, était passionné par le phénomène du mouvement. Par son invention de la « chronophotographie », il fut un précurseur du cinématographe des frères Lumière, auxquels il avait transmis ses travaux.

*Cavalier arabe vers 1886.
Chronophotographie
sur plaque fixe
de E. -J. Marey.*

quelques documents, ainsi que des appareils de son invention : un enregistreur de pouls, un tambour à fentes tournant autour d'oiseaux fixes en créant l'illusion d'un vol de mouettes, des « fusils photographiques »...

alentours

Le Vignoble de la Côte★★
Les itinéraires recommandés à « La Côte » sont également accessibles au départ de Beaune.

Montagne de Beaune
4 km au Nord-Ouest. De la table d'orientation située près du monument aux morts (à 600 m environ au Sud de la statue de N.-D. de-la-Libération), on découvre une **vue** étendue sur la ville aux jolis toits de tuiles brunes, sur le vignoble et, au Sud, sur les monts du Mâconnais.

Château de Savigny-lès-Beaune★
5 km au Nord-Ouest. 9h-12h, 14h-17h30 (avr.-sept. : 18h). Fermé 3 premières sem. de janv. 6,10€ (enf. : 2,29€). ☎ 03 80 21 55 03.
Dans ce village connu pour ses vins de qualité se dresse un imposant château du 14ᵉ s., construit par Jean de Frolois, maréchal de Bourgogne, qui accueille désormais de surprenantes collections. À l'entrée le « petit château » (17ᵉ s.), remarquable par son appareillage en calcaire grossier, a été aménagé pour recevoir un espace de dégustation-vente de vins ainsi qu'une exposition... de **voitures Abarth** de compétition (courses de côte et d'endurance). Le château a été remanié par la famille Bouhier au 17ᵉ s. : les ouvertures ont été multipliées. L'intérieur a été récemment restauré et agencé pour les séminaires et les réceptions. Le deuxième étage est réservé à la **moto**★. Réunissant plus de 500 modèles de tous les pays, des marques les plus prestigieuses aux plus éphémères, cet ensemble présente les évolutions mécanique et esthétique de la motocyclette depuis le début du siècle ; parmi les marques historiques, on peut citer Norton, Honda, Blériot, Vélocette, Agusta, Peugeot, BSA, NSU, Horex...

*Archéodrome
de Bourgogne.
La ferme gauloise
reconstituée.*

Archéodrome de Bourgogne★

Accès par l'autoroute A 6 : aires de stationnement de Beaune-Tailly dans le sens Paris-Lyon et de Beaune-Merceuil dans le sens inverse. Accès par la route : 7 km au Sud de Beaune par la D 18 et la D 23.

Situé en bordure de l'autoroute A6, l'Archéodrome de Bourgogne offre un panorama à la fois ludique et scientifique de l'histoire de cette région, de l'époque paléolithique à l'an mille.

Visite – &. *Juil.-août : 10h-19h ; sept.-oct. : 10h-17h, w.-end 10h-18h ; fév.-juin : 10h-17h. Fermé nov.-janv. 5,94€ (enf. : 4,26€).* ☎ 03 80 26 87 00.

De nombreux moyens audiovisuels originaux concourent à l'immersion du visiteur dans le passé : tandis que le Chronoscope familiarise avec les grandes périodes de l'histoire de l'humanité, l'Espace Bourgogne fait apprécier la richesse culturelle de la région.

Le vaste espace d'exposition convie à une promenade parmi de spectaculaires vestiges de la Préhistoire, de la Protohistoire ou de l'Antiquité, assemblés en un singulier chantier de fouilles protéiformes : habitat paléolithique d'Arcy-sur-Cure, sépulture néolithique de la Dame de Passy (Yonne), tombe d'un notable du premier âge du fer évoquant le tumulus de Lantilly, sépulture de Vix recelant le fameux cratère de bronze, etc., sont soigneusement reconstitués, souvent en taille réelle.

Un judicieux aménagement met en perspective la maquette des fortifications érigées à Alésia, inspirée des derniers développements de la recherche et, sur le parcours extérieur, une reconstitution grandeur nature des mêmes défenses réalisée d'après les fouilles du 19ᵉ s. et les descriptions de Jules César.

> **CRÉDIBLE**
> Les passerelles de circulation, les maillages-repères, l'outillage de fouille éparpillé ou les objets incomplètement dégagés de leur gangue donnent au visiteur l'illusion d'assister en direct à une découverte capitale de l'archéologie.

> **À DEMI-COUCHÉ**
> Sur place, possibilité de restauration « à la manière des Romains du siècle de Tibère ».

Mont **Beuvray**★★

Occupé dès l'époque néolithique, le site fut choisi au 2ᵉ s. avant J.-C. par la puissante tribu gauloise des Éduens pour y fonder leur capitale. Mis en valeur par les fouilles, un vaste musée et des reconstitutions récentes, cet endroit propice à la rêverie comme au pique-nique est l'un des plus fréquentés du Morvan.

La situation

Cartes Michelin nᵒˢ 69 plis 6, 7 ou 238 pli 36 – Saône-et-Loire (71) – 8 km à l'Ouest de St-Léger-sous-Beuvray. De Château-Chinon, accès par la D 27 et d'Autun par la N 81 puis la D 61 à Fontaine-la-Mère. Le mont Beuvray a la forme d'un plateau qui se détache du massif du Haut Morvan. *La D 274 gravit le mont à sens unique puis s'embranche sur la D 3 de l'autre côté de la plate-forme.* Quelques belles échappées sont offertes par les parties déboisées.

Le nom

Phonétiquement le lien entre *Beuvray* et *Bibracte* est assez clair, ce dernier terme ayant été forgé par César à partir semble-t-il d'un mot d'origine indo-européenne signifiant « forteresse », précédé du préfixe « bi » marquant un redoublement. Bibracte était donc « deux fois fortifiée » (Paul Lebel), en fait défendue par une double ligne de fortifications – de type *murus gallicus*, en bois et terre habillés d'un parement de pierre.

comprendre

Un site historique national – Sur les 200 hectares enclos de ce vaste oppidum, une quarantaine étaient bâtis. Les maisons d'habitation, faites de murs en terre étayés par des poteaux de bois, abritaient peut-être 10 000 personnes. En cas de danger, la population agricole des environs pouvait trouver refuge derrière les remparts.

> **EXPOSITIONS**
> Chaque année, des expositions temporaires sont consacrées à un domaine précis de la recherche.

> **LA PIERRE DE LA WIVRE**
> Selon la tradition, c'est du haut de ce rocher marquant l'origine volcanique du mont Beuvray, à l'Ouest de la Porte du Rebout, que Vercingétorix aurait harangué ses troupes après avoir été proclamé chef de la coalition contre César.

Panorama du mont Beuvray.

Placé à un carrefour de voies de communication, Bibracte fut non seulement un centre politique, religieux et d'artisanat, mais aussi un important marché où s'échangeaient des biens de toute l'Europe celtique et méditerranéenne. Au début de l'ère chrétienne, sous le règne d'Auguste, la cité fut délaissée au profit de la ville nouvelle d'*Augustodunum* (Autun) à 25 km. La tradition commerçante s'est cependant perpétuée jusqu'au 16ᵉ s. par des foires animant régulièrement le mont Beuvray.

découvrir

Centre archéologique européen★
Le centre comprend le **Centre de recherche** *(à Glux-en-Glenne, 5 km au Nord par la D 300)* dont le service de documentation est accessible à tous en semaine, et le **musée de la Civilisation celtique★**, aménagé au pied de l'oppidum. ♿ *De mi-mars à mi-nov. : 10h-18h (de juil. à déb. sept. : tlj 10h-19h). 5,34€ (-12 ans : gratuit).* ☎ *03 85 86 52 39.*
Ouvert au public depuis l'été 1995, le musée présente au rez-de-chaussée le mobilier recueilli au cours des fouilles : amphores, vaisselle de bronze, outils, armes, bijoux, sculptures... Au premier étage, la civilisation

Bibracte – Dumnorix, chef éduen, 1ᵉʳ s. avant J.-C.

LA GUERRE DES GAULES
En 52 avant J.-C., c'est dans l'enceinte de Bibracte que **Vercingétorix**, roi des Arvernes, est désigné par les tribus gauloises pour prendre la tête des troupes coalisées contre les Romains. Les Éduens, alliés de Rome, avaient cinq ans auparavant demandé l'aide de **César** pour se défendre des Helvètes qui commençaient à envahir la région. L'habile proconsul entama alors la conquête des Gaules dans l'optique d'égaler le prestige militaire de Pompée puis d'obtenir les pleins pouvoirs à Rome. Le renversement d'alliance opéré par les Éduens lors de sa défaite à Gergovie, la capitale des Arvernes (proche du Clermont-Ferrand actuel), n'aura freiné qu'un temps sa marche en avant. Les armées confédérées des Gaulois parties de Bibracte pour défendre Vercingétorix assiégé à Alésia, autre ville éduenne, sont défaites et leur chef fait prisonnier *(voir Alise-Ste-Reine)*. L'hiver suivant, une fois l'insurrection réprimée, le vainqueur Jules César commence à Bibracte la rédaction de ses *Commentaires sur la guerre des Gaules*, dans lesquels l'usage de la troisième personne et un ton détaché masquent sous le couvert d'une chronique d'historien une immense ambition. Un grand pas aura été pour lui franchi, juste avant le Rubicon, entre Bibracte et Rome.
Les premières fouilles scientifiques de l'oppidum ont été effectuées à la fin du 19ᵉ s. par Jacques-Gabriel Bulliot et se sont poursuivies sous la conduite de son neveu Joseph Déchelette, l'un des fondateurs de l'archéologie protohistorique. Interrompues en 1907, elles ne reprirent qu'à partir de 1984, cette fois avec le concours de chercheurs originaires d'une dizaine de pays européens, tous concernés par la civilisation celtique.

celtique est évoquée dans son ensemble à partir du matériel prélevé sur d'autres sites importants : Alésia, Argentomagus, La Tène (Suisse), Manching (Allemagne), le Titelberg (Luxembourg), etc.

Toutes sortes de supports pédagogiques sont utilisées pour montrer la réalité quotidienne de la société éduenne et pour expliquer l'univers des Celtes : plans, photos prises en cours de fouilles, dessins interprétatifs, vidéos, bornes interactives, diaporamas, maquettes et moulages réalisés au fur et à mesure des découvertes. Des regroupements thématiques (économie, religion, traditions funéraires, guerre des Gaules...) permettent de suivre l'évolution et de constater l'unité culturelle du monde celtique.

Oppidum de Bibracte

 ♿ *Ouv. tous les ap.-midi en visite libre, juil.-août : visite guidée (1h) à 14h, 15h, 16h (selon météo). 7,62€ site et musée (enf. : gratuit). ☎ 03 85 86 52 39.*

La visite du site (135 ha) permet la découverte des différentes composantes de la cité gauloise, notamment le quartier artisanal du Champlain (il vous faudra tout de même au moins autant d'imagination qu'à Goscinny-Uderzo pour redresser les murs des maisons, la ville n'ayant pas été « irréductible »). La voirie antique est progressivement réhabilitée. Les vestiges en place les plus intéressants (Fontaine St-Pierre, Pâture du couvent) sont protégés par des abris ; un élément de rempart et l'une des quatre portes d'accès monumentales, la **Porte du Rebout**, ont été partiellement reconstitués.

> **PANORAMA**
>
> De l'esplanade de la Chaume *(table d'orientation)* encadrée de hêtres aux troncs tordus et moussus (les « queules »), on découvre un magnifique **panorama**★★ sur Autun, le signal d'Uchon et Mont-St-Vincent ; par beau temps, on distingue le Jura et même le Mont Blanc.

Bourbon-Lancy★

Bâtie sur une colline d'où l'on découvre largement la vallée de la Loire et les plaines du Bourbonnais, Bourbon-Lancy a une double personnalité : ville au cachet ancien et station thermale de réputation confirmée.

La situation

Cartes Michelin n°s 69 pli 16 ou 238 pli 47 – Saône-et-Loire (71). En aval de Digoin, par la D 979.
🛈 *Pl. d'Aligre, 71140 Bourbon-Lancy, ☎ 03 85 89 18 27.*

Le nom

Issu du patronyme du fondateur du prieuré, Ancel de Bourbon, autrement dit Bourbon d'Ancy. À moins qu'il ne s'agisse du dieu gaulois des sources, *Borvo.*

Les gens

5 634 Bourbonniens. Le personnage important de la cité fut sans conteste le ministre radical **Ferdinand Sarrien**, président du Conseil en 1906 avant que Clemenceau lui succède. Il relança la station, sauva l'église St-Nazaire de la destruction et légua à la commune une grande collection de porcelaines de Sèvres. Sa maison, un château du 18e s., se trouve av. du Général-de-Gaulle.

se *promener*

LA VIEILLE VILLE

Maison de bois et tour de l'Horloge★

Au n° 3 de la rue de l'Horloge, une maison de bois du 16e s., à colombages, est ornée d'une colonne cornière, de fenêtres en accolade, de médaillons vernissés et d'une statue ancienne.

Un zouave claironnant sert d'enseigne dans la vieille ville.

À côté, l'ancien beffroi, élevé sur une porte fortifiée – actuelle tour de l'Horloge, abrite le beudin (l'idiot du village) qui sonne les heures et tire la langue.

Musée de l'Uniforme militaire

De Pâques à déb. nov. : tlj sf lun. 14h-18h (juin-août : tlj sf lun. 10h-12h, 14h-18h30). 3,05€. ☎ 03 85 89 18 27.

De nombreux mannequins affichent les tenues de l'armée française du Second Empire à la IIIe République, comme à la parade. Tableaux du peintre militaire Merlette et musique d'ambiance à l'orgue de barbarie.

Bourbon-Expo

&. *Juil.-août : tlj sf dim. 9h-12h, 14h-19h, sam. 9h-12h, 15h30-19h ; sept.-juin : mar. 9h-11h30 et sam. 9h-12h, 14h-18h. Gratuit. ☎ 03 85 89 23 23.*

Ce musée présente dans un grand hall une rétrospective des machines agricoles produites par l'usine Puzenat (1902-1956), qui révolutionnèrent les travaux agraires au début du 20e s. : herses en Z, moissonneuses, batteuses, râteaux faneurs... avant que ne s'y montent des moteurs de voiture.

Église St-Nazaire et musée

&. *Juil.-août : 15h30-18h30 ; sept.-juin : sur demande préalable. Gratuit. ☎ 03 85 89 23 23.*

Cette ancienne église du 11e s., à plafond lambrissé et plan basilical augmenté d'un transept, dépendait du prieuré clunisien fondé par Ancel de Bourbon. Elle abrite depuis 1901 un musée qui expose des antiquités locales (admirez les Vénus gallo-romaines découvertes en 1984), des fragments lapidaires provenant d'églises environnantes, ainsi que des peintures et sculptures du 19e s. (*L'Abolition de l'esclavage par Victor Schœlcher* de Barrias).

LE QUARTIER THERMAL

Hospice d'Aligre

Dans la chapelle, on peut voir une jolie chaire sculptée offerte en 1687 par Louis XIV à Mme Élisabeth d'Aligre, abbesse de St-Cyr.

À gauche de la chapelle, sur le palier du grand escalier, statue en argent de sa descendante la marquise d'Aligre (1776-1843), bienfaitrice de l'hospice.

La station thermale

Au pied de la colline fortifiée, dans la cour des bains, les sources jaillissent à une température allant de 46 à 58°, débitant plus de 400 000 l par jour. Employées dès l'Antiquité, elles soignent les affections rhumatismales (arthrose) et circulatoires.

alentours

Signal de Mont★

7 km au Nord-Est par la D 60, plus 1/4 h à pied AR. Du belvédère (alt. 469 m), **panorama**★ sur le val de Loire, les monts du Morvan, le signal d'Uchon, le Charolais, la Montagne bourbonnaise, les monts d'Auvergne par temps clair.

Bourg-en-Bresse★★

De cette plantureuse région d'élevage de la Bresse, Bourg est la capitale historique, dont la production de volaille blanche assure le renom des marchés de la place. Les jours de foire aux bestiaux ou de marché, la cité, envahie par la foule paysanne, est très animée. La ville est aussi le grand centre de fabrication des meubles « rustique bressan » exécutés en bois d'arbres fruitiers – loupe de noyer, merisier, cerisier, poirier – outre le frêne. Vivante, on peut dire que Bourg l'est. Ce sont pourtant des tombeaux qui font l'essentiel de sa renommée : une œuvre flamboyante où se grave une belle histoire.

La situation

Cartes Michelin nos 74 pli 3 ou 244 pli 4 – Ain (01). À 36 km de Mâcon par la N 79. Autoroute A 40 et A 39.
🚇 *6 av. Alsace-Lorraine, 01005 Bourg-en-Bresse,* ☎ *04 74 22 49 40.*

Le nom

Prononcer Bourk : terme d'origine germanique ayant signifié « château fort » avant de désigner « un gros village ». Au 10e s. en effet, Bourg n'est encore qu'un village qui groupe ses chaumières autour d'une forteresse.

CONCOURS

Une fois l'an (3e vendredi et samedi de décembre) a lieu, au parc des expositions, le concours de volailles mortes dont un bain de lait a nacré les chairs. Cet étonnant spectacle suscite l'admiration gourmande.

carnet pratique

RESTAURATION

• À bon compte

Le Chalet de Brou – 168 bd de Brou - ☎ 04 74 22 26 28 - fermé 1er au 15 juin, 23 déc. au 23 janv., lun. soir, jeu. soir et ven. - 12,96/32,01€. Un petit restaurant à la gentille ambiance familiale face à la célèbre église de Brou. Salle à manger très classique avec boiseries et tapisseries. Cuisine régionale à prix raisonnables.

• Valeur sûre

Le Français – 7 av. Alsace-Lorraine - ☎ 04 74 22 55 14 - fermé 6 au 28 août, 24 déc. au 2 janv., sam. soir et dim. - 20,58/44,97€. Cette authentique brasserie 1900 en plein centre-ville est très sympathique avec ses hauts plafonds moulés et ses grands miroirs. La carte suit la tradition de ce style de restaurant et son banc d'écailler fera le bonheur des amateurs de fruits de mer.

HÉBERGEMENT

• À bon compte

Chambre d'hôte Les Vignes – 01310 Montcet - 12 km à l'O de Bourg-en-Bresse par D 936 puis D 45 - ☎ 04 74 24 23 13 - jean-louis.gayet2@libertysurf.fr - ▱ - 4 ch.: 40/50€ - repas 18€. Cette maison bressane de brique et de bois est en pleine campagne. Son grand jardin fleuri est très agréable avec son labyrinthe d'herbes et sa piscine. Les chambres sont chaleureuses avec leurs murs lambrissés de bois. Terrasse ou véranda pour les petits-déjeuners.

• Valeur sûre

Logis de Brou – 132 bd de Brou - ☎ 04 74 22 11 55 - fermé 23 déc. au 6 janv. - 🅿 - 30 ch.: 45,73/60,98€ - ⌷ 6,86€. Dans le quartier de l'église de Brou, c'est un hôtel traditionnel agréable. Les chambres sont confortables et très bien entretenues avec un mobilier varié, moderne, rustique ou bambou. Jardin fleuri.

SORTIES

Bière en Brousse – 1 bis r. Teynière - ☎ 04 74 45 20 70 - lun.-mer. 11h-1h, jeu.-ven. 11h-3h, sam. 17h-3h ; juil.-août : lun.-mer. 17h-1h, jeu.-sam. 17h-3h - fermé 2 sem. août. Ne vous fiez pas aux apparences quelconques de ce bar : il recèle quelques singularités qui n'échappent pas aux connaisseurs. La carte offre en effet un choix considérable de bières rares (dont une bourgogne des Flandres en pression). En plus, l'ambiance musicale est de qualité, ce qui n'est pas courant...

The Albion Public House – 37 r. Bourgmayer - ☎ 04 74 22 19 10 - tlj 17h-1h. Un vieux parquet qui craque sous les pas, un comptoir à perte de vue et quelques petits riens font de ce pub en bois un lieu très apprécié des 25-30 ans. Derrière l'établissement, dans une large cour arborée et éclairée, le stand de barbecue ne désemplit jamais.

Pub-Billard – 19bis r. du 4-Septembre - ☎ 04 74 23 91 63 - mar.-jeu. 12h-1h, ven., sam. 12h-3h, dim. 15h-23h - fermé de fin juil. à fin août. Onze billards et un PC connecté au web sont à votre disposition, de nuit comme de jour. L'animation de ce pub culmine surtout les soirs de concerts (jazz, rock ou blues le vendredi), mais l'accueil est toujours chaleureux, dispensé par un patron qui connaît presque tous ses clients.

ACHATS

Émaux Bressans Jeanvoine – 1 r. Thomas-Riboud - ☎ 04 74 22 05 25 - mar.-sam. 9h-12h, 14h-19h - fermé j. fériés. Créés par un émailleur parisien installé à Bourg-en-Bresse, les émaux Bressans sont aujourd'hui réalisés artisanalement par la maison Jeanvoine. Les nombreuses couches d'émail sont agrémentées de motifs en or, agencés selon une tradition qui remonte à 1850.

Les gens

Agglomération : 57 198 Burgiens ; des Bressans plus vraiment Bourguignons mais pas encore Savoyards. **Edgar Quinet** est né à Bourg en 1803 : historien et homme politique, il fut un proche de Michelet. Démocrate et anticlérical, il fut l'un des premiers à investir les Tuileries en 1848. Comme Hugo (qui prononcera un discours mémorable à ses funérailles, en 1875), il dut s'exiler après le coup d'État de « Napoléon le Petit ».

comprendre

DES TRAITÉS ET UN VŒU

D'un seigneur à l'autre – La lignée des seigneurs du pays s'éteint au 13e s. L'héritage revient aux puissants voisins, les ducs de Savoie, qui forment la province de Bresse. Bourg en deviendra plus tard la capitale.

En 1536, lors de la 8e guerre d'Italie, le duc refuse la traversée de ses domaines à François Ier qui veut envahir le Milanais. Le roi passe outre et, pour mieux assurer ses communications, met la main sur la Bresse, la Savoie, le Piémont. Le traité de Cateau-Cambrésis met un terme à la 11e guerre (1559) obligeant Henri II à restituer ces conquêtes au duc Emmanuel-Philibert. En 1600, au cours de la guerre franco-savoyarde, Bourg résiste à Henri IV mais celui-ci finit par envahir le duché.

D'une dame à l'autre – En 1480, Philippe, comte de Bresse, plus tard duc de Savoie, a un accident de chasse. Sa femme, Marguerite de Bourbon, la grand-mère de François Ier, fait vœu, s'il guérit, de transformer en monastère l'humble prieuré de Brou. Le comte rétabli, Marguerite meurt sans avoir pu accomplir sa promesse. Elle en laisse le soin à son mari et à leur fils Philibert le Beau. Mais, passé le péril, on oublie la promesse...

Vingt années s'écoulent. Philibert, qui a épousé **Marguerite d'Autriche** en 1501, meurt inopinément. Sa veuve y voit un châtiment céleste. Pour que l'âme de son mari repose en paix, elle va se hâter de réaliser le vœu de Marguerite de Bourbon, d'autant plus volontiers que cela doit lui permettre d'affirmer sa propre souveraineté et de rivaliser en prestige avec sa belle-sœur Louise de Savoie, bientôt régente de France. Les travaux commencent à Brou, en 1506, par les bâtiments du monastère. L'église du prieuré est ensuite abattue pour faire ◄ place à un édifice qui servira d'écrin aux trois tombeaux où reposeront Philibert, sa femme et sa mère.

Marguerite meurt deux ans avant la consécration, sans avoir jamais vu son église autrement que sur plans.

TROC

Le traité de Lyon, signé en 1601, contraint le duc de Savoie à échanger la Bresse, le Bugey, le Valmorey et le pays de Gex contre le marquisat de Saluces, dernier vestige des possessions françaises en Italie. Bourg entre alors dans l'histoire de France.

Record

Marguerite, qui réside en Flandre, en confie la conception à Jean Perréal et le chantier à un maître maçon flamand, **Van Boghem**, qui sera à la fois architecte et entrepreneur général. Réalisateur remarquable, il réussit à élever le fastueux monument dans le temps record de 19 ans (1513-1532).

L'INFORTUNÉE PRINCESSE

Sur le dais du tombeau de Marguerite d'Autriche est gravée sa **devise** : « Fortune infortune fort une », que l'on peut développer en « Fortune (le destin) infortune (accable, persécute) fort (durement) une (une femme) ». Rappelons brièvement cette douloureuse destinée.

Fille de l'empereur Maximilien et petite-fille de Charles le Téméraire, elle a perdu sa mère (Marie de Bourgogne) à l'âge de 2 ans. L'année suivante, elle est élevée à la cour de Louis XI et on l'unit, par la cérémonie religieuse du mariage, au dauphin Charles, encore enfant. La Franche-Comté constitue la dot de la fillette. Le mariage blanc annulé Marguerite épouse, à 17 ans, l'infant d'Espagne. Elle perd son mari après quelques mois d'union, met au monde un enfant mort-né. Quatre ans plus tard, son père Maximilien lui fait épouser en troisièmes noces Philibert de Savoie, jeune homme de son âge, volage et futile mais qui respecte sa femme « intelligente pour deux » et la laisse pratiquement gouverner à sa place. Après trois années passées auprès de son « beau duc » le destin porte un nouveau coup à Marguerite : Philibert est emporté par un refroidissement pris à la chasse. Veuve pour la seconde fois, à 24 ans, elle reste fidèle à la mémoire de Philibert jusqu'à son dernier soupir.

BOURG-EN-BRESSE

Plus chanceuse que sa fondatrice, l'église de Brou traverse les guerres de Religion et la Révolution sans dommages irréparables. Le couvent est successivement transformé en étable à porcs, en prison, en caserne, en refuge pour mendiants, en asile de fous. Il devient séminaire en 1823 et abrite aujourd'hui le musée.

Depuis quatre siècles, Brou est d'abord un symbole de l'amour conjugal.

se promener

Maisons anciennes

Deux d'entre elles, de la fin du 15e s. et à colombages, attirent le regard : la **maison Hugon** (à l'angle de la rue Gambetta et de la rue V.-Basch) et la **maison Gorrevod** (dans la rue du Palais). On remarque également, à l'angle de l'hôtel de ville, l'**hôtel de Bohan**, à la belle façade de pierre du 17e s., et rue Teynière l'**hôtel de Marron de Meillonnas** du 18e s., qui abrite la Trésorerie générale (belles ferronneries des balcons). Rue J.-Migonney, une rangée de maisons médiévales à pans de bois en encorbellement jouxte la **porte des Jacobins** datant de 1437.

Église Notre-Dame

Commencée en 1505, cette collégiale n'a été terminée qu'au 17e s. Extérieurement, elle présente une abside et une nef flamboyantes. Un triple portail Renaissance orne la façade. Le portail central est surmonté d'une Vierge à l'Enfant, copie d'une œuvre de Coysevox (17e s.). Le haut clocher a été élevé sous Louis XIV, mais le dôme et le lanternon ont été reconstruits au début du siècle.

> **RENDEZ-VOUS**
> Il faut une certaine ponctualité ou beaucoup de chance pour écouter le carillon qui joue à 7h50, 11h50 et 18h50.

◀

Intérieur – Il est orné d'un mobilier et d'œuvres d'art dignes d'attention : dans l'abside, belles **stalles★** sculptées du 16ᵉ s. Le maître-autel, l'aigle-lutrin, la chaire et le buffet d'orgues, tous en bois sculpté, sont du 18ᵉ s. ; le luxueux autel de la chapelle à gauche du chœur est du 19ᵉ s. La chapelle St-Crépin (3ᵉ du bas-côté gauche) abrite une verrière de la Crucifixion, des statues polychromes et un diptyque représentant la Cène, exécutés au 16ᵉ s. Les nombreuses verrières, du milieu du 20ᵉ s., décorant les bas-côtés sont dues celles de gauche à Le Chevallier, celles de droite à Auclair.

visiter

BROU★★★
Sud-Est du plan. Autrefois petite agglomération née autour du prieuré bénédictin établi au voisinage de Bourg, c'est maintenant un quartier englobé par l'extension urbaine.

Église★★
Désaffectée. Avr.-sept. : 9h-12h30, 14h-18h30 (de mi-juin à mi-sept. : 9h-18h30) ; oct.-mars : 9h-12h, 14h-17h. Fermé 1ᵉʳ janv., 1ᵉʳ mai, 1ᵉʳ et 11 nov., 25 déc. 5,49€ (billet combiné incluant la visite du musée et du cloître). Visite guidée possible.
☎ *04 74 22 83 83.*

Ce monument, où le gothique flamboyant est pénétré par l'art de la Renaissance, est contemporain du château de Chenonceau.

En avant de la façade, on verra, à plat sur le sol, un cadran solaire géant, recalculé en 1757 par l'astronome Lalande, enfant de Bourg.

Extérieur – La façade principale, au pignon trilobé, est très richement sculptée dans sa partie centrale. Le tympan du beau **portail★** Renaissance représente, aux pieds du Christ aux liens, Philibert le Beau, Marguerite d'Autriche et leurs saints patrons. Au trumeau saint Nicolas de Tolentino, à qui l'église est dédiée (la fête de ce saint tombait le jour de la mort de Philibert) ; dans les ébrasements, saint Pierre et saint Paul. Surmontant l'accolade du portail, saint André.

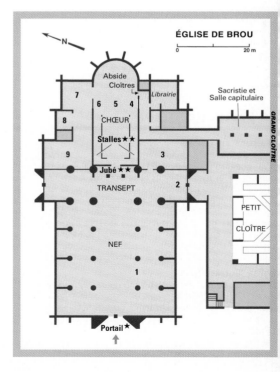

ÉGLISE DE BROU

Toute une flore sculptée, gothique flamboyant (feuilles et fruits) ou d'inspiration Renaissance (laurier, vigne, acanthe), se mêle à une décoration symbolique où les palmes sont entrelacées de marguerites.

Les façades du transept, plus simples, offrent un pignon triangulaire à pinacles. La tour, carrée, élève ses cinq étages sur le flanc droit de l'abside.

Nef – En entrant dans l'église on apprécie la clarté blonde qui baigne la nef et ses doubles bas-côtés. La lumière des fenêtres hautes illumine l'enduit des murs sur lequel a été dessiné un faux appareillage. Les piliers composés d'un faisceau serré de colonnettes montent d'un seul jet à la voûte où ils s'épanouissent en nervures multiples aux clefs ouvragées. La balustrade qui court au-dessous des fenêtres de la nef est finement sculptée. L'ensemble architectural a beaucoup de noblesse. Dans la 2ᵉ travée de la nef, à droite, une cuve baptismale (**1**) en marbre noir du 16ᵉ s. porte la devise de Marguerite. Le bras droit du transept a un remarquable vitrail (**2**) du 16ᵉ s. représentant Suzanne accusée par les vieillards (en haut) et disculpée par Daniel (en bas).

La nef et le transept, accessibles aux fidèles, étaient séparés du chœur, domaine propre des religieux et sanctuaire des tombeaux, par le jubé. À sa droite s'ouvre la chapelle de Montécuto (**3**) qui présente des maquettes expliquant les procédés de construction employés à Brou.

Jubé★★ – Étonnante richesse décorative d'arcs en anse de panier, surmontées de sept statues religieuses.

Chœur – C'est la partie capitale de l'église. Marguerite a tout mis en œuvre pour obtenir la perfection dans la magnificence. Prise d'ensemble, l'ornementation sculptée de Brou frise l'excès ; mais le moindre détail est traité avec maîtrise. L'enchantement est d'autant plus vif que l'examen est minutieux.

Les stalles★★ – Elles bordent les deux premières travées de chœur. Au nombre de soixante-quatorze, elles ont été taillées dans le chêne en deux ans seulement, de 1530 à 1532.

Le maître Pierre Berchod, dit Terrasson, dut mobiliser tous les menuisiers sculpteurs d'une région où le travail du bois a toujours été à l'honneur. Leur dessin est attribué à Jean de Bruxelles. Les sièges, les dossiers, les dais présentent un luxe de détails ornementaux et de statuettes qui comptent parmi les chefs-d'œuvre du genre.

Les stalles du côté gauche offrent des scènes du Nouveau Testament et des personnages satiriques. Celles du côté droit se rapportent à des personnages et à des scènes de l'Ancien Testament.

Les tombeaux★★★ – De nombreux artistes ont collaboré à ces trois monuments, point culminant de l'épanouissement de la sculpture flamande en Bourgogne. Les plans ont été tracés par Jean de Bruxelles qui a fourni aux sculpteurs des dessins « aussi grands que le vif ». L'ornementation et la petite statuaire, très admirées des visiteurs, sont dues, pour la plus grande part, à un atelier flamand installé à Brou auquel collaboraient également des artistes français (Michel Colombe), des Allemands et des Italiens. Les statues des trois personnages princiers ont été exécutées entre 1526 et 1531 par Conrad Meyt, artiste allemand installé à Malines au service de Marguerite dès 1512.

Philibert et les deux Marguerite sont représentés, chacun dans leur tombeau, étendus sur une dalle de marbre noir, la tête sur un coussin brodé. Suivant la tradition, un chien, emblème de la fidélité, est couché aux pieds des deux princesses ; un lion, symbole de la force, aux pieds du prince. Des angelots entourent les statues, symbolisant l'entrée des défunts au ciel.

B

HÉRALDIQUE

D'autres emblèmes de Brou : les initiales de Philibert et de Marguerite unies par des lacs d'amour (cordelière festonnant entre les deux lettres) alternent avec les bâtons croisés, armes de la Bourgogne.

UNE BRILLANTE RESTAURATION

Depuis 1996 la toiture de l'église de Brou (profondément modifiée lors de travaux réalisés en 1759 par les moines augustins) a bénéficié d'une ambitieuse campagne de restauration, pour lui redonner son aspect originel : les charpentes à la Mansart sont remplacées par un comble à la française, beaucoup plus pentu. La couverture retrouve sa polychromie d'antan grâce à l'utilisation de tuiles plates vernissées et colorées ; le motif losangé est aux couleurs dominantes de la région (brun foncé, pain d'épice, jaune et vert).

DE MARBRE

Les effigies du prince et des princesses sont taillées dans le marbre de Carrare. Les gros blocs, venant d'Italie, ont été transportés par mer, puis par la voie du Rhône. Ils ont ensuite voyagé sur des chars traînés par neuf chevaux, à l'allure de 5 à 6 km par jour.

Le tombeau de **Marguerite de Bourbon** (**4**) occupe une niche creusée en enfeu, dans le mur droit du chœur. Le sarcophage est recouvert d'une dalle de marbre noir sur laquelle est couchée la statue de la duchesse, mains jointes ; à ses pieds, une levrette symbolise la fidélité.

Les deux autres tombeaux, formés chacun de deux dalles superposées, ont la particularité d'offrir du même personnage une double représentation, vif et mort.

Celui de **Philibert** (**5**) est placé au centre. La dépouille figurée du duc presque nu, sur la dalle du dessous, est particulièrement émouvante.

Celui de **Marguerite d'Autriche** (**6**), sur la gauche du chœur, avec son énorme dais de pierre ciselée, prolonge le mur de clôture. Les sibylles, sous forme de délicieuses statuettes, montent la garde autour des effigies nférieures. Comme Philibert, Marguerite est représentée en double, dans son linceul : sur la plante du pied on remarque la blessure qui, suivant la légende, a causé, par gangrène, la mort de la princesse.

Les vitraux★★ – Les grandioses verrières ont été exécutées par un atelier local. Celles de l'abside représentent, au centre, l'Apparition du Christ ressuscité à Madeleine (partie supérieure) et la visite du Christ à Marie (partie inférieure), scènes tirées de gravures d'Albert Dürer. À gauche et à droite, Philibert et Marguerite sont agenouillés près de leurs patrons.

Au-dessus du couple sont reproduits, étincelants de couleurs, les blasons des familles : Savoie et Bourbon pour le duc, Empire et Bourgogne pour la duchesse, ainsi que les blasons des villes de l'État savoyard.

Chapelles et oratoires★★★ – La chapelle de Marguerite (**7**) s'ouvre sur la gauche du chœur. Un retable et un vitrail admirables en font l'orgueil.

Le **retable** représente les Sept Joies de la Vierge. Exécuté dans le marbre blanc, il nous est parvenu dans un état de conservation rare. C'est un prodige de finesse dans l'exécution, un véritable tour de force qui confond l'esprit.

Dans chacune des niches ménagées à cet effet se détache une scène des Sept Joies : en bas, à gauche, l'Annonciation ; à droite, la Visitation ; au-dessus, la Nativité et l'Adoration des Mages ; plus haut, l'Apparition du Christ à sa mère et la Pentecôte encadrent l'Assomption. Trois statues couronnent le retable : la Vierge à l'Enfant est entourée de sainte Madeleine et de sainte Marguerite. De chaque côté du retable, on remarque saint Philippe et saint André.

Influences multiples pour le **vitrail,** d'une couleur mirifique, inspiré d'une gravure de Dürer représentant l'Assomption. La frise du vitrail, reproduction d'un dessin

Marguerite d'Autriche.

Retable des Sept Joies de la Vierge. La Visitation.

que Titien avait composé pour sa chambre, figure en camaïeu le Triomphe de la Foi : le Christ, dans son char, est tiré par les évangélistes et les personnages de l'Ancienne Loi ; derrière se pressent les docteurs de l'Église et les saints du Nouveau Testament.

Marguerite avait voulu qu'on installât, pour son usage personnel, deux oratoires superposés contigus à la chapelle (dite de Madame, **8**), le plus bas au niveau du chœur, l'autre à celui du jubé, et reliés par un escalier. Ces deux pièces, garnies de tapisseries, équipées chacune de sa cheminée, devaient constituer de véritables petits salons. Une fenêtre oblique, ménagée au-dessous d'une arcade très originale, aurait permis à la princesse de suivre l'office.

La chapelle voisine, qui porte le nom de Laurent de Gorrevod (**9**), conseiller de Marguerite, a un vitrail remarquable, représentant l'Incrédulité de saint Thomas, et un triptyque commandé par le cardinal de Granvelle.

Sortir de l'église par la porte à droite du chœur pour passer dans le monastère.

Musée★

Avr.-sept. : 9h-12h30, 14h-18h30 (de mi-juin à mi-sept. : 9h-18h30) ; oct.-mars : 9h-12h, 14h-17h. Fermé 1er janv., 1er mai, 1er et 11 nov., 25 déc. 5,5€. ☎ 04 74 22 83 83.

Il est installé dans les bâtiments du monastère, qui s'organisent autour de trois cloîtres à étage, cas unique en France.

Petit cloître – Cloître originel de Brou, il permettait aux moines de se rendre à couvert du monastère à l'église. Une galerie du 1er étage desservait l'appartement que Marguerite d'Autriche s'était réservé ; l'autre devait lui permettre de gagner directement la chapelle haute en passant par le jubé.

Au rez-de-chaussée se trouvaient la sacristie et la première salle du chapitre maintenant réunies en une seule salle affectée aux expositions temporaires. Des galeries, aujourd'hui dépôt lapidaire (fragments de corniches et pinacles), s'offre une vue sur le pignon du transept droit et le clocher.

Grand cloître – C'était celui où les moines déambulaient en méditant. Il donne accès à la deuxième salle du chapitre devenue salle d'accueil du musée.

Premier étage – Un escalier permet d'accéder au dortoir, où les anciennes cellules des moines abritent des collections de peinture et d'art décoratif.

Les cellules du côté Sud sont dédiées à l'art du 16e au 18e s. : on remarque parmi les tableaux hollandais le beau **portrait de Marguerite d'Autriche★** dû à son peintre de cour, B. Van Orley (vers 1518), et un triptyque de la même année (Vie de saint Jérôme) ; les pièces suivantes présentent des peintures des 17e et 18e s. de l'école italienne (Magnasco : Moines se flagellant) et de l'école française du 18e s. (Largillière, Gresly), ainsi que du mobilier bourguignon et lyonnais (meubles de Nogaret) et des objets d'art religieux français.

Sur le côté Nord, les salles de droite sont consacrées à la peinture française du 19e s. (Gustave Doré, Gustave Moreau, école lyonnaise) ; celles de gauche, au style troubadour et à la peinture du début du 20e s. (L. Jourdan, Migonney, Utrillo). La grande salle des États abrite une collection d'art contemporain.

Dans l'angle Sud-Est du grand cloître on pénètre au rez-de-chaussée dans le réfectoire où sont exposées des sculptures religieuses du 13e au 17e s., notamment une Vierge romane polychrome (12e s.), un Saint Sépulcre de 1443, Philibert et saint Philibert provenant du tympan de l'église de Brou (début du 16e s.).

De là on accède au 3e cloître.

Cloître des cuisines – Destiné aux communs, à la différence des deux autres, il conserve des traits caractéristiques de la région, tels les toits en pente douce couverts de tuiles creuses et les arcs en plein cintre.

> **SAUVÉS DES EAUX**
> L'ancien prieuré bénédictin était si délabré et si humide que les moines obtinrent de Marguerite d'Autriche de commencer les travaux par le couvent et non par l'église.

> **RÉGIONAL**
> Sur le palier et dans le renfoncement situé au milieu du grand couloir, on peut voir de beaux meubles bressans et une vitrine présentant des faïences de Meillonnas du 18e s. *(voir « alentours »).*

alentours

St-Rémy

7 km à l'Ouest. Le bourg est dominé par sa petite église romane, intéressante par la belle charpente de sa nef et, dans le chœur, son harmonieuse arcature romane.

Meillonnas

12 km au Nord-Est. Meillonnas fut longtemps célèbre pour ses faïenceries dont la production fut particulièrement prisée sous Louis XV. L'activité industrielle s'est éteinte en 1866 mais on l'a reprise artisanalement depuis 1967 selon des dessins traditionnels. Maisons pittoresques du 16ᵉ s. autour de l'église.

Treffort

> **LE CHEMIN DES DOUANES**
> Empruntez les ruelles qui grimpent vers l'église en rejoignant le Fiscal, surprenant chemin herbeux et fleuri.

15 km au Nord-Est. Cette ancienne ville fortifiée a conservé tout le charme de son cadre médiéval. La Grande Rue permet de gagner la halle du 15ᵉ s. L'église Notre-Dame (14ᵉ et 15ᵉ s.), surmontée d'un clocher à dôme, offre un ensemble de vingt-neuf stalles portant de remarquables médaillons sculptés.

Cuisiat

19 km au Nord-Est. L'ancienne mairie-école du village accueille le **musée du Revermont** qui évoque la vie des hommes de la région du 18ᵉ s. à nos jours : reconstitution de la classe de l'école communale, présentation du passé viticole et du travail de la faïence à Meillonnas, potager et verger conservatoires. ♿ *D'avr. au 11 nov. : 14h-18h, dim. et j. fériés 10h-18h (juil.-août : fermeture à 19h). 4,27€ (enf. : 1,98€).* ☎ *04 74 51 32 42.*

Brancion★

Le vieux bourg féodal de Brancion est perché sur une arête dominant deux ravins profonds, ce qui en fait l'un des sites vertigineux du Mâconnais.

La situation

Cartes Michelin nᵒˢ 69 pli 19 ou 243 pli 39 – Saône-et-Loire (71). 15 km au Sud-Ouest de Tournus par la jolie D 14.

Le nom

A des affinités avec Briançon : le village est attesté au Moyen Âge sous le nom de *Brancidunum,* qui évoque d'une façon ou d'une autre la montagne.

carnet pratique

RESTAURATION

• À bon compte

Ferme-auberge de Malo – *Lieu-dit Malo - 71240 Étrigny - 9 km au N de Brancion par D 159 puis rte secondaire -* ☎ *03 85 92 21 47 - fermé 10 nov. à Pâques -* ☒ *- réserv. obligatoire - 11/16,80€.* Dans cette jolie ferme médiévale, les légumes viennent du potager, les volailles sont élevées sur place et les charcuteries maison. Quant au décor, vous retrouverez les murs crépis, les poutres et la cheminée. Quelques chambres d'hôte au calme.

HÉBERGEMENT

• Une petite folie !

Hôtel Montagne de Brancion – *Au col de Brancion -* ☎ *03 85 51 12 40 - fermé déb. nov. à mi-mars -* ▣ *- 19 ch.: 114,34/131,11€ -* ▢ *12,20€ - restaurant 37/60€.* Rien ne troublera votre repos dans cet hôtel situé au-dessus des vignobles, face aux monts du Mâconnais. Les chambres sont claires avec leurs meubles en bambou ou en bois cérusé. Salle à manger lumineuse ouvrant sur le jardin fleuri avec sa piscine.

Entre Tournus et Chapaize, prenez le temps de visiter ce magnifique village.

visiter

L'accès de la localité est interdit aux voitures. Utiliser le parc de stationnement aménagé extra-muros.

Une fois franchi l'enceinte du 14ᵉ s. par la porte fortifiée à herses ouverte sur le village, il semble qu'il ne manque rien sauf les chausses pour se croire en plein Moyen Âge : on découvre tour à tour les restes imposants du château fort, les ruelles bordées de maisons médiévales (les unes peu à peu gagnées par une végétation envahissante, les autres restaurées avec goût), les halles du 15ᵉ s. et l'église fièrement perchée à l'extrémité du promontoire.

Château

De mi-mars à mi-nov. : 9h30-19h ; de mi-nov. à mi-mars : dim. et j. fériés 10h30-17h. 2,50€. ☎ 03 85 51 03 83.

Le château féodal, entouré d'arbres et de buis, remonte au début du 10ᵉ s. (fondations en arêtes de poisson). Remanié au 14ᵉ s. par Philippe le Hardi qui lui adjoignit un logis, une barbacane dite « la maison de Beaufort », où résidèrent les ducs de Bourgogne, il a été ruiné pendant la Ligue, en juin 1594, par les troupes du colonel d'Ornano. Le donjon a été restauré ainsi que quelques salles ; de sa plate-forme (87 marches), où une table d'orientation a été aménagée, jolie **vue**★ d'ensemble sur le village et son église, la vallée de la Grosne, les monts du Charolais et du Morvan.

Église St-Pierre

Des Rameaux au 11 nov. : 9h-19h ; du 11 nov. aux Rameaux : dim. et j. fériés 9h-19h.

C'est un bâtiment trapu du 12ᵉ s., de style roman cistercien, surmonté d'un clocher carré et dont la pureté de lignes s'allie aux tons de la pierre calcaire et à la toiture de laves (pierres plates extraites sur les collines calcaires de la rive droite de la Saône).

À l'intérieur, fresques du 14ᵉ s. (dégradées – campagne de restauration), commandées par le duc Eudes IV de Bourgogne, et nombreuses pierres tombales.

Depuis la terrasse de l'église, située à l'extrémité du promontoire, on découvre toute la vallée.

> **UNE LOURDE PÉNITENCE**
> Les comtes de Brancion étaient des batailleurs sans trop de scrupules. Les croisades (Jocerand meurt à Mansourah alors que Saint Louis son cousin est fait prisonnier ; gisant dans l'église), pour lesquelles amendés ils lèvent une armée, font leur ruine, les obligeant à céder leur fief aux ducs de Bourgogne.

> **À RECONNAÎTRE**
> Parmi les peintures murales, sur la paroi droite de l'abside, la Résurrection des morts (activée parfois par les flashs de touristes inconscients).

La Bresse★★

Terre de traditions et de gastronomie, la Bresse, qui s'étend au Sud de la Bourgogne, est une région attachante, souvent méconnue. Parcourue de nombreux cours d'eau elle offre un bel exemple de bocage. Les paysages sont aisément reconnaissables à la présence combinée de la volaille blanche, des séchoirs à maïs, de belles fermes à pans de bois parfois surmontées de singulières mitres et de moulins endormis. La renommée de ses fleurons, tels le poulet et le chapon de Bresse, contribue à la reconnaissance de l'identité bressane.

La situation
Carte Michelin n° 243 plis 28, 29, 40 et 41 – Saône-et-Loire (71) et Ain (01). Plaine sédimentaire limitée à l'Ouest par la Saône et à l'Est par les plateaux du Revermont.

Le nom
Très humide, la région a pris le nom gaulois de « marécage » (racine : *bracu-* ; *saltus Brexius* au 10e s.)

Les gens
Les Bressans sont pour beaucoup d'entre eux des agriculteurs durs au travail et des artisans qui ont conservé quelque peu les habitudes d'une vie difficile et d'une traditionnelle autarcie.

Le secret du poulet de Bresse ? La vie en plein air !

comprendre

DISPARITÉS ET IDENTITÉ DE LA BRESSE
Les influences de la Bourgogne et des régions méditerranéennes ont creusé un fossé entre le Nord et le Sud de la région qui ont connu des destins très différents. L'histoire permet de distinguer la Bresse du Nord, dite Bresse bourguignonne, et la Bresse du Sud, appelée Bresse savoyarde.

La Bresse louhannaise ou bourguignonne – La proximité du puissant duché de Bourgogne a éclipsé pendant des siècles les efforts du Nord de la Bresse. Ces « Terres d'outre-Saône » constituant longtemps une zone frontalière ont souvent été disputées. Peu fréquentée par la noblesse et longtemps privée d'administrations locales efficaces, la région louhannaise s'est progressivement affirmée grâce à l'essor de ses exploitations agricoles et à la naissance d'une bourgeoisie qui a pris en main la gestion de la ville et de ses environs. À la manière d'un centre culturel, l'**écomusée de la Bresse bourguignonne** s'applique à mettre en valeur les points forts de la région.

La Bresse bressane ou savoyarde – Située dans l'actuel département de l'Ain, la Bresse du Sud est beaucoup mieux connue et a largement profité du dynamisme de sa capitale Bourg-en-Bresse. Contrairement à la partie Nord, elle a connu très rapidement une unité politique amorcée par la famille de Bâgé. La région doit beaucoup à la princesse Marguerite d'Autriche *(voir Bourg-en-Bresse)* dont l'exceptionnelle réalisation de Brou a considérablement renforcé le prestige et le rayonnement de la capitale bressane.

Malgré ces différences historiques, l'observateur attentif découvrira une véritable culture bressane. Celle-ci se fonde sur la pérennité des traditions, la renommée de sa production agricole et de sa gastronomie, l'originalité de son habitat rural.

LA SAVOIE PUIS LA FRANCE
En 1272, le mariage de Sibylle de Bâgé et d'Amédée V le Grand, comte de Savoie, rattache la province à la maison de Savoie. Elle y restera jusqu'au **traité de Lyon** (1601) par lequel, grâce à la victoire de Chambéry, Henri IV obtient son retour à la couronne.

carnet pratique

RESTAURATION

• À bon compte
Vuillot – *71480 Cuiseaux - ☎ 03 85 72 71 79 - fermé janv., dim. soir et lun. midi de mi-sept. à mai - 12,20/38,11€.* Un restaurant à la façade de pierre et un bar local pour prendre juste un plat du jour le midi. Salle à manger en deux parties avec deux terrasses, ouverte et fermée, au-dessus de la piscine. Cuisine sans prétention.

• Valeur sûre
L'Ancienne Auberge – *01540 Vonnas - ☎ 04 74 50 90 50 - fermé janv. - 14,94/39,64€.* Ce restaurant sur la place du marché s'est rhabillé à la mode du début du 20e s., époque où les grands-parents de la famille y tenait une limonade. Les nappes à petits carreaux donnent le ton de ce décor bistrot, sans prétention mais convivial. Cuisine soignée.

Ferme-auberge du Poirier – *Au Bourg de Cuet - 01340 Montrevel-en-Bresse - 1 km au SO de Montrevel par D 67 - ☎ 04 74 30 82 97 - fermé 30 oct. au 20 mars et dim. soir au ven. midi - réserv. obligatoire - 16/20€.* Cette grande maison basse est typiquement bressane. Élevage en plein air de poulets et chapons, charolais et porcs. Des sabots ornent la salle à manger sous les poutres avec sa cheminée. Vous dégusterez tous les produits de la ferme.

HÉBERGEMENT

• À bon compte
Au Puits Enchanté – *71620 St-Martin-en-Bresse - ☎ 03 85 47 71 96 - fermé 10 au 30 janv., vac. de fév., lun. de nov. à fév., dim. soir sf juil.-août et mar. - 🅿 - 13 ch.: 38,11/48,78€ - ⌂ 6,40€ - restaurant 15/37€.* Au centre du village, cet hôtel familial est tout simple avec ses arbustes en façade. Chambres modestes mais propres. Prenez votre petit-déjeuner sous la petite véranda. Salle à manger classique avec rideaux fleuris. Cuisine soignée à prix sages.

• Valeur sûre
Pillebois – *Rte de Bourg-en-Bresse - 01340 Montrevel-en-Bresse - 2 km au S de Montrevel sur D 975 - ☎ 04 74 25 48 44 - 🅿 - 30 ch.: 42,69/48,78€ - ⌂ 6,10€ - restaurant 15/43€.* Une maison bressane moderne à la sortie du village. Tons pastel dans les chambres aux meubles cérusés. Vous rêverez à l'Aventure, son restaurant décoré sur le thème de la mer avec sa pirogue échouée au centre de la salle à manger. Terrasse abritée, tournée sur la piscine.

• Une petite folie !
Georges Blanc – *01540 Vonnas - ☎ 04 74 50 90 90 - fermé janv. - 🅿 - 32 ch.: 182,94/304,90€ - ⌂ 18,29€ - restaurant 84/145€.* Soyez fou pour une fois ! L'élégance et le raffinement de cette magnifique maison à colombages au bord de la Veyle et ses chambres luxueuses personnalisées n'ont d'égal que sa table réputée. Vous y retrouverez toute la tradition culinaire régionale au sommet de son art.

CALENDRIER
Chaque année des concours de volailles permettent de récompenser les meilleurs éleveurs de la région : ce sont « les Trois Glorieuses ».

Habitat rural et traditions – Plutôt boisée mais pauvre en pierre, la terre bressane a favorisé la construction de fermes à pans de bois, en pisé ou en torchis ; les mieux conservées arborent fièrement leur cheminée sarrasine. Les constructions postérieures ou monumentales sont en briques ou « carons ». La terre est également utilisée pour les poteries ou la faïence comme en témoigne la célèbre fabrique de **Meillonnas**. L'artisanat régional exploite avec bonheur d'autres ressources locales ; ainsi le mobilier bressan doit son succès aux différentes teintes de bois harmonieusement combinées dans sa construction.

Le poulet de Bresse – La renommée de la volaille de Bresse remonte au 17e s. Son succès a fait la fortune de nombreux éleveurs et elle constitue, aujourd'hui encore, une ressource importante pour la région. Les contraintes du marché ont nécessité de strictes réglementations assorties de l'attribution d'une appellation d'origine contrôlée en 1957 (la seule existant en volaille). Le célèbre poulet à plume blanche est élevé en liberté (minimum 10 m² par poulet) pendant 4 à 5 mois ; il est nourri principalement au grain et termine sa vie dans une épinette (cage fermée) pour un bon engraissement ; les plus recherchés sont les poulardes et surtout les chapons (castrés à 8 semaines) qui sont engraissés plus longtemps et préparés avec un soin particulier.

LES « VENTRES JAUNES »
Les paysans bressans font figure de privilégiés par rapport à leurs voisins du Revermont dont les terres sont encore plus âpres. De cette rivalité avec les « cavets » du Revermont est né le sobriquet de « ventres jaunes » qui rappelle l'importance du maïs dans la nourriture régionale ; le plat traditionnel bressan, « les gaudes », est une bouillie de farine de maïs torréfié.

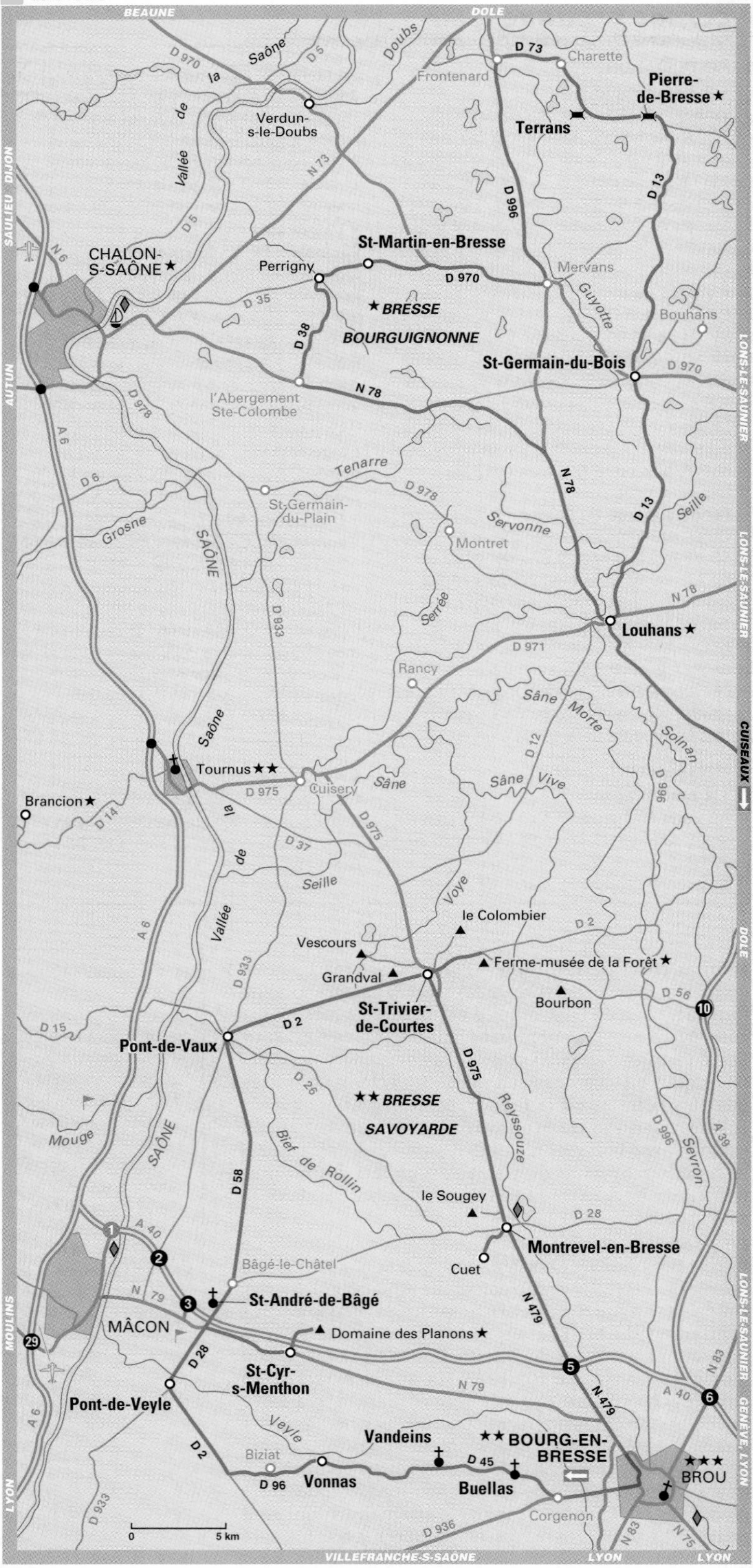
BEAUNE
DOLE
D 73
Charette
Frontenard
Pierre-de-Bresse ★
Terrans
Verdun-s-le-Doubs
Saône
Doubs
D 970
D 5
la
de
Vallée
N 73
D 996
D 13
SAULIEU DIJON
N 6
CHALON-S-SAÔNE ★
St-Martin-en-Bresse
Perrigny
D 970
Mervans
Guyotte
Bouhans
D 35
★ BRESSE BOURGUIGNONNE
D 38
St-Germain-du-Bois
D 970
LONS-LE-SAUNIER
AUTUN
l'Abergement Ste-Colombe
N 78
D 978
A 6
D 6
Tenarre
St-Germain-du-Plain
D 978
Servonne
Montret
N 78
D 13
Seille
Grosne
SAÔNE
D 933
Serrée
N 78
Louhans ★
D 971
Rancy
Sâne Morte
Solnan
CUISEAUX
Saône
D 12
Tournus ★★
Cuisery
Sâne
Sâne Vive
D 996
D 975
Brancion ★
D 14
D 37
Seille
Voye
le Colombier
D 2
Vescours
Ferme-musée de la Forêt ★
Grandval
Bourbon
D 56
10
D 15
St-Trivier-de-Courtes
D 2
Pont-de-Vaux
D 975
D 26
★★ BRESSE SAVOYARDE
Reyssouze
D 996
Sevron
A 39
Mouge
SAÔNE
D 58
Bief de Rollin
le Sougey
D 28
1
A 40
2
Montrevel-en-Bresse
Cuet
Bâgé-le-Châtel
N 79
3
St-André-de-Bâgé
MÂCON
Domaine des Planons ★
MOULINS
29
D 28
N 479
5
St-Cyr-s-Menthon
N 79
A 40
6
N 83
Pont-de-Veyle
Veyle
N 479
GENÈVE, LYON
A 6
D 2
Vandeins
★★ BOURG-EN-BRESSE
★★★ BROU
Biziat
D 96
Vonnas
D 45
Buellas
LYON
D 933
0
5 km
Corgenon
D 936
N 83
N 75
VILLEFRANCHE-S-SAÔNE
LYON

LA BRESSE BOURGUIGNONNE★
Circuit de 138 km.

Cuiseaux
Située dans une enclave verdoyante de la Bourgogne au sein de la Franche-Comté, Cuiseaux, à la vocation traditionnellement agricole, est réputée pour ses productions en charcuterie. Longtemps ville frontière très exposée, elle fut fortifiée au 12ᵉ s. De son enceinte qui comptait alors 36 tours, elle conserve encore quelques vestiges. La vieille ville et les environs permettent d'agréables promenades, ici parmi des maisons anciennes, là en forêt ou en campagne.

Église – Le chœur de cet édifice moderne est intéressant ; outre des statues du 16ᵉ s. en bois polychrome, il renferme deux tableaux de primitifs italiens. De belles stalles du 15ᵉ s. en bois sculpté viennent encore l'enrichir. Le bas-côté gauche abrite une statue de Vierge noire du 13ᵉ s., très vénérée.

Maison de la Vigne et du Vigneron – *De mi-mai à fin sept. : tlj sf mar. 15h-19h. 2,29€. ☎ 03 85 76 27 16.*
Située dans l'enceinte du château des princes d'Orange, cette antenne de la Bresse bourguignonne (siège à Pierre-de-Bresse, *voir plus loin*) rappelle que Cuiseaux fut une zone de viticulture jusqu'à la fin du 19ᵉ s. Elle présente le vignoble jurassien, les outils et ustensiles propres au vigneron (audiovisuel sur la fabrication du tonneau), ainsi qu'une « chambre à feu » (pièce à vivre).
Gagner Louhans à 19 km par la D 972.

Louhans★ *(voir ce nom)*
Quitter Louhans au Nord par la D 13 en direction de St-Germain-du-Bois (15 km au Nord).

St-Germain-du-Bois : l'Agriculture bressane
&. *De mi-mai à fin sept. : tlj sf mar. 15h-19h. 2,29€.*
☎ *03 85 76 27 16.*
L'écomusée de la Bresse bourguignonne consacre cette antenne au monde paysan bressan ; elle retrace l'évolution du matériel agricole du 19ᵉ s. à nos jours et présente les productions traditionnelles avec, en premier lieu, le maïs et le poulet (programme audiovisuel).
Un espace est également réservé au cheval ; on y voit la reconstitution d'un atelier de bourrelier harnacheur, on y apprend ce que sont un étalonnier ou un hongreur.
Reprendre la D 13 en direction de Pierre-de-Bresse.

Pierre-de-Bresse :
Écomusée de la Bresse bourguignonne★
De mi-mai à fin sept. : 10h-19h ; d'oct. à mi-mai : 14h-18h. Fermé entre Noël et Jour de l'an. 5,34€ (enf. : 2,29€). ☎ 03 85 76 27 16.
Entouré d'un parc de 30 ha, c'est un bel édifice du 17ᵉ s. en briques claires et à toits d'ardoise. Les douves et son plan en U, flanqué aux quatre angles de tours rondes coiffées de dômes, trahissent sa construction sur l'emplacement d'une maison forte.

Le château de Pierre-de-Bresse. Remarquez le corps de logis agrémenté d'une galerie ouverte sur arcades en plein cintre. Un léger avant-corps central est surmonté d'un fronton se détachant sur de hauts combles mansardés.

L'axe de la cour d'honneur a été magnifié au 18ᵉ s. par une avant-cour encadrée par de vastes communs que cerne une deuxième boucle de douves.

L'aile gauche du château (l'escalier du vestibule d'entrée, à la belle rampe en fer forgé, et deux salles restaurées, 18ᵉ et 19ᵉ s., témoignent des aménagements intérieurs ◄ d'époque) abrite l'Écomusée : sur trois niveaux, des expositions permanentes et temporaires présentent le milieu naturel, l'histoire, la vie traditionnelle et l'économie actuelle du terroir *(plusieurs audiovisuels dont un de 18 mn en fin de parcours).*

Continuer sur la D 73 en direction de Charette.

Château de Terrans

Le dessin du château, dont la construction débuta en 1765, est d'une grande sobriété. Une belle grille en fer forgé ferme la cour d'honneur, laissant apparaître une élégante façade dont la porte d'entrée est précédée d'un escalier encadré de deux lions.

Poursuivre sur la D 73 jusqu'à Frontenard et prendre à gauche la D 996 en direction de Louhans. À Mervans, prendre à droite la D 970 sur 7 km et tourner à gauche en direction de St-Martin-en-Bresse.

St-Martin-en-Bresse

À St-Martin-en Bresse, poursuivre sur la D 35 jusqu'au hameau de Perrigny.

Maison de la forêt et du bois de Perrigny – *De mi-mai à fin sept. : tlj sf mar. 15h-19h. 2,29€. ☎ 03 85 76 27 16.* Au centre du secteur boisé de la Bresse, l'écomusée présente dans cette antenne les différentes essences de la forêt bressane (sculptures d'Alan Mantle) et les métiers directement liés au bois. Souches peintes.

Prendre la D 38 en direction de L'Abergement-Ste-Colombe, regagner Louhans par la N 78 puis Cuiseaux.

LA BRESSE SAVOYARDE★★
Circuit de 104 km.

Bourg-en-Bresse★★ *(voir ce nom)*

Quitter Bourg-en-Bresse à l'Ouest en direction de Villefranche-sur-Saône. À Corgenon, prendre à droite la D 45 jusqu'à Buellas.

Buellas

◄ L'**église**, précédée d'un auvent rustique, est intéressante par la belle arcature romane du chœur et son ensemble de statues. *S'adresser à la mairie. M. Perrin, ☎ 04 74 24 20 38.*

Poursuivre sur la D 45 jusqu'à Vandeins.

Vandeins

L'**église** est ornée d'un portail sculpté datant du 12ᵉ s. Au **tympan**★, le Christ bénissant est une belle œuvre romane. La Cène, de facture plus grossière, est représentée sur le linteau, entre deux petits groupes de damnés, sur les piédroits.

Continuer sur la D 96 qui conduit à Vonnas.

Vonnas

Cette paisible petite ville abondamment fleurie est une célèbre étape gastronomique aux confins de la Bresse et de la Dombes. Elle possède un **musée des Attelages, de la Carrosserie et du Charronnage** installé dans un ancien moulin. *Tlj 9h-12h, 14h-18h. Fermé en janv. et 25 déc. 4,60€. ☎ 04 74 50 09 74.*

Reprendre la D 96 en direction de Biziat et rejoindre la D 2 qui mène à Pont-de-Veyle.

Pont-de-Veyle

Arrosée par la Veyle, ceinturée par d'anciens fossés en eau, la bourgade s'est développée dès le 13ᵉ s. et a servi de havre aux protestants mâconnais jusqu'à la Révocation de l'édit de Nantes (1685). Elle a conservé de beaux ves-

---

ÉCOMUSÉES

L'Écomusée est relayé sur son territoire par différentes antennes, illustrant des activités ou des traditions propres à la Bresse. En dehors de Cuiseaux et St-Germain-du-Bois, déjà vues, elles sont installées à Louhans et Rancy, St-Martin-en-Bresse *(voir plus loin)* et Verdun-sur-le-Doubs *(Vallée de la Saône).*

CÉLESTES

Remarquez le geste des anges soutenant la gloire où s'inscrit le Christ.

GOURMANDISE SUPRÊME

Si vous souhaitez goûter la volaille de votre vie, Georges Blanc, un des plus grands cuisiniers de France, pourra vous soumettre sa « poularde de Bresse aux gousses d'ail et foie gras ».

Une ferme bressane modèle.

tiges dont la **porte de l'Horloge,** la maison du Guetteur (16ᵉ s.), la maison de Savoie (66, Grande-Rue – 15ᵉ s.) et l'église de style jésuite (1752).

Sortir de Pont-de-Veyle au Nord par la D 28. 3 km plus loin, prendre à droite la N 79 en direction de Bourg-en-Bresse.

St-Cyr-sur-Menthon
La commune rassemble plusieurs exemples exceptionnels d'architecture rurale. Au Nord de la N 79, on peut encore voir une des plus grandes « **poypes** » (mottes féodales) de la région : 46 m de diamètre et 9,5 m de haut. Un peu plus au Nord, le hameau de la Mulatière a conservé plusieurs fermes à cheminées sarrasines dont la plus importante est le domaine des Planons.

Resplendissant exemple d'architecture bressane, le **domaine des Planons**★ accueille depuis 1995 le **musée de la Bresse.** 📷 Suivant le plan d'une ferme à cour fermée, assez inhabituel en Bresse, le corps des bâtiments s'ouvre par un large porche ou « passou ». La maison d'habitation, remarquable par sa cheminée sarrasine, a été construite à partir de 1490 et restaurée selon les techniques traditionnelles. Un inventaire de 1784, retrouvé sur les lieux, permet de reconstituer fidèlement l'organisation et le mobilier d'une ferme à l'époque. Derrière la maison, le jardin potager a été recréé avec précision. Les autres bâtiments, dont certains bénéficient d'une animation sonore, présentent les dépendances d'une ferme, l'élevage du poulet de Bresse, et quelques collections sur la vie rurale. Le vaste parc accueille des animations complémentaires : mare, jeu de quilles, exposition sur le bois, élevage moderne de volailles selon les règles de l'AOC. ⴕ *De déb. avr. au 11 nov. : 10h-18h, dim. et j. fériés 10h-19h (juil.-août : 10h-19h). 4,57€ (enf. : 1,98€).* ☎ 04 85 36 31 22.

Revenir à St-Cyr-sur-Menthon et reprendre la N 79 jusqu'au croisement avec la D 28. Tourner à droite vers Bâgé-le-Châtel. L'église est isolée sur la gauche avant le village.

St-André-de-Bâgé
L'**église,** bâtie à la fin du 11ᵉ s. grâce aux moines de Tournus, est isolée au milieu d'un cimetière. Un **clocher**★ octogonal très élégant, coiffé d'une flèche en pierre, domine l'abside et ses deux absidioles.

Gagner Bâgé-le-Châtel et continuer au Nord sur la D 58 jusqu'à Pont-de-Vaux.

Pont-de-Vaux
Autrefois ville frontière de Savoie, la cité s'est développée dans une boucle de la Reyssouze, affluent de la Saône, bien connue des pêcheurs. Le cours aval de celle-ci, canalisé, permet aux plaisanciers naviguant sur la Saône de venir faire escale dans cette bourgade au cadre agréable (maisons à pans de bois, édifices ou façades des 16ᵉ et 17ᵉ s.) et à la renommée gastronomique justifiée.

BIENTÔT
Un nouvel espace muséographique, semi-enterré, viendra prochainement s'ajouter à cet ensemble pour permettre une présentation plus complète de la Bresse.

À VOIR
Le chœur est particulièrement intéressant pour ses colonnettes et ses chapiteaux historiés.

DESTINS CROISÉS
Pont-de-Vaux est attaché à la mémoire du **général Joubert,** commandant en chef de l'armée d'Italie, glorieux compagnon de Bonaparte mort à Novi en 1799 (souvenirs au musée). Sa disparition obligea Sieyès à choisir un autre militaire (Bonaparte) pour opérer le coup d'État contre le Directoire…

Le **musée Chintreuil** expose d'intéressantes toiles de Jules Migonney *(Vieille mauresque)* et d'A. Chintreuil (élève de Corot). &. *Avr.-oct. : tlj sf mar. 14h-18h. 3€.* ☎ *03 85 51 45 65.*

Sortir de Pont-de-Vaux au Nord-Est par la D 2 en direction de St-Triviers-de-Courtes.

LES CHEMINÉES SARRASINES

Particulièrement répandues dans la Bresse savoyarde, elles ont été construites sur l'ancien domaine des sires de Bâgé depuis le 13e s.

Une trentaine seulement d'origine 17e et 18e s. sont conservées aujourd'hui ; elles se caractérisent à l'intérieur par un énorme foyer, non adossé au mur, surmonté d'une hotte sous laquelle on peut se tenir debout, et d'un conduit de fumée à pans de bois. À l'extérieur, une mitre assimilable à un petit clocher – ou plus rarement à un reliquaire – coiffe le conduit. De plan rond, carré (sur le modèle du clocher de St-Philibert de Tournus) ou octogonal (celui de St-André-de-Bâgé) et d'inspiration romane, gothique ou parfois byzantine, ces mitres sont ajourées sur un ou plusieurs étages et se terminent par un cône, une pyramide ou un clocheton de style baroque.

D'une hauteur inhabituelle (3 à 5 m) et surmontées d'une croix en fer forgé, elles auraient abrité autrefois une cloche, utile à la vie quotidienne dans ces fermes traditionnellement isolées.

Leur appellation « sarrasine » ne traduit pas une origine géographique, mais une survivance du sens médiéval du mot, qui signifiait « appartenant à une civilisation étrangère, ancienne ou inconnue ».

Un bel exemple de cheminée sarrasine.

St-Trivier-de-Courtes

Ancienne possession stratégique des sires de Bâgé, la ville fut érigée en comté en 1575. Elle est aujourd'hui célèbre pour les nombreuses fermes à cheminée sarrasine conservées dans les environs :

Ferme de Grandval – *1,5 km à l'Ouest par la D 2.*

Ferme de Vescours – *5 km à l'Ouest ; à gauche à l'entrée du village.*

Ferme du Colombier à Vernoux – *3 km au Nord-Est.*

Ferme-musée de la Forêt★ – *3 km à l'Est.* &. *Avr.-oct. : w.-end et j. fériés 10h-12h, 14h-19h (juil.-sept. : tlj). 2,5€.* ☎ *04 74 30 71 89.*

🎦 Cette jolie ferme des 16e et 17e s. a été restaurée et transformée en musée fermier bressan. Le petit bâtiment – remarquer le balcon à croisillons de bois – présente un intérieur traditionnel ; la cheminée à foyer ouvert, de 4 m de côté, est soutenue par une poutre de 4 t. Dans le second bâtiment, collection d'outillage agricole ancien.

Ferme de Bourbon à St-Nizier-le-Bouchoux – *6 km à l'Est de St-Trivier.*

De retour à St-Trivier, prendre la D 975 au Sud en direction de Bourg-en-Bresse.

Montrevel-en-Bresse

Ancien fief de la famille de Montrevel, la ville est aussi la patrie de saint Pierre Chanel (1803-1841), missionnaire martyrisé dans l'île de Futuna et devenu saint patron de l'Océanie. L'ancien village de **Cuet,** rattaché à la commune, perpétue le souvenir du saint (musée océanien). La **ferme du Sougey** (musée) a conservé sa belle mitre carrée (17e s.).

Sur les gravières de la vallée de la Reyssouze, la **base de loisirs de Montrevel** constitue un important pôle d'attraction touristique de la Bresse.

Poursuivre sur la N 479 jusqu'à Bourg-en-Bresse.

Briare

Cette charmante ville dotée d'un port de plaisance bien équipé propose de nombreuses croisières sur le canal. Des escaliers permettent de descendre au niveau de la Loire, de se promener sur les berges et d'admirer la magnifique architecture métallique du célèbre pont-canal, créé par Eiffel.

La situation

Cartes Michelin nos 65 Sud du pli 2, 238 pli 8 ou 4045 H 6 – Loiret (45). Dans un pays où l'eau est intimement liée à la terre, Briare occupe une position clé au débouché de la liaison Seine-Loire, en limite de Bourgogne (22 km au Sud-Est de Gien par la D 952).
🖪 *1 pl. Charles-de-Gaulle, 45250 Briare,* ☎ *02 38 31 24 51.*

Le nom

Rien à voir avec la bruyère... Mais avec l'ancienne *Brivoduro,* que nos savants étymologistes décomposent ainsi : *brivo,* le pont, et *duro,* la forteresse aujourd'hui disparue.

Les gens

5 994 Briarois. On peut sans exagération compter au nombre des célébrités locales : le très inventif fabricant de boutons industriels Jean-Philippe Bapterosses, et Gustave Eiffel, le génial concepteur du pont-canal.

comprendre

De boutons en rivets – « Cité des perles », Briare fut célèbre et prospère au début du siècle grâce à sa manufacture de boutons de porcelaine, de perles, de jais et surtout de mosaïques de revêtement de sol en céramique, dites « émaux de Briare » *(voir le musée).*
Le canal de Briare – Entrepris en 1604 sur l'initiative de Sully par la Compagnie des seigneurs du canal de Loyre en Seine, il ne fut terminé qu'en 1642. C'est le premier canal de jonction construit en Europe : long de 57 km, il unit le canal latéral à la Loire au canal du Loing. Le bief de partage des eaux séparant les bassins de la Loire et de la Seine s'étend entre Ouzouer-sur-Trézée et Rogny-les-Sept-Écluses *(voir Châtillon-Coligny).*

découvrir

Pont-canal★★

🔲 Construit en 1890, contemporain de la tour Eiffel, cet ouvrage d'art permet au canal latéral à la Loire de franchir le fleuve pour s'unir au canal de Briare. La gouttière métallique contenant le canal est formée de plaques assemblées, comme la Tour, par des millions de rivets.

HÉBERGEMENT ET RESTAURATION
Auberge du Pont Canal – *19 r. du Pont Canal* - ☎ *02 38 31 24 24 - auberge-du-pont-canal@wanadoo.fr - fermé dim. soir et lun. - 12,96€ déj. - 17,53/28,97€.* Avec sa façade des années 1960, ce petit restaurant sur le canal regarde le va-et-vient tranquille des bateaux. C'est reposant. Cuisine traditionnelle de produits frais. Chambres dans un bâtiment attenant plus récent.

Le pont-canal de Briare est un ouvrage d'art rêvé : il ouvre sur des perspectives inconnues jusqu'à lui.

Longue de 662 m, large de 11 m (avec les chemins de halage), elle repose sur 15 piles en maçonnerie réali-sées... par la Société Eiffel. Le tirant d'eau est de 2,20 m. Des escaliers permettent de descendre au niveau de la Loire et d'admirer la magnifique architecture métallique du pont.

Musée de la Mosaïque et des Émaux

Juin-sept. : 10h-18h30 ; oct.-mai : 14h-18h. Fermé en janv. et 25 déc. 3,81€. ☎ 02 38 31 20 51.

Dans l'enceinte de la manufacture encore en activité, on commence par une infinie variété de boutons.

En 1882 c'est au tour de la mosaïque de sortir de l'ate-lier : pour la décoration artistique de ces « émaux », il est fait appel à l'un des précurseurs de l'Art nouveau : Eugène Grasset. Les pièces exposées témoignent du grand talent de l'ornemaniste. D'autres plus récentes de celui de Vasarely.

Il est intéressant de compléter la visite du musée par le passage à gué de l'église, dont le sol est décoré de ces mosaïques simulant la Loire.

alentours

Ouzouer-sur-Trézée

7 km au Nord-Est (D 47). Ce petit village, construit à flanc de coteau au bord de l'eau, possède une **église** gothique de la fin du 12ᵉ s. La nef, d'une grande unité, est fermée par un chœur plat d'influence cistercienne. Les élé-gantes piles à noyau cylindrique, d'où s'élèvent de minces faisceaux de colonnettes, et les arcades brisées largement moulurées, s'inspirent en revanche de l'ar-chitecture de Notre-Dame de Paris. *Dim. 10h-12h.*

Château de Pont-Chevron

9 km au Nord. *Mai-sept. : visite guidée (1/2h) tlj sf mar. 14h-18h. 4,57€. ☎ 02 38 31 92 02.*

◄ Cet édifice d'aspect classique a été, en réalité, construit à la fin du 19ᵉ s. pour le comte Louis d'Harcourt. Il dresse sa noble façade blanche au milieu de bois et d'étangs aux confins de la Puisaye et du Gâtinais.

Dans un pavillon à l'entrée du domaine sont exposées des **mosaïques gallo-romaines** du 2ᵉ s. après J.-C. Elles sont composées de dessins géométriques en noir et blanc ; l'une représente des jeux, l'autre une tête de dieu polychrome.

La Bussière

13 km au Nord. Ce village s'inscrit dans un tranquille paysage de bois, d'étangs et de cultures. La proximité des nombreux réservoirs d'eau qui alimentent le canal de Briare en fait le rendez-vous de nombreux pêcheurs dont la passion s'exprime à travers les collections du château.

Château de la Bussière, vue aérienne.

Château des Pêcheurs★ – *D'avr. à mi-nov. : visite guidée (3/4h) tlj sf mar. 10h-12h, 14h-18h (juil.-août : tlj 10h-18h). 6,10€. ☎ 02 38 35 93 35.*

Imposante demeure seigneuriale reconstruite sous ▶ Louis XIII, l'édifice est intéressant par son architecture à chaînages de briques. Entouré de larges douves, le logis principal abrite une collection d'œuvres d'art sur le thème de la **pêche.** Au sous-sol, la cuisine et la lingerie d'autrefois se visitent.

Derrière les communs en briques losangées, on visite le parc, les jardins à la française et un grand potager qui a gardé sa structure du 18e s. Importante collection de légumes, de fleurs et de fruits cultivés dans la tradition des jardins utilitaires d'autrefois.

Le Brionnais★★

Ce petit pays, dont la principale ressource est l'élevage des bovins (embouche), possède une splendide collection d'églises romanes. Il formait autrefois l'un des 19 bailliages du duché de Bourgogne dont la capitale était Semur-en-Brionnais.

Attention, vous entrez sur mes terres !

La situation
Cartes Michelin n°s 69 pli 17 et 73 plis 7, 8 ou 238 pli 48 et 243 pli 37 – Saône-et-Loire (71). C'est une région mamelonnée d'où l'on découvre la vallée de la Loire, le Forez, les monts du Beaujolais, qui s'étend principalement sur la rive droite de la Loire, entre Charlieu et Paray-le-Monial.

La couleur
L'abondance, sur place, de matériaux de premier ordre : bancs de calcaire jaunâtre d'un grain très fin, facile à travailler en même temps que résistant, explique la belle couleur ocre ou jaune de la plupart des édifices du Brionnais, qui « bronzent » au soleil couchant.

comprendre

Une floraison de pierre – Dans l'étroit espace compris ▶ entre l'Arconce et le Sornin, une douzaine d'églises romanes construites sous l'influence de Cluny méritent d'être vues, ainsi que plusieurs châteaux.

La décoration – Si le granit et le grès ne permettent d'obtenir que des effets de ligne ou de masse comme à Varenne-l'Arconce, Bois-Ste-Marie, Châteauneuf ou St-Laurent-en-Brionnais, le calcaire au contraire se prête au travail du sculpteur – d'où la beauté des façades et des portails décorés.

Les mêmes thèmes se déclinent autour des expressions et les attitudes des personnages. Au tympan apparaît le Christ en majesté, ou bien le Christ de l'Ascension, nimbé.

Les linteaux ont une décoration particulièrement fouillée : personnages fort nombreux assistant à son triomphe. La disproportion met en lumière la hiérarchie entre le Christ, les évangélistes, la Vierge et les apôtres.

circuit

ÉGLISES ET CHÂTEAUX EN BRIONNAIS★

L'itinéraire permet de découvrir le cœur du Brionnais. Quitter Charlieu à l'Ouest par la D 487 puis la D 4. À 12 km.

La Bénisson-Dieu

Situé dans la vallée de la Teyssonne, le village possède une **église** précédée d'une grande tour carrée du 15ᵉ s. Ce sont les seuls vestiges de l'abbaye fondée au 12ᵉ s. par les disciples de saint Bernard et qui devint un couvent de femmes au 17ᵉ s. *D'avr. au 11 nov. : 10h-19h.* ☎ 04 77 66 64 65.

Dans le bas-côté droit sont réunies des œuvres intéressantes : stalle abbatiale, statues en pierre du Père éternel et de sainte Anne, la Vierge et l'Enfant (de l'école de Michel Colombe), œuvres exécutées au 15ᵉ s. La chapelle de la Vierge, à droite en entrant, est une adjonction du 17ᵉ s. due à l'abbé de Nérestang : peintures murales et belle Vierge en marbre blanc.

Retourner vers la Loire, prendre la D 482 après l'avoir franchie.

> **LUMINEUX**
> La nef de l'église de la Bénisson-Dieu, du début de la période gothique, est couverte d'une superbe toiture aiguë à **tuiles vernissées** disposées en losanges.

Iguerande

L'église, trapue, aux lignes architecturales très pures, édifiée au début du 12ᵉ s., occupe le sommet d'une butte escarpée dominant la vallée de la Loire. On remarquera les modillons sculptés du chevet et, dans la nef et le chœur, quelques curieux chapiteaux dont celui du « cyclope » musicien (1ᵉʳ pilier de gauche), bien à sa place dans une nef aussi sombre.

> **BIEN PLACÉE**
> De ses abords, on jouit d'une vue intéressante sur la plaine de la Loire et, au-delà, sur le Forez à gauche et les monts de la Madeleine à droite.

Marcigny

Agréablement situé à proximité de la Loire sur les dernières pentes du Brionnais, ce petit bourg a beaucoup de cachet.

Tour du Moulin – *De mi-mars à mi-oct. : 14h-18h (de mi-juin à mi-sept. : 10h30-12h30, 14h-19h).* 3€ ☎ 03 85 25 37 05. Cette grande tour, vestige des remparts protégeant un ancien prieuré de dames bénédictines autour duquel s'est propagée la ville, est une belle construction du 15ᵉ s., aux murs curieusement ornés de boulets de pierre en relief. Un **musée** consacré à l'histoire locale a été installé à l'intérieur : outre des collections de faïences anciennes, parmi lesquelles des majoliques italiennes, il présente d'importantes sculptures du 12ᵉ au 17ᵉ s., une pharmacie comptant 113 vases de Nevers et enfin deux drageoirs de Bernard Palissy (16ᵉ s.). Au dernier étage on découvre l'envolée de la haute **charpente★** en châtaignier, prête à affronter les tempêtes.

Prendre la D 10 en direction de Charolles.

> **MAISONS ANCIENNES**
> Marcigny a conservé, autour de l'église, des maisons à pans de bois du 16ᵉ s. ; entre la place du Cours et la place Reverchon remarquez un hôtel particulier de 1735 ; la mairie installée dans l'hôtel Jacquet du Chailloux.

Anzy-le-Duc★

Agréablement campé sur les hauteurs, dans la vallée de l'Arconce, le village s'est développé autour de son prieuré fondé au 9ᵉ s. par le monastère de St-Martin d'Autun. Un de ses premiers prieurs, Hugues de Poitiers, connu pour sa sainteté et ses liens avec le fondateur de Cluny contribua largement à la renommée et à l'essor de cette fondation. Comme tant d'autres, le prieuré est tombé en décadence avant de disparaître à la Révolution. Son église a traversé les siècles et reste un des plus beaux exemples d'art roman dans la région.

Église★ – Sa construction aurait été entreprise au début ▶
du 11ᵉ s. La beauté de l'édifice, surmonté d'un magnifique
clocher roman, tour polygonale à trois étages de baies, est
encore rehaussée par les tons dorés de la pierre.
La nef, couverte de voûtes d'arêtes et directement éclairée par des fenêtres hautes, est très pure de lignes. Les
chapiteaux sont fort bien conservés : ils représentent,
dans la nef, des scènes bibliques et des allégories. Les
fresques du chevet, en assez mauvais état, évoquent la
vie des saints Jean Baptiste et Hugues d'Anzy, celles du
chœur représentent l'Ascension du Christ. L'une d'elles
fait allusion à Letbaldus, viguier de Semur qui, au 9ᵉ s.,
fit don de sa villa d'Anzy-le-Duc pour y établir une colonie bénédictine.
Contourner les dépendances de l'ancien prieuré dont
une tour carrée forme l'élément principal.
Un **portail** primitif percé dans le mur d'enceinte comporte un tympan représentant à gauche l'Adoration des
Mages, à droite le Péché originel, le linteau figurant la
séparation des élus et des damnés.
On peut faire un petit détour au Nord par la D 174, auquel
cas on rejoindra ensuite Varenne directement par la D 130.

Montceaux-l'Étoile
Au portail de **l'église,** sous le cintre, le tympan et le linteau sculptés dans un seul bloc de pierre figurent l'Ascension, comme à Anzy-le-Duc et à St-Julien-de-Jonzy.
Les colonnes portant les voussures sont ornées de chapiteaux.
Au lieu-dit Bornat, prendre la D 34 à gauche.

Varenne-l'Arconce
Le transept saillant et le clocher carré de type « Paray »
donnent à l'**église** une silhouette massive. Le grès dont
elle est bâtie a restreint la décoration sculptée. Au-dessus d'une porte Sud, élégant tympan représentant
l'Agneau de Dieu. Dans l'église sont disposées des statues en bois, dont certaines polychromes, ainsi qu'un
Christ, du 16ᵉ s.

Château de Chaumont
5 km au Sud-Est par la D 158 (près d'Oyé).
La façade Renaissance du château est flanquée d'une
tour ronde ; l'autre façade, de style gothique, est moderne.
L'ampleur de ses bâtiments est saisissante.
Gagner Semur en passant par St-Christophe-en-Brionnais.

B

PARTI AVEC ADRESSE
L'église était précédée
autrefois d'un admirable
portail, exposé au musée
du Hiéron, à Paray-le-
Monial.

FOIRES
Le village de **Saint-**
Christophe-en-
Brionnais est célèbre
depuis 5 siècles pour
ses foires au bétail de
race charolaise. Tous les
jeudis matin à
l'occasion de son
marché hebdomadaire,
trois ventes se
succèdent de 6h15
à 8h.

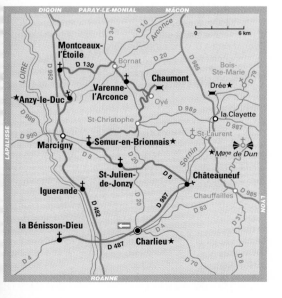

Le Brionnais

Admirez le surprenant clocher de l'église St-Hilaire.

Semur-en-Brionnais★

Ancienne capitale du Brionnais, ce village de 636 habitants est situé sur un promontoire couvert de vignes et d'arbres fruitiers. Un château, une église romane, un ancien prieuré et un auditoire de Justice (mairie) du 18ᵉ s. composent un ensemble architectural séduisant dans le ton ocre rose.

Église St-Hilaire★ – *Possibilité de visite guidée sur demande auprès de l'association « les Vieilles Pierres », Château St-Hugues, 71110 Semur-en-Brionnais. ☎ 03 85 25 13 57.*
De style clunisien, elle présente un très beau chevet ; son aspect trapu est atténué par la hauteur des murs pignons à l'extrémité du chœur et des bras du transept, et sa sévérité par les corniches de modillons sculptés qui règnent à la base des toits. L'élégant clocher octogonal qui la domine est remarquable par son double étage d'arcatures romanes géminées qui s'ouvrent, à l'étage supérieur, sous un réseau de voussures.
Le portail Ouest est richement décoré, mais ses sculptures sont traitées avec une certaine maladresse dans le modelé. À la clé de la voussure extérieure on voit, comme à Charlieu, l'agneau nimbé. La nef est très harmonieuse avec son triforium, soutenu par des arcs à deux voussures, qui vient, au revers de la façade, former une tribune ronde en saillie, supportée par un remarquable encorbellement prenant appui sur la clé de voûte de la porte. Cette tribune a été vraisemblablement imitée de celle de la chapelle St-Michel établie au-dessus du grand portail, dans l'église abbatiale de Cluny.

Château St-Hugues – *De mi-mai à mi-sept. : 10h-12h, 14h-19h, dim. et j. fériés 14h-19h ; de mars à mi-mai : 10h-12h, 14h-18h30, dim. et j. fériés 14h-18h30 ; de mi-sept. à mi-nov. : 10h-12h, 14h-18h, dim. et j. fériés 14h-18h. Fermé de mi-nov. à fin fév. 2,30€. ☎ 03 85 25 13 57.*
Du château, vue sur les coteaux plantés de vignes et au loin sur les monts du Forez et de la Madeleine. On visite ce qu'il en reste : le donjon rectangulaire bâti au 9ᵉ s., où naquit saint Hugues, le fameux abbé de Cluny, et deux petites tours arrondies aménagées en prison au 18ᵉ s.

Emprunter la D 9.

St-Julien-de-Jonzy

Situé sur l'une des plus hautes collines de la région, le village offre un beau panorama sur les paysages vallonnés du Brionnais et du Beaujolais.
D'un édifice roman du 12ᵉ s., l'église actuelle, raccourcie, conserve un clocher carré et un joli portail sculpté dont certains détails rappellent les sculptures du porche de Charlieu.

Le portail★ – Les sculptures du tympan et du linteau sont prises dans un même bloc de grès dont la finesse met en valeur la virtuosité de l'artiste, peut-être le même qu'à Charlieu.
La Cène prend place au linteau : toutes les têtes, sauf deux (Dieu sait pourquoi), ont été martelées en 1793 par les révolutionnaires, qui ont changé le nom du bourg en Bellevue-de-Cray. Les plis de la nappe comme ceux des vêtements séraphiques au-dessus sont traités avec une merveilleuse souplesse ; une scène du Lavement des pieds figure à chaque extrémité.

Intérieur – L'ancienne croisée du transept, voûtée d'une coupole sur trompes, forme le narthex de l'église actuelle ; les quatre colonnes engagées ont conservé de beaux chapiteaux ; celle de droite avant la nef présente un décor de feuilles d'eau, réminiscence de l'art cistercien.

Prendre la D 8 après être sorti du village à l'Est.

VIE DE SAINT
Au linteau est représenté un épisode de la vie de saint Hilaire : condamné par un concile d'évêques ariens, il part en exil, la besace sur l'épaule ; en chemin, il rencontre un ange qui lui rend l'espoir et sa place parmi les évêques ; cependant le diable s'empare brutalement de l'âme du président du concile.

RESTAURATION
Le Pont – *71110 St-Julien-de-Jonzy - ☎ 03 85 84 01 95 - fermé vacances de fév. et lun. soir - 13,57/27,59€.* Voilà un restaurant familial tout simple et tranquille où vous serez bien accueilli. Le patron tient aussi le bar et la boucherie et vous concoctera une cuisine sympathique, très classique. Quelques chambres.

Châteauneuf

L'**église** est, comme le château du Banchet, mise en valeur par un cadre boisé. Une des dernières constructions romanes en Bourgogne, elle se signale par sa façade massive, son portail latéral droit dont le linteau est avec naïveté sculpté des 12 apôtres. Entrez, observez les fenêtres hautes de la nef dont les pénétrations sont supportées par de fines colonnes à chapiteaux et, au transept, la coupole sur trompes dont la base octogonale est allégée par une galerie à arcatures.

Retour sur Charlieu par la D 987.

Château de **Bussy-Rabutin**★

Par sa riche et originale décoration intérieure, ce château constitue une curiosité révélatrice des états d'âme de son étonnant propriétaire.

La situation

Cartes Michelin n°ˢ 65 Sud du pli 8 ou 243 pli 2 – Côte-d'Or (21). Situé à mi-pente d'une colline au voisinage d'Alise-Ste-Reine. À 6 km de Venarey-les-Laumes (D 954).

Les symboles

Tout dans le château rappelle le destin de Roger de Rabutin : « nous pénétrerons dans un château rempli d'emblèmes qui peignent l'amour trompé dans son espoir, et l'ambition malheureuse dans ses projets » (A.L. Milin).

LES MÉSAVENTURES DE ROGER DE RABUTIN

L'art de la plume, si favorable à Mme de Sévigné, sa cousine, causa bien des ennuis à Roger de Rabutin, comte de Bussy (1618-1693), que Turenne, égratigné par ses scies, décrivait au roi comme « le meilleur officier de ses armées, pour les chansons ». S'étant compromis, en compagnie de libertins, dans une orgie au cours de laquelle il improvisa et chanta des couplets tournant en ridicule les amours du jeune Louis XIV et de Marie Mancini, il fut exilé en Bourgogne par ordre du roi. Rejoint dans sa retraite par sa tendre compagne, la marquise de Montglat, il composa, pour la divertir, une *Histoire amoureuse des Gaules*, chronique satirique des aventures galantes de la cour. Ce libelle conduisit son auteur tout droit à la Bastille où il séjourna un peu plus d'un an avant d'être autorisé à retourner en exil dans ses terres (en 1666), mais célibataire cette fois, la belle marquise s'étant montrée fort oublieuse. Sa fille, veuve de Coligny, le rejoindra plus tard.

visiter

Avr.-sept. : visite guidée (3/4h) 9h30, 10h30, 11h30, 14h, 15h, 16h, 17h (juin-août : visite supp. à 18h) ; oct.-mars : tlj sf mar. et mer. 10h, 11h, 14h, 15h. Fermé 1ᵉʳ janv., 1ᵉʳ mai, 1ᵉʳ et 11 nov., 25 déc. 5,5€ (enf. : gratuit). ☎ 03 80 96 00 03

Ce château fort du 15ᵉ s. fut racheté à la Renaissance par les comtes de Rochefort, lesquels firent abattre le mur qui fermait la cour (la courtine), transformèrent les quatre tours de défense en tours d'habitation et dotèrent les ailes d'une décoration raffinée. La façade est du 17ᵉ s. Commencée par le grand-père de Roger de Rabutin, le rez-de-chaussée date du règne de Louis XIII, alors que les parties supérieures évoquant le premier style Louis XIV furent terminées en 1649.

Intérieur

Toute la décoration intérieure des appartements, cage dorée où l'exilé exhale sa nostalgie de l'armée, de la vie de cour, son ressentiment envers Louis XIV et sa tenace rancune amoureuse, a été conçue par Bussy-Rabutin lui-même.

COUSIN, COUSINE

Mme de Sévigné est très présente au château, mais en portrait seulement. Beaucoup de choses les rapprochaient, en dehors du sang : l'esprit, l'amour des belles-lettres (il fut académicien), le goût de plaire. Elle était « son genre », mais repoussa ses avances. On peut lire sur un mur cette inscription en latin : « plus elle est froide, plus je m'enflamme ».

*Le château
de Bussy-Rabutin
dans sa belle ordonnance.*

Cabinet des devises (ou salle à manger)

Encastrés dans la boiserie, panneaux figuratifs ou allégoriques et savoureuses devises composées par le maître de maison forment un assemblage imprévu. Des vues de châteaux et monuments dont certains n'existent plus figurent sur les panneaux supérieurs. Sur la cheminée, portrait de Bussy-Rabutin par Lefèvre, élève de Lebrun. Le mobilier est Louis XIII.

Antichambre des hommes de guerre

Les portraits de 65 hommes de guerre célèbres, de Du Guesclin jusqu'à notre hôte, « maistre de camp, général de la cavalerie légère de France », sont disposés sur deux rangs tout autour de la pièce. Quelques-unes de ces toiles sont des originaux, la plupart des copies exécutées au 17ᵉ s. L'ensemble n'en présente pas moins un intérêt historique indéniable. Les boiseries et les plafonds sont décorés de fleurs de lys, de trophées, d'étendards et des chiffres enlacés de Bussy et de la marquise de Montglat. Sur les panneaux du bas, entre les croisées, observer deux devises qui évoquent la légèreté de la maîtresse infidèle.

Chambre de Bussy

On reconnaît parmi les portraits de 25 grandes dames de la cour et favorites Gabrielle d'Estrées, Ninon de Lenclos, Mme de Maintenon, Mme de La Sablière (par Mignard). Louise de Rouville, seconde femme de Bussy-Rabutin, est réunie en un triptyque avec Mme de Sévigné et sa fille, réputée *bellissima,* Mme de Grignan.

Tour Dorée★

L'exilé s'est surpassé dans la décoration de cette pièce où il avait installé son bureau (il s'y est fait représenté en empereur romain). Entièrement couverte de peintures, elle occupe le premier étage de la tour Ouest. Les sujets empruntés à la mythologie et à la galanterie de l'époque sont accompagnés de quatrains et de distiques ravageurs. Sous le plafond à caissons richement décoré, une série de portraits (copies) des grands personnages des règnes de Louis XIII et de Louis XIV couronne l'ensemble.

Chapelle

La galerie des rois de France mène à la tour Sud qui abrite un petit oratoire orné d'un beau mobilier (retable de pierre du 16ᵉ s. représentant la Résurrection de Lazare et une Visitation du 18ᵉ s. en pierre polychrome et en costumes bourguignons).

Jardins et parc

Un parc de 34 ha, étagé en amphithéâtre avec de beaux escaliers de pierre, compose une magnifique toile de fond aux jardins attribués à Le Nôtre, aux statues (17ᵉ au 19ᵉ s.), aux fontaines et aux pièces d'eau.

**PORTRAITS
AUX ALOUETTES**
L'extrême abondance de portraits au sein du décor témoigne de la lutte du comte contre la solitude et l'oubli. Il reconstitue ainsi une sorte de « cour des mirages ».

PRÉTENTIEUX
Dans sa chambre, ce n'est pas de nostalgie que souffre le comte, mais plutôt de mythomanie. À tout le moins il a réuni de quoi faire de beaux rêves. Remarquez en passant l'adaptation de son épouse aux canons de l'époque.

alentours

Bussy-le-Grand
2 km au Nord.

Situé à flanc de colline – face à celle de Bussy-le-Châ-
teau – le village a vu naître le général Junot, fait duc
d'Abrantès par Napoléon. Il possède une grande **église**
du 12ᵉ s., restaurée, d'extérieur sobre et dont l'intérieur
est intéressant par son architecture (triple nef à piliers
sous arcades, coupole sur trompes à la croisée du transept), ses sculptures (chapiteaux historiés, ciborium
flamboyant) et son mobilier des 17ᵉ et 18ᵉ s. (boiseries
du chœur, chaire, aigle-lutrin). *De mai à fin sept. : 9h-19h.*

Alise-Ste-Reine *(voir ce nom)*
8 km au Sud.

B

MUSÉE GORSLINE
*Rue des Connets à
Bussy-le-Grand,*
☎ *03 80 96 03 29.*
Animé par la femme de
l'artiste, le musée
présente des œuvres
originales de Douglas
Gorsline (1935-1985),
connu pour ses
nombreuses illustrations
de livres et de
magazines.

Chablis

« Porte d'or » de la Bourgogne, Chablis, petite ville
baignée par le Serein, est la capitale du prestigieux
vignoble de la basse Bourgogne.

La situation
Cartes Michelin nᵒˢ 65 plis 5, 6 ou 238 pli 11 – Yonne (89).
À équidistance d'Auxerre et de Tonnerre (environ 16 km
sur la D 965).
🚩 *1 quai du Biez, 89800 Chablis,* ☎ *03 86 42 80 80.*

Le nom
Capulum ou *Schabl* serait à l'origine du nom ; autrement
dit un câble, celui qui servait à passer le gué de la rivière
avec plus de sérénité.

Les gens
2 594 Chablisiens, parmi les plus septentrionaux des
vignerons, fiers et opiniâtres, la terre étant ici particulièrement dure à travailler.

Affiche de la Chablisienne.

carnet pratique

RESTAURATION

• *Valeur sûre*

Le Vieux Moulin – ☎ *03 86 42 47 30 -
15,09/39,64€.* Cet ancien moulin à grains du
Moyen Âge a bien du charme et du
caractère. Vieilles pierres et poutres massives,
banquets dans la salle des machines,
aujourd'hui silencieuses, outils agricoles aux
murs... sans oublier la vue sur la rivière
coulant sous la maison. Cuisine
traditionnelle.

Hostellerie des Clos – ☎ *03 86 42 10 63
- fermé 22 déc. au 18 janv. - 32,78/68,60€.*
Entrez par la rue ou par le jardin dans ce
restaurant au cœur du village. Au royaume
du Chablis, ce restaurant réputé y tient une
bonne place. Salle à manger contemporaine
ouvrant sur le jardin. Couleurs vives dans les
chambres rénovées.

HÉBERGEMENT

• *À bon compte*

Chambre d'hôte La Marmotte – *2 r. de
l'École - 89700 Collan - 7,5 km au NE de
Chablis par D 150 puis D 35 -* ☎ *03 86 55
26 44 -* 🖂 *- 3 ch.: 34/42€.* Au cœur d'un
petit village typique, une vieille maison bien
rénovée avec poutres anciennes et pierres

apparentes. Les chambres sont coquettes
avec chacune leur couleur. Petit-déjeuner
dans le jardin d'hiver avec sa fontaine. En
saison et occasionnellement, table d'hôte sur
réservation. Gîte avec cheminée.

ACHATS

Château Long-Depaquit – *45 r. Auxerroise
-* ☎ *03 86 42 11 13 - lun.-sam. 9h-12h30,
13h30-18h - fermé Noël-Nouvel an et
1ᵉʳ mai.* Sur réservation, la visite des chais et
la dégustation commentée de trois vins,
accompagnée de gougère (pâte à choux
additionnée de fromage, poivrée et cuite au
four). Seul domaine où l'on peut trouver le
Chablis grand cru La Moutonne.

Domaine Laroche – *10 r. Auxerroise -*
☎ *03 86 42 89 28 -
www.michellaroche.com - sur RV : avr.-déc. :
tlj 9h30-12h30, 14h-18h ; jan.-mars :lun.-
sam. 9h-12h30, 14h-18h - visite de
l'Obédiencerie 9,91€/pers.* Visite de
l'Obédiencerie, ses caves et son pressoir
construit au 13ᵉ s. L'Obédiencerie de Chablis,
noble et ancestrale demeure du 9ᵉ et du
16ᵉ s., abrite dans ses caves une petite
crypte, qui a reçu de 877 à 887 les reliques
du grand saint Martin.

Les vignobles autour de Chablis.

LA FÊTE BIS

Le 4ᵉ w.-end de nov. a lieu la Fête des vins de Chablis – dégustation, exposition, repas gastronomique, danse - et déb. février la fête de la Saint-Vincent tournante qui se célèbre à tour de rôle dans chaque village du Chablisien - procession et banquet.

LE VIN DE CHABLIS

D'origine très ancienne (on peut situer sa naissance à la fin de l'empire romain) ce vignoble relancé par les moines de Pontigny au Moyen Âge a connu au 16ᵉ s. sa plus grande prospérité. Il y avait alors à Chablis et dans la région plus de 700 propriétaires viticulteurs.

De nos jours, le **vin blanc de Chablis,** sec et léger, est toujours fort apprécié pour sa saveur fine et son bouquet délié. Son parfum particulier s'élabore vers le mois de mars qui suit la récolte et conserve longtemps une remarquable fraîcheur. Le cépage est le chardonnay appelé « beaunois » dans la région. L'aire de production s'étend sur une vingtaine de communes, de Maligny et Ligny-le-Châtel au Nord à Pouilly-sur-Serein au Sud, de Viviers à l'Est à Courgis à l'Ouest. Il semble que depuis deux ans les vignes se soient répandues dans des limites très élargies, du fait qu'il n'y a plus de quotas.

Ce vignoble regroupe quatre appellations :

Les « chablis grands crus » les plus prestigieux, sont groupés sur les coteaux abrupts de la rive droite : Vaudésir, Valmur, Grenouilles, les Clos, les Preuses, Bougros et Blanchots.

Les «chablis premiers crus » s'étendent, sur les deux rives du Serein, sur le territoire de Chablis et des communes environnantes (30 ha).

Ensuite viennent les « chablis » dont le vignoble est le plus étendu, puis les « petits chablis ».

visiter

Église St-Martin

Juil.-août : tlj ; sept.-juin : dim. ☎ *03 86 42 80 80.*

Elle date de la fin du 12ᵉ s. C'est l'ancienne collégiale des chanoines de St-Martin-de-Tours qui, ayant fui devant les Normands, firent une fondation pour y abriter les reliques de leur saint. Sur les vantaux du portail latéral droit (dit « Porte aux fers »), de style roman, remarquer les pentures du début du 13ᵉ s., et les fers à cheval, ex-voto des pèlerins à saint Martin. L'intérieur forme un ensemble homogène, inspiré de Saint-Étienne de Sens.

Église St-Pierre

Seules trois travées subsistent de cet édifice roman, église paroissiale jusqu'en 1789. C'est un excellent exemple de style bourguignon de transition.

Chalon-sur-Saône ✶

Centre portuaire, industriel et commercial d'une grande activité, Chalon est aussi la capitale économique d'une riche zone de culture et d'élevage, au cœur d'un vignoble dont certains crus sont dignes de leurs grands voisins. Ses foires sont très suivies et les fêtes du Carnaval attirent une foule considérable.

La situation

Cartes Michelin n°s 69 pli 9 ou 243 pli 27 – Saône-et-Loire (71). Au point de jonction de la Saône et du canal du Centre ; au carrefour de plusieurs nationales (N 6, N 78, N 80) et sur le passage de l'A 6. **🛈** *Bd de la République, 71100 Chalon-sur-Saône,* ☎ *03 85 48 37 97.*

Le nom

Cavillonum est fondée à l'époque gallo-romaine sur les bases d'un port (déjà !) éduen.

Les gens

Agglomération de 75 447 Chalonnais, ce qui en fait la deuxième de Bourgogne. Selon une tradition qui remonte au 16e s. ils deviennent des « gôniots » (« personnes mal habillées » en patois) pour leur très ludique carnaval.

IMAGES DE NIEPCE

Une statue (quai Gambetta), un musée à son nom et un monument à St-Loup-de-Varennes *(7 km au Sud de Chalon),* où fut mise au point sa découverte, perpétuent son souvenir.
Quant à la toute première photographie, *Le Toit des Cras,* prise de sa fenêtre à St-Loup après 10 h de temps de pose, sur une plaque d'étain recouverte de bitume de Judée, elle est conservée dans un bain d'hélium à l'université d'Austin au Texas.

comprendre

De l'Empire romain à l'empire Schneider – Sa situation en bordure d'une grande voie navigable, et à un important carrefour de routes fit choisir cette place par Jules César comme entrepôt de vivres au temps de ses campagnes en Gaule.
Du Moyen Âge on retiendra la foire des sauvagines, marque du rôle de carrefour européen joué par la cité.

LES SAUVAGINES

Chalon doit une part de sa célébrité à ses foires aux « sauvagines », peaux de petits animaux à fourrure tels que renards, fouines ou blaireaux... Elles avaient lieu deux fois par an et duraient un mois, comptant parmi les plus fréquentées d'Europe. Mais si la fourrure a longtemps été chez elle à Chalon, le marché du cuir s'est en grande partie substitué aujourd'hui à cette ancienne activité. La mode du vêtement de cuir, lisse ou craquelé, s'est considérablement développée depuis une trentaine d'années.

La création du canal du Centre (fin 18e s.-début 19e s.), puis celle des canaux de Bourgogne et du Rhône au Rhin ont encore développé le commerce régional par voie d'eau.
À la même époque Chalon vit **Joseph Nicéphore Niepce** (né en 1765, au 15 r. de l'Oratoire) faire preuve d'un génie inventif. Il met au point, avec son frère Claude, un moteur dont le principe est celui du moteur à réaction, le « Pyréolophore ». Il imagine aussi une sorte de draisienne, l'ancêtre de la bicyclette. Passionné pour la lithographie (gravure sur pierre) il réussit, en 1816, à fixer en négatif l'image obtenue au moyen de la chambre noire, puis, en 1822, à obtenir une image positive fixée. Après ces résultats, Niepce élabore vers 1826 un procédé de photogravure : **l'héliographie.** L'inventeur de la photographie meurt à Chalon en 1833, six ans avant la consécration officielle de sa trouvaille par Arago.
En 1839, les usines **Schneider** du Creusot installent au débouché du canal du Centre une importante usine dite « le Petit Creusot », devenue « Creusot-Loire ».
Les chantiers navals entreprirent dès lors la construction d'une longue série de bateaux métalliques : torpilleurs, sous-marins et contre-torpilleurs. C'est ainsi que 81 torpilleurs furent montés pour le compte de la Marine nationale et les marines bulgare et turque, entre 1889 et 1906. Plus tard, les habitants de Chalon-sur-Saône ont pu voir des submersibles de type SC 1 croiser le long des quais de la ville. Cette dernière fabrication destinée à la Bolivie et au Japon ne s'arrêta qu'avec la Seconde Guerre mondiale.

HORS D'EAU

L'unité la plus importante fut le torpilleur Mangini, lancé en décembre 1911 pour la marine bolivienne. Long de 78,10 m, il avait un tirant d'eau de 3,08 m, trop fort pour pouvoir descendre le cours de la Saône. C'est avec un bateau porteur qu'il dut gagner la Méditerranée.

carnet pratique

VISITE

Visites guidées – Chalon-sur-Saône, qui porte le label **Ville d'art et d'histoire**, propose des visites-découvertes (1h30 à 2h) animées par des guides-conférenciers agréés par le ministère de la Culture et de la Communication. Renseignements à l'Office de tourisme ou sur www.vpah.culture.fr

RESTAURATION

• À bon compte

Bistrot – 31 r. Strasbourg - ☏ 03 85 93 22 01 - fermé sam. sf le soir en été, lun. midi en sais. et dim. - 12,96/24,39€. Un restaurant qui porte bien son nom... Boiseries murales, vieilles affiches, cartes postales anciennes et plaques publicitaires émaillées donnent le ton à ce vieux bistrot. Les petits plats du patron vacillent entre cuisine classique et régionale.

• Valeur sûre

Auberge des Alouettes – Rte de Givry - 71880 Châtenoy-le-Royal - 4 km à l'O de Chalon par D 69 - ☏ 03 85 48 32 15 - fermé 2 au 16 janv., 18 juil. au 9 août, dim. soir, mar. soir et mer. - 16,01/48,02€. Sur la route de Givry, un petit restaurant sympathique avec deux salles à manger rustiques et belle cheminée. Cuisine traditionnelle bien tournée à prix raisonnables. Terrasse d'été.

HÉBERGEMENT

• À bon compte

Hôtel St-Jean – 24 quai Gambetta - ☏ 03 85 48 45 65 - 25 ch.: 35,06/45,73€ - ⊊ 4,57€. Proche des quais de Saône, un ancien hôtel particulier du 19e s. Les chambres, simples mais confortables, sont desservies par un bel escalier en pierre. Salle des petits-déjeuners claire avec un mobilier en fer forgé peint.

• Valeur sûre

Hôtel St-Régis – 22 bd de la République - ☏ 03 85 90 95 60 - 🅿 - 36 ch.: 67,08/105,19€ - ⊊ 8,84€ - restaurant 21/27€. En plein centre-ville, cet hôtel au charme tout provincial a du caractère. Les chambres parfaitement tenues sont personnalisées et lumineuses. Salon-bar feutré avec ses fauteuils en cuir et ses boiseries. Salle à manger spacieuse et claire.

SORTIES

Place St-Vincent – Pl. St-Vincent. Bordée de maisons polychromes à colombages, cette place regroupe la majorité des cafés, bars à vin et pubs de la ville dont les terrasses se bousculent autour d'une fontaine.

Boogie Blues Bar – 35 r. d'Uxelles - ☏ 03 85 48 84 44 - lun.-jeu. 18h-2h, ven., sam. 18h-3h. Une cheminée et des sièges en osier constituent en tout et pour tout le décor de ce petit café. Bercés par la voix de Georges Brassens, les connaisseurs et autres habitués se retrouvent ici autour de cocktails maison pour discuter art et littérature dans une ambiance enjouée.

Aux Colonies des Arômes – 67 Grande-Rue - ☏ 03 85 93 99 40 - mar.-sam. 8h30-19h - fermé 2 sem. janv. Terrasse et verrière font la part belle à la lumière dans ce salon de thé bleu et blanc, meublé de canapés et de fauteuils en osier et au sol recouvert de jonc de mer. On y déguste des thés Mariage et de nombreux cafés dans une atmosphère toute en demi-teinte.

ACHATS

De la place St-Vincent à la place de l'Hôtel-de-Ville, vous traversez le Chalon commerçant. Sur votre droite, la rue aux Fèvres, la Grande Rue et la rue St-Georges sont, elles aussi intéressantes à parcourir.

La Maison des vins de la Côte Chalonnaise – 2 prom. Ste-Marie - ☏ 03 85 41 64 00 - lun.-sam. 9h-19h - fermé j. fériés. La maison des vins se veut un lieu de sélection des meilleurs vins de la région (une centaine de crus). On vous y enseignera aussi l'art de la dégustation et du choix.

Le Cellier Saint-Vincent – 14 pl. St-Vincent - ☏ 03 85 48 78 25 - mar.-sam. 9h-12h, 14h-19h ; dim. 9h-12h30 - fermé j. fériés. Le propriétaire a dessiné lui-même les beaux meubles en frêne où reposent, bien sûr, tous les vins et alcools de la région, mais aussi des verres de dégustation créés à Chalon-sur-Saône, baptisés les « Impitoyables », et spécialement conçus pour tirer le meilleur parti de chaque cru. Accueil charmant.

SPECTACLES

L'Abattoir – 52 quai St-Cosme - ☏ 03 85 90 94 70 - www.labattoir.com - horaires selon manifestations. De nombreux artistes et compagnies résident à l'Abattoir toute la saison pour la création de spectacles de rue. Le programme complet est actualisé chaque trimestre.

CALENDRIER

C'est autour de Mardi gras, fin mars, que la semaine de **carnaval** a lieu : parade musicale et grand jour des Gôniots. Animation assurée, la réputation de ce carnaval dépasse largement la ville de Chalon. Vaut le déplacement. À Chagny, 17 km au nord de Chalon, on se défoule à la fin du carnaval. Bamboula, le diable maléfique est jugé à la fin du 2e w.-end de carnaval. L'issue du jugement ne fait jamais de doute et Bamboula est guillotiné. Les mauvaises actions de tous, sont ainsi exorcisées.

À Chagny, 17 km au nord de Chalon, on se défoule à la fin du carnaval. Bamboula, le diable maléfique est jugé à la fin du 2e w.-end de carnaval. L'issue du jugement ne fait jamais de doute et Bamboula est guillotiné. Les mauvaises actions de tous, sont ainsi exorcisées.

À la Pentecôte, le ciel chalonnais se pare de couleurs multicolores lors des fameuses **Montgolfiades**.

Fin juil., festival « **Chalon dans la rue** » avec une trentaine de spectacles (comme son nom l'indique) de rue, qui transforment radicalement le visage de la cité (www.chalondanslarue.com).

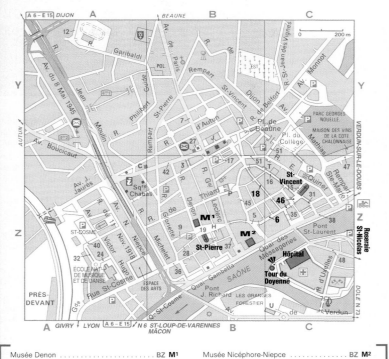

Spécialisée dans la métallurgie lourde, Creusot-Loire subit de plein fouet la crise sidérurgique de 1984. Cependant d'autres industries se sont implantées depuis les années 1970, dont Kodak (toujours la photo), St-Gobain, Framatome, L'Air Liquide et Water Queen (leader européen dans la fabrication d'articles de pêche), révélant le dynamisme économique de Chalon.

se promener

Maisons anciennes

Certaines des nombreuses demeures séculaires du Vieux Chalon présentent un cachet tout particulier et méritent d'être signalées, particulièrement dans le quartier St-Vincent, où de belles façades à colombages ont été dégagées sur la place du même nom (remarquer également, à l'angle de la rue St-Vincent, une statue du saint), dans la rue aux Fèvres, la rue de l'Évêché, etc. ; **rue St-Vincent** carrefour pittoresque à la jonction des rues du Pont et du Châtelet ; **rue du Châtelet,** au n° 37, belle façade du 17ᵉ s., avec bas-reliefs, médaillons et gargouilles ; **Grande-Rue** : au n° 39, vaste maison du 14ᵉ s. restaurée.

Cathédrale St-Vincent

Sanctuaire de l'ancien évêché de Chalon (supprimé en 1790), St-Vincent ne présente pas un aspect homogène. Ses parties les plus anciennes remontent à la fin du 11ᵉ s. ; le chœur est du 13ᵉ s. Sa façade et ses clochers néo-gothiques (1825) lui donnent un air étrange.

> **MARCHÉ**
> Vendredi et dimanche le marché anime la place St-Vincent.

Place St-Vincent.

À l'intérieur, les piliers cantonnés de pilastres cannelés et de colonnes engagées sont dotés pour certains de chapiteaux semblables à ceux d'Autun. Dans la chapelle absidale Nord, remarquer la grande armoire eucharistique contemporaine en bronze doré (1986). Dans le chœur, dais finement sculpté. Dans l'abside, triptyque de 1608 (Crucifixion).

◀ Dans la chapelle donnant accès à la sacristie, voûte à cinq clés pendantes et beau vitrail représentant la femme aux douze étoiles de l'Apocalypse.

Le bras droit du transept ouvre sur un cloître du 15e s., restauré, où se trouvent quatre belles statues en bois ; la cour du cloître a retrouvé son puits.

Dans le bas-côté droit, nombreuses pierres tombales et chapelles fermées par des claustras (« grilles » de pierre).

Hôpital

Avr.-mai : visite guidée (1h1/2) mer. à 14h30 ; juin-sept. tlj sf lun. et dim. à 14h30 ; hors sais. : mar.-mer. et dim. à 14h30. 3,05€. ☎ *03 85 48 65 55.*

Seul le bâtiment à degrés d'inspiration flamande date de la construction initiale (1528). Le premier étage, réservé aux religieuses, comprend des pièces lambrissées dont l'infirmerie qui abrite quatre lits fermés de rideaux. Le réfectoire et le couloir des cuisines meublé de vaisseliers remplis d'étains et de cuivres sont particulièrement remarquables. La pharmacie (1715) présente une collection de pots du 18e s. classés selon les potions qu'ils contiennent : écorces, racines, bois, feuilles, etc.

Les bâtiments s'étendirent à partir du 17e s., et dès le début du 18e s. certaines pièces furent ornées de magnifiques **boiseries**★.

La chapelle, d'architecture métallique (1873), a recueilli des œuvres d'art provenant des parties démolies à l'époque : boiseries armoriées, chaire du 17e s., rare Vierge à l'encrier et verrières Renaissance.

*Le cachet
des pharmacies
anciennes !*

Tour du Doyenné

Ce beffroi du 15ᵉ s., jadis proche de la cathédrale, puis démonté en 1907, a été réédifié à la pointe de l'île. Du sommet, panorama sur la ville. Non loin, beau tilleul, provenant des pépinières de Buffon.

Roseraie St-Nicolas★

Des quais, 4 km par les ponts des îles de la Saône, au Sud, puis la rue Julien-Leneuveu, à gauche. 🏃 *Au départ de l'aire de loisirs St-Nicolas, circuit pédestre de 5 km : 1 h 1/2 au cœur de la roseraie.*

Cette prestigieuse roseraie (comptant quelque 25 000 plants) dissémine ses parterres au milieu d'immenses pelouses semées de conifères ou de jeunes pommiers.

La roseraie St-Nicolas.

Église St-Pierre

Construite de 1698 à 1713 dans un style italien, cette ancienne chapelle bénédictine présente une façade imposante (refaite au 19ᵉ s.).

À l'intérieur s'ouvrent une vaste nef et un chœur sous coupole peuplés de statues dont certaines sont du 17ᵉ s. : saint Pierre et saint Benoît à l'entrée du chœur, sainte Anne et la Vierge terrassant le dragon dans le transept. Dans le chœur, stalles sculptées et orgue d'époque Régence surmonté d'un Saül jouant de la harpe.

visiter

Musée Denon★

Tlj sf mar. 9h30-12h, 14h-17h30. Fermé 1ᵉʳ et 8 mai, 14 juil., 15 août et 1ᵉʳ nov. 3,05€. ☎ *03 85 94 74 41.*

Installé dans une annexe (18ᵉ s.) de l'ancien couvent des Ursulines dotée pour lui d'une façade néoclassique, il porte le nom d'une des gloires de la ville : Vivant Denon.

> #### DOMINIQUE VIVANT, BARON DENON
>
> Né à Givry en 1747, diplomate de l'Ancien Régime, il fréquente Voltaire et Pierre-le-Grand. Graveur renommé, membre de l'Académie des beaux-arts en 1787, il part en Italie ; de retour à Paris, la Convention le considère comme un émigré : son ami le peintre David le sauve de justesse de la guillotine. Lors de la campagne d'Égypte il fait le relevé des monuments (préfiguration de l'égyptologie), avant de devenir le conseiller artistique de Napoléon Iᵉʳ, surintendant des arts en quelque sorte, grand pourvoyeur et organisateur des musées de France. Ayant quitté ses fonctions officielles, il se consacre comme son compatriote Niepce au procédé nouveau de la lithographie. Artiste complet, il est l'auteur d'un roman, *Point de lendemain,* qui fera l'admiration de son biographe Philippe Sollers ; il fut peintre aussi, ses autoportraits sont visibles au musée.

Le musée possède un échantillon de la peinture du 17ᵉ s. au 19ᵉ s. : l'école italienne est représentée par trois toiles baroques de Giordano, par son contemporain napolitain Solimène, par Bassano *(Plan de Venise, Adoration des bergers)* et le Caravage ; le Siècle d'or hollandais (17ᵉ s.) avec un *Bouquet de tulipes* de Hans Bollongier et des natures mortes de Deheem ; la peinture française du 19ᵉ s., par le *Portrait d'un Noir* de Géricault et les paysages préimpressionnistes du peintre chalonnais Étienne Raffort.

L'ethnographie retrace la vie chalonnaise et la navigation sur la Saône aidée par un ensemble de meubles régionaux. Une très belle collection de bois gravés d'avant la Révolution présente de façon savoureuse les mœurs de nos ancêtres, constituant une source de documentation également étudiée.

Le rez-de-chaussée est réservé aux pièces archéologiques, la plupart retrouvées lors de dragages de la Saône : silex préhistoriques de Volgu (région de Digoin-Gueugnon – les plus grands et les plus beaux que l'on connaisse ; des « feuilles de laurier » datant du solutréen – *voir la Roche de Solutré*), et nombreux objets métalliques ou lapidaires gallo-romains et médiévaux.

> **COMME À ROME**
> Ne manquez pas le très réaliste groupe gallo-romain en pierre : un lion terrassant un gladiateur.

Musée Nicéphore-Niepce★★

Tlj sf mar. 9h30-11h30, 14h30-17h30 (juil.-août : tlj sf mar. 10h-18h). Fermé j. fériés. 3,05€, gratuit 1er dim. du mois. ☎ 03 85 48 41 98.

📷 Situé dans l'hôtel des Messageries (18e s.), au bord de la Saône, le musée contient une très riche collection d'images et matériels anciens qui permet de suivre la découverte et les évolutions de la photographie. L'évolution de la photochimie et de l'optique est illustrée par des collections prestigieuses. Remarquer les premiers matériels de Nicéphore Niepce et de Daguerre (son associé en 1829, lequel développe un matériel commercialisable : le **Daguerréotype**), le Grand Photographe de Chevalier (vers 1840), les appareils Dagron ou Bertsch pour la photographie microscopique, les Dubroni (photographie instantanée, 1860), les canons à ferrotype (support métallique au lieu du verre), les cyclographes (photographie panoramique, 1890) de Damoiseau, la « photosculpture » de Givaudan... La présentation permet également de suivre les progrès spectaculaires de l'image : projection lumineuse (lanternes magiques), vues stéréoscopiques (relief), premières éditions d'albums par W. H. Fox Talbot (« The Pencil of Nature » 1844), premières photographies en couleur, les photochromies de Louis Ducos du Hauron (1868), holographie (1948-1970)... Cette progression s'accélère au 20e s. qui voit l'apparition du format 24 x 36 (1923) et le succès populaire de la « photo ». Parmi les pièces exposées, on trouve les premiers Kodak, des petits appareils espions, l'appareil lunaire d'Hasselblad (programme Apollo) et le Globuloscope panoramique (1981).

circuit

LA CÔTE CHALONNAISE

Circuit de 70 km – environ 3 h.
Quitter Chalon au Sud-Ouest par la N 80. Rejoindre la D 98 que l'on prend à droite vers Givry. Entre les Côtes de Beaune et de Nuits au Nord, le Mâconnais et le Beaujolais au Sud, la Côte chalonnaise forme un trait d'union. Elle produit certains crus réputés, tels que le mercurey, le givry, le montagny, le rully et nombre de très grands vins de table outre de grands ordinaires.

Givry

Givry produit des vins appréciés depuis longtemps : ils constituaient l'ordinaire d'Henri IV. La localité offre l'aspect d'une tranquille petite cité de la fin du 18e s., avec son hôtel de ville installé dans une porte monumentale de 1771, ses fontaines et son **église**, chef-d'œuvre de Gauthey, couverte de coupoles et de demi-coupoles ; quatre groupes de deux grosses colonnes entourent la nef. La halle ronde, ancienne halle aux grains, dont les grandes arcades laissent apercevoir la jolie spirale de l'escalier central, date du début du 19e s.
Continuer au Nord sur la D 981.

Château de Germolles

De juil. à fin août : visite guidée (1h) tlj sf mar. 10h-12h, 14h-18h30. 3,05€. ☎ 03 85 45 10 55.
Cette maison forte du 13e s. – que précède une ferme du 14e s., à fenêtres à meneaux – fut rachetée au 14e s. par Philippe le Hardi et transformée en « maison de plaisance ducale » pour Marguerite de Flandre. Il en reste la belle poterne à tours rondes et chapelles superposées, le vaste cellier roman-gothique et, séparé de l'entrée, le corps de logis renflé de deux tourelles d'escalier.
À Germolles prendre à gauche un chemin vicinal dans la vallée des Vaux.

TOUJOURS EN POINTE
Inauguré en 1972, ce musée de la photographie a été le premier du genre en Europe.

L'appareil utilisé par Charles-Louis Chevalier, dénommé « Grand Photographe ».

LA « VOIE VERTE »
📷 C'est à Givry que « démarre » la Voie Verte pour Cluny. Sur 44 km, cette ancienne voie ferrée a été reconvertie en promenade. Très appréciée des familles, elle fait le bonheur des randonneurs à pied ou à vélo.

OMNIPRÉSENT
Né à Chalon en 1732, **Émiland Gauthey** a laissé sa patte d'architecte un peu partout en Bourgogne, du canal du Centre à l'hôtel de ville de Tournus en passant par l'église de Louhans.

Vallée des Vaux

C'est le nom donné à la pittoresque haute vallée de l'Orbise. À partir de Mellecey, les villages situés à mi-côte présentent le type des villages viticoles avec les celliers attenants aux maisons : St-Jean-de-Vaux *(où débute la D 124 que l'on prend à droite),* St-Mard-de-Vaux.

On peut gagner Rully à 7 km au Nord par la D 981.

Rully

Ce gros village consacré au vin, rouge, blanc, ou effervescent, possède un château médiéval doté d'un donjon du 12ᵉ s. bien conservé.

Rejoindre la N 6 et redescendre vers Chalon.

Chapaize★

À proximité du Bisançon, rivière que borde à l'Est la belle forêt de Chapaize, ce petit village agricole abrite quelques maisons typiques du vignoble de la Côte (dont certaines remontent au 18ᵉ s.). Il est dominé par une église très originale, dernier témoin d'un prieuré roman fondé au 11ᵉ s. par les bénédictins de Chalon.

La situation

Cartes Michelin nᵒˢ 69 pli 19 ou 243 pli 39 – Saône-et-Loire (71). 16 km à l'Ouest de Tournus par la D 14.

Le nom

Chapaize pourrait dériver du latin *campus* et désigner la plaine qui jouxte la forêt. La présence d'un monastère lui a valu pendant longtemps le nom de Mouthier-en-Chapaize.

visiter

Église St-Martin★

Construite du premier quart du 11ᵉ s. au début du 13ᵉ s., en belle pierre calcaire locale, dans un style roman marqué d'influences lombardes (des maçons venus d'Italie ayant sans doute participé à sa réalisation), elle se fait remarquer par la hardiesse de son clocher.

Extérieur – De plan basilical à nef centrale rehaussée (au 12ᵉ s.), l'église montre des murs latéraux épaulés d'épais contreforts et une sobre façade au pignon triangulaire souligné d'arcatures.

Véritable campanile lombard toutefois bâti (au milieu du 11ᵉ s.) sur la croisée du transept où il s'élève à une hauteur inattendue (35 m), le **clocher** accroît l'effet de son envolée par de subtils artifices architecturaux : coupe rectangulaire à peine marquée, premier étage – aussi

> **SYMBOLE DE POUVOIR**
> Au même titre que le chœur, le clocher est un privilège inscrit dans la féodalité : autrement dit, le seigneur du village étant maître du clocher, plus ce dernier sera beau et élevé, plus le sire sera puissant.

L'étonnant campanile de l'église de Chapaize. Un escalier extérieur, ajouté au 18ᵉ s., permet d'accéder à la base de la tour-clocher.

haut que les deux autres additionnés – discrètement pyramidal et orné de bandes lombardes verticales, des arcatures horizontales délimitant les étages supérieurs, baies inégales et de niveaux décalés, dont la largeur augmente avec l'élévation...

Le chevet a été refait au début du 13ᵉ s. dans l'élégante simplicité de celui de Lancharre, tandis que les toitures ont été remplacées, en lauzes, vers la fin du 14ᵉ s.

Des sculptures archaïques rongées par les intempéries ornent d'un décor floral ou d'un visage les chapiteaux des baies de la façade et du clocher ; remarquer, sur la face Nord de celui-ci, la colonne où s'adosse un personnage en pied – préfiguration de statue-colonne.

Intérieur – L'intérieur à trois nefs, d'un sombre dépouillement, surprend dès l'entrée par deux singularités : l'énormité des piliers (4,80 m de circonférence) et leur dévers accentué, surtout vers la gauche. Ces piles rondes, chapeautées d'impostes en triangle, forment sept travées (dont deux pour le chœur) et reçoivent les lourds arcs doubleaux de la voûte (surélevée, en berceau brisé, au 12ᵉ s.) avec ceux encadrant les voûtes d'arêtes centrales des bas-côtés. La croisée du transept est voûtée d'une admirable coupole ovoïde sur trompes, soutenue par des arcs en plein cintre. Abside et absidioles, voûtées en cul-de-four, sont éclairées la première par de larges baies, les secondes par des fenêtres axiales dont l'une ornée de colonnettes à chapiteaux sculptés (baies latérales percées au 19ᵉ s.).

alentours

Lancharre

2 km au Nord-Est. Le hameau englobe les vestiges d'un couvent de chanoinesses établi au 11ᵉ s. par les sires de Brancion. L'**ancienne église** conventuelle, émouvante dans son abandon, réunit deux édifices accolés des 12ᵉ et 14ᵉ s. composant le chevet et le transept sur lequel s'élève, à gauche, un clocher carré percé de grandes baies ogivales. De la nef disparue, où prend place le cimetière, il ne subsiste qu'un pan de mur et la première travée jouxtant le chœur.

À l'intérieur, on remarque les vastes absides et absidioles, voûtées en cul-de-four, le chœur dont l'arc triomphal retombe sur deux élégants piliers aux chapiteaux sculptés de têtes et la coupole sur trompes supportant le clocher.

À VOIR

Une dizaine de dalles funéraires médiévales, certaines gravées d'effigies de dames ou de chevaliers.

La Charité-sur-Loire★

Dominée par les clochers de son admirable église, La Charité s'étage sur un coteau baigné par la Loire, majestueuse, franchie par un très beau pont de pierre en dos d'âne.

La situation

Cartes Michelin nᵒˢ 65 Sud du pli 13 ou 238 pli 21 – Nièvre (58). C'est la seule ville sur la Loire nivernaise qui n'occupe pas un site de confluent. Entre Cosne et Nevers sur la N 7. Belle vue d'ensemble de la ville à partir du pont. 🇧 *Pl. Ste-Croix, 58400 La Charité-sur-Loire,* ☎ *03 86 70 15 06.*

Le nom

Le petit bourg édifié à cet endroit s'appela tout d'abord Seyr, ce qui signifie « ville au soleil » d'après une étymologie phénicienne. L'abbaye réorganisée au 11ᵉ s. attire voyageurs, pèlerins et pauvres. Connaissant l'hospitalité des religieux, beaucoup venaient solliciter « la charité des bons pères ». « Aller à la charité » passa dans le langage courant et le nom fut attribué à la localité.

Les armes

Les armes de la ville marquent la prodigalité légendaire des religieux : trois bourses d'or ouvertes sur champ d'azur.

LA CHARITÉ-SUR-LIVRES

Une association de libraires motivés est à l'origine de cette nouvelle « cité du livre » qui regroupe déjà une dizaine de professionnels. Facilement identifiables à leurs enseignes, les boutiques sont regroupées en bas de la Charité, non loin des rives de la Loire.

carnet pratique

HÉBERGEMENT ET RESTAURATION

• *À bon compte*

Camping Municipal La Saulaie – *Quai de la Saulaie -* ☎ *03 86 70 00 83 - silacharite@wanadoo.fr - ouv. 29 avr. au 15 sept. -* ✉ *- réserv. conseillée - 100 empl.: 10,82€.* Dormez dans les bras de la Loire en plantant votre tente dans ce camping sur l'île de la Saulaie, tout près de la plage. Randonnées pédestres sympathiques pour les amateurs. Piscine sur place. Tennis, pêche et tir à l'arc à proximité.

Relais de Pouilly – *58150 Pouilly-sur-Loire - 11 km au N de La Charité-sur-Loire par N 151 puis N 7 -* ☎ *03 86 39 03 00 -* **P** *- 24 ch.: 38,11/60,22€ -* ⊡ *6,40€ - restaurant 14/24€.* Cet hôtel est en bordure de la nouvelle voie express mais les chambres bien insonorisées lui tournent le dos et s'ouvrent sur un jardin. De plus, elles sont agréables avec leurs meubles en bambou. Salle à manger avec vue sur la verdure.

• *Valeur sûre*

Hôtel Le Grand Monarque – *33 quai Clemenceau -* ☎ *03 86 70 21 73 - fermé 15 fév. au 18 mars et dim. soir du 12 nov. au 31 mars -* **P** *- 15 ch.: 48,78/102,14€ -* ⊡ *7,62€ - restaurant 21/36€.* En bordure des quais, un hôtel dont le bâtiment initial date du 17e s. transformé au fil des siècles. Quelques belles chambres confortables. La salle à manger panoramique ouvre sur un petit jardin avec vue sur le pont de La Charité. Cuisine traditionnelle. Menu enfant.

ACHATS

Domaine Hervé-Seguin – *3 r. Joseph-Renaud - 58150 Pouilly-sur-Loire - prendre la route de Donzy sur 1 km -* ☎ *03 86 39 10 75 - tlj 10h-12h, 14h-19h.* Ce domaine propose trois types de vins très spécifiques : le pouilly-sur-loire issu du chasselas, le pouilly-fumé fait exclusivement de sauvignon et un pouilly-fumé cuvée prestige. Ce cru s'enorgueillit également d'une cuvée spéciale, élevée en fût de chêne et baptisée la Barboulotte, du nom que l'on donne dans la région aux coccinelles et qui fait référence aux traitements bio de la vigne réservée à cette cuvée.

CALENDRIER

Amateurs de livres anciens ou modernes, la Charité-sur-Loire accueille chaque année, le 3e dimanche de juillet, une **foire aux livres anciens** qui réunit des exposants de la France entière. *Association Seyr-Livres,* ☎ *03 86 70 18 99.*

comprendre

La pucelle et le brigand – Fortifiée au 12e s., la ville, « poste considérable à cause du passage de la Loire », allait être l'enjeu de luttes entre les Armagnacs et les Bourguignons au cours de la guerre de Cent Ans.

Occupée par les premiers, partisans de Charles VII, la ville est prise en 1423 par **Perrinet-Gressard**, aventurier appointé à la fois par le duc de Bourgogne et par les Anglais. En décembre 1429, Jeanne d'Arc, venant de St-Pierre-le-Moutier *(voir Nevers)*, met le siège devant **La Charité**. Mais l'insuffisance des troupes, les rigueurs du froid et peut-être une « merveilleuse finesse », jamais élucidée, de Perrinet-Gressard l'obligent à lever le siège. Quant à Perrinet-Gressard, il ne rendra la ville à Charles VII qu'après 1435 et la signature de la paix d'Arras entre Armagnacs et Bourguignons, moyennant une forte rançon et la charge à vie de capitaine de La Charité.

> **L'ENJEU DE LA CHARITÉ**
> La ville fera à nouveau l'objet de plusieurs changements de mains, entre cette fois les catholiques et les protestants (1559-1577). En 1570, elle fait partie des quatre places de sûreté des huguenots en France.

visiter

Les remparts

De l'esplanade proche du collège (rue du Clos), jolie **vue**★ sur le chevet de l'église et ses absidioles étagées, sur la Loire, la vieille ville et les remparts (leur origine remonte à 1164) dont le parcours présente aussi un intérêt panoramique.

Le clocher de la prieurale dominant la Loire, vu de la rive opposée.

FILLE AÎNÉE DE CLUNY
Le prieuré bénédictin et son église, dépendant de l'ordre de Cluny, ont été construits dans la seconde moitié du 11e s. Le pape Pascal II consacra l'église en 1107 dont le plan et la décoration furent modifiés peu après.

LES TYMPANS
Sur le tympan extérieur on voit la Vierge intercédant auprès du Christ pour obtenir la protection du monastère de la Charité représenté par le moine Gérard, son fondateur et premier prieur. Sur le linteau sont figurées des scènes de la vie de la Vierge : l'Annonciation, la Visitation, la Nativité, l'Annonce aux bergers. Dans le croisillon droit, on peut voir le second tympan qui dépeint la Transfiguration avec l'Adoration des Mages et la Présentation au Temple.

Église prieurale Notre-Dame★★

Visite : 1 h. Possibilité de visite guidée. S'adresser à l'Office de tourisme.

Malgré ses blessures, l'édifice reste l'un des plus dignes représentants de l'architecture romane en Bourgogne. Avec ses cinq nefs, 122 m de longueur, 37 m de largeur et 27 m de hauteur sous la coupole, elle était, après celle de Cluny, la plus grande de France et pouvait contenir cinq mille personnes. Elle faisait partie des cinq privilégiées honorées du titre de « fille aînée de Cluny » et ne possédait pas moins d'une cinquantaine de « filiales » jusqu'à Constantinople.

Extérieur – Isolée du reste de l'édifice par l'incendie de 1559 qui ravagea une bonne partie de la ville, la façade se dresse place des Pêcheurs. Des deux tours qui encadraient le portail central subsiste celle de gauche, l'ample **tour Ste-Croix** édifiée au 12e s. De plan carré, à deux étages de fenêtres, elle est surmontée d'une flèche couverte d'ardoise remplaçant l'originale en pierre. Elle est décorée d'arcatures aveugles et de motifs sculptés figurant des rosaces. Les deux portes sont murées ; l'une d'elles conserve son **tympan**.

Les marches du portail central roman, dont il ne subsiste que des vestiges et qui fut remplacé par une construction gothique au 16e s., donnent accès à la place Ste-Croix, qui occupe l'emplacement des six travées de la nef détruites au cours de l'incendie de 1559.

Dans l'ancien bas-côté Nord, qui, de la fin du 12e s. au 18e s., fut transformé en église paroissiale, sont encastrées des habitations ; des arcatures du faux triforium y sont encore en partie visibles.

Intérieur – L'église actuelle occupe les quatre premières travées de la nef originelle, le transept et le chœur.

Fort mal restaurée en 1695, la nef a perdu son intérêt mais le transept constitue avec le chœur un magnifique ensemble roman. La croisée est surmontée d'une coupole octogonale sur trompes ; les croisillons comptent trois travées et deux absidioles remontant au 11e s., c'est la partie la plus ancienne de l'édifice.

Un bestiaire à huit motifs souligne le faux triforium dont les arcatures quintilobées, d'inspiration arabe, sont supportées par des pilastres ornementés. Vitraux modernes de Max Ingrand.

Sortir de l'église par le croisillon Sud.

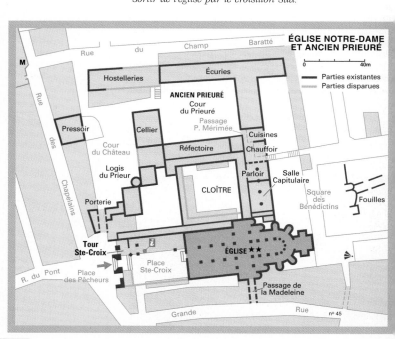

ÉGLISE NOTRE-DAME ET ANCIEN PRIEURÉ

Vue sur le chevet★ – Le passage de la Madeleine (16ᵉ s.) voûté d'ogives permet de rejoindre le chevet de l'église et de remonter vers le **square des Bénédictins** *(en cours d'aménagement)*, d'où l'on découvre le bel ensemble formé par le chevet, le transept et la tour octogonale de l'abbatiale. Dans le square, des fouilles ont mis au jour la deuxième église du prieuré (église Saint-Laurent) consacrée au culte des morts.

Ancien prieuré

Une ambitieuse campagne d'achats et de restaurations ▶ tente de redonner vie et unité à ce vaste ensemble (250 m de côté) qui a gardé de très beaux éléments : salle capitulaire (14ᵉ s.), cloître (18ᵉ s.), réfectoire, salon et salle à manger du prieur... Dans la basse cour du prieuré (appelée aujourd'hui cour du Château), on voit encore le logis du prieur (début 16ᵉ s.) avec sa jolie tourelle à sept pans et la porterie.

Musée

Avr.-nov. : tlj sf lun. et mar. 10h-12h, 14h-18h (juil.-août : tlj sf mar. 10h-12h, 14h-19h) ; déc.-mars : w.-end et j. fériés 10h-12h, 14h-18h. Fermé Pâques, 8 mai, 11 nov., 25 et 31 déc. Gratuit. ☎ 03 86 70 34 83.

Une large place est faite aux objets découverts lors des ▶ fouilles réalisées entre 1975 et 1981 au chevet de l'église prieurale Notre-Dame : fragments lapidaires, carreaux de pavage, objets domestiques utilisés par les moines (12ᵉ-16ᵉ s.). Sont présentées par ailleurs des œuvres du sculpteur Alfredo Pina (1885-1966), proche de Rodin, ainsi que des céramiques de la manufacture de Sèvres. La salle des tailleurs de limes évoque cette activité qui fut importante dans le canton de 1830 à 1960 environ.

EXPOSITIONS
Chaque été sont organisées dans les bâtiments conventuels des expositions se rapportant à l'histoire du prieuré ou aux travaux de rénovation.

SI VOUS AIMEZ
Belle collection d'objets décoratifs des périodes Art nouveau et Art déco : verreries de Lalique, Daum, Gallé.

circuit

Forêt des Bertranges

🚶 *Circuit de 45 km.* Distante de quelque 5 km à l'Est de la Loire, cette forêt domaniale couvre environ 10 000 ha de ses belles futaies de chênes mêlés de hêtres et aussi parfois de sapins et mélèzes.

Quitter La Charité par le Nord-Est, N 151. Prendre ensuite à droite la D 179 et, après Raveau, la D 138 (vers Chaulgnes). Au lieu dit la Vache, prendre la route forestière du Rond de la Réserve sur 1 km environ.

On arrive devant la « fontaine de la Vache », source limpide voisine d'un beau chêne isolé.

Faire demi-tour et prendre à droite une autre route forestière empierrée qui mène à celle de la Bertherie où tourner à droite.

On atteint alors le **Rond de la Réserve,** carrefour forestier entouré de résineux et de jeunes peuplements de chênes. Du Rond, gagner au Sud les Bois-de-Raveau, hameau précédé par la maison forestière dite de l'Usage défendu, puis, par la D 179 tout en montées et descentes successives, le village de St-Aubin-les-Forges où l'on prend à droite la D 117 jusqu'à **Bizy** dont on remarque le château bordé d'un charmant étang ; si l'on prend à gauche, c'est celui de Sauvage qui apparaîtra, tel le château de la Belle au bois dormant.

Emprunter à droite la D 8 et, encore à droite, la D 110, route de Chaulgnes.

Cette petite route pittoresque s'élève en procurant d'agréables vues sur la forêt et les localités les plus proches ; sa descente finale fait découvrir la cuvette où se tapit le bourg de **Chaulgnes** dominé par son église.

Continuer la D 110, au-delà de Chaulgnes, jusqu'à l'embranchement de Champvoux.

L'**église de Champvoux** (13ᵉ s.), amputée de sa nef (dont il reste les murs à contreforts et les vestiges sculptés du portail), séduit par son abside coiffée de toits coniques ; dans le chœur, les chapiteaux naïfs des deux piliers et le blason (daté de 1668) de la chapelle axiale.

La D 110 puis la N 7 ramènent à La Charité.

EXPLICATION
Vous remarquerez sans doute les nombreux vestiges d'ateliers. C'est que, comme l'indique le nom des villages de St-Aubin-les-Forges ou Beaumont-la-Ferrière, le massif fut très longtemps, jusqu'au 19ᵉ s., le lieu d'une intense activité métallurgique, grâce au charbon de bois, à la présence généreuse de minerai de fer et au port de La Charité, très animé du temps de la navigation sur la Loire *(voir Digoin).*

LOISIRS
La vaste et belle forêt des Bertranges offre un large choix d'activités : randonnées pédestres ou équestres, pêche, mini-golf, visites de maisons à thème... Demander la carte touristique du massif forestier à l'Office de tourisme.

Charlieu★

Marché actif dès l'époque médiévale sur la voie reliant la vallée de la Saône à celle de la Loire, Charlieu, ville fleurie, est un grand centre de bonneterie et de tissage de soieries, en usines comme dans de petits ateliers familiaux.

◄ Mais c'est surtout à son unité architecturale et à ses trésors archéologiques que Charlieu doit sa renommée.

Pour plus de détails, lire « Charlieu, ville d'art », en vente à l'accueil de l'abbaye.

La situation
Cartes Michelin n°s 73 pli 8 ou 239 pli 11 – Loire (42).
Carrefour de routes du Brionnais : Roanne est à 20 km, Mâcon à 77 km.
⑧ *Pl. Saint-Philibert, 42190 Charlieu,* ☎ *04 77 60 12 42.*

Le nom
Probablement issu comme Charolles de *carratus,* voie de passage des chars romains.

Les gens
3 582 Charliendins sous l'influence conjuguée du prie-Dieu et du métier à tisser.

découvrir

Abbaye bénédictine★
Visite : 1 h.
Fondée vers 870 et rattachée à Cluny vers 930, l'abbaye fut transformée en prieuré un siècle plus tard. Au 12e s. elle bénéficia de la collaboration des architectes et des artistes de Cluny qui reconstruisirent l'église et ajoutèrent le narthex, ainsi que de l'aide de Philippe Auguste, son protecteur, qui la fit fortifier.

MAGIE DES DATES
L'exploration systématique des ruines de l'abbaye se fit en 1927, soit mille ans après son rattachement à Cluny.

L'abbaye-forteresse ne résista pas à la tourmente révolutionnaire. Le prieuré bénédictin, où vivaient encore deux moines, fut sécularisé en mars 1789. Les bâtiments et l'église St-Fortuné, « la plus parée des filles de Cluny », furent en grande partie démolis.

Les **fouilles** attestent de la succession de deux églises du 9e s., du 10e s. et, légèrement désaxée, d'une abbatiale du 11e s. Cette dernière présentait une nef de quatre travées flanquées de collatéraux, un transept et un chœur à absidioles orientées. De St-Fortuné (ce nom est-il bien adapté ?) ne subsistent que le narthex et la première travée dont les chapiteaux sont typiques du Brionnais.

BON PLAN
La place de l'Abbaye offre un point de vue sur les deux portails qui font l'attrait majeur de l'abbaye. Notez la belle couleur ocre jaune des bâtiments abbatiaux.

◄ **Façade★★** – La façade Nord du narthex s'ouvre par un **grand portail** du 12e s., à l'éblouissante décoration sculptée. Le tympan figure le Christ en majesté dans une mandorle, soutenue par deux anges et entourée des symboles des quatre évangélistes ; sur le linteau sont représentés la Vierge assistée de deux anges et les douze

carnet pratique

HÉBERGEMENT

• À bon compte
Chambre d'hôte La Violetterie – 71740 St-Maurice-lès-Châteauneuf - 10 km au NE de Charlieu par D 487 puis D 987 (dir. La Clayette) - ☎ 03 85 26 26 60 - fermé 11 nov. à Pâques - ⌷ - 3 ch.: 37/46€. Cette maison bourgeoise du 19e s. est charmante avec son perron et son portail à l'entrée de la cour. L'accueil de l'hôtesse l'est tout autant. Les chambres sont claires et ouvrent sur le jardin. Boiseries et cheminée dans le salon-salle à manger.

• Valeur sûre
Chambre d'hôte Domaine du Château de Marchangy – 42190 St-Pierre-la-Noaille - 5,5 km au NO de Charlieu par D 227 puis rte secondaire - ☎ 04 77 69 96 76 - marchangy@net-up.com - ⌷ - 3 ch.: 68/91€ - repas 25€. Au milieu de son parc, ce château du 18e s. en fera rêver plus d'un avec sa cour d'honneur, ses dépendances, ses écuries et sa ferme. Ciels de lit dans les chambres spacieuses, calmes et confortables. Terrasse et piscine. Vue sur les vignes et la campagne.

Tympan du grand portail (12e s.) de l'ancienne abbaye de Charlieu.

apôtres ; aux impostes des piédroits apparaissent, mutilés, à gauche, le roi David et Boson, roi de Bourgogne et de Provence, à droite, saint Jean Baptiste et l'évêque Robert, fondateur de l'abbaye.

Au-dessus de l'archivolte, on ne peut manquer l'agneau pascal à la toison très fouillée. Aux voussures et sur les colonnes, qui encadrent la porte, s'allient les motifs géométriques et floraux dont la luxuriante décoration, d'inspiration orientale, est un héritage des croisades.

Dans le tympan du **petit portail** à droite (du 12e s. aussi) s'inscrit la scène des Noces de Cana ; à l'archivolte est représentée la Transfiguration du Christ, au linteau le Sacrifice de l'Ancien Testament.

> ### LE DÉMON
> Sur la face intérieure du jambage de gauche remarquer la Luxure, représentée par une femme aux prises avec de monstrueux reptiles.

Visite

Mars-oct. : tlj sf lun. 9h30-12h30, 14h-18h30 (de mi-juin à mi-sept. : tlj 9h30-19h) ; nov.-fév. : tlj sf lun. 10h-12h30, 14h-17h30. Fermé en janv. et 25 déc. 3,81€. ☎ *04 77 60 09 97.*
En entrant, on laisse à gauche les fondations des trois sanctuaires qui se sont succédé à cet emplacement et dont on verra mieux le plan depuis la salle du Chartrier.

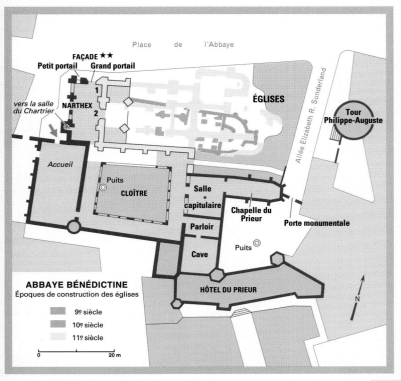

Daniel dans la fosse aux lions.

AUX TRAVÉES

Après le narthex, dans la 1re travée de l'ancienne église du 11e s., on observera d'intéressants chapiteaux : Daniel dans la fosse aux lions (décidément en vogue) et une sirène bicaudée.

MIEUX VOIR

La salle offre une vue d'ensemble sur les fondations des trois sanctuaires qui se sont succédé à cet emplacement et que distinguent la couleur des joints et la verdure de la pelouse. La vue englobe également la tour Philippe-Auguste, l'hôtel du Prieur et les toits de la ville.

Cloître – Il a été édifié au 15e s., en remplacement de l'ancien, roman. Un vieux puits subsiste, adossé à la galerie Ouest. Dans la galerie Est, six arcades massives reposent sur des colonnettes jumelées dont les chapiteaux présentent une ornementation fruste de feuilles d'acanthe, d'oiseaux et de motifs géométriques.

Salle capitulaire – Elle date du début du 16e s. Ses ogives reposent sur un pilier rond portant un lutrin sculpté dans la masse.

Chapelle du Prieur – Elle a été édifiée à la fin du 15e s. Le carrelage de terre cuite a été reconstitué sur le modèle ancien. La chapelle est surmontée d'un clocheton couvert de lamelles de bois.

Les deux salles suivantes constituent le musée Armand-Charnay.

Parloir – Cette belle salle voûtée du début du 16e s. abrite un **musée lapidaire** où, à côté d'anciens chapiteaux du prieuré, on remarque deux bas-reliefs : l'un, carolingien du 10e s., représente Daniel dans la fosse aux lions ; l'autre, du 12e s., représente l'Annonciation dans un ensemble de quatre arcades accolées.

Cave – Cette cave voûtée de deux berceaux en plein cintre abrite un **musée d'Art religieux** comportant un bel ensemble de statues en bois polychrome du 15e s. au 18e s., dont une Vierge à l'Oiseau, provenant de l'église d'Aiguilly, près de Roanne, et une Vierge à l'Enfant, toutes deux gothiques du 15e s.

◀ **Narthex** – Édifice rectangulaire de 17 m de longueur sur 10 m de largeur environ, il comprend deux salles superposées, voûtées d'arêtes, dans l'une desquelles a été placé un **sarcophage gallo-romain** (1), trouvé au cours de fouilles. À l'Est, le mur est constitué par la façade occidentale de l'ancienne église St-Fortuné, consacrée en 1094, qui comporte : un portail (2), dont le tympan, encadré de trois voussures à arêtes vives, figure le Christ en majesté ; deux baies géminées à voussures, séparées à l'extérieur par un pilier flanqué d'une colonnette cannelée à chapiteau corinthien ; au-dessus, deux figures affrontées.

◀ **Salle du Chartrier** – On y accède par un escalier à vis. À l'Est, la grande baie est flanquée de deux petites arcades aveugles et surmontée de belles voussures reposant sur les chapiteaux à feuillages des colonnes engagées.

Avant de sortir de l'abbaye, rejoindre la cour pour voir l'hôtel du Prieur.

Hôtel du Prieur

On ne visite pas.

La **porte monumentale** du 16e s., en anse de panier, est surmontée de créneaux décoratifs et d'un blason de prieur. Le logis du Prieur borde au Sud de la chapelle une élégante cour ornée en son centre d'un puits ancien dont le couronnement est en fer forgé. C'est une construction de 1510 avec deux tours d'angle hexagonales, une charpente en châtaignier, et des toits à longues pentes recouverts de petites tuiles de Bourgogne. Sur la tour située à l'angle Sud-Est de la cour figure le blason des prieurs de La Madeleine.

Tour Philippe-Auguste

Cette imposante tour, de belle pierre ocrée, construite vers 1180 sur l'ordre de Philippe Auguste, qui estimait la place forte de Charlieu « très utile à la couronne », faisait partie du système défensif de l'abbaye.

se promener

En flânant dans la vieille ville, on découvrira de nombreuses habitations du 13e au 18e s.
À l'angle de la place et de la rue Grenette, la maison en pierre, du 13e s., présente, à l'étage, des fenêtres géminées réunies par une colonnette.

Église St-Philibert

Du 13ᵉ s., cette église sans transept possède une nef de cinq travées, flanquée de bas-côtés, et un chœur rectangulaire, caractéristique de l'art bourguignon. Elle abrite de beaux objets d'art : chaire en pierre monolithe du 15ᵉ s., stalles des 15ᵉ et 16ᵉ s. avec jolis panneaux peints. Dans une chapelle, Vierge du 16ᵉ s. (Notre-Dame de Charlieu). Dans la chapelle Ste-Anne à droite du chœur, retable peint sur pierre (15ᵉ s.), représentant la Visitation et la Nativité. Dans la chapelle St-Crépin, à gauche du chœur, Pietà du 17ᵉ s. et statuette de saint Crépin, patron des cordonniers et des bourreliers, en bois polychrome.

Ancien Hôtel-Dieu

Le bâtiment du 18ᵉ s., dont on peut apprécier la belle façade sur la rue Jean-Montel, regroupe deux musées. ▶

Musée de la Soierie – *Tlj sf lun. 14h-18h (de mi-juin à mi-sept. : tlj 10h-19h). Fermé en janv. et 25 déc. 3,05€.* ☎ 04 77 60 28 84.

Il témoigne des traditions de tissage de la soie implantées à Charlieu.

Dans la grande salle à gauche, statue de Notre-Dame-de-Septembre, patronne de la puissante corporation des tisserands, portée chaque année lors de la procession. Un bel échantillonnage des productions locales de soieries (luxueuses robes anciennes, créations personnalisées pour les grandes familles...), accompagnant les imposants métiers à tisser, offre un reflet de l'évolution des techniques depuis le 18ᵉ s.

L'ensemble du matériel présenté fonctionne en démonstration, comme par exemple un grand **ourdissoir** vertical du 19ᵉ s. et des métiers à tisser du 20ᵉ s. de plus en plus automatisés.

À l'étage, exposition des tissus et des créations de grands couturiers, projection vidéo sur les techniques traditionnelles et actuelles du tissage de la soie.

Musée hospitalier – ♿ *Mêmes conditions de visite que le musée de la Soierie.*

L'hôtel-Dieu, où officièrent pendant trois siècles les religieuses de l'ordre de Sainte-Marthe, a cessé son activité en 1981. Transformé en musée, il témoigne de l'atmosphère quotidienne d'un petit hôpital de province, de la fin du 19ᵉ s. aux années 1950. L'apothicairerie a conservé ses boiseries du 18ᵉ s., où prennent place tiroirs à plantes, flacons de verre « bouchés à l'émeri » et pots en faïence. Faisant suite à la salle d'opérations (instruments de chirurgie) et à la salle de soins, la lingerie conserve

> **PROCESSION**
> La Fête des Tisserands a lieu le 2ᵉ dimanche de septembre. Charlieu est le siège de leur dernière corporation en France.

Les modes changent !

> **UNE MONTAGNE**
> Les armoires contenaient jusqu'à 850 draps, surabondance induite par la rareté des lessives limitées à deux par an.

CHARLIEU

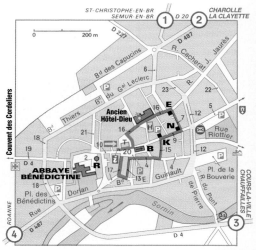

Les âmes du Purgatoire.

de belles **armoires régionales**. L'une des deux grandes salles des malades a été reconstituée avec son double alignement de lits ceints de rideaux, son décor et ses meubles anciens ; par la fenêtre qui permettait aux malades d'assister de leur lit à l'office, on contemple la chapelle qui abrite un bel autel en bois doré, au devant paré de cuir de Cordoue.

Dans cette même rue Jean-Morel, on atteint le n° 32.

La **Maison des Anglais**, du début du 16e s., montre, à l'étage, des fenêtres à meneaux séparées par une niche gothique ; deux échauguettes flanquent la façade.

Tourner à droite dans la rue André-Farinet.

Au n° 29, maison du 13e s., en pierre ; au n° 27, la **maison Disson**, à pans de bois, du 15e s. ; à l'angle en vis-à-vis, au n° 22, l'ancien grenier à sel du 14e s.

Prendre à droite dans la rue Charles-de-Gaulle.

La **maison des Armagnacs**, au n° 9, des 13e et 14e s., présente deux fenêtres géminées, surmontées d'arcs trilobés, décorés à gauche d'un motif floral, à droite d'une tête humaine ; l'étage à pans de bois surplombe le tout.

Par la rue Michon, la rue Chanteloup, commerçante, gagner la rue du Merle.

Aux angles formés avec la rue des Moulins (n° 11), puis avec la rue des Moulins et la place St-Philibert, se dressent de vieilles maisons à pans de bois.

Couvent des Cordeliers★

Sortir à l'Ouest par la rue Ch.-M.-Rouillier. Mars-oct. : tlj sf lun. 10h-12h30, 14h30-18h (de mi-juin à mi-sept. : tlj 10h-19h) ; fév. et nov. : tlj sf lun. 10h-12h30, 14h30-17h. Fermé déc.-janv. 3,05€. ☎ *04 77 60 12 42.*

C'est au 13e s. que les bourgeois de Charlieu firent appel aux franciscains qui s'établirent à St-Nizier-sous-Charlieu. Situés hors des remparts de la ville, les bâtiments de leur couvent ont souffert de la guerre contre les Anglais, comme des bandes de routiers. Ils ont fait récemment l'objet d'une complète restauration. Les galeries du **cloître** (fin 14e-15e s.) sont décorées de motifs végétaux très variés. Les chapiteaux de la galerie Nord représentent, par des personnages et des animaux traités de façon facétieuse, vices et vertus (un chapiteau représente un très beau visage de moine, duquel se dégagent sérénité et bonté ; un autre a pour thème la danse macabre). La galerie Ouest s'orne d'une frise de feuilles de chêne avec sur les chapiteaux des escargots, des lapins et des chenilles.

L'**église** (14e s.) à nef unique, sans transept, avec trois chapelles latérales au Sud (fin 15e s., début 16e s.), a été, en partie, restaurée. Entièrement peinte à l'origine, elle conserve quelques fragments de ce décor dans le chœur.

Le cloître gothique, en pierre blonde, vendu pour être démonté pierre par pierre et transporté aux États-Unis, a pu fort heureusement être racheté par l'État en 1910.

Charolles

L'ancienne cité de Charles le Téméraire est un lieu de séjour agréable et un excellent point de départ pour découvrir dans un rayon de 30 km des curiosités aussi variées que Cluny, la Clayette, les églises du Brionnais ou le mont St-Vincent.

L'Arconce, la Semence et les canaux qui y serpentent donnent à ses quais, ses vieilles rues et ses placettes fleuries un air de vacances, ainsi que le surnom de « Petite Venise du Charolais ».

La situation

Cartes Michelin nos 69 plis 17, 18 ou 243 pli 37 – Saône-et-Loire (71).
Soulagée par une déviation de la N 79 entre Paray-le-Monial et Mâcon (54 km à l'Est). 🚩 *Couvent des Clarisses, 71120 Charolles, ☎ 03 85 24 05 95.*

Le nom

À partir du celte *Kadrigel*, « forteresse entourée d'eau », la ville s'est appelée *Quadrigillae* puis *Carolliae* à l'époque gallo-romaine.

Les gens

3 027 Charollais, qui seraient peut-être aujourd'hui Hongrois si le roi Raoul de Bourgogne n'avait repoussé ces envahisseurs en 929 (il fonda le prieuré de la Madeleine pour commémorer la victoire).

comprendre

ÉLEVAGE ET BAILLIAGE

La race charolaise – La richesse des herbages en Charolais et Brionnais, le savoir-faire des éleveurs sont à l'origine du succès de cette race bovine, universellement reconnue pour son rendement et la qualité de sa viande. À Charolles, plusieurs fois par an, des foires interdépartementales exposent à la vente : vaches, veaux, broutards, génisses et taureaux.

De mains en mains – Racheté par Philippe le Hardi en 1390, le comté passe dans l'héritage de Charles le Téméraire. À sa mort, Louis XI nomme un bailli royal à Charolles, qui passe à l'Autriche avec la dot de Marguerite de Bourgogne. Le statut particulier de la cité perdurera jusqu'en 1761, où elle sera rattachée à la couronne.

Le célèbre taureaux charolais.

se promener

Du 14ᵉ s. la ville conserve les vestiges du **château** des comtes de Charolais avec la fière tour du Téméraire et la tour des Diamants, aujourd'hui occupée par l'hôtel de ville. **Vue** agréable depuis les jardins en terrasse.
En bas de la rue Baudinot, l'ancien couvent des Clarisses où vécut dans sa jeunesse Marguerite-Marie Alacoque *(voir Paray-le-Monial)* abrite le syndicat d'initiative.

carnet pratique

HÉBERGEMENT ET RESTAURATION
• *Valeur sûre*
La Poste – *Av. de la Libération - près de l'église -* ☎ *03 85 24 11 32 - fermé 15 nov. au 1ᵉʳ déc., dim. soir et lun. - 19,82/68,60€.*
Sur la place du village, à côté de la poste, c'est une maison régionale à la façade fleurie. Deux salles à manger élégantes et terrasse d'été. Cuisine bien tournée. Les chambres sont personnalisées et bien insonorisées, certaines avec balcon.

ACHATS
Magasin en face de l'église : jetez un œil sur la faïence de Charolles. La production moderne est intéressante.

Le Prieuré

De juin à fin sept. : tlj sf mar. 14h30-18h30 ; avr.-mai : w.-end et j. fériés 14h30-18h30. 2,29€. ☎ 03 85 24 05 95.

Le bâtiment restant du prieuré de la Madeleine, du 15ᵉ s. abrite désormais une collection de chapiteaux (12ᵉ s.) et un musée. Remarquer, dans la salle capitulaire, les remarquables poutres sculptées et décorées de masques fantastiques.

◀ **Musée du Prieuré** – Il rassemble les œuvres des peintres régionaux Jean Laronze (1852-1937) et Paul-Louis Nigaud (1895-1937) ainsi qu'une belle collection de faïences de Charolles ; l'époque de Hippolyte Prost (1844-1892), fondateur de la première faïencerie et créateur du bleu de Charolles, est naturellement bien représentée. Une salle est consacrée au folklore charollais.

Musée René-Davoine

Promenade St-Nicolas. De juin à fin sept. : tlj sf mar. 14h30-18h30 ; d'avr. à fin mai : w.-end et j. fériés 14h30-18h30. 1,52€. ☎ 03 85 24 05 95.

L'atelier du sculpteur (1888-1962) abrite quelques-unes de ses œuvres majeures.

Institut charolais

10h-18h. 3,80€. ☎ 03 85 88 04 00.

Pour tout savoir sur la viande charolaise : de l'herbe à la viande grillée proposée en fin de visite.

> **RECONNAÎTRE UN CHAROLLES**
> Le dessin caractéristique est toujours fort bucolique, la pièce souvent bordée de dents de scie ou d'un fin peigné bleu et la marque de fabrique celle du « créateur de génie » : HP.

---

alentours

Vendenesse-lès-Charolles

À suivre, la restauration des fours à chaux (le site a été classé monument historique en 1998). Les travaux sont menés dans le cadre d'un chantier d'insertion, ce qui donne à cette opération une dimension toute particulière.

Mont des Carges★

12 km à l'Est.

D'une esplanade où s'élèvent les monuments au maquis de Beaubery et au bataillon du Charolais, une **vue**★ presque circulaire embrasse le pays de Loire à l'Ouest, tout le Charolais et le Brionnais au Sud, les monts du Beaujolais à l'Est.

Butte de Suin★

17 km à l'Est.

◀ À proximité de la D 17, à mi-chemin entre Charolles et Cluny, se dresse la butte de Suin, à 593 m d'altitude.

Laisser la voiture au parking derrière le monument aux morts, et prendre le sentier qui passe à droite de l'église. À hauteur de la statue de la Vierge, monter à droite les escaliers qui donnent accès à la table d'orientation (1/4 h à pied AR). De là, on découvre un magnifique **panorama**★★ circulaire.

> **PAPILLONS HUMAINS**
> Un peu comme les lépidoptères qui volent autour des céramiques de Charolles, les amateurs de deltaplane virevoltent à proximité de la butte de Suin.

Château-Chinon★

La capitale du Morvan se développe sur un site★ privilégié. Du haut de sa colline, forteresse naturelle facile à défendre, Château-Chinon fut successivement oppidum gaulois, camp romain, monastère, siège d'un château féodal et fief d'un maire futur président de la République. Combats, sièges en règle, hauts faits d'armes et soirées d'élections font valoir à la cité la devise : « Petite ville, grand renom ».

La situation

Cartes Michelin nᵒˢ 69 pli 6 ou 238 pli 36 – Nièvre (58).

Sur la D 978 entre Nevers (67 km) et Chalon-sur-Saône (89 km). Sur la ligne de faîte séparant les bassins de la Loire et de la Seine, la ville dévoile à la fois les plus hauts sommets du Morvan et la plaine du Nivernais.

🚹 *Pl. Notre-Dame, 58120 Château-Chinon, ☎ 03 86 85 06 58.*

carnet pratique

RESTAURATION

• À bon compte

Auberge de la Madonette – *58110 St-Péreuse - 14 km à l'O de Château-Chinon par D 978 et rte secondaire - ☎ 03 86 84 45 37 - fermé 15 déc. au 5 fév., mar. soir et mer. sf juil.-août - 10,52/41,16€.* Un petit restaurant bien sympathique qui renoue avec les recettes de grand-mère, aubergiste en son temps. Le résultat est réussi et le cadre résolument campagnard avec jardin fleuri ajoute au charme du lieu.

HÉBERGEMENT

• À bon compte

Camping Municipal Les Soulins – *58120 Corancy - 10,5 km au N de Château-Chinon par D 37, D 12 puis D 161 - ☎ 03 86 78 01 62 - ouv. 15 juin au 15 sept. - ⊡ - réserv. conseillée - 42 empl.: 8,38€.* Vous serez bien tranquille dans ce camping proche du lac avec les collines boisées en face comme décor. Jeux pour enfants.

Chambre d'hôte Les Chaumottes – *58120 St-Hilaire-en-Morvan - 5,5 km à l'O de Château-Chinon par D 978 - ☎ 03 86 85 22 33 - paul.colas@libertysurf.fr - fermé oct. à avr. - ⊡ - 3 ch.: 30/40€.* Ce petit manoir du 14ᵉ s. entièrement restauré est en pleine campagne. Les chambres sont spacieuses et confortables, deux ont vue sur Château-Chinon. Prenez votre petit-déjeuner dans la salle à manger rustique et colorée. Bon rapport qualité/prix. Gîtes disponibles.

Le nom

À l'époque celtique des Éduens, le nom du site évoquait une « cime blanche ». Au 12ᵉ s., le château *Castro Canino* donna son nom à la ville.

Les gens

2 307 Château-Chinonais. On ne présente plus leur ancien député-maire, **François Mitterrand** à qui ils doivent le fameux musée du Septennat.

visiter

Musée du Septennat★

Mai-sept. : tlj sf mar. 10h-13h, 14h-18h (juil.-août : tlj 10h-13h, 14h-19h) ; oct.-avr. : tlj sf mar. 10h-12h, 14h-18h. Fermé de janv. au déb. vac. scol. fév., 25 déc. 4,12€ (billet incluant musée du Costume : 6,10€). ☎ 03 86 85 19 23.

Situé au sommet de la vieille ville, il occupe un ancien couvent de clarisses (18ᵉ s.) et rassemble les cadeaux protocolaires reçus par François Mitterrand (maire de Château-Chinon entre 1959 et 1981) en sa qualité de chef d'État. Les collections se répartissent sur quatre étages et selon les deux septennats.

La variété des cadeaux est extrême : des vestiges archéologiques (Hydrie à figures rouges offerte par Caramanlis) côtoient les productions artistiques de maisons prestigieuses ou d'artisans locaux (Défense sculptée ajourée du Togo). Les plus richement décorés viennent souvent d'Arabie ou des Émirats qui privilégient la joaillerie (maquette d'un Boutre avec voile en or et Palmier d'or ciselé). Les arts orientaux sont représentés par de somptueuses pièces de mobilier et des objets finement travaillés (Vases de laque du Vietnam).

Magnifique travail de joaillerie.

Musée du Costume

&. *Juil.-août : 10h-13h, 14h-19h ; avr.-juin et sept. : tlj sf. mar. 10h-13h, 14h-18h. 3,81€ (enf. : 1,83€). ☎ 03 88 85 18 55.*

Installé dans l'ancien hôtel du 18ᵉ s. de Buteau-Ravisy, le musée présente une importante collection de costumes français, essentiellement du 18ᵉ s. au 20ᵉ s., en particulier du Second Empire. Il expose également des accessoires de mode et de toilette, dentelles, bourses, éventails, des gravures et revues de mode anciennes, des tissus d'ameublement. Reconstitution d'une cellule de visitandine. Chaque année est organisée une exposition sur le thème de la mode ou des arts textiles.

se promener

Panorama du Calvaire★★

Du square d'Aligre, monter à pied (1/4 h AR). Le Calvaire (609 m d'altitude), constitué par trois croix de pierre, est érigé à l'emplacement d'un oppidum gaulois et sur les vestiges d'un ancien château fort. Le panorama circulaire est admirable (table d'orientation). On a une vue d'ensemble sur Château-Chinon et ses toits d'ardoise, au loin sur les croupes boisées du Morvan. Les deux sommets, le Haut-Folin (901 m) et le mont Préneley (855 m), apparaissent au Sud-Est. Au pied de la colline, la vallée de l'Yonne s'ouvre à l'Est, tandis qu'à l'Ouest, dominant le bassin supérieur du Veynon, la vue se prolonge au-delà du Bazois jusqu'au Val de Loire.

Promenade du Château★

Une route, à flanc de coteau, fait le tour de la butte. Partir du faubourg de Paris et revenir par la rue du Château.

Le vieux Château-Chinon

De la porte Notre-Dame, reste d'un rempart édifié au 15e s., il est agréable d'arpenter les ruelles au cachet médiéval, en particulier le week-end, lorsqu'elles sont très animées.

Ceux qui préfèrent les réalisations modernes peuvent aller voir la **Fontaine monumentale** située face à la mairie, composée de sculptures indépendantes articulées, dues au couple Jean Tinguely et Niki de Saint-Phalle ainsi que le quartier des Gargouillats autour du collège, aux bâtiments conçus avec des matériaux traditionnels mais dans un style futuriste.

alentours

LAC DE PANNESIÈRE-CHAUMARD★

Quitter Château-Chinon au Nord puis emprunter la D 37. Suivre la route qui fait le tour du barrage.

☉ Le plus grand des lacs morvandiaux se répand sur près de 7,5 km dans un joli **site**★ de collines boisées plus sauvage que celui des Settons. Une route franchit la crête du barrage d'où la **vue** s'étend sur les ramifications de la retenue tandis qu'à l'horizon se profilent les sommets du haut Morvan.

Barrage de Pannesière-Chaumard – Construit en 1949, long de 340 m et haut de 50 m, il est constitué de multiples voûtes minces, prolongées sur chaque rive par des digues massives en béton ; 12 contreforts prennent appui sur le fond de la gorge. Par sa retenue de 82,5 millions de m³ il régularise le régime des eaux du bassin de la Seine. Une usine hydroélectrique est installée en aval et produit près de 18 millions de kWh par an.

Près de la D 944, en aval de l'ouvrage principal, a été édifié un barrage de compensation long de 220 m et composé de 33 voûtes minces. Il permet de restituer à l'Yonne sous un débit constant l'eau turbinée par l'usine au rythme de la demande en courant électrique et il favorise l'alimentation en eau du canal du Nivernais.

Pour un beau **point de vue**★ sur le plan d'eau, rendez-vous à **Ouroux-en-Morvan** par la D 301 en direction de Montsauche. De l'église et de la place Centrale, deux rues conduisent au panorama.

Revenir sur le lac par Courgermain, prendre à gauche un chemin vicinal vers les Quatre Vents.

Très sinueux, le chemin offre dans sa descente des vues sympathiques sur le site.

Poursuivre au Sud pour revenir à Château-Chinon.

BALTHUS

Le grand peintre contemporain a vécu entre 1954 et 1961 au château de Chassy (à 2 km du lac par la D 126) occupé par les comtes de Choiseul au 16e s. Les paysages du Morvan prennent dans ses toiles une allure à la fois élégante et mystérieuse. Une rétrospective de cette période (20 tableaux sur 60 réalisés) a été faite l'été 1999 au musée des Beaux-Arts de Dijon.

circuit

VALLON DU TOURON★
Circuit de 30 km – environ 1h1/2. Se rendre à Arleuf (9 km à l'Est).

Arleuf
Presque tous les pignons des maisons, tournés vers l'Ouest, présentent cette particularité d'être revêtus d'ardoises qui les protègent des pluies.

Se diriger vers le Nord (D 500).

Tout près du village des Bardiaux, les restes d'un **théâtre** gallo-romain de 700 places peut faire encore illusion. Après une descente, la route franchit le vallon du Touron. À hauteur des Brenots, on reconnaît au Sud les croupes boisées du Haut-Folin.

La D 500 continue de courir à flanc de pente, dans le décor très vert d'un paysage vallonné où paissent de blancs troupeaux, et débouche finalement sur la D 37, qui à gauche ramène à Château-Chinon.

Châtillon-Coligny

Sur les bords du Loing et du canal de Briare, agrémentés de vieux lavoirs, Châtillon-Coligny avec son église assez surprenante et les restes de son château montre du caractère.

La situation
Cartes Michelin n°s 65 pli 2 ou 238 pli 8 – Loiret (45). À 22 km au Sud de Montargis par la D 93. ⌷ *2 pl. Coligny, 45230 Châtillon-Coligny,* ☎ *02 38 96 02 33.*

Le nom
Autrefois Châtillon-sur-Loing, la commune a adopté le patronyme de son seigneur, Gaspard de Coligny.

Les gens
1 946 Châtillonnais. Les Becquerel se sont distingués grâce aux quatre savants de la famille dont Antoine, né à Châtillon en 1788, et connu pour ses recherches sur les piles.

L'église de Châtillon-Coligny.

comprendre

L'amiral de France devenu huguenot – Né en 1519 à Châtillon, **Gaspard II de Coligny** avait les faveurs de Henri II lorsqu'il passa à la réforme. Après avoir mené des batailles auprès du connétable de Montmorency, il participa activement avec Condé aux guerres de Religion et fut victime des massacres de la Saint-Barthélemy.

En 1937, un monument a été érigé dans le parc du château, à l'emplacement de la chambre où il est né, par des souscripteurs hollandais afin de rappeler l'union de Louise de Coligny, fille de l'amiral, avec Guillaume d'Orange, gouverneur général des Pays-Bas.

> **NOMS DE PLUME**
> En 1893, Sidonie **Colette** épousa H. Gauthier-Villars, alias Willy, à Châtillon-Coligny où elle vivait chez son frère le docteur Robineau. Cette union est aussi le début d'une curieuse collaboration littéraire.

visiter

Château
Au début du 16e s., le maréchal de Châtillon (Gaspard Ier de Coligny) se fit construire une somptueuse demeure auprès d'un château médiéval antérieur ne conservant que le donjon roman polygonal, très original, édifié entre 1180 et 1190 par le comte de Sancerre. La Révolution n'a épargné que le donjon, haut d'une cinquantaine

de mètres (dont 26 en pierre), et les souterrains qui le desservaient. Du bel ensemble Renaissance, subsistent les trois terrasses monumentales et un puits sculpté attribué à Jean Goujon.

En contrebas, l'église des 16e et 17e s. est flanquée d'un campanile accolé à une porte des anciens remparts.

Antoine Becquerel.

Musée

Avr.-oct. : tlj sf lun. 14h-17h30, w.-end et j. fériés 10h-12h, 14h-17h30 ; nov.-déc. et janv.-mars : w.-end. et j. fériés : 14h-17h30. Fermé 1er janv. et 25 déc. 1,52€. ☎ 02 38 92 64 06.

Installé dans l'ancien hôtel-Dieu fondé au 15e s., le musée présente principalement des portraits et documents concernant les familles de Coligny et de Montmorency qui possédèrent successivement le domaine de Châtillon. Remarquer le guéridon d'époque Louis-Philippe, orné de plaques de Sèvres représentant le maréchal de Luxembourg et les connétables de Montmorency. Un petit département est consacré à l'archéologie locale, de l'âge du fer à l'époque mérovingienne : tombes celtes, trésors monétaires gallo-romains, riches parures féminines barbares, etc.

alentours

Montbouy

6 km au Nord. Les vestiges d'un amphithéâtre gallo-romain du 1er s. sont visibles au Nord du village.

Cortrat

12 km au Nord-Ouest, par Montbouy. La petite **église** rurale est entourée de son ancien cimetière. Le **tympan**★ gravé est d'une facture primitive ; les personnages et les animaux qui apparaissent dans ses linéatures représenteraient la création du monde. *Demander la clé à la ferme à côté de l'église. Mr Bernard Bannery.*

Arboretum national des Barres

⬛ *8 km au Nord-Ouest. De mi-mars à mi-nov. : 10h-18h. 5€ (enf. : 2,5€). ☎ 02 38 97 62 21.*

Cet arboretum fait partie du domaine de l'École des Eaux et Forêts. Les collections et plantations expérimentales, dont certaines ont près de 150 ans, groupent 3 000 espèces ou variétés d'arbres et d'arbustes.

Le site des écluses de Rogny.

Rogny-les-Sept-Écluses★

10 km au Sud. 🏛 La construction des sept écluses de Rogny, entreprise par ordre d'Henri IV en 1605 et placé sous les directives de l'architecte Hugues Cosnier, pour faire passer les eaux du canal de Briare sur un dénivelé de 34 m, du vallon de la Trézée à la vallée du Loing, s'inscrivait dans le vaste projet d'unir la Méditerranée à l'Atlantique et à la Manche. Cet ouvrage d'art auquel participèrent 12 000 ouvriers, considérable pour l'époque, ne fut livré à la navigation qu'en 1642. Il est désaffecté depuis 1887. Actuellement, six autres écluses plus espacées et contournant la colline assurent le trafic du canal de Briare.

Des sapins bordent, comme autrefois, les sept écluses disposées en marches d'escalier. La rigole ne les alimente plus que rarement, mais le site a conservé un vrai charme.

Châtillon-sur-Seine★

Cette coquette petite ville, baignée par la Seine encore chétive, reçoit les eaux abondantes de la Douix, source vauclusienne émergeant au cœur de la cité. Son autre grande curiosité est le cratère de Vix.

La situation

Cartes Michelin n°s 65 pli 8 ou 243 pli 2 – Côte-d'Or (21). Desservie par la N 71 (Dijon à 85 km au Sud), la D 965 et la D 980 (Montbard). La Seine y fait une double boucle.

🛈 *4 pl. Marmont, 21400 Châtillon-sur-Seine,* ☎ *03 80 91 13 19.*

Le nom

Dérivé de « château ». La ville s'est en effet développée au 9e s. autour d'une forteresse, qui servira plus tard d'avancée au duché de Bourgogne.

Les gens

6 269 Châtillonnais, la Dame de Vix non comprise. Une place porte le nom d'**Auguste de Marmont**, né à Châtillon en 1774. Il fut un fidèle de Napoléon (aide de camp en Italie, fait duc de Raguse en 1808 et maréchal d'Empire l'année suivante) jusqu'aux Cent Jours. Fin mars 1814 il conclut sous son propre chef un cessez-le-feu pour les troupes qu'il commande avant de rejoindre Talleyrand. Sa tombe se trouve au cimetière près de St-Vorles.

> **CHÂTILLON-SUR-LAINE**
> L'élevage du mouton devint la grande ressource des plateaux du Châtillonnais, c'est pourquoi le commerce de la laine connut à Châtillon une activité très florissante jusqu'au 18e s.

comprendre

Cent ans après – À un siècle d'intervalle, Châtillon a vécu des heures historiques. En février 1814, alors que **Napoléon Ier** défend pied à pied les approches de la capitale, a lieu à Châtillon un congrès entre la France et les puissances alliées – Autriche, Russie, Angleterre, Prusse. Napoléon repousse les propositions qui lui sont faites (les coalisés demandent les frontières antérieures à 1792) ; la lutte reprend et se termine par la chute de l'Empire.

En septembre 1914, les troupes françaises battent en retraite devant la violente poussée des Allemands. Le général **Joffre**, commandant en chef des armées françaises, a installé son quartier général à Châtillon-sur-Seine ; c'est de là qu'il lance son fameux ordre du jour du 6 septembre : « Au moment où s'engage une bataille dont dépend le salut du pays, il importe de rappeler à tous que le moment n'est plus de regarder en arrière... » L'avance allemande est stoppée et la contre-attaque française sur la Marne prend l'ampleur d'une grande victoire.

La source de la Douix. Au même titre que celle, proche, de la Seine, la résurgence fit l'objet d'une dévotion au début de notre ère.

se promener

Source de la Douix★

Elle jaillit dans un site ravissant, au pied d'un escarpement rocheux, haut de plus de 30 m, environné de verdure. Cette source vauclusienne collecte les eaux d'autres résurgences et les infiltrations du plateau calcaire. Le débit normal est de 600 l par seconde mais peut atteindre 3 000 l en période de crue.

La promenade aménagée sur la plate-forme rocheuse est agréable. La source des Ducs coule à l'ombre de magnifiques marronniers. De la promenade, on découvre une jolie vue sur la ville, la vallée et la piscine.

Église St-Vorles

De mi-juin à mi-sept. : 10h30-12h, 14h30-17h30 ; d'avr. à mi-juin : mer., w.-end et j. fériés 10h30-12h, 14h30-17h30 ; de mi-sept. à mi-nov. : w.-end et j. fériés 14h30-16h30. Fermé de mi-nov. à fin mars. ☎ 03 80 91 24 67.

LÀ-HAUT
L'église domine le quartier du Bourg. De la terrasse ombragée, la vue s'étend sur la ville basse et la vallée. À proximité se dressent les ruines du château et la tour de Gissey.

◄ L'édifice a plus de 1 000 ans. De sa structure originelle, il a conservé quelques archaïsmes carolingiens (double clocher, double transept, chapelle haute). Le chœur a un aspect typiquement roman et en maints endroits on peut voir des arcatures lombardes.

La chapelle basse St-Bernard garde le souvenir de saint Bernard qui y vécut le « miracle de la lactation » devant la statue de Notre-Dame-de-Toutes-Grâces.

Le bras Nord du transept renferme une Mise au tombeau Renaissance.

visiter

Musée du Châtillonnais★

D'avr. à mi-nov. : tlj sf mar. 9h-12h, 14h-18h (de mi-juin à mi-sept. : 9h-12h, 13h30-18h) ; de mi-nov. à fin mars : tlj sf mar. 10h-12h, 14h-17h. Fermé 1er janv., 1er mai, 25 déc. 4,27€. ☎ 03 80 91 24 67.

VASE DE VIX
Vous ne verrez pas de plus gros, même en Grèce : haut de 1,64 m, large de 1,27 m, d'un poids de 208 kg, il est capable de contenir 1 100 l de vin. Mesurez-vous à lui. Le couvercle original du cratère est disposé dans une autre vitrine.

◄ Installé depuis 1950 dans la maison Philandrier, jolie demeure d'époque Renaissance, il devrait déménager en 2002 dans l'ancienne abbaye Notre-Dame. Des fouilles, pratiquées depuis plus de cent ans dans la région, notamment à Vertault (20 km à l'Ouest de Châtillon), avaient déjà mis au jour les vestiges d'une agglomération gallo-romaine – poteries, vases, statuettes –, exposées dans ce musée, lorsqu'en janvier 1953 eut lieu près de Vix, au mont Lassois, une extraordinaire découverte archéologique.

Trésor de Vix★★ – *L'ensemble de la sépulture a été reconstitué dans une vaste vitrine.* C'est au pied de l'ancien oppidum du mont Lassois que MM. Moisson et Joffroy découvrirent sous un tumulus une tombe princière du 1er âge du fer (vers 500 avant J.-C.). Près des restes d'une jeune Celte d'environ 30 ans furent mis au jour un char d'apparat, des éléments de vaisselle en bronze, en céramique ou en argent, un splendide **torque** (collier) de 480 g en or, et surtout un gigantesque **cratère à volutes** en bronze, le plus grand vase métallique de l'Antiquité qui nous soit parvenu, qui prouve la vitalité des échanges avec le monde méditerranéen. La richesse de sa décoration – frise sculptée faite de motifs d'appliques en haut relief figurant une suite de guerriers sculptés et de chars, têtes de Gorgone sur les anses – permet de le rattacher aux œuvres les plus abouties des bronziers de la Grande Grèce au VIe s. avant J.-C.

Les autres salles du musée présentent les découvertes des nombreux sites archéologiques de la région. Le site de Vertault a livré de nombreux objets qui illustrent la vie quotidienne et l'artisanat à l'époque gallo-romaine. Cette période est également représentée par une remarquable collection d'**ex-voto** anatomiques en pierre provenant notamment des sanctuaires du Tremblois et d'Essarois.

alentours

Mont Lassois
7 km au Nord-Ouest. La butte du mont Lassois ou mont St-Marcel domine d'une centaine de mètres la plaine environnante. Au sommet s'élève la petite église de St-Marcel, édifice roman (12e s.) couvert de pierres plates. C'est au pied de la butte, à proximité de la Seine, que fut mis au jour le « trésor de Vix » exposé au musée de Châtillon-sur-Seine.

Château de Montigny-sur-Aube
22 km au Nord-Est. &. *Visite extérieure. Gratuit.*
Construit à la place d'une forteresse féodale dont subsiste une tour du 12e s., le château ne conserve de ses quatre corps de logis du 16e s. que l'aile méridionale. Côté village, l'élégante façade de l'édifice présente une ordonnance classique où se superposent les ordres dorique, ionique et corinthien. La **chapelle,** isolée aujourd'hui du château, offre à l'intérieur un excellent exemple du style Renaissance classique : à la sobriété de l'architecture s'oppose la richesse ornementale.

Forêt de Châtillon
Au Sud-Est de Châtillon-sur-Seine s'étend une vaste forêt domaniale de 9 000 ha qui offre aux promeneurs le dépaysement et les richesses d'une nature préservée. De nombreuses découvertes archéologiques, à Essarois notamment, révèlent un fort développement de la région à l'époque gallo-romaine. Haut lieu de la Résistance pendant la dernière guerre, elle est jalonnée de stèles commémoratives. Le grand « monument de la forêt » rappelle le sacrifice de 37 maquisards tués par les Allemands en juin 1944.

Abbaye du Val-des-Choues
Quitter Châtillon-sur-Seine à l'Est par la D 928 et prendre rapidement la D 16 sur la droite. Après le « monument de la forêt », continuer en direction d'Essarois jusqu'à la première route à gauche qui conduit à un monument plus petit. Prendre alors à droite une route qui mène à l'abbaye. De mars à Toussaint : tlj sf mar. 10h-18h (juil.-août : tlj). 3,81€ (enf. : 1,52€). ☎ *03 80 81 01 09.*
Dans les vastes bâtiments du 17e s. qui subsistent, sont rassemblées des collections sur la forêt, la chasse et le gypse. Le parc, doté d'un grand bassin, accueille une oisellerie et quelques cervidés, est le théâtre chaque année de spectacles « son et lumière » soit de trompes de chasse, soit équestres. Chambres d'hôtes.

Nod-sur-Seine
13,5 km au Sud de Châtillon-sur-Seine sur la N 71. C'est dans ce petit village qu'eut lieu, le 14 septembre 1944, la jonction entre les premiers éléments de l'armée de Lattre de Tassigny débarquée en Provence et la 2e division blindée du général Leclerc. Une stèle a été élevée en souvenir de l'événement.

BAIGNADE
À 14 km de Châtillon, le lac de **Marcenay** (saint Vorles fut le curé de la ville au 6e s.) dispose d'une plage sablée idéale pour la baignade des enfants.

AU CŒUR DE LA FORÊT
La tradition attribue l'origine de l'abbaye du Val-des-Choues à un chartreux de Lugny (on peut encore voir, sur rendez-vous, le portail de cette chartreuse près de Recey-sur-Ource), le frère Viard. Reconnue par Rome en 1203, elle devient chef d'ordre de 20 monastères. Rattachée en 1761 à l'ordre cistercien elle devient l'abbaye du Val-St-Lieu. Les parties conventuelles, dont l'abbatiale, ont été détruites par des vendeurs de biens.

Sous la prodigieuse impulsion de saint Bernard, venu y vivre en 1112 avant de devenir trois ans plus tard abbé de Clairvaux, ce rameau détaché de Cluny rayonna à son tour à travers le monde.

La situation

Cartes Michelin n°s 65 Sud du pli 20 ou 243 pli 16 – Côte-d'Or (21) – 23 km au Sud de Dijon, 14 km à l'Est de Nuits-St-Georges.

Le nom

C'est ici, parmi les « cistels » (roseaux en ancien français), que Robert, abbé de Molesme, fonda en 1098 l'ordre des Cisterciens. Le site antique s'appelait en latin *Cistercium.*

Les gens

Une cinquantaine d'habitants... des moines cisterciens (ou bernardins).

comprendre

Postérité et austérité – Pendant l'abbatiat d'Étienne Harding (1109-1134), organisateur de l'unité de l'Ordre, Cîteaux donne naissance à quatre « filles » : La Ferté, Pontigny, Clairvaux et Morimond.

Au Moyen Âge, plus de 3 000 couvents avaient adopté l'observance rigoureuse de la règle de saint Benoît. L'abbaye de la Trappe, rattachée à l'Ordre en 1147 et réformée en 1664, laissa, elle aussi, son nom à nombre de ces monastères.

En 1892, une scission s'opère officiellement pour donner deux observances : l'ordre de Cîteaux dont les membres pouvaient s'adonner à un ministère pastoral, intellectuel (enseignement) ou charitable (missions dans le tiers-monde) et l'ordre des Trappistes, à vocation contemplative (stricte observance).

Expulsés pendant la période révolutionnaire, qui faillit être fatale à l'abbaye (l'Ordre est supprimé par l'Assemblée nationale), les moines ne revinrent qu'en 1898. Cîteaux fut alors de nouveau proclamée la première de l'Ordre, titre reconnu par les Trappistes.

visiter

Du patrimoine de ce haut lieu de l'Occident il reste peu de chose : seuls demeurent les vestiges de l'ancienne bibliothèque, à façade de briques émaillées, qui date du 15e s. ; six arcades de cloître gothique y sont encastrées et une salle voûtée subsiste au 1er étage. On peut voir

---

RÈGLE DE VIE

L'objectif de Robert de Molesmes et de ses compagnons est clair. En recherchant l'esprit de la **règle de St-Benoît** : silence, pauvreté et éloignement du monde, ils fondent l'ordre cistercien qui a traversé les siècles.

« LES OFFICES »

Horaires des dimanches et solennités :
Vigiles 4h
Laudes 7h30
Messe conventuelle 10h30
Sexte 12h15
(repas) 12h30
None 14h15
Vêpres 17h15
(repas) 18h30
Adoration du saint Sacrement 19h45
Complies 20h05.

Les cisterciens contemporains vivent matériellement de la fabrication d'un délicieux fromage (de l'élevage de vaches laitières à l'affinage). Rappelons-nous un des axes de la règle de saint Benoît : « s'ils vivent du travail de leurs mains, c'est alors qu'ils seront vraiment des moines ».

encore un beau bâtiment du 18e s. dû à Nicolas Lenoir (où vivent les moines aujourd'hui), et un autre de la fin du 17e s., le définitoire construit parallèlement à la rivière. L'église qui renfermait les tombeaux des premiers ducs de Bourgogne (ainsi que celui, conservé au Louvre, de Philippe Pot) a totalement disparu.

Notre-Dame de Cîteaux

De mi-mai à mi-sept. : visite guidée tlj sf lun. 9h45-18h30 ; de mi-sept. à mi-oct. : tlj sf lun. et ven. 9h45-13h, 14h-18h30, dim. 12h-18h30. 6,10€. (enf. : 3,05€). ☎ 03 80 61 32 58.

Pour commémorer les 900 ans de la fondation de l'abbaye, une nouvelle église a été construite (inaugurée en mars 1998).

alentours

Bagnot

9 km au Sud. À proximité de la forêt de Cîteaux (Haute Forêt), le village possède une petite **église** d'origine romane dont le chœur est orné de peintures murales, datant de la fin du 15e s., surnommées « *les diables de Bagnot* ». Le Jugement dernier, thème central du cycle, témoigne d'une imagination populaire dont les détails amusants ou touchants font oublier la maladresse de l'exécution. Un calendrier des mois court sur l'arc doubleau de la voûte.

Clamecy

Clamecy est situé au cœur du joli pays des Vaux d'Yonne, véritable charnière entre le Morvan, le Nivernais et la basse Bourgogne. La vieille ville domine le confluent de l'Yonne et du Beuvron. Aménagements d'une plage sur l'Yonne, tourisme nautique et activités culturelles variées font de cette cité une station d'intérêt.

La situation

Cartes Michelin nos 65 pli 15 ou 238 pli 22 – Nièvre (58).
Pour qui vient du Nord par la N 151 depuis Auxerre, Clamecy ouvre au Morvan nivernais. Celui qui vient de Cosne et des bords de Loire par la D 977 aura le privilège de découvrir tout à coup la vieille ville aux toits de tuiles rouge-brun et la tour de l'église St-Martin.
🚪 *R. du Grand-Marché, 58500 Clamecy,* ☎ 03 86 27 02 51.

Le nom

Les sources de l'appellation ne sont pas très claires : il peut s'agir d'un personnage gallo-romain, *Clamicius* ou d'un rapport un peu enterré avec la racine *klam*, « pierre ». À tout prendre, il suffit d'apprécier les suaves sonorités du vocable.

Les gens

4 806 Clamecycois répartis entre « l'Yonne promeneuse et le Beuvron baguenaudant » (R. Rolland).

découvrir

Naissance d'un refuge pour évêques – On comprend mal l'existence d'un évêché à Clamecy, compte tenu de l'importance des évêchés voisins, Auxerre, Nevers et Autun. Il faut remonter aux Croisades pour en avoir l'explication. Parti pour la Palestine en 1167, Guillaume IV de Nevers y contracta la peste et mourut à St-Jean-d'Acre

*Une activité disparue,
le flottage du bois
à Clamecy.*

L'église Notre-Dame-de-Bethléem, curieux édifice de style oriental en ciment armé (1927), rappelle ce passé, car il ne reste pratiquement rien de l'ancienne église épiscopale (ruines toutes proches).

DÉPART AUTOUR DU MONDE

Les quais de Clamecy ont vu naître en 1943 un marin de premier ordre, cas rare en dehors des côtes : **Alain Colas**. Disciple de Tabarly, adepte du *Pen-Duick* et acteur central de la promotion de la voile en France, il bat le record du tour du monde en solitaire en 1974 à bord de *Manureva*. Quatre ans après, sur la route du Rhum, il disparaît avec ce même bateau.

UN ESPRIT LIBRE

Le pamphlétaire **Claude Tillier**, né à Clamecy en 1801, publia des articles d'opposition au régime de Louis-Philippe dans le journal local. La description savoureuse qu'il fait des mœurs de province dans *Mon Oncle Benjamin* (1843) a été adaptée au cinéma par Molinaro en 1969 avec Jacques Brel. Le tournage eut lieu dans la région.

en 1168. Dans son testament, il demandait à être enterré à Bethléem et léguait à l'évêché de ce lieu un de ses biens de Clamecy, l'hôpital de Pantenor, à condition que celui-ci serve de refuge aux évêques de Bethléem, au cas où la Palestine tomberait aux mains des infidèles. Lorsque s'effondra le royaume latin de Jérusalem, l'évêque de Bethléem vint se réfugier à Clamecy dans le domaine légué par le comte. De 1225 à la Révolution, cinquante évêques *in partibus* se succédèrent ainsi.

Le flottage à bûches perdues – Ce mode de transport du bois, qui remonte au 16e s., a fait la fortune pendant près de trois siècles du port de Clamecy. Les bûches, coupées dans les forêts du haut Morvan, étaient empilées sur le bord des rivières et marquées suivant les propriétaires. Au jour dit, on ouvrait les barrages retenant l'eau des rivières et on jetait les bûches dans « le flot » qui les emportait en vrac vers Clamecy. C'était le flottage à « bûches perdues ». Le long des rives, des manœuvres régularisaient la descente et à l'arrivée des barrages arrêtaient le bois, c'était le « tricage ». À l'époque des hautes eaux, les bûches étaient assemblées et formaient d'immenses radeaux appelés « trains » qui descendaient par l'Yonne et la Seine jusqu'à Paris, afin d'être utilisés pour le chauffage.

Dès la création du canal du Nivernais, on préféra à ce mode de transport celui par péniches. Le dernier flot à bûches perdues eut lieu en 1923.

se promener

Maisons anciennes

Partir de la place du 19-Août (parking), sur le parvis de la collégiale, suivre la rue de la Tour, la rue Bourgeoise ; prendre à droite la rue Romain-Rolland, puis la rue de la Monnaie (**maison du Tisserand** et maison du Saint accroupi). Par la rue du Grand-Marché, puis la place du Général-Sanglé-Ferrière, rejoindre la place du départ.

Vues sur la ville

Du quai des Moulins-de-la-Ville, jolie vue sur les maisons qui dominent le bief.

Du quai du Beuvron, on découvre le pittoresque quai des Îles.

Du pont de Bethléem qui porte une statue élevée en souvenir des « flotteurs », vue d'ensemble sur la ville et les quais.

En amont, à la pointe de la chaussée séparant la rivière d'un canal, s'élève, telle une figure de proue, le buste en bronze de Jean Rouvet, marchand de bois à Paris, l'inventeur du « flottage ».

L'homme du Futur

Grande statue en bronze de César, érigée en 1987.

visiter

Église St-Martin★

Elle a été édifiée de la fin du 12ᵉ s. au début du 16ᵉ s. (pour la tour). Sur les voussures du portail (mutilées à la Révolution) sont représentés des épisodes de la vie de saint Martin. À l'intérieur, remarquer le plan rectangulaire et le déambulatoire carré, typiquement bourguignon. Un faux jubé a été construit par Viollet-le-Duc afin de contenir le fléchissement d'un pilier gauche du chœur.

La chapelle de la Croix, au bas-côté droit, renferme un triptyque peint sur bois du début du 16ᵉ s. (le Crucifiement) et deux bas-reliefs provenant de l'ancien jubé du 16ᵉ s. (détruit en 1773), représentant la Cène et la Mise au tombeau, l'ensemble étant éclairé à travers de beaux vitraux. Grand orgue de Cavaillé-Coll (1864).

Musée d'art et d'histoire Romain-Rolland

Tlj sf lun. et mardi 9h-12h, 14h-18h, dim. 14h-18h (juin-sept. : tlj sf mar.). Fermé en janv., 1ᵉʳ mai, 1ᵉʳ et 11 nov., 25 déc. 2,29€. ☎ *03 86 27 17 99.*

Situé dans l'ancien hôtel du duc de Bellegarde (l'entrée vaste et moderne fait croire à un musée national), il abrite des tableaux de l'école française et de maîtres hollandais, de belles faïences de Nevers et Rouen, avec des assiettes révolutionnaires, ainsi qu'une collection archéologique. Une salle est consacrée à l'histoire du flottage des bois ; une autre expose les œuvres de Charles Loupot (1892-1962), célèbre affichiste de l'entre-deux guerres qui vécut à Chevroches.

Le centre culturel Romain-Rolland présente dans l'hôtel More de Tannerre (1601) des objets personnels de l'écrivain et différentes éditions de ses œuvres. Dans les caves, expositions temporaires d'art contemporain.

> ### DE L'YONNE AU NOBEL
> Clamecy où il vécut son enfance est toujours la « ville des beaux reflets et des souples collines » qu'évoque dans ses écrits **Romain Rolland** (1866-1944). Il l'a dépeinte avec verve dans son autobiographie « folklorique » *Colas Breugnon*. Pendant l'occupation, il se réfugia à Vézelay. L'auteur de *Jean-Christophe* repose en terre nivernaise non loin de sa ville natale.

alentours

Druyes-les-Belles-Fontaines

18 km au Nord-Ouest. Le **château féodal** de Druyes (12ᵉ s.) dresse encore au sommet d'une colline des ruines imposantes. Pour les découvrir sous un jour favorable, arrivez en fin d'après-midi par le Sud, soit par la D 148, accidentée et agréable, soit par la D 104 qui offre une excellente vue d'ensemble sur le village avec, en premier plan, le viaduc de l'ancienne voie ferrée.

De la route de Courson-les-Carrières, en passant sous une porte fortifiée du 14ᵉ s. on accède au rocher qu'occupent le vieux Druyes et le château. Seuls les murs extérieurs de ce monument ainsi que la tour-porche appelée improprement donjon se dressent à peu près intacts.

&. *De juil. à fin août : 16h-19h, dim. visite guidée à 16h ; de mi-avr. à fin juin : w.-end et j. fériés 16h-19h. 3,05€.* ☎ *03 86 41 51 71.*

Dans le bas du village, l'église romane St-Romain (12ᵉ s.) présente un beau portail. Près de l'église, dans un site pittoresque, jaillissent les sources de la Druyes.

Carrière souterraine d'Aubigny

À 6 km de Druyes par la D 148. &. *Juil.-août. : visite guidée (1h1/2) tlj 10h-18h30 ; avr.-mai et sept. : tlj 14h30-18h30. 4,85€.* ☎ *03 86 52 38 79.*

▣ Voici une visite insolite du monde souterrain, au cours de laquelle on découvre l'origine de l'Opéra Garnier et de la cathédrale de Sens.

L'exploitation de la carrière remonte à l'époque gallo-romaine. On devait alors l'utiliser pour la fabrication de sarcophages et la sculpture sacrée. Après un temps de sommeil, elle servit à la construction de quelques châteaux, puis connut son apogée au Second Empire, lors de l'aménagement de Paris par Haussmann, et l'érection de l'Hôtel de Ville ou de la Bourse.

La carrière souterraine d'Aubigny livre les secrets de la pierre de taille.

Tendre et très compact, le calcaire est âgé de 150 millions d'années, facile à exploiter et à travailler. Dans la forte humidité naturelle de la carrière (70 à 80 %), la pierre se remplit d'eau ; sous l'effet de la température, celle-ci s'évapore faisant ressortir la calcite, laquelle forme en surface une pellicule protectrice extrêmement dure permettant son utilisation en construction.

Les méthodes d'extraction des « blots » (blocs) pratiquées avant 1939 sont expliquées ; les outils de taille (la « lance », l'« aiguille »), de sculpture et de transport, ainsi que des minéraux de Bourgogne, aux dimensions monumentales, sont exposés. En août, un atelier propose une initiation à la taille de la pierre.

La Clayette

La petite ville s'étage au-dessus de la vallée de la Genette, rivière aux eaux courantes qui forme là un lac ombragé de platanes.

La situation

Cartes Michelin n°s 69 Sud-Est du pli 17 ou 243 pli 37 – Saône-et-Loire (71). Sur la D 985 entre Charolles au Nord et Charlieu au Sud.

🛈 *3 rte de Charolles, 71800 La Clayette,* ☎ *03 85 28 16 35.*

Le nom

Prononcer la Claite puisque La Clayette s'écrivait La Clayte sous l'Ancien Régime, exprimant une sorte de frontière entre le Mâconnais et... la Bourgogne.

◄ Les armes

Les armes de la ville portent un cheval, témoin d'une très ancienne tradition, puisqu'on dit que le cheval blanc d'Henri IV aurait été élevé ici !

COURSES
L'été ont lieu deux réunions de courses très cotées et, dans le parc du château, un concours national d'équitation (en août).

---

visiter

Château

Construit au 14ᵉ s., il a subi d'importantes transformations au siècle dernier. Il est entouré de douves peuplées d'énormes carpes ; les vastes communs à tourelles et l'orangerie du 17ᵉ s. ne manquent pas de caractère.

Au château réside un **musée de l'Automobile** (Rolls-Royce des Années folles), visite à compléter par celui de Chauffailles.

alentours

Château de Drée★

4 km au Nord (à Curbigny). Juil.-août : visite guidée (1h) 10h-12h, 14h30-18h ; mai-juin et sept.-oct. : tlj sf mar. 14h30-18h. 6,86€ (-12 ans : gratuit). ☎ *03 85 26 84 80.*

Du 17ᵉ s., il se compose d'un corps de logis et de deux ailes en équerre. De la grille d'entrée, encadrée de deux beaux cèdres, on a une vue excellente sur la façade. Des colonnes ioniques, formant portique, soutiennent un balcon et, au premier étage, un blason sculpté. La belle couleur jaune de la pierre et la haute toiture d'ardoise donnent à l'édifice un cachet tout particulier. À l'intérieur, les pièces de réception et les chambres sont agrémentées, depuis 1995, d'un très beau **mobilier★** d'époque Louis XV et Louis XVI. Remarquer la belle salle à manger Directoire et le séduisant salon d'angle, d'époque Louis XV.

Agréables jardins à la française.

Salon décoré à l'intérieur du château de Drée.

carnet pratique

RESTAURATION

• À bon compte

Ferme-auberge des Collines – *Au bourg d'Amanzé - 9 km au NO de la Clayette par D 989 puis D 279 -* ☎ *03 85 70 66 34 - fermé Toussaint à Pâques -* ✍ *- réserv. obligatoire - 14,50€.* La jolie tour carrée de cette ferme témoigne de son passé lointain. Le décor est campagnard avec ses poutres, ses murs de pierre et ses tomettes. Charolais et cochons élevés sur place et légumes du potager. Quelques chambres calmes sur les champs ou le jardin fleuri.

Ferme-auberge de Lavaux – *71800 Châtenay - 8,5 km à l'E de La Clayette par D 987 puis D 300 - fermé Toussaint à Pâques et mar. - réserv. obligatoire - 11/20€.* Cette ferme du 19e s. a été joliment restaurée avec ses tours carrées, sa salle à manger sous les toits et sa terrasse couverte. Et la petite chambre meublée à l'ancienne dans la tour carrée, comme elle est charmante, agrémentée de son balcon sur la cour !

HÉBERGEMENT

• À bon compte

Chambre d'hôte M. et Mme Desmurs – *La Saigne - 71800 Varennes-sous-Dun - 4 km à l'E de La Clayette par D 987 puis rte secondaire -* ☎ *03 85 28 12 79 - michelealaindesmurs@wanadoo.fr -* ✍ *- 3 ch.: 32/40€ - repas 16€.* Cette ancienne ferme rénovée est en pleine campagne. Deux chambres sont un peu rétro avec une suite sous les toits. Choisissez la troisième, plus sympathique avec ses murs de pierre et ses tomettes. Ambiance décontractée chez ces éleveurs de charolais.

ACHATS

Si vous êtes amateur de chocolat noir, vous pouvez découvrir tous les secrets de la fève magique et prendre des cours de chocolats chez Bernard Dufoux (meilleur chocolatier de France depuis 1998). *1er mer. du mois.* ☎ *03 85 28 08 10.*

Bois-Ste-Marie

Sur la même route à 2 km. Bâtie au 12e s., l'**église,** au clocher ajouré et à l'imposant chevet, fut restaurée au 19e s. Sur le côté droit, une porte au tympan sculpté représente la Fuite en Égypte. À l'intérieur, égayée par la coloration rouge et blanc alternée des arcs doubleaux de la voûte, l'abside voûtée en cul-de-four est entourée d'un déambulatoire très bas avec colonnes jumelées dont la disposition est originale ; chapiteaux ornés de scènes amusantes ou de feuillages.

Montagne de Dun

3 km au Sud par St-Racho. On en atteint le sommet (altitude 721 m) par la route en direction de Chauffailles. De l'esplanade près de la chapelle, vestiges (reconstruits en 1900) d'une ancienne place forte détruite par Philippe Auguste lors des luttes féodales (1180), on découvre une **vue**★ circulaire : vers le Nord-Est sur la montagne de St-Cyr et la Grande-Roche ; plus à l'Est, vers la dépression de la Grosne et le col du Champ-Juin ; vers le Nord sur le Charolais et la vallée de l'Arconce ; vers le Nord-Ouest, la région de la Clayette ; plus à l'Ouest, le Brionnais, la vallée de la Loire et vers le Sud-Ouest les monts de la Madeleine.

> **LE NOM DE DUN**
> Provient du celte *Dun* qui a donné *dunum* à l'époque gallo-romaine, « lieu fortifié et élevé » : voir par exemple *Augustodunum* (Autun).

Mussy-sous-Dun

2,5 km au Sud du mont (D 316). Un important viaduc ferroviaire (561 m), réalisé à la fin du 19e s., traverse la vallée. Un jardin floral a été aménagé aux pieds de ses arches, entre des piles dont certaines hautes de 60 m.

Chauffailles

5 km au Sud (toujours D 316). Chef-lieu d'un canton très verdoyant, Chauffailles a longtemps profité de la prospérité de son industrie textile comme en témoigne encore son petit **musée de Tissage.** ♿ *Juil.-août : 14h30-19h, dim. 10h30-12h, 15h-19h ; sept.-juin : mer. et w.-end 14h30-18h. Fermé j. fériés. 3,05€.* ☎ *03 85 26 65 16.*

La ville est d'abord connue pour son 🎦 **musée de l'Automobile** qui accueille en permanence une centaine de voitures de collection. La plupart des modèles exposés sont en vente et le fonds est donc régulièrement renouvelé. ♿ *9h-12h, 14h-18h w.-end et j. fériés. 5,34€ (enf. : 3,05€).* ☎ *03 85 84 60 30.*

Cluny★★

Le nom de Cluny évoque l'épopée spirituelle du Moyen Âge. L'ordre clunisien a exercé une influence considérable sur la vie religieuse, intellectuelle, politique et artistique de l'Occident. Il a donné des papes français à l'Église et constitué une sorte de monarchie universelle. Saccagé après la Révolution, ce haut lieu de la civilisation n'a gardé de la basilique que de maigres fragments, tout de même admirables.

La situation
Cartes Michelin nos 69 pli 19 ou 243 pli 39 – Saône-et-Loire (71). Sur la D 980, à 26 km de Mâcon. Pour avoir une vue d'ensemble de la cité, restée dans ses dimensions médiévales, monter à la tour des Fromages.
🖪 *6 r. Mercière, 71250 Cluny,* ☎ *03 85 59 05 34.*

Le nom
Cluniacum à l'époque gallo-romaine, appellation peut être basée sur un nom gaulois, *Clunius.*

Les gens
4 376 Clunisois. Hormis les abbés et les papes, le personnage célèbre du pays est le peintre **Prud'hon** (1758-1823) qui, adhérant aux idées révolutionnaires, partit de Cluny en 1789. Ses portraits de la famille impériale à la fois intenses et mélancoliques, annoncent le romantisme.

ÉLÈVE À VOIR
Remarquer au musée *La Jeune Naïade et les amours* de Constance Mayer, élève de Paul Prud'hon, rappelant la mémoire de l'artiste.

carnet pratique

VISITE
Visites guidées – Cluny, qui porte le label **Ville d'art et d'histoire**, propose des visites-découvertes (1h30 à 2h) animées par des guides-conférenciers agréés par le ministère de la Culture et de la Communication. Renseignements à l'Office de tourisme ou sur www.vpah.culture.fr

HÉBERGEMENT ET RESTAURATION
• *Valeur sûre*
Hôtel Bourgogne – Pl. de l'Abbaye - ☎ 03 85 59 00 58 - fermé déc. à fév. - 🅿 - 13 ch.: 71,65/153,97€ - ☐ 9,15€ - restaurant 20/53€. Cet hôtel tout en longueur où Lamartine venait se reposer fait face à l'ancienne abbaye. Les chambres sont sobres mais confortables et bien tenues. Salle à manger cossue avec cheminée. Restauration plus simple le midi dans l'ancien bar. Terrasse dans la cour fleurie.
Chambre d'hôte Le Moulin des Arbillons – 71520 Bourgvilain - 8 km au S de Cluny par D 980 puis D 22 - ☎ 03 85 50 82 83 - arbillon@club-internet.fr - ouvert juil.-août - ☐ - 5 ch.: 46/72€. Ce moulin du 18e s. est flanqué d'une belle demeure du 19e s. au milieu d'un parc, un peu en surplomb du village. Les chambres sont agréables avec leurs meubles de famille. Prenez votre petit-déjeuner dans l'orangerie aux couleurs fraîches. Vins à déguster et à emporter.
• *Une petite folie !*
Château d'Igé – 71960 Igé - 13 km à l'E de Cluny par D 134 - ☎ 03 85 33 33 99 - fermé 2 déc. à fév. - 🅿 - 7 ch.: 98,33/121,20€ - ☐ 12,20€ - restaurant 31/60€. Vous voilà revenu au Moyen Âge dans ce château tranquille au milieu de son jardin fleuri. Chambres personnalisées et cossues. Une imposante cheminée ancienne trône dans la salle à manger médiévale aux poutres massives. Cuisine du marché goûteuse et soignée.

ACHATS
Dentelle Cluny - Aymé de Réa – 15 r. Lamartine - ☎ 03 85 59 31 78 - avr.-sept. : tlj 9h-20h - fermé oct.-mars. Un petit édifice médiéval sert d'atelier à ce jeune artisan et dessinateur qui propose des créations originales inspirées de motifs traditionnels. Il reproduit également sous vos yeux le célèbre point de Cluny.
Au Péché Mignon – 25 r. Lamartine - ☎ 03 85 59 11 21 - tlj 7h30-20h - fermé 2 sem. janv. Laissez-vous tenter par l'une des nombreuses spécialités que propose cette pâtisserie-salon de thé. De la perle d'or (pâte d'amande et griottes) aux confitures de tomates, vous trouverez ici des produits aussi appétissants qu'originaux.
Le Cellier de l'Abbaye – 13 r. Municipale - ☎ 03 85 59 04 00 - mar.-sam. 9h30-12h30, 14h30-19h ; dim. 10h-12h30 - ouvert lun. du 14 juil. au 15 août - fermé fév. 250 vins de Bourgogne, 90 whiskies et divers alcools régionaux attendent les amateurs dans cette belle boutique en pierres du 13e s.

LOISIRS-DÉTENTE
Haras National – 2 r. des Prés - ☎ 03 85 59 85 00 - www.haras-nationaux.fr - tlj 9h-19h. Créées sur la décision de Napoléon Ier, les diverses écuries, construites avec des pierres de l'abbatiale voisine, abritent une cinquantaine d'étalons qui sont répartis pendant la saison de monte (mars à mi-juillet) dans les huit stations que compte la circonscription.

Église de l'abbaye au 16ᵉ s.

comprendre

LUMIÈRE DU MONDE

L'ascension – L'abbaye bénédictine connaît peu après sa fondation en 910 par Guillaume d'Aquitaine un développement très rapide. « Partout où le vent vente, l'abbaye de Cluny a rente », a-t-on coutume de dire dans la région. « Vous êtes la lumière du monde », dit à l'abbé Hugues en 1098 le pape Urbain II, lui-même clunisien. Lorsque saint Hugues meurt, après soixante ans de « règne », il a légué au monastère une prospérité inouïe. La construction qu'il avait lancée de la gigantesque église abbatiale s'achève sous Pierre le Vénérable, abbé de 1122 à 1156 (l'abbaye compte alors 460 moines).

La décadence – Dirigeant un véritable empire monastique, le train de vie des moines les expose aux stigmatisations de saint Bernard. Il dénonce ces évêques qui « ne peuvent s'éloigner à quatre lieues de leur maison sans traîner à leur suite soixante chevaux... La lumière ne brille-t-elle que dans un candélabre d'or ou d'argent ? » La guerre de Cent Ans correspond pour Cluny à une ère de moindre rayonnement.

> **TROIS GRANDES ÉTAPES**
> **Cluny I** : première église construite dans la tradition carolingienne (début 10ᵉ s.).
> **Cluny II** : seconde église, exemple précoce du premier art roman (début 11ᵉ s.).
> **Cluny III** : basilique St-Pierre-et-St-Paul dont le chantier débute vers 1085.

L'abbaye de Cluny à la fin du 18ᵉ s.

■ Bâtiments actuels
■ Bâtiments disparus

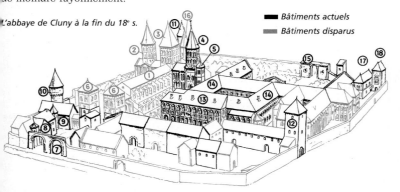

1) Abbatiale St-Pierre-et-St-Paul – 2) Clocher des Bisans – 3) Clocher du Chœur – 4) Clocher de l'Eau-Bénite – 5) Clocher de l'Horloge – 6) Les Barabans – 7) Portes d'honneur – 8) Palais de Jean de Bourbon – 9) Palais de Jacques d'Amboise – 10) Tour Fabry – 11) Tour Ronde – 12) Tour des Fromages – 13) Façade du pape Gélase – 14) Bâtiments claustraux – 15) Porte des Jardins – 16) Clocher des Lampes – 17) Farinier – 18) Tour du Moulin.

Tombée en commende au 16ᵉ s. (c'est-à-dire que l'abbé est nommé par le roi), la riche abbaye, qui n'est plus qu'une proie, est dévastée durant les guerres de Religion et sa « librairie », pillée, perd ses plus précieux ouvrages.

La destruction – En 1790, l'abbaye est fermée. Commencent alors les profanations. En septembre 1793, la municipalité donne l'ordre de démolir les tombeaux et d'en vendre les matériaux. Les bâtiments sont achetés en 1798 par un marchand de biens de Mâcon, qui entreprend consciencieusement la démolition de la nef. L'abbatiale est mutilée peu à peu. En 1823 ne restent debout que les parties encore visibles de nos jours.

se promener

Le véhicule peut être garé au débouché de la D 981.

Tour Fabry et tour Ronde

En accédant au jardin proche de l'hôtel de ville, on voit la tour Fabry (1347), au toit en poivrière, et la tour Ronde à l'Est, plus ancienne, qui ponctuaient l'enceinte.

Hôtel de ville

Il est installé dans le logis construit par les abbés Jacques et Geoffroy d'Amboise à la fin du 15ᵉ s. et au début du 16ᵉ s. La façade sur jardin a une originale décoration dans le goût de la Renaissance italienne.

Maisons romanes

Beaux logis romans, en particulier 25, rue de la République, maison du 12ᵉ s., au 6 rue d'Avril, l'hôtel des Monnaies, du 13ᵉ s. (restauré) et rue Lamartine.

Tour des Fromages

Juil.-août : 10h-19h ; sept. : 10h-12h45, 14h-19h ; avr.-juin 10h-12h30, 14h30-19h ; oct.-mars : tlj sf dim. 10h-12h30 14h30-17h (oct. : 18h). Fermé 1ᵉʳ janv., 1ᵉʳ mai, 1ᵉʳ et 11 nov. 25 déc. 1,20€. ☎ 03 85 59 05 34.

Du haut de la tour du 11ᵉ s. (120 marches), vue sur l'abbaye et le clocher de l'Eau-Bénite, le Farinier et la tour du Moulin, le clocher de St-Marcel, la place et l'église Notre-Dame.

Église Notre-Dame

Le parvis, avec sa fontaine du 18ᵉ s. et ses vieilles maisons, a beaucoup de cachet. L'église, au clocher quadrangulaire, bâtie peu après 1100, fut une des premières à être transformées et agrandies à l'époque gothique. Il ne reste du narthex que le dallage. Le portail du 13ᵉ s. est délabré, mais il ouvre sur un vaisseau d'une belle ordonnance, qui révèle sous ses hautes voûtes une tour lanterne aux consoles sculptées. Les stalles et les boiseries datent de 1644.

Église St-Marcel

Sur demande. ☎ 03 85 59 07 18.

Elle possède un **clocher★** roman octogonal à trois étages, surmonté d'une élégante flèche polygonale du 16ᵉ s., en brique, haute de 42 m. Excellente vue sur le clocher et l'abside de la D 980.

visiter

Pour la visite de l'abbaye, s'adresser au musée Ochier.

Ancienne Abbaye★★

Juil.-sept. : 9h-19h (sept. : 18h) ; avr.-juin : 9h30-12h, 14h-18h oct. : 9h30-12h, 14h-17h ; nov.-mars : 10h-12h, 14h-16h (d mi-fév. à fin mars : 10h-12h, 14h-17h). Fermé 1ᵉʳ janv., 1ᵉʳ mai 1ᵉʳ et 11 nov., 25 déc. 5,5€. ☎ 03 85 59 12 79.

◄ Élevée en grande partie de 1088 à 1130, l'église St-Pierre-et-St-Paul fait suite à celle de Cluny II dont on a retrouvé les fondations au Sud, à la place du cloître actuel.

Présentation d'étalons au haras national de Cluny.

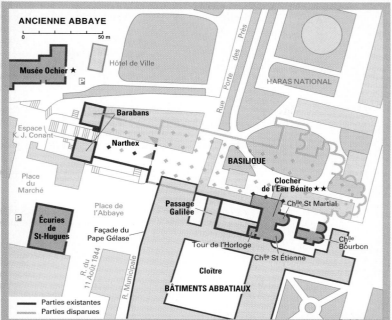

Symbole de la primauté de l'ordre clunisien à son apogée, Cluny III fut la plus vaste église de la chrétienté
(longueur intérieure de 177 m) jusqu'à la reconstruction
de St-Pierre de Rome au 16e s. (186 m) ; l'église comportait un narthex, cinq nefs, deux transepts, cinq clochers, deux tours, 301 fenêtres ; elle était meublée de
225 stalles ; la voûte de l'abside peinte était soutenue par
une colonnade de marbre.

De cette merveille ne restent que les croisillons droits
des deux transepts.

Narthex – Il s'étendait à l'Est de l'espace
Kenneth J. Conant *(voir le plan en marbre)*. En 1949, des
fouilles ont permis de retrouver la base Sud de la façade
et de dégager le piédroit du portail du narthex que flanquaient deux tours carrées appelées les **Barabans** dont ne
subsiste que le rez-de-chaussée. Par la suite, la nef Sud du
narthex a été dégagée : on aperçoit le mur en bel appareil
régulier scandé de pilastres et de demi-colonnes.

Sur la place de l'Abbaye se dresse une longue façade
gothique, restaurée, dite du pape Gélase, mort à Cluny
en 1119 *(entrée de l'abbaye)*. En prenant beaucoup de
recul, on voit le clocher et le haut de la tour de l'Horloge.
En arrière, **anciennes écuries de saint Hugues**
(expositions) et hôtellerie (1095).

Cloître – Les bâtiments abbatiaux construits au 18e s.
autour d'un immense cloître forment un ensemble harmonieux ; deux grands escaliers de pierre avec rampe
en fer forgé marquent deux des angles. Dans la cour,
beau cadran solaire.

Passage Galilée – Ancien passage du 11e s. permettant
de relier la Galilée (porche couvert) de Cluny II au collatéral Sud de la grande église de Cluny III, il était
emprunté par les grandes processions des bénédictins.

Vestiges de la basilique St-Pierre-et-St-Paul – Les
dimensions du **croisillon droit** du grand transept (qui
mesurait la longueur de la cathédrale d'Autun, soit 80 m)
permettent d'imaginer les proportions audacieuses de
l'abbatiale. Son élévation (32 m sous la coupole) est
exceptionnelle dans l'art roman dont il est un pur spécimen. Il compte trois travées dont la centrale, couverte

UN AMÉRICAIN À CLUNY

Le responsable des fouilles de 1928 à 1950 fut le Pr **Conant**, archéologue. Les deux maquettes du Farinier, celle du grand portail et celle de l'abside de la basilique, ont été réalisées selon ses plans.

d'une coupole octogonale sur trompes, porte le beau **clocher de l'Eau-Bénite**★★. La chapelle St-Étienne est romane, celle de St-Martial date du 14ᵉ s. Le croisillon droit du petit transept renferme la chapelle Bourbon de la fin du 15ᵉ s. (culs-de-lampe sculptés) et une abside romane.

Bâtiments abbatiaux – Abritant l'École des arts et métiers, ils doivent à leur élégante façade classique élevée à l'Est le surnom de Petit Versailles.

Farinier – Construit à la fin du 13ᵉ s. contre la **tour du Moulin** (début du 13ᵉ s.), et long de 54 m, il fut amputé de près de 20 m au 18ᵉ s., pour dégager la partie Sud de la façade de l'édifice claustral donnant sur les jardins.

La salle basse, ancien **cellier,** comprend deux nefs voûtées d'ogives.

La **salle haute,** couverte d'une forte charpente en chêne, forme un cadre de secours admirable aux sculptures provenant de l'abbaye : le sanctuaire de l'abbatiale est restitué à une échelle réduite, pour présenter les très beaux **chapiteaux** du chœur et les fûts de colonnes, disposés en hémicycle autour de l'autel en marbre des Pyrénées (consacré par Urbain II en 1095). Ces pièces soustraites à la ruine sont les premiers témoins de la sculpture romane bourguignonne qui allait s'épanouir à Vézelay, Autun, Saulieu.

Musée Ochier★ (Art et Archéologie)

Avr.-juin : 9h30-12h, 14h-18h ; juil.-sept. : 9h-19h (sept. 18h ; nocturnes : juil. dép. à 21h30, août dép. à 21h) ; oct. 9h30-12h, 14h-17h ; de déb. nov. à mi-fév. : 10h-12h, 14h-16h ; de mi-fév. à fin mars : 10h-12h, 14h-17h. 5,49€ (billet jumelé avec l'abbaye). ☎ 03 85 59 23 97..

Installé dans l'ancien palais abbatial, gracieux logis du 15ᵉ s. construit par Jean de Bourbon, 42ᵉ abbé de Cluny, contemporain de l'hôtel parisien. Auprès d'œuvres marquantes de la sculpture civile, il abrite les vestiges de l'abbaye découverts lors des fouilles. Des maquettes dans la salle d'entrée et, à l'étage, un audiovisuel *(16 mn)* reconstituant Cluny III en images de synthèse permettent de mieux appréhender la grandeur de l'abbatiale.

Au sous-sol, deux salles rassemblent des éléments lapidaires du monument : fragments de la frise du narthex têtes de vieillards, arcades de clôture du chœur.

À l'étage, des sculptures et des éléments architecturaux provenant des façades de maisons donnent un aperçu de la décoration de la ville au Moyen Âge (grande frise des vendanges avec claire-voie restituée, chapiteau orné d'un cordonnier, linteau de fenêtre portant une scène de tournoi).

La bibliothèque contient plus de 4 500 ouvrages dont la moitié issus de celle de l'abbaye (quelques incunables). Au rez-de-chaussée, le dernier sursaut de Cluny est évoqué à travers une série d'objets du 18ᵉ s. (chaise à porteurs en bois peint, tabernacle en métal peint et doré, calice, ostensoir, moules à hosties).

De l'autre côté de la salle d'entrée ont été mis au jour deux pavements superposés, représentatifs des techniques employées à la fin du Moyen Âge.

randonnées

La Voie Verte★

◉ Inaugurée en 1997, c'est une nouvelle route touristique créée à la place de l'ancienne voie ferrée reliant Chalon à Pouilly-sous-Charlieu. Cette piste de 44 km entre Givry et Cluny, en grande partie goudronnée, est réservée aujourd'hui aux piétons, rollers et cyclistes ; un chemin en terre est prévu pour les chevaux entre Massilly et Cluny. Cette réalisation ouvre de nouvelles perspectives pour les quelque 22 communes traversées (Cormatin, St-Gengoux-le-National, Buxy, etc.) et de futures extensions sont déjà à l'étude *(guide des activités et balades publié par le conseil général)*.

FESTIVALS MUSICAUX

Dans le cadre des *Grandes Heures de Cluny* (de fin juil. à fin août), la plupart des concerts de musique classique sont donnés dans le farinier. L'après concert se passe au cellier pour une dégustation. Fin août Cluny devient Jazzy autour de l'Orchestre national de Jazz.

RARE

Dans des vitrines sont exposés de précieux documents tels que le grand antiphonaire des fêtes solennelles, enluminé à Cluny en 1704.

À LIRE

C'est dans le Clunisois que l'historien **Georges Duby** a cherché comment l'on vivait en l'an mille, déchiffrant les manuscrits de la bibliothèque. Parmi ses nombreux ouvrages on peut citer pour son sujet très « actuel », *An 1000 An 2000 sur les traces de nos peurs.*

ÉGLISES DU CLUNISOIS

Quitter Cluny au Nord par la D 981.

Taizé

Ce village perché sur les collines de la Grosne accueille des dizaines de milliers de jeunes du monde entier venus, en été, prier dans un esprit fraternel.

La communauté, à laquelle le pape Jean-Paul II a rendu visite en 1986, comprend aujourd'hui plus de 90 frères issus des diverses Églises chrétiennes et originaires d'une vingtaine de pays, qui ont pour but la réconciliation des peuples séparés et des chrétiens divisés. Certains frères vivent dans les quartiers déshérités des grandes villes du globe pour soutenir les plus défavorisés.

Sur place, un village de toile et de nombreux bungalows d'hébergement, des ateliers d'artisanat et des stands d'exposition-vente témoignent de la vitalité du mouvement.

Église de la Réconciliation – Inaugurée en 1962, c'est le lieu de la prière commune. Sa façade de béton brut, percée d'un grand portail et d'étroites verrières, sert aux trois prières quotidiennes ; sa nef est bordée, à droite, par un passage donnant accès aux cryptes et éclairé de petits vitraux carrés représentant les grandes fêtes liturgiques. Son **carillon** (de cinq cloches) est disposé à l'extérieur.

La première crypte s'ordonne autour d'un pilier central soutenant le chœur ; la seconde est une chapelle orthodoxe.

Église paroissiale – Cette église romane, du 12e s., éclairée de vitraux en meurtrières, a été réaménagée dans un style dépouillé. Utilisée également pour la prière œcuménique de la communauté, elle est surtout consacrée à la prière personnelle et silencieuse.

Poursuivre au Nord sur la D 981.

Ameugny

Construite en beau calcaire rouge de la région, l'**église,** d'aspect massif, est du 12e s. La nef de trois travées est voûtée en berceau brisé. À la croisée du transept, une coupole sur trompes supporte le lourd clocher carré, au beffroi ajouré.

Continuer sur la même route jusqu'à Malay.

Malay

L'**église** romane de ce doyenné de Cluny (12e s.), dans le cimetière, présente une partie chœur-transept-abside de fière allure avec son solide clocher carré à baies géminées et les hauts pignons de ses croisillons. À l'intérieur, nef voûtée en berceau, chœur sous coupole, absides en cul-de-four.

Par la D 207 (à gauche) et la D 127, rejoindre St-Hippolyte.

St-Hippolyte

Au sommet de l'éminence portant le hameau s'élève l'ancienne **église** priorale, à demi ruinée, de St-Hippolyte. Contigu à l'ancien couvent (transformé en ferme), cet édifice roman (11e s.) a gardé son beau chevet à triple abside et surtout son singulier et puissant **clocher,** ▶ visible de loin. De l'ensemble, construit en petit appareil de pierre blonde, subsistent aussi le chœur, à coupole sur trompes, et les murs de la nef. Du chevet, vue étendue sur la vallée de la Guye. Tout près de là, curieux village de **Besanceuil**, tout en pierre blonde, avec ses maisons groupées au pied d'une échine boisée dominant la vallée, son château (habité) du 14e s., aux tours carrées, sa belle chapelle romane du 11e s. au porche en charpente.

Rejoindre la D 14 au Sud vers Salornay-sur-Guye et la suivre jusqu'à Bezornay.

Le carillon de l'église de la Réconciliation à Taizé.

Bezornay

Le joli hameau de Bezornay, juché sur une crête, fut au Moyen Âge une dépendance de Cluny, comme en témoignent les restes de son enceinte, sa tour de défense et son ancienne chapelle (aujourd'hui habitation privée) à la curieuse abside en forme de cône renversé.

Prendre à gauche la D 41.

St-Vincent-des-Prés

Sa petite église romane (11ᵉ s.) présente un clocher à arcatures aveugles élevé sur le chœur au-dessus d'une abside, elle aussi ornée d'arcatures et de colonnes engagées. À l'intérieur, la voûte en berceau coiffant la triple nef est soutenue par quatre énormes piles rondes et deux piliers plus minces avec chapiteaux sculptés l'un de volutes, l'autre de fleurs de lys. Le chœur est à coupole sur trompes, l'abside à cul-de-four.

Continuer sur la D 41 jusqu'à Donzy-le-National, puis prendre à gauche la D 7 vers Cluny.

Château de **Cormatin**★★

Voici un château que l'on peut qualifier de royal conçu par un architecte des bâtiments d'Henri IV inspiré de la décoration du palais du Luxembourg certaines de ses salles dorées rendant hommage à Louis XIII, qui l'a d'ailleurs fréquenté. Son entretien diligemment mené en fait une attraction « souveraine » qui connaît un grand succès.

La situation

Cartes Michelin nᵒˢ 69 pli 19 ou 243 pli 39 – Saône-et-Loire (71). 13 km au Nord de Cluny par la D 981 au long de la Grosne... et d'une portion de la Voie verte.

Les gens

La somptueuse décoration Louis XIII de l'aile Nord est l'œuvre du marquis **Jacques du Blé** (fils d'Antoine) et surtout de son épouse **Claude Phélipeaux**, qui y vécut plus longtemps. Intimes de Marie de Médicis, habitués du salon littéraire des **Précieuses**, ils voulurent recréer dans leur résidence d'été la sophistication de la mode parisienne.

LES RENDEZ-VOUS DE CORMATIN
Au mois d'août, 20 représentations théâtrales et cabaret dans le théâtre du château : « Les Rendez-vous de Cormatin »

Une restauration exemplaire.

visiter

RAPPEL HISTORIQUE
L'édit de Nantes a mis fin sous Henri IV aux luttes entre catholiques et protestants en 1598.

Extérieur – Élevé au lendemain des guerres de Religion de 1605 à 1616 par le gouverneur de Chalon, Antoine du Blé d'Huxelles, Cormatin revêt une architecture sobre aux lignes rigoureuses, caractéristiques de l'époque. Dessiné vraisemblablement par Jacques II Androuet du Cerceau le château présentait à l'origine trois ailes en équerre l'aile Sud s'écroula en 1815 lorsqu'on tenta d'y installer une fabrique de tissu. Les façades illustrent le style « rustique français » prôné par du Cerceau : refus des ordres antiques

(sauf pour les deux portes monumentales de la cour), haut soubassement de pierre, chaînages des angles et des encadrements de fenêtres... Les larges fossés en eau et les imposants pavillons d'angle à échauguettes et canonnières lui donnent une apparence défensive, confirmée par les traces d'un mur-rempart (détruit à la fin du 17e s.) qui fermait la cour d'honneur.

Intérieur – *D'avr. au 11 nov. : visite guidée (3/4h) 10h-12h, 14h-17h30 (juin et sept. : 18h30, de mi-juil. à mi-août : 10h-18h30). Le parc est ouv. au public en dehors des heures de visites du château. 6€. ☎ 03 85 50 16 55..*
L'aile Nord possède un rare **escalier**★★ monumental à cage unique (1610) dont les trois volées droites, flanquées de vigoureux balustres, tournent autour d'un vide central. C'est le plus ancien et le plus vaste spécimen de ce type (23 m de haut), succédant aux escaliers Renaissance à deux volées séparées par un mur médian.
Les ors, peintures et sculptures qui couvrent murs et plafonds témoignent d'un maniérisme érudit où tableaux, décor et couleurs sont chargés d'un sens allégorique.
Réalisée en pleine révolte protestante (1627-1628, siège de La Rochelle), l'**antichambre de la marquise**★ (fille et sœur de ministres) est un hommage au roi Louis XIII représenté en jeune cavalier au-dessus de la cheminée : les lambris rouge cramoisi (couleur d'autorité) célèbrent les activités et les vertus du monarque. La **chambre de la marquise**★★ possède un magnifique plafond à la française or et bleu, symbole de fidélité ; le grand tableau de Vénus et Vulcain, œuvre de la seconde école de Fontainebleau, illustre les feux de l'amour (point trop brûlants), et les corbeilles de fleurs et de fruits des boiseries la fécondité. Au boudoir et à la garde-robe succède le **cabinet des Curiosités**★★ (dit aussi des Miroirs), qui abrite un des plus anciens plafonds « à ciels », mis à la mode par Marie de Médicis.
Dans le *studiolo* de Jacques du Blé, dit **cabinet de Ste-Cécile**★★★, pièce réservée à la lecture et à la méditation, l'opulente décoration baroque est dominée par un intense bleu de lapis-lazuli et de riches dorures, dont l'éclat permettait de refléter la lumière des bougies, si nécessaire à l'étude.
Dans la chambre du marquis, dix grands tableaux de Stradanus (fin 16e s.) représentent des empereurs romains à cheval.
On visite aussi les cuisines et dans l'aile Ouest, aménagée à la fin du 19e s. et au début du 20e s., la chambre au lit napolitain de l'actrice Cécile Sorel.
Parc – Il offre de belles vues sur les façades extérieures du château. Du haut de la volière, la vue d'ensemble permet de comprendre la parabole, très typique du 17e s., qu'exprime le plan du parc : le parterre est un aperçu du paradis, avec au centre la fontaine de vie. Dans un triangle, le pommier planté évoque le fruit défendu et le paradis perdu ; le labyrinthe 🔁 représente l'errance et les difficultés. De l'extérieur à l'intérieur, les sept allées figurent les sept ciels et donc l'idée d'élévation pour parvenir au septième. Un arrêt dans l'agréable potager complète cette verdoyante flânerie.

PETITE REINE
Au lieu-dit Bois dernier, à 1 km du château, vous pouvez visiter un original musée du Vélo.

SAINTE CÉCILE
Comme l'indique la partition dans ses mains, elle est la patronne des musiciens. Mais elle représente ici l'harmonie morale : pas de musique dans la pièce, sinon celle du silence. Les vertus cardinales l'accompagnant appartiennent aux hommes bien nés (le cabinet est dédié à la gloire de la famille) et à ceux capables de se recueillir.

UN CADRE ROMANESQUE
Jacques de Lacretelle est né au château en 1888, alors propriété de son père diplomate. Sa jeunesse dans un milieu traditionaliste lui inspira *La Vie inquiète de Jean Hermelin* (1920).

Cosne-sur-Loire

Situé au débouché de la vallée du Nohain, sur la rive droite de la Loire, qui offre un agréable but de promenade, Cosne est un actif petit centre industriel.

La situation

Cartes nos 65 pli 13 ou 238 pli 20 – Nièvre (58). Entre Briare et Nevers, Cosne fut longtemps traversé par la nationale 7, créant souvent de formidables bouchons. Aujourd'hui la route est heureusement déviée.

🚩 *Pl. de la Mairie, 58200 Cosne-sur-Loire, ☎ 03 86 28 11 85.*

Le nom

Il existait un *Condate* au 2e s. de notre ère, terme celte ou gaulois qui signifie « confluent » (vestiges du site exposés à la maison des Chapelains). Depuis quelques années Cosne-sur-Loire s'est regroupé avec Cours-sur-Loire pour former Cosne-Cours-sur-Loire.

Les gens

11 399 Cosnois. La foire de la St-Michel (22 sept.) et celle des Rameaux attirent beaucoup de monde. Les mariniers ont disparu mais quelques passionnés font revivre la fameuse gabare, embarcation à fond plat utilisée aux 18e et 19e s.

comprendre

Un arsenal convoité – Au 18e s., Cosne était célèbre pour ses forges (en fonction dès 1666, *voir à Decize La Machine*) et ses manufactures de canons, mousquets, ancres de marine. Sa situation lui permettait de profiter des ressources houillères toutes proches du Nivernais, de la force motrice du rapide Nohain, et de la Loire, pour expédier à peu de frais ses produits vers les ports de l'Océan. Jacques Masson, déjà propriétaire des forges de **Guérigny** *(voir Nevers)*, acquit celles de Cosne en 1738 ; Babaud de La Chaussade racheta l'ensemble sept ans plus tard. Elles prirent sous son nom un essor prodigieux, si bien que Louis XVI, en 1781, les acheta pour la somme astronomique de 2 500 000 livres. La quasi-banqueroute de l'État puis la Révolution privèrent de son indemnité le baron qui mourut presque dans la gêne ; transférée à Guérigny en 1872, l'activité des forges « nationalisées » s'est maintenue au service de la Marine jusqu'en 1971.

visiter

Église St-Agnan

Visite sur demande préalable. M. Grimaux. ☎ 03 86 26 60 81.
◄ Cette ancienne église d'un prieuré clunisien a conservé un portail roman et une abside romane épaulée par des contreforts montant jusque sous la corniche. Ses deux absidioles sont fort en retrait sur l'abside principale.

Musée

Tlj sf mar. 10h-12h, 14h30-18h30. Fermé de fin déc. à fin janv. 3,2€. ☎ 03 86 26 71 02.
◄ Il est installé le long du Nohain dans un ancien bâtiment conventuel et la maison attenante dite du Corps de garde, dont une pièce conserve une grande **cheminée**★ Renaissance. Le rez-de-chaussée est consacré à la Loire moyenne, ses activités et sa marine : pêche, batellerie, commerce. Des peintres paysagers du fleuve, des maquettes de bateaux, objets quotidiens de mariniers et des photographies anciennes illustrent la navigation fluviale. Un riche fonds de peinture moderne (fauves en

Derrière l'église, sur la promenade des marronniers bordant la Loire, le souvenir des Forges royales est évoqué par la grille d'entrée (fin 17e s.) et l'ancre (de 1861) pesant 2 580 kg.

SUR LE TERRAIN
Visite à compléter par une promenade à la place de la Pêcherie, pour ses maisons de mariniers.

particulier) est présenté à l'étage : Vlaminck, Chagall, Utrillo, Dufy, Derain... On peut voir également des faïences de Delft ou du Nivernais et une collection d'étains allemands et anglais du 18ᵉ s.

Maison des Chapelains
Fermé pour travaux.
Derrière une belle façade du 16ᵉ s., exposition permanente sur l'archéologie locale dite du groupe Condate.

alentours

Ferme de Cadoux
À la Celle-sur-Loire, 10 km au Nord, par la N 7. Juin-sept. : 14h-19h ; sept.-juin : 9h-19h sur RV. 4,57€ (enf. : 2,29€). ☎ 03 86 39 22 84.
Dans une vieille grange, un musée des traditions paysannes expose divers outils agricoles et artisanaux du siècle dernier, ainsi que du mobilier dans des intérieurs reconstitués. Exposition « de l'herbage au fromage ».

La Côte★★

Pour les amateurs de vin, ce nom est mythique. De Dijon à Santenay, sur 65 km, se déploie l'un des plus célèbres vignobles du monde. À chaque étape de cette voie triomphale s'inscrit un nom prestigieux qui sonne comme une victoire ; chaque village, chaque coteau possède un titre de gloire. C'est, pour dire les choses simplement, la région des grands crus de Bourgogne.

La situation
Cartes Michelin nᵒˢ 65 pli 20 et 69 plis 9, 10 ou 243 plis 15, 16, 27 – Côte-d'Or, bien sûr (21). Suivant un axe Nord-Sud parallèle à l'A 6, la « côte » dévoile une floraison de grands crus qui en font une route célèbre dans le monde des gourmets et des connaisseurs.

Le nom
Ces collines de « la Côte », au versant oriental planté de vignes, auraient donné leur nom au département : « Côte d'orient ».

Les gens
Presque tous vignerons, y compris maires et curés.

comprendre

Les conditions naturelles – Ainsi, la Côte est constituée par le rebord oriental de la « Montagne », dont le tracé rectiligne est morcelé par des combes transversales analogues aux « reculées » du vignoble jurassien. Dans les combes, seuls les versants Est et Sud sont plantés de vignes (8 000 ha en cépages fins) ; le versant Nord est souvent couvert de bois. Il s'étage au-dessus de la plaine de la Saône, à une altitude variant de 200 m à 300 m. Tandis que le sommet des coteaux est couvert de buis ou couronné parfois de boqueteaux, le vignoble occupe les pentes calcaires, bien exposées à l'insolation matinale – la meilleure – et bien abritées des vents froids. De cette exposition dépendent la production du sucre et, partant, le degré d'alcool. La pente facilite en outre l'écoulement des pluies, assurant à la vigne un sol sec, facteur de la qualité des crus.

Les grands crus – La N 74 sépare sur une grande partie de son parcours les cépages de vins nobles des autres, les grands crus s'étalant en général à mi-pente. Pour les vins rouges le cépage est le pinot noir fin, roi des ceps

ACCROCHEZ-VOUS
Entre Dijon et Nuits-St-Georges, les falaises et les rochers des combes font la joie des varappeurs dijonnais.

À QUELQUE CHOSE...
Malheur est bon, dit-on. Le maudit parasite (phylloxéra) a eu des effets paradoxalement bénéfiques : les petits vignerons ont retrouvé leurs droits en rachetant des parcelles de grandes propriétés et la réduction des quantités s'est accompagnée d'une amélioration de la qualité.

RESTAURATION

• À bon compte

Le Cellier Volnaysien – Pl. de l'Église - 21190 Volnay - ☎ 03 80 21 61 04 - fermé 28 juil. au 8 août, 22 déc. au 22 janv., mer. et le soir sf sam. - 14,94/26,22€. Traversez le petit jardin fleuri, planté d'arbres rares et découvrez cette belle maison du 18e s. avec son perron et ses caves voûtées. Une des trois salles à manger dans l'ancienne cuverie. Cuisine locale simple et vins du Château de Savigny à prix très sages.

• Valeur sûre

La Table d'Olivier Leflaive – 1 pl. du Monument - 21190 Puligny-Montrachet - ☎ 03 80 21 37 65 - fermé déc. à fév., le soir et dim. - 35€. Ce viticulteur a la bonne idée de vous faire déguster ses vins autour d'un repas, volontairement simple, l'important ici étant le breuvage. Ses différentes appellations vous seront commentées par un sommelier. Une expérience mémorable dans cette petite maison de village !

• Une petite folie !

Rôtisserie du Chambertin – 21220 Gevrey-Chambertin - ☎ 03 80 34 33 20 - fermé 7 au 28 fév., 1er au 15 août, dim. soir et lun. sf j. fériés - 32,01/50,31€. Les viandes rôtissent dans la cheminée pendant que des mannequins de cire miment le métier de tonnelier dans un petit musée. Dégustez les spécialités régionales dans la salle à manger voûtée ou prenez un repas plus simple, à prix plus sage, dans le cadre sympathique du Bon Bistrot et de sa terrasse d'été.

HÉBERGEMENT

• À bon compte

Chambre d'hôte Les Sarguenotes – R. de Dijon - 21220 Chambœuf - 6 km à l'E de Gevrey-Chambertin par D 31 - ☎ 03 80 51 84 65 - ▱ - 5 ch.: 38/48€. Évadez-vous au calme dans cette maison neuve qui domine la campagne environnante. Les chambres manquent un peu de caractère mais vous apprécierez leur bon confort récent, leurs prix sages et leur terrasse.

Chambre d'hôte Les Brugères – 7 r. Jean-Jaurès - 21160 Couchey - 2 km au S de Marsannay par D 122 - ☎ 03 80 52 13 05 - fermé déc. à mars - 4 ch.: 45/52€. Ceux qui apprécient la boisson des dieux seront séduits par cette charmante demeure du 16e s.,

propriété d'un viticulteur. Chambres dotées de belles poutres apparentes et de meubles chinés chez les antiquaires. Étape parfaite pour parler vin et le goûter…

• Une petite folie !

hôtel Le Hameau de Barboron – 21420 Savigny-lès-Beaune - 2 km au N de Savigny par rte communale - ☎ 03 80 21 58 35 - ▣ - 9 ch.: 76,22/137,20€ - ▱ 12,96€. Entourée de 350 ha de champs et de forêts privés, cette vieille ferme a été admirablement restaurée. Luxe et raffinement des matériaux et de la décoration dans les chambres meublées à l'ancienne. Et dans la cave voûtée reposent les fûts de vins du domaine, pour les amateurs.

ACHATS

Caveau Municipal de Chassagne – 7 r. Charles-Paquelin - 21190 Chassagne-Montrachet - ☎ 03 80 21 38 13 - tlj 8h-19h. Les vins blancs de cette région, fruités et racés, sont admirables. Alexandre Dumas prétendait que ce vin « devait être bu à genoux et tête découverte ». Les vins rouges ont beaucoup de corps et de finesse.

Château André-Ziltener – R. Fontaine - 21220 Chambolle-Musigny - ☎ 03 80 62 81 37 - tlj 9h30-18h30 - fermé de mi-déc. à fév. Visite commentée des caves, aménagées en musée original autour du thème des moines de Cîteaux. Dégustation de six vins accompagnée de gougère ou de pain surprise.

Château de Corton-André – BP 10 - 21420 Aloxe-Corton - ☎ 03 80 26 44 25 - avr.-oct. : tlj 10h-12h30, 14h30-18h ; nov.-mars : jeu.-lun. 10h-12h30, 14h30-18h ; de fin déc. à fin fév. : jeu.-lun. Ce château, au magnifique toit de tuiles vernissées, est idéalement situé dans un écrin de verdure. C'est le seul château de la Côte de Beaune à revendiquer l'appellation Grand Cru. Visite du caveau et dégustation des vins du domaine. Achats possibles.

Clos de Langres - Domaine d'Ardhuy – Clos des Langres - 21700 Corgolin - ☎ 03 80 62 98 73 - lun.-ven. 8h-12h, 14h-18h, sam. 10h-12h, 14h-19h - fermé j. fériés. Le Clos des Langres possède un manoir du 18e s., construit autour d'un pressoir du 18e s., classé Monument historique. Visite des caves et dégustation.

bourguignons. Les grands vins blancs sont produits par le chardonnay. Après la crise du phylloxéra, à la fin du 19e s., le vignoble fut entièrement reconstitué sur porte-greffes américains.

Les deux grandes Côtes de Nuits et de Beaune se partagent la célébrité : celle de Nuits, pour le feu de ses crus ; celle de Beaune, pour sa délicatesse.

La **Côte de Nuits** s'étend de Fixin à Corgoloin. Elle produit presque uniquement de très grands vins rouges. Ses crus les plus fameux sont, du Nord au Sud : le chambertin, le musigny, le clos-vougeot et la romanée-conti. Très riches et corsés, ses vins demandent huit à dix ans pour acquérir leurs incommensurables qualités de corps et de bouquet.

Une cabote de vigneron.

La **Côte de Beaune** s'étend du Nord d'Aloxe-Corton à Santenay et produit d'abord de grands vins blancs mais aussi d'excellents vins rouges. Ses vins « se font » plus rapidement que ceux de la Côte de Nuits, et donc vieillissent plus tôt. Ses principaux crus sont : le corton, le volnay, le pommard et le beaune, vins rouges moins puissants que les nuits, mais très souples, le meursault et le montrachet, vins blancs de très grande classe.

Le savoir-faire des vignerons... depuis des siècles.

> **« HAUTES-CÔTES »**
> C'est l'appellation qui désigne l'Arrière-Côte, dont les crus peuvent, sans prétendre à la renommée des Côtes, satisfaire l'amateur le plus averti. Ils sont en outre nettement plus accessibles.

découvrir

LE VIGNOBLE★★

① Côte de Nuits

La route passe comme promis au pied de collines couvertes de vignes et traverse villages ou villes aux noms évocateurs. Une impression d'opulence se dégage de ces gros bourgs viticoles.

Quitter Dijon par la bien nommée « route des Grands Crus » (D 122).

Chenôve

Le Clos du Roi et le Clos du Chapitre évoquent les anciens propriétaires de ce vignoble, les ducs de Bourgogne et les chanoines d'Autun. Dans le vieux village, la **cuverie des ducs de Bourgogne** abrite deux magnifiques pressoirs du 13ᵉ s. – ou leurs répliques, exécutées au début du 15ᵉ s., selon certains historiens –, qui pouvaient presser en une fois la vendange de 100 pièces de vin. ♿ *De juin à fin sept. : 14h-19h. Gratuit.* ☎ *03 80 52 82 83.*

À proximité *(sortir de la cuverie à gauche et prendre la 1ʳᵉ rue à droite),* la rue Jules-Blaizet égrène de typiques maisons vigneronnes, dont les plus anciennes remontent elles aussi au 13ᵉ s.

> **LA GROSSE MARGOT**
> C'est ainsi que les villageois appellent le Pressoir du Duc, considéré comme le plus important du monde, en souvenir de la duchesse Marguerite qui s'offrait, paraît-il, au vendangeur le plus émérite.

Marsannay-la-Côte

Ce village qui appartient à la Côte donne des vins rosés (cas unique en Bourgogne) appréciés, obtenus par fermentation rapide des raisins noirs du pinot. Musée de la Vie viticole.

Fixin

Producteur de vins au bouquet profond – certains se classent parmi les meilleurs de la Côte de Nuits –, le village perpétue le souvenir d'un touchant témoignage de fidélité. Dans le parc de sa propriété, Noisot, ancien capitaine de la Garde impériale, fit élever, en 1847, par son ami le sculpteur **Rude**, un monument à la gloire de Napoléon. Dévoué jusqu'à la mort, le vieux soldat a voulu être enterré face à son Empereur, qu'il avait accompagné sur l'île d'Elbe.

> **BELVÉDÈRE**
> La tombe du fidèle **Noisot** est dominée par le mausolée mais aussi par une esplanade, d'où l'on découvre une vue étendue sur le val de Saône, le Jura et les Alpes.

Parc Noisot

Au milieu du village prendre la rue Noisot, montant jusqu'à un parking situé à 500 m. Puis suivre l'allée des pins (panneaux fléchés). De mi-avr. à mi-oct. : mer., w.-end et j. fériés 14h-18h. Fermé 1ᵉʳ mai. 1,50€. ☎ 03 80 52 45 52..

Un musée contenant des souvenirs des campagnes impériales est installé au 1ᵉʳ étage de la maison du gardien, réplique de celle de l'Empereur à Ste-Hélène. Un escalier conduit au monument montrant **Napoléon s'éveillant à l'Immortalité,** puis au tombeau de Noisot. Du musée part un sentier menant vers les fontaines et les cent marches que l'adorateur fit tailler en mémoire des Cent-Jours : elles donnent accès au plateau de l'arrière-côte.

L'église du hameau voisin, **Fixey**, serait la plus ancienne (10ᵉ s.) de la Côte.

Brochon

À la limite de la Côte de Nuits, Brochon produit des vins estimés. Le **château** a été construit en 1900 par le poète Stephen Liégeard qui lança vers 1887 l'appellation de « Côte d'Azur », titre d'ouvrage couronné par l'Académie française.

Un des plus célèbres crus de Bourgogne.

Gevrey-Chambertin

La ville s'échelonne au débouché de la combe de Lavaux entre les coteaux du vignoble où se situe le vieux centre, assoupi autour de l'église et du château, et le quartier des Baraques qui doit son animation au passage de la N 74.

LE CHAMBERTIN

Parmi les vins de la Côte de Nuits, vins très corsés qui acquièrent en vieillissant tout leur corps et tout leur bouquet, le chambertin, qui se compose des deux « climats » de Clos de Bèze et de Chambertin, est le plus fameux. Le bourg est mentionné dès l'an 640, lors de la fondation de l'abbaye de Bèze, devenue propriétaire du clos. C'est ainsi que l'un des plus célèbres crus de toute la Bourgogne est aussi le plus ancien. Le « Champ de Bertin » devenu « Chambertin » était le vin préféré de Napoléon Iᵉʳ. Le territoire de ce cru hors ligne se limite à 28 ha, tandis que celui de Gevrey-Chambertin en couvre près de 500.

Château – *D'avr. à fin oct. : visite guidée (1/2h) tlj sf jeu. 10h-12h, 14h-18h, dim. et j. fériés 11h-12h, 14h30-18h ; de fin oct. à fin mars : tlj sf jeu. 10h-12h, 14h-17h, dim. et j. fériés 11h-12h, 14h30-17h. Fermé Pâques, 15 août, 5 déc. 3,05€. ☎ 03 80 34 36 13.*

Dans la partie haute du village, la forteresse à tours carrées fut édifiée au 10ᵉ s. par les sires de Vergy et donnée aux moines de Cluny au 11ᵉ s. Ceux-ci ouvrirent de larges fenêtres et construisirent un bel escalier à vis plus commode que les simples échelles utilisées jusqu'alors. Au 1ᵉʳ étage, grande salle meublée à poutres apparentes.

belle crédence de la fin du 14ᵉ s.). Dans la grosse tour, la salle de guet et celle des archers sont restées intactes. Les caves voûtées en anse de panier renferment sur deux niveaux les récoltes de vin.

Église – Des 13ᵉ, 14ᵉ et 15ᵉ s., elle a conservé un portail roman.

À Morey-St-Denis, rejoindre la N 74.

Vougeot

Ses vins rouges très appréciés sont placés sous l'autorité d'un seigneur : le Clos. Propriété de l'abbaye de Cîteaux du 12ᵉ s. à la Révolution, le Clos de Vougeot (50 ha) est un vignoble célébrissime. Prononcer son nom est déjà une fête.

Château du Clos de Vougeot★ – *Avr.-sept. : visite guidée (1h) 9h-18h30, sam. 9h-17h ; oct.-mars : 9h-11h30, 14h-17h30, sam. 9h-11h30, 14h-17h. Fermé 1ᵉʳ janv., 24-25 et 31 déc. 3,20€. ☎ 03 80 62 86 09.*

Planté au milieu des vignes, il est visible de loin. Achevé à la Renaissance par l'abbé Loisier, il a été restauré au 19ᵉ s. On y voit le Grand Cellier (12ᵉ s.) où ont lieu les cérémonies de l'ordre du Tastevin, la cuverie (12ᵉ s.) aux quatre pressoirs gigantesques « du temps des moines », l'ancienne cuisine (16ᵉ s.) avec son immense cheminée et sa voûte nervurée soutenue par une unique colonne centrale, et enfin le dortoir des frères convers qui présente une spectaculaire charpente du 14ᵉ s. *(diaporama de 15 mn se rapportant à la confrérie des chevaliers du Tastevin).*

Scène de vendanges.

LES HONNEURS

Stendhal conte que le colonel Bisson, revenant de la campagne d'Italie, fit présenter les armes au célèbre clos par son régiment rangé devant le château. N'oublions pas pour autant que ce temple du bourgogne doit tout à l'ardeur pacifique et à la science des cisterciens.

LES CHEVALIERS DU TASTEVIN

La Confrérie est propriétaire du château depuis 1944. En 1934, un petit groupe de Bourguignons, réunis dans une cave de Nuits-St-Georges, décide, pour lutter contre la mévente des vins, de fonder une société destinée à mieux faire connaître les « vins de France en général et ceux de Bourgogne en particulier ». La confrérie était fondée et sa renommée devait grandir si vite qu'elle gagnait bientôt l'Europe et l'Amérique. Chaque année se tiennent dans le Grand Cellier plusieurs chapitres de l'ordre, célèbres dans le monde entier. Cinq cents convives participent à ces « disnées », à l'issue desquelles le grand maître et le grand chambellan, entourés des hauts dignitaires de la confrérie, introduisent de nouveaux chevaliers selon un rite scrupuleusement établi, réglé sur le Divertissement du *Malade imaginaire* de Molière.

PRÉSÉANCE

Parmi les chapitres pléniers, la Confrérie célèbre la première journée des « **Trois Glorieuses** » à la veille de la vente des vins des Hospices de Beaune *(voir à Beaune)*. Le lundi est consacré à la « Paulée » de Meursault *(voir plus loin)*.

Chambolle-Musigny

En prenant au Nord-Ouest du village la route de Curley par la combe Ambin, on atteint un site charmant : au pied d'un promontoire rocheux dominant le confluent de deux ravins boisés est bâtie une petite chapelle. Dans l'abside de l'église, fresques flamandes de 1530.

► DESSOUS DU VIN ?

Gaston Roupnel disait du très élégant Chambolle-Musigny qu'il est « de soie et de dentelle ». Les grands crus sont d'appellation Musigny et Les Bonnes Mares.

La célèbre confrérie du Tastevin.

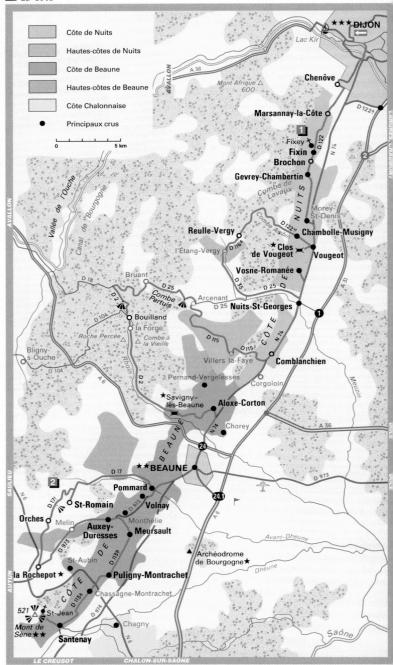

Reulle-Vergy

8 km à l'Ouest de Chambolle-Musigny. Le village possède une église du 12e s. et une curieuse petite mairie élevée sur un lavoir.

Face à la mairie, une grange abrite le **musée des Arts et Traditions des Hautes-Côtes** fondé sur le travail de la vigne, l'archéologie (objets de l'âge du bronze, gallo-romains et médiévaux), la flore et la faune, la vie quotidienne au 19e s. (costumes et objets usuels) et l'histoire de la région. Souvenirs de Lamartine. *Juin-sept. : 14h-19h. Visite sur demande préalable auprès de Mme Griuot. 2,29€.* ☎ *03 80 61 40 95.*

Rejoindre Nuits-St-Georges au Sud-Est, par une route tranquille passant près des ruines du château des Vergy, sur les hauteurs de L'Étang Vergy.

Nuits-St-Georges

La petite ville coquette de Nuits, capitale de la Côte à laquelle elle a donné son nom, a ajouté au sien en 1892 celui de son cru le plus coté, le St-Georges, constitué en vignoble dès l'an mille. Bien qu'aucun de ses vins ne soit classé « grand cru », ils ont une renommée mondiale. Ils sont plus corsés que les autres bourgognes.

Église St-Symphorien – *Fermé provisoirement pour travaux.*

Ce vaste édifice, bâti à la fin du 13e s., mais de style entièrement roman, se distingue par un chevet plat orné de trois baies à colonnettes et de sculptures sous une grande rosace, et par un clocher massif assis sur la croisée du transept. À l'intérieur, la nef principale, très haute et voûtée d'arêtes, abrite un buffet d'orgues sculpté (18e s.) et surtout, de la fin du 16e s., une rare cage d'escalier tournant, curieux cylindre de bois ajouré. Des vestiges de fresques (dont un martyre de sainte Christine) et d'inscriptions du 16e s. sont visibles dans les bas-côtés.

On remarquera encore à Nuits deux édifices du 17e s. : le **beffroi** de l'ancien hôtel de ville et l'hôpital St-Laurent ; l'actuel hôtel de ville, construit au 18e s. ; la moderne église Notre-Dame, aux vitraux colorés dus à J.-J. Borghetto (1957).

Musée – *De mai à fin oct. : tlj sf mar. 10h-12h, 14h-18h. 1,94€.* ☎ *03 80 62 01 37 ou 03 80 62 01 35.*

Il est installé dans une ancienne maison de vins. Les caves voûtées reconverties abritent les collections archéologiques provenant des fouilles effectuées au site gallo-romain des Bolards près de Nuits-St-Georges (ex-voto, stèles, urnes cinéraires, objets de la vie quotidienne), ainsi que du mobilier funéraire et des bijoux mérovingiens.

Une exposition temporaire renouvelée tous les ans met en scène le patrimoine du pays nuiton illustré par des collections du musée.

Une salle est consacrée au peintre bourguignon Jean François (1906-1980), dont les œuvres évoquent le travail de la vigne et du vin.

Vosne-Romanée

2 km au Nord de Nuits. Son vignoble ne produit que des vins rouges riches, fins et délicats. Parmi les « climats » qui le constituent, ceux de Romanée-Conti (le prince de Conti fut propriétaire en 1760), de la Tâche et des Richebourg sont de réputation universelle.

Après **Nuits-St-Georges** l'itinéraire se partage entre la N 74 et des routes pittoresques de la Montagne bourguignonne.

Comblanchien

4,5 km au Sud de Nuits. Le bourg est connu pour la pierre de calcaire dur que l'on extrait des falaises voisines : elle est très belle et fréquemment employée en remplacement du marbre, plus coûteux. C'est un peu le Carrare de France.

Gagner Arcenant à 9 km au Nord-Ouest.

Après Arcenant, des plantations de cassis et de framboises bordent la route. Au cours d'une assez forte montée, belle vue sur Arcenant, ses cultures et sur une gorge profonde, la **Combe Pertuis.**

À Bruant, se diriger vers Bouilland au Sud par les D 25, D 18 et D 2.

Dans une longue descente, vue sur **Bouilland** et son cirque de collines boisées. Poursuivre au Sud : au-delà du hameau de la Forge, la route (D 2) est dominée à gauche par de jolis escarpements rocheux couronnant la colline et, à droite, par la Roche Percée. Aussitôt après, à gauche, on découvre le cirque de la Combe à la Vieille et l'étroite vallée du Rhoin, fraîche et verdoyante, entre des côtes boisées et qui s'élargit peu avant **Savigny-lès-Beaune** *(voir Beaune).*

De Savigny, gagner Aloxe-Corton, situé à 3 km à l'Est.

NUITS À VERSAILLES

La célébrité des vins de Nuits remonte à Louis XIV. Son médecin Fagon ayant conseillé au Roi-Soleil de prendre à chaque repas quelques verres de Nuits et de Romanée, à titre de remède, toute la Cour voulut en goûter.

VÉDRENNE

R. des Frères Montgolfier. D'avr. à fin nov : visite (1h 1/2) 10h-13h, 14h-19h ; de fin nov. à fin mars : tlj sf lun. 10h30-13h, 14h-17h30. Fermé j. fériés de fin nov. à fin mars. 6€. ☎ *03 80 62 49 70.*

La célèbre maison a ouvert en 2001 le **Cassissium**, vaste espace de 1000 m² dédié au cassis. Espace muséographique, dégustation, espace production, boutique...

AUTRES LIQUIDES

Diversifié, Nuits produit aussi : le Marc de Bourgogne, le Cassis, du mousseux et du jus de raisin.

---

2 Côte de Beaune

Aloxe-Corton

◀ *(Prononcer Alosse)*. Sur une colline isolée, Charlemagne posséda des vignes, d'où le nom de Corton-Charlemagne, « vin blanc de grande allure », très corsé, ferme comme de l'acier.

Cependant Aloxe-Corton produit surtout des vins rouges, « les plus francs de la Côte de Beaune », appréciés de Voltaire, dont le bouquet s'affine avec l'âge, tout en conservant du corps et de la chaleur.

Beaune★★ *(voir ce nom)*

Pommard

3 km au Sud-Ouest de Beaune. Pommard tire son nom d'un temple antique dédié à Pomone, divinité des fruits et des jardins. Ses vins rouges « fermes, colorés, pleins de franchise, et de bonne conservation » furent appréciés par les rois et les poètes : Ronsard, Henri IV, Louis XV, Victor Hugo...

Volnay

◀ *1 km au Sud-Ouest de Pommard.* Ses vins rouges, au bouquet très délicat et au goût suave, furent, dit-on, très appréciés de Louis XI. On aura une belle vue sur les vignobles, depuis l'esplanade, en contrebas de sa petite église du 14ᵉ s.

Gagner St-Romain, à 9 km à l'Ouest, en repassant par Pommard.

La route suit le fond d'une vallée verdoyante entre des versants boisés.

Vue sur St-Romain.

St-Romain

La localité se compose en fait de deux villages distincts : St-Romain-le-Haut, situé sur un éperon calcaire au milieu d'un bel hémicycle de falaises, avec, sur le bord Sud de l'éperon, les vestiges de son château des 12ᵉ et 13ᵉ s. *(site archéologique ; circuit de visite aménagé sur 200 m).* Tout en haut, joliment restaurée, l'église, construite au 15ᵉ s., présente trois caractéristiques : une construction en gradins descendant vers le chœur, une cuve baptismale du 2ᵉ s. et une chaire réalisée en 1619.

En contrebas, St-Romain-le-Bas, où se trouve la mairie dont trois petites salles du grenier présentent une **exposition** permanente sur l'archéologie et l'ethnologie locales. *De mi-juin à mi-sept. : 16h-20h. Gratuit.* ☎ *03 80 21 28 50.*

La D 17¹ offre avant **Orches**, bâti dans le rocher, une belle **vue**★ sur St-Romain, Auxey, Meursault et le val de Saône (source entourée de stèles gallo-romaines).

Après Orches, poursuivre 4 km au Sud.

La Rochepot★ *(voir Nolay)*

Quitter La Rochepot vers le Nord-Est : la route (D 973) contourne le château.

La route longe une étroite vallée et traverse jusqu'à Melin des escarpements calcaires burinés par l'érosion.

Auxey-Duresses

Ce village de deux hameaux est niché dans une combe profonde menant à La Rochepot et à son château. Le vignoble produit des vins fins rouges et blancs qui, avant la loi sur les appellations d'origine, étaient vendus sous le nom de Volnay et de Pommard. L'église mérite une visite pour son beau triptyque du 16e s.

Meursault

2 km au Sud-Est d'Auxey. Cette petite ville, que domine la belle flèche gothique en pierre de son église, devrait son nom à une coupure séparant nettement la Côte de Meursault et la Côte de Beaune, appelée « Saut du rat », en latin *muris saltus*. Les tuiles vernissées de la tour restant (actuel hôtel de ville) de l'ancien château fort (1337) ont été posées en 1870.

Les meursault, les puligny et les chassagne-montrachet, passent pour les « meilleurs vins blancs du monde » : ils ont un goût particulier de noisette, un arôme luxuriant de grappe mûre, qui s'allient à une franchise et une finesse exquises. Particularité fort rare, ils sont à la fois secs et moelleux.

Puligny-Montrachet

4 km au Sud de Meursault. Ses vins blancs sont sublimes. Il semble que leur puissance provienne de vignes qui absorberaient mieux le soleil qu'ailleurs en Bourgogne. Moins onctueux que le meursault, leur vigoureux bouquet est très riche, leur robe presque verte. Les vins rouges ont beaucoup de corps et de finesse.

Santenay

6 km au Sud-Est de Puligny. Des bords de la Dheune au mont de Sène, dans un cirque de falaises, Santenay étend ses trois agglomérations entre de vastes vignobles qui, avec les eaux minérales lithinées, fortement salines, font sa renommée (ville thermale). Isolée au pied des falaises, la petite **église St-Jean** possède une nef du 13e s. ; le portail en plein cintre est abrité par l'avancée d'un porche de bois ; le chœur, du 15e s., est surmonté d'une curieuse voûte aux multiples ogives. Elle contient deux charmantes statues de saint Martin et de saint Roch en bois polychrome, du 15e s., et une Vierge au dragon, du 17e s., due au sculpteur santenois J. Bésullier. *Fermé provisoirement pour travaux.*

> **PLUME DÉLIÉE**
>
> La « Paulée de Meursault », dernière des « Trois Glorieuses », est une fête réputée. À l'issue du banquet, où chaque convive apporte ses bouteilles, un prix littéraire est attribué. Le lauréat reçoit 100 bouteilles de Meursault.

> ► **FIN DE LA CÔTE : RALENTIR**
>
> Les vins rouges de Santenay, très légers et fruités, sont appelés dans les mélanges « côte-de-Beaune-villages ».

Le Creusot-Montceau

Créée en 1970, la communauté urbaine du Creusot-Montceau a désormais une identité assez forte pour que ses deux pôles soient « fondus ». Au moins sur le plan touristique, puisque de gros efforts ont été fournis dans le but de valoriser le patrimoine industriel de la vallée, sous la forme d'écomusées ou d'attractions. Exploitant au mieux, et pour le plaisir de tous, les savoir-faire des ouvriers et ingénieurs locaux.

La situation

Cartes Michelin n°s 69 plis 7, 8, 17, 18 ou 243 plis 25, 26 – Saône-et-Loire (71). En bordure Nord-Est du Massif Central, Le Creusot a développé ses activités dans un cadre rural contrastant avec son caractère industriel. Le bassin correspond à la dépression de Montceau-les-Mines, Blanzy et Montchanin, drainée par la Dheune et la Bourbince. Importante voie de passage, empruntée par la route, le canal et la voie ferrée, il fait communiquer les pays de la Saône et ceux de la Loire. 🚩 *Château de la Verrerie, 71200 Le Creusot, ☎ 03 85 55 02 46.*

carnet pratique

RESTAURATION

• À bon compte

Moulin de Galuzot – *À Galuzot - 71230 St-Vallier - 5 km au SO de Montceau-les-Mines par N 70 et D 974 -* ☎ *03 85 57 18 85 - fermé 24 juil. au 17 août, mar. soir, dim. soir et mer. - 13,72/33,54€.* Au bord du canal de la Bourbince, une auberge régionale toute simple bien connue des habitués. Deux salles à manger en rez-de-chaussée surélevé, l'une contemporaine colorée avec chaises rétro et l'autre plus rustique. Cuisine traditionnelle.

• Valeur sûre

France – *7 pl. Beaubernard - 71300 Montceau-les-Mines -* ☎ *03 85 67 95 30 - fermé 31 juil. au 20 août, dim. soir et lun. - 16,77/60,22€.* Voilà un restaurant un peu en retrait du centre-ville où l'on se sent bien. Vous serez accueilli par un jeune couple dans une salle à manger élégante avec cheminée autour d'une table soignée. Quelques chambres peu spacieuses mais claires et bien insonorisées.

HÉBERGEMENT

• À bon compte

Hôtel Le Moulin Rouge – *71670 Le Breuil - 3 km à l'E du Creusot par D 290 -* ☎ *03 85 55 14 11 - fermé 20 déc. au 10 janv., ven. soir, sam. midi et dim. soir -* 🅿 *- 30 ch.: 38,11/60,98€ -* 🛏 *6,86€ - restaurant 18/34€.* Vos nuits seront tranquilles dans cet hôtel proche d'une ferme. Les chambres classiques sont assez spacieuses et confortables. Deux salles à manger dont une avec une belle cheminée. Et pour la détente, jardin avec piscine.

Le nom

Le hameau du « Crozot » était connu au 16ᵉ s. pour son charbon ; « Montceau » a évidemment un rapport avec le « mont », l'appendice des « mines » se faisant de plus en plus souterrain.

Les gens

26 283 Creusotins, 22 999 Montcelliens, et une communauté urbaine (CUCM) de plus de 100 000 habitants. Après l'ère industrielle, si glorieuse du temps de la puissante famille **Schneider**, la ville semble réussir sa difficile reconversion. Il est vrai que la spationaute creusotine **Claudie André-Deshays**, première Française de l'espace, a mis la barre assez haut !

comprendre

◄ LES TROIS ÂGES D'UNE INDUSTRIE

Croissance – Le minerai de fer a été exploité dès le Moyen Âge dans la région de Couches et les Creusotins en font commerce au début du 16ᵉ s. Les importants gisements houillers d'Épinac et de Blanzy, découverts au 17ᵉ s., ne feront l'objet d'une industrie locale qu'en 1769. En 1782, l'industriel de Wendel s'associe à un anglais pour créer une fonderie de canons. Trois ans plus tard a lieu la première fonte au coke, donnant le signal du développement de la région.

Plein rendement – En 1836, Joseph-Eugène Schneider, maître de forges à Bazeilles, et son frère Adolphe s'installent au Creusot, alors peuplée de 3 000 habitants. L'année suivante commence la construction des locomotives à vapeur et des appareils moteurs de grands navires. En 1843, l'invention du marteau-pilon, due à l'un des ingénieurs de l'usine, François Bourdon (1797-1865), permet la forge des grosses pièces : matériel de chemin de fer, pièces pour l'équipement des centrales électriques, des ports, des usines, etc. Au Second Empire se développe l'usage de l'acier pour les plaques de blindage et les pièces d'artillerie.

Au vieux marteau-pilon succède, en 1924, la grande forge équipée de presses hydrauliques qui font jusqu'à 11 300 t. Après guerre est créée la Société des Forges et Ateliers du Creusot (usines Schneider) qui fusionne en 1970 avec la Cie des Ateliers et Forges de la Loire, donnant naissance à Creusot-Loire. Suite à la crise sidérurgique européenne, la firme dépose son bilan en 1984. Son potentiel industriel est repris par la filiale CLI d'Usinor-Sacilor, Alsthom Creusot Rail et Framatome.

BLANZY-BOOM

Depuis l'extension des usines Schneider, Le Creusot a, fait exceptionnel en France, décuplé sa population. Montceau s'est aussi beaucoup développée avec l'exploitation intensive du bassin houiller de Blanzy à partir de 1856.

Le marteau-pilon, d'un poids de 100 t, marque l'entrée de la ville depuis 1969 sur la route de Chalon. Lorsqu'il était en fonctionnement, on l'entendait à 10 km !

Les hauts fourneaux et les groupes de maisons ouvrières en briques d'autrefois ont fait place aux équipements d'usines les plus modernes.

Actuellement, reste seul en exploitation le gisement de Blanzy, qui alimente la centrale thermique Lucy III.

Conversion – L'impressionnant paysage industriel et minier de la région, l'intérêt historique ou technique que présentent certaines mines, usines, cités ouvrières... ont inspiré l'idée d'utiliser ces avantages dans un programme touristique. L'Association de développement du tourisme industriel dans la CUCM, créée en 1983, prévoit notamment l'organisation de visites sous la conduite d'anciens employés de Creusot-Loire ou des Mines de Blanzy.

Partant de la gare des Combes, un petit train touristique, qui servait autrefois à acheminer les déblais des usines Schneider, effectue un circuit au pied de la colline du Gros Chaillot, procurant des vues sur le mont Beuvray, la vallée du Mesvrin et, plus au Sud, sur Le Creusot. De la même façon, le canal du Centre, artère vitale dans cette région de collines, qui eut pour fonction de desservir les centres industriels dès 1794, joue aujourd'hui un nouveau rôle économique, celui de la navigation de plaisance. De Chalon où il quitte la Saône, à Digoin où il atteint la Loire, il remonte la vallée de la Dheune et descend le cours de la Bourbince.

> **DIVERSIFICATION**
> L'activité creusotine s'est diversifiée avec l'implantation de la SNECMA, le développement du secteur textile et la création d'un pôle de compétences technologiques axé sur les hautes énergies et l'électronique.

visiter

AU CREUSOT

Château de la Verrerie★

10h-12h30, 14h-18h, w.-end et j. fériés 14h-18h (d'avr. à mi-sept. : 10h-19h, w.-end et j. fériés 14h-19h). Fermé 1ᵉʳ janv. et 25 déc. 5,95€ (enf. : 3,81€).

Ancienne résidence des Schneider, très évocateur de leur puissance – on l'appelait autrefois le Versailles creusotin – le château a été racheté en 1971 par la ville ; il accueille aujourd'hui l'Office de tourisme et des expositions qui illustrent l'épopée industrielle de la ville.

Dans la cour du **château**, et contrastant avec l'éclatante blancheur de ses façades, deux tours coniques monumentales signalent les anciens fours transformés en 1905, l'un en un ravissant **théâtre de poche**, l'autre en chapelle ; cette dernière abrite aujourd'hui des expositions temporaires de peinture. La cour d'honneur est ornée de canons de bronze fabriqués ici aux 18ᵉ et 19ᵉ s.

> **POURQUOI VERRERIE ?**
> Ce fut autrefois la manufacture des cristaux de la reine Marie-Antoinette, transférée de Sèvres au Creusot en 1787 et longtemps prospère ; la cristallerie fut rachetée en 1833 par le groupe Saint-Louis et Baccarat qui éteignit les fours du Creusot.

Écomusée

D'avr. à mi-sept. : 10h-19h, w.-end et j. fériés 14h-19h ; de mi-sept. à fin mai : 10h-12h30, 14h-18h, w.-end et j. fériés 14h-18h. Fermé 1ᵉʳ janv. et 25 déc. 5,95€ (billet commun avec l'expo. de l'académie F. Bourdon). ☎ 03 85 55 02 46.

Château de la Verrerie.

ACADÉMIE FRANÇOIS-BOURDON
Fondée en 1985 sur le nom de l'ingénieur créateur du marteau-pilon, l'académie a pour objet de conserver les archives et les pièces ayant trait à l'industrie au Creusot, ainsi que de les exposer régulièrement au public (☎ 03 85 80 81 51).

Le **musée de l'Homme et de l'Industrie** est installé dans le corps principal du château ; il retrace, d'une part, l'histoire du Creusot et de sa région (maquette animée de l'usine métallurgique datant de la fin du 19e s.), d'autre part, l'histoire du monument et de la dynastie Schneider et enfin une belle collection de cristallerie.

Salle du Jeu de Paume – *Prendre à gauche juste après l'entrée.* Le bâtiment a été aménagé pour présenter les évolutions de la métallurgie et de la mécanique au Creusot ; de nombreuses pièces ou maquettes et des panneaux didactiques accompagnent cette exposition permanente sur « **le métal, la machine et les hommes** » (200 ans d'histoire de l'industrie locale).

Parc – Il s'étend sur 28 ha et offre une grande variété de loisirs. Les jardins en terrasse, à l'Est du château, ont été dessinés par les frères Duchêne au début du siècle. Le reste du parc, aménagé à l'anglaise, descend douce-ment vers les étangs et accueille de nombreuses espèces d'arbres et de fleurs (serres), des espaces de jeux, une piscine, un petit parc animalier et une volière.

À MONTCEAU-LES-MINES

Musée des Fossiles
Janv.-déc. : mer. et sam. 14h-18h (dernière entrée à 17h15), 1er dim. du mois 15h-18h (juin-sept. : tlj sf lun. 14h-18h). Fermé j. fériés. 2,29€. ☎ *03 85 69 00 00 ou* ☎ *03 85 67 05 73.*

L'exploitation de la mine a permis de découvrir de nombreux fossiles contemporains de la formation du gisement, il y a 300 millions d'années. Trois salles offrent un aperçu des paysages de la fin de l'ère pri-maire en présentant ces vestiges de la vie animale (empreinte d'amphibien, poissons, crustacés...) et végétale (fougères, « tronc » de calamite...). Intéressant plan sur verre des différentes veines de charbon du bassin de Blanzy-Montceau.

La « Maison d'école »
Juil.-août : tlj sf lun. 14h-18h ; sept.-juin : mar. 14h-18h, 2e dim. du mois 14h30-18h. 3,05€. ☎ *03 85 69 00 00.*
⊚ Dans cette ancienne école datant de 1881 (antenne de l'Écomusée) ont été reconstituées trois anciennes salles de classe, de Jules Ferry à nos jours.

À BLANZY

AUTOUR DE L'EAU
Environnant Montchanin, les nombreux lacs ne vont pas seulement alimenter le canal du Centre : les poissonneux (Longpendu) aux pêcheurs, les profonds (St-Pierre) aux plongeurs, les venteux aux véliplanchistes (Sorme, Torcy), les calmes aux canoéistes (Plessis).

◀ *3 km au Nord-Est de Montceau.* Située au bord du canal du Centre, la cité est devenue prospère à partir de 1860 grâce à ses houillères. Nombre d'industries sont venues renforcer celle de la fonderie : plastiques, robi-netterie, tuyauterie, matériaux de construction et pneumatiques avec Michelin.

La mine et les hommes – ♿ *De mi-mars à mi-nov. : visite guidée (1h1/2) w.-end et j. fériés 14h-17h15 (juil.-août : tlj). 4,57€ (enf. - 10 ans : gratuit).* ☎ *03 85 68 22 85.*

Un chevalement de 22 m de haut signale le carreau de l'ancien puits St-Claude. Exploité de 1857 à 1881, ce puits a été rééquipé à l'ancienne : outre une lampis-terie et une salle des machines en fonctionnement (pour manœuvrer les cages d'ascenseur et pomper l'eau du fond de la mine), d'anciens mineurs font visi-ter quelque 200 m de galeries présentant principale-ment l'évolution de l'abattage et du roulage du char-bon ainsi que des techniques de soutènement. Hall d'exposition sur la mine ancienne. *(Audiovisuel de 15 mn sur la formation et les techniques d'exploitation du charbon.)*

À ÉCUISSES

10 km au Sud-Est du Creusot. Au lieu-dit « la 9ᵉ Écluse », la commune d'**Écuisses** présente dans le cadre de l'Écomusée « **Le Musée du canal** ». ⬚ *Pâques-Toussaint : 15h-18h (de juil. à mi-sept. : 15h-18h, dim. et j. fériés 15h-19h). 2,74€* ☎ *03 85 78 97 04.*

Dans cette maison éclusière du 18ᵉ s., ainsi que dans une péniche *(L'Armançon)*, est présentée une exposition sur la batellerie et les mariniers. Vestiges d'une écluse du 18ᵉ s. En saison, visite du bief de partage des eaux en bateau-promenade.

Après le lieu dit « les 7 Écluses », la route emprunte une levée de terrain entre le canal en tranchée et l'étang de Longpendu qui se déverse vers la Saône par la Dheune ou vers la Loire par la Bourbince.

alentours

Promenade des Crêtes (Le Creusot)

Par la rue Jean-Jaurès, la rue de Longwy, la D 28 (direction Marmagne) et un virage à droite à angle aigu, rejoindre la route des Crêtes.

La route en lacet domine le bassin du Creusot. Dans sa partie boisée, un espace aménagé avec table d'orientation offre une vue générale sur l'agglomération et ses environs. En poursuivant, une seconde échappée permet de constater l'étendue des anciennes usines Schneider et la place centrale que tenait dans ce cadre le château de la Verrerie.

TACOT DES CROUILLOTTES
⬚ Entre autres « activités sportives », le parc de loisirs de Combes (« combe », vallée profonde) propose d'effectuer alentour un voyage en tortillard à vapeur (10 km, 1 h).

La route des Crêtes.

Gourdon

9 km au Sud-Est de Montceau-les-Mines. Une route étroite et en forte montée conduit à Gourdon d'où l'on découvre un vaste **panorama**★ sur la ville, le bassin de Blanzy, Montcenis, Le Creusot et plus loin les monts du Morvan. Ce petit village perché possède une **église** romane du 11ᵉ s., avec triforium aveugle et fenêtres hautes, et un intéressant ensemble de chapiteaux. Des travaux ont mis au jour un ensemble de fresques du 12ᵉ s. ayant pour thème principal la vision de l'Apocalypse.

Mont-St-Vincent★

4 km plus au Sud. Bâti à la proue d'une colline, point de partage des eaux entre la Loire et la Saône, ce village du Charolais occupe un des points culminants de Saône-et-Loire (603 m).

À l'entrée du bourg, une rue monte à droite à angle aigu jusqu'à une station de télévision et de météorologie. À proximité, du sommet d'une tour belvédère *(longue-vue – table d'orientation)*, socle d'un ancien moulin disparu, on découvre un immense **panorama**★★ sur les monts du Morvan, les dépressions du Creusot et d'Autun, les monts du Mâconnais et du Charolais.

VOILÀ L'ÉTÉ
C'est du village de Mont-St-Vincent que chaque année part le signal des Feux celtiques de la Saint-Jean, allumés pour célébrer le retour de la belle saison.

Église – Bâtie à la fin du 11ᵉ s., l'église était celle d'un prieuré clunisien. Le porche carré, surmonté d'une tribune, abrite un portail dont le tympan sculpté, très dégradé, représente un Christ en majesté entre saint Pierre et saint Paul. La nef est voûtée de berceaux transversaux comme celle de St-Philibert de Tournus, tandis que les bas-côtés sont voûtés d'arêtes. La croisée du transept est surmontée d'une coupole sur trompes.

Du terre-plein bordant le cimetière, jolie vue sur les vallons se chevauchant au Nord.

Musée J.-Régnier – *D'avr. à fin sept. : dim. et j. fériés 15h-19h. Gratuit.* ☎ *03 85 69 00 00.*

Installé dans le bâtiment restauré de l'ancien grenier à sel (15ᵉ s.), ce musée rassemble les découvertes archéologiques (du néolithique au haut Moyen Âge) faites dans la région.

Uchon★

À flanc de pente, dans un décor assez rude de blocs granitiques épars, ce petit village occupe un **site**★ remarquable. On peut y voir un pan de tour en ruine, une vieille église et un oratoire abritant une colonne surmontée d'une Vierge, où se réunissaient au 16ᵉ s. les fidèles venus en pèlerinage prier pour éloigner les épidémies de peste. Une vue d'ensemble s'offre depuis le signal d'Uchon.

Le panorama du signal d'Uchon. De lourds nuages lui donnent parfois un caractère romantique.

Signal d'Uchon★ – *1,4 km au Sud par la D 275. Au sommet de la montée, 100 m environ après l'hôtel Bernard, prendre à droite un chemin goudronné. Laisser la voiture au parc de stationnement aménagé. De là gagner à pied le rocher sur lequel se trouve la table d'orientation, à 650 m d'altitude.*

Le **panorama** semi-circulaire s'étend sur la dépression de l'Arroux, large et verdoyante jusqu'aux monts de la Madeleine et aux monts Dôme. Plus près se dressent les sommets du Morvan : le mont Beuvray à la masse trapue, le mont Préneley et le Haut-Folin.

St-Sernin-du-Bois

7 km au Nord. Le château, un gros donjon carré du 14ᵉ s., et un ancien prieuré forment un ensemble pittoresque, à proximité d'un étang servant de réserve d'eau.

Château de Brandon

10 km au Nord-Est du Creusot, à St-Pierre de Varennes. ♿ *De mi-avr. à mi-sept. : visite guidée (1/2h) w.-end 12h-19h (de déb. juil. à mi-sept. : tlj). 4,50€ (enf. : 2,30€).* ☎ *03 85 55 45 16.*

Bâtie à l'emplacement d'un camp romain, cette forteresse médiévale à destination strictement militaire subit des modifications sous Louis XIII, dont l'aménagement du corps de logis sur la cour haute. La cour basse conserve des écuries du 12ᵉ s. et une poterne du 14ᵉ s. Autour du château, beau panorama sur la campagne environnante, le mont St-Vincent et les monts du Charolais.

Perrecy-les-Forges

15 km au Sud de Montceau. Ce bourg industriel possède ▶
une **église** romane, vestige d'un ancien prieuré bénédictin, précédée d'un **porche-narthex**★ de grande
ampleur et de belle facture (musée du prieuré à l'étage).
Au tympan du portail trône le Christ dans une gloire soutenue par deux séraphins aux six ailes accolées. En
contraste avec l'austérité de cette évocation aux lignes
aiguës, les sculptures du linteau (Passion du Christ) et
des chapiteaux offrent plus de souplesse et de vie. La
croisée du transept, éclairée par des baies géminées, est
surmontée d'une coupole sur trompes (n'y voyez pas de
rapport malicieux avec le chapiteau aux éléphants).

> **SUIVEZ LE PLAN**
> L'édifice est mis en
> valeur, côté Sud, par
> l'ingénieuse
> matérialisation au sol des
> plans de l'ancien cloître
> grâce à des arbustes et
> des talus gazonnés.

Vallée de la **Cure**★

La Cure, affluent de l'Yonne mais dont le bassin est
plus étendu, est la rivière morvandelle par excellence.
Dans la partie vallonnée du parc régional, c'est un
cours d'eau « sportif », très apprécié des canoéistes,
qui s'assagit en aval, au long de l'itinéraire proposé,
mais conserve du tempérament jusqu'à Cravant,
bondissant sur les rochers, comme une vraie rivière
à « truites ».

La situation

*Cartes Michelin n°s 65 plis 5, 6, 15, 16 ou 238 plis 10, 11,
23* – Longue de 109 km, la Cure rejoint la N 6 au Nord
de Vézelay avant de se jeter dans l'Yonne.

Les gens

Le prolixe et aventureux **Restif de La Bretonne** est né
dans une ferme de Sacy (près de Vermenton). Écrivain
typographe doté d'un sens aigu de la psychologie, il
considérait son œuvre de dissection sociale, depuis *Le
Paysan perverti* jusqu'à *Les Nuits de Paris*, comme un utile
complément à l'*Histoire naturelle* de son illustre compa-
triote Buffon.

> **AU FIL DE L'EAU**
> À l'époque des grands
> ducs le commerce des vins
> était florissant dans la
> région et utilisait toutes les
> voies navigables.

> **UNE RIVIÈRE ÉNERGÉTIQUE**
> C'est sur la Cure, au milieu du 16e s., que fut réalisé le premier essai de
> flottage à bûches perdues *(voir Clamecy)*. Au 19e s., la création du lac
> réservoir des Settons *(voir Morvan)* à quelques kilomètres de sa source
> avait pour but d'aider à ce mode de transport original du bois de chauf-
> fage. Depuis la disparition du flottage, il n'est utilisé que pour régulariser
> le débit de la rivière et alimenter, pendant l'été, le canal du Nivernais.
> Dans les années 1930, plusieurs barrages hydroélectriques ont été amé-
> nagés dans le bassin amont de la Cure : barrage du Crescent (1930-
> 1933) avant Chastellux ; barrage de Malassis (1929-1930) près de
> Domecy-sur-Cure ; barrage de Chaumeçon (1933-1935) sur le Chalaux,
> affluent de gauche de la Cure.
> On est ainsi passé du « charbon de bois » à la « houille blanche ».

découvrir

D'AUXERRE À VÉZELAY

*60 km – environ 4 h 1/2, visites d'Auxerre et de Vézelay non
comprises. Jusqu'à Cravant, on peut suivre l'itinéraire du
circuit décrit à Auxerre.*

Cravant

Cette petite localité autrefois fortifiée est bâtie au
confluent de la Cure et de l'Yonne. L'**église,** du 13e s.,
possède un chœur ainsi qu'une tour de la Renaissance,
et le bourg des maisons à pans de bois. Des promenades
ont été aménagées à l'emplacement des anciens fossés.
La route suit à peu près la rive de la Cure, dans le cadre
agreste de collines boisées ou plantées de vignes.

carnet pratique

HÉBERGEMENT

• À bon compte

Chambre d'hôte Le Clos du Merry – *4 r. Crété - 89440 Joux-la-Ville - 9 km au NE de Voutenay-sur-Cure par D 32 -* ☎ *03 86 33 65 54 - closmerry@aol.com - fermé 1 sem. en mai, 2 sem. fin nov.-déb. déc. -* 📧 *- 5 ch.: 30/40€.* Cette vieille ferme familiale céréalière est encore en activité. Toutes les chambres sont distribuées autour de la vaste salle des petits-déjeuners, certaines sont aménagées pour les familles. Grand jardin en pelouse avec jeux pour les enfants. Organisation de randonnées sur place.

• Valeur sûre

Chambre d'hôte Le Moulinot – *Rte d'Auxerre - 89270 Vermenton -* ☎ *03 86 81 60 42 - lemoulinot@aol.com - fermé 20 déc. au 10 janv. -* 📧 *- 6 ch.: 49,50/68,50€.* Passez l'étroit pont sur la Cure pour accéder à ce moulin du 18ᵉ s. entre la rivière et l'étang. Bucolique à souhait, le cadre est charmant et rafraîchissant. Chambres spacieuses et coquettes desservies par un escalier central en bois. Salon-salle à manger au bord de l'eau.

ARTISANAT

Le village d'**Accolay**, proche de Vermenton, est réputé pour ses poteries vernissées.

Vermenton

Cet ancien port occupe un site agréable sur les rives de la Cure. Son **église** possède une belle tour du 12ᵉ s. ; le portail conserve des statues-colonnes très mutilées. Vestiges de remparts. *Tlj sf dim. 15h-18h.* ☎ *03 86 81 60 76 (syndicat d'initiative) ou* ☎ *03 86 81 62 93 (M. Verrier).*

Arcy-sur-Cure

La Cure divise le bourg en deux parties reliées par un grand pont en dos d'âne, d'où l'on a de jolies vues sur la rivière et le manoir de Chastenay.

En sortant du village sur la gauche, on aperçoit la ravissante façade classique du **château d'Arcy** (18ᵉ s.) que précède une allée d'arbres. Poursuivre en prenant à gauche l'étroit chemin de Vault (V8) qui traverse le hameau de **Val-Ste-Marie ;** vue sur les ruines désolées d'une maison forte du 14ᵉ s. habitée par les seigneurs du domaine d'Arcy jusqu'à la construction du château.

GRIMOIRE GRAVÉ

La porte de la tour, au battant probablement d'origine, est ornée d'une intéressante frise sculptée de trois personnages à la figure d'alchimistes.

◄ **Manoir de Chastenay** – ♿ *De juil. à fin août : visite guidée (3/4h) tlj sf dim. matin 10h30-12h, 14h30-18h. 5€ (enf. : 3€).* ☎ *03 86 81 93 41.*

Ce petit édifice de la seconde moitié du 14ᵉ s. fut érigé sur l'emplacement d'une demeure fortifiée du 11ᵉ s., dont il subsiste une partie de l'enceinte. Il est percé de fenêtres à meneaux et présente sur sa façade Nord une jolie tour d'escalier hexagonale, élevée hors œuvre, et une échauguette en encorbellement. L'intérieur (une salle) renferme un polyptyque du 14ᵉ s. représentant des scènes de l'histoire de Joseph. *(La visite-conférence met l'accent sur la symbolique alchimiste qui « habite » le manoir et sur les travaux des compagnons.)*

Grottes – En amont du village d'Arcy, la rive gauche de la Cure est dominée par de hautes falaises calcaires percées de nombreuses grottes mais une seule est ouverte à la visite.

La Grande Grotte★ – ♿ *De mars au 11 nov. : visite guidée (1h) 10h-12h, 14h-18h (juil.-août : 9h30-18h30). 7€ (enf. : 3,30€).* ☎ *03 86 81 90 63.*

💡 Surtout n'oubliez pas de vous couvrir : il fait 12° dans la grotte. Cette caverne, que Buffon visita en 1740 et 1757, se ramifie sur 2,5 km en une succession de salles et de galeries décorées de draperies, stalactites et stalagmites, que l'on peut visiter sur 900 m. Les plafonds plats alternent avec les concrétions d'aspect fantastique se transformant au gré de l'imagination en bêtes ou en fleurs vénéneuses. Au retour, on peut voir deux petits lacs, dont le premier est figé sous une fine couche calcaire due à des bactéries bâtisseuses (le « Lavoir des Fées »).

À SAVOIR

Depuis 1990 de nombreuses fouilles ont mis au jour des peintures pariétales paléolithiques, représentant des mammouths, ours, rhinocéros... À noter également la présence d'empreintes de mains négatives. Les dernières datations, –25 000 à –28 000, en font la plus ancienne grotte ornée connue après la grotte Chauvet (Ardèche).

Les bords de la Cure

🚶 *1/2 h à pied AR.* Suivre, au départ de la Grande Grotte, un agréable chemin ombragé remontant la rive gauche de la Cure au pied d'escarpements calcaires, forés d'une quinzaine de grottes non aménagées, en cours de fouilles archéologiques. Parmi elles on peut citer, dans l'ordre, les grottes du Cheval ou du Mammouth, de l'Hyène, des Fées. Le Grand Abri est une roche en masse imposante qui surplombe le terrain sur plus de 20 m de longueur et 10 m de profondeur ; pénétrer dans le bois (classé zone protégée) où l'on trouve une carrière méro-vingienne de sarcophages et la source « miraculeuse » de saint Moré.

Au sommet des rochers de St-Moré, **vue** sur la vallée.

Voutenay-sur-Cure

Village bien situé au pied de collines boisées.

N.-D.-d'Orient

Au départ de Sermizelles, à l'Est. Un chemin de terre balisé conduit, sous bois, au sommet de la colline où s'élève une chapelle octogonale (19ᵉ s.) surmontée d'une Vierge en pierre. Du pied de la statue (accessible par 39 marches, sans rapport avec le film de Hitchcock), vue intéressante sur la vallée de la Cure. En retrait, chapelle moderne de pèlerinage à Notre-Dame-d'Orient (invoquée depuis la guerre de Crimée).

Asquins

Charmant **lavoir** du 18ᵉ s. au Nord du village.

Decize

Occupant une île de la Loire, Decize tend à devenir un pôle d'attraction du Sud-Nivernais. Le bourg repose autour d'une butte au sommet de laquelle s'élevait le château des comtes de Nevers.

Pour apprécier le site, gagner le sommet de la côte de Vauzelles (table d'orientation).

La situation

Cartes Michelin nᵒˢ 69 plis 4, 5 ou 238 pli 34 – Nièvre (58). La ville s'est installée au confluent de l'Aron à la Loire et au débouché du canal du Nivernais, qu'un barrage fait communiquer avec le canal latéral à la Loire. Nevers est à 30 km au Nord-Ouest par la N 81. 🗎 *Pl. du Champ-de-Foire, 58300 Decize,* ☎ *03 86 25 27 23.*

Le nom

César trancha un différend entre deux chefs éduens *(voir mont Beuvray)* dans la cité antique de *Decetia.* Il s'agirait du nom d'une divinité gauloise, sûrement liée à l'eau.

Les gens

6 456 Decizois. Tous ne sont pas insulaires (faubourg d'Allier et faubourg St-Privé), mais presque « Vénitiens ».

comprendre

Plaisirs d'eau – Réalisé en plusieurs temps, de 1784 à 1842, le canal du Nivernais, s'allongeant d'Auxerre à Decize sur 170 km, est le plus sinueux de France. Déserté par les péniches, il se prête mieux dans le secteur Sud aux sports nautiques et à la navigation de plaisance. Les poissons ayant adopté le coin, il est parfois appelé « le paradis de la pêche » (70 km de rives). Enfin, un stade nautique près de la Loire (entrée gratuite) permet de pratiquer toutes les activités de « plage » ainsi que le golf miniature, le volley-ball et le tennis *(camping ☎ 03 86 25 14 05).* Compétitions internationales de canoë-kayak fin juin.

Les hérauts du pays – La ville a vu naître Guy Coquille, Saint-Just et Maurice Genevoix.

Le jurisconsulte **Guy Coquille** (1523-1603) est l'auteur d'un *Commentaire de la coutume du Nivernais.* Henri IV tenta sans succès de s'attacher les services de ce député du tiers, opposé aux ligueurs mais attaché à son Nivernais natal.

Pour avoir quitté le foyer familial sans autorisation, **Saint-Just** (1767-1794) fut emprisonné à Picpus avant d'avoir vingt ans. Membre du Comité de salut public en 1793 (il compose, avec son fidèle ami Robespierre et Couthon, un triumvirat qui gouverne alors le pays), nommé Commissaire de l'armée du Nord, il contribua à la victoire de Fleurus, qui mit fin aux craintes d'invasion. La Terreur devenue inutile, cette victoire entraîna la chute des deux hommes. Mis hors la loi par la Convention le 9 thermidor an II, ils montèrent à l'échafaud le lendemain (28 juil. 1794).

LOCATION DE BATEAUX
Crown Blue Line – Rien de tel que le rythme d'un bateau pour découvrir les charmes secrets de la région. Au port de la Jonction, ☎ *03 86 25 46 64.*

C'est l'une des très rares cryptes mérovingiennes encore existantes. On y trouve une Vierge du 16e s. : « Notre-Dame-de-Sous-Terre ».

110 ANS
La mine fut achetée par la Compagnie Schneider du Creusot en 1864 et nationalisée en 1946. La concurrence de l'étranger et des autres sources d'énergie conduisirent à fermer la mine en 1974.

Chaque année, le musée présente une exposition liée au monde de la mine et à l'histoire industrielle.

Maurice Genevoix (1890-1980) dépeignit avec lucidité les ravages de la guerre dans *Ceux de 14* avant de recevoir le prix Goncourt en 1925 pour son roman *Raboliot*. La suite de son œuvre célèbre la plénitude de la nature et la force animale (ce qui le rapproche de Colette), qui lui semblent proposer à l'homme une réflexion sur la vie pouvant conduire à la sagesse (Acad. fr., 1946).

se promener

Flâner dans le centre-ville les jours de marché est fort agréable. Au pied de la butte, les anciens remparts montrent les vestiges de tours, porte et autre ravelin.

Église St-Aré

De juil. à fin août : possibilité de visite guidée. ☎ *03 86 25 27 23.*
Le chœur du 11e s. recouvre une **crypte double** du 7e s. qui renfermait avant la Révolution le tombeau de saint Aré, évêque de Nevers.
La légende raconte qu'à sa mort son corps fut, selon son vœu, placé sur une barque qui remonta seule la Loire et vint s'échouer à Decize.
Dans cette église même, bénitiers en bronze datant du 15e s., et reliquaire de saint Aré. La toiture et le transept de l'édifice sont en restauration.
Redescendre vers la Vieille Loire en passant devant l'ancien couvent des Minimes. Longer le bras de rivière.

Promenade des Halles

Superbe allée longue de plus de 900 m, ombragée de platanes dont certains atteignent 55 m de hauteur, les premiers ayant été plantés en 1771. Des constructions récentes gâtent un peu l'entrée de la promenade.

alentours

La Machine

8 km au Nord par la D 34. Connu depuis la Haute Antiquité pour ses affleurements de charbon, le gisement houiller de la région fut exploité industriellement sous l'impulsion de Colbert qui vanta auprès du roi l'excellente qualité du charbon nivernais pour fournir les forges des arsenaux militaires. En 1670, une machine d'extraction d'origine liégeoise, un manège en bois tiré par un cheval, fut installée sur le site, donnant son nom à la ville.

Musée de la Mine – 🄯 *De mars à fin oct. : (dernière entrée 3/4h av. fermeture) dim. et j. fériés 14h-18h (de mi-juin à mi-sept. : tlj sf mar. 10h-12h, 15h-19h). Fermé 1er mai 2,29€.* ☎ *03 86 50 91 08.*
Installé dans les bâtiments de l'ancienne direction des houillères depuis 1983, ce musée que désiraient les mineurs machinois évoque l'histoire du site, le travail et la vie quotidienne au fond de la mine, ainsi que la vie sociale depuis le 19e s.

Mine-image – *Suivre face au musée la direction du puits des Glénons (mêmes cond. que le musée). De mars à fin oct. : visite guidée (1h1/2, dernière entrée 1h av. fermeture) dim. et j. fériés 14h-18h (de mi-juin à mi-sept. : tlj sf mar. 10h-12h, 15h-19h). Fermé 1er mai. 2,29€.* ☎ *03 86 50 91 08.*
Autrefois, les futurs mineurs faisaient leur apprentissage à ce puits. Reconstituée au même endroit, la galerie type présente aujourd'hui les techniques de soutènement de bois et évoque le travail d'extraction : dynamitage, abattage, évacuation de la houille...

Teinte

En aval de Decize au bout de la D 262, à 8 km.
Sur les bords de Loire près du hameau, d'anciens quais du temps du transport fluvial de la chaux ont été aménagés pour la promenade.

Béard

13 km à l'Ouest sur la N 81.
Son église romane du 12e s. possède à la croisée du transept un **clocher**, dont les deux étages sont percés, sur chaque face, de deux baies géminées en plein cintre.

Digoin

Avis aux pêcheurs, randonneurs et amateurs de navigation tranquille : cette ville a tous les atouts pour vous séduire.

La situation

Cartes Michelin nos 69 pli 16 ou 238 pli 48 – Saône-et-Loire (71). Au point de rencontre des vallées de la Loire, de l'Arroux, de l'Arconce, de la Vouzance et de la Bourbince, sillonnées par des canaux aux eaux très poissonneuses et aux rives aménagées en sentiers. Accessoirement, Digoin est desservi par la N 79 entre Moulins et Mâcon.
🖹 *8 r. Guilleminot, 71160 Digoin,* ☎ *03 85 53 00 81.*

Le nom

Bien évidemment, il y a un rapport à l'eau. Et aussi avec le sacré, dont témoigne la racine gauloise *diwo* (comme dans Dijon). Le *Diwontio* (lieu aux eaux sacrées) des Celtes est devenu *Deguntium* après Charlemagne.

Les gens

8 947 Digoinais, dont un millier employés autour du grès. La manufacture de Digoin est une référence pour la porcelaine hôtelière, elle puise l'un des kaolins les plus blancs d'Europe dans une carrière toute proche.

comprendre

Briare uni à la Puisaye – 🖻 Un **pont-canal** de onze arches, construit entre 1834 et 1838, cinquante ans avant celui de Briare, relie deux des canaux et permet la jonction Loire-Saône. Le circuit proposé de la Loire nivernaise permet quant à lui la jonction de Digoin à Nevers. L'argile qui abonde en ces terres a permis d'y fonder la plus grande faïencerie de France. Lors de l'attribution de l'Alsace-Lorraine à la Prusse en 1870, Sarreguemines elle-même avait décidé de « rapatrier » ses activités sur Digoin.

La Loire nivernaise – De Digoin à Briare, la Loire coulant vers le Nord-Ouest sur 150 km dans des plaines rattachées au Bassin parisien n'a pas l'ampleur et la majesté qu'on lui connaît en aval d'Orléans ; pourtant le fleuve, tantôt nonchalant et tantôt fougueux, est déjà très attachant par sa physionomie, son tracé, ses îles boisées et les paysages qu'il traverse.

La Loire près de Pouilly-sur-Loire.

En été, la Loire n'est qu'un maigre cours d'eau qui se
fraie péniblement un chemin entre d'immenses bancs
de sable d'un blond doré sur lesquels des buissons de
saules font çà et là une tache verte. Mais d'octobre à juin,
la Loire recouvre complètement son lit, charriant une
nappe d'eau grisâtre, offrant ainsi le contraste le plus
accentué avec les mois d'été. À l'époque de César, la
Loire s'appelait *Liger*. Ce nom viendrait de la racine
gauloise *lig* signifiant « boue ».

Quelques chapelles dédiées à saint Nicolas, le patron des
mariniers, existent encore (à Nevers), parfois en partie
démolies (à La Charité-sur-Loire).

Certaines églises des bords de Loire conservent, sus-
pendus à la voûte, de beaux vaisseaux de bois, fidèles
reproductions des navires à voiles du 17ᵉ s. ; ces bateaux
étaient portés solennellement au cours des processions
en l'honneur de saint Nicolas.

La navigation sur la Loire – Le plus irrégulier des
fleuves de France a connu, autrefois, une activité de
batellerie.

Au temps où les routes étaient rares et mauvaises, la voie
d'eau était un chemin très fréquenté. Dès le 4ᵉ s. existait
une organisation régulière de bateliers sur la Loire. Au
Moyen Âge, une puissante confrérie levait des droits sur
toutes les marchandises transportées sur la Loire et ses
affluents et imposait de nombreux péages.

De Roanne à Orléans vivait tout un peuple de mariniers
transportant sur des chalands, des allèges, des sentines
– dont quelques-unes étaient « vergées », c'est-à-dire
dotées d'un mât supportant voilure –, les marchandises
les plus diverses : produits agricoles du Charolais et du
Morvan, faïences de Nevers, bois et charbons du Forez.
La circulation était surtout intense à la descente où l'on
parcourait une trentaine de kilomètres par jour. La
remontée étant très pénible à cause du courant, les mariniers préféraient le plus souvent démolir leurs bateaux,
en vendre les planches, et revenir à pied à leur point de
départ !

Les voyageurs empruntaient volontiers ce mode de loco-
motion ; toutefois, la conversation des mariniers, gens
rudes et parfois violents, ayant gardé de leurs voyages
et de leurs aventures un langage peu châtié, entachait
quelque peu leur vocabulaire, à l'instar du perroquet
Ver-Vert *(voir Nevers)*.

À la veille de la Révolution, un service pour passagers
était organisé, sur les trois sections Roanne-Nevers,
Nevers-Orléans, Orléans-Nantes.

visiter

Église N.-D.-de-la-Providence

Ce bel édifice de style à la fois roman et byzantin a été
érigé au 19ᵉ s. Les sculptures des tympans de la façade
ont été réalisées de 1976 à 1978. L'intérieur, très vaste
s'éclaire de vitraux agréables à l'œil, notamment ceux
imitant des mosaïques, du revers de la façade.

Musée de la Céramique

*Juin-oct. : visite guidée (1h1/2) à 10h30 et 15h-17h (de déb
juin à mi-juin et de mi-sept. à fin oct. : tlj sf dim.) ; avr.
mai : tlj sf dim. à 10h30, 15h et 16h30 ; nov.-mars : tlj s
dim. à 15h et 16h30. Fermé de Noël à déb. janv. et j. fériés
3€.* ☎ *03 85 53 00 81.*

Aménagé dans une ancienne hôtellerie du 18ᵉ s., il présente l'histoire de la céramique de l'époque gallo-romaine
à nos jours (25 000 pièces), ainsi que les différents
procédés de fabrication : moulage, coulage, tournage
décoration, émaillage et cuisson. Il expose les productions anciennes et actuelles des usines digoinaises e
une belle collection de roches, fossiles et minéraux
Remarquer la fontaine filtrante style 1900.

Dijon★★★

Malgré l'absence d'une vraie voie fluviale, la capitale de la Bourgogne est au centre d'un réseau de communication qui relie l'Europe du Nord aux régions méditerranéennes. Les grands ducs ont peu vécu à Dijon ; Charles le Téméraire a laissé sa bibliothèque à Bruxelles, la Toison d'or à Vienne et les trésors de guerres à Berne ; ils n'en ont pas moins fait une ville-musée dont l'élégance s'est encore accrue du temps de la noblesse de robe (17ᵉ et 18ᵉ s.). Héritière d'un passé prestigieux et d'un patrimoine préservé, ses richesses vous passionneront. Une grande université, l'intense activité culturelle et les très nombreux magasins irriguent la cité en animant les rues du secteur sauvegardé. De plus, les amateurs de vin de Bourgogne trouveront ici le point de départ idéal pour la route des Grands Crus.

La situation

Cartes Michelin nᵒˢ 66 pli 12 ou 243 pli 16 – Côte-d'Or (21).
Venant du Nord (Paris), accès par l'A 6 - A 38 ; de l'Est, par l'A 36 - E 21 ; du Sud, par l'A 6 - A 31.
🛈 *34 r. des Forges, 21022 Dijon,* ☎ *03 80 44 11 44.*

Le nom

À l'époque romaine, le castrum est construit sur un cours d'eau qui sépare le territoire Éduen des Lingons, le Suzon, alors appelé *Divio*, soit « rivière sacrée ». La grande cité a gardé le nom de ce ruisseau devenu souterrain.

Les gens

Agglomération de 236 953 Dijonnais. Cette population fait de Dijon l'une des 25 plus importantes villes de France.

comprendre

HEUREUX COMME UN DUC EN BOURGOGNE

Dijon aujourd'hui – Université (30 000 étudiants), siège de cour d'appel et de préfecture, « grands travaux » tels que le Parc technologique, l'auditorium ou le centre commercial de la Toison d'or font de Dijon une ville moderne qui voit sa population augmenter. Dans cette cité de la douceur de vivre, au prestige international, dotée d'un patrimoine incomparable, la gastronomie tient une place essentielle. Ainsi, de nombreuses activités sont

Vue générale sur la ville.

carnet pratique

VISITE

Visites guidées – Dijon, qui porte le label **Ville d'art et d'histoire**, propose des visites-découvertes (1h30 à 2h) animées par des guides-conférenciers agréés par le ministère de la Culture et de la Communication. Renseignements à l'Office de tourisme ou sur www.vpah.culture.fr

RESTAURATION

• À bon compte

Café du Vieux Marché – *2 r. Claude-Ramey - ☎ 03 80 30 73 61 - fermé dim. - 6/15€.* Face aux halles, ce café devancé d'une plaisante terrasse en bleu et blanc attire les clients friands de convivialité et de simplicité. La décoration intérieure, sans recherche particulière, est néanmoins agréable. Restauration de type snack.

Le Petit Gascon – *100 r. Berbisey - ☎ 03 80 30 99 66 - fermé dim. – 9/15,24€.* Dans ce petit restaurant du centre-ville vous sera proposé un tour de France des saveurs culinaires : chaque mois la table adopte une région et ses spécialités. Décor d'auberge d'antan et ambiance très conviviale.

• Valeur sûre

Le Bistrot des Halles – *10 r. Bannelier - ☎ 03 80 49 94 15 - fermé dim. soir - 22,87€.* Comme son nom l'indique, ce bistrot est tout près des halles de la ville. Des plats canailles et une carte sur ardoise dans une ambiance conviviale.

La Dame d'Aquitaine – *23 pl. Bossuet - ☎ 03 80 30 45 65 - fermé lun. midi et dim. - 25,61/35,83€.* Au cœur de la ville, un porche, une cour pavée et des longs escaliers qui descendent dans une superbe salle voûtée du 13e s. Ici, le Moyen Âge vous accueille avec colonnes à chapiteaux, tapisseries, vitrail coloré et chandeliers imposants. Pour une cuisine régionale.

Auberge de la Charme – *21121 Prenois - 13 km au NO de Dijon par N 71 puis D 104 dir. Circuit Automobile - ☎ 03 80 35 32 84 - fermé vac. de fév., 1er au 14 août, dim. soir, mar. midi et lun. - réserv. obligatoire - 20,58/60,98€.* Témoins du passé, soufflets et autres outils de forgeron servent de décor à cette auberge fleurie. Sur ce fond rustique, c'est une cuisine généreuse et fine que vous dégusterez. Et, comme dans toute les réussites, la simplicité ajoute un plus aux délices !

HÉBERGEMENT

• À bon compte

Hôtel Victor Hugo – *23 r. des Fleurs - ☎ 03 80 43 63 45 - 🅿 - 23 ch.: 28,20/42,69€ - 🍽 4,73€.* Dans ce petit hôtel traditionnel, vous serez accueilli par un personnel attentionné. Les chambres aux murs de crépi blanc sont simples et calmes. À apprécier d'autant plus que le centre-ville est tout proche.

• Valeur sûre

Hôtel Wilson – *Pl. Wilson - ☎ 03 80 66 82 50 - 🅿 - 27 ch.: 62,50/79,27€ - 🍽 9,15€.* Dans cet ancien relais de poste où le caractère traditionnel a été conservé, vous serez charmé par les chambres sobrement meublées en bois clair. Partout, belles poutres et jolie lumière forment un cadre intime et douillet.

LE TEMPS D'UN VERRE

Comptoir des Colonies – *12 pl. François-Rude - ☎ 03 80 30 28 22 - lun.-sam. 8h-19h30.* L'intérieur colonial de ce salon de thé s'est enrichi d'un petit salon très cosy tout en cuir et acajou. Mais les quelques 120 thés Mariage et la quinzaine de cafés torréfiés par le propriétaire se dégustent aussi très bien sur la grande terrasse ensoleillée.

La Taverne de Maître Kanter – *Pl. du Marché-les Halles - ☎ 03 80 30 81 83 - www.tavernes-maitre-kanter.com - tlj 11h30-0h.* Cette taverne s'est établie dans une maison en bois construite en 1889 par Gustave Eiffel, plus connu pour ses constructions métalliques. Principalement consacrée à la restauration, l'établissement permet pourtant de prendre un verre entre les heures de service.

SORTIES

Hunky Dory – *5 av. du Mar.-Foch - ☎ 03 80 53 17 24 - tlj 11h-4h.* Lieu de rendez-vous des étudiants, avec sa musique branchée et ses jeux de lumière qui animent les soirées karaoké. Six billards dans une salle à part. Service brasserie à toute heure.

L'An-fer – *8 r. Marceau - ☎ 03 80 70 03 69 - mar.-dim. 23h-5h.* Une foule impressionnante se presse chaque soir aux portes de cette boîte techno dont la réputation a franchi les frontières de la ville. Laurent Garnier, un des plus grands DJ français et ambassadeur émérite de la techno française à l'étranger, y fut résident pendant quatre ans. Soirée gay le dimanche.

Le Bistrot de la scène – *203 r. d'Auxonne,21000 Dijon – ☎ 03 80 67 87 39.* Avec ses 150 places et son décor farfelu (tables rouges, chaises bleues et murs noirs) c'est le seul café-théâtre de la ville : raison pour laquelle le public y tient et y vient… Programmation : théâtre (contemporain et improvisation) ; musique (jazz, classique…) ; spectacles enfants (oct.-mai). Séances enfants : mer. 15h et 17h ; séances adultes : ven. et sam. 20h30 ; billetterie : 1h avant spectacle.

Broc Shop Café – *1 r. du Gén.-Fauconnet - ☎ 03 80 93 93 63 - tlj 17h-2h.* Entre grenier et maison abandonnée, ce café aux murs décrépits est visité chaque soir par le génie des nuits dijonnaises. Sous un immense lustre et perché dans une niche, le DJ fait vibrer les pupitres d'écolier de ce bar survolté et surpeuplé.

Coco Loco – *18 av. Garibaldi - ☎ 03 80 73 29 44 - mar.-sam. 17h-2h.* La patronne de ce café haut en couleur est connue de toute la ville pour son énergie (d)étonnante. De soirées à thème en nuits de folie, elle mène la danse à un train d'enfer. Toute la jeunesse dijonnaise se retrouve chez elle pour s'amuser et guincher dans une ambiance déjantée.

Kilkenny Irish Pub – *1 r. Auguste-Perdrix - ☎ 03 80 30 02 48 - lun.-sam. 18h-3h, dim 19h-3h.* La décoration et le mobilier original de ce pub ont été conçus sur mesure par les propriétaires. Son style très *british* et son ambiance chaleureuse confèrent à cette cave voûtée un charme incomparable. Deux concerts par mois.

Le Brighton – *33 r. Auguste-Comte - ☎ 03 80 73 59 32 - lun.-sam. 10h-2h, dim. à partir de 17h.* La salle du rez-de-chaussée est survolée par un avion de chasse tandis que la cave reconstitue l'intérieur d'une carlingue : ce pub sert de repère des aviateurs dont les lourds blousons de cuir râpés se reflètent dans le miroir barré d'une hélice qui trône derrière le bar.

ACHATS

Rue de la Liberté, place Darcy et en d'autres lieux de la ville, les magasins Auger proposent aussi de bons produits : moutarde, crème de cassis, bonbons au cassis …parmi le respectable choix de marques de crème de cassis, Boudier, Lejay-Lagoutte, L'Héritier-Guyot ou Briottet feront avec l'aligoté d'excellents kirs.
Védrenne (de Nuits-St-Georges), au début de la rue Bossuet est également un distillateur-liquoriste réputé.

Mulot et Petitjean – *13 pl. Bossuet - ☎ 03 80 30 07 10 - lun. 14h-19h, mar.-sam. 9h-12h, 14h-19h.* Installé dans une maison à colombages, cet établissement (dont l'origine remonte à 1796) est spécialisé dans le pain d'épices décliné de multiples manières : tendres mignonnettes, croquantes gimblettes, en forme d'escargot ou de poisson… À l'intérieur, le décor et le somptueux mobilier de marbre et de bois sculpté datent de 1901.

Pâtisserie Liberté – *4 r. François-Rude - ☎ 03 80 30 27 17 ou 03 80 30 47 25 - tlj sf lun. 8h-12h30, 14h-19h. 8h30 les j. de marché.* Cette pâtisserie est connue pour ses « craquelines » à base de praline et de nougatine et le délice de Dijon, macaron fourré de crème au beurre et nougatine.

SPECTACLES

Les planches du théâtre du Sablier (rue Berbisey), du théâtre du Parvis St-Jean (place Bossuet), du Bistrot de la scène (rue d'Auxonne) sont régulièrement foulées par les comédiens. En mai ont lieu les Rencontres internationales du théâtre qui privilégient les créations. Théâtre national Dijon-Bourgogne dirigé par Robert Cantarella.
La musique classique instrumentale, l'art lyrique et la danse se partagent la scène de l'Auditorium et de l'Opéra de Dijon (place du Théâtre). Notons à ce propos que l'auteur des *Indes galantes*, Jean-Philippe Rameau, est né à Dijon en 1683.

---

liées aux sciences alimentaire et culinaire : autour de l'industrie locale, le CNRS a fondé en 1997 l'institut européen des sciences du goût.

À l'origine – Situé sur la grande voie militaire de Lyon à Mayence, le castrum romain devait rester pendant des siècles une cité secondaire. Saccagée, pillée, brûlée à maintes reprises, la ville est conquise en 1015 par le roi de France, Robert le Pieux.
Complètement dévorée en 1137 par un terrible incendie, elle fut reconstruite dans une nouvelle enceinte englobant l'abbaye de St-Bénigne par le duc Hugues II. Cinquante ans plus tard, son successeur érige Dijon en commune.
Le plan de la cité romaine est visible au palais des États, sur la façade de l'entrée du musée des Beaux-Arts.
Des onze portes qui donnaient au 12ᵉ s. accès à la ville, la dernière à subsister, la porte Guillaume, a été remplacée en 1788 par l'arc de triomphe actuel du square Darcy.

Le berceau des « grands ducs d'Occident » – Lorsque Philippe le Hardi reçoit le duché de Bourgogne en apanage des mains du roi Jean le Bon, inaugurant la lignée des quatre ducs de la maison de Valois, il peut s'appuyer sur un domaine déjà fortement organisé. Mais le parlement est à Beaune ; Dijon n'accueille que la chambre des comptes. La puissance économique se concentre dans les villes du Brabant, des Flandres, d'Artois, que le duc pacifie après son mariage avec Marguerite de Flandre. Dijon est en quelque sorte une capitale « dynastique » où l'on naît et où l'on meurt (on est inhumé à la chartreuse de Champmol) : Charles le Téméraire n'y passera qu'une semaine au cours de sa vie.
Sur un siècle, les ducs, qui comptent parmi les princes les plus puissants de la chrétienté et les mécènes les plus riches, font de Dijon, à l'écart des guerres (souvent lancées pour rétablir l'ordre dans les villes insoumises), une ville d'art au rayonnement incontestable : le palais sert de cadre prestigieux à des réceptions fastueuses ; la Sainte Chapelle qui le jouxte est le siège de l'ordre de la Toison d'or. L'activité manufacturière de la ville n'est pas négligeable, et le négoce prospère permet aux grands bourgeois de construire d'opulentes demeures que l'on peut voir encore rue des Forges, rue Vauban, rue Verrerie…

La capitale de la province de Bourgogne – Tout change avec le rattachement du duché à la couronne de France. L'annexion par Louis XI provoque un soulèvement général, la « mutemaque », que les troupes royales

Philippe le Bon
par Roger Van der Weyden.

La place François-Rude.
Le célèbre sculpteur du
Départ des Volontaires *sur*
l'arc de Triomphe a vu le
jour dans le quartier
en 1784.

répriment. Les Dijonnais en profitent pour négocier un certain nombre de concessions dont le maintien des États de Bourgogne (assemblée régionale des députés du clergé, de la noblesse et du Tiers État) et, surtout, le transfert du parlement de Beaune à Dijon. En 1479, le roi en visite jure solennellement à Saint-Bénigne de « garder les franchises, libertés, immunités, droits et privilèges » dont jouissait jusqu'ici le duché. Puisque Dijon est une ville frontière face à la Comté, il fait néanmoins construire une forteresse, connue sous le nom de château des Gens d'armes, réparer les fortifications et représenter le pouvoir royal dans le duché par un gouverneur.

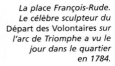

ALLURE CLASSIQUE
Jules Hardouin-Mansart transforme le palais des Ducs pour y loger les États de Bourgogne. Ses membres et les parlementaires donnent à la ville sa parure d'hôtels cossus.

Essor de la cité provinciale – Capitale administrative où se sont fixés les princes de Condé, Dijon connaît au 17e s. un développement urbanistique important, en dépit de la Fronde où l'entraîne le Grand Condé. L'essor se poursuit au siècle des Lumières après l'établissement de l'université (1723), la fondation de l'académie en 1725 (qui dotera Rousseau d'un prix pour son *Discours sur les sciences et les arts*), et la création d'un diocèse en 1731 (évêque Jean Bouhier). Pendant la Révolution, la chartreuse de Champmol est détruite et, sous l'Empire et la Restauration, la ville subit peu de changements. À partir de 1851, avec la construction de la célèbre ligne de chemin de fer Paris-Lyon-Méditerranée (PLM), la station connaît un nouvel élan, au point de voir sa population doubler entre 1850 et 1892, période marquée par les débuts de l'industrie.

se promener

AUTOUR DU PALAIS DES DUCS★★

Visite : 3 h.
Le quartier ancien qui entoure le palais des Ducs et des États de Bourgogne a gardé beaucoup de cachet. En flânant dans ses rues, souvent piétonnes, on découvre de nobles hôtels en pierre de taille ou encore de nombreuses maisons à pans de bois des 15e et 16e s.
Ce qui subsiste du palais ducal est encastré dans des bâtiments de style classique.

Place de la Libération

Au 17e s., à l'apogée de sa puissance parlementaire, la commune se sent l'âme d'une capitale et souhaite transformer le palais ducal abandonné depuis Charles le Téméraire et aménager ses abords en « place Royale ». Les plans en hémicycle sont dessinés par l'architecte de Versailles, Jules Hardouin-Mansart, et exécutés par l'un de ses élèves, Robert de Cotte, de 1686 à 1701 : les arcades de cette jolie place, occupées par des boutiques et couronnées d'une balustrade de pierre, donnent de l'ampleur à la cour d'honneur du palais.

◄ *Prendre (logiquement) la rue de la Liberté – ancienne rue Condé – à gauche du palais : c'est une artère commerçante et piétonnière, d'allure toute classique.*

LE PREMIER GUIDE
C'est au n° 85 de la rue de la Liberté qu'est né le créateur des guides de voyage, **Adolphe Joanne** (1813-1881). Il fut aussi le fondateur du journal *L'Illustration* et du Club alpin français.

Place François-Rude (ou place du Bareuzai)

Au centre de la zone piétonne, cette place irrégulière et animée est bordée de quelques façades à pans de bois. Lors de sa création en 1904, la statue de la fontaine fleurie avait soulevé quelques objections. Aujourd'hui, le « Bareuzai », vigneron vêtu seulement de vert-de-gris, est plutôt considéré comme le bon génie du lieu. Il foule diligemment le raisin, mais le produit de son travail ne s'écoule que lors des fêtes de la vigne. Quant à l'eau du Suzon, elle coule au-dessous de la place.

Un peu plus loin, au carrefour avec la rue des Godrans et la rue Bossuet, un grand magasin a pris la place de la vieille maison du Miroir : si un Dijonnais vous donne rendez-vous « au coin du Miroir », sachez que c'est là.

Rue des Forges★

C'est l'une des rues les plus caractéristiques et les plus fréquentées de la ville.

Hôtel Morel-Sauvegrain – *Aux n°s 52, 54, 56.* Façade du 15e s. pour cette maison d'un compagnon de Charles le Téméraire.

Ancien hôtel Aubriot – *Au n° 40.* Un portail classique contraste avec l'élégante façade à arcatures du 13e s. de l'ancien hôtel, bâti par l'un des premiers banquiers de Dijon.

En face, au n° 8 de la rue Stephen-Liégeard, maison Chisseret à façade Renaissance.

Maison Milsand – *Au n° 38.* Demeure construite en 1561 pour le vicomte-maïeur (maire) à la façade Renaissance dont la décoration surchargée a été attribuée à l'architecte-sculpteur et maître menuisier Hugues Sambin, formé à Fontainebleau.

Hôtel Chambellan – *Au n° 34, sur cour intérieure.* Construit par une riche famille de drapiers, cet édifice du 15e s. possède, dans une tour de guet, un très bel escalier à révolution. Sa colonne centrale se termine par une voûte flamboyante en palmier que soutient la statue d'un jardinier portant son panier.

Église Notre-Dame★

Pour ce bel exemple de l'architecture gothique en Bourgogne (1230-1250), le maître d'œuvre, ne disposant que d'un espace restreint, s'est livré à des prouesses techniques.

Extérieur – En façade, au-dessus du porche monumental à trois baies, courent deux galeries d'arcatures, soulignées de trois rangées de fausses **gargouilles** 🔊. Deux élégantes tourelles desservent les tours masquées par la façade : celle de droite porte l'horloge à jacquemart rapportée de Courtrai par Philippe le Hardi en 1382, après sa victoire sur les Flamands révoltés contre Charles VI.

Intérieur – L'ensemble est très harmonieux : remarquer le triforium aux délicates colonnettes fuselées, la hauteur de la tour-lanterne à la croisée du transept, la hardiesse du chœur terminé par un chevet polygonal.

Au croisillon gauche, le registre horizontal a conservé les beaux vitraux du 13e s. À côté, fresque du 15e s. restaurée. La chapelle à droite du chœur abrite la statue de N.-D.-de-Bon-Espoir. Cette Vierge du 11e s., une des plus anciennes statues de bois que possède la France, a été l'objet d'une vénération particulière à partir de 1513 ; la tapisserie offerte alors comme ex-voto se trouve au musée des Beaux-Arts. Dijon ayant été libéré sans dommage de l'occupation allemande, le 11 septembre 1944, une seconde tapisserie, exécutée par les Gobelins et évoquant les deux libérations de la ville, fut offerte en nouvel ex-voto. Elle est suspendue dans le transept droit.

La rue Musette donne un peu de recul sur la façade et conduit au marché. La **rue de la Chouette,** quant à elle, dégage une vue d'ensemble sur la belle ordonnance du chevet. Observer la maison à colombages au n° 10. Sur un contrefort de la chapelle Chambellan (15e s.), on aperçoit l'oiseau sculpté qui a donné son nom à la rue. Selon la tradition locale, il exaucerait un vœu si on le caresse de la main gauche : au vu de son usure, cela doit marcher.

L'ÉDILE DU SAGE

C'est dans cet hôtel que naquit **Hugues Aubriot**, gouverneur de Dijon en 1364 et prévôt de Paris sous Charles V, où il fit construire la Bastille, des ponts sur la Seine (notamment le pont Saint-Michel), et voûter les premiers égouts.

« FAMILLE DE DING »

L'horloge de l'église Notre-Dame a toute une histoire. Son nom de jacquemart qui sert à désigner « l'ôme qui iert du marteau la cloche de l'oreloige » n'apparaît qu'en 1500. Les Dijonnais s'avisent que le célibat doit peser à ce pauvre homme : en 1610, on lui adjoint une compagne. En 1714, le spirituel poète Aimé Piron s'apitoie sur ces braves époux qui semblent avoir fait vœu de chasteté ; naissent un fils, Jacquelinet, « dont le marteau frappe la dindelle », puis, en 1881, une fille, Jacquelinette, qui sonne les quarts d'heure.

Le temps qui passe ne semble pas inquiéter la famille Ding en poste au-dessus de l'horloge de l'église Notre-Dame.

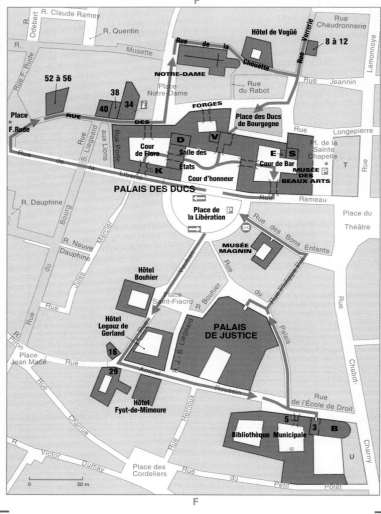

Répertoire des rues et sites, voir page 236.

Hôtel de Vogüé

C'est l'un des premiers hôtels parlementaires de Dijon. Il fut édifié au tout début du 17e s. Sa jolie toiture en tuiles vernissées le signale de loin. Un portique à riche décoration Renaissance dans le style Hugues Sambin s'ouvre sur la cour intérieure. L'hôtel est maintenant occupé par les services d'architecture et des affaires culturelles de la ville. Dans la cour d'honneur a lieu l'Estivade, festival de danse, théâtre et chant, en juillet.

Rue Verrerie

Parmi de nombreuses maisons à colombages, les n°s 8-10-12 constituent un beau groupe présentant des poutres sculptées. Des antiquaires y ont élu domicile.
On peut prolonger la promenade par la rue Chaudronnerie.
Au n° 28, douze statues en encorbellement décorent la façade de la **maison des Cariatides**, édifiée en 1603. Dans la rue Vannerie, au n° 66, hôtel Renaissance avec trois fenêtres ornées de sculptures près d'une échauguette à l'exubérant décor par Hugues Sambin.

Place des Ducs-de-Bourgogne

De cette petite place, on reconstitue par la pensée le palais tel qu'il se présentait à l'époque ducale. La belle façade gothique est celle de la salle des Gardes que domine la tour Philippe-le-Bon.

Par la place des Ducs, revenir vers la cour d'honneur du palais par le passage voûté.

Palais des Ducs et États de Bourgogne★★

Tour Philippe-le-Bon

Provisoirement fermée à la visite pour des raisons de sécurité. Achevée au 15ᵉ s. par Philippe III, cette tour haute de 46 m a fière allure.

Pénétrer dans la cour d'honneur et s'approcher des grilles.

PANORAMA

De la terrasse de la tour Philippe-le-Bon (316 marches), on découvre une belle vue★ sur la ville, les vallées de l'Ouche et de la Saône et les premiers contreforts du Jura.

Cour d'honneur

Au fond, le logis du roi, bel ensemble aux grandes lignes horizontales limité par les deux ailes en équerre, est dominé par la tour que l'on vient de quitter.

Le palais des Ducs et des États abrite, à gauche, l'ensemble des services de l'hôtel de ville, à droite le célèbre **musée des Beaux-Arts★★** *(voir « visiter »).*

Par le passage couvert à gauche, gagner la cour de Flore.

Cour de Flore

Les bâtiments qui l'entourent ont été terminés peu avant la Révolution de 1789.

À l'angle Nord-Est, on peut voir la **chapelle des Élus**, vide de mobilier, mais dont la décoration intérieure et les portes datent de l'époque de Louis XV ; la messe y était célébrée durant les sessions des États de Bourgogne. Sous le porche donnant accès à la rue de la Liberté, un magnifique escalier dessiné en 1735 par Jacques Gabriel, auteur du Petit Trianon à Versailles, conduit à la **salle des États** *(on ne visite pas).*

Regagner la cour d'honneur pour franchir le passage voûté en face qui donne accès à la cour de Bar.

Cour de Bar

Elle est dominée par la tour construite par Philippe le Hardi au 14ᵉ s., appelée alors tour Neuve, et qui reste la partie la plus ancienne du palais.

L'**escalier de Bellegarde** du 17ᵉ s. dessert la galerie Nord (17ᵉ s.). Remarquer à côté la **statue de Claus Sluter** par Bouchard et, en face, le vieux **puits** adossé aux cuisines ducales.

On peut sortir par le passage donnant rue Rameau.

AUTOUR DU PALAIS DE JUSTICE★

Visite : 1 h.

Secteur centré autour de l'ancien parlement, c'est ici le périmètre des « gens de robe ». Partir de la place de la Libération et prendre, au Sud, la rue Vauban.

Au nᵒ 12, remarquer l'**hôtel Bouhier**, une demeure classique avec, derrière un portail monumental, une cour intérieure et une façade ornée de pilastres et de frontons. En face, la place St-Fiacre tire son nom d'un hôpital dédié au saint guérisseur accueillant les pèlerins (emplacement au nᵒ 13, rue Vauban).

Hôtel Legouz de Gerland

De la ruelle Jean-Baptiste-Liégeard, à gauche, on aperçoit la façade Renaissance parée de 4 échauguettes ; la cour intérieure, qui s'ouvre 21 r. Vauban, est de style classique. Legouz de Gerland était maître de garde-robe de la Dauphine en 1690.

À l'angle de la rue Vauban et de la rue Amiral-Roussin s'élève au nᵒ 16 la charmante maison à colombages d'un menuisier. Celle-ci est originale par les sculptures « en plis couchés » de ses volets, ses deux poutres cornières ornées chacune d'une tête et sa fenêtre à droite surmontée d'une frise historiée. Presque en face, au nᵒ 29, l'hôtel de Bretagne présente une élégante cour qu'enjambe une balustrade incurvée. Belle porte au nᵒ 27.

L'escalier de Bellegarde est accolé à la tour de Bar qui a pris le nom d'un prisonnier enfermé là par Philippe le Bon en 1431 : René d'Anjou, duc de Bar et de Lorraine, comte de Provence, le futur « Roi René ».

DIJON

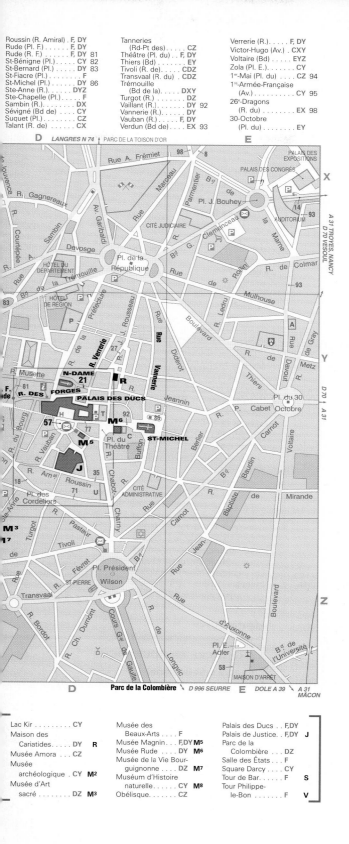

D LANGRES N 74 ↑ PARC DE LA TOISON D'OR   E

Parc de la Colombière \ D 996 SEURRE   DOLE A 39 \ A 31 MÂCON

Hôtel Fyot-de-Mimeure

23 r. Amiral-Roussin.

Remarquer la façade raffinée pour les uns, chargée pour les autres, de style Sambin, dans une jolie cour intérieure (milieu du 16e s.).

Bibliothèque municipale

Entrée au n° 3 de la rue de l'École-de-Droit. Tlj sf dim. et lun. 9h30-12h30, 13h30-18h30, mer. et sam. 9h30-18h30. Fermé j. fériés. Gratuit. ☎ 03 80 44 94 14.

◀ La chapelle (17e s.) de l'ancien collège des Godrans, fondé au 16e s. par la riche famille dijonnaise de ce nom et dirigé par les jésuites, a été transformée en salle de lecture.

Dans la cour *(entrée au n° 5 même rue)* a été remonté le puits d'Amour (16e s.) qui provient d'une maison démolie pour l'agrandissement du palais de justice.

Par la rue du Palais, gagner le palais de justice.

Palais de justice

Dans ce bâtiment siégeait le parlement de Bourgogne. La façade à pignon, de style Renaissance, comprend un porche soutenu par des colonnes. La porte ciselée de guirlandes et de trophées et dotée d'une cariatide est une copie (l'original de Sambin est conservé au musée des Beaux-Arts).

À l'intérieur, la vaste salle des Pas-Perdus possède une **voûte**★ en carène de bateau. La Chambre dorée, siège de la cour d'appel, est ornée d'un plafond aux armes de François Ier (1522). À l'opposé de l'entrée, la petite chapelle du Saint-Esprit est fermée par une lourde clôture de bois sculpté par Sambin.

Musée Magnin★

Tlj sf lun. 10h-12h, 14h-18h. Fermé 1er janv. et 25 déc. 2,44€. ☎ 03 80 67 11 10.

◀ Installé dans un élégant hôtel du 17e s., ce musée garde le caractère d'une demeure d'amateurs d'art. La peinture flamande et hollandaise des 16e et 17e s., dont le *Festin des dieux* de Jan Van Bijlert et le *Portrait de fillette en Diane chasseresse* d'Abraham Van den Tempel, est exposée au rez-de-chaussée. La peinture italienne est mise à l'honneur avec des tableaux de Girolamo di Benvenuto, Allori, Strozzi ou Tiepolo. Au premier étage sont regroupés les peintres français de la fin du 16e au 19e s. : Claude Vignon (*Jeune Femme enceinte implorant un roi*), Laurent de la Hyre (*Putto jouant de la viole de gambe et Putto chantant*) et beaucoup d'autres : Eustache Le Sueur, Sébastien Bourdon, J.-B. de Champaigne, Girodet, Géricault, Gros...

Le mobilier, du début du 18e s. jusqu'au Second Empire, aussi judicieusement choisi que les tableaux, confère à ce « cabinet d'amateurs » une ambiance intimiste qui favorise l'appréciation des œuvres.

La rue des Bons-Enfants ramène à la place de la Libération.

découvrir

L'ART SACRÉ EN BOURGOGNE

Cathédrale St-Bénigne

Cette ancienne abbatiale est de pur style gothique bourguignon.

L'église gothique possède une **façade** occidentale à contreforts massifs et saillants, que bornent deux grosses tours couronnées de deux étages octogonaux aux toits à pans coupés couverts de tuiles multicolores. Sous le porche, surmonté d'une petite galerie délicatement ajourée, l'encadrement du vieux portail roman du 12e s. subsiste au milieu de la façade gothique.

Il est orné d'un tympan des frères Bouchardon (18e s.) provenant de l'ancienne église St-Étienne. La croisée du transept est dominée par une flèche haute de 93 m, refaite en 1896, dans le style flamboyant.

UN BONHEUR DE LECTURE

La bibliothèque possède plus de 300 000 volumes ; elle conserve de précieux manuscrits enluminés, en particulier ceux qui ont été exécutés à Cîteaux dans le premier tiers du 12e s. (Bible d'Étienne Harding) et saisis à la Révolution. La salle de lecture est une des plus belles de France.

AMATEURS ÉCLAIRÉS

Maurice Magnin, haut magistrat passionné de peinture, et sa sœur Jeanne, peintre amateur et critique d'art, se sont attachés entre 1890 et 1938 à réunir des noms peu connus et à valoriser des talents cachés. La collection de tableaux (près de 1 500 pièces) présente, à côté de grands maîtres, des œuvres fort bien sélectionnées de peintres moins illustres.

ODYSSÉE DE L'ÉGLISE

En l'an 1001, l'abbé Guillaume de Volpiano fit bâtir sur les ruines d'une église une grande basilique romane, que complétaient une crypte et une rotonde, consacrée en 1018. En 1271, l'église s'effondra et sa crypte resta obstruée ; l'édifice gothique actuel fut alors construit contre la rotonde. Malheureusement, cette dernière ne survécut que partiellement à la Révolution. Remises au jour en 1843, la base de la rotonde et une partie de la crypte de la cathédrale primitive demeurent les seuls témoignages du sanctuaire roman.

L'**intérieur,** assez sévère, présente des lignes très sobres : chapiteaux non sculptés, arcades du triforium simplement moulurées, colonnettes continues de la voûte jusqu'au sol dans la croisée du transept et jusqu'au sommet des massifs piliers ronds dans la nef principale.

Crypte★

9h-18h30. Possibilité de visite guidée sur demande auprès de l'Office de tourisme. 1,07€. ☎ 03 80 30 14 90.

Les vestiges de la crypte romane se limitent à une partie de transept hérissé à l'Est de quatre absidioles et creusé au centre d'une fosse contenant les restes du sarcophage de saint Bénigne. Mort au 3ᵉ s., saint Bénigne est le premier martyr bourguignon, son tombeau est un but de pèlerinage le 20 novembre. Cette sépulture fait face à une large ouverture sur l'étage inférieur de la **rotonde★★** dont l'architecture hautement symbolique reprend celle conçue au 4ᵉ s. pour le tombeau du Christ à Jérusalem (seules huit rotondes de ce type sont connues au monde). Trois cercles de colonnes rayonnent depuis le centre (8-16-24), quelques-unes ayant conservé leurs chapiteaux primitifs, ornés de palmettes, d'entrelacs, d'animaux monstrueux ou d'orants (personnage en prière), rares témoignages de la sculpture préromane. L'extrémité Est de la rotonde donne accès à une chapelle du 6ᵉ s. qui pourrait être une *cella* (sanctuaire).

Musée archéologique★

Tlj sf mar. 9h-12h, 14h-18h (juin-sept. : tlj sf mar. 9h-18h). Fermé 1ᵉʳ janv., 1ᵉʳ et 8 mai, 14 juil., 1ᵉʳ et 11 nov., 25 déc. 2,13€, gratuit dim. ☎ 03 80 30 88 54.

Occupant l'aile orientale du cloître disparu de l'ancienne abbaye de Saint-Bénigne, ce musée peut par l'essentiel de ses collections être rattaché à l'art sacré.

Deux superbes salles romanes du début du 11ᵉ s. (époque de Volpiano) abritent au sous-sol des sculptures gallo-romaines. Dans la première, un pilier à plusieurs divinités, provenant de Mavilly, offre un témoignage intéressant de la religion gauloise en Bourgogne. Dans la seconde, ancienne salle capitulaire de l'abbaye, trône en majesté sur sa barque la **déesse Sequana★**, statuette en bronze trouvée avec la Faune dans les fouilles du sanctuaire des sources de la Seine.

L'ancien dortoir des moines (niveau 1) du 13ᵉ s., de style gothique, est consacré à la sculpture dijonnaise médiévale : le buste du Christ, réalisé par Claus Sluter pour le Calvaire de la chartreuse de Champmol *(voir plus loin)*, voisine avec des fragments architecturaux ; au fond de la travée, le **Christ en croix★★** (vers 1410) attribué à Claus de Werve et les deux tympans romans qui l'encadrent proviennent de St-Bénigne.

Présentation dans les anciennes cellules du 17ᵉ s. au niveau 2 des vestiges mobiliers de différentes périodes, depuis le paléolithique jusqu'à l'époque mérovingienne. Parmi ceux-ci figurent des poteries typiques de la culture chasséenne (néolithique bourguignon), une tombe à incinération, un **bracelet en or** massif pesant 1,3 kg trouvé à **La Rochepot** (9ᵉ s. avant J.-C.) et le **trésor de Blanot★** composé d'objets de l'âge du bronze final (ceinture, jambières, collier, bracelet). Remarquer dans la dernière salle, outre plusieurs sculptures régionales de dieux gallo-romains, une très jolie petite frise représentant les **déesses-mères d'Alésia** ainsi qu'un portrait féminin en marbre, de l'époque julio-claudienne, trouvé à Alise-Ste-Reine. Une évocation intéressante de la vie quotidienne à l'époque gallo-romaine (fouilles du site de Mâlain) et des rites funéraires à l'époque mérovingienne permettent d'imaginer les coutumes des civilisations qui ont précédé la nôtre.

Église St-Philibert

Fermée pour restauration.

Édifiée au 12ᵉ s. et remaniée au 15ᵉ s., elle est actuellement désaffectée. On peut encore apprécier le travail en « roman fleuri » du portail occidental.

MOBILIER

Dépouillée de ses œuvres d'art à la Révolution, St-Bénigne a accueilli des sculptures et des pierres tombales provenant d'autres églises de Dijon. Orgues (1743) de Charles et Robert Riepp, facteurs allemands installés à Dijon en 1735.

SEQUANA

C'est le nom gaulois de la Seine. Témoignage touchant de la ferveur du culte de la déesse du fleuve, une remarquable **série d'ex-voto★** en pierre, métal, bronze et argent, et surtout en bois, illustre les croyances populaires gallo-romaines en Bourgogne au début de l'ère chrétienne *(voir à Source de la Seine).*

Église St-Michel★

De style gothique flamboyant, cette église consacrée en décembre 1529 a vu sa façade terminée en pleine Renaissance, ce dont témoignent les deux tours qui l'encadrent (achevées au 17ᵉ s.) : leurs quatre étages aux fenêtres ornées de colonnes se terminent par une balustrade surmontée d'une lanterne coiffée d'une boule de bronze.

La façade, où se superposent les trois ordres classiques, est très majestueuse. Le porche, en forte saillie, s'ouvre par trois portails : une frise de rinceaux et de grotesques se développe à la partie supérieure du porche sur toute sa longueur. Au-dessous, dans les médaillons, se détachent les bustes des prophètes Daniel, Baruch, Isaïe et Ézéchiel, ceux de David avec sa harpe et de Moïse portant les tables de la Loi. Le portail de droite, de 1537, est le plus ancien des trois.

Le Jugement dernier représenté sur le tympan du portail central est l'œuvre du Flamand Nicolas de la Cour, beau-père de Sambin. La statue de saint Michel, adossée au trumeau, est une œuvre du 16ᵉ s. de tradition gothique, qui remplaça la statue primitive détruite à la Révolution. Elle repose sur une console dont les sculptures s'inspirent à la fois de coutumes païennes et de textes sacrés ; dans un singulier « melting-pot », on peut identifier : David, Lucrèce, Léda et le cygne, Hercule, Apollon, Vénus, Judith, le jugement de Salomon, saint Jean Baptiste, le Christ apparaissant à Marie-Madeleine.

◄ À l'intérieur, admirer la hauteur du chœur dépourvu de déambulatoire (comme à St-Bénigne) et ses boiseries du 18ᵉ s. Dans la dernière chapelle à gauche en sortant, fragment d'une Mise au tombeau du 15ᵉ s.

Une chapelle votive accueille les reliques d'Élisabeth de la Trinité, jeune carmélite de la paroisse béatifiée en 1984.

> **R**emarquez quatre **toiles de Franz Kraus**, peintre allemand du 18ᵉ s. : dans le transept Nord, l'Adoration des bergers et la Fuite en Égypte ; dans la chapelle du St-Sacrement (qui abrite un bel autel flamboyant) : l'Adoration des Mages et la Présentation au Temple. Le reste de la série, l'Annonciation et la Visitation, se trouve au musée d'Art sacré.

Musée d'Art sacré

Tlj sf mar. 9h-12h, 14h-18h. Fermé 1ᵉʳ janv., 1ᵉʳ et 8 mai, 14 juil., 1ᵉʳ et 11 nov., 25 déc. 2,74€, gratuit dim. ☎ 03 80 44 12 69.

◄ L'ancienne église Ste-Anne (fin 17ᵉ s.), édifice de plan circulaire à dôme, abrite du mobilier recueilli en Côte d'Or depuis vingt ans : objets de culte du 13ᵉ au 19ᵉ s. (crucifix finement décorés d'émaux de Limoges, calices), des ornements sacerdotaux, des statues de bois anciennes dont une Vierge en majesté (fin 12ᵉ s.) et un élégant autel baroque de 1769.

> **P**ièce maîtresse : le maître-autel en marbre et stucs, exécuté par le sculpteur dijonnais Jean Dubois en 1672 sur le thème de la Visitation de la Vierge à sainte Élisabeth. Les deux statues de bronze sont placées sous un baldaquin en porphyre de Bourgogne.

Chartreuse de Champmol★

Entrée : 1 bd Chanoine-Kir. Suivre les panneaux « Puits de Moïse ». Fermée pour restauration.

L'emplacement de la chartreuse détruite en 1793 est occupé depuis 1843 par un hôpital psychiatrique. À l'ancienne entrée se trouve un portail du 15ᵉ s. ayant échappé au désastre.

Le haut du Puits de Moïse couronné par les anges de Claus de Werve.

Alors que les premiers ducs de Bourgogne étaient inhumés à Cîteaux, Philippe le Hardi, désirant pour sa dynastie une nécropole de stature royale, fonda en 1383 la chartreuse. Hormis les tombeaux et les retables conservés à la salle des Gardes du musée des Beaux-Arts, il ne reste de ce fastueux ensemble réalisé par les meilleurs artistes de l'époque que deux œuvres de Claus Sluter (« ymaigier des ducs », ce sculpteur originaire de Haarlem deviendra le chef de file de l'école burgondo-flamande) : le portail de la chapelle et le Puits de Moïse.

Puits de Moïse★★ – *Rejoindre une cour en contournant les bâtiments.* Symbole de la source de vie, le Puits de Moïse était le socle d'un calvaire polychromé exécuté de 1395 à 1405 et placé au milieu du bassin du grand cloître (la peinture n'est pratiquement plus visible). Six grandes statues de Moïse et des prophètes David, Jérémie, Zacharie, Daniel, Isaïe s'adossent à la colonne hexagonale : ce sont des portraits d'un réalisme saisissant ; la figure de Moïse, la plus impressionnante peut-être, a donné son nom au monument. Chacun, dans une attitude différente, exprime son affliction devant la Passion du Christ avec une touchante vérité. L'ampleur et le mouvement des drapés préfigurent la sculpture baroque.

Portail de la chapelle★ – Ce portail orne actuellement la porte intérieure de la chapelle. Il compte cinq statues réalisées par Claus Sluter entre 1389 et 1394. De chaque côté de la belle Vierge à l'Enfant, placée sur le trumeau, le duc Philippe le Hardi et la duchesse Marguerite de Flandre, aux traits énergiques, sont représentés agenouillés, assistés de leurs saints protecteurs (saint Jean Baptiste et sainte Catherine).

> **LE FINISSEUR**
> Comme la plupart des pleurants du cénotaphe de Philippe, les anges qui s'abritent sous la corniche sont l'œuvre de Claus de Werve, le neveu de Sluter.

Costumes des campagnes bourguignonnes.

L'ART DOMESTIQUE

Musée de la Vie bourguignonne★

&. *Tlj sf mar. 9h-12h, 14h-18h. Fermé 1ᵉʳ janv., 1ᵉʳ et 8 mai, 14 juil., 1ᵉʳ et 11 nov., 25 déc. 2,74€, gratuit dim. ☎ 03 80 44 12 69.*

🎦 Dans le cloître du monastère des Bernardines, édifié vers 1680, ce musée retrace l'histoire locale grâce à des pièces d'ethnographie régionale et urbaine rassemblées par le collectionneur Perrin de Puycousin (1856-1949). Mobilier, équipement domestique, costumes, souvenirs divers évoquent, dans une mise en scène très vivante, la vie quotidienne, les cérémonies et les traditions bourguignonnes à la fin du siècle dernier.

À l'étage, le spectacle de la rue est superbement évoqué par la reconstitution fidèle et authentique de commerces dijonnais de l'époque tels le salon de coiffure dont l'équipement semble aujourd'hui effrayant comme une salle de torture... ou bien encore l'épicerie modèle qui ranime chez certains des souvenirs d'enfance. Une intéressante maquette d'une fabrique du 19ᵉ s. symbolise l'aventure industrielle de Dijon, tandis que la galerie des bustes des personnalités marquantes de la Bourgogne témoigne de son importance intellectuelle.

Train électrique dans la galerie des affiches du PLM.

Commerce ancien.

Musée Amora

À l'Ouest par le quai Nicolas-Rolin. Tlj sf dim. et j. fériés.
☎ *03 80 44 11 41.*

◀

Ce musée créé par le principal fabricant de moutarde du monde, retrace toute l'histoire de ce produit de consommation courante dont nous ignorons, bien souvent, les origines, la culture, la fabrication et l'exploitation. Il est intéressant de découvrir comment, alors qu'il n'y a pas de champs de cette plante herbacée en France, Dijon est devenue la capitale de la moutarde avec une production qui peut atteindre les 100 t par jour.

SOYEZ PATIENTS
Il ne faut pas qu'elle vous monte au nez. Les visites de ce musée d'entreprise, assurées par des « anciens » de la maison, sont limitées.

LES ESPACES VERTS – LA NATURE

Square Darcy

Il doit son nom à l'ingénieur qui, en 1839, dota Dijon d'eau potable, et fut à l'initiative du passage de la ligne ferroviaire PLM. Ses bassins et ses vasques s'étagent dans un joli décor de verdure. À l'entrée a été placée une réplique de l'**Ours blanc,** œuvre de Pompon (1855-1933).

Jardin de l'Arquebuse★

POUR LES PETITS
L'apprentissage des plantes leur sera certes bénéfique ; les emmener ensuite à l'espace de jeux le sera pour vous.

La compagnie des arquebusiers, qui s'installa à cet endroit au 16ᵉ s., lui a légué ce nom. Toute la partie Ouest est occupée par le jardin botanique (35 000 espèces) ; fondé en 1773 avec son arboretum il a été réuni à la promenade de l'Arquebuse. De très vieux arbres encadrent les parterres de fleurs.

Muséum d'Histoire naturelle★

Tlj sf mar. matin 9h-12h, 14h-18h, w.-end 14h-18h. Fermé 1ᵉʳ janv., 1ᵉʳ et 8 mai, 14 juil., 1ᵉʳ et 11 nov., 25 déc. 2,13€, gratuit dim. ☎ *03 80 76 82 76.*

Fondé en 1836 par un Dijonnais passionné de la nature, Léonard Nodot, il est installé dans l'ancienne caserne des arquebusiers (datant de 1608). Introduction à la visite de ce musée, le **rez-de-chaussée** traite des origines et de l'évolution du monde animal avec pour sensationnel exemple un **glyptodon★,** tatou géant de la pampa argentine dont l'apparition remonte à l'ère tertiaire. La géologie régionale y occupe également une part de choix.

Présentation au 1ᵉʳ étage d'animaux naturalisés évoluant dans de très belles **reconstitutions★** de leur milieu. Les secrets du monde animal sont ici dévoilés grâce à une présentation muséologique moderne.

MULTIMÉDIA
Dioramas, écrans tactiles, panneaux explicatifs, bruitages permettent d'approcher de façon interactive la faune des cinq continents, de l'Arctique et de l'Antarctique.

Le 2ᵉ étage regroupe une diversité époustouflante d'insectes remarquablement présentés, dont une superbe collection de papillons.

À l'orangerie, expositions temporaires, vivarium et ruche.

Parc de la Colombière

Accès par le cours du parc, aux arbres magnifiques. Les massifs percés d'allées et les tapis verts de l'ancien parc des princes de Condé constituent une promenade agréable. Longues de 1 500 m, les allées aménagées en 1672 étaient distinguées par Louis XIV comme « les plus belles de son royaume ».

Dans ce parc, on verra un fragment de l'ancienne voie romaine qui reliait Lyon à Trèves.

Sur la route de Corcelles, Gustave Eiffel, né à Dijon en 1832, en spécialiste de l'architecture métallique avait réalisé un pont levant qui enjambait le canal.

LE PORT DE DIJON

À l'entrée du port, côté ville, un obélisque datant de 1780 rappelle sa création ainsi que celle d'un réseau de canaux de **1 000 km de canaux** à travers la Bourgogne. Dans l'esprit du prince de Condé, gouverneur de la province, ce réseau devait permettre de relier par voies d'eau Dijon à Paris, vers le Nord, Dijon au Bassin méditerranéen, vers le Sud, et, au moyen d'une dérivation de la Saône, rejoindre la Loire par le canal du Centre, faisant ainsi le lien avec l'océan Atlantique.

Cet ensemble devait s'appeler le canal des Deux Mers mais la Révolution limita les ambitions initiales. Le premier bateau atteignant Dijon par le Sud est arrivé sous Napoléon Iᵉʳ, le premier bateau venu de Paris joignit la ville vers 1820 seulement, et la liaison avec l'Océan avorta. Actuellement, ces 1 000 km de canaux, ayant pour centre historique le port du Canal aux portes de la ville ancienne de Dijon, sont utilisés uniquement pour la plaisance.

Lac Kir

⊚ Créé à l'initiative du célèbre chanoine, ce plan d'eau de 37 ha et son environnement sont l'espace de détente favori des Dijonnais : promenade, pêche, baignade et activités nautiques au choix.

Il sert aussi à régulariser le cours de l'Ouche, dans lequel Kir se baignait enfant.

visiter

Musée des Beaux-Arts★★

Tlj sf mar. 10h-18h (24 et 31 déc. : 10h-17h) ; 11h45-13h45, fermeture des salles : Donation Granville, Cuisines Ducales, Salle Égyptienne et des Armes. Fermé 1ᵉʳ janv., 1ᵉʳ et 8 mai, 14 juil., 1ᵉʳ et 11 nov., 25 déc. 3,35€, gratuit dim. ☎ 03 80 74 52 09.

Créé en 1799, cet immense musée, l'un des plus grands de France, est installé dans l'ancien logis des ducs de Bourgogne et dans l'aile orientale du palais des États.

Gagner tout d'abord, à l'extrémité des salles consacrées à des expositions temporaires (**A** à **E**), les **cuisines ducales** (**1**). Édifiées vers 1435, elles sont remarquables : six vastes cheminées suffisaient à peine à la préparation des festins dignes de la cour bourguignonne ; les ogives convergent vers la cheminée d'aération centrale.

De l'autre côté de l'accueil (rez-de-chaussée de la tour de Bar), la salle du Chapitre du 14ᵉ s. (**2**) de l'ancienne Ste-Chapelle ducale (disparue avec l'essentiel de son trésor) montre l'évolution de la sculpture religieuse du 14ᵉ au 17ᵉ s. Cette salle abrite de précieux objets d'art : vitraux du 15ᵉ s. au dessin de la Toison d'or, reliquaires, retable en argent repoussé et doré du 16ᵉ s., la crosse de Robert de Molesmes (12ᵉ s.) et une tasse ayant appartenu à saint Bernard.

> ### UN ORDRE PRESTIGIEUX : LA TOISON D'OR
> Le siège de l'ordre de la Toison d'or était la chapelle du palais ducal de Dijon où le jeune comte de Charolais, futur Charles le Téméraire, fut fait chevalier en 1433. Dès 1404 avait été créé par le duc Philippe le Hardi un ordre dit de l'Arbre d'or, dont Jean sans Peur et Philippe le Bon reprirent l'idée.
> Né lors des cérémonies de mariage de Philippe le Bon avec Isabelle de Portugal, à Bruges, le 10 janvier 1430, l'**ordre de la Toison d'or** a pour insigne un collier (la « potence ») auquel est suspendue l'effigie d'une dépouille de bélier. Cette toison rappelle celle rapportée par Jason dans la mythologie grecque ou celle de Gédéon dans l'Ancien Testament.
> Les raisons de créer cet ordre sont doubles : rattacher la Bourgogne à l'Église en maintenant vivant l'esprit de croisade attaché à la chevalerie et conforter la position du duché par rapport à la couronne anglaise, au Saint Empire romain germanique et au royaume de France.
> Par le mariage de sa fille unique, Marie de Bourgogne, en 1477, avec l'archiduc Maximilien d'Autriche, l'ordre entra dans la famille des Habsbourg. Jadis honneur pour le chevalier qui était tenu à une discipline de vie, l'ordre de la Toison d'or est toujours une distinction prestigieuse. Non héréditaire, elle implique la restitution des insignes au moment du décès.

Dans l'escalier d'honneur se dresse une statue du maréchal de Saxe (**1**), œuvre de François Rude.

Le palier présente l'ancienne porte du palais de justice de Dijon, sculptée par Hugues Sambin (16ᵉ s.), ainsi que de belles collections médiévales et Renaissance d'orfèvrerie religieuse et d'ivoires sculptés.

On découvre ensuite à l'étage (salle **3**) la peinture italienne, avec en particulier des œuvres de primitifs toscan (Taddeo Gaddi) et siennois (Pietro Lorenzetti) puis de la Renaissance florentine (*Saint Pierre marchant sur les eaux* de Vasari). C'est au tour des primitifs allemands et suisses (Conrad Witz) dans les salles suivantes (**4** et **5**), pour la plus importante collection en France.

Des trois salles en enfilade côté cour (**9, 8, 7**), deux sont réservées à l'art de la Renaissance : mobilier, émaux et peintures (*Dame à sa toilette* de l'école de Fontainebleau) ; la dernière salle abrite des peintures du 17ᵉ s. (certaines du Dijonnais Ph. Quantin).

Les très belles ogives des cuisines.

> **FRONTIÈRE ANTIQUE**
> Sur la façade extérieure, à droite de la porte d'entrée, un plan gravé montre le contour du castrum gallo-romain qui délimite à peu près le cœur de la ville actuelle.

> **R**egardez plus particulièrement *L'Empereur Auguste et la Sibylle de Tibur* de Witz, ainsi que *l'Annonciation entre saint Christophe et saint Antoine* (15ᵉ s., école allemande) et la *Mise au tombeau* (16ᵉ s.) à la composition mouvementée.

◀ L'aile qui longe la rue Rameau est consacrée à l'art français. Les salles **6** et **10** sont surtout consacrées aux peintres du règne de Louis XIV : Philippe de Champaigne *(Présentation au Temple)*, Le Brun, François Perrier, dit le Bourguignon. Des salles **11** et **12** on peut isoler les peintres bourguignons, tels J.-F. Gilles dit Colson *(Le Repos,* 1759) et J.-B. Lallemand (Dijon 1716-Paris 1803), auteur de paysages et de scènes de genre. Dans la grande salle **13** peintures de Nattier *(Portrait de Marie Leszczynska),* Van Loo *(Saint Georges terrassant le dragon)...*

À l'angle de l'aile Ouest, la **salle des Statues** (**14**) – présentant un ensemble de copies d'antiques et d'œuvres du 19ᵉ s. dont *Hébé et l'Aigle de Jupiter* par Rude – offre une belle vue sur la place de la Libération. Le plafond est décoré d'une peinture à la gloire de la Bourgogne et du prince de Condé par Pierre Paul Prud'hon d'après un ◀ plafond romain de Pierre de Cortone.

Le **salon Condé** (**15**), qui lui fait suite, est orné de boiseries et de stucs Louis XVI et présente des meubles, tableaux (Hubert Robert), sculptures de Coysevox *(buste de Louis XIV)* et Caffieri *(bustes de Rameau et Piron – voir à Beaune le « portrait » de ce spirituel dijonnais).*

Avec sa célèbre **Nativité**★★ (1420), œuvre déterminante dans l'évolution de la peinture flamande, la salle dite du **Maître de Flémalle** (**18**), qui contient par ailleurs plusieurs pièces issues de la chartreuse de Champmol, constitue une excellente introduction à la salle des Gardes.

Salle des Gardes★★★ – ◉ L'ancienne salle des Festins (**19**), qui donne sur la place des Ducs, est la salle la plus renommée du musée. Construite par Philippe le Bon, elle servit de cadre aux ripailles de la « Joyeuse entrée de Charles le Téméraire, en 1474 » et fut restaurée après un incendie au tout début du 16ᵉ s., où elle gagna une cheminée « flamboyante ». Elle abrite les trésors d'art provenant de la chartreuse de Champmol, nécropole des ducs de Valois *(voir plus haut).*

Au **tombeau de Philippe le Hardi**★★★ travaillèrent successivement, de 1385 à 1410, les Flamands Jean de Marville (conception générale), Claus Sluter (dessin des statuettes) et Claus de Werve, son neveu (réalisation de la statuaire). Le gisant repose sur une dalle de marbre noir soutenue par des arcatures d'albâtre formant « cloître » sous lesquelles veille une assemblée de « pleurants » ou « deuillants », composé de 41 statuettes prodigieuses de réalisme : membres du clergé, chartreux, parents, amis et offi-◀ ciers du prince, tous en costume de deuil et la tête recouverte du chaperon, composent le cortège funèbre.

Le **tombeau de Jean sans Peur et de Marguerite de Bavière**★★★, exécuté de 1443 à 1470 par Jean de la Huerta puis Le Moiturier, reproduit l'ordonnance du tombeau précédent avec une touche moins austère, plus flamboyante. Deux retables en bois commandés par Philippe le Hardi pour la chartreuse éblouissent par la richesse de leur décoration sculptée, réalisée à la fin du 14ᵉ s. par Jacques de Baerze, et dorés par Melchior Broederlam (né à Ypres en 1338) : seul le **retable de la Crucifixion**★★★ a conservé au revers de ses volets les fameuses peintures de Broederlam : l'*Annonciation,* la *Visitation,* la *Présentation au Temple* et la *Fuite en Égypte* ; à l'extrémité opposée se trouve le **retable des Saints et Martyrs**★★★.

Au centre, on remarque un **retable de la Passion**★★ d'un atelier anversois du début du 16ᵉ s.

Au-dessus du retable central, entre deux tentures tournaisiennes du 16ᵉ s., est exposée une tapisserie dédiée à N.-D.-de-Bon-Espoir *(provenant de l'église Notre-Dame)*, protectrice de la ville, après la levée du siège de Dijon par les Suisses le 12 septembre 1513. On y voit bien l'aspect de la cité à l'époque.

Beau portrait de Philippe le Bon (à défaut de tombeau) portant le collier de l'ordre de la Toison d'or par l'atelier de Rogier Van der Weyden (vers 1445).

Dans le prolongement, la **Galerie de Bellegarde (20)** ▶ présente quelques beaux exemples de la peinture italienne et flamande des 17ᵉ et 18ᵉ s. (Véronèse, Guido Reni, Brueghel de Velours).

Les amateurs de sculpture française du 19ᵉ s. apprécieront la présence en salle **22** des œuvres de Rude, Carpeaux et Mercié.

La section d'art moderne et contemporain se répartit entre les **2ᵉ et 3ᵉ étages**.

Les sculptures de **François Pompon** (1855-1933, *voir Saulieu*) ont été regroupées dans une salle ancienne de la tour de Bar *(accès fléché)*.

Le reste de l'étage présente l'ensemble de peintures, dessins, estampes et sculptures du 16ᵉ s. à nos jours de la donation Granville, avec un clair-obscur de Georges de La Tour *(Le Souffleur à la lampe)*, des études romantiques (Géricault, Delacroix, Victor Hugo – paysages fantastiques au lavis), des œuvres réalistes par Daumier et Courbet ou symbolistes par Gustave Moreau et Odilon ▶ Redon.

Le 19ᵉ s. se termine avec les travaux de l'école de Barbizon (Daubigny, Th. Rousseau, J.-F. Millet), les impressionnistes au sens large (Monet, Boudin, Sisley, Vuillard et Vallotton) et la sculpture du 20ᵉ s. commence avec Rodin, Maillol, Bourdelle...

La remarquable collection de sculptures et de masques africains permet de découvrir une forme d'art qui avait passionné les cubistes : Juan Gris, Braque, Picasso *(Le Minotaure)*.

De l'art contemporain, on relève autour de l'école de Paris et du paysagisme abstrait des années 50 à 70 les noms de Arpad Szenes et de son épouse Vieira da Silva, Nicolas de Staël *(Série des Footballeurs)*. Après avoir vu le match France-Suède (1952), Nicolas de Staël écrit à son ami René Char : « Entre ciel et terre, sur l'herbe rouge ou bleue, une tonne de muscles voltige en plein oubli de soi ». Remarquer également un ensemble de sculptures d'Étienne Hajdu magnifié par une *Mademoiselle la plume* si légère et transparente qu'on en oublie sa constitution de métal. Vous pouvez compléter cette approche par la visite du musée en plein air de l'université : sculptures de Karel Appel, Arman ou Gottfried Honegger.

Le dijonnais Jean Bertholle, Manessier *(Près d'Harlem)*, Messagier (plusieurs portraits d'hommes célèbres), Mathieu et Wols terminent la visite. D'autres artistes au renom plus ténu : Péterelle (1874-1947), Hillaireau (1884-1954), Domec (1902-1981), bénéficient d'une présentation cohérente de leur œuvre qui en facilite la découverte.

Un escalier permet d'accéder à la tribune qui offre une belle **vue**★ sur les gisants.

Notons une œuvre de Rubens : *La Vierge à l'Enfant Jésus avec saint François d'Assise.*

AMOUR VOLATIL
Ne pas manquer l'extrême délicatesse du *Portrait de Méry Laurent* au pastel par Manet.

Vierra da Silva :
Le pont sur la ville.

alentours

Talant
À l'Ouest de Dijon. Gagner le haut de l'ancien village (alt. 355 m) où se dresse l'église. L'esplanade était jadis occupée par un château dont il ne reste qu'un cellier enfoui dans le sol. De la table d'orientation, près de l'église, belle **vue**★ sur Dijon et la vallée de l'Ouche.

◄ L'**église**, du 13ᵉ s. (restaurée), est intéressante par les **statues** qu'elle renferme. Elle a été récemment dotée d'un ensemble de **vitraux**★ réalisés par le peintre Gérard Garouste et le maître verrier Pierre-Alain Parot.

> **À VOIR**
> Une Vierge à l'Enfant (14ᵉ s.), deux Pietà (15ᵉ s.), saints et Christ aux liens (16ᵉ s.), deux Mises au tombeau (16ᵉ s.) – la plus belle au milieu du bas-côté droit –, un Christ médiéval suspendu dans le chœur, une Vie de saint Hubert en bas-relief polychrome au revers de la façade.

Mont Afrique
12 km à l'Ouest – environ 1 h. Un chemin de ronde *(accessible aux piétons)* suivant le rebord du plateau offre de belles vues sur les environs immédiats de Dijon.

Château d'Arcelot
13 km au Nord-Est. De mi-juin à fin sept. : visite guidée (3/4h), tlj sf lun. et mar. : 14h-18h. 4€, parc seul 1,83€. ☎ 03 80 37 02 32.
Cette belle construction néoclassique a été construite au 18ᵉ s. par l'architecte régional Thomas Dumorey. Les deux pavillons ont été réunis par un corps central ajouté vers 1761. La chapelle et le grand salon ont conservé leurs riches **décors**★ en stuc coloré réalisés en 1765 par un artiste allemand, Reuscher. La visite se prolonge agréablement dans un grand parc à l'anglaise de 45 ha.

circuit

Val Suzon
Circuit de 40 km au Nord-Ouest – environ 1 h 1/2.

Messigny-et-Vantoux
10 km au Nord. Château de la fin du 17ᵉ s., dû à l'architecte du palais des États, Jules Hardouin-Mansart.
À la sortie du village, prendre à gauche la D 7.

Le Suzon, affluent de l'Ouche, coule entre des pentes boisées. Sa vallée, étroite, s'élargit dans le joli bassin de **Ste-Foy ;** les versants se hérissent parfois de rochers avant Val-Suzon.
À Val-Suzon-Haut, prendre à gauche la N 71, en forte montée.

De la route, on découvre une jolie vue sur Val-Suzon-Bas et le vallon.
Revenir à Dijon.

Donzy

Le patrimoine de cette ancienne baronnie du Moyen Âge, dont les puissants seigneurs devinrent par alliance comtes de Nevers, tient surtout dans un bel ensemble de maisons anciennes.

La situation
Cartes Michelin n°s 65 pli 13 ou 238 pli 21 – Nièvre (58). À 17 km de Cosne-sur-Loire par la D 33. Au confluent du Nohain et de la Talvanne.

Le nom
Peut-être une parenté avec Domecy dans l'Yonne, créé à partir de *Domitius.*

Les gens
1 659 Donziais, dont certains œuvrent dans le traitement des plumes.

> **À CROQUER**
> La spécialité du pays est le croquet aux amandes.

se promener

Moulin de Maupertuis
Situé en plein centre de la localité, c'est l'un des 57 moulins qui jalonnaient le Nohain et ses affluents. Il cessa de fonctionner en 1961.
Les mécanismes qui permettaient de moudre les grains sont encore en place : broyeurs à cylindres, élévateurs à godets, rouet de fosse...

> **A**utour de l'église St-Caradeuc, refaite au 19e s., se concentrent les demeures à pans de bois et les façades Renaissance.

Donzy-le-Pré
1 km à l'Ouest du Bourg ; ne pas hésiter à y aller à pied. Les ruines d'un prieuré clunisien (début du 12e s.) sont intéressantes, en particulier un **tympan** du 12e s., chef-d'œuvre de la sculpture romane bourguignonne, qui représente la Vierge et l'Enfant, entre le prophète Isaïe et l'Ange de la Visitation. Les voussures sont ornées d'alvéoles carrées et de fleurs.

alentours

Château de Menou
13 km à l'Est. Juil.-août. : visite guidée (3/4h) 15h-18h. 4,27€ (château et parc).
Construit à la fin du 17e s. par Armand-François de Menou, ce château présente un corps de logis ponctué aux angles par deux pavillons saillants et au centre par un avant-corps coiffé d'un lanternon.

> **HÉBERGEMENT ET RESTAURATION**
> **Le Grand Monarque** – *10 r. de l'Étape –* ☎ *03 86 39 35 44 - fermé janv., lun. soir et mar. d'oct. à mars -* 🅿 *- 11 ch.: 41,16/47,26€ -* 🍽 *5,95€ - restaurant 18/34€.* À deux pas de l'église, cette maison à la façade de pierre est un ancien relais de diligence. Empruntez son escalier du 16e s. en colimaçon et posez votre sac dans l'une des chambres au confort honorable. Repas sans prétention.

La décoration intérieure du salon est un bel exemple du style des demeures aristocratiques nivernaises à la Restauration.

L'intérieur, remanié au 19ᵉ s., présente au rez-de-chaussée un grand salon avec boiseries d'origine, et un salon d'époque Restauration, réunissant de nombreux souvenirs historiques des Bourbons. Au premier étage, la chambre du Soleil et son cabinet attenant conservent leur décoration du 18ᵉ s. : lambris peints et plafond orné de scènes allégoriques.

Château des Granges

À Suilly-la-Tour – Juil. et sept. : 9h-12h, 14h-18h. 1,52€. ☎ *03 86 26 32 47.*

Cet élégant château classique, à deux étages et lucarnes, date de 1605. Dans son enceinte cantonnée de tours rondes, aux pieds dans l'eau des douves, il abrite d'importants communs et une chapelle.

Égreville

Ce bourg agricole du Gâtinais possède de très belles halles et de nombreuses maisons anciennes disposées autour de l'élégante église St-Martin.

La situation

Cartes Michelin nᵒˢ 61 plis 12, 13 ou 237 pli 43 – Seine-et-Marne (77). 19 km au Sud-Est de Nemours.
🛈 *1 r. St-Martin, 77620 Égreville,* ☎ *04 64 29 21 66.*

Les gens

1 841 habitants. Le compositeur de *Manon,* Jules Massenet (1842-1912), acheta le château d'Égreville en 1899, pour y terminer ses jours.

Uɴ ᴄᴏᴍᴘᴏꜱɪᴛᴇᴜʀ ᴛᴏᴜᴛ à ꜱᴏɴ ᴍéᴛɪᴇʀ

Jules Massenet avait horreur de son prénom au point de n'en supporter que l'initiale. Admis au conservatoire de Paris dès l'âge de 9 ans, il y reçoit une formation de pianiste. Lauréat du prix de Rome avec la cantate *David Rizzio* (1863), il déploie une activité intense. En 1873, un oratorio : *Marie-Magdeleine,* et surtout un opéra, *Le roi de Lahore* (1877), assoient sa renommée. Il est nommé professeur de composition au Conservatoire de Paris. Massenet est un excellent pédagogue et ses élèves, lauréats du prix de Rome seront nombreux. Admirateur de longue date de Wagner, il exerce une influence profonde sur l'opéra français auquel il travaille à partir de 1881 presque exclusivement. Célèbre déjà pour ses opéras *Manon* (1884), *Werther* (1885-1887, créé en 1892), *Thaïs* (1894), il passa les treize dernières années de sa vie au château d'Égreville où il compose des œuvres importantes comme *Le Jongleur de Notre-Dame, Cléopâtre.*

---

se promener

Château

Élevé au 12ᵉ s., il fut par deux fois reconstruit. D'abord par Anne de Pisseleu, favorite de François Iᵉʳ, au 16ᵉ s., puis au siècle suivant par le maréchal de La Châtre, un des chefs de la Ligue, qui rendit Orléans à Henri IV moyennant une somme énorme et la confirmation de tous ses titres.

Halles

Dotées d'une imposante charpente en châtaignier, elles datent du 16ᵉ s. Leur façade Sud constitue une sorte d'énorme pignon de pierre (1638) percé de quatre arcades. Avec l'église (13ᵉ-15ᵉ s.), au massif clocher-porche, elles forment un tableau d'une majesté rustique.

L'église St-Martin et les halles d'Égreville.

alentours

Vallery

18 km au Nord-Ouest. Ce village de l'Yonne fut avant ▶ Chantilly le domaine des princes de Condé.

Les châteaux – &. *D'avr. à fin oct. : visite guidée (1h1/2) dim. et j. fériés 15h-17h30 (de mi-juil. à mi-août : tlj). 3,81€.* ☎ *03 86 97 77 00.*

Occupant le même site, ils ne manquent pas de faire contraste. Dans sa sobriété et son heureuse combinaison de brique et de pierre, le **pavillon Renaissance** (1550) anticipe d'un siècle le style Louis XIII. Il est l'œuvre de l'architecte Pierre Lescot, ami de François Ier et auteur d'une façade du Louvre. Derrière le pavillon, l'aile ouest subsistant abrite une galerie classique.

La partie médiévale est représentée par une poterne d'entrée. On peut faire le tour des anciens remparts.

Les jardins Renaissance, dotés d'un bassin, sont en cours de restauration.

L'église, nécropole princière des Condés, abrite dans une chapelle le **monument funéraire** de Henri II de Bourbon, père du Grand Condé, mort en 1648. Ce mausolée à cariatides est dû au sculpteur Gilles Guérin.

> **IMMORTEL**
> Dans le **bois de Vallery,** allez voir le chêne du Grand Condé, âgé de plus de 350 ans.

> **LA CROIX ET L'ÉPÉE**
> À plusieurs siècles d'intervalles, le château hébergea des « combattants de la foi » : au Moyen Âge les seigneurs de Vallery, compagnons croisés de Saint Louis. Lors des guerres de Religion, le chef huguenot Louis de Condé.

Flavigny-sur-Ozerain★

Accrochée à son rocher isolé par trois cours d'eau, Flavigny est bâtie dans un site★ plein de charme, protégée des agressions extérieures. Siège d'une abbaye dès le 8e s., ville forte au Moyen Âge, Flavigny compte aujourd'hui sur ses rues étroites bordées de vieux hôtels, ses portes fortifiées et les vestiges de ses remparts pour prouver sa grandeur passée.

La situation

Cartes Michelin n°s 65 Nord du pli 18 ou 243 pli 2 – Côte-d'Or (21). Au Nord de sa forêt, Flavigny est à 55 km à l'Ouest de Dijon et à 16 km à l'Est de Semur-en-Auxois.

Le nom

Le nom viendrait du patronyme latin *Flavinius.*

La spécialité

Pour les gourmands, Flavigny évoque ces délicieuses petites dragées rondes avec un cœur en graine d'anis dont le succès a largement dépassé nos frontières. Depuis des siècles, on procède dans l'ancienne abbaye de Flavigny à la fabrication de ces petites boules blanches dont la recette est secrètement conservée. Saviez-vous qu'aujourd'hui, les bonbons sont déclinés en 14 parfums différents, allant du jasmin à la fleur d'oranger, de la mandarine à la framboise ou de la vanille au café ?

se promener

Laisser la voiture sur l'esplanade des Fossés (circulation interdite au-delà).

Maisons anciennes★

De nombreuses maisons datant de la fin du Moyen Âge et de la Renaissance ont été restaurées ; elles présentent tour à tour de charmantes tourelles, un escalier à vis ou de délicates sculptures. Des panneaux explicatifs décrivent les constructions les plus intéressantes. Remarquer, dans la rue de l'église, la **Maison au Donataire** (15e et 16e s.) qui accueille la société des Amis de la Cité de Flavigny.

Anis de Flavigny – Cette petite graine d'anis enrobée de sucre aromatisé est fabriquée depuis le 9ᵉ s dans l'ancienne abbaye. Les jolies boîtes dans lesquelles elles sont emballées les ont fait connaître dans le monde entier.

Ancienne abbaye

Cette ancienne abbaye bénédictine, fondée dès le 8ᵉ s., comprenait une grande église abbatiale, la basilique St-Pierre, et des bâtiments claustraux. Ces derniers, reconstruits au 18ᵉ s., abritent actuellement la **fabrique d'anis.** De la basilique St-Pierre subsistent d'intéressants vestiges d'époque carolingienne. *Visite guidée (1/4h) sur demande tlj sf w.-end 8h30-10h30. Fermé les 3 premières sem. d'août, entre Noël et Jour de l'an, j. fériés. Gratuit.* ☎ *03 80 96 20 88.*

Crypte Ste-Reine – *Visite audioguidée (1/4h) 8h30-11h30, 14h-17h. 1,52€.* ☎ *03 80 96 20 88.*
C'était la partie inférieure de l'abside carolingienne à deux étages, construite vers 758. L'étage supérieur, auquel on accédait de la nef par deux escaliers, portait le maître-autel. La partie inférieure en contrebas abritait les reliques ; on y plaça vers 866 les restes de sainte Reine, martyrisée à Alise *(voir Alise-Sainte-Reine).* Un des piliers élégamment sculpté est un bel exemple de décoration carolingienne.

Chapelle N.-D.-des-Piliers – Des fouilles ont mis au jour une chapelle hexagonale avec déambulatoire dans le prolongement de la crypte : le style rappelle les rotondes préromanes de St-Bénigne de Dijon et de Saulieu.

Église St-Genest

De juil. à fin août : 10h-12h, 14h-18h, dim. 15h-18h. ☎ *03 80 96 25 34.*
Datant du 13ᵉ s. Elle est élevée sur l'emplacement d'une église plus ancienne, elle a été remaniée aux 15ᵉ et 16ᵉ s.
L'édifice renferme une tribune centrale en pierre du début du 16ᵉ s. Disposition très rare à l'époque du gothique, des tribunes surmontent les bas-côtés et les deux premières travées de la nef. Elles sont fermées de clôtures de bois du 15ᵉ s.

> **PLAISANT**
> Prenez le temps de détailler les figurines des stalles (16ᵉ s.) : vous ne le regretterez pas.

◄ Parmi de nombreuses statues intéressantes, remarquez, dans la dernière chapelle à droite, un **Ange de l'Annonciation,** chef-d'œuvre de l'école gothique bourguignonne et, au transept Sud, une Vierge allaitant du 12ᵉ s.

Promenade des remparts

Partir de la porte du Bourg (15ᵉ s.), aux puissants mâchicoulis. Par les chemins des Fossés et des Perrières, gagner la porte du Val, dédoublée et flanquée de tours rondes. À côté, Maison Lacordaire, ancien couvent de dominicains fondé par le père **Lacordaire.**

alentours

Château de Frôlois

17 km au Nord-Ouest. De juil. à fin août : visite guidée (1/2h) 14h30-18h30. 3,81€. ☎ *03 80 96 22 92 ou 03 80 96 21 83.*
La famille de Frôlois habitait déjà sur ce site d'une haute falaise au 10ᵉ s. ; du château fort médiéval, plusieurs fois remanié, il ne reste cependant que le corps de logis datant des 14ᵉ et 15ᵉ s.
Au premier étage, la chambre d'Antoine de Vergy (héritier des Frôlois) conserve un plafond à la française orné de ses armes et chiffres. Le rez-de-chaussée a été modifié et aménagé au 18ᵉ s. On y remarque de belles tapisseries de Bergame (fin 17ᵉ s.).

Fontaine-Française

Cette paisible localité près de la Franche-Comté était autrefois une puissante seigneurie, qui formait en Bourgogne une enclave relevant de la couronne de France.

La situation
Cartes Michelin n°s 66 Nord du pli 13 ou 243 pli 5 – Côte-d'Or (21). Entre deux étangs, sur la D 960 à 35 km de Dijon.

Le nom
Peut-être la fontaine de Pré-Morot, lieu même de la bataille. Française parce que non bourguignonne, et face à une Franche-Comté alors espagnole.

Les gens
916 Fontenois.

comprendre

Une belle victoire – Alors en guerre contre Philippe II d'Espagne, c'est ici qu'**Henri IV**, à la tête de 510 cavaliers, triompha le 5 juin 1595 des armées espagnoles et de la Ligue, plus fortes en nombre, commandées par Velasco, connétable de Castille et par le duc de Mayenne, chef des Guise. Un monument (1804) rappelle cette victoire qui eut une grande part dans la pacification générale du royaume.

visiter

Château
De mi-mai à fin sept. : tlj sf mar.
Bâtie au 18e s. sur les ruines d'un château féodal des Vergy, cette grande demeure, d'une élégance toute classique, fut fréquentée par Voltaire. Beau mobilier.

circuit

36 km – environ 3 h – 5 km à l'Est par la D 960.

St-Seine-sur-Vingeanne
Le village conserve un château du 17e s.
L'église, de style roman bourguignon, est surmontée d'un clocher à trois étages. Dans le chœur, beau vitrail du 19e s.
Par la D 30, 2 km au Sud.

Château de Rosières
9h-19h. 3,04€. ☎ 03 80 75 96 24.
Maison forte occupée par une ferme. L'ensemble, constitué par le donjon massif et une tour datant du 15e s., les douves, la porte et une petite tour d'enceinte, est bien conservé. L'escalier du pavillon ajouté au 17e s. est typiquement Louis XIII.
Franchir ensuite la Vingeanne puis le canal de la Marne à la Saône ; environ 6 km.

Château de Beaumont-sur-Vingeanne
Juil. et sept. : visite guidée (1/2h) tlj sf dim. 14h30-18h30. Gratuit.
Charmant édifice du 18e s., type même de ce que l'on appelait alors architecture « de Folie » et l'un des très rares exemples existant encore en France.
Dans un parc de 6 ha, c'est une demeure fort agréable, dont la façade harmonieuse sur deux niveaux est ornée de fenêtres cintrées couronnées de masques. Ce paisible décor évoque bien la douceur de vivre, telle qu'on l'entendait au début du 18e s.

RARE
En haut de la grande nef, à droite en regardant l'autel, observer le Christ de pitié en pierre polychrome, du 16e s.

De dimensions réduites mais de proportions parfaites, le château de Beaumont-sur-Vingeanne aurait été construit après la Régence, aux environs de 1724, par l'abbé Claude Jolyot, chapelain du roi, qui vint y faire de nombreux séjours pour y goûter le repos, loin de Versailles et de la cour.

À l'intérieur, on visite deux salles lambrissées du rez-de-chaussée et la galerie voûtée en sous-sol supportant la terrasse de la façade arrière.

Rejoindre Bèze par Noiron.

Bèze

En sus de son patrimoine naturel, le bourg conserve quelques monuments du passé : notamment, du 13ᵉ s. une maison (place de Verdun) à baies ogivales et vestiges de sculptures ; du 17ᵉ s., un ancien prieuré (place du Champ-de-Foire) dont une tour baigne dans la rivière ; du 18ᵉ s., l'église, à clocher fortifié du 13ᵉ s. et cadran solaire.

Source de la Bèze – La résurgence des eaux de la Venelle et d'autres « pertes » jaillit dans une magnifique source vauclusienne qui peut débiter 17 m³ par seconde.

Grottes de Bèze – 📷 *D'avr. à fin oct. : visite guidée (1/2h, w.-end et j. fériés 10h-12h, 13h30-18h30 (mai-sept. : tlj, dernière entrée 1/2h av. fermeture). 4,12€.* ☎ *03 80 75 31 33.* Deux résurgences de la Tille, dont se voient les siphons profonds de 6 à 7 m, ont formé une puissante rivière souterraine et des grottes qui, artificiellement reliées, se parcourent en barque sur une longueur de près de 300 m. La limpidité des eaux du « lac », d'une profondeur atteignant 18 m, et quelques concrétions notables (l'« obus », les « chapeaux mexicains »...), ainsi que la belle cheminée proche de l'entrée participent à la force d'envoûtement des lieux.

Retour à Fontaine-Française par la D 960 à travers la forêt de Velours.

PASSAGE DU CHANOINE

Félix Kir, né en 1876, était curé de la paroisse de Bèze quand il part à la guerre de 1914. À son retour, il commence à s'intéresser à la politique, avant de partir pour Nolay en 1924. Devenu maire de Dijon en 1945, il conservera toujours son air de curé de campagne.

Abbaye de **Fontenay**★★★

Tapie dans un vallon solitaire et verdoyant, parfaitement restaurée, Fontenay donne une vision exacte de ce qu'était un monastère cistercien au 12ᵉ s., vivant en autarcie à l'intérieur de son enceinte.

La situation

Cartes Michelin nᵒˢ 65 Sud-Ouest du pli 8 ou 243 pli 2 – Côte-d'Or (21). Au Nord-Est de Montbard, à 3 km de Marmagne par la D 32.

Le nom

Les terres données par Raynard de Montbard, parent de saint Bernard, sont appelées *Fontanetum* car, comme nombre de lieux défrichés par les moines, elles « flottent sur des sources ».

LISA TERRA
Jolie poterie artisanale à Marmagne
☎ *03 80 92 38 02.*

DOMPTÉES
Les fontaines toujours présentes (garnies de truites) sont devenues la parure du jardin qui entoure la propriété.

comprendre

Deuxième fille de Clairvaux – Devenu abbé de Clairvaux, Bernard fonda successivement trois colonies : Trois-Fontaines, près de St-Dizier, en 1115, Fontenay en 1118 (20 ans après Cîteaux) et Foigny, en Thiérache, en 1121. L'ermitage fondé à proximité de Châtillon-sur-Seine, sous la direction de son oncle Godefroy de Rochetaillé, fut transféré dans la vallée, là où se trouve l'abbaye actuelle. Jusqu'au 16ᵉ s., Fontenay connut une grande prospérité, comptant plus de trois cents moines et convers. Mais le régime de la commende – abbés nommés par faveur royale et ne s'intéressant qu'aux revenus de l'abbaye – ainsi que les désordres causés par les guerres de Religion allaient provoquer une rapide et irréversible décadence. Vendus à la Révolution, les bâtiments furent transformés en papeterie.

En 1906, de nouveaux propriétaires entreprirent de restituer à Fontenay son aspect initial. L'abbaye est classée au patrimoine mondial par l'Unesco depuis 1981.

Plan de l'abbaye de Fontenay

- Jardin des Simples
- Infirmerie
- Dortoir (2, 3, 1)
- Salle capitulaire
- Scriptorium
- Forge
- ÉGLISE
- Chauffoir
- CLOÎTRE
- Réfectoire
- Cascade
- Cuisines
- Logement des Abbés
- Communs
- Colombier
- Chapelle des Visiteurs
- Porterie
- Hostellerie
- Boulangerie
- Librairie
- Musée Lapidaire
- Chenil
- N

```
0        30 m
━━  Parties existantes
┄┄  Parties disparues
```

visiter

&. *10h-12h, 14h-17h. 7,17€ (enf. : 3,66€).* ☎ *03 80 92 15 00.*
Le portail de la Porterie est surmonté des armes de
l'abbaye ; l'étage date du 15ᵉ s.
Le porche passé, on longe un grand bâtiment du 13ᵉ s.,
qui se composait de la chapelle des visiteurs et de la boulangerie des moines, remarquable par sa cheminée
cylindrique ; il abrite aujourd'hui la salle d'accueil, la ▶
librairie et un petit musée lapidaire. Un peu plus loin à
droite, se distingue le magnifique colombier.

Église abbatiale
Édifiée grâce à la générosité du richissime Ébrard,
évêque de Norwich, réfugié à l'abbaye de Fontenay, c'est
l'une des plus anciennes églises cisterciennes conservées en France.
L'expression « simplicité monacale » convient tout parti- ▶
culièrement à cette construction.
La façade, dépouillée de tout ornement, est soulignée
par deux contreforts et sept baies en plein cintre, symbolisant les sept sacrements de l'Église. Les corbeaux
encore en place soutenaient un porche qui a disparu. Les
vantaux et peintures du portail sont la reproduction des
battants primitifs.

Intérieur – La règle et le plan cisterciens sont
scrupuleusement observés et, malgré les dimensions
relativement réduites de l'édifice (longueur : 66 m,
largeur du transept : 30 m), l'effet est d'une saisissante
grandeur.
La nef, voûtée en berceau brisé, compte huit travées ;
elle est étayée par des bas-côtés voûtés de berceaux transversaux qui forment une suite de chapelles éclairées par

---

JUDAS
À la voûte du portail, on
remarque la niche
aménagée sous l'escalier :
l'ouverture permettait au
chien, posté à l'entrée, de
surveiller l'hostellerie.
Long corps de logis, à
droite, dans la cour
intérieure – abri des
pèlerins, voyageurs et
mendiants.

DICTON
Jamais le vide n'aura été
si richement peuplé qu'à
Fontenay.

CONSÉCRATION
En 1147 l'abbatiale est
consacrée par le pape
Eugène III, en présence de
Bernard, l'année suivant
son célèbre prêche à Vézelay pour la 2ᵉ croisade.

253

de petites baies en plein cintre. La nef aveugle reçoit l
lumière par les ouvertures de la façade et celles qui s'éta
gent au-dessus de l'arc triomphal.

Dans le vaste transept, la disposition des berceaux et de
chapelles de croisillons rappelle celle des bas-côtés
Dans le croisillon Nord, remarquer la statue (**1**) de Notre
Dame de Fontenay (fin du 13ᵉ s.).

Le chœur carré (**2**), à chevet plat, est éclairé par u
double rang de triplets (symbole de la Trinité). On y
rassemblé des pierres tombales et les restes d'un pavag
de carreaux émaillés du 13ᵉ s., qui recouvrait autrefois l
sol du chœur et d'une grande partie de l'église. On peu
voir, à droite, le tombeau (**3**) du seigneur d
Mello d'Époisses et de son épouse (14ᵉ s.). Le retable e
pierre de l'ancien maître-autel gothique (fin du 13ᵉ s.)
subi des mutilations.

Dans le transept, sur la droite, un escalier mène
l'ancien dortoir des moines.

Dortoir – Les moines de chœur (40 à 50 individus) dor
maient sur des paillasses disposées sur le sol, séparés le
uns des autres par des cloisons basses. La puissante char
pente de chêne, en forme de carène renversée, date de
la seconde moitié du 15ᵉ s.

Cloître – Adossé au flanc Sud de l'église, à la fois robust
et élégant, le cloître est un accomplissement de l'ar
cistercien.

Une incroyable harmonie se dégage du cloître de l'abbaye.

ENCRE ET CALAME
N'allez pas croire que le labeur des copistes relevait de la part intellectuelle des devoirs du moine : la tâche, assez pénible, faisait partie des travaux manuels.

Chaque galerie compte huit travées délimitées par de
beaux contreforts ; les arcs en plein cintre, sauf ceux de
portes donnant accès au préau, sont divisés par une
double arcature reposant sur des colonnes accouplées.

La **salle capitulaire,** aux chapiteaux ornés de feuille
d'eau, est voûtée sur croisée d'ogives ; elle communique
avec la galerie Est par une belle arcade ; la grande
salle de travail des moines, le **scriptorium**, se situe
dans son prolongement. Sur la droite, une petite porte
ouvre sur le « chauffoir ». Cette pièce présentant deu
foyers était la seule où la règle tolérait le feu, en dehor
de la cuisine.

On peut encore visiter la **forge** construite le long de l
rivière, afin d'utiliser la force hydraulique nécessaire
pour actionner les martinets et les soufflets.

Dans les jardins, les moines cultivaient des plante
médicinales (ou simples) ; à proximité s'élève l'infirme
rie construite à l'écart des autres bâtiments.

De nouveaux jardins ont été dessinés par un paysagiste
anglais, dans le double objectif de tempérer l'aspec
quelque peu austère de l'architecture et de favoriser l
circulation des visiteurs à l'intérieur de l'abbaye.

LE MONDE DE CÎTEAUX
Dans la forge, le parcours multimédia reproduisant la vie cistercienne est une excellente introduction à la visite.

Joigny

La petite ville animée et pentue de Joigny est à deux faces : l'une à grand jour, une sorte de « front de l'Yonne », l'autre plus discrète, où se nichent ses quartiers anciens. Grâce au canal de Bourgogne, c'est un bon point de départ pour naviguer dans le Tonnerrois.

La situation
Cartes Michelin nos 65 Nord du pli 4 ou 237 pli 45 – Yonne (89). Située aux portes de la Bourgogne à l'orée de la forêt d'Othe, sur la N 6 entre Sens et Auxerre.
🚩 *Quai H.-Ragobert, 89300 Joigny, ☎ 03 86 62 11 05.*

Le nom
À l'époque carolingienne, la ville s'est appelée *Jaunia-cum* puis *Joviniacum*, d'où le nom des habitants. Cela peut s'apparenter à la colline de Janicule, près de Rome, sur laquelle une cité fut fondée par... Janus.

Les gens
10 032 Joviniens surnommés Maillotins depuis 1438, suite à un soulèvement contre leur seigneur, le comte Guy de La Trémoille, qu'ils mirent à mort à coups de maillet, instrument dont les vignerons faisaient alors usage. L'outil détourné figure dans les armes (!) de la ville.

se promener

Partir du bd du Nord.

Porte du Bois
Cette ancienne porte du 12ᵉ s., flanquée de deux tours rondes, faisait autrefois partie de l'enceinte médiévale dont il reste quelques vestiges le long du chemin de la Guimbarde, à l'Est.

Église St-Thibault
Construite de 1490 à 1529, cette église, de style gothique et Renaissance, est dominée par une tour carrée du 17ᵉ s., couronnée d'un léger campanile. Au-dessus du portail, statue équestre de saint Thibault (1530), œuvre du sculpteur Jean de Joigny installé peu après en Espagne et devenu Juan de Juni.
À l'intérieur on est frappé par la déviation, très rare, du chœur vers la gauche, déviation accentuée encore par l'asymétrie des voûtes. Celle du chœur comporte une curieuse clé pendante.
On y découvre de nombreuses œuvres d'art *(plan dans le bas-côté gauche, à hauteur de la chaire)* : peintures et

carnet pratique

Maison d'angle ; l'Arbre de Jessé.

sculptures, dont une série de bas-reliefs Renaissance provenant de l'ancien jubé, parmi lesquels le Christ aux Enfers, dans la chapelle axiale.

Maisons anciennes

Flâner dans les rues étroites entourant les églises St-Thibault et St-Jean permet de faire l'inventaire d'un certain nombre de vieilles demeures à pans de bois, des 15ᵉ et 16ᵉ s. Les quelques rescapées de l'incendie de 1530 qui détruisit toute la ville ont été très endommagées lors des bombardements de 1940. La plupart ont été restaurées (maison d'angle dite de l'Arbre de Jessé, du Pilori, de l'Ave Maria) ainsi que celle du Bailli (début 16ᵉ s.) qu'une explosion de gaz en 1981 avait soufflée.

Église St-Jean

Sur les hauteurs, près du château des Gondi, elle est précédée d'un clocher-porche ; dénuée de transept, elle se termine par un chevet à cinq pans.

La nef est plafonnée d'une belle voûte de pierre en berceau et à caissons de style Renaissance, décorée de nervures et de médaillons sculptés. Dans le bas-côté droit repose un sépulcre en marbre blanc, du 15ᵉ s., orné de bas-reliefs. Remarquer le gisant d'Adélaïs, comtesse de Joigny morte en 1187, sur un tombeau décoré d'élégantes sculptures, parmi lesquelles figuraient les enfants de la défunte.

En face, la **porte St-Jean** était le passage entre le **château** (aujourd'hui superbement restauré) et la ville. *Un peu plus loin, par la rue D.-Grenet, on rejoint l'esplanade de l'ancien cimetière.*

Intégrée au palais de justice, la **chapelle des Ferrands** est un sépulcre octogonal édifié en 1530, sans doute dû à l'artiste jovinien Jean Chéreau, à voir pour ses panneaux sculptés de personnages fantastiques. Tout près de là, le **petit portail** de St-André, de la même époque, retrouve la sobre élégance de l'antique.

Pour finir avec de jolies **vues** sur la rivière, les promenades ombragées et la ville construite en amphithéâtre, n'hésitez pas à franchir le pont d'Yonne (qui conserve six arches du 18ᵉ s.) et à gagner le parc du Chapeau par le quai de la Butte sur la rive gauche.

alentours

Côte St-Jacques★

1,5 km au Nord. La route s'élève en lacet en contournant le haut de St-Jacques. Au milieu des vignes on découvre, dans un virage à droite, à la Croix-Guémard, une belle **vue★** demi-circulaire sur Joigny et la vallée de l'Yonne.

Pressoir de Champvallon

9 km au Sud-Ouest. &. *Pâques-Toussaint : visite guidée (3/4h) w.-end et j. fériés 14h-18h, sur demande en sem. 2,30€.* ☎ *03 86 91 07 69.*

Sis dans une cave monumentale au cœur du village, ce pressoir à mouvement de balancier, d'un type unique en

Le vin était-il meilleur en ce temps ?

Musée des Arts populaires.

Europe, est en parfait état de fonctionnement. Sur des plans conçus au 12ᵉ s. sa construction remonte au début du 14ᵉ s.

Musée rural des Arts populaires de Laduz★

15 km au Sud par la D 955 et la première route à gauche après le pont de l'autoroute. Juil.-août : tlj 10h-19h ; avr.-oct. : mer., w.-end et j. fériés 14h-18h. 4,57€ (-14 ans : 3,05€). ☎ 03 86 73 70 08.

Situé à la sortie Sud-Est du village, il évoque la vie et le travail ruraux d'avant 1914 : les outils et la production d'une cinquantaine de métiers artisanaux sont présentés, ainsi qu'une importante collection de jouets anciens et de nombreuses « sculptures » peuplant l'univers quotidien d'autrefois. ►

> **TOURNEZ MANÈGE**
> C'est un peu découvrir la recette d'un tour de magie que de visiter l'atelier d'un fabricant de manège de chevaux de bois. Déconseillé aux moins de 7 ans.

Détail de la Danse macabre.

La Ferté-Loupière

18 km au Sud-Ouest.

Cet ancien bourg fortifié – comme en témoigne le mot Ferté – possède une **église** des 12ᵉ et 15ᵉ s. qui abrite des **peintures murales★** saisissantes et exceptionnelles par les thèmes représentés : « Rencontre des trois morts et des trois vifs », « Danse macabre ». Exécutées sur enduit sec à la fin du 15ᵉ s., elles ont été dégagées en 1910 du badigeon qui les recouvrait et les protégeait. Ces peintures, aux tons brun et ocre, s'étendent sur le mur gauche de la grande nef au-dessus des trois premières arcades.

Remarquer aussi sur les larges piliers, à gauche, l'Archange saint Michel terrassant le démon et à droite, la Vierge de l'Annonciation.

La Fabuloserie

25 km à l'Ouest (D 943). Pâques-Toussaint : visite guidée (1h1/2) w.-end et j. fériés 14h-18h (juil.-août : tlj). 5,34€ ☎ 03 86 63 64 21.

Installé à **Dicy,** ce musée d'art brut (selon le terme de Jean Dubuffet) présente des œuvres insolites, réalisées à partir de matériaux ou objets de récupération par des artistes-bricoleurs de différents pays.

Cet autre monde, plein de merveilleux et de naïveté, s'épanouit en plein air dans un parc « magique ».

> **À DÉCOUVRIR**
> Panneaux peints à fresque (accès libre) sur la place de la Poste. **Réseau des peintures murales de Puisaye-Forterre** : 10 églises à visiter avec des décors du 12ᵉ au 19ᵉ s.

Louhans★

Son important marché de beurre, d'œufs, de volaille et ses foires de gros bétail et de porcs font de cette petite ville attrayante la capitale commerciale de la Bresse bourguignonne. Louhans est aussi le siège de la confrérie des « poulardiers de Bresse ».

La situation

Cartes Michelin nos 70 Nord-Ouest du pli 13 ou 243 pli 29 - Saône-et-Loire (71). Au confluent de la Seille (navigable jusqu'à la Saône) et du Solnan. À 29 km Est de Tournu par les D 971-975.

🛈 *1 Arcade St.-Jean, 71500 Louhans,* ☎ *03 85 75 05 02.*

Le nom

Fondée par les Burgondes au 5ᵉ s., la cité s'est appelée *Lovingum* à l'époque gallo-romaine.

Les gens

6 327 Louhannais, fiers Bressans et indépendants (comme le titre de leur journal local).

se promener

Grande-Rue★

MARCHÉ
Marché aux volailles de Bresse, classé : « Site Remarquable du Goût » - le lun. matin à Louhans.

Les arcades de ses vieilles maisons, aux piliers de bois ou de pierre, constituent un ensemble agréable à l'œil dont la construction remonte à la fin du Moyen Âge. La longueur de cette artère (on compte 157 arcades) en fait un cas unique en France.

Hôtel-Dieu

Mars-sept. : visite guidée (1h1/4) tlj sf mar. à 10h, 14h, 16h, dim. à 14h30 et 16h ; oct.-fév. : lun., jeu., sam. à 10h30. Fermé 1ᵉʳ mai. 3,66€. ☎ *03 85 75 54 32.*

Cet édifice de style baroque, des 17ᵉ-18ᵉ s., abrite deux grandes salles communes séparées par une grille en fer forgé. Les anciens lits des malades, munis de rideaux, portent chacun une plaque dite de fondation où est mentionné son destinataire – les donateurs offraient en général ce secours aux habitants d'une ville.

PIETÀ
On voit dans l'apothicairerie un groupe bourguignon en bois d'une disposition très rare : la Vierge de pitié est agenouillée devant le Christ mort (début 16ᵉ s.).

◄ La **pharmacie,** décorée de boiseries Louis XIV, renferme une exceptionnelle collection de flacons en verre soufflé et de faïences lustrées hispano-mauresques.

Église

C'est un édifice fortement restauré en pierre et brique, couvert de tuiles émaillées. Sur le flanc gauche, clocher-porche et grande chapelle aux pavillons à tourelle (14ᵉ s.).

carnet pratique

RESTAURATION

• *À bon compte*

Cotriade – *4 r. d'Alsace -* ☎ *03 85 75 19 91 - fermé 2 au 6 juil. et mar. soir sf juil.-août - 10,98/32,01€.* Dans une rue commerçante du centre-ville, un restaurant à la façade vitrée. La salle à manger est classique et fleurie. Cuisine régionale, poissons et fruits de mer. Menus à tous les prix dont un pour les enfants. Une adresse en toute simplicité.

HÉBERGEMENT

• *À bon compte*

Le Moulin de Bourgchâteau – *R. Guidon - sur la rte de Chalon -* ☎ *03 85 75 37 12 - fermé 20 déc. au 20 janv. et dim. du 15 sept. à Pâques -* 🅿 *- 18 ch.: 42,69/99,09€ - 🍽 8,38€ - restaurant 20/30€.* Ah ! le joli moulin tranquille plongeant ses pieds dans la Seille. Construit au 18ᵉ s., il s'est tu depuis longtemps et ses mécanismes rutilants ornent le bar de l'hôtel. Chambres confortables, certaines mansardées. Salle à manger avec poutres massives et pierres apparentes.

L'Atelier d'un journal
  De mi-mai à fin sept. : (1h) 15h-19h ; d'oct. à mi-mai : tlj sf w.-end 14h-18h. Fermé entre Noël et Jour de l'an. 2,29€.
☎ *03 85 76 27 16.*

Les journalistes en herbe et les lecteurs de la presse en général auront plaisir à découvrir cette antenne de l'Écomusée de la Bresse bourguignonne *(voir la Bresse)*. Installé 29 r. des Dôdanes dans les locaux mêmes du journal bressan *L'Indépendant* abandonnés en 1984 après un siècle d'activité, l'atelier d'imprimerie a conservé toutes ses machines et les bureaux ont été reconstitués dans le style qui fut le leur pendant les années 1930.

> **AMBIANCE**
> Odeur d'encre et de plomb, cliquetis des linotypes assurés.

alentours

Chaisiers et pailleuses de Rancy
12 km au Sud-Ouest par la D 971 à la sortie de Rancy.
  De mi-mai à fin sept. : tlj sf mar. 15h-19h. 2,29€.
☎ *03 85 76 27 16.*

Activité d'appoint déjà bien implantée au début du 19ᵉ s., la fabrication de chaises à **Rancy** et Bantanges devient un métier à part entière vers la fin du siècle. Aujourd'hui, ce centre bressan est le deuxième producteur français de chaises paillées.

L'Écomusée présente ici l'évolution et les différentes étapes de cette industrie depuis le travail du bois jusqu'à l'empaillage (démonstration).

Luzy

Cette ancienne ville médiévale est aujourd'hui une agréable localité traversée par l'Alène, sur la bordure Sud du Morvan.

La situation
Cartes Michelin nᵒˢ 69 pli 6 ou 238 pli 36 – Nièvre (58). À l'Ouest d'Autun (34 km par la N 81) et au Sud de Château-Chinon (39 km par la D 27).

Le nom
Si la racine est bien *Lux* et donc *Lucus* en bas latin, l'emplacement occupé dans l'Antiquité était peut-être un bois sacré.

Les gens
2 234 Luzyçois qui peuvent trouver l'inspiration dans l'histoire juive, le théâtre classique, l'art flamand ou encore les rites tibétains.

visiter

Tapisseries de l'hôtel de ville
Tlj sf dim. 9h-12h, 14h-17h30, ven. 9h-12h, 14h-16h30, sam. 9h-11h30. Gratuit. ☎ *03 86 30 02 34.*

Une salle de la mairie, installée dans l'hôtel Nault de Champagny, est décorée de remarquables tapisseries d'Aubusson, de la fin du 17ᵉ s., relatant l'histoire d'**Esther**, courageuse libératrice de ses concitoyens juifs auprès des Perses. Racine s'inspira du livre éponyme de la Bible pour une œuvre où il fallait « que l'amour soit entièrement banni », sa tragédie (1689) illustrée ici. L'ensemble, qui comprend deux compositions principales et six panneaux à un seul personnage, est d'une belle fraîcheur de coloris. Les imposes des deux portes de la salle sont peintes de scènes galantes de l'école de Lancret.

> **L**a Tour des Barons de Luzy (14ᵉ s.), donjon circulaire à campanile, se dresse encore au point culminant (alt. 272 m) de la ville.

alentours

Ternant★

13,5 km au Sud-Ouest. L'amateur d'art qui visite le Niver-nais ou le Morvan ne doit pas manquer de se rendre à Ternant pour voir, dans la modeste **église** de ce village, deux magnifiques triptyques flamands.

◄ **Triptyques de l'église★★** – Le **grand triptyque** est consacré à la Passion : dans le panneau central est figu-rée la Mort du Christ ; en bas, c'est la Pâmoison de la Vierge soutenue par saint Jean et les saintes femmes ; au premier plan sont agenouillés le donateur Charles de Ternant et sa femme Jeanne.

Dans le compartiment de gauche, la Pietà est entourée de saint Jean, de Marie-Madeleine et des saintes femmes. À droite, c'est la Mise au tombeau. Les volets peints repré-sentent l'Agonie au jardin des Oliviers, le Christ portant sa croix, la Résurrection, la Descente de Jésus aux limbes.

Plus ancien, le **petit triptyque** est traité avec une finesse exquise ; il est dédié à la Vierge.

Au centre du panneau sculpté, dans la scène de la Dor-mition, un petit ange extrait du chevet de la Vierge son âme figurée par une fillette en prières. À gauche est repré-
◄ sentée la dernière audience de la Vierge aux apôtres, tan-dis qu'à droite se déroule son cortège funèbre.

Les peintures des volets sont remarquables. Outre des scènes de la vie de la Vierge – l'Annonciation, la Vierge couronnée, le Christ portant le globe, les Funérailles de la Vierge –, on peut voir également représentés le dona-teur Philippe de Ternant, vêtu du damier – armes de la maison –, le cou orné du collier de la Toison d'or et son épouse Isabeau en costume d'apparat, accompagnée de la Vierge couronnée.

Château de Plaige, La Boulaye

18 km au Sud par la D 228 – Saône-et-Loire (71). La pro-priété de Plaige (1900) a été vendue en 1974 à des dis-ciples du lama tibétain Kalou Rinpoché, fondateur de 75 monastères. Dans celui-ci, l'un des plus importants en Europe, quatre lamas enseignent le bouddhisme Vaj-rayana à une trentaine de moines.

Temple des Mille Bouddhas – *Juil.-août : 10h-12h, 14h30-18h30 ; sept-juin : 14h30-17h30 (14h30-18h30 w.-end et pen-dant vac. scol.). Fermé certaines fêtes bouddhistes. 4€.* ☎ *03 85 79 62 52.*

Oriflammes et bannières de prières accueillent le visiteur (déchaussé) au temple, remarquable par son architecture et sa décoration traditionnelle himalayenne. Le monu-ment contient des statues géantes (l'une fait 16 m de haut) et des peintures murales d'une grande richesse iconogra-phique, réalisées sur place par des artistes résidents.

À mille lieues de la Bourgogne.

Un Stoupa (monument symbolisant l'illumination du Bouddha), une fontaine et un bâtiment d'étude complètent le site.

Mâcon

Avec ses maisons couvertes de tuiles rondes, bordée à l'Est par la Saône tranquille et à l'Ouest par les monts plantés de vigne du Mâconnais, la ville a un petit air presque méridional. Ajoutez à cela un centre nautique et un port de plaisance, une bonne table et un circuit parcourant la belle région chan-tée et habitée par Lamartine, vous obtenez la recet-te d'une ville où il fait bon vivre.

La situation

Cartes Michelin nᵒˢ 69 pli 19 ou 243 pli 39 – Saône-et-Loire (71). Mâcon est au carrefour des voies d'accès du bassin de Paris au Midi méditerranéen et du lac Léman aux rives

carnet pratique

RESTAURATION

• À bon compte

Le Poisson d'Or – *Allée du Parc - 1 km au N de Mâcon par N 6 et bord de Saône -* ☎ *03 85 38 00 88 - fermé vac. de fév., 1er au 10 nov., mar. soir d'oct. à avr. et mer. - 15,55/38,11€.* À ne pas manquer, surtout l'été pour sa terrasse ombragée au bord de la Saône et pour ses grenouilles et fritures. La salle à manger avec ses rideaux à fleurs est claire et pimpante. Bon choix de menus dont un pour les enfants.

Le Port St-Nicolas – *En bordure de la Saône - 71118 St-Martin-Belle-Roche - 10 km au N de Mâcon par N 6 -* ☎ *03 85 36 00 86 - fermé 15 janv. au 15 fév., mar. soir et mer. - 12,96/38,11€.* Deux atouts pour ce restaurant : la terrasse au bord de la Saône et les prix attractifs de sa cuisine traditionnelle. La salle à manger contemporaine est très lumineuse avec ses baies vitrées et ses tons pastel.

HÉBERGEMENT

• À bon compte

Hôtel Concorde – *73 r. Lacretelle -* ☎ *03 85 34 21 47 - fermé 16 déc. au 14 janv. et dim. du 15 oct. au 15 avr. -* ▱ *13 ch.: 30,49/41,16€ -* ▱ *4,88€.* Voilà un petit hôtel bon marché, sans prétention, à l'écart du centre-ville. Les chambres sont simples et propres. Vous prendrez votre petit-déjeuner dans une salle rustique ou en terrasse.

Chambre d'hôte Château de Salornay – *71870 Hurigny - 6 km à l'O de Mâcon par D 82 puis rte secondaire -* ☎ *03 85 34 25 73 -* ▱ *- 4 ch.: 40/50€.* Ce château des 11e et 15e s. aux portes de Mâcon est majestueux avec ses belles tours et son chemin de ronde. Les chambres sont très tranquilles, ouvertes sur les champs. Préférez celles du donjon ou de la tour, plus spacieuses. Terrasse avec vue sur la ville.

SORTIES

La Maison de Bois – *13 pl. aux Herbes -* ☎ *03 85 38 03 51 - lun. 15h-21h, mar.-sam. 9h-2h.* Comme il est indiqué sur la façade, cette maison de bois de 1480 fut, selon la légende, le siège d'une abbaye au 16e s. Elle est aujourd'hui convertie en un pub chic et confortable doté d'une grande terrasse sur la place.

La Traboule – *47 r. Carnot -* ☎ *03 85 38 37 70 - lun.-jeu. 12h-2h, ven., sam. 12h-3h, dim. 21h-2h - fermé déb. août.* Bien connue à Lyon, une traboule est une galerie qui traverse un immeuble ou un pâté de maisons. Transformée en pub, cette traboule-là s'honore d'une magnifique porte en bois. L'intérieur, confortable et intime à souhait, est décoré de portraits de personnages illustres ayant vécu à Mâcon.

Le Galion Pub – *46 r. Franche -* ☎ *03 85 38 39 45 - lun.-sam. 15h-2h.* Tout en bois d'acajou, le décor de ce pub s'inspire des vaisseaux d'antan comme en témoigne notamment le bar en forme de proue. Face au majestueux escalier qui mène à la mezzanine se trouve la loge du DJ, perchée au-dessus de l'entrée.

ACHATS

Maison des Vins – *484 av. de Lattre-de-Tassigny -* ☎ *03 85 22 91 11 - www.maison-des-vins.com - tlj 11h30-18h30 - fermé Nouvel an, 1er mai, Noël.* Une salle d'exposition et de vente, une librairie-boutique, un espace pour enfant et, bien sûr, des dégustations guidées par des professionnels vous feront découvrir l'art et le rituel de l'exploration des arômes.

Les crus du Mâconnais accompagnent de délicieuses spécialités culinaires : quenelles de brochet, pauchouse, poularde à la crème, coq au vin.

Expositions, dégustation et restauration à la **Maison des vins**, sur les quais, 484 av. De-Lattre-De-Tassigny.

Foire nationale des vins de France fin mai au Palais des expositions.

LOISIRS-DÉTENTE

En amont du pont, la Saône forme un bassin de 300 m de largeur : c'est sur ce majestueux plan d'eau que se déroulent les championnats de France d'aviron.

---

de la Loire. La N 6 la traverse en de jolis quais sur la rive droite. Sa grande concurrente, Chalon, est à 58 km au Nord.

🛈 *1 pl. St-Pierre, 71000 Mâcon,* ☎ *03 85 21 07 07.*

Le nom

Port fondé par les Éduens que les Romains appelleront *Matisco* (cité par César). À la fin de l'époque romaine, la ville subit l'invasion des Barbares et devient *Matasco*.

Les gens

34 469 Mâconnais. Leur plus célèbre figure reste celle du poète romantique Lamartine. Elle eut cependant un prédécesseur en la personne du poète Pontus de Tyard (1521-1605), membre de la Pléiade et évêque de Chalon.

Alphonse de Lamartine.

comprendre

Lamartine, un prince du romantisme

« Aimer, prier, chanter, voilà toute ma vie » – Né en 1790 à Mâcon, Alphonse de Lamartine connaît une enfance heureuse à Milly. Lors d'un premier voyage en Italie (1811-1812), il s'éprend d'une Napolitaine, Antoniella, qu'il fera revivre beaucoup plus tard en personnage de fiction poétique sous le nom de *Graziella*. Pendant une cure à Aix-les-Bains, en 1816, le jeune homme tombe éperdument amoureux de Julie, épouse du physicien Jacques Charles. Cet amour total, cet « ineffable bonheur d'aimer », brisé par la maladie et l'absence de Julie, qui mourra quelques mois plus tard, lui inspire l'Ode au lac du Bourget, connu sous le titre de *Le Lac*.

En 1820 paraissent les *Méditations poétiques* qui marquent le début de la gloire. Marié à la jeune Anglaise Mary Ann Birch et parallèlement à une carrière diplomatique, il connaît une intense période de création : *La Mort de Socrate*, *Les Nouvelles Méditations poétiques*, *Le Dernier Chant du pèlerinage d'Harold* (sur la mort très romantique de lord Byron). Le 5 novembre 1829, il est élu à l'Académie française.

De 1831 à 1833, il donne corps à un rêve de toujours : faire un voyage en Orient. Son itinéraire le mènera jusqu'à Nazareth et Jérusalem, comptant également raviver la flamme de sa foi que des doutes métaphysiques font vaciller depuis 1830. Au cours de ce « pèlerinage », sa fille de 10 ans, Julia, qu'il a laissée avec sa mère à Beyrouth, meurt de phtisie. Cet événement douloureux (qui préfigure la mort de Léopoldine pour Hugo, son confrère et ami) est traité dans le poème *Gethsémani*. Très affecté, remettant en cause les principes religieux qui l'avaient guidé jusque-là, il publie en 1836 *Jocelyn* qui connaîtra un accueil triomphal.

« La Poésie doit se faire peuple » – Chargé d'affaires en octobre 1827 à Florence et ne voulant pas se lier au nouveau roi Louis-Philippe, Lamartine se démet de ses fonctions diplomatiques. Il préfère garder sa liberté pour l'action politique.

D'abord député de Bergues dans le Nord, il est en 1837 élu député de Mâcon et réélu en 1842 et 1846. Il milite pour « l'intérêt de ces classes laborieuses, de ces masses prolétaires si souvent foulées sous nos lois aveugles ». Il expose ses idées dans le journal *Le Bien public* qu'il crée à Mâcon en septembre 1842. En 1848, après le renvoi de Guizot, et l'abdication du roi, Lamartine s'oppose à une régence et contribue à la fondation de la République proclamée le 27 février.

Le Second Empire met fin à sa carrière politique. D'incessantes difficultés financières l'obligent à ce qu'il appelle « ses travaux forcés littéraires » puis la mort de sa femme en 1863 assombrissent la fin de sa vie. Le poète s'éteint le 28 février 1869 à Paris. Il est enterré à Saint-Point.

se promener

Garer la voiture au parking du quai Lamartine, bordé de terrasses de cafés et surveillé par une statue due à Falguière. Longer la rue Carnot très commerçante (maison du 17ᵉ s. au n° 79).

Vieux St-Vincent

Il ne subsiste de l'ancienne cathédrale St-Vincent, détruite à la Révolution, que les parties les plus anciennes : le narthex, deux tours octogonales et la travée qui les réunit. On distingue encore l'amorce de la nef.

Dans le **narthex,** on peut voir l'ancien tympan (12ᵉ s.) dont les sculptures ont été mutilées pendant les guerres de Religion. En cinq registres superposés se développent

MÂCON

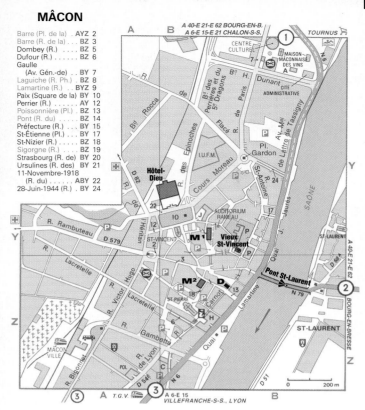

les scènes du Jugement dernier. On peut y distinguer la Résurrection des morts, le Paradis et l'Enfer. Le Vieux St-Vincent abrite un **musée lapidaire.** &. *De juin à fin sept. : tlj sf lun. 10h-12h, 14h-18h, dim. et j. fériés 14h-18h. Fermé 14 juil. 1,52€. ☎ 03 85 39 90 38.*

Maison de bois
Une jolie maison Renaissance ornée de fines colonnettes sculptées forme l'angle de la place aux Herbes, 22 r. Dombey (salon de thé) ; des animaux et des personnages grotesques et fantastiques décorent les entablements.

Pont St-Laurent
Jusqu'au traité de Lyon en 1601 où la Bresse fut rattachée au royaume de France, Mâcon était une ville frontière. Elle était fortifiée ainsi que le pont St-Laurent dont l'existence est attestée pour la première fois en 1077. Au 18ᵉ s., le pont fait l'objet d'importants travaux de restauration et d'élargissement. Depuis St-Laurent, on a une jolie **vue**★ sur les quais et la ville, que dominent les tours du Vieux St-Vincent.

visiter

Musée Lamartine
10h-12h, 14h-18h, dim. et j. fériés 14h-18h. Fermé 1ᵉʳ janv., 1ᵉʳ mai, 14 juil., 1ᵉʳ nov., 25 déc. 2,29€. ☎ 03 85 39 90 38.
Aménagé dans l'**hôtel Senecé**, une demeure de style Régence, il renferme des peintures, des tapisseries d'Aubusson et un mobilier d'époque. De nombreux documents (quelques-uns autographes) évoquent la vie, l'œuvre littéraire et le rôle politique de Lamartine.

UN BILLET POUR L'AUSTRALIE !
De 1937 à 1939, les hydravions de la compagnie Imperiale Airways reliaient Southampton à l'Australie par Brindisi et l'Égypte. Le plan d'eau de la Saône en face de l'hôtel d'Europe et d'Angleterre était utilisé pour la première escale technique du voyage.

ACADÉMIQUE ?
L'hôtel Senecé est aussi le siège de l'académie de Mâcon, fondée en 1805. Lamartine fut en 1811 son plus jeune membre.

Une toile de Corot :
Les Peupliers
(musée des Ursulines).

Musée des Ursulines★

Tlj sf lun. 10h-12h, 14h-18h, dim. et j. fériés 14h-18h. Fermé 1ᵉʳ janv., 1ᵉʳ mai, 14 juil., 1ᵉʳ nov., 25 déc. 2,29€. ☎ 03 85 39 90 38.

Aménagé dans un ancien couvent (17ᵉ s.), le musée municipal comporte des sections d'archéologie, d'ethnographie régionale, de peintures et de céramiques.

Au rez-de-chaussée, l'histoire de Mâcon est évoquée depuis l'Antiquité jusqu'à nos jours. Une section de préhistoire présente ensuite des objets provenant des fouilles de Solutré *(voir Roche de Solutré)* et de sites régionaux. On passe à l'Antiquité gallo-romaine (statuettes, amphores, outils, four de potier, ensemble d'urnes funéraires de la nécropole de Mâcon), puis l'archéologie médiévale (armes et sépultures mérovingiennes, fragments lapidaires) et la sculpture du 12ᵉ au 17ᵉ s. *L'ancienne chapelle du couvent est réservée aux expositions temporaires.*

Les arts et traditions populaires sont à l'honneur au 1ᵉʳ étage : caractères généraux du Mâconnais, la Saône et ses activités, le travail de la pierre, la vigne, etc.

◄ Le 2ᵉ étage présente du mobilier des 17ᵉ et 18ᵉ s., des faïences et des peintures.

> **COLLECTIONS DE PEINTURE**
> Du 16ᵉ s., œuvres flamandes et de l'école de Fontainebleau ; des 17ᵉ et 18ᵉ s., œuvres françaises (Le Brun, Ph. de Champaigne, Greuze) ; du 19ᵉ s., tableaux romantiques (Corot), académiques et symbolistes (Puvis de Chavannes) ; du 20ᵉ s., toiles post cubistes (Gleizes, M. Cahn) et contemporaines (M. Bill, G. Honneger).

Hôtel-Dieu

  De juin à fin sept. : tlj sf lun. et mar. 14h-19h ; d'oct. à fin mai : s'adresser au musée des Ursulines. Fermé 14 juil. 1,52€. ☎ 03 85 39 90 38.

Il fut construit au 18ᵉ s. par Melchior Munet, élève de Soufflot, sur les plans du maître. **L'apothicairerie★**, de style Louis XV, conserve une belle collection de faïences d'époque. Outre les boiseries murales, celles des fenêtres, en parfaite harmonie avec le décor, sont particulièrement remarquables. Fresques dans la chapelle.

Le Mâconnais★★

Entre Tournus et Mâcon, de la vallée de la Grosne au val de Saône, le Mâconnais détache de la Bourgogne ses paysages dont les teintes – terre rouge et vigne verte – raviront le promeneur.

La situation

Cartes Michelin nᵒˢ 69 plis 19, 20 et 73 plis 9, 10 ou 243 plis 39, 40 – Saône-et-Loire (71). S'étageant sur la rive droite de la Saône en gradins parallèles, les monts du Mâconnais se terminent au Nord sur la plaine chalonnaise, au-delà de Tournus. À l'Ouest, la vallée moyenne de la Grosne les sépare du Charolais et la transition avec le Beaujolais, au Sud, est insensible.

Les gens

Le Mâconnais est une terre de vignes qui acquit son titre de noblesse grâce à **Claude Brosse**, un simple vigneron de Chasselas.

LE ROI ET LE VIGNERON

Au 17e s., **Claude Brosse**, n'hésite pas à entreprendre le voyage de Paris afin de faire connaître les vins de son pays. Il charge deux barriques de son meilleur vin sur une charrette à bœufs et arrive dans la capitale après un voyage de 33 jours. Il assiste à la messe du roi à Versailles. Après l'office, Louis XIV, qui a remarqué la taille herculéenne de cet inconnu, ordonne qu'il lui soit amené. Sans se démonter, Claude Brosse expose au monarque le but de son voyage et lui dit son espoir de vendre son vin à quelque grand seigneur. Le roi demande à goûter ce vin sur-le-champ et le trouve bien supérieur à ceux de Suresnes et de Beaugency, alors en usage à la Cour. Les vins de Mâcon sont désormais adoptés par tous les courtisans, et l'audacieux vigneron fait fortune.

comprendre

LA BOURGOGNE MÉRIDIONALE

Le pays – Si les monts du Mâconnais sont peu élevés (signal de la Mère Boitier : 758 m), ils n'en présentent pas moins des aspects variés : les forêts des sommets, les landes arides des versants défavorisés contrastent avec les prairies qui tapissent les dépressions humides, tandis que le vignoble recouvre les paliers dominant la Saône et les versants bien exposés des coteaux.

Le Mâconnais est un pays de transition entre le Nord et le Midi. L'influence méditerranéenne commence à se faire sentir, le climat est plus doux que dans la Bourgogne du Nord.

> **L**es grands toits pointus couverts d'ardoises ou de tuiles plates disparaissent au profit des toits plats couverts de tuiles rondes dites tuiles romaines ou provençales.

carnet pratique

RESTAURATION
• *À bon compte*
Le Moustier – *71960 Berzé-la-Ville - ☎ 03 85 37 77 41 - fermé dim. soir et mar. soir du 1er oct. au 30 avr. et mer. - 13/27€.* De la terrasse ombragée de ce restaurant dans une belle maison du 18e s., vous admirerez les monts du Mâconnais. L'intérieur est chaleureux, poutres, pierres apparentes et cheminée. La cuisine est simple, ici tout est fait maison. Grosse salade de pâtes au chèvre pour les randonneurs.

HÉBERGEMENT
• *À bon compte*
Chambre d'hôte Domaine de l'Arfentière – *Rte de Chardonnay - 71700 Uchizy - 10 km au S de Tournus par N 6 puis D 163 - ☎ 03 85 40 50 46 - ⌿ - 4 ch.: 32/43€.* Profitez de votre passage dans cette maison de vignerons pour déguster ou emporter les vins du domaine. Les chambres sont claires et plutôt modernes. Deux d'entre elles ouvrent sur les vignes.
Chambre d'hôte de Rizerolles – *En Rizerolles - 71260 Azé - 8,5 km au SO de Lugny par D 82 - ☎ 03 85 33 33 26 - ⌿ - 5 ch.: 34/43€.* Dans ce hameau au pied des vignes, vos nuits seront paisibles. Cette vieille maison de pierre est charmante avec son balcon fleuri et sa cour ombragée. Le décor des chambres peut ne pas plaire à tous mais l'accueil est sympathique et décontracté.
Chambre d'hôte Mme Noblet – *Les Cochets - 71260 Viré - 4 km au N de Clessé par D 403bis puis D 15 - ☎ 03 85 33 92 54 - fermé 1er nov. au 15 mars - ⌿ - 3 ch.: 38/46€.* Des chambres d'hôte toutes simples avec leurs meubles en pin, claires et confortables, dans une vieille maison de village. Vous remarquerez l'ancienne enseigne de forgeron sculptée sur le linteau de la porte. Jardin.
• *Valeur sûre*
Chambre d'hôte Le Château d'Escolles – *71960 Verzé - 4 km au NE de Berzé-la-Ville par D 17 puis D 85 - ☎ 03 85 33 44 52 - 5 ch.: 38/60€.* Charmante dépendance d'un château du 17e s., au bord d'un parc. Ses fenêtres arrondies, ses œils-de-bœuf et sa vigne vierge lui donnent un petit air coquet. Les chambres sous les toits sont meublées à l'ancienne et ouvrent sur les vignes.

ACHATS
Château de Fuissé – *71960 Fuissé - ☎ 03 85 35 61 44 - Tlj 9h-12h, 14h-18h.* Ce domaine scelle les plaisirs du vin et les joies de la petite histoire littéraire : il est établi dans une maison où Lamartine, adolescent, venait rendre visite à sa tante. Dégustation dans un caveau et visite de la cuverie.
Domaine de la Hys de Montrevost – *71960 Bussières - ☎ 03 85 37 71 64 - Lun.-ven. 8h30-12h, 13h-17h30, w.-end et j. fériés sur demande préalable.* En franchissant un porche du 15e s., on découvre un petit château pittoresque, encadré de deux ifs taillés en forme de bouteille. Visite des caves et dégustation commentée parmi une gamme prestigieuse de grands vins dont le fameux Château-Fuissé Vieilles Vignes.

Le vin – Les moines de Cluny ont ici planté les premières vignes qui sont maintenant des cépages chardonnay, pinot et gamay.

Le vignoble mâconnais jouxte dans sa partie Sud celui du Beaujolais (qui lui « prend » d'ailleurs quelques crus) ; s'étendant de Romanèche-Thorins, au Sud, à Tournus au Nord, il produit de bons vins rouges, assez corsés et fruités, issus du « gamay noir à jus blanc », et surtout d'excellents vins blancs.

Pour ces derniers, l'encépagement est constitué par le « chardonnay », noble cépage blanc de la Bourgogne et de la Champagne blanche. Le cru le plus célèbre est le pouilly-fuissé. C'est un vin d'une belle couleur d'or vert, vin sec, nerveux, fruité d'abord et, avec le temps, bouqueté.

itinéraire

☐1 **LA MONTAGNE**

De Tournus à Mâcon
69 km – environ 3 h 1/2.

Ce parcours permet de traverser une région pittoresque offrant de belles vues, et de visiter de nombreux édifices intéressants, notamment des églises romanes *(un circuit fléché est proposé sur place).*

CRUS

La production totale annuelle du Mâconnais est de 200 000 hl environ dont les 2/3 de vins blancs. Avec les cousins du pouilly-fuissé, le pouilly-loché et le pouilly-vinzelles, le saint-véran, le mâcon-lugny et le mâcon-viré sont également des crus réputés. Les autres vins blancs sont vendus sous le nom de bourgogne blanc, mâcon blanc et mâcon-villages.

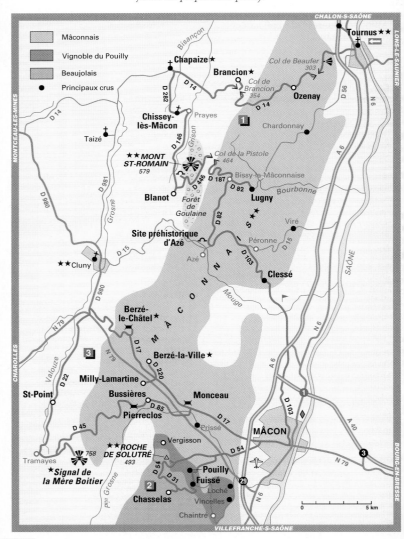

*La ferme fortifiée –
castel d'Ozenay.*

Tournus★ *(voir ce nom)*

Quitter Tournus par la D 14.

La route s'élève rapidement, procurant des vues sur Tournus, le val de Saône et la Bresse.

Après le col de Beaufer, le paysage devient vallonné, les croupes sont couvertes de buis et parfois de pins.

Ozenay

Situé dans un vallon, le bourg possède un petit castel du 13e s. et une église rustique du 12e s.

Au-delà d'Ozenay apparaissent çà et là des rochers le long des pentes.

La plupart des maisons sont précédées d'un large auvent formant loggia.

Du col de Brancion, on gagne le vieux bourg de Brancion, perché sur son promontoire.

Brancion★ *(voir ce nom)*

De retour au col, aller jusqu'à Chapaize que domine son incroyable clocher.

Chapaize★ *(voir ce nom)*

En face de l'église de Chapaize prendre le chemin de Lys et tourner à gauche.

Chissey-lès-Mâcon

Cette église du 12e s., à l'élégant clocher clunisien, abrite des chapiteaux historiés très curieux.

Blanot

Ce petit village aux vieilles maisons clôturées par de jolis murs de pierres sèches occupe un site charmant au pied du mont St-Romain. L'église, couverte de lauzes, forme avec l'ancien prieuré voisin un ensemble qui a du cachet.

Ancien prieuré★ – Le logis principal, fortifié, de cet ancien prieuré clunisien du 14e s. présente une harmonieuse façade en pierres sèches, percée à gauche d'un passage sous voûte, renflée au centre par une tour à pans, et flanquée à droite par une tour ronde du 15e s. (restaurée) devant laquelle trois tombes mérovingiennes ont été ramenées au jour.

Église – De la fin du 11e s., elle a conservé une abside à frise ajourée et un curieux clocher roman à toiture débordante, orné d'arcatures lombardes. À l'intérieur, le chœur est voûté d'une coupole sur trompes.

Grottes – *Au Nord de Blanot, prendre la D 446 en direction de Fougnières. 500 m après ce hameau, à hauteur d'un virage, tourner à gauche. De fin mars à fin sept. : visite guidée (1h) 9h30-12h, 13h30-18h. 4,88€ (enf. : 2,74€). ☎ 03 85 50 03 59.*

Les grottes s'enfoncent à plus de 80 m de profondeur. Durant les temps géologiques, la voûte s'est effondrée, créant un chaos de pierres gigantesques. Entre le hameau du Vivier et le mont St-Romain *(1 km de circuit avec escaliers en forte pente et passages bas)*, on visite vingt et une salles. En fin de circuit, une vitrine présente un échantillonnage de silex taillés et d'ossements d'animaux retrouvés sur place depuis 1988 et datés de l'époque moustérienne (100 000 à 40 000 ans avant notre ère).

Poursuivre vers le Nord-Est. La route traverse ensuite la belle forêt domaniale de Goulaine avant de monter au mont St-Romain.

Mont St-Romain★

Une route en forte montée se détachant de la D 187 conduit au mont. Prendre le chemin vers la tour accolée au restaurant (parking).

Du sommet de cette tour, on découvre (table d'orientation) un magnifique **panorama**★★ : à l'Est sur la plaine de la Saône, et au-delà sur la Bresse, le Jura et les Alpes ; au Sud sur le Mâconnais et le Beaujolais ; à l'Ouest sur le Charolais.

De là gagner le col de la Pistole.

À partir de Bissy-la-Mâconnaise, on pénètre dans la zone du vignoble mâconnais.

Lugny

Niché dans la verdure sur la « route des vins du Mâconnais », Lugny produit un vin blanc très apprécié et possède une cave coopérative moderne. L'**église,** proche des vestiges de l'ancien château fort, renferme un retable en pierre du 16ᵉ s. représentant les douze apôtres autour de Jésus.

Site préhistorique d'Azé

8,5 km au Sud-Ouest de Lugny en repassant par Bissy. ♿ *Avr.-sept. : visite guidée (1h1/4) 10h-12h, 14h-18h ; oct. : dim. 10h-12h, 14h-18h. 5,95€ (enf. : 4,12€).* ☎ *03 85 33 32 23.* 📷 Le **musée** présente de très nombreuses pièces provenant en majeure partie des fouilles. On accède aux **grottes** par un arboretum ; la première, longue de 208 m, fut successivement le refuge d'ours des cavernes (ossements vieux de 300 000 ans), d'hommes préhistoriques, d'Éduens, de Gallo-Romains, etc. Dans une autre grotte coule une rivière souterraine qu'un parcours aménagé permet de suivre sur 800 m.

Le lion des cavernes.

Clessé

Parmi ses maisons anciennes, ce village viticole (cave coopérative) possède une **église** de la fin du 11ᵉ s. cantonnée d'une élégante petite tour à pans et flèche en tuiles vernissées comme celle du beau clocher octogonal, à arcatures et baies géminées, qui domine l'ensemble. La nef unique est couverte d'une charpente.

Poursuivre au Sud jusqu'à Mâcon.

circuits

② AU MILIEU DES VIGNES

26 km – environ 2 h.

Ce circuit aux environs immédiats de Mâcon constitue une agréable promenade au cœur même du vignoble mâconnais.

Quitter Mâcon à l'Ouest par la D 579 et prendre aussitôt à gauche la D 54 vers Pouilly.

Pouilly

8,5 km à l'Ouest-Sud-Ouest de Mâcon. Ce hameau donne son nom à des crus différents : pouilly-fuissé, pouilly-loché, pouilly-vinzelles. Délectables, ils accompagnent agréablement certaines spécialités bourguignonnes.

Au-delà de ce village, le vignoble s'étage sur des coteaux aux formes très douces.

Fuissé

Avec Chaintré, Solutré, Pouilly, Vergisson, c'est l'une des communes produisant le pouilly-fuissé, classé comme grand cru (concurrent du chablis). Parsemé de remarquables maisons, Fuissé est le type même du village de vignerons aisés.

De Fuissé à Solutré, la route procure des vues très étendues sur le vignoble.

Chasselas

3,5 km à l'Ouest de Fuissé. Le bourg de Claude Brosse est dominé par des rochers gris affleurant sous la lande. Il a fourni un cépage qui donne un raisin de table renommé. On y produit le saint-véran.

La Roche de Solutré, telle une proue de navire, se détache sur le ciel.

À l'arrière-plan apparaissent la vallée de la Saône, la Bresse et le Jura. Le paysage est varié et la couleur ocre de la terre tranche avec les gris des rochers.

Roche de Solutré★★ *(voir ce nom)*

Après Solutré, la route pénètre à nouveau au cœur du vignoble et offre une jolie vue sur le village de **Vergisson** et sa roche, belle table calcaire.

Revenir à Mâcon.

La vigne à l'assaut des roches.

3 LA ROUTE LAMARTINE

70 km – environ 3 h.

Tous ceux qui restent sensibles au ton élégiaque du poète ne manqueront pas de faire ce circuit qui leur permettra de retrouver les horizons et le « décor » qu'Alphonse de Lamartine a connus et dans lesquels il a puisé les sources de son inspiration.

Mâcon

Le souvenir du poète est toujours vivace dans la ville. Avant d'entreprendre le circuit, on pourra voir, rue Bauderon-de-Senecé, l'hôtel familial dans une dépendance duquel Lamartine est né, face à l'actuel musée des Ursulines (plaque commémorative près de l'ancien puits). L'hôtel d'Ozenay, maison paternelle où il vécut jusqu'à son mariage et où, dit-on, il composa ses premiers vers, se trouve au 15 rue Lamartine.

Château de Monceau

9 km à l'Ouest de Mâcon par la D 17. Sur demande. ☎ *04 78 42 03 02.*

Ancienne propriété de son oncle, ce fut une des résidences favorites de Lamartine *(actuellement maison d'été pour personnes âgées)* où il vécut en grand seigneur vigneron malgré les difficultés financières dues à sa prodigalité et sa générosité (« je suis démoralisé du gousset » écrit-il). C'est dans un kiosque, appelé la Solitude, au milieu des vignes, qu'il écrivit son *Histoire des Girondins.*

Milly-Lamartine

12 km à l'Ouest de Mâcon. ♿ *De mai à fin sept. : visite guidée (1h) tlj sf lun. et mar. à 10h, 11h, 15h, 16h et 17h. Fermé 1ᵉʳ janv. et 25 déc. 6€ (-12 ans : gratuit).* ☎ *03 85 37 70 33.*

> **PRÉMICES**
> Afin de bien préparer cette excursion, il convient de la commencer par une visite au **musée Lamartine** de Mâcon, qui retrace la vie et l'œuvre du poète.

On retrouve Milly dans de nombreuses œuvres du poète : une partie des Préludes, Milly ou la terre natale, La Vigne et la Maison, *et dans plusieurs de ses* Méditations. *C'est à Milly que Lamartine a composé la première méditation,* L'Isolement.

Une grille en fer forgé précède la **Maison d'enfance de Lamartine★**. C'est dans cette demeure, construite au début du 18ᵉ s. par son trisaïeul, que Lamartine passa son enfance auprès d'une mère tendre et affectionnée. Il restera toute sa vie très attaché à Milly et à ses paysages de vignobles. En 1860 il dut, pour éviter la ruine, se résigner à vendre la propriété familiale chère à son cœur.

Après la visite du jardin, on peut voir l'intérieur encore meublé de la maison, ainsi qu'un espace « livres et documents » évoquant son enfance, ses sources d'inspiration et son activité viticole.

L'église du 12ᵉ s. a été restaurée. En haut du village, devant la mairie, buste en bronze du poète et vue sur le vignoble.

Berzé-la-Ville★

2,5 km au Nord de Milly. L'abbaye de Cluny possédait là, près d'un ancien prieuré, une maison de campagne dite « château des Moines ». Saint Hugues y séjourna sur la fin de sa vie.

Chapelle des Moines – *Fermé de nov. à fin mars. 2,29€.* ☎ 03 85 38 81 18.

La chapelle romane du prieuré est célèbre par ses peintures murales, magnifique exemple de l'art clunisien.

Les peintures murales★★ – La chapelle (12ᵉ s.), érigée en étage sur un bâtiment primitif du 11ᵉ s., est ornée dans le chœur de fresques d'époque romane, celles de la nef ayant pratiquement disparu.

Sur la voûte en cul-de-four de l'abside, on reconnaît, au centre d'une mandorle, un Christ en majesté de près de 4 m de hauteur, entouré d'apôtres, d'évêques, de diacres et donnant à saint Pierre un parchemin (la Loi) ; sur le soubassement des fenêtres, des groupes de saints particulièrement vénérés à Cluny et des martyrs émergent de draperies simulées. Sur les faces latérales de l'abside, on découvre, à gauche, la légende de saint Blaise et, à droite, le martyre de saint Vincent de Saragosse sur son gril, en présence de Dacien, préfet de Rome.

De la route qu'il domine de sa masse imposante, on aperçoit la triple enceinte du château de Berzé.

ORTHODOXE
On remarque une influence de l'art byzantin dans les peintures murales. En effet, l'atelier clunisien qui travailla dans cette chapelle était dirigé par des peintres bénédictins venus du Mont-Cassin dans le Latium, où l'influence de l'empire romain d'Orient s'exerça jusqu'au 11ᵉ s.

L'imposante silhouette du château de Berzé.

Château de Berzé-le-Châtel★

De juil. à fin août : visite guidée (3/4h) 10h-18h. 5€. ☎ 03 85 36 60 83.

Le château féodal de Berzé-le-Châtel, qui était autrefois le siège de la plus ancienne baronnie du Mâconnais (érigée en comté sous Henri IV), et qui protégeait l'accès méridional de Cluny, occupe un éperon barré au milieu des coteaux couverts de vigne. Beaux jardins en terrasses.

Remonter ensuite la vallée de la Valouze vers St-Point (12 km au Sud-Ouest de Berzé-le-Châtel).

St-Point

L'**église,** de type clunisien, décorée d'une fresque (Christ en majesté) dans l'abside, abrite deux tableaux peints par Mme de Lamartine. Juste à côté, une petite porte donne accès au parc du **château**★. *De mars à mi-nov. : visite guidée (1/2h) tlj sf mer. et dim. matin 10h-12h, 15h-18h (juin-sept. : 19h). Fermé j. fériés (matin). 4,57€ (6-11 ans : 2,44€).* ☎ *03 85 50 50 30.*

Lamartine a reçu la propriété en dot à l'occasion de son mariage. Il l'a restaurée, agrandie et y a ajouté un péristyle néogothique qui rappelle les origines anglaises de sa femme. Marianne est en effet l'inspiratrice et la décoratrice des lieux : on lui doit plusieurs peintures dont les portraits de leur fille Julia, née ici (sa mort les fera quitter les lieux) et de son chien Fido, ainsi que la belle « cheminée des poètes » dans la chambre à coucher. Le cabinet de travail, la chambre et le salon ont gardé l'empreinte de Lamartine qui y reçut de nombreux amis (Hugo, Nodier, Liszt...).
Le domaine renferme de beaux arbres : le Chêne de Jocelyn se dresse à 1 km du château.
Après Tramayes, la route, pittoresque, procure des vues étendues.

Signal de la Mère Boitier★

Un chemin revêtu, très raide, donne accès à un parking ; de là, 1/4 h à pied AR.
Du signal, point culminant (758 m) du Mâconnais, beau **panorama** permettant de découvrir la butte de Suin au Nord-Ouest, la montagne de St-Cyr à l'Ouest, la Bresse et le Jura à l'Est. *Table d'orientation.*

Château de Pierreclos

13 km au Nord-Est du signal de la Mère Boitier. 9h-12h, 14h-17h30 (avr.-nov. : 9h-18h30). 5,95€ (enf. : gratuit). ☎ 03 85 35 73 73.
Une belle grille en fer forgée, appuyée sur deux pavillons en carène (17ᵉ s.), ferme l'avant-cour. Dans la cour intérieure subsistent le chœur et le clocher de l'ancienne église du 12ᵉ s. À l'intérieur, on remarquera l'élégance du grand **escalier à vis**★ au curieux noyau en spirale, et la cheminée Renaissance de la salle des gardes. La cuisine conserve une imposante cheminée du 12ᵉ s., et la boulangerie, qui alimentait le village avec ses trois fours, abrite une exposition sur le pain. Dans les belles caves voûtées sont présentées des expositions sur le vin et la tonnellerie.

Bussières

L'**abbé Dumont,** premier maître et ami de Lamartine qui l'a immortalisé dans *Jocelyn,* repose contre le chevet de la petite église.
De l'éperon de Monsard (par Grand-Bussières) on dispose d'une vue sur le circuit qui vient d'être accompli, avant de rentrer à Mâcon (15 km).

MODESTE GRAND HOMME
Lamartine devait être enterré au Panthéon mais il est resté, selon ses vœux, en sa terre d'élection. Il repose près de son épouse, de leur fille et de parents (« chers hôtes de l'éternelle paix ») dans la petite chapelle voisine, construite par le poète pour y inhumer sa mère.

DÉTENTE
Un lac artificiel de 16 ha a été aménagé peu après St-Point en bordure de la D 22 (baignade, planche à voile, pêche).

UNE VIE DE CHÂTEAU ?
Datant du 12ᵉ s. (donjon) et du 17ᵉ s., il a été plusieurs fois dévasté pendant les guerres de Religion et abandonné vers 1950. De bonnes volontés ont permis de le sauver *in extremis* en 1986. Le château conserve le souvenir de Mlle de Milly, la Laurence de *Jocelyn,* et de Nina de Pierreclau, sa belle-sœur, maîtresse de Lamartine.

Matour

Ce petit bourg occupe le centre d'un vaste cirque de montagnes boisées, à la naissance de la Grosne. Les autres pentes qui l'environnent sont couvertes de cultures.

La situation

Cartes Michelin nᵒˢ 69 Sud du pli 18 ou 243 pli 38 – Saône-et-Loire (71). À la limite du Mâconnais, du Charolais et du Beaujolais, Matour se trouve à 37 km de Mâcon.

Le nom

Sous ce pseudonyme se cache « la petite Suisse du Mâconnais ». Plus sérieusement peut-être, « Matour » aurait un rapport avec *marturetum,* le lieu des martyrs.

MAISON DU PATRIMOINE
Le Manoir du Parc, au cœur du village, accueille des expositions didactiques et vivantes qui invitent à découvrir les différents aspects du patrimoine local. ☎ *03 85 59 78 84.*

se promener

Villégiature – Matour mérite le qualificatif de station verte. La forêt, peuplée en partie de résineux, couvre des sommets qui offrent de vastes panoramas : de quoi faire de belles randonnées. Par ailleurs, la ville s'est dotée d'un équipement de loisirs moderne, avec piscine climatisée, jacuzzi et tennis. Vacances à l'air pur garanties.

alentours

Montagne de St-Cyr
7 km au Nord-Ouest. Quitter Matour par la D 211. À 4 km, tourner à gauche.
Un chemin à droite donne accès à la table d'orientation de la Montagne de St-Cyr, à 771 m d'altitude. On jouit d'un large **panorama** sur les monts du Charolais et qui par beau temps découvre jusqu'aux Alpes.

Arboretum de Pezanin
9 km au Nord, à Audour.
🔼 Dans un site agréable, tout autour d'un étang, sont entretenus avec soin des arbres et arbustes originaires du monde entier. Créé de 1903 à 1923 près de son château par le grand-père de Louise de Vilmorin, l'arboretum a été victime de tornades en 1982 et 1983. Totalement reconstitué depuis par l'Office national des forêts, il compte sur 20 ha environ 400 espèces feuillues et résineuses.

Montargis

Dans un pays de chasse et de pêche, Montargis est une ville agréable parcourue de multiples canaux qui la font surnommer « la Venise du Gâtinais ». Plusieurs musées, les restes de son ancien château (aujourd'hui école St-Louis) et un beau plan d'eau aménagé, le lac des Closiers, en forment les attraits complémentaires.

La situation
Cartes Michelin nos 61 Sud du pli 12 ou 238 pli 8 – Loiret (45).
À la lisière d'une forêt de plus de 4 000 ha, Montargis est au confluent de trois rivières – la principale étant le Loing – et à la jonction des canaux de Briare, du Loing et d'Orléans. Elle est aussi traversée par la N 7, au Sud de Nemours.
🛈 *Bd Paul-Baudin, 45205 Montargis, ☎ 02 38 98 00 87.*

carnet pratique

RESTAURATION
• *Valeur sûre*
Mademoiselle Blanche – *5 r. du Loing -*
☎ *02 38 89 00 87 - fermé 15 j. en mars, 18 au 25 août, mer. soir et dim. -
18/27,50€.* Venez les yeux fermés dans ce restaurant en centre-ville ! L'accueil est très sympathique et la salle à manger meublée à l'ancienne, dans ses murs de pierres, fait le décor de votre repas fort agréable. Petit salon-fumoir pour moments plus intimes. Cuisine du marché.

HÉBERGEMENT
• *Valeur sûre*
Chambre d'hôte du Domaine de Bel-Ébat
– 45200 Paucourt - 6,5 km au NE de Montargis par rte forestière de Paucourt -
☎ *02 38 98 38 47 -
belebat@wanadoo.fr - ⊠ - 3 ch: 70/115€ - repas 35€.* Au cœur de la forêt domaniale de Montargis, cette belle maison de maître est flanquée de ses écuries. Les propriétaires vous feront partager leur amour des chevaux et de la grande tradition française. Ici, l'on s'habille pour dîner...

ACHATS
N'oubliez pas votre sachet de Pralines : les plus authentiques sont les Pralines **Mazet**, *43 r. du Gén. Leclerc.* ☎ *02 38 98 63 55.*

Canal de Briare – Le spectacle des péniches et des opérations d'éclusage incite à la flânerie. Enveloppant la vieille ville au Nord et à l'Est, le canal relie, depuis 1642, le Loing à la Loire. Les bras d'eau qui agrémentent le quartier ancien étaient alors aménagés comme régulateurs de niveau dans un pays où les crues sont toujours redoutables.

Le nom
Origine obscure, d'un mont sûrement, d'une vigne peut-être.

Les gens
15 030 Montargois, presque une ruche. À 5 km au sud de la ville, sur la N 7, écomusée de l'Apiculture.

se promener

Certaines rues du vieux Montargis ouvrent de plaisantes perspectives sur le canal de Briare, les petits canaux ou les bras de rivières qui quadrillent le centre-ville et qu'enjambent 127 ponts ou passerelles.
On peut garer son véhicule place du 18-Juin-1940. Suivre la rue du Port puis le bd du Rempart et, à partir du pont sur le canal, le bd Durzy, à hauteur du musée Girodet.

Musée Girodet
Tlj sf lun. et mar. 9h-12h, 13h30-17h30, ven. 9h-12h, 13h30-17h. Fermé entre Noël et Jour de l'an, 23 juil. et j. fériés. 2,74€. ☎ 02 38 98 07 81.
Il occupe l'hôtel Durzy, construit au 19ᵉ s. et agrémenté ▶ d'un très joli parc avec pièce d'eau, d'un côté bordé par le Loing. Le musée est dédié au peintre **Anne-Louis Girodet-Trioson** (1767-1824), enfant de Montargis, élève préféré de David, prix de Rome en 1789 et l'une des gloires du néoclassicisme. À l'étage, dans les vitrines du petit vestibule d'entrée, sont exposées de ravissantes terres cuites réalisées par le sculpteur romantique Henri de Triqueti (1804-1874), auteur des portes de la Madeleine à Paris.
La première partie de la galerie de peinture rassemble des tableaux français et italiens du 15ᵉ s. au 18ᵉ s., des peintures flamandes et hollandaises des 16ᵉ et 17ᵉ s. ainsi qu'un *Saint Jérôme pénitent* de Zurbarán.

Collection Girodet★ – Girodet est à l'honneur dans le salon carré et la seconde partie de la galerie avec une vingtaine de tableaux parmi lesquels des portraits, et la réplique peinte par l'artiste de sa plus célèbre toile (au Louvre), inspirée du roman de Chateaubriand, *Les Funérailles d'Atala*. Une partie du riche fonds de dessins est présentée par roulement dans le salon Girodet.
La dernière partie de la galerie abrite des œuvres d'artistes français du 19ᵉ s. Le plafond, décoré de monuments de la région, a été peint par un élève de Girodet. L'ancienne bibliothèque, dont le mobilier fut dessiné et conçu par Triqueti en 1861, abrite une importante collection de petites sculptures d'époque romantique réalisées par des contemporains de l'artiste montargois : Feuchère, Barre, Gechter, Pradier...

Boulevard Durzy
Ombragé de platanes, il s'allonge entre le canal et le jardin Durzy. À son extrémité, une haute et élégante passerelle métallique en dos d'âne, lancée par-dessus le canal, ferme la perspective. De la passerelle même, jolie vue sur deux écluses.
Franchir le canal par la passerelle et continuer tout droit.

À NE PAS MANQUER
L'une des versions de l'extraordinaire *Déluge*, auquel le peintre consacra quatre ans d'études.

UN CONTEMPORAIN CAPITAL
À la Révolution, un autre Montargois, Pierre-Louis Manuel (1751-1793) dirigea avec Danton la Commune insurrectionnelle du 9 août 1792. La fondation d'un nouveau gouvernement à partir de la Commune (siégeant en l'Hôtel de Ville) précipita la chute de la monarchie. Manuel, opposé à l'exécution de Louis XVI, périra lui aussi sur l'échafaud.
Au renom de la ville participe la fabrication depuis le 17ᵉ s. d'une spécialité gourmande qu'inventa un cuisinier du duc de Plessis-Praslin : les pralines, amandes grillées enrobées de sucre rocailleux. On peut les acheter dans la maison de leur inventeur, tout près de l'église.

Boulevard Belles-Manières

Il est bordé au Nord par un étroit chenal, des passerelles donnant accès aux maisons élevées sur les tours arasées de l'ancien rempart.

Revenir à l'entrée du boulevard Belles-Manières et prendre à gauche la rue du Moulin-à-Tan puis, laissant à gauche la place de la République, suivre la rue Raymond-Laforge.

Rue Raymond-Laforge

De deux ponts successifs, vues sur deux canaux où baignent de vieilles maisons avec leurs lavoirs, et clapotent des barques décoratives faisant office de jardinières.

Revenir sur ses pas pour tourner dans la rue de l'Ancien-Palais.

Au bout de la rue, emprunter à droite une venelle que prolonge un pont d'où s'offre une vue d'enfilade sur le dernier canal franchi.

Encore à droite, prendre la rue de la Pêcherie.

On traverse un quartier rénové, où subsistent quelques maisons à pans de bois. De la place Jules-Ferry, la rue Raymond-Tellier mène, à environ 50 m, à une autre **perspective d'eau** (jusqu'au canal de Briare).

Emprunter la troisième rue à gauche, continuer par la rue du Général-Leclerc qui longe le flanc Sud de l'église Ste-Madeleine.

Musée du Gâtinais

Mer. et w.-end 9h-12h, 13h30-17h30. Fermé entre Noël et Jour de l'an, 23 juil., j. fériés. 2,74€. ☎ 02 38 93 45 63.

Aménagé dans une maison de tanneurs du 15e s., ce musée est consacré à l'archéologie.

Au rez-de-chaussée sont présentés les sites gallo-romains de Sceaux-en-Gâtinais et des Closiers, où ont été découverts respectivement un ensemble cultuel proche d'un théâtre et une nécropole. Dans une deuxième partie est exposé du matériel provenant de sépultures mérovingiennes fouillées au Grand Bezout. L'étage, consacré à la préhistoire régionale, abrite aussi un petit département d'archéologie méditerranéenne dont des céramiques hellénistiques provenant de la collection Campana.

On peut voir également des vestiges architecturaux ainsi que des peintures illustrant la vie à Montargis au 19e s.

Musée des Tanneurs

Sam. 14h30-17h30 et 1er dim. du mois. Fermé j. fériés. 2€. ☎ 02 38 98 00 87.

Face au musée du Gâtinais, dans le vieux quartier rénové de l'Îlot des Tanneurs, cet espace ressuscite le dur travail artisanal de la tannerie, avec ses gestes et ses outils du siècle dernier. À l'étage, les traditions s'animent à travers les costumes ruraux du temps où l'on portait des coiffes.

Regagner la place du 18-Juin-1940 par le pont du Québec.

alentours

Ferrières

Empruntez de préférence la D 315 à travers la forêt de Montargis (18 km).

Le bourg groupe ses rues étroites et tortueuses au pied de son ancienne abbaye bénédictine, l'un des foyers de la civilisation carolingienne et le grand centre monastique du Gâtinais.

Ancienne abbaye St-Pierre-et-St-Paul – Laisser la voiture sur l'esplanade ombragée (ancien mail et ancien « champ royal ») qu'annonce la belle croix élancée de Ste-Apolline.

◄ Gothique, **l'église** est originale pour sa **croisée du transept★** construite en rotonde, au 12e s., sur huit hautes colonnes. Un édifice carolingien, sur plan centré, du 9e s., inspira sans doute cette architecture en dais.

Le chœur (13e s.) est éclairé par cinq fenêtres aux vitraux Renaissance. Dans le croisillon gauche, remarquer une collection de statues anciennes (14e et 17e s.).

TOUTE UNE COIFFE

On distingue : la *fanchon* (foulard à carreaux) portée au quotidien, la *caline* pour sortir en ville et la *coiffe brodée* réservée aux grandes occasions.

BAROQUE

Curieux accessoire liturgique dans le croisillon : un palmier doré décoré de pampres ayant servi à l'exposition du saint sacrement.

Du terre-plein, en contrebas de la cour de l'ancien cloître, vue sur le côté Sud de l'église et sur la chapelle N.-D.-de-Bethléem, maintes fois reconstruite depuis le 15e s., vénérable surtout pour l'antiquité de son pèlerinage.

La ville basse – Une dérivation de la Cléry lui apporte une ambiance pittoresque, d'autant que le lavoir de la Pêcherie est encore en service. Du pont sur le ruisseau, **vue** sur le barrage d'un ancien moulin à tan, les vieux toits de la ville, la flèche de l'abbatiale.

Châteaurenard
17 km Sud-Est par la D 943.
Cette petite ville qui doit son nom à un château construit au 10e s. sur la colline dominant l'Ouanne garde encore quelques maisons anciennes dont la plus belle, du 15e s., à colombages et sculptures, s'élève place de la République. On y voit aussi, sur la rive gauche de l'Ouanne, le château de la Motte (habité), du début du 17e s., dans un joli parc fleuri.
L'église est l'ancienne chapelle (11e et 12e s.) du château. Une porte fortifiée, entre deux tours, donne accès à l'édifice encastré dans les ruines.
Un puits profond précède le clocher-façade que coiffe un lanternon.
Si la vie des abeilles vous fascine, vous pouvez compléter vos connaissances au ▣ **musée vivant de l'Apiculture gâtinaise** de la Cassine, route de Chuelles (D 37). Ruches vitrées, scènes animées et vidéo. ♿ *De fév. au 11 nov. : mer. et w.-end 10h-18h (juil.-août : tlj). 3,81€ (enf. : 2,74€).* ☎ *02 38 95 35 56.*

> **POINT DE VUE**
> Du terre-plein voisin (où prend place une meule à huile du 12e s.), vue intéressante sur l'agglomération en contrebas.

Montbard

Les rues en pente de la ville, étagée sur une colline entre le cours de la Brenne et le canal de Bourgogne, conservent toutes les traces de pas du fils du pays (ou des porteurs de chaise), le naturaliste Buffon.
À l'emplacement de la forteresse des comtes de Montbard, devenue résidence des ducs de Bourgogne puis abandonnée, le jeune et déjà illustre personnage fit aménager un parc.

La situation
Cartes Michelin nos 65 Sud-Est du pli 7 ou 243 pli 1 – Côte-d'Or (21).
Avec Tonnerre sur la D 905 et Châtillon-sur-Seine par la D 980, Montbard constitue le 3e sommet d'un triangle. C'est aussi la jointure des bassins de la Seine et de la Saône, ainsi qu'une station du TGV.
🛈 *R. Carnot, 21500 Montbard,* ☎ *03 80 92 03 75.*

> **C**'est à Montbard que Bernard Borderie a tourné la très populaire adaptation d'Alexandre Dumas, *Les Trois Mousquetaires* en 1961.

carnet pratique

RESTAURATION
• *À bon compte*
Le Marronnier – *21500 Buffon - 6 km au N de Montbard par D 905 -* ☎ *03 80 92 33 65 - fermé 20 déc. au 20 janv., ven. soir et dim. - 10/21€.* Cette maison de pays profite d'une belle situation face au canal de Bourgogne. La salle à manger est agréable avec ses murs de pierre et sa cheminée d'ornement, mais l'été on préférera la terrasse agrémentée d'une fontaine. Carte traditionnelle.
• *Valeur sûre*
L'Écu – *7 r. A.-Carré -* ☎ *03 80 92 11 66 - fermé mar. midi du 14 nov. au 11 avr. - 15,40/54,88€.* Au pays du comte de Buffon, passez à table dans cette maison familiale où vous attendent plusieurs salles : la voûtée,

celle agrémentée de poutres massives ou la dernière plus récente. Cuisine classique. Quelques chambres rénovées pour l'étape.

HÉBERGEMENT
• *À bon compte*
Chambre d'hôte M. et Mme Bacchieri – *La Forge - bord du Canal de Bourgogne - 21500 Rougemont - 10 km au NO de Montbard par D 905 -* ☎ *03 80 92 35 99 - fermé Noël - ⊅ - 3 ch.: 30,48/41,16€.* Face au canal de Bourgogne, cette petite maison de caractère incite au farniente. Les chambres sont proprettes, accueillantes, simples et surtout très calmes. Petit jardin près de l'écluse et piste cyclable le long du chemin de halage.

Le nom
Phénomène curieux d'un mot composé par la double version d'un même thème, la « montagne », en latin et en celte (le *bar* que l'on retrouve dans Bar-lès-Époisses).

Les gens
6 300 Montbardois qui non seulement vivent dans le souvenir du grand savant mais aussi dans la continuation de son activité de maître de forges, puisque la cité est devenue un important centre métallurgique spécialisé dans la fabrication des tubes d'acier.

comprendre

AU SUJET DE BUFFON
◀ **Le naturaliste réputé** – Né en 1707, Georges-Louis Leclerc, futur comte de Buffon, est le fils d'un conseiller au parlement de Bourgogne. Très jeune, il se passionne pour les sciences ; il rapporte de plusieurs voyages en France, en Italie, en Suisse et en Angleterre le très vif désir d'étudier la nature. En 1733 (à 26 ans), il entre à l'Académie des sciences où il succède à Jussieu.

Sa nomination au poste d'intendant du Jardin du roi, en 1739, est décisive pour sa carrière. À peine entré en fonctions, il conçoit le très ambitieux dessein d'écrire l'histoire de la nature. Désormais, il consacre l'essentiel de son temps à cette gigantesque entreprise. Les trois premiers tomes de son *Histoire naturelle* sont publiés en 1749, les suivants vont se succéder pendant quarante ans (36 volumes en tout d'une œuvre nécessairement inachevée).

En 1752, Buffon est élu à l'Académie française. Les honneurs qui lui sont prodigués en récompense de ses travaux n'ont guère de prise sur cet homme indépendant.

Le Montbardois – Buffon n'aime point Paris et les distractions que lui offre la capitale ne lui permettant pas de travailler à son gré, il s'établit en son pays natal. Il installe sur son domaine de Buffon une forge qu'il ◀ dirige en personne *(voir plus bas)*.

Seigneur de Montbard, il fait raser le donjon central et les annexes du château médiéval, ne conservant que le mur d'enceinte et deux des dix tours. Il fait installer des jardins en terrasses et plante des arbres d'essences variées sans négliger fleurs et légumes.

C'est à Montbard, où il menait la vie de son choix, que Buffon a rédigé une grande partie de son œuvre. Mais c'est à Paris, au Jardin du roi, qu'il meurt en 1788.

se promener

AUTOUR DE BUFFON
Parc Buffon★
Avr.-sept. : visite guidée (1h) tlj sf mar. 10h-12h, 14h-18h (juil.-août : 19h ; oct.-mars. : 17h). 2,28€, gratuit 1er sam. du mois. ☎ 03 80 92 50 42.

En 1735, Buffon achète le château, déjà en ruine, dont l'origine est antérieure au 10e s. Ne conservant que deux tours *(décrites ci-après)* et l'enceinte fortifiée, il y aménage les jardins – légèrement modifiés par le temps – qui forment aujourd'hui le parc Buffon. Sillonné de sentiers et d'allées, cet espace vert procure d'agréables promenades.

◀ **Tour de l'Aubespin** – Haute de 40 m, elle permit à Buffon d'y réaliser des expériences sur les vents. Les gargouilles et merlons datent d'une restauration du 19e s. La première des trois salles superposées abrite des souvenirs d'histoire locale.

Tour St-Louis – La mère de saint Bernard, Aleth de Montbard, y naquit en 1070. Buffon rabaissa la tour d'un étage et y installa une de ses bibliothèques.

Cabinet de travail de Buffon – C'est dans ce petit pavillon aujourd'hui vide mais toujours tapissé de gravures d'oiseaux en couleurs (18ᵉ s.) que Buffon a rédigé une grande partie de son *Histoire naturelle*.

Chapelle de Buffon

L'explorateur de la nature a été inhumé le 20 avril 1788 dans le caveau d'une petite chapelle accolée à l'église St-Urse, en dehors de l'enceinte.

Musée Buffon

Tlj sf mar. 10h-12h, 14h-18h (nov.-mars : tlj sf mar. 10h-12h, 14h-17h). Fermé 1ᵉʳ janv., 1ᵉʳ mai, 25 déc. 2,28€, gratuit 1ᵉʳ sam. du mois. ☎ 03 80 92 50 42.

Le bâtiment de ses écuries personnelles (1760) abrite aujourd'hui un musée consacré au souvenir du grand naturaliste et à son importance dans l'histoire de Montbard comme des sciences au 18ᵉ s.

Hôtel de Buffon

À l'emplacement de sa maison natale, le savant fit ▶ construire ce vaste et confortable hôtel (achevé en 1741), d'où il pouvait gagner directement ses jardins et son cabinet de travail. Statue sur la place.

> **DEVISE**
> Une citation qu'il a visiblement appliquée lui-même figure sous un porche de l'hôtel : « Ne quittez jamais le chemin de la vertu et de l'honneur, c'est le seul moyen d'être heureux. »

Grande Forge de Buffon

7 km au Nord-Ouest (au village qui porte ce nom). ♿ Avr.-sept. : tlj sf mar. 10h-12h, 14h30-18h (dernière entrée 1/2h av. fermeture). 4,62€. ☎ 03 80 92 10 35.

🔲 C'est sur ses terres que le grand naturaliste français, déjà âgé de 60 ans (1768), fit construire une forge pour exploiter commercialement ses découvertes sur le fer et l'acier ainsi que ses réserves de bois, et poursuivre à grande échelle ses expériences sur les minéraux.

Le domaine industriel a été élevé sur deux niveaux : en bas, situés en bordure d'une dérivation de l'Armançon (bief créé par Buffon), les ateliers de production et, en haut (à l'abri des crues), les habitations et les équipements réservés au personnel.

Les **ateliers** regroupent trois bâtiments séparés par des bras d'eau fournissant l'énergie hydraulique nécessaire pour actionner les soufflets (mécanisme des roues à aubes et arbre à cames refait à l'échelle et en fonction depuis 1999) et les martinets : le haut fourneau est accessible du niveau haut par un escalier monumental intérieur qui se divise en deux rampes et ménage des paliers d'où l'on pouvait assister à la coulée de la gueuse (fonte brute) ; sous l'escalier, caves de réserve de sable (utilisé pour les moules) et aires de repos ; suivent la forge proprement dite, ou affinerie, où la fonte était refondue et frappée au martinet pour être transformée en barres de fer, et la fenderie, où ces barres pouvaient être retravaillées en produits semi-ouvrés. Au-delà, on accède à la zone où le minerai était traité avant d'être fondu.

L'escalier de la Grande Forge, aménagé avec balcons pour inviter des personnes de la noblesse au spectacle de la fonte. On l'a appelé « le théâtre de Buffon ».

visiter

Musée des Beaux-Arts

D'avr. à fin oct. : tlj sf mar. 14h-18h. Fermé 1ᵉʳ mai. 2,28€, gratuit 1ᵉʳ sam. du mois. ☎ 03 80 92 50 42.

Aménagé dans l'ancienne chapelle (1870) rénovée de ▶ l'institution Buffon, ce musée présente, outre une magnifique *Adoration des bergers* sur bois de 1599 peinte par André Menassier, des peintures et sculptures des 19ᵉ et 20ᵉ s. Remarquer les peintures d'Yves Brayer, Maurice Buffet, Chantal Queneville, Ernest Boguet, et trois sculptures de Pompon.

> **UNE AUTRE GLOIRE**
> Parmi les artistes exposés, le sculpteur Eugène Guillaume (1822-1905), académicien et directeur des Beaux-Arts sous Jules Ferry, est natif de Montbard.

*La façade Est
du château de Nuits.*

alentours

Abbaye de Fontenay★★★ *(voir ce nom)*
6 km par Marmagne.

Château de Nuits
*18 km au Nord-Ouest (D 905). D'avr. à fin oct. : visite gui-
dée (3/4h) 9h30-11h30, 14h-17h30. 4,57€. ☎ 03 86 55 71 80.*
Élevé vers 1560 lors des guerres de Religion, le château a
perdu l'enceinte fortifiée qui précédait sa belle façade
Renaissance à lucarnes et pilastres. La façade Est, dirigée
vers l'Armançon (ancienne frontière entre la Bourgogne et
la Champagne) et soulignée par deux puissants pavillons
en saillie, marque l'austérité due à son rôle défensif.
La grande toiture d'ardoise vient d'être totalement refaite.
Dans les salles voûtées donnant accès à la terrasse Est, la
cuisine abrite un puits intérieur qui permettait de tenir
en cas de siège. Un large escalier de pierre conduit à
l'étage noble qui abrite, en particulier, une haute cheminée de pur style Renaissance ainsi que des lambris 18ᵉ s.
À la visite du château s'ajoute celle de la **Commanderie
de Saint-Marc,** qui a compté parmi les plus influentes
de Bourgogne. Ses bâtiments, près des rives de l'Armançon, constituent un bel ensemble architectural, dont une
chapelle fin 12ᵉ s.

Prieuré de Vausse
20 km à l'Ouest dans la forêt de St-Jean.
Ce monastère cistercien fut fondé au 12ᵉ s. par un seigneur de Montréal. Portant le vocable de Notre-Dame et
Saint-Denis, le prieuré jouit d'une certaine importance
jusqu'au 15ᵉ s. Avec la Renaissance, ce fut la décadence.
Vendu comme bien national à la Révolution, il est racheté
par un faïencier qui y établit une fabrique. Il a été remis
en état en 1869.
Le **cloître** roman entourant un jardin fleuri est bien
conservé, ainsi qu'une petite **chapelle** du 14ᵉ s. &. *De
juin à fin sept. : visite guidée (3/4h) tlj sf mar. 14h-18h (juil.-
août : 19h). 3,04€. ☎ 03 86 82 86 84.*
L'église a été transformée en bibliothèque par Ernest
Petit, historien de la Bourgogne.

Montréal

Enfermé dans ses remparts dominant la rive gauche
du Serein, ce petit bourg médiéval compte parmi les
plus caractéristiques de Bourgogne. Ses vieilles maisons, les stalles sculptées de son église et l'horizon
que l'on découvre du petit cimetière sont autant
d'attraits à découvrir en douceur.

La situation
*Cartes Michelin nᵒˢ 65 pli 16 ou 238 pli 24 – Yonne (89) -
12 km au Nord-Est d'Avallon (D 957).*

Le nom
Signalé comme le *mons regalis* au 12ᵉ s., soit bien avant son homonyme canadien. « Mont Royal » bien sûr, celui de Brunehaut.

Les gens
181 Montréalais.

se promener

Le vieux bourg
On entre par la porte d'En-Bas aux belles arcades du 13ᵉ s. puis l'on monte la rue principale bordée de pittoresques maisons anciennes. À noter que l'ensemble du village est parfaitement entretenu.

Église
Pâques-Toussaint : 8h30-19h. ☎ *03 86 32 12 74.*
Cet édifice de style ogival primitif du 12ᵉ s. a été restauré par Viollet-le-Duc. Le portail en plein cintre de la façade, surmonté d'une rosace, est orné de redents descendant le long des piédroits et du trumeau.
À l'intérieur, au bas de la nef, une tribune en pierre du 12ᵉ s. est supportée par une fine colonnette.
Les 26 **stalles**★ en chêne sculpté, des années 1520, attribuées aux deux frères Rigolley, de Nuits-sous-Ravières (sur l'Armançon, près d'Ancy-le-Franc), méritent d'être détaillées. Tous les sujets traités, la plupart du Nouveau Testament, mais aussi des scènes rurales, sont formidables d'expressivité. Les artistes se seraient représentés en train de se désaltérer pendant une pause (bien méritée) : on retrouve ce thème sur un pilier d'une maison d'Auxerre (près de la tour de l'Horloge).
Dans le chœur, à gauche, **retable** en albâtre, du 15ᵉ s. *(malheureusement très incomplet, à la suite d'un vol),* d'origine anglaise, consacré à la Vie de la Vierge.
Remarquer encore la chaire et le lutrin du 15ᵉ s., un triptyque et une Vierge en bois des 16ᵉ et 17ᵉ s., de belles pierres tombales.

Panorama
De la terrasse, au fond du cimetière, derrière l'église, on découvre toute la vallée du Serein, l'Auxois, la Terre-Plaine et, plus loin, les monts du Morvan.
Remarquer dans la plaine, en direction de Thizy au Nord-Est, une vaste ferme bourguignonne fortifiée.

alentours

Talcy
5 km au Nord.
Bâti sur un versant ensoleillé au bord du plateau de Talcy, le village est dominé par son **église** romane dont la porte – murée – de la chapelle seigneuriale *(à droite de l'entrée)* présente une belle décoration Renaissance. *Visite guidée sur demande préalable auprès de Mme Neymon.* ☎ *03 86 32 14 11.*

Santigny
8 km Nord-Est par la D 957.
Très joli lavoir à plusieurs bassins, installé à la fin du 18ᵉ s. sur une fontaine, au toit soutenu par des colonnes doriques.

L'une des sculptures parmi les stalles.

Le Morvan★★

Véritable région naturelle au cœur de la Bourgogne, le massif du Morvan se répartit entre les quatre départements. Dépourvu de limites historiques et d'existence politique ou administrative propre, ce sont ses caractères géographique et géologique qui le distinguent des contrées environnantes. Aujourd'hui, toujours à l'écart des grandes routes, le Morvan avec ses vastes forêts, ses escarpements rocheux et ses cours d'eau rapides est un espace privilégié pour les randonneurs, les sportifs et les pêcheurs. De nombreux lacs aménagés font la joie des enfants et des amateurs de voile. À ces aptitudes au tourisme vert, le Morvan a le mérite d'ajouter un patrimoine judicieusement mis en valeur et qui remonte à l'époque gauloise.

La situation

Cartes Michelin n°s 65 plis 15, 16, 17 et 69 plis 6, 7, 8 ou 238 plis 23, 24, 35, 36 et 243 plis 13, 25.
Le Morvan forme un quadrilatère d'environ 70 km de longueur sur 50 km de largeur, s'étendant d'Avallon à St-Léger-sous-Beuvray et de Corbigny à Saulieu. Quand on l'aborde par le Nord, le massif ressemble à un vaste plateau à peine bosselé qui s'élève lentement vers le Sud. Ces ondulations, qui s'étagent et viennent rejoindre en pente douce le Bassin parisien, forment le bas Morvan. L'altitude ne dépasse pas 600 m.

Le nom

Au loin, le massif se signale par la couverture sombre de ses forêts : selon l'étymologie celtique, Morvan signifierait « montagne noire ».

Les gens

Environ 36 000 Morvandiaux et Morvandelles. Ces dernières conservent jalousement le titre d'excellentes nourrices légué par leurs grands-mères. À la ville au 19e s., il n'est pas de bon ton en effet que les jeunes mères allaitent leurs enfants ; aussi les Morvandelles tantôt vont-elles à Paris « se mettre en nourriture », tantôt accueillent les bébés que l'Assistance publique leur confie (appelés localement « les Petits Paris »). À cette époque, nombreux sont les enfants de la capitale qui passent dans le Morvan leurs premiers mois.

LA MONTAGNE
Dans la partie méridionale – au Sud de Montsauche – se dressent les sommets : mont Beuvray (821 m), mont Preneley (855 m), massif du Bois du Roi (où le Haut-Folin culmine à 901 m), cédant brusquement devant la dépression de l'Autunois. En dépit de leur faible altitude, ils communiquent à la région un caractère montagneux : c'est le haut Morvan.

Le Morvan, cette montagne d'allure modeste qui se distingue davantage par ses forêts que par son altitude.

carnet pratique

RESTAURATION

• À bon compte

La Petite Auberge Chez Millette – Pl. M.-Basdevant - 58230 Planchez - 10 km au S de Montsauche par D 37 et D 520 - ☎ 03 86 78 41 89 - 🚫 - 10,67/22,87€. Une boucherie-charcuterie-bar de village dans toute son authenticité ! L'ambiance du comptoir au rez-de-chaussée est animée. Salle à manger à l'étage plus tranquille. Les affamés seront rassasiés d'une cuisine traditionnelle simple et généreuse.

L'Auberge Ensoleillée – 58230 Dun-les-Places - ☎ 03 86 84 62 76 - fermé 24 et 25 déc. - 14,48/34,30€. En saison, vigne vierge et glycine couvrent la façade de ce restaurant familial morvandiau. Dégustez sa cuisine traditionnelle, tête de veau, œufs en meurette..., et crapiaux (crêpes épaisses au lard) le mercredi. Quelques chambres simples.

• Valeur sûre

Le Morvan – 89630 Quarré-les-Tombes - ☎ 03 86 32 29 29 - fermé 3 janv. au 27 fév., lun. sf du 1er avr. au 9 sept., mar. midi de sept. à avr. et mar. soir de sept. à juin - 16,77/38,87€. Allez-y en toute confiance ! Ce restaurant familial en léger retrait du village est sympathique. La salle à manger classique a été rénovée. Quant à la table régionale et soignée, elle mérite votre attention et son prix est raisonnable. Quelques chambres toutes neuves.

HÉBERGEMENT

• À bon compte

Camping Les Genêts – 58230 Ouroux-en-Morvan - ☎ 03 86 78 22 88 - ouv. 15 avr. au 15 oct. - réserv. conseillée - 70 empl.: 9,76€. Ce camping ouvert sur la campagne vallonnée est agréable. Emplacements en terrasse délimités par des arbustes et des haies. Tennis tout proche.

Camping La Plage des Settons – 58230 Les Settons - au bord du Lac des Settons - ☎ 03 86 84 51 99 - campingsettons@europost.org - ouv. mai au 16 sept. - réserv. conseillée - 68 empl.: 14,33€. Venez donc vous reposer dans ce camping tranquille près du lac. La plage vous tend les bras et pour les sportifs, un terrain de tennis est à proximité. Jeux pour les enfants.

Chambre d'hôte L'Eau Vive – 71990 St-Prix - 3,5 km au NO de St-Léger par D 179 - ☎ 03 85 82 59 34 - redenis@club-internet.fr - fermé nov. à mars et 15 au 30 juin - 🚫 - 4 ch: 36/42€ - repas 16€. À une encablure du mont Beuvray, cette maison est un point de départ idéal pour vos randonnées. Décoration originale dans les chambres et le salon avec de nombreux souvenirs de voyages dans les îles. Table d'hôte dans la salle à manger avec poutres, faïence bleue et vieux outils aux murs.

Chambre d'hôte Le Château – 58120 Chaumard - ☎ 03 86 78 03 33 - fermé de déc. à fév., jeu. soir et dim. soir - 🚫 - 6 ch: 44€ - repas 23€. Au cœur du Morvan, dans un parc de 2 ha, les chambres de cette grande maison carrée du 18e s. affichent calme et confort. En été, prenez votre petit-déjeuner en terrasse face au lac de Pannessière. Deux gîtes disponibles. Accueil de cavaliers.

comprendre

Contre un coin de parapluie – De climat atlantique sub-montagnard, le massif connaît des pluies fréquentes et abondantes. Les pluies durables et la fonte des neiges transforment le moindre ruisseau en torrent. La roche imperméable, recouverte d'arène granitique (sorte de sable grossier), fait du Morvan une sorte d'éponge à deux faces, l'une dure et l'autre gorgée d'eau ; l'Yonne, la Cure, le Cousin ou encore le Chalaux roulent alors leurs eaux tumultueuses. Plusieurs retenues (Pannesière-Chaumard, Les Settons, Crescent, Chaumeçon) permettent d'en régulariser le cours au moment des crues et de soutenir leur débit en période d'étiage ; le lac de St-Agnan constitue une réserve en eau potable.

> ▶ Il pleut ou il neige 180 jours par an sur les sommets (1 800 mm de précipitations sur le Haut-Folin).

LA QUESTION SYLVICOLE

La forêt qui couvre environ 45 % de l'espace morvandiau est l'élément caractéristique du massif. Progressivement les futaies de hêtres ou de chênes cèdent la place aux résineux plus rentables, dans un repeuplement que certains déplorent pour le risque de déséquilibre écologique encouru, les sols étant déjà acides. Le douglas, ou pin de l'Oregon, au bois rose saumon, atteignant les 50 m de hauteur, est ainsi devenu le roi de la forêt en Morvan. Ses propriétés font de lui la première essence utilisée dans le reboisement en France. La mécanisation a modifié les modes d'exploitation forestière et depuis que le flottage à bûches perdues vers Paris a disparu (voir Clamecy), le bois est transporté par camions aux usines voisines (menuiserie et surtout carbonisation). La forêt est à la fois une source de revenus pour ses propriétaires, un espace de détente pour l'habitant ou le visiteur en quête de naturel et un maillon essentiel dans la chaîne écologique.

> ▶ **AGRÉÉ PAR LE PÈRE NOËL**
> Le sapin que vous avez décoré à Noël provenait sûrement du Morvan : il s'en cultive ici près de 2 millions sur un millier d'hectares. Il faut environ 6 ans à l'épicéa pour qu'il atteigne sa taille adulte… et plaise aux enfants.

C'est en Bourgogne qu'est né le dicton :
« Il ne vient du Morvan ni bonnes gens, ni bon vent. »

L'enceinte de ce domaine de 40 ha regroupe également un arboretum, un jardin botanique (environ 170 espèces de la flore morvandelle), le sentier de découverte de l'étang Taureau (1 km) et un verger conservatoire.

◀ **Terre ingrate mais charmeuse** – Pendant très longtemps, ce pays rude ne possédant ni vignobles, ni champs fertiles a suscité le mépris de ses riches voisins. Ne pouvant tirer qu'un mince profit de leur sol, les hommes n'hésitaient pas à « descendre » dans les plaines du Bazois ou de l'Auxois, grasses contrées d'élevage et de culture, tandis que les femmes pratiquaient le noble métier de nourrice. De nos jours, le Morvan est encore loin de constituer une région prospère, et sa population ne cesse de diminuer. L'élevage bovin, pratiqué surtout par de petites exploitations, n'est plus rentable en monoculture. Grâce aux plantations résineuses effectuées depuis la guerre, la forêt représente une nouvelle richesse, qu'il conviendrait maintenant d'exploiter localement par l'installation d'entreprises de transformation. C'est l'un des enjeux majeurs pour l'avenir.

L'autre facteur de progrès est le développement concerté du tourisme. Le lac des Settons attire chaque année à lui seul des milliers de vacanciers. C'est 3 500 km d'itinéraires de randonnée pédestre qui sont ouverts dans le parc. Dans la partie la plus élevée du massif, autour du Haut-Folin au Sud-Est de Château-Chinon, on a même aménagé un champ de ski alpin et de nombreuses pistes de ski de fond. Enfin, la conversion d'anciennes bâtisses en écomusée régional réparti sur le territoire donne au visiteur une chaleureuse idée des traditions et des métiers locaux. Une randonnée à travers la forêt peut ainsi se compléter par une autre dans l'histoire.

◀ Parc naturel régional du Morvan

À voir en premier

Toutes les informations utiles concernant le parc régional sont disponibles à la **Maison du Parc**, à St-Brisson (10 km à l'Ouest de Saulieu). ﾠ *Maison Centre de l'Écomusée du Morvan et expo. temporaire : d'avr. au 11 nov. 10h30-18h. Accueil touristique : d'avr. au 11 nov. : 10h15-18h ; du 12 nov. à fin mars : tlj sf w.-end 8h45-12h, 13h30-17h30. Visite de la propriété (jardin botanique, arboretum, sentier de découverte de l'étang du Taureau, borne interactive) toute l'année. Gratuit.* ☏ *03 86 78 79 00.*

Elle abrite dans plusieurs bâtiments du 19ᵉ s. les bureaux administratifs, un centre d'information-librairie, le siège de l'écomusée ainsi qu'un **musée de la Résistance en Morvan**. *D'avr. à mi-nov. : 10h30-18h. 3,81€.* ☏ *03 86 78 79 06 ou 03 86 78 72 99.*

Créé en 1970, le parc couvre l'essentiel du pays et participe amplement à son essor touristique. Regroupant 95 communes des départements de la Côte-d'Or, de la Nièvre, de Saône-et-Loire et de l'Yonne, son rôle est de préserver et de valoriser les milieux naturels en assurant la promotion culturelle et l'information. Il a pris pour emblème le cheval au galop d'une monnaie éduenne découverte sur le site antique de Bibracte.

Des activités sportives variées (cyclotourisme, équitation, varappe, canoë-kayak, rafting, pêche, etc.) et une bonne capacité d'accueil en milieu rural offrent de nombreuses possibilités aux touristes et vacanciers.

itinéraires

LE BAS MORVAN

① Circuit autour de Vézelay

73 km – 1 journée.

Route de pénétration partant de la bordure Nord du Morvan jusqu'à Lormes et revenant par les lacs de Chaumeçon puis du Crescent.

Quitter Vézelay en direction d'Avallon.

Le site de Vézelay couronné par la basilique accapare l'attention jusqu'à St-Père.

St-Père ★

La Cure un peu calmée coule ici entre de vieilles maisons au pied de coteaux récemment replantés de vignes. En arrivant sur le village, le regard est attiré cette fois par une haute et élégante tour-clocher.

Église Notre-Dame ★ – Commencée vers 1200, l'église a enregistré toutes les étapes de l'évolution du style gothique bourguignon, du 13e au 15e s. Elle est actuellement en restauration. Lors des guerres de Religion, elle est devenue église paroissiale à la place de l'église Saint-Pierre (le nom de St-Père en provient) incendiée en 1567. Au-dessus de la rosace, le pignon est creusé d'arcatures abritant au centre les statues du Christ et de saint Étienne, encadrées d'un côté par la Vierge et les saints Pierre, André et Jacques, de l'autre par sainte Madeleine, saint Jean et deux évangélistes.

Le porche ajouté à la fin du 13e s., restauré par Viollet-le-Duc, s'ouvre par trois portails dont le central, avec arcade trilobée, s'orne d'un Jugement dernier. Sous le porche, beaux tombeaux du couple de donateurs et d'une femme, daté de 1258.

L'intérieur est d'une grande pureté de style. À l'entrée, deux bénitiers en fonte, du 14e s., en forme de cloche renversée, précèdent la nef centrale aux clefs de voûtes peintes et aux consoles sculptées de têtes expressives. Une étroite galerie au niveau des fenêtres hautes allège l'ensemble.

Le clocher de Notre-Dame.

Remarquer dans le collatéral gauche le gisant mutilé, du 13e s., dans la chapelle droite du chœur une pierre d'autel du 10e s. provenant de l'église primitive et, en sortant, les curieux fonts baptismaux peints d'époque carolingienne.

Musée archéologique régional – *D'avr. à déb. nov. : 10h-12h30, 13h30-18h30. 3,96€.* ☎ *03 86 33 37 31.*

Installé dans l'ancien presbytère du 17e s., ce musée abrite les antiquités provenant des fouilles des Fontaines Salées (maquette), notamment l'un des cuvelages protohistoriques, conduits faits de troncs de chênes évidés au feu destinés à capter les sources minérales. On y voit aussi une balance en fer gallo-romaine du 4e s., des fibules en bronze émaillé, en forme d'hippocampe ou de canard sauvage, des armes et bijoux mérovingiens trouvés dans les nécropoles du Vaudonjon, près de Vézelay, et de Gratteloup, près de Pierre-Perthuis. La salle médiévale réunit des sculptures régionales du 12e au 14e s., dont une statue de saint Jacques le Majeur et un Christ bénissant du 13e s.

Quitter St-Père au Sud.

La route remonte la haute vallée de la Cure qui s'enfonce dans une gorge boisée.

Fouilles des Fontaines Salées – *1,5 km. Mêmes conditions que le musée archéologique.* ☎ *03 86 33 37 36.*

Les fouilles, toutes proches de la D 958, ont fait découvrir des thermes gallo-romains dépendant d'un sanctuaire d'origine gauloise (temple circulaire du 1er s. avant J.-C., avec bassin sacré, faisant du site une sorte de précurseur païen de Vézelay), et une piscine dans une vaste enceinte, consacrée aux divinités des sources. Exploités depuis la période néolithique, les fonts furent comblées au 17e s. par l'administration des gabelles (impôt sur le sel). Dix-neuf cuvelages de bois du 2e millénaire avant J.-C. n'ayant cure de la fiscalité ont été conservés grâce à cette forte minéralisation de l'eau. Un captage en pierre d'époque romaine donne accès à une source minérale, de nouveau utilisée pour soigner l'arthritisme.

Pierre-Perthuis ★

4 km par la D 958.

À l'entrée du Morvan, le petit village occupe un **site** ★ très pittoresque, avec une église qui surplombe la vallée de la Cure et deux ponts, l'un moderne, à 33 m au-dessus de la rivière tumultueuse et son aîné de cent ans (1770) presque à ses pieds, faisant le gros dos.

En aval, sur la rive droite, la Roche Percée est une arcade à laquelle Pierre-Perthuis doit son nom.

On rentre dans le bourg par la porte d'un château féodal du 12e s. en ruine.

Poursuivre vers le Sud en direction de Lormes.

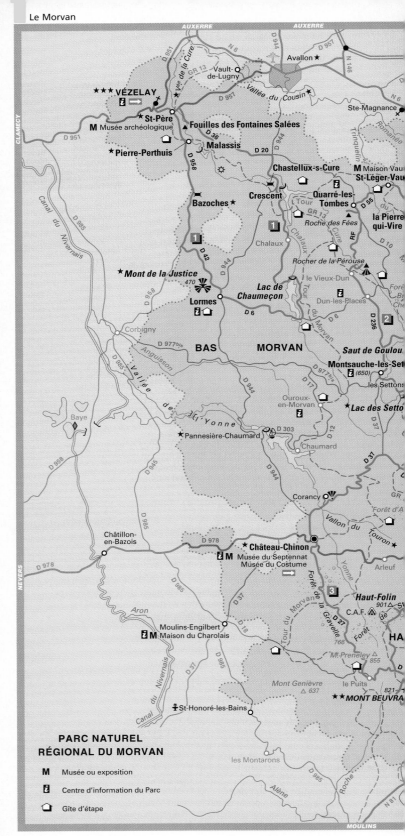

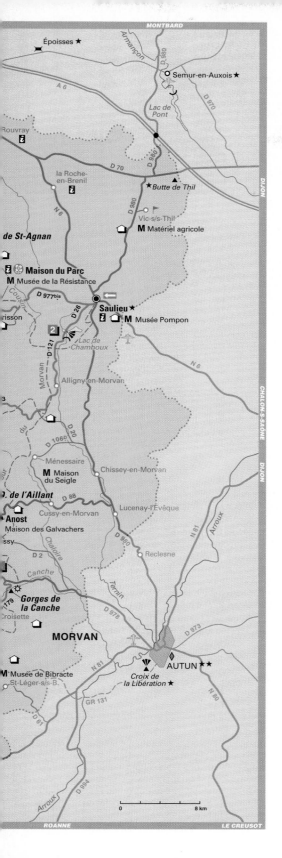

RANDO

Pour les randonneurs chevronnés et les amateurs de promenades à pied, des sentiers ont été aménagés : le GR 13 qui traverse le Morvan de Vézelay à Autun et le GR de pays qui fait le tour du Morvan par les grands lacs *(voir les topoguides respectifs)* ainsi que de petits circuits balisés en jaune présentés sous forme de « cartes postales randonnées » (60 tracés). Ceux qui souhaiteraient marcher sur les traces de leurs ancêtres les Gaulois pourront suivre l'itinéraire du sentier thématique qui relie Bibracte à Alésia (120 km).

ÉCOMUSÉE DU MORVAN

Parmi de nombreuses « maisons » à thème, citons celles :
- du Seigle à Ménessaire (21)
- des Galvachers à Anost (71)
- du Charolais à Moulins-Engilbert (58)
- de la Résistance à St-Brisson
- et bien sûr la maison Vauban à St-Léger-Vauban (89) ; les projets abondent, avec par exemple la maison des Nourrices à Montsauche, de l'Eau aux Settons ou l'Histoire contemporaine à Château-Chinon.

Les ponts sur la Cure à Pierre-Perthuis.

Bazoches★ *(voir ce nom)*
Gagner Lormes, 13,5 km au Sud sur la D 42.

Lormes
Cette petite ville très tranquille dispose de deux vues générales de la région.

Près de la perception, prendre la rue du Panorama, qui conduit par une forte montée à l'église, édifice néogothique bâti sur la montagne St-Alban (470 m). N'hésitez pas à y rentrer pour détailler les 82 chapiteaux historiés dus au sculpteur Guillaumet (19e s.), de belle facture.

De la terrasse du cimetière, le **panorama**★ découvre les sommets boisés du Morvan central (au Sud-Est) et les cultures parsemées de villages, entrecoupées des petits bois du Bazois et du Nivernais (au Sud-Ouest). À l'horizon, au centre du panorama, apparaît la butte de Montenoison.

Mont de la Justice★ *(alt. 470 m)*
1,5 km au Nord-Ouest. Table d'orientation.
Au sommet du mont, on découvre un autre beau **panorama**★ procurant, si la végétation n'est pas trop dense, des vues sur Vézelay (au Nord), la dépression de l'Yonne et la butte de Montenoison (à l'Ouest), le Bazois (au Sud-Ouest), et par-delà le clocher de Lormes, au Sud-Est, la ligne du Morvan avec la croupe du Haut-Folin.

Dans Lormes, prendre la D 6 en direction de Dun-les-Places.

Lac de Chaumeçon
🏃 La route, sinueuse, traverse des bois au sol vallonné où affleurent les rochers. Se dégageant de la forêt, elle parcourt ensuite un paysage de croupes boisées et de vallons herbagers.

Franchir la digue et tourner aussitôt à gauche pour rejoindre à 800 m la D 235.

On domine bientôt le plan d'eau de Chaumeçon, entouré de hauteurs boisées, et qui semble parfois suspendu à la ligne des nombreux pêcheurs. Après Vaussegrois, la route en forte descente franchit un petit vallon et se rapproche de la rive dont elle épouse les sinuosités, avant de passer sur le barrage (arrêtez-vous pour apprécier sa hauteur, 42 m au-dessus de la gorge du Chalaux) et de monter à Plainefas.

Prendre la route de Chalaux à droite en quittant le bourg.

Barrage du Crescent
Terminé en 1933, au confluent du Chalaux et de la Cure, il est du type barrage-poids (jolie vue sur le lac à proximité) : il résiste par sa seule masse à la poussée de l'eau accumulée en amont dans les deux vallées. Sa retenue de 14 millions de m^3 alimente en énergie l'usine hydroélectrique de Bois-de-Cure et concourt à régulariser le débit de la Seine.

Prendre la D 944 en direction d'Avallon.

Château de Chastellux-sur-Cure

Perché au sommet d'une butte granitique dominant la Cure, et imposant château, remanié au 13ᵉ s. et restauré en 1825, appartient depuis plus de mille ans à la famille ▶ de Chastellux.

Du viaduc de la D 944 sur la Cure, on a la meilleure vue de la forteresse, bâtie à flanc de coteau dans un nid de verdure et dominant la gorge boisée. Si vous avez le temps, profitez d'une promenade autour du village.

Regagner Vézelay par la D 20 puis la D 36 (17,5 km).

UN ACADÉMICIEN EN AMÉRIQUE

L'historien et militaire **François-Jean de Chastellux** (1731-1788) prit part à la guerre de l'Indépendance des États-Unis. Il publia un *Voyage dans l'Amérique septentrionale* dix ans après que celle-ci fut proclamée.

② Circuit autour de Saulieu

80 km – 1 journée.

La route offre une face naturelle avec un passage à la Maison du Parc ainsi que de jolies vues sur le lac des Settons et une face culturelle avec les visites de l'abbaye de la Pierre-qui-Vire puis du musée Vauban.

Quitter Saulieu en direction de Dun-les-Places (22 km à l'Ouest).

La route franchit un plateau parsemé de bois et d'étangs, puis une région en grande partie boisée.

Maison du Parc

Voir l'introduction au Parc régional.

🖼 🐾 Si vos enfants souhaitent voir des cervidés, vous pouvez rejoindre un enclos à chevreuils près d'une ancienne maison forestière (chalet d'accueil), un peu plus loin sur la D 6, 2 km après les Fourches, dans la forêt de Breuil-Chenue. Des miradors situés à l'extérieur de l'enceinte permettent d'observer les animaux.

Sinon, prendre la D 226 aux Fourches en direction de St-Agnan.

Lac de St-Agnan

5 km au Nord.

Du village on franchit le lac sur la pointe sud, dans la ▶ vallée du Cousin, le barrage granitique (1969) qui forme la retenue du Trinquelin (la rivière en profite pour changer de nom) se trouvant à l'opposé.

Aux Michaux, prendre une petite route sur la gauche en direction de St-Léger-Vauban.

Jolie vue d'enfilade sur ce long plan d'eau bien intégré au paysage entre ses rives boisées (sapins et feuillus).

Abbaye de la Pierre-qui-Vire

Ce monastère est bâti dans un site solitaire et sauvage du Morvan, sur une rive accidentée du Trinquelin. Leur cadre de vie donne une première idée de l'état d'esprit des bénédictins.

Les travaux réalisés par J. Cosse jusqu'en 1995 ont unifié l'ensemble des constructions successives. L'église a été dotée d'un narthex, espace de transition qui invite au silence ; le tympan de l'église a été décoré par le frère Marc. Sur l'esplanade, à droite, remarquer la bibliothèque qui peut contenir 185 000 volumes ; on retrouve le choix de l'encorbellement pour couvrir les baies.

Visite – ♿ *10h15-12h15, 14h30-17h30, dim. et j. fériés 11h15-12h15, 14h30-17h30. Fermé en janv. 2,29€. ☎ 03 86 32 19 20.*

Bien que la clôture monastique ne permette pas la visite des bâtiments, une **salle d'exposition** est ouverte aux personnes qui désirent en savoir plus sur l'existence des moines *(audiovisuel sur la vie monastique)* et sur leurs travaux *(notamment les éditions d'art sacré de la collection « Zodiaque »)*, ainsi qu'une grande librairie multimédia.

On peut entrer à l'église pour les **offices** et rendre hommage à la pierre plate qui se trouve hors de l'enceinte. ♿ *Messe à 9h15, dim. et j. fériés à 10h ; vêpres à 18h. Le monastère ne se visite pas. ☎ 03 86 33 19 20.*

L'ÉPANOUISSEMENT DE L'ABBAYE

En 1850, sur un domaine donné par la famille de Chastellux, le R.P. Muard (1809-1854) jette les bases du monastère. Il tire son nom de Pierre-qui-Vire d'une énorme pierre plate posée en équilibre sur un rocher et que l'on pouvait faire osciller d'une faible pression de la main. La progression est rapide et les locaux édifiés de 1850 à 1953 s'avèrent insuffisants et inadaptés pour accueillir les 85 moines bénédictins ainsi que les nombreux hôtes. Un concours d'architecture a été lancé en 1988.

St-Léger-Vauban

4 km par la D 226.

Le village de St-Léger-de-Foucheret a vu naître en 1633 Sébastien Le Prestre, futur marquis de Vauban, l'une des gloires du Grand Siècle. La commune a adopté son nom en 1867 puis a érigé sur la place une statue de bronze au début du 20e s.

> **VAUBAN OU L'ART DE LA GUERRE**
>
> Resté orphelin de bonne heure et sans fortune, Sébastien Le Prestre s'enrôla à 17 ans dans l'armée du prince de Condé, alors révolté contre la Cour, fut fait prisonnier par l'armée royale et s'attacha désormais au service du roi Louis XIV. Ingénieur militaire à 22 ans, il travailla à 300 places anciennes, en construisit 33 nouvelles, dirigea et mena à bien 53 sièges, justifiant le proverbe : « Ville défendue par Vauban, ville imprenable ; ville assiégée par Vauban, ville prise. » Brigadier général des armées, puis Commissaire général des fortifications, il reçut en octobre 1704 le bâton de maréchal. Il couvrit les frontières de la France d'une ceinture de forteresses de conception absolument nouvelle, utilisant des procédés tels que les feux croisés, le tir à ricochet, les boulets creux, les parallèles, les cavaliers de tranchée et de nombreuses autres inventions d'une portée révolutionnaire pour l'époque, souvent imaginées pour épargner les vies humaines.

Église St-Léger – Cette église (où fut baptisé Vauban), d'origine Renaissance et de plan cruciforme, transformée au 19e s., a reçu d'intéressantes adjonctions modernes, dues au sculpteur Marc Hénard : les vantaux en bois du portail latéral Sud, les sculptures et le vitrail de la chapelle N.-D.-du-Bien-Mourir (1625) à gauche du chœur ; le ravissant **carrelage**★ de céramique bleu et rose (1973) qui entoure le maître-autel et figure des planètes, animaux, outils, etc., gravitant autour du triangle de la Sainte Trinité.

Maison Vauban – ⅃ *D'avr. à mi-oct. : 10h-12h30, 14h-18h30. 3,81€ (enf. : 1,22€).* ☎ *03 86 32 26 30.*

Dans l'ancien atelier de l'artiste précité, une projection audiovisuelle *(20 mn)* et une exposition renouvelée en 1996 évoquent la vie, la carrière et l'œuvre écrite de ce grand Morvandiau.

Quarré-les-Tombes

5,5 km par la D 55.

Situé sur l'étroit plateau qui sépare les vallées de la Cure et du Cousin, c'est un excellent centre de séjour et d'excursions.

La localité doit son nom aux nombreux sarcophages de pierre calcaire (112 cuves ou couvercles actuellement), vestiges de plus d'un millier de tombeaux accumulés du 7e au 10e s., qui cernent l'église. Leur origine est mystérieuse : il peut s'agir d'un entrepôt lié à une fabrication locale ou bien d'une véritable nécropole (d'autant que les sarcophages auraient par le passé abrité des ossements) autour d'un sanctuaire dédié à saint Georges, patron des chevaliers.

*Prendre la D 10 en direction de Saulieu. À 3,5 km, après le sentier pour la **Roche des Fées** (site d'escalade), bifurquer vers Dun par la route forestière.*

*Avant d'arriver au Vieux-Dun, s'engager à droite dans une route forestière que l'on suit sur 1,6 km avant de laisser la voiture au parc signalé, à 200 m du **Rocher de la Pérouse**. Un sentier en forte montée permet d'atteindre le sommet (1/2 h à pied AR, **point de vue**).*

Reprendre la route de Dun-les-Places puis la D 236 vers le Sud.

Montsauche-les-Settons

À 650 m d'altitude, au centre du parc naturel, Montsauche est la station la plus élevée du massif. Elle a été reconstruite, comme Planchez, après avoir été aux trois quarts incendiée en 1944 (☎ *03 86 84 55 90*).

Saut de Gouloux
6 km Nord-Est puis 1/4 h à pied AR.
Le Caillot forme, un peu avant son confluent avec la Cure, une belle cascade appelée Saut de Gouloux. On y accède par un sentier qui, dans le premier tournant après le pont, descend à droite (ruines d'un ancien moulin).

Lac des Settons★
Au Sud de Montsauche par la D 193.
Après un pont sur la Cure, on longe la rive Nord du lac. La route offre de jolies vues sur le plan d'eau et ses îles boisées. On atteint bientôt le barrage, une digue de pierre de 1860, puis la charmante station des **Settons**.

Destiné primitivement à faciliter le flottage des bois sur la Cure, il sert maintenant à régulariser le débit de l'Yonne.

Entouré de bois de sapins et de mélèzes, à 573 m d'altitude, le réservoir s'étale sur 359 ha au travers de la vallée de la Cure. On y pratique la pêche et, dès l'automne, le gibier d'eau fait son apparition. Des sentiers et une route longent le lac aménagé pour la plaisance et les sports nautiques (base de la « Pagode » sur la presqu'île des Branlasses). La beauté du site et les multiples activités proposées font du plus ancien lac artificiel du Morvan un lieu de séjour très fréquenté en saison.

On traverse ensuite des forêts et un plateau parsemé de bois et d'étangs, Moux, Alligny et le lac de Chamboux pour regagner Saulieu.

Le lac des Settons offre parfois des situations cocasses !

3 Le haut Morvan
84 km – 1 journée.
Parcours traversant plusieurs beaux massifs forestiers, offrant des vues étendues et la visite du site de Bibracte au Mont-Beuvray.

À la sortie Sud de Château-Chinon, prendre à droite la D 27 tracée à flanc de pente.
La vue se dégage vers l'Ouest sur un paysage de prés, de cultures et de bois, puis la route en montée pénètre dans la **forêt de la Gravelle**. Elle suit la ligne de partage des eaux entre les bassins de la Seine (l'Yonne est à l'Est) et de la Loire (l'Aron et ses affluents coulent vers l'Ouest).

Une belle vue panoramique se révèle vers le Sud sur un petit barrage blotti au fond d'un creux verdoyant dominé par des croupes boisées qui limitent le Morvan.

Échappée, à droite, sur une lande aride couverte de genêts peu avant d'atteindre le point culminant de la route (766 m) et de quitter la forêt.

La route débouche (18 km) sur la D 18 qui mène à gauche sur le mont Beuvray.

Mont Beuvray★★ *(voir ce nom)*
Retourner à la D 18 via la petite D 274 qui fait le tour du mont pour rejoindre la forêt domaniale de St-Prix par Glux-en-Glenne (D 300 puis D 500 en forte pente). À droite la route forestière du Bois-du-Roi mène à proximité du Haut-Folin.

Haut-Folin
La route forestière du Haut-Folin monte à un pylône de télécommunications, au point culminant du Morvan (alt. 901 m).
Reprendre la route forestière qui traverse, en **forêt de St-Prix,** un magnifique peuplement d'épicéas et de sapins aux fûts immenses et rejoindre la D 179 au lieu dit La Croisette.

SKI DE FOND
La montagne morvandelle mérite ici sa qualification. Un champ de ski a été aménagé sur les pentes du massif par le Club Alpin Français.

Gorges de la Canche
4 km au Nord-Est.
La route suit à flanc de coteau les gorges de la Canche dans un paysage tourmenté de bois et de rochers. Les essences s'enrichissent ici d'érables, de tilleuls et d'ormes. Dans un virage à droite, un beau point de vue *(en partie masqué par la végétation)* se dégage à hauteur d'un petit parc à voitures. On aperçoit, au fond de la gorge, le bâtiment blanc de l'usine hydroélectrique de la Canche. Le réservoir créé par le barrage en fait un endroit très agréable.

Emprunter la D 978 sur 1 km en direction de Château-Chinon, puis la D 388 à droite vers Anost.

Un joueur de vielle.

Anost

8 km au Nord-Est. Dans un **site** agréable et pittoresque, Anost offre au touriste la possibilité de nombreuses promenades, en particulier dans la forêt *(itinéraires balisés)*, et celle de la baignade en plein air, au pont de Bussy.

Le bourg de **Bussy** fut la capitale de la « galvache », transport itinérant en charrette à bœuf, activité typique du Haut Morvan jusqu'à la Grande Guerre. Le jour du départ, le 1er mai, les « galvachers » marquaient ici l'adieu au pays.

Maison des Galvachers – *De juin à fin sept. : w.-end 14h-17h (juil.-août : tlj sf mar.).* 1,52€. ☎ 03 85 82 78 16 ou 03 85 82 73 26.

L'écomusée montre le savoir-faire de ces charroyeurs morvandiaux qui partaient plus de six mois, de mai à novembre, pour aller parfois jusqu'en Ardenne belge. Les techniques de débardage du bois et de transport de matières diverses sont clairement exposées.

N.-D.-de-l'Aillant – *Nord-Ouest d'Anost : 1/4 h à pied.* Au-dessus de Joux, à hauteur de la statue de la Vierge, on découvre un **panorama**★ demi-circulaire sur la cuvette d'Anost et, par delà les collines, sur la dépression d'Autun.

Traverser la forêt d'Anost (enclos à sangliers de 16 ha à 1 km) jusqu'à Planchez puis revenir sur Château-Chinon par la D 37, très sinueuse.

À 9 km s'offre à gauche une vue sur le site du village de **Corancy** accroché à une colline.

Après un pont sur l'Yonne, retour à la capitale du Morvan.

Moulins-Engilbert

L'harmonie des toits et des tourelles, groupés autour de la tour gothique de l'église à flèche d'ardoise, au pied des ruines d'un château est ici particulièrement heureuse. En dehors des jours de marché, le calme règne dans le bourg, traversé nonchalamment par deux petits cours d'eau.

La situation

Cartes Michelin n°s 69 pli 6 ou 238 pli 35 – Nièvre (58).
Sur l'ancienne route de Nevers à Autun, à 16 km au Sud-Ouest de Château-Chinon. Moulins est situé aux confins du Morvan et du Bazois.

Le nom

Provient des moulins qui peuplaient autrefois la région. Engilbert est sûrement le patronyme d'un propriétaire. Le seul moulin restant se trouve à Commagny.

Les gens

1 571 Moulinois, comme ceux de l'Allier, et non pas Meuniers.

comprendre

Dans cette longue plaine du **Bazois**, qui descend du Morvan pour rejoindre la vallée de la Loire, Moulins-Engilbert eut en tant que résidence des comtes de Nevers un rôle politique notable. L'ayant concédé à Château-Chinon, la cité se contente désormais d'une grande activité commerciale.

Le marché au cadran – La ville s'anime chaque mardi matin, à l'occasion de sa foire aux bovins charolais, qui fait usage d'un nouveau mode de vente du bétail : les animaux sont présentés au bas d'un amphithéâtre d'acheteurs disposant de commandes électroniques pour enchérir ; sur un tableau s'affichent le poids de la bête, son numéro de lot et l'évolution de l'enchère qui reste ainsi anonyme.

se promener

Parsemée de vieilles demeures, de passerelles sur le Garat ou le Guignon, la ville conserve les ruines du château comtal (en 1424, Philippe le Bon y épousa Bonne d'Artois), en cours de consolidation pour devenir accessibles, et une église St-Jean-Baptiste au beau portail. Le 17ᵉ s. est bien représenté avec l'hôtel Salonnier en face de l'église, l'ancien couvent des Ursulines et celui des pères de Saint-François, ainsi que la mairie qui occupe un relais de poste.

alentours

Commagny
2,5 km au Sud-Ouest par la route de Decize et la rampe du prieuré, à gauche au sommet de la montée. Pâques-Toussaint : 9h-20h. Gratuit. ☎ *03 86 84 21 48.*

Ancien prieuré bénédictin, bien situé au-dessus des herbages du Bazois.

De l'église romane on verra surtout l'abside à cinq arcatures alternativement aveugles et ouvertes, inscrites dans un décor rappelant les bandes lombardes (pilastres réunis à leur sommet par une frise d'arceaux), ainsi que les chapiteaux sculptés.

La **demeure du prieur** (15ᵉ s.), flanquée par le clocher et une haute tour ronde, montre, au-dessus du petit cimetière, sa façade la mieux sauvegardée.

> **E**n contournant le bâtiment par le pied de la tour, gagner la grille de la propriété, pour admirer le chevet de l'église.

Châtillon-en-Bazois
17 km au Nord-Ouest par la D 985 puis la D 978 vers Nevers.
🄱 *Maison du Bazois à Alluy* ☎ *03 86 84 05 66.*

Bourg agréablement situé sur l'Aron et sur le canal du Nivernais, Châtillon-en-Bazois est l'un des centres les plus importants de la navigation de plaisance en Bourgogne. Le chantier de construction de bateaux est dominé par un château des 16ᵉ et 17ᵉ s. flanqué d'une tour ronde du 13ᵉ s., qui s'élève entre la rivière et le canal.

On peut voir à l'**église** un grand tableau de Nicolas Mignard *(Baptême du Christ)* dans la chapelle à gauche de l'entrée, la pierre tombale de Jehan de Châtillon (14ᵉ s.) et un retable de 1423 en pierre, sur l'autel, représentant une Pietà.

À **Rouy** *(10 km à l'Ouest)*, l'**église** romane du 12ᵉ s. montre un beau clocher carré déjà gothique dont le premier étage est décoré de colonnettes sous arcatures et le second percé sur chaque face de deux baies géminées. À l'intérieur, la voûte de l'abside est peinte d'un Christ bénissant entre un ange et un démon.

Nevers ★

À quelques kilomètres du confluent de la Loire et de l'Allier, Nevers est la capitale du Nivernais et aussi des belles faïences. Sans être une ville d'art à proprement parler, elle ne manque pas d'atouts pour séduire le visiteur, qu'il soit amateur des « châteaux de la Loire » ou bien amoureux de la vitesse (circuit de Magny-Cours).

La situation
Cartes Michelin nᵒˢ 69 plis 3, 4 ou 238 pli 33 – Préfecture de la Nièvre (58). Accessible au Nord par l'A 71 et au Sud par la N 7. 🄱 *Palais Ducal, 58000 Nevers,* ☎ *03 86 68 46 00.*

> **D**u grand pont en grès roux que franchit la nationale, on a une **vue** d'ensemble sur la vieille ville étagée au flanc d'une colline, dominée par la haute tour carrée de la cathédrale et l'élégante silhouette du palais ducal.

Le nom
Avant d'entreprendre le siège de Gergovie en 52 avant J. C., **César** fait de la ville forte située à la limite du territoire éduen, *Noviodunum Aeduorum*, un entrepôt de vivres pour son armée. À l'annonce de son échec, les Éduens n'hésitent pas à détruire *Noviodunum* par le feu rendant ainsi précaire la situation de César en Gaule.

carnet pratique

VISITE

Visites guidées – Nevers, qui porte le label **Ville d'art et d'histoire**, propose des visites-découvertes (1h30 à 2h) animées par des guides-conférenciers agréés par le ministère de la Culture et de la Communication. Renseignements à l'Office de tourisme ou sur www.vpah.culture.fr

RESTAURATION
• À bon compte
La Botte de Nevers – R. du Petit-Château - ☎ 03 86 61 16 93 - fermé 6 au 28 août, sam. midi, dim. soir et lun. - 16,77/38,11€. La décoration de ce restaurant, à deux pas du Palais ducal, rappelle la fameuse botte du duc de Nevers. Murs de pierres, tapisseries, grande cheminée et poutres massives. Cuisine traditionnelle.

La Gabare – 58000 Challuy - 3 km au S de Nevers par N 7 - ☎ 03 86 37 54 23 - fermé vac. de fév., 23 juil. au 17 août, dim. et j. fériés - 15,24/35,06€. Quand une petite ferme se transforme en restaurant en gardant son caractère ancien : poutres apparentes et cheminée. Les trois salles à manger en enfilade sont sobres avec leurs murs jaunes. Cuisine de produits frais sans chichis.

• Valeur sûre
Jean-Michel Couron – 21 r. St-Étienne - ☎ 03 86 61 19 28 - fermé 2 au 15 janv., 16 juil. au 6 août, mar. midi, dim. soir et lun. - réserv. obligatoire - 17,99/37,96€. Qu'il est discret ce restaurant dans une petite rue de la vieille ville, tout près de l'église St-Étienne ! Trois salles à manger dont une sous les voûtes d'une ancienne chapelle. Cuisine inventive adulée par les gourmands.

HÉBERGEMENT
• Valeur sûre
La Renaissance – 58470 Magny-Cours - 12 km au S de Nevers par N 7 - ☎ 03 86 58 10 40 - fermé 16 fév. au 16 mars, 30 juil. au 14 août, dim. soir et lun. - 🅿 - 9 ch.: 76,22/91,47€ - ☕ 12,20€ - restaurant 38/67€. À l'entrée du village, cet hôtel ravira les amateurs de tranquillité. Les chambres sont confortables avec leur mobilier contemporain. Salon-bar cossu. La salle à manger claire est prolongée par une terrasse. Cuisine classique.

Holiday Inn – 58470 Magny-Cours - 12 km au S de Nevers par N 7 - ☎ 03 86 21 22 33 - 🅿 - 70 ch.: 77,75/92,99€ - ☕ 9,15€ - restaurant 16/29€. À deux pas du circuit automobile de Magny-Cours, un hôtel moderne accolé à une ancienne ferme où se trouve la réception. Les chambres sont spacieuses et claires. Restaurant autour de la terrasse avec piscine.

SORTIES
Donald's Pub – 3 r. François-Mitterrand - ☎ 03 86 61 20 36 - été : mar.-dim. 17h30-2h ; reste de l'année : mar.-dim. 15h-1h. Ses vieilles banquettes en bois, patinées par le temps, n'ont pas fini de bercer les nombreux fidèles de ce pub qui a su préserver son charme particulier en 22 années de bons et joyeux services (au bar uniquement, tradition oblige).

Le Bistro France – Sq. de la Résistance - ☎ 03 86 61 45 09 - été : mar.-sam. 11h30-2h ; reste de l'année : mar.-sam. 11h30-1h - fermé de mi-août à fin août et j. fériés. Ce café chic et farfelu est pourvu d'élégantes tables basses aux nappes fleuries, de portraits de clowns colorés accrochés aux murs et d'une longue et curieuse banquette en bois qui sinue le long du bar. Concerts de jazz deux fois par mois.

Les Enfants Terribles – 16 r. de Charleville - ☎ 03 86 61 59 07 - mer.-sam. 23h-4h et veilles de j. fériés. Installé dans un ancien garage, cet immense bar à thème est éclairé et décoré comme une discothèque. Modulable à souhait, l'espace est régulièrement réorganisé autour de grandes manifestations telles que spectacles de danse, de roller...

Domaine Hervé-Seguin – 3 r. Joseph-Renaud - 58150 Pouilly-sur-Loire - ☎ 03 86 39 10 75 - tlj 10h-12h, 14h-19h. Ce domaine propose trois types de vins très spécifiques : le pouilly-sur-loire issu du chasselas, le pouilly-fumé fait exclusivement de sauvignon et un pouilly-fumé cuvée prestige. Ce cru s'enorgueillit également d'une cuvée spéciale, élevée en fût de chêne et baptisée la Barboulotte, du nom que l'on donne dans la région aux coccinelles et qui fait référence aux traitements bio de la vigne réservée à cette cuvée.

ACHATS
Les vitrines de la rue St-Étienne, de la rue piétonne François-Mitterrand (ancienne rue du Commerce) et de la rue St-Martin sont toujours un plaisir pour les yeux.

Le Négus – 96 r. François-Mitterrand - ☎ 03 86 61 06 85 - lun. 15h-19h, mar.-sam. 9h-12h, 14h-19h. Le négus, caramel mou au chocolat enrobé de sucre cuit, est la spécialité de ce confiseur qui vous propose d'autres gourmandises aussi savoureuses qu'originales. Le décor mauresque rend hommage au Négus originel, l'empereur d'Abyssinie.

LOISIRS-DÉTENTE
Karting de Nevers / Magny-Cours-Technopole – Technopôle - 58470 Magny-Cours - ☎ 03 86 21 26 18 - saison : tlj 10h-20h ; hors saison : 14h-18h. Bénéficiant du même revêtement que pour la Formule 1, cette piste de 1 100 m est sans doute l'une des meilleures de France. Vous découvrirez les joies trépidantes du sport automobile au volant d'un kart 4 temps 200 cm^3 aux chromes rutilants. Si d'aventure vous vous sentiez l'âme d'un Nikki Lauda, libre à vous de passer aux modèles supérieurs. Plus simplement, offrez-vous un baptême de piste au côté d'un pilote chevronné... Sensations garanties.

CALENDRIER
Grand Prix de France de F1 fin juin début juillet.

Pèlerinage à sainte Bernadette toute l'année à St-Gildard.

Les marchés de l'été, fête des produits et de l'artisanat d'art nivernais au parc Roger Salengro, 1 mercredi sur 2 de juin à septembre. Nombreuses animations.

*Nevers mon amour :
le titre du film de Resnais
en 1959 avait choqué
certains. Dans le scénario
de Marguerite Duras, les
amants échangent « ton
Nevers contre mon
Hiroshima ». Elle, parce
qu'elle a été humiliée à la
Libération après avoir
aimé un Allemand à
Nevers pendant la guerre.
Bien plus tard, en 1992, un
autre héros de la Nouvelle
Vague, Éric Rohmer, y
tournera **Conte d'hiver**.*

Les gens

40 932 Nivernais, agglomération : 58 915 habitants.
On dit aussi les Neversois, ce qui est plus précis.

comprendre

ATTENTION FRAGILE

Faïence et verres filés – Devenu duc de Nivernais en
1565, **Louis de Gonzague**, troisième fils du duc de Mantoue, fait venir d'Italie un grand nombre d'artistes et d'artisans. Il introduit la faïence d'art à Nevers entre 1575 et
1585. Les frères Conrade, originaires d'Italie, « maîtres
pothiers en œuvre blanche et autres couleurs », initient
à leur art une pléiade d'artisans locaux.
Peu à peu, la forme, les coloris, les sujets d'ornementation qui au début reproduisaient seulement les procédés
italiens évoluent vers un style très particulier.
Parallèlement se développe l'industrie de la verrerie –
verres filés servant généralement à la composition de
scènes religieuses – qui devient avec l'émaillerie très à
la mode. Les productions étaient expédiées par la Loire
vers Orléans et Angers.
L'industrie de la faïence atteint son apogée vers 1650,
douze fabriques occupant alors 1 800 ouvriers. La Révolution de 1789, dernier thème pour lequel la production
a été importante, leur porte un grave préjudice. Les difficultés et la concurrence de la porcelaine ont contribué
à son déclin au cours du 19ᵉ s. Actuellement, seules
quatre **fabriques artisanales** maintiennent la renommée de cette activité traditionnelle. *Salle d'exposition : tlj
sf dim. 9h-12h, 14h-19h ; ateliers : de déb. juil. à mi-sept.
sur demande. 1,52€. ☎ 03 86 71 96 90.*

*La faïence de Nevers
présente souvent des
décors d'une grande
finesse.*

LE PERROQUET VER-VERT

Son histoire est contée par J.-B. Gresset, dans un poème badin écrit en
1733 :
« À Nevers donc, chez les visitandines,
Vivoit naguère un perroquet fameux... »
Choyé, gâté, d'une éducation parfaite, il coulait des jours exempts de
soucis. Les visitandines de Nantes, ayant entendu vanter les mérites de
cet oiseau merveilleux, prient leurs sœurs de le « prêter » quelques
jours. Ver-Vert part, mais, sur le coche d'eau, les mariniers de la Loire
et des dragons lui enseignent un vocabulaire moins édifiant :
« Car les Dragons, race assez peu dévote,
Ne parloient là que langue de gargotte...
... Bien vite, il sut jurer et maugréer
Mieux qu'un vieux diable au fond d'un bénitier. »
À Nantes, il scandalise le monastère de ses jurons. On se hâte de ren-
voyer à Nevers ce suppôt de Satan. Jugé par le conseil de l'Ordre, il est
condamné au jeûne, à la solitude et, châtiment suprême, au silence.
Ayant fait amende honorable, il rentre en grâce auprès des visitandines,
mais il est de nouveau tant gâté qu'il meurt d'indigestion :
« Bourré de sucre et brûlé de liqueurs,
Ver-Vert, tombant sur un tas de dragées,
En noirs cyprès vit ses roses changées. »

se promener

Porte du Croux : impressionnante de nuit.

LA VIEILLE VILLE

Visite : 1/2 journée.
Partir de la porte du Croux et suivre l'itinéraire indiqué su le plan (garer la voiture près du parc Roger-Salengro).

Porte du Croux★

Cette belle tour carrée, avec mâchicoulis et tourelles er encorbellement, coiffée d'une haute toiture, est un de vestiges des fortifications de la ville. Elle fut élevée er 1393, lorsque l'on remania l'enceinte établie deux siècle auparavant par Pierre de Courtenay.

Le **musée archéologique du Nivernais** y est install depuis 1851. Il renferme des sculptures antique (marbres grecs et romains) et une importante collection de sculptures romanes. *Sur demande uniquement.*

Suivre la promenade des Remparts.

Musée municipal Frédéric-Blandin

Mai-sept. : tlj sf mar. 10h-18h30 ; oct.-avr. : tlj sf mar. 13h 17h30, dim. et j. fériés 10h-12h, 14h-17h30. Fermé entr Noël et Jour de l'an, 1ᵉʳ mai. 2,29€. ☎ 03 86 71 67 90.

Installé dans les locaux de l'ancienne abbaye Notre Dame, il présente une très belle **collection de faïence de Nevers★** regroupée suivant les styles italien, persar chinois, nivernais, populaire.

De délicats émaux et verres filés dits de Nevers com plètent cet ensemble.

Revenir sur ses pas pour prendre la rue de la Porte-du-Crou puis, à droite, la rue des Jacobins.

Cathédrale St-Cyr-et-Ste-Julitte★★

De juil. à fin août : tlj sf sam. et dim. à 15h. ☎ 03 86 5 13 84 ou ☎ 03 86 59 06 74.

◄ Cette vaste basilique composite a été consacrée en 133 avant d'être complétée et plusieurs fois remaniée.

Extérieur – Faire le tour de l'édifice hérissé de contre forts, de piliers, d'arcs-boutants et de pinacles pour com parer les portails et admirer la tour carrée, haute de 52 m flanquée de contreforts polygonaux ; l'étage inférieur es du 14ᵉ s., les deux autres, richement décorés, sont du 16ᵉ s

Intérieur – La nef (du 13ᵉ s.) est de grande ampleur mai sait rester légère, grâce à un triforium orné et à de fenêtres hautes qui courent jusqu'au chœur, par un déam bulatoire. On y voit une horloge à jaquemarts du 16ᵉ s.

L'abside romane, surélevée de 13 marches et voûtée er cul-de-four, est décorée d'une fresque datant du 12ᵉ s représentant le Christ en gloire.

L'horloge du 16ᵉ s.

Les vitraux sont dus à cinq artistes contemporains. Le bombardements alliés de 1944 ont concomitammen endommagé l'abside gothique et révélé un baptistère d 6ᵉ s. (*on peut le visiter*).

Près de la cathédrale, le palais de justice est un ancier évêché du 18ᵉ s.

Palais ducal★

C'est l'un des plus beaux spécimens de l'architectur civile du tout début de la Renaissance.

C'est l'ancienne demeure des ducs de Nevers. La construc tion fut commencée dans la seconde moitié du 15ᵉ s. pa Jean de Clamecy, comte de Nevers, désireux d'abandon ner l'austère forteresse située à l'emplacement actuel d l'hôtel de ville. Le palais fut embelli au cours du 16ᵉ s. pa les familles de Clèves et de Gonzague.

Les grosses tours rondes de la façade postérieure, qui don nent sur une cour surplombant la rue des Ouches sont le plus anciennes. La façade ocre, coiffée d'ardoise, est pond tuée de deux tourelles : une belle tour centrale à pans cou pés, terminée par un petit lanternon, abrite l'escalie d'honneur. Elle s'ajoure de fenêtres dont le décalage, d'ui

◄ gracieux effet, souligne la révolution de l'escalier. Remar quer encore les fenêtres en lucarne ornées de cariatide et d'atlantes, ainsi que les cheminées en tuyaux d'orgues

NEVERS

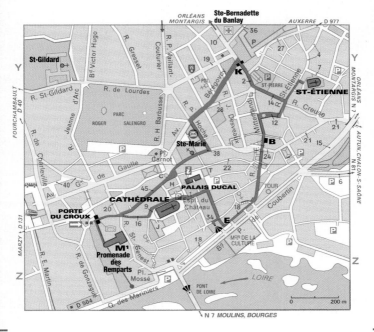

Sur la tourelle de gauche, une plaque commémorative signale que des princesses nivernaises devinrent reines de Pologne.

Montée des Princes

Du jardin en terrasses qui prolonge l'esplanade du palais ducal et la place de la République, on découvre une jolie vue sur la Loire... et sur la maison de la culture.

Beffroi

Il date du 15ᵉ s. Son clocher pointu domine un vaste bâtiment abritant autrefois les halles et la salle du bailliage ducal.

Église St-Étienne★

Cette belle église romane, qui fit partie autrefois d'un prieuré clunisien, est d'une grande pureté de style. Elle fut édifiée de 1063 à 1097 sur l'initiative de Guillaume Iᵉʳ, comte de Nevers. Le chevet, que l'on voit de la rue du Charnier, entouré de sa ceinture d'absidioles, est très élégant. La tour de la croisée du transept, dont il ne reste que la base, a été détruite sous la Révolution ainsi que les deux tours surmontant la sobre façade. Un ancien porche y a laissé quelques traces.

L'intérieur séduit par les tons dorés de la pierre et ses belles proportions. La nef est voûtée d'un berceau en plein cintre. Dans le chœur restauré a été implanté un autel roman. La rangée de fenêtres à la naissance du berceau est assez hardie.

Revenir sur ses pas pour prendre à droite la rue des Francs-Bourgeois que prolonge la rue des Ardilliers.

> **SUIVEZ LE FIL**
> Une initiative
> « marquante » facilite
> le parcours au cœur de
> la cité : tel le fil
> d'Ariane, un tracé bleu
> peint sur les trottoirs
> guide le promeneur
> vers les principaux sites
> touristiques de la ville.

*La nuit, la façade
de la chapelle Ste-Marie
se couvre d'un voile d'or.*

Porte de Paris

Cet arc de triomphe fut élevé en 1746 pour commémorer la victoire de Fontenoy ; des vers de Voltaire à la louange de Louis XV y sont gravés.

À gauche de la porte de Paris, suivre l'avenue Pierre-Bérégovoy (maire de Nevers de 1983 à 1993), puis à gauche la rue Hoche et la rue St-Martin.

Chapelle Ste-Marie

C'est l'ancienne chapelle d'un monastère de visitandines fondé par Mlle de Bréchard, supérieure du couvent des Moulins, envoyée par saint François de Sales.

La **façade**★ chargée d'ornements dans le style baroque italien : niches, entablements, colonnes et pilastres, est due à Jean Collignon (époque Louis XIII).

Les rues St-Martin (maison du Prieur au n° 5), du 14-Juillet, de la Porte-du-Croux ramènent à la porte du Croux.

Promenade des remparts

De la porte du Croux jusqu'à la Loire, remarquer l'enceinte édifiée par Pierre de Courtenay au 12ᵉ s., avec les tours du Havre, St-Révérien et Gogin. L'ensemble fut reconstruit au 15ᵉ s. Prolonger par le quai des Mariniers dégageant la vue sur le pont de Loire.

découvrir

PÈLERINAGE DE SAINTE BERNADETTE

St-Gildard

Favorisée à 14 ans par de nombreuses apparitions de la Vierge Marie, **Bernadette Soubirous** quitta Lourdes en 1866 pour entrer dans la Congrégation des Sœurs de la Charité de Nevers, dont Saint-Gildard est la maison mère. Elle y vécut jusqu'à sa mort en 1879 et fut déclarée sainte par l'Église en 1933. Son corps, trois fois exhumé intact, repose aujourd'hui dans une châsse vitrée dans la chapelle du couvent St-Gildard.

Le petit **musée** retrace l'histoire de la vie et conserve certains des effets et objets personnels de la sainte. *Avr.-oct. 7h-12h30, 13h30-19h30 ; nov.-mars : 7h30-12h, 14h-19h, dim et j. fériés 8h-12h, 14h-19h. Gratuit.* ☎ 03 86 71 99 50.

Église Ste-Bernadette-du-Banlay

Fermé en dehors des offices religieux.

On y accède par l'avenue Colbert et la rue du Banlay. Ce sanctuaire dû au fondateur du modernisme en architecture, Claude Parent, délibérément anticonformiste (1966), présente extérieurement sous les lignes obliques la forme lourde et ramassée d'un blockhaus. Contre toute attente, la nef concave est éclairée d'une lumière diffuse qui agrandit l'espace : ça n'est pas pour rien que cet artiste-bâtisseur s'inspire des monuments cisterciens.

alentours

Guérigny

14 km au Nord.

La petite ville s'est développée autour de la métallurgie au 18ᵉ s. Pour découvrir cette activité du temps de Buffon, une visite des forges de la Chaussade *(voir Cosne-sur-Loire)* dans les bâtiments de l'époque est vivement conseillée. Des expositions sont organisées en été sur le thème de l'archéologie industrielle *(musée du Vieux Guérigny)*.

itinéraire

DE NEVERS À BRIARE

94 km – environ 3 h.

Quitter Nevers au Sud-Ouest et rester sur la rive droite du fleuve.

La route longe le bord de l'eau créant une jolie vue sur le confluent de la Loire au **Bec d'Allier**.
Gagner Marzy.

Marzy
Intéressante église romane du 12ᵉ s. surmontée d'un élégant clocher à deux étages.
Jolie vue sur le confluent de la Loire et de l'Allier au **Bec d'Allier.**
Poursuivre au Nord en direction de Pougues-les-Eaux en passant par Fourchambault.

Pougues-les-Eaux
À proximité de la Loire, cette ancienne station thermale occupe un site agréable dans un vallon ombragé.
Ses parcs aux futaies centenaires, la terrasse du parc de Bellevue sur le mont Givre, d'où l'on a une **vue** étendue sur la vallée de la Loire et le Berry, constituent d'agréables lieux de promenade ou de repos pour le séjournant qui dispose aussi d'une gamme étendue de distractions (plan d'eau, casino, piscine, tennis...).
La N 7, à partir de la Marche, ramène au bord de la Loire.
À La Charité-sur-Loire le fleuve s'étale avec majesté, il devient « royal ». Nullement intimidé, un pittoresque pont de pierre en dos d'âne, du 16ᵉ s., le franchit pour relier la ville à son île du Faubourg de Loire.

La Charité-sur-Loire★ *(voir ce nom)*

Pouilly-sur-Loire
13 km au Nord de La Charité.
Localité célèbre par ses vignobles qui produisent des vins blancs au goût de terroir très caractéristique.
De la N 7, à 1,5 km au Nord de Pouilly, on découvre une vue intéressante sur le fleuve où s'égrène un chapelet d'îles.

Cosne-sur-Loire *(voir ce nom)*
À 10 km au Nord de Cosne se situe le musée du Domaine de Cadoux.

Domaine de Cadoux *(voir Cosne-sur-Loire)*
Le parcours se termine à Briare, avec la vision de l'étonnant pont-canal.

circuit

PAYS D'ENTRE LOIRE ET ALLIER
Circuit de 82 km – environ 4 h.
Dans la dernière partie de son cours, l'Allier, rivière épanouie mais vive encore, trace jusqu'à la Loire une voie presque directe ; un pays verdoyant et bocager avec, au Sud, la forêt du Perray est ainsi isolé. Les bourgs sont rares ; de belles demeures se cachent au milieu de vastes domaines où se pratique l'élevage en grand des bœufs charolais. Leur calme est seulement troublé par le trafic de la N 7 et certains jours... par des Grands Prix.

Circuit de Nevers-Magny-Cours
13 km au Sud. ♿ *Visite réservée aux groupes de 50 pers. mini.* ☏ *03 86 21 80 58.*
Inauguré en 1960 sous le nom de Jean Behra, ce circuit auto-moto est le théâtre de nombreuses compétitions dont les plus prestigieuses sont le Grand Prix de France de formule 1 (depuis 1991) et le Grand Prix de France moto. Dans l'enceinte pouvant contenir 110 000 spectateurs se sont développées une technopole, des structures de loisirs et d'accueil qui en renforcent l'attrait.

SOYONS NATURE
Une signalétique de bon aloi ponctue le *sentier de Ver-Vert* entre Nevers et Marzy afin de faire découvrir au marcheur (8 km) l'écosystème ligérien.

Entre Nevers et Saugues-les-Eaux, Varennes-Vauzelles offre un intéressant exemple de cité-jardin ouvrière du début du 20ᵉ s.

Musée Ligier F1★

  Mai-oct. : 13h-18h. Horaires susceptibles d'être modifiés se renseigner. Fermé oct.-mai. 6,10€ (enf. : 3,81€). ☎ *03 86 2. 81 11.*

Ce musée unique, le seul consacré à la formule 1 expose les voitures qui ont marqué l'histoire de l'écurie Ligier. Les modèles présentés ont participé aux courses et ont parfois remporté la victoire ; ils portent tous les initiales JS en mémoire de Jo Schlesser, ami de Guy Ligier, mort sur le circuit des Essarts à Rouen.

Les premières années de l'« écurie bleue » ont été marquées par la personnalité et les performances de Jacques Laffite, avant son terrible accident de Brands Hatch en 1986 ; il remporta plusieurs Grands Prix dont celui de Suède en 1977 avec la JS 7 et celui d'Allemagne en 1980 avec la JS 11/15. La présentation chronologique permet également de découvrir des modèles plus récents comme la JS 39 décorée par le dessinateur Hugo Pratt ou la JS 4 de Panis en 1995. La victoire de ce dernier sur la JS 4. à Monaco en 1996 a confirmé l'importance de l'écurie rachetée par A. Prost l'année suivante et désormais installée à Guyancourt en région parisienne.

L'autre grande partie du bâtiment est réservée à des **expositions thématiques** temporaires. L'ensemble es complété par une boutique et une **cinémathèque des sports mécaniques.**

Musée Ligier F1.

St-Parize-le-Châtel

Tout près du circuit, ce riant village était déjà florissant à l'époque gallo-romaine grâce à ses sources d'eau gazeuse naguère exploitées à l'Est de la localité. Son église construite sur une terrasse dominant le paysage est surtout remarquable par sa crypte du 12ᵉ s. L'interprétation des figures représentées sur les chapiteaux historiés es hasardeuse : certains voient dans les animaux musiciens, acrobates et personnages fantastiques la représentation des péchés capitaux. Les autres chapiteaux sont ornés d'éléments décoratifs hérités du paganisme - chimères, emblèmes –, de feuillages et de rosaces. Intéressant sarcophage carolingien.

Mars-sur-Allier

De l'autre côté de la N 7 par la D 133.

La petite église romane de Mars était au 12ᵉ s. un prieuré de Cluny. Bien dégagée sur une petite place, elle offre un plan rectangulaire très simple. Le tympan du portail figure le Christ en gloire entouré des symboles des quatre évangélistes et d'apôtres.

St-Pierre-le-Moûtier

11 km au Sud-Est de Mars-sur-Allier par la D 134 et N 76

Cet ancien siège d'un bailliage royal est un bourg commerçant, aux tranquilles petites places. On y trouve les traces des remparts qui fortifiaient la ville au 15ᵉ s. et de jolies maisons anciennes.

LA DERNIÈRE VICTOIRE DE JEANNE D'ARC

Après le sacre de Reims, le Conseil du roi, jaloux du prestige de Jeanne, lui impose plusieurs mois d'inaction à la Cour alors qu'elle a hâte de reprendre Paris. En octobre 1429, il décide de l'envoyer débarrasser le comté de Nevers des bandes de Perrinet-Gressard (voir La Charité-sur-Loire). Partie du Berry, la petite troupe royale entraînée par l'enthousiasme de la Pucelle prend d'assaut St-Pierre-le-Moûtier aux premiers jours de novembre. Après avoir dû attendre à Moulins des renforts en hommes et en matériel, l'armée repart en décembre pour tenter de reprendre La Charité. C'est un échec. L'année suivante, Jeanne sera capturée par les Bourguignons.

Église – Elle appartenait à un prieuré bénédictin lié à St-Martin d'Autun. Sa masse carrée et solide est aujourd'hui isolée sur la place du marché.

Le tympan du portail Nord, malheureusement dégradé, représente le Christ et les quatre évangélistes avec leurs symboles, entourés d'anges dans les voussures. Certains chapiteaux de la nef sont ornés de scènes pittoresques. Gisant du 14e s.

Sur la place de l'église l'entrée du presbytère est marquée par une porte gothique au décor flamboyant.

Gagner Chantenay (9 km au Sud) et bifurquer vers l'Est (D 522).

Forêt du Perray

Ses 2 200 ha s'égayent de plusieurs étangs. Au centre, le Rond-du-Perray est une vaste clairière d'où partent en étoile des allées profondes. La forêt de Chabet prolonge le massif du Perray vers l'Ouest.

Traverser la forêt ; aux Raguet, gagner Luthenay-Uxeloup à 10 km au Nord.

Dès la sortie Est de Luthenay-Uxeloup, la silhouette du **château de Rozemont** (13e s.), l'un des repaires de Perrinet-Gressard, se détache sur l'autre versant de la vallée.

Descendre vers la Loire et gagner Chevenon à environ 10 km au Nord.

Chevenon

En bordure des coteaux qui commandent la vallée, le **château** occupe un site qui explique son importance. Une impression de puissance se dégage de la haute construction dont la coloration rose adoucit la sévérité. Cet ancien logis seigneurial, étroitement resserré entre les fortes tours rondes, était autrefois entouré de fossés. Il fut édifié au 14e s. par Guillaume de Chevenon, « capitaine des châteaux et tours de Vincennes » sous Charles V. *Visite extérieure 9h-18h. Fermé de fin sept. à fin avr.*

Retour à Nevers par la D 13.

La route longe le canal latéral à la Loire dont les eaux calmes reflètent un paysage apaisant ; mais le fleuve, caché par une large bande alluviale, reste invisible.

Vous connaissez le château de Vincennes, près du bois, à Paris, où le roi Saint Louis tenait conseil ? Retrouvez-en ici un haut logis similaire avec ses quatre tours d'angle.

Nolay

Ce bourg, baigné par la Cosanne, est depuis sa sauvegarde d'il y a trente ans un lieu très animé en été, où il fait bon déguster son vin fruité.

La situation
Carte Michelin nᵒˢ 69 pli 9 ou 243 pli 27 – Côte-d'Or (21). Nolay est à 4 km à l'Ouest du carrefour de la N 6 et de la D 973.
🅱 *24 r. de la République, 21340 Nolay,* ☎ *03 80 21 80 73.*

Les gens
1 547 Nolaytois et l'enfant du pays Lazare Carnot (1753-1823), « organisateur de la victoire » au temps de la Convention.

Vue du village et du château de La Rochepot sur le piton de la Roche-Nolay.

visiter

Vieilles halles
Elles ont plus de 600 ans. La charpente est recouverte de lourdes dalles calcaires (des laves pesant près de 800 kg au m²).

Église St-Martin
Cet édifice du 15ᵉ s., reconstruit au 17ᵉ s. et restauré à la suite d'un incendie, est surmonté d'un curieux clocher de pierre, abritant un jacquemart en bois polychrome du 16ᵉ s., restauré. De nombreuses statues ont été installées dans l'église dont un Saint Jacques (première chapelle à droite) et un Saint Benoît, du 15ᵉ s. (déambulatoire).

alentours

La Rochepot★
5 km par la D 973.
Le village, qu'une déviation de la nationale fait maintenant éviter, s'étage au pied du promontoire rocheux qui supporte un château féodal.

Château – *D'avr. à fin oct. : tlj sf mar. 10h-11h30, 14h-17h30 (juil.-août : tlj sf mar. 10h-18h). 5,34€ (enf. : 2,74€).* ☎ *03 80 21 71 37.*

carnet pratique

Le château se dresse dans un **site**★ féerique, le piton de la Roche-Nolay. La construction primitive du 13ᵉ s., achetée par Régnier Pot en 1393, a été remaniée au 15ᵉ s., mais le donjon a été rasé lors de la Révolution.

On remarquera les défenses extérieures, les tours massives mais élégantes. Passé le pont-levis, la cour intérieure, avec son puits en fer forgé (profond de 72 m), est bordée d'une aile Renaissance avec tourelles couvertes de tuiles vernissées.

On visite la salle des Gardes, dotée d'une armurerie et d'une vaste cheminée, la chambre du capitaine des gardes, – pièce ronde, la mieux préservée du château –, la cuisine et son fourneau monumental, la salle à manger plafonnée de belles poutres, qui contient un riche mobilier néogothique et de nombreux objets d'art, l'ancienne chapelle ; on peut gravir les marches de la tour Nord pour y voir trois chambres, dont l'une à la chinoise – cadeau diplomatique à Sadi Carnot –, ainsi que le chemin de ronde extérieur offrant une vue sur les toits. D'une petite terrasse, au fond de la cour, le regard porte sur le village et les collines.

La cour du château de La Rochepot et ses toits de tuiles vernissées.

Église – Cette ancienne priorale a été édifiée au 12ᵉ s. par les bénédictins de Flavigny.

L'église possède des chapiteaux historiés (Anesse de Balaam, Annonciation, Combat d'un chevalier contre un aigle), d'une facture rappelant celle d'Autun. Elle renferme plusieurs œuvres d'art intéressantes et un triptyque du 16ᵉ s., dû au peintre dijonnais Quentin et dont la partie centrale figure la Déposition de croix.

Vallon de la Tournée

5 km, plus 1/2 h à pied AR. Prendre au Nord la route de Vauchignon, étroite et sinueuse.

Sur la droite s'élèvent les **falaises de Cormot,** remarquable école pour la varappe, dont la Dame de Paris est la plus majestueuse aiguille.

À la sortie de Vauchignon, suivre à gauche la route remontant le vallon de la Cosanne, au pied de hautes murailles rocheuses, jusqu'à un pont (fin de la route). Le sentier de gauche, après une montée sous bois, mène à une grotte, où la Cosanne coule en cascade sur les rochers de granit rose. L'autre sentier mène à travers prés au **cirque du Bout du Monde.** Dans un **site**★ remarquable au milieu d'impressionnants à-pics calcaires, tombe une cascade haute de 28 m.

Mont de Sène★★

6 km par la D 973 au Sud puis une route reliant à Dezize-lès-Maranges. ▶

On accède au mont de Sène, **panorama**★★, ou montagne des Trois-Croix (en raison du triple calvaire érigé au sommet), par des routes assez étroites comportant de fortes rampes aux virages difficiles vers le haut.

PANORAMA

Du sommet, on reconnaît, au Nord, au-delà de La Rochepot, la côte au célèbre vignoble, à l'Est la vallée de la Saône, le Jura et les Alpes, au Sud le Clunisois dominé par le mont St-Vincent, à l'Ouest la masse du Morvan.

Noyers ★

Cernée par un méandre du Serein et resserrée entre ses remparts aux tours rondes, Noyers est une adorable petite ville médiévale ; ses rues aux noms évocateurs, bordées de maisons anciennes à pans de bois ou bien en pierre et à pignon, où grimpe parfois un petit escalier extérieur, forment un ensemble charmant.

Les entrées de caves s'ouvrant directement sur la rue rappellent que l'on est ici en pays de vignoble.

La situation

Cartes Michelin nᵒˢ 65 pli 6 ou 238 pli 12 – Yonne (89). Cité entourée de forêts, de prés et de haies, à 30 km au Nord d'Avallon. 🚩 *22 pl. de l'Hôtel-de-Ville, 89310 Noyers-sur-Serein,* ☎ *03 86 82 66 06.*

LUMIÈRE !

La magie de ce décor médiéval prend une autre dimension dès la tombée de la nuit.

Un éclairage discret mais chaleureux invite le promeneur à errer dans ce dédale de petites ruelles jalonné de charmantes placettes.

carnet pratique

HÉBERGEMENT

• Valeur sûre

Chambre d'hôte Château d'Archambault – Cours - 2 km au S de Noyers par D 86 - ☎ 03 86 82 67 55 - 5 ch.: 58/69€ - repas 20€. Cette grande maison de maître du 19e s. a appartenu au cuisinier de Napoléon III. Restaurées avec goût dans un style contemporain sobre, les chambres donnent sur le parc ou le potager. Accueil décontracté. Un gîte est également disponible.

Le Calounier – 5 r. de la Fontaine, Hameau de Arton - 89310 Molay - 8 km au N de Noyers par D 86 et rte secondaire - ☎ 03 86 82 67 81 - info@lecalounier - ⊞ - 5 ch.: 46/51€ - repas 19€. Une douce quiétude règne dans cette ferme bourguignonne magnifiquement restaurée dont le nom patois est aussi celui des noyers plantés sur le domaine. Chambres garnies de meubles chinés chez les antiquaires et d'œuvres d'artistes locaux. À table, produits du terroir.

Le nom

Prononcer Noyère comme l'indique l'origine en latin *Nugerium*, dérivé de *nux*, la noix.

Les gens

789 Nucériens pour cette capitale de la vallée du Serein.

découvrir

LA VILLE MÉDIÉVALE★★

Place de l'Hôtel-de-Ville

Elle est entourée de jolies maisons à pans de bois des 14e et 15e s. et de maisons à arcades. L'hôtel de ville présente une façade du 18e s. surmontée d'un fronton curviligne et ornée de balcons en fer forgé et de pilastres.
Prendre la rue du Marché-au-Blé qui conduit à la place du même nom.

Place du Marché-au-Blé

Cette place, triangulaire, est bordée de maisons anciennes dont une en pierre, à arcades et à pignon, sur la droite. Dans le bel hôtel Renaissance, dit « la Croix blanche », ont lieu des expositions.
Par la rue de l'Église, on gagne l'église Notre-Dame, puis le musée.

Église Notre-Dame

Vaste édifice de la fin du 15e s., avec façade Renaissance et tour carrée, à gargouilles. Imposant chevet à contreforts. Remarquer, sur la façade Nord, l'étrange figuration sculptée d'un gisant.

Musée

Juin-sept. : 11h-18h30 ; oct.-mai : vac. scol. (tlj sf jeu.), w.-end, j. fériés 14h30-18h30. Fermé en janv. et 25 déc. 3,05€. ☎ 03 86 82 89 09.
Situé dans l'aile méridionale de l'ancien collège du 17e s., il abrite une intéressante collection de tableaux d'art naïf, d'art brut et d'art populaire provenant de la donation du peintre Jacques Yankel, ainsi que les œuvres d'un artiste africain.
Revenir place du Marché-au-Blé et prendre, sous une voûte à gauche, la petite rue du Poids-du-Roy.

Rue du Poids-du-Roy

Ruelle pittoresque ; sur la gauche, aussitôt après l'arcade, ravissante maison en bois du 15e s. à colombages et à poteaux corniers sculptés. La rue du Poids-du-Roy aboutit, par un passage couvert, à la minuscule **place de la Petite-Étape-aux-Vins** encadrée de maisons à pans de bois : celle qui se trouve tout de suite à gauche lorsqu'on débouche sur la place porte trois naïves sculptures représentant des saints.
La rue principale, **rue de la Petite-Étape-aux-Vins,** que l'on prend à gauche, elle aussi bordée de maisons anciennes, conduit à la place du Grenier-à-Sel.

TOITS DE PIERRE
C'est ici la région de la toiture en laves, plaquettes de calcaire extraite des lavières. Il en reste malheureusement très peu, alors qu'une telle couverture peut durer deux siècles.

DÉGUSTATION MUSICALE
Il faut reconnaître qu'une belle musique accompagnée de vins prestigieux assure souvent le succès d'une soirée. On ne s'étonnera donc pas de celui des **Rencontres musicales de Noyers** (juin/sept.) qui font partie du **Festival musical des Grands Crus de Bourgogne** (Chablis, Noyers, Gevrey-Chambertin, Meursault, Cluny).

AVANT L'HEURE
À l'Ascension, les vignerons décorent leur protectrice, la Vierge à l'Enfant domiciliée à la Porte de Tonnerre, de grappes de raisin vert.

À l'extrémité de cette place, s'engager dans la **rue de la Madeleine,** au début de laquelle on verra, à gauche, une maison Renaissance portant une inscription grecque (*kamata*, qui signifierait « grâce au travail »).

Revenir sur la place du Grenier-à-Sel.

À gauche, le passage Hardy débouche sur la **promenade**, ombragée de platanes et longeant le Serein. Suivre à droite cette promenade le long de laquelle on peut voir encore sept des vingt-trois tours qui défendaient autrefois la ville.

On arrive à la **Porte Peinte**, porte fortifiée de forme carrée, par laquelle on entre dans la rue de ce nom (grande maison à colombages, à gauche) pour regagner la place de l'Hôtel-de-Ville.

Vallée de l'**Ouche**

Entre des plateaux calcaires, c'est une trouée verdoyante propre aux cultures, aux pâturages... et à la douceur de vivre. Le canal de Bourgogne l'emprunte à partir de Pont-d'Ouche.

La situation

Cartes Michelin nos 65 plis 19, 20 et 69 pli 9 ou 243 plis 14, 15, 16.
Située à la limite Ouest de l'Arrière-Côte dijonnaise, la vallée de l'Ouche facilite les communications avec l'Auxois (routes, autoroutes, voie ferrée, canal).

comprendre

Le canal de Bourgogne

Achevé en 1832, ce canal, long de 242 km, opère la jonction entre l'Yonne et la Saône, de Laroche-Migennes (altitude 84 m) à St-Jean-de-Losne (altitude 182 m). Empruntant les vallées opposées de l'Armançon et de l'Ouche, il franchit, à 378 m d'altitude, la faîte de séparation des bassins de la Seine et du Rhône par un tunnel long de 3 333 m. Le canal de Bourgogne est utilisé par une batellerie active seulement entre Migennes et Tonnerre, de l'autre côté entre Dijon et St-Jean-de-Losne ; 189 écluses jalonnent son parcours (soit en moyenne une tous les 1,3 km – la succession d'écluses est particulièrement pénible entre Vénarey-les-Laumes et Pouilly). La navigation de plaisance, en accroissement car récemment découverte par les Français, l'utilise en entier.

Les portions les plus intéressantes du canal au long de l'Armançon (pour les sorties) sont, dans le sens « montant », prioritaire, entre Tonnerre et Montbard et de St-Thibault à Pont-d'Ouche. L'itinéraire décrit plus bas peut être fait en bateau.

Le canal de Bourgogne. Attention dans le sens « descendant » : les éclusiers ne communiquant pas entre eux, sauf exception, le temps d'éclusage s'allonge.

carnet pratique

HÉBERGEMENT ET RESTAURATION

• Valeur sûre

Chambre d'hôte La Saura – *Rte de Beaune - 21360 Lusigny-sur-Ouche - 2 km au S de Bligny-sur-Ouche par D 970 - ☎ 03 80 20 17 46 - la-saura@wanadoo.fr - ⊭ - 6 ch.: 50/75€.* Le propriétaire de cette belle demeure de style régional est peintre à ses heures et collectionne des œuvres contemporaines. Les chambres, soignées et confortables, donnent toutes sur un charmant jardin en terrasse.

• Une petite folie !

Chambre d'hôte Château d'Écutigny – *21360 Écutigny - 6 km au SO de Bligny-sur-Ouche par D 33 - ☎ 03 80 20 19 14 - info@chateaudecutigny.com - 6 ch.: 80/130€ - repas 40€.* Impossible d'être indifférent au charme de ce superbe château des 12e et 17e s. dans la campagne. Savourez les vastes chambres aux meubles de caractère, l'accueil très prévenant et les soirées autour d'une table d'hôte à la cuisine soignée.

Château La Chassagne – *21410 Pont-de-Pany - 2 km au N de Pont-de-Pany par D 33 puis rte secondaire - ☎ 03 80 49 76 00 - fermé 29 oct. au 9 avr. - P - 8 ch.: 109,76/182,94€ - ☕ 12,20€ - restaurant 28/32€.* Un joli château du 19e s. dans son parc pour les amateurs de repos et de verdure. Les chambres sont spacieuses et bien équipées. Décoration moderne avec quelques touches chinoises. Lustres à pendeloques dans la salle à manger classique. Cuisine traditionnelle au goût du jour.

itinéraire

PETITS TRAINS

Les deux extrémités du parcours sont dotées de voies ferrées calibrées pour les tortillards, à Bligny (9 km) et à Velars-la-Cude (4,2 km).

DE BLIGNY À DIJON

57 km – environ 1 h 1/2.

La route suit la verdoyante vallée de l'Ouche dans un paysage vallonné entre des pentes boisées parsemées de rochers.

Aussitôt avant Pont-d'Ouche, on passe sous le grand ouvrage d'art (500 m de long) qui permet à l'autoroute A 6 de franchir la vallée, puis la route rejoint le canal de Bourgogne. Remarquer, au passage, l'aqueduc sur lequel le canal de Bourgogne franchit l'Ouche. La vallée s'élargit et le fond devient boisé et rocheux. Bientôt des rochers apparaissent à gauche dans les côtes portant la forêt de Bouhey.

La Bussière-sur-Ouche

7 km au Nord de Pont-d'Ouche.

Dans un site agréable, les bâtiments du 13e s., restaurés, d'une ancienne abbaye cistercienne (fondée en 1130, fille de Cîteaux) servent de centre de retraite, loin des préoccupations profanes.

L'**église** abbatiale, romane, est surmontée d'un fin clocher d'ardoise. À l'intérieur, la nef, en berceau brisé, est soutenue par des doubleaux. Les bas-côtés possèdent des voûtes primitives, en calotte, légèrement bombées. L'église renferme des tombeaux, des pierres tombales, des bas-reliefs et de nombreuses statues. Au chœur, panneaux peints, du 17e s., surmontés de deux intéressantes statues : sainte Barbe, à gauche, et saint Sébastien, à droite. *Fermé pour travaux. Cependant la chapelle située dans l'abbaye est ouverte à la visite.*

TRAVELLING

Les paysages de la région inspirent non seulement les peintres mais aussi les cinéastes. À un quart de siècle d'intervalle deux films ont connu un succès de scandale : *Les Amants* de Louis Malle, tourné à Bligny en 1958, et *Les Valseuses* de Bertrand Blier (1974).

Peu après Auvillard, on aperçoit en haut d'un piton, à gauche, les ruines du château de Marigny. À l'entrée de Ste-Marie-sur-Ouche, laisser à droite un joli pont en dos d'âne.

Traverser l'Ouche à **Pont-de-Pany** et se diriger vers le Sud-Est.

Château de Montculot

◄ C'est une élégante demeure du 18e s. avec façade rocaille, parc et pièces d'eau. L'une d'elles, la source du Foyard, fut chantée par Lamartine qui hérita de ce domaine familial. Le poète composa là une partie de son œuvre, entre 1801 et 1831, avant de vendre la propriété (mais « pas les mémoires »).

VUES

Du site on a une vue dégagée à l'ouest sur le mont Afrique et le mont de Siège, tous deux flirtant avec les 600 m d'altitude.

Regagner Pont-de-Pany, et emprunter vers l'Est la D 905 qui offre des vues sur les ouvrages d'art de la voie ferrée Paris-Dijon établie sur la falaise dominant le canal.

À la Cude, bifurquer vers le Sud.

Notre-Dame d'Étang

1/2 h à pied AR, à partir du centre psychothérapique.
De la D 10^F en corniche, on découvre un beau **panorama** sur la vallée de l'Ouche.
Au sommet de la colline d'Étang, a été érigé en 1896 un monument de 24 m de hauteur portant une immense statue de la Vierge. La statue miraculeuse, découverte en 1435, se trouve dans l'église de Velars-sur-Ouche.
Peu avant l'arrivée à Dijon, l'Ouche s'élargit en un plan d'eau artificiel, le lac Kir.
Il est aussi possible de rejoindre la capitale bourguignonne par la D 108 après un passage au mont Afrique.

Paray-le-Monial★★

Paray-le-Monial est une ville d'art avec sa basilique, le plus bel exemple conservé d'architecture clunisienne, un lieu de pèlerinage qui, en tant que berceau de la dévotion au Sacré-Cœur de Jésus, attire les foules, et un centre industriel par ses fabriques de carrelage et pavage de grès, de produits réfractaires.

EN SAISON
Les nuits d'été résonnent des *Musicales* dans une basilique illuminée jusqu'à 23 h.

La situation

Cartes Michelin n°s 69 pli 17 ou 243 pli 37 – Saône-et-Loire (71). Aux confins du Charolais et du Brionnais, sur la Bourbince, affluent de la Loire que longe le canal du Centre. Sur la N 79 aussi, entre Digoin et Charolles, Moulins (71 km) et Mâcon (66 km).
🅱 *25 av. Jean-Paul II, 71600 Paray-le-Monial,* ☎ *03 85 81 10 92.*

Le nom

À l'origine de « Paray », le latin *paries* qui signifie « paroi, clôture », sans doute des anciennes fortifications. « Monial » vient de *monie,* « moine » en vieux français. À l'instar de Cluny, la ville s'est construite autour du monastère. De nombreuses communautés religieuses se sont fixées à Paray-le-Monial.

Les gens

9 191 Parodiens et des dizaines de milliers de pèlerins.

comprendre

VISIONS DU SACRÉ-CŒUR

La grâce mystique – Fille du notaire royal de Verosvres-en-Charolais, **Marguerite-Marie Alacoque** manifeste très tôt le désir de se faire religieuse, vœu qu'elle réalisera à 24 ans. Le 20 juin 1671, elle entre au couvent de la Visitation de Paray-le-Monial. Dès 1673 se produisent pour sœur Marguerite-Marie des apparitions du cœur charnel de Jésus, qui se poursuivront jusqu'à sa mort, le 17 octobre 1690. Secondée par son confesseur, le père Claude de La Colombière, elle a consigné les messages reçus : « Voilà ce Cœur qui a tant aimé les hommes » et préconisé, à la suite de saint Jean Eudes, la dévotion au Sacré-Cœur. Sœur Marguerite-Marie a été canonisée en 1920.

Un nouveau culte – Définie comme l'union au cœur de Jésus par les mystiques, ce n'est qu'au début du 19e s., après la tourmente révolutionnaire, que la dévotion au Sacré-Cœur se développe. En 1817 commence en Cour de Rome le procès qui aboutit, en 1864, à la béatification de sœur Marguerite-Marie. Ce sont 30 000 personnes qui participent en 1873 au premier grand pèlerinage, où se décide la consécration de la France au Sacré-Cœur de Jésus. Chaque année en juin la fête se renouvelle, le 3e vendredi qui suit la Pentecôte.
Le pape Jean-Paul II est venu à Paray en octobre 1986.

Une des deux tours carrées qui ornent la façade de la basilique du Sacré-Cœur.

PARAY ET PARIS
Cette consécration rejoignait le vœu émis en 1870 de construire, par souscription nationale, une église consacrée au Sacré-Cœur, qui sera la basilique érigée sur la colline de Montmartre.

VISITE

Visites guidées – Paray-le-Monial, qui porte le label **Ville d'art et d'histoire**, propose des visites-découvertes (1h30 à 2h) animées par des guides-conférenciers agréés par le ministère de la Culture et de la Communication. Renseignements à l'Office de tourisme ou sur www.vpah.culture.fr

RESTAURATION
• *Valeur sûre*
Restaurant La Poste et Hôtel La Reconce – *71600 Poisson - 8 km au S de Paray-le-Monial par D 34 -* ☎ *03 85 81 10 72 - fermé 3 fév. au 1ᵉʳ mars, 30 sept. au 18 oct., lun. sf le soir et mar. sf le soir en juil.-août - 19,82/76,22€.* D'un côté, le restaurant dans une maison en pierre : salle à manger prolongée d'une véranda et d'une terrasse d'été. Premier menu intéressant. De l'autre, une maison 1900 rénovée, des chambres confortables avec leurs meubles en merisier et parquets cirés.

HÉBERGEMENT
• *À bon compte*
Chambre d'hôte M. et Mme Mathieu – *Sermaize - 71600 Poisson - 12,5 km au SE de Paray-le-Monial par D 34 puis D 458 (dir. St-Julien-de-Civry) -* ☎ *03 85 81 06 10 - fermé 11 nov. au 15 mars -* ⌧ *- 5 ch.: 42/54€ - repas 16€.* Ce relais de chasse du 14ᵉ s. à fière allure avec sa tour ronde et sa cour carrée fleurie. Accédez aux chambres personnalisées par un escalier en colimaçon d'époque. Parquets, meubles anciens et cheminées font le décor intérieur. Jardin ouvert sur la campagne.

visiter

PÈLERINAGE ET ART SACRÉ

Basilique du Sacré-Cœur★★
Visite : 1/2 h.

◄ Sur la rive droite de la Bourbince, aménagée en promenade fleurie et jalonnée de saules pleureurs, se dresse l'église primitivement dédiée à Notre-Dame, puis élevée au rang de basilique en 1875.

Construite d'un jet entre 1092 et 1109, sous la direction de saint Hugues, abbé de Cluny, l'église peut être considérée comme un modèle réduit de la célèbre abbaye bénédictine (contemporaine de Cluny III). Elle n'en conserve cependant que la structure architecturale, délaissant la magnificence décorative et le gigantisme, conçus à la gloire de Dieu, au profit d'une beauté abstraite, favorable au recueillement, fondée sur l'agencement rythmique des volumes, les jeux d'ombre et de lumière et le dépouillement ornemental.

◄ **Extérieur** – La façade est d'une élégante asymétrie : deux tours carrées, épaulées à leurs angles par de puissants contreforts, présentent quatre étages de fenêtres dont le premier éclaire le narthex ; la droite, construite au début du 11ᵉ s., a une décoration très sobre ; la gauche, postérieure, est plus riche : les étages supérieurs sont percés de deux baies accouplées, et au dernier, l'arc des baies est formé de deux rangs de claveaux au lieu de trois, tandis que les chapiteaux des colonnettes sont réunis par un cordon d'oves et de losanges. La tour octogonale située à la croisée du transept a été restaurée en 1856.

Entrer dans la basilique par le croisillon gauche dont la belle porte romane est décorée de motifs floraux et géométriques.

REMARQUEZ
Les rares sculptures privilégient largement les motifs géométriques, dont saint Hugues découvre probablement la séduisante perfection dans l'art islamique, à l'occasion de deux voyages en Espagne.

AU CHEVET
Pour admirer l'unité du chevet, harmonieusement étagé, contourner l'édifice et se placer en haut de l'escalier de l'ancienne maison des Pages qui abrite la chambre des Reliques.

AN DE GRÂCE
La même année 1856 vit Pie IX étendre le culte du Sacré-Cœur à tout le rite romain.

Admirez la belle pierre dorée de la basilique, qui rappelle tant d'églises du Brionnais tout proche.

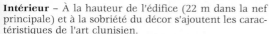

P

Intérieur – À la hauteur de l'édifice (22 m dans la nef principale) et à la sobriété du décor s'ajoutent les caractéristiques de l'art clunisien.

Le chœur et son déambulatoire à 3 absidioles – le promenoir des Anges – constituent un ensemble d'une grande élégance. Les chapiteaux historiés des fines colonnes sont un exemple typique de l'art bourguignon du 12ᵉ s. L'abside en cul-de-four est décorée d'une fresque du 14ᵉ s., représentant le Christ en gloire bénissant, découverte à l'occasion d'un décapage en 1935. La croisée du transept, recouverte d'une coupole sur trompes, est très gracieuse.

Musée du Hiéron

Fermé provisoirement pour travaux.

Ce musée d'art sacré centré sur le thème de l'Eucharistie à travers la vie du Christ, de la Vierge et des saints renferme principalement une collection d'art italien du 13ᵉ s. au 18ᵉ : tableaux de primitifs ; œuvres des écoles florentine (Donatello, Bramante), vénitienne, romaine et bolonaise (Carrache, Reni) ; objets sculptés, parmi lesquels un Christ toscan du 13ᵉ s. et une arche eucharistique en ivoire des 13ᵉ et 16ᵉ s. ; pièces d'orfèvrerie.

Il possède en outre quelques œuvres des écoles de Flandres et d'Allemagne (gravures de Lucas de Leyde et d'Albrecht Dürer), et surtout un très beau **tympan**★ du 12ᵉ s. : au centre, le Christ en majesté trône dans une mandorle soutenue par deux anges, au linteau la Vierge de miséricorde découvre son sein à l'Enfant Jésus qu'elle porte sur ses genoux, entourée de 4 vierges tenant une couronne et de 4 apôtres et disciples. L'ensemble est remarquable tant par la technique sculpturale que par la richesse iconographique.

On trouve également des objets de culte : orfèvrerie, ivoire, émaux...

Chambre des Reliques

Dans l'ancienne maison des Pages du cardinal de Bouillon (18ᵉ s.) ont été rassemblés de nombreux souvenirs de sainte Marguerite-Marie. La cellule de la sainte a été fidèlement reconstituée.

Parc des Chapelains

C'est dans ce vaste enclos, orné d'un chemin de croix, que se déroulent les grandes cérémonies de pèlerinage. Dans le parc, un **diorama** est consacré à la vie de sainte Marguerite-Marie. ⚅ *9h30-18h. Fermé 2 à 3 sem. en janv. Gratuit.* ☎ *03 85 81 62 22.*

Chapelle de la Visitation

Possibilité de visite guidée sur demande à la direction du Pèlerinage, ☎ *03 85 81 62 22.*

C'est dans cette chapelle, appelée Sanctuaire des Apparitions, que sainte Marguerite-Marie reçut ses principales Révélations. La châsse en argent doré abritant ses reliques se trouve dans une chapelle à droite. Celle de son confesseur, canonisé en 1992, est dans la chapelle des Jésuites, en face du musée du Hiéron.

Hôtel de ville★

La façade en pierre dorée de ce bel hôtel Renaissance, construit en 1525 par un riche drapier, Pierre Jayet, est ornée de coquilles et de médaillons, représentant les rois de France et des notables parodins.

Tour St-Nicolas

Cette grosse tour carrée du 16ᵉ s. est le clocher de l'ancienne église St-Nicolas, désaffectée. La façade qui borde la place Lamartine s'orne d'une belle rampe en fer forgé et d'une fine tourelle construite en encorbellement à la pointe du pignon.

Musée de la Faïence charollaise

⚅ *De fin avr. à fin oct. : 10h-12h, 14h-18h (juil.-août : 10h-12h, 15h-19h). 2,67€.* ☎ *03 85 81 10 92.*

Installé dans le cloître de l'ancien prieuré des moines du 18ᵉ s., ce musée est consacré à l'histoire d'une production qui de 1836 à nos jours connut une grande variété de formes et de dessins (coll. Molin).

Huysmans décelait le symbole de la Trinité dans la triple nef comportant 3 travées, 3 arcatures au-dessus des grandes arcades surmontées de 3 fenêtres.

PORTAIL PORTÉ

À l'époque radicale des destructions révolutionnaires, en 1791, le portail du prieuré brionnais d'Anzy-le-Duc *(voir ce nom)* fut transporté dans le parc du château d'Arcy et par la suite donné au musée du Hiéron.

HOMMAGE

La sainte est célébrée ici le dim. le plus proche du 16 oct.

Façade de l'hôtel de ville : détail.

La première salle présente des moules, outils, pièces crues et accidents de cuisson tels qu'on les trouve dans la réserve d'un atelier *(diaporama sur les étapes de fabrication)*. Les salles suivantes exposent de nombreuses pièces classées par ordre chronologique et thématique ; enfin un espace est réservé aux archives de la faïencerie.

alentours

Château de Digoine

15 km du Nord-Est de Paray-le-Monial, par la D 248, puis à gauche la D 974. Après avoir traversé le canal du Centre à hauteur de Varennes, il reste 1 km à parcourir.

Mai-oct. : w.-end et j. fériés 13h-19h (de mi-juil. à mi-août : tlj). 5,5€, 3€ (parc et jardin seulement). ☎ *03 85 47 96 44.*

Cette belle demeure du 18e s., construite sur l'emplacement d'un château fort, présente deux façades d'aspect très différent.

La façade principale est précédée d'une cour que ferme une grille de fer forgé ; elle porte un élégant fronton sculpté et elle est flanquée de deux pavillons en saillie. La façade qui regarde le parc comprend en son milieu un portique de deux étages ; à ses extrémités se dressent deux tours d'angle de la forteresse d'origine, cylindriques, à coupoles.

Ordonné autour de l'étang, le parc s'étend sur 30 ha. Trois itinéraires balisés permettent d'en découvrir les charmes.

Pontigny★

CONCERTS

Musique sacrée et chants grégoriens alternent dans la grandiose acoustique de l'église les soirs d'été.

Ce petit village bâti au bord du Serein est célèbre pour son ancienne abbaye, seconde fille de Cîteaux, fondée en 1114. Sur le plan matériel, il ne subsiste de Cîteaux que des vestiges, alors que Pontigny a conservé intacte son immense église : elle est ainsi l'un des grands témoins de l'esprit cistercien comme de son art. Les locaux de l'abbaye sont occupés par un important centre de « rééducation professionnelle ».

C'est ainsi une autre mission qui se perpétue.

La situation

Cartes Michelin nos 65 pli 5 ou 238 pli 11 – Yonne (89). 18 km au Nord-Est d'Auxerre par la N 77. 🚩 *22 r. Paul-Desjardin, 89230 Pontigny,* ☎ *03 86 47 47 03.*

Le nom

Un pont sur le Serein *(voir son originalité plus loin, en marge)* est sûrement à l'origine du nom.

Les gens

748 Pontignassiens, des séminaristes à la Mission de France, mais plus de moines.

comprendre

L'ÉPOPÉE PONTIGNY

UN PONT AU COIN

Un vieux dicton rappelait que trois évêques, trois comtes et un abbé pouvaient dîner sur le pont de Pontigny tout en restant sur leurs terres.

La fondation – Au début de l'année 1114, douze religieux, ayant à leur tête l'abbé Hugues de Mâcon, un compagnon de Bernard de Clairvaux, sont délégués de Cîteaux par saint Étienne pour établir un monastère au bord du Serein, dans une clairière, au lieu dit Pontigny. L'abbaye, à la limite de trois évêchés (Auxerre, Sens, Langres) et de trois provinces (comtés d'Auxerre, de Tonnerre, de Champagne), bénéficie dès son origine de la protection et de la générosité de six maîtres différents. Thibault le Grand, comte de Champagne, est son plus généreux donateur : en 1150, il donne à l'abbé le moyen d'entreprendre la construction d'une église plus vaste que la simple chapelle St-Thomas d'alors. Il fait entourer la propriété de l'abbaye d'une enceinte, haute de 4 m dont subsistent encore de nombreuses traces.

Un refuge pour archevêques – Assez important pour avoir affilié 38 abbayes en France, Pontigny fut au Moyen Âge le refuge des persécutés d'Angleterre. Trois archevêques de Cantorbéry y trouvèrent asile : Thomas Becket, primat d'Angleterre, en conflit avec le roi Henri II Plantagenet, vint se retirer à Pontigny en 1164. De retour dans son pays en décembre 1170, après un séjour à Sens, il fut assassiné dans sa cathédrale à la Noël. Étienne Langton, désavoué par Jean sans Terre, se réfugia à Pontigny de 1208 à 1213. Edmund Rich (saint Edme) y vécut saintement pendant plusieurs années. Inhumé dans l'église en 1240, il fut canonisé en 1246 (un record de rapidité). Son culte a été populaire dans toute la région.

Grandeur et décadence – Abandonnée pendant la Révolution, l'église sert de paroissiale et l'abbaye de carrière aux villages voisins, jusqu'en 1840. Les ruines rachetées par l'archevêque de Sens sont mises à la disposition des pères missionnaires des Campagnes, congrégation fondée par le père Muard *(voir Pierre-qui-Vire)*, qui restaurent l'église et les bâtiments.

Les décades de Pontigny – Au début du 20ᵉ s., les pères sont expulsés et la propriété rachetée par le philosophe Paul Desjardins (1859-1940) qui y organise les fameuses Décades groupant tous les esprits éminents de l'époque : Thomas Mann et André Gide, T.S. Eliot et Paul Valéry ont eu, à l'occasion de ces « retraites », dans la célèbre allée des charmilles, de fructueuses conversations littéraires. À la mort de Desjardins, d'autres colloques furent organisés à Cerisy-la-Salle.

> **THOMAS STEARNS DIT T.S.**
> T.S. Eliot (1888-1965) est l'auteur de certains des plus grands textes de la littérature anglaise, dont un *Meurtre dans la cathédrale*, drame qui remémore les derniers moments et le martyre de Thomas Becket.

visiter

L'abbaye★
Visite : 1/2 h.

Face au monument aux morts du village, franchir un portail du 18ᵉ s. flanqué de petits pavillons et prendre une avenue ombragée qui conduit à l'église abbatiale en longeant les bâtiments monastiques.

Église★ – *Possibilité de visite guidée sur demande auprès de l'association des Amis de Pontigny.* ☎ *03 86 47 54 99.*
Construite dans la seconde moitié du 12ᵉ s., par Thibault, comte de Champagne, dans le style gothique de transition, elle est d'une austérité rigoureuse, conformément à la règle cistercienne. De dimensions imposantes (108 m de longueur à l'intérieur – 117 m avec le porche – et 52 m de largeur au transept), presque aussi vaste que la cathédrale Notre-Dame de Paris, elle est la plus grande église cistercienne de France.

Extérieur – Un porche en appentis festonné d'arcatures, reposant soit sur consoles, soit sur colonnettes, occupe toute la largeur de la façade. Fermé latéralement, il est percé de deux baies géminées en plein cintre et d'une porte centrale en arc surbaissé. La façade, ornée d'une

> **SOBRE**
> La seule décoration de toute la façade est une simple croix sculptée au centre du tympan : on est bien dans le monde de saint Bernard. L'absence de clocher tient au fait qu'il n'y avait pas d'appel à la prière pour les paroissiens. Cela manque désormais, puisque l'église est paroissiale.

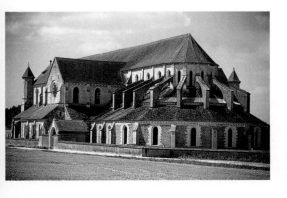

L'église vue du côté Sud, très représentatif.

◄ haute fenêtre en arc brisé et de deux arcatures aveugles, se termine en pignon aigu avec oculus. Les flancs de l'église sont caractéristiques avec leur longue ligne de faîte que ne coupe aucun clocher. Le transept et les bas-côtés sont d'une grande simplicité, avec contreforts à pans plats et arcs-boutants au chevet et au flanc Nord.

Intérieur – D'un gothique minimaliste, la longue nef à deux étages, très lumineuse, compte sept travées ; c'est la première nef cistercienne voûtée d'ogives parvenue jusqu'à nous. La perspective est coupée par la clôture en bois du chœur monastique.

Les bas-côtés trapus voûtés d'arêtes contrastent avec la nef de forme plus dégagée. Le transept, éclairé à chaque extrémité par une rose, est très caractéristique avec ses six chapelles rectangulaires ouvrant dans chaque croisillon.

Le chœur date de la fin du 12ᵉ s. ; il est d'une grande élégance avec son déambulatoire et ses onze chapelles rayonnantes, dont certaines discrètement hexagonales (rare). Au fond du chœur se trouve la châsse (18ᵉ s.) contenant les reliques de saint Edme, surmontée d'un lourd baldaquin aux anges massifs. Des chapiteaux à crochets terminent les belles colonnes monolithes ; ceux de la nef ont pour tout élément décoratif des feuilles d'eau stylisées.

On peut voir, dans une des chapelles de l'abside, une châsse en bois de la Renaissance qui a contenu le corps du saint.

Les imposantes **stalles**★ sont de la fin du 17ᵉ s., ainsi que les grilles du transept et le buffet d'orgues. La tribune d'orgues, très ouvragée, les grilles du chœur et l'autel datent de la fin du 18ᵉ s., à l'époque où il restait très peu de moines.

La nef était coupée, pour faire une sorte de double chœur, et séparer les frères convers des moines de chœur.

Les bâtiments monastiques

Des bâtiments cisterciens du 12ᵉ s., il ne reste aujourd'hui que l'aile des frères convers. La façade, où le moellon s'allie à la fine pierre de Tonnerre, est épaulée par des contreforts. Des autres bâtiments ne demeure que la galerie méridionale du cloître, reconstruite au 17ᵉ s. *(accès par l'église).*

alentours

Ligny-le-Châtel
4,5 km à l'Ouest.
L'**église** date des 12ᵉ s. (nef) et 16ᵉ s. (chœur). Le plan du chevet s'inspire de celui de l'abbaye de Pontigny, mais l'abside, circulaire à Pontigny, est ici polygonale.

Dans la 2ᵉ chapelle Nord, tableau de saint Jérôme du 16ᵉ s. (retouché). Remarquer aussi deux statues en bois polychrome, un Saint Jean et la Vierge au pied de la croix, du 16ᵉ s.

Pouilly-en-Auxois

Cette petite ville s'est développée au pied du mont de Pouilly au débouché du tunnel par lequel le canal de Bourgogne passe du bassin du Rhône dans celui de la Seine. Bien équipée, elle forme un excellent point de départ pour découvrir la nature et le patrimoine de la région.

La situation
◄ *Cartes Michelin nᵒˢ 65 pli 18 ou 243 pli 14 – Côte-d'Or (21).* La ville se trouve au croisement des autoroutes A 6 et A 38, à 43 km de Dijon.
🖪 *Le Colombier, 21320 Pouilly-en-Auxois,* ☎ *03 80 90 74 24.*

Le nom
Selon certains toponymistes, « Pouilly » proviendrait du celtique *pol* qui signifie « marécage ».

carnet pratique

HÉBERGEMENT ET RESTAURATION

• À bon compte

Chambre d'hôte Mme Bagatelle – *R. des Moutons - 21320 Châteauneuf-en-Auxois - ☎ 03 80 49 21 00 - jean-michel.bagatelle@wanadoo.fr - fermé vac. de fév. - ⊟ - 4 ch.: 38/58€.* Au cœur de ce charmant village, cette ancienne bergerie est aménagée avec goût. La pierre, le bois et les poutres créent une atmosphère chaleureuse dans ses chambres confortables. Deux pièces en mezzanine, pratiques pour les familles. Une adresse de caractère.

Chambre d'hôte Péniche Lady A – *Canal de Bourgogne - 21320 Vandenesse-en-Auxois - 7 km au SE de Pouilly-en-Auxois par D 970 et D 18 - ☎ 03 80 49 26 96 - fermé 1ᵉʳ déc. au 31 janv. - ⊟ - 3 ch.: 50€ - repas 20€.* Envie d'embarquer à bord d'une péniche ? Franchissez la passerelle de *Lady A,* le dépaysement est garanti. Solidement amarrées sur les berges du canal, ses trois petites cabines vous attendent. Sur le pont, vous pourrez admirer Châteauneuf (et surtout son château) sur la colline.

• Valeur sûre

Hostellerie du Château Ste-Sabine – *21320 Ste-Sabine - 8 km au SE de Pouilly par N 81, D 977bis puis D 970 - ☎ 03 80 49 22 01 - fermé 2 janv. au 23 fév. - 🅿 - 25 ch.: 60,98/179,89€ - ⊇ 7,62€ - restaurant 23/53€.* Passé le vaste parc et la grande cour intérieure, vous voilà introduit dans les fastes des châteaux de la Renaissance et du 17ᵉ s. Mais dans les chambres spacieuses, la sobriété et le sens pratique sont de rigueur. Belle vue sur l'étang. Animaux en liberté et piscine d'été.

Les gens

1 502 Polliens ayant tous lu Vincenot.

comprendre

Ligne de partage des eaux – Sur l'autoroute, avant d'arriver au péage de Pouilly-en-Auxois, au Nord de Dijon, on voit un panneau indiquant la « ligne de partage des eaux ». Curieuse indication qui signifie qu'à proximité se trouve le mont Pouilly (559 m). Toute l'eau qui ruisselle sur ses pentes Sud s'en va vers la Méditerranée ; toute l'eau qui coule sur le versant Nord s'en va vers la Seine et la mer du Nord, et l'eau qui s'écoule à l'Ouest s'en va vers la Loire. Henri Vincenot, dans ses romans, appelle joliment ce mont « le toit de l'Europe ».

visiter

Église N.-D.-Trouvée

Visite en sem. sur demande préalable auprès de la mairie. ☎ 03 80 90 64 00.

Cette petite chapelle des 14ᵉ et 15ᵉ s., centre de pèlerinage et sanctuaire, a été construite pour conserver une statue très ancienne de la Vierge (volée en 1981), appelée Notre-Dame-Trouvée depuis sa découverte miraculeuse. Elle s'élève à mi-pente de la butte St-Pierre, au milieu d'un cimetière, et renferme un beau Sépulcre du 16ᵉ s., à neuf personnages, où l'on retrouve à la fois des influences bourguignonnes (modelés des draperies), champenoises (Saintes Femmes groupées au centre) et italiennes (de nombreux figurants complètent la scène : soldats endormis, anges portant les instruments de la Passion).

À l'extérieur, près de l'une des entrées du cimetière, se dresse un original ensemble du 15ᵉ s. en pierre constitué par une chaire, un autel et un calvaire.

alentours

Dans le sens contraire des aiguilles d'une montre, peut faire l'objet d'un circuit.

Château d'Éguilly

5 km au Nord. Mars.-oct. : visite guidée (1h1/4) 10h-12h, 14h-19h. 3,81€. ☎ 03 80 90 72 90.

L'existence d'un fort est attestée depuis le 12ᵉ s. Il conserve de l'époque médiévale son plan carré flanqué de tours et son importante **porterie** du 13ᵉ s. où s'ouvrent les logements verticaux des bras de l'ancien pont-levis.

Le puits Renaissance.

La cour, ornée d'un joli puits Renaissance à dôme, se sépare en deux parties distinctes suivant l'axe de l'entrée.

Au Sud, les communs s'adossent aux murs d'enceinte primitifs ; des vestiges du chemin de ronde sont visibles dans l'écurie qui s'élève en retour. Une petite chapelle gothique ferme ce côté et vient buter, au Nord, contre l'aile d'habitation, transformée au 17e s.

Des expositions temporaires d'art contemporain ont lieu l'été.

Croix St-Thomas
18 km au Nord-Ouest.
On y découvre un très vaste **panorama**★ sur l'Auxois et le Morvan.

Mont-St-Jean
à 2 km au Sud de la Croix.
Le vieux bourg féodal occupe un **site**★ remarquable avec son château du 12e s., entouré de belles allées ombragées.

Chailly-sur-Armançon
6,5 km à l'Ouest.
Son beau **château** de la Renaissance possède une façade joliment décorée.

Ste-Sabine
9 km au Sud-Est.
Son **église** gothique est précédée d'un porche d'une surprenante hauteur.

Châteauneuf★
◄ Dans un **site**★ en hauteur, ce vieux bourg fortifié est célèbre par son château fort qui commandait la route de Dijon à Autun et toute la plaine environnante.

On peut voir Châteauneuf de l'autoroute de Dijon comme du canal de Bourgogne. La vue la plus saisissante naît de la D 18ᴬ au Sud, aussitôt après avoir franchi le canal.

Château★ – *Avr.-sept. : visite guidée (3/4h) 9h30, 10h30, 11h30, 14h, 15h, 16h, 17h (juin-août : visite supp. à 18h) ; oct.-mars : tlj sf mar. et mer. à 10h, 11h, 14h, 15h. Fermé 1ᵉʳ janv., 1ᵉʳ mai, 1ᵉʳ et 11 nov., 25 déc. 4€.* ☎ 03 80 49 21 89.

La forteresse a été agrandie et remaniée en gothique flamboyant à la fin du 15e s. par Philippe Pot, sénéchal de Bourgogne *(voir La Rochepot)*. Le dernier propriétaire, le comte Georges de Vogüé, en a fait don à l'État en 1936. Cette imposante construction, ceinturée d'épaisses murailles flanquées de tours massives, est séparée du village par un fossé. Jadis deux portes fortifiées desservaient le château ; aujourd'hui un seul pont-levis, encadré de grosses tours rondes, donne accès à la cour intérieure, d'où l'on a une vue d'ensemble des deux corps de logis.

◄ En partie ruiné, le **logis des hôtes** ou « logis de Philippe Pot » conserve ses belles ouvertures en accolade traversées de meneaux. Le **grand logis,** surmonté de hautes lucarnes, a bénéficié de plusieurs campagnes de restauration ; la salle des gardes impressionne par ses vastes proportions et son imposante cheminée dont le blason a été martelé. La chapelle (1481), restaurée avec soin, a retrouvé ses belles peintures à la détrempe aux couleurs de la famille Pot (rouge et noir) ; elle abrite dans le chœur la réplique du célèbre tombeau de Philippe Pot en armure exposé au Louvre. Les chambres, à l'étage, ont été aménagées aux 17e et 18e s. Celle de Charles Iᵉʳ de Vienne (1597-1659), dans le donjon, est précédée d'une pièce qui a gardé ses cloisons en galandage (15e s.). D'une chambre ronde, vue en grand large sur les contreforts du Morvan et, en premier plan, sur le canal de Bourgogne.

Le village★ – Il forme un ensemble très séduisant, avec ses vestiges de remparts et ses rues étroites. Médiéval, il possède de vieilles demeures, fort bien conservées, construites du 14e au 17e s. par de riches marchands
◄ bourguignons ; noter des linteaux de porte sculptés ou en accolade.

LE NOM
Au 12e s., le sire de Chaudenay, dont le château en ruine s'élève dans un joli site à Chaudenay-le-Château (6 km au Sud), construisit pour son fils cette forteresse : cela explique le nom.

VERTIGE
Dans le logis des hôtes, où, comme son nom l'indique, les seigneurs logeaient leurs invités, l'étage a perdu son plancher : la grande cheminée qui dotait une des pièces paraît, là-haut, comme suspendue dans le vide.

COMME ANTAN
Remarquez une intéressante boutique ancienne : l'échoppe du potier d'étain dans la rue principale.

Puissant
mais élégant,
le château de Commarin.

Château de Commarin★

Sur la D 977ᵇ au Nord de Châteauneuf. D'avr. à fin oct. : visite guidée (3/4h) tlj sf mar. 10h-12h, 14h-18h. 6,10€ (enf. : 3€). ☎ 03 80 49 23 67.

Aux confins de l'Auxois et de la Côte, ce grand château est resté dans la même lignée depuis le 14ᵉ s. On franchit les douves en eaux entre deux tours carrées ; dans la cour d'honneur, deux rondes (fin 14ᵉ s.), vestiges d'un château féodal, précèdent le corps de logis élevé en 1702 et couvert de beaux combles à la française. L'aile gauche fut reconstruite sous Louis XIII, au-dessus d'une jolie chapelle gothique laissée intacte (fresques restaurées). Celle-ci abrite une Vierge bourguignonne du 15ᵉ s. et une Mise au tombeau du 16ᵉ s. Dans la partie visitable du château (aile gauche), la décoration et le mobilier se distinguent surtout par de belles **tapisseries★** armoriées du 16ᵉ s. aux teintes miraculeusement conservées. Dans le grand salon domine la représentation en majesté de Charles X (atelier de Gérard) qui toutefois ne « mange pas » un délicat portrait de Mme de Voguë.

Échannay

3 km au Nord-Est de Commarin.

Dans le chœur de la petite **église** romane se trouve un très joli retable en marbre, jadis polychrome, du 16ᵉ s. *Visite guidée sur demande préalable. ☎ 03 80 33 45 80.*

> **Vincenot**
>
> Natif de Dijon, Vincenot vécut dans le village de Commarin. On peut dire de l'écrivain qu'il a été l'un des rares à s'être consacré à l'Auxois. Cet amour immodéré s'est traduit dans de célèbres romans comme *Le Pape des escargots* ou *La Billebaude*, mais aussi dans des peintures, car ce cheminot avait tous les talents. Il fut longtemps l'auteur fétiche de l'animateur d'Apostrophes, son presque voisin Bernard Pivot.

Prémery

Dans un joli cadre de collines, au bord de la Nièvre, cette ancienne résidence d'été des évêques de Nevers est de fait une agréable station.

La situation

Cartes Michelin nᵒˢ 65 Sud du pli 14 ou 238 pli 22 – Nièvre (58). Prémery est située sur l'axe Nevers-Clamecy-Auxerre. De la D 38, vue plongeante sur les toits de la ville. 🄳 *Tour du Château, 58700 Prémery, ☎ 03 86 37 99 07.*

Le nom

On assure localement que l'origine serait celtique, construite sur *prem* (« proche ») et *ri* (« rivière »). Auquel cas la proximité est bien celle de la Nièvre.

Les gens

2 201 Prémerycois, redevables aux Lambiotte, les fondateurs de l'usine au 19ᵉ s.

comprendre

◄ **Charbon de bois, robe de bure** – Prémery doit une bonne part de son activité à une usine spécialisée dans la carbonisation des bois, au premier rang européen avec près de 500 tonnes de charbon produites par jour. Il s'y fabrique également des arômes naturels et des produits... chimiques.

Le bienheureux chanoine Nicolas Appeleine, qui a son tombeau dans les murs de l'église (il est mort en 1466), avait telle réputation de sainteté que Louis XI, malade, se fit apporter sa robe. Le roi guérit mais ne fit preuve d'aucune reconnaissance.

se promener

Église St-Marcel

◄ Cet édifice des 13ᵉ et 14ᵉ s., ancienne collégiale, est surmonté d'un clocher massif.

L'intérieur présente des voûtes gothiques surbaissées et de larges bas-côtés. L'abside est à deux étages de fenêtres.

Ancien château

C'est ici que les évêques de Nevers séjournaient à la belle saison.

De son origine médiévale il conserve un beau porche fortifié (14ᵉ s.), petit frère de la porte du Croux à Nevers. Le corps de logis a été remanié au 16ᵉ s.

La promenade pourra se poursuivre autour du plan d'eau (3 ha).

alentours

Butte de Montenoison★

10 km au Nord-Est.

Au sommet de l'une des collines les plus élevées du Nivernais (alt. 417 m) subsistent quelques vestiges d'un important château du 13ᵉ s., construit par Mahaut de Courtenay, comtesse de Nevers.

Passer à gauche de la chapelle pour monter au calvaire élevé sur l'emplacement d'une ancienne motte féodale. De là *(table d'orientation)*, on découvre un vaste **panorama**★, notamment sur les monts du Morvan : par temps clair, l'église de Lormes se détache nettement.

St-Révérien

15 km à l'Est.

Ce village du Nivernais possède une des plus intéressantes églises romanes de la région. Pour en avoir une bonne vue d'ensemble et en apprécier le cachet roman, il faut arriver par l'Est, route de Guipy.

◄ **Église** – De l'église primitive édifiée au milieu du 12ᵉ s., il ne reste, après un incendie de 1723, que le chœur, le chevet avec son déambulatoire et les chapelles rayonnantes qui manifestent son ancienne appartenance à un prieuré clunisien.

Au 19ᵉ s., la nef a été reconstruite et le clocher central remplacé par un clocher-porche. La porte est surmontée de deux anges à quatre ailes d'inspiration byzantine provenant du portail primitif.

◄ **L'intérieur**★ est d'une grande pureté. Remarquer la nef avec doubleaux et l'alternance des piles fortes et des piles faibles. La chapelle absidale et celle de droite, consacrées à saint Joseph, conservent des fresques du 16ᵉ s.

Étang de Vaux

10 km à l'Est de St-Révérien.

Avec son voisin, l'**étang de Baye,** dont il est séparé par une digue, ils alimentent le canal du Nivernais. Le premier, le plus important des deux, environné de bois, est un agréable lieu de pêche ; le second se prête aux évolutions des voiliers.

St-Saulge

17 km au Sud-Est de Prémery.

Situé sur un éperon rocheux qui annonce les premiers contreforts du Morvan, le bourg doit son nom à St-Salve, ermite auxerrois martyrisé au 6ᵉ s. Cet ancien fief des comtes de Nevers, connu pour ses foires et ses légendes, a vu naître Dom de Laveyne (1653-1719), fondateur de l'ordre des sœurs de la Charité de Nevers. Sa maison à ▶ lui aussi est proche de l'église.

L'église à trois nefs, de style gothique, a de belles voûtes d'ogives. Dans les travées des bas-côtés, intéressants vitraux du 16ᵉ s.

Tout près de là, par une route bucolique, l'église romane de **Jailly,** bâtie à flanc de coteau dans un site agréable, faisait partie d'un prieuré clunisien.

Un noble tilleul se dresse devant l'ancien portail roman surmonté d'une petite frise de roses, précédant l'église couronnée d'un clocher octogonal.

> **L**'une des fameuses légendes de St-Saulge, immortalisées sur des cartes postales au début du siècle, porte sur la construction de cette église : elle serait l'œuvre des fées, qui d'ailleurs n'auraient pas pris la peine d'en achever la nef.

La Puisaye

La forêt qui recouvrait autrefois toute la région a en grande partie disparu. Le climat humide et les sols de marnes et de sable expliquent la présence insistante de nombreux bassins et rivières, dans un pays de bocages resté à l'abri du remembrement. Parallèlement à l'axe St-Sauveur/Rogny-les-Sept-Écluses, l'étang de Moutiers, le réservoir de Bourdon, les étangs de Blondeaux, la Tuilerie, la Grande Rue forment un véritable chapelet.

Les prés et les champs coupés de haies vives, les collines boisées et la silhouette de nombreux châteaux – Ratilly, St-Fargeau, St-Sauveur, St-Amand –, qui ponctuent de petites routes charmantes, ajoutent à l'intérêt d'une excursion à travers la Puisaye. D'autant que cette région champêtre, associée à sa voisine la Forterre, s'ouvre doucement au tourisme.

La situation

Cartes Michelin nᵒˢ 65 plis 3, 4, 13, 14 ou 238 pli 9 – Yonne (89). À moins de 200 km de Paris, ce plateau de verdure entre la Loire et l'Yonne, clairement détaché des régions voisines, est une conjugaison naturelle de l'eau et des bois.

Le nom

Parmi différentes origines possibles, la plus vraisemblable et jolie serait celle du verbe « poiser », qui signifie marcher dans les flaques d'eau en remplissant ses sabots. C'était au temps instable des marécages.

Les gens

Les Poyaudins ont l'imaginaire fertile qui les porte parfois à croire aux phénomènes irrationnels. Les sorciers ont longtemps sévi dans la région, quand elle était sous le charme de la forêt mystérieuse.

comprendre

D'argile et d'eau – Le sol de la Puisaye contient des silex non roulés empâtés d'argile blanche ou rouge utilisée dès le haut Moyen Âge par les potiers de St-Amand, Treigny, St-Vérain et Myennes. L'industrie de la poterie se développe surtout au 17ᵉ s. Aux pièces de luxe, dites « bleu de St-Vérain », succèdent, au siècle suivant, des productions pour la plupart utilitaires ; l'artisanat de la fin du 19ᵉ s. leur assure une réputation nouvelle.

Grande bouteille : grès de Puisaye, début du 17ᵉ s.

Actuellement, l'activité s'est concentrée à Saint-Amand-en-Puisaye, devenue centre de formation, et aux abords mêmes de la localité où fonctionnent plusieurs ateliers lui assurant l'un des premiers rangs pour la fabrication des grès. Moutiers, proche de St-Sauveur, propose faïences et grès au lieu dit la Bâtisse (four couché du 18e s.), où exercent les descendants de la dynastie de potiers des Cagnat. Au château de Ratilly, ceux qu'intéresse l'art de la céramique peuvent s'initier au savoir-faire des potiers : coulages, moulages des pièces, travail sur le tour.

circuit

CŒUR DE PUISAYE

Château de St-Fargeau★★ *(voir ce nom)*

Prendre la D 185 à l'est du château, sur 3 km.

Lac de Bourdon

Il couvre 220 ha et forme un beau réservoir destiné à alimenter le canal de Briare. Plan d'eau aménagé *(promenades autour du lac, voile, canotage, pêche et baignade).*

Parc naturel de Boutissaint★

8h-19h. 7,62€ (enf. : 4,57€). ☎ 03 86 74 07 08, www.boutissaint.com. Location de VTT sur place.

Période du brame

Soyez prudents : au moment du rut, les animaux peuvent être agressifs, en particulier les cerfs en septembre-octobre. N'hésitez pas à interroger alors les préposés au parc.

C'est le premier parc de vision créé dans ce genre en 1968. Entouré par une clôture de 10 km, il occupe 400 ha de bois, de prairies et d'étangs et ménage environ 100 km de promenades. Son but est de maintenir dans leur biotope plus de 400 grands animaux vivant à l'état sauvage. Des itinéraires pour piétons et cavaliers permettent de découvrir des hardes de cerfs, de biches, de daims, de chevreuils en pleine liberté. Dans de vastes enclos vivent des bisons d'Europe, de nombreux sangliers et des mouflons de Corse. On peut également observer de petits animaux tels que des écureuils, des lapins, des belettes, des hermines ainsi qu'une multitude d'oiseaux sédentaires ou migrateurs. Si vous êtes un adepte du safari-photo et que le Kenya vous paraît trop lointain ou trop cher, c'est ici que vous pourrez exercer vos talents aux meilleures conditions. Et si la vénerie vous intéresse, ne manquez pas le 3e dimanche de juillet la retrospective de chasse à courre.

Le pique-nique est autorisé.

Un peu plus loin, prendre à gauche la D 955 en direction de St-Sauveur-en-Puisaye.

Chantier médiéval de Guédelon★

Juil.-août : 10h-19h ; avr.-juin : tlj sf mer. 10h-18h, w.-end et j. fériés 10h-19h ; de sept. à mi-nov. : tlj sf mer. 10h-17h30. Fermé de mi-nov. à fin mars. 7,62€. ☎ 03 86 74 19 45.

Sur la commune de Treigny, une ancienne carrière au milieu des bois est devenue en 1998 le théâtre d'une aventure unique.

Un chantier du 13e s.

Le propriétaire de St-Fargeau et l'association des compagnons bâtisseurs de Puisaye ont entrepris la construction d'un château fort avec les moyens techniques... du 13e s. ! Vous ne verrez ni bulldozers, ni camions, ni grues d'acier mais leurs ancêtres les charrois de pierre, de bois et de sable, tirés par des bœufs ou des chevaux, et les ingénieux systèmes de levage du Moyen Âge, telles les fameuses « cages d'écureuil », fidèlement reconstituées. Les « œuvriers », en cagoule et en chausses, taillent la pierre, battent le fer, tressent le chanvre, hachent et scient le bois, reprenant les gestes oubliés des anciens bâtisseurs, à partir de la matière première locale.

Ce chantier d'un autre âge, prévu pour un quart de siècle, est une expérience originale pour améliorer notre connaissance du monde médiéval.

*Le chantier médiéval
de Guédelon.*

Dans la grange cistercienne à l'entrée du site, la vente de poteries faites sur place et de produits régionaux ne se fait plus en deniers et pas encore en euros. Un petit atelier d'enluminures vous introduit avec délicatesse dans l'art d'une époque longtemps dite obscure.
Reprendre la D 955 en direction de St-Amand-en-Puisaye puis la D 185 à gauche.

Château de Ratilly

Avr.-oct. : 10h-12h, 14h-17h, w.-end et j. fériés 15h-18h (de mi-juin à mi-sept. : tlj 10h-18h) ; nov.-mars : tlj sf dim. 10h-12h, 14h-17h, sam. 15h-17h. Fermé 2 premières sem. de janv. 3€. ☎ 03 86 74 79 54.

La découverte de cet importante bâtisse du 13ᵉ s., à l'écart des grandes routes dans un décor de beaux arbres, ne manque pas de charme.

Des tours massives et de hauts murs d'aspect sévère surplombent les douves sèches entourant le château construit en belle pierre ocre, patinée par le temps.

Un atelier artisanal de poteries de grès, créé dès 1951 dans l'aile gauche, propose des stages d'initiation. On visite l'atelier et ses combles (exposition-vente de céramiques ; petite collection de grès anciens de la Puisaye) et les deux ailes basses sur l'arrière, aux salles rénovées (expositions temporaires d'art contemporain, concerts).

Redescendre sur le village.

Treigny

Dans cette commune frontière entre la Puisaye et la ► Forterre trône une belle **église** du 15ᵉ s., de style gothique flamboyant. Ses vastes proportions, étonnantes pour un sanctuaire de campagne, la font surnommer la « cathédrale de la Puisaye ».

Emprunter la D 66 en direction de Moutiers.

Moutiers-en-Puisaye

L'**église** paroissiale appartenait autrefois à un prieuré dépendant de l'abbaye de St-Germain d'Auxerre. Elle conserve quelques belles œuvres tels que les motifs sculptés ornant l'embrasure des baies du narthex (13ᵉ s., remaniés au 16ᵉ s.) et les fresques médiévales de sa nef. Découverts en 1982 sous un badigeon du ► 17ᵉ s., deux cycles peints, roman et gothique, se superposent. Les fresques romanes (2ᵉ moitié du 12ᵉ s.) ont été privilégiées sur le mur Nord (Annonciation, Nativité, Annonce aux bergers, Christ entouré d'anges montrant ses plaies), le mur Ouest au revers de la façade (grands personnages énigmatiques) et la 1ʳᵉ travée du mur Sud (scène d'adoration). Trois registres gothiques (vers 1300) complètent ce dernier : en haut, procession ; au centre, scènes de la Genèse ; en bas, histoire de saint Jean Baptiste et l'Arche de Noé.

UN PETIT PORT-ROYAL
Dans les années 1730, la forteresse servit de refuge aux jansénistes qui y imprimèrent un journal clandestin, *Les Nouvelles Ecclésiastiques* temporairement à l'abri des poursuites de la police royale et avec l'appui de l'évêque d'Auxerre.

Remarquez la masse imposante des contreforts. À l'intérieur deux Christ en croix : l'un posé sur les bas-côtés de la nef, exécuté par un lépreux au 16ᵉ s., aux extrémités rongées, l'autre accroché au-dessus du portail, de facture janséniste.

GRAND FEU
Au lieu-dit La Bâtisse, la vieille poterie Louis Cagnat abrite le dernier grand four couché du 18ᵉ s. pouvant accueillir jusqu'à 3 000 poteries. Il brûlait en moyenne 50 m³ de gros bois et plus de 5 000 fagots de brindilles.

*Dans leur fraîcheur
retrouvée
à Moutiers-en-Puisaye.*

AU PAYS DE COLETTE

« Et si tu arrivais, un jour d'été, dans mon pays, au fond d'un jardin que je connais, un jardin noir de verdure et sans fleurs, si tu regardais bleuir, au lointain, une montagne ronde où les cailloux, les papillons et les chardons se teignent du même azur mauve et poussiéreux, tu m'oublierais, et tu t'assoirais là, pour n'en plus bouger jusqu'au terme de ta vie ! » *Vrilles de la vigne.*

St-Sauveur-en-Puisaye

Dans la rue Colette, sur la façade d'une grande maison à perron en pente, un médaillon de marbre rouge clair porte la sobre inscription : « Ici Colette est née ».

> #### COLETTE
> Sidonie Gabrielle, fille de Jules Colette, second époux de sa mère, vit le jour le 28 janvier 1873. C'est à St-Sauveur qu'elle passe les 19 premières années de sa vie, avant d'épouser un écrivain mondain, Henry Gauthier-Villars ; sous sa coupe elle rédige la série des Claudine que celui-ci signe sous le pseudonyme de Willy, et qui fera scandale. Après ce sera Paris et d'autres maris, mais toujours elle conservera un attachement à la terre et au pays natal, qu'elle appelait « le musée de sa jeunesse », jusqu'au Palais-Royal où elle s'éteint en pleine gloire le 3 août 1954. La romancière a évoqué plus particulièrement son village (et sa mère bien aimée) dans la *Maison de Claudine* paru en 1922 et dans *Sido* en 1930.

*La chambre
du Palais-Royal.*

BAR

Au rez-de-chaussée, vous pourrez vous rafraîchir avec d'autres formules à l'espace bar, et finir d'étancher votre soif de lecture dans la librairie - bien réelle, cette fois qui le prolonge.

Musée Colette★ – & *Avr.-oct. : tlj sf mar. 10h-18h ; nov.-mars : w.-end et j. fériés 14h-18h. Fermé 1ᵉʳ janv. et 25 déc. 4,27€.* ☎ *03 86 45 61 95.*
Aménagé dans un pavillon du château de St-Sauveur, à proximité de la bizarre tour sarrasine construite en pierre de fer sous une forme ovoïde (12ᵉ s., la dernière de ce type subsistant en France), le musée invite à découvrir la vie et l'œuvre de Colette.
Son enfance, ses passions et sa carrière sont illustrées par quelque 250 photos accompagnées d'une bande sonore qui reprend quelques-uns de ses textes sur des morceaux de piano. Le salon et la chambre qu'elle occupait au Palais-Royal à la fin de sa vie sont reconstitués fidèlement autour de son mobilier propre (à l'exception du poste de télévision) comme le célèbre lit au damas rouge, doté de la table radeau qui lui permettait d'écrire en dépit de ses rhumatismes. L'ensemble est complété par de nombreux souvenirs légués par la famille de Jouvenel, son deuxième mari. Après un bel escalier dont chaque marche porte un titre de l'œuvre, la visite se termine logiquement à la bibliothèque factice, un espace de lecture ou plutôt de « dégustation », dans lequel 1 500 faux livres renferment des citations de l'écrivain.
Retour à St-Fargeau par la D 85 (11 km).

itinéraire

VALLÉE DE L'OUANNE
25 km de Toucy à Charny par la D 950 qui longe la voie du chemin de fer touristique de Puisaye.

Toucy
Cette localité, bâtie sur la rive droite de l'Ouanne, fut le pôle historique de la Puisaye jusqu'au 14ᵉ s. Sur une hauteur, l'église Saint-Pierre a l'aspect d'une forteresse : le chevet, plat, flanqué de deux tours du 12ᵉ s., et le mur

Nord de l'édifice sont les restes de l'enceinte du château des barons de Toucy. Jolie promenade à faire près des anciens remparts, d'où l'on découvre la ville basse et ses environs.

Un nouveau syndicat d'initiative vient de voir le jour dans une ancienne boulangerie sur la place de la République, face au buste du célèbre enfant du pays, le lexicographe **Pierre Larousse** (1817-1875).

La commune assure sa prospérité par un dynamisme commercial très vif, dont témoigne l'important marché régional du samedi matin (prévoir des encombrements). Aux Rameaux, le marché se transforme en fête.

Autour de l'étang alimenté par l'Ouanne, la commune a aménagé un espace de verdure en parc de loisirs (camping)... et surtout ne quittez pas Toucy sans embarquer à bord du **train touristique** du Pays de Puisaye-Forterre. *De mai à sept. : w.-end.*

Quittez Toucy au Nord-Ouest par la D 950.

Villiers-St-Benoît

Le village se distingue par la qualité de son patrimoine. Les murs de son église portent une fresque du 15e s., une conversation surnaturelle d'un bel équilibre trinitaire, le **Dict des trois morts et des trois vifs.**

Dans une grande maison typique de la région (18e s.), un **musée d'art et d'histoire de Puisaye** a été aménagé. Le rez-de-chaussée présente la reconstitution d'un intérieur poyaudin doté d'un beau mobilier et offre un panorama de la sculpture bourguignonne de l'époque romane jusqu'au 16e s. dont des œuvres de l'école dijonnaise. *De fév. à mi-déc. : tlj sf mar. 10h-12h, 14h-18h. Fermé 1er mai, 1er et 11 nov. 3,81€ (enf. : gratuit). ☎ 03 86 45 73 05.*

Poursuivre la D 950 jusqu'à Grandchamp.

Grandchamp

Le village abrite un **château** d'aspect longiligne très original, remanié plusieurs fois de la Renaissance au Second Empire. Entre les quatre tours circulaires, les façades emploient la brique avec un goût très sûr. Les dépendances (début 17e s.) bénéficient elles aussi de cette décoration très spécifique.

Continuer sur la D 950.

Charny

Au centre de la petite ville, la **halle** ne manque pas d'allure avec ses murs de briques à pans de bois, posés sur des piliers de pierre. Elle abritait autrefois la mairie.

▶

Il renferme à l'étage (combles) une importante collection de grès de la région (17e-18e s.) et de faïences de l'Yonne (18e-19e s.).

Romanèche-Thorins

Le bourg est réputé pour son célèbre cru du Moulin-à-Vent, « seigneur des beaujolais », qui doit son appellation à un vieux moulin situé au milieu des vignes.

La situation

Cartes Michelin nos 73 Nord-Ouest du pli 10 ou 244 plis 2, 3 – Saône-et-Loire (71).
Au cœur des Beaujolais-Villages, aux confins administratifs de la Saône-et-Loire, de l'Ain et du Rhône.
À 17 km de Mâcon par la N 6.

Le nom

Issu de *Romanesca*, dont la racine *roman* ayant trait à l'eau (Romanée, Romanche, Romenay). Quant à la seconde partie, elle évoque la hauteur à partir de *turra*, racine gauloise.

Les gens

1717 Romanéchois et un tigre blanc.

HÉBERGEMENT
• *Valeur sûre*
Chambre d'hôte Les Pasquiers – *69220 Lancié - 2 km au S de Romanèche-Thorins - ☎ 04 74 69 86 33 - ganpasq@aol.com - ✉ - 4 ch.: 60/65€ - repas 20€.* Bien cachée derrière les murs entourant le jardin, cette belle demeure du Second Empire a du caractère. Reposez-vous dans le salon avec son piano à queue, sa cheminée et sa bibliothèque. Les chambres sont spacieuses et ouvrent sur le jardin. Terrasse avec piscine.

ACHATS
Château du Moulin à Vent – *Le Moulin à Vent - ☎ 03 85 35 50 68 - lun.-sam. 8h-12h, 14h-18h, dim. et j. fériés sur demande préalable - fermé de déb. août à mi.-août.* Le plus fameux des vins du Beaujolais. De couleur rubis, ronds, corsés et charpentés, les moulin-à-vent sont des vins puissants et racés aptes à vieillir. Dégustation.

découvrir

Musée Guillon du compagnonnage
D'avr. à fin oct. : tlj sf mar. 14h-18h (juil.-août : tlj 10h-18h). Fermé 1ᵉʳ mai. 3,05€. ☎ 03 85 35 83 23.
Des chefs-d'œuvre, des documents et des souvenirs ont été réunis dans cet ancien atelier où, à la fin du 19ᵉ s., Pierre-François Guillon (1848-1923) dirigeait une école de trait (dessin linéaire et tracé des coupes de bois) pour les compagnons charpentiers du Devoir.

« Le Hameau du vin » S.A. Dubœuf★
 9h-18h. Fermé premières sem. de janv. (se renseigner) et 25 déc. 10,67€ (enf. : 6,10€). ☎ 03 85 35 22 22.

> ### À SAVOIR
> Aux côtés du « roi » moulin-à-vent, le département compte un autre cru du Beaujolais et l'un des plus légers : le fameux saint-amour.

« Stationné » en gare de Romanèche-Thorins (l'accueil se fait dans l'ancien hall), le musée se veut une vitrine de l'univers de la vigne et plus spécifiquement du Beaujolais. La salle consacrée à la viticulture présente un impressionnant pressoir mâconnais de 1708, une statue de Bacchus, et de nombreuses collections qui illustrent le travail et la vie des viticulteurs. Plus loin, un théâtre électronique met en scène « Toine » le vigneron, qui dialogue avec son cep « Ampelopsis », avec pour décor les quatre saisons beaujolaises. Les autres salles, dont la muséographie est résolument moderne, ont pour thèmes les étapes de fabrication, les différents crus et les métiers liés au vin. Une dégustation vient satisfaire les palais éveillés au terme de la visite, accompagnée par les chaudes sonorités d'un bouteillophone.

Maison de Benoît Raclet
Hameau de la Pierre. Visite guidée sur demande préalable 15 j. av. Gratuit. ☎ 03 85 35 51 37.
Vers 1830, les vignes du Beaujolais étaient dévastées par le « ver coquin » ou pyrale. Les vignerons essayaient de combattre ce fléau par tous les moyens, sans aucun succès. C'est alors que Benoît Raclet remarqua qu'un pied de vigne planté le long de sa maison, près du déversoir d'eaux de ménage, se portait à merveille. Il décida d'arroser tous ses ceps avec de l'eau chaude sous l'œil sceptique des voisins et sauva ainsi sa vigne. La technique de l'échaudage s'est généralisée et sera utilisée jusqu'en 1945.
Souvenirs divers et matériels d'échaudage : chaudrons, cafetières... sont rassemblés dans sa maison.

> ### LA FÊTE RACLET
> Hommage est rendu au sauveur de la vigne chaque dernier w.-end d'oct. : défilé, dégustation et cotation du millésime.

Parc zoologique et d'attractions Touroparc★
☺ *Accès : au carrefour de la Maison Blanche, sur la N 6 prendre la D 466ᴱ route de St-Romain-des-Îles. & Mars-oct. 10h-19h ; nov.-fév. : 10h-12h, 13h30-17h30. 12,96€. ☎ 03 85 35 51 53.*
Dans un cadre de verdure avec des constructions ocrées, ce centre d'élevage et d'acclimatation de 10 ha présente des animaux et des oiseaux des cinq continents, la plupart dans une apparente liberté, sauf certains grands fauves. Parcs de loisirs, petit train monorail aérien, aire de pique-nique avec bars. Jeux d'eau l'été.

Le rare tigre blanc aux yeux bleus, originaire de la principauté de Rewah en Inde.

Saint-Fargeau

L'exploitation des forêts permit autrefois d'installer à St-Fargeau, capitale de la Puisaye, des bas fourneaux pour traiter le minerai extrait du sol ferrugineux.
St-Fargeau conserve un beau château où plane le souvenir d'Anne-Marie-Louise d'Orléans, cousine de Louis XIV, plus connue sous le nom de Mlle de Montpensier ou de Grande Mademoiselle, incorrigible frondeuse et touchante amoureuse.

La situation
Cartes Michelin nos 65 pli 3 ou 238 pli 9 – Yonne (89).
À l'Ouest d'Auxerre par la D 965 (44 km).
1 *Maison de la Puisaye - 3 pl. de la République, 89170 St-Fargeau,* ☎ *03 86 74 15 72.*

Le nom
Le lien est établi avec *Sanctus Ferreolus*, attribué par ailleurs à l'église, Saint-Ferréol. Sous la Révolution, la ville s'est appelée *Le Peletier*, du nom de son seigneur-martyr.

Les gens
1 814 Fargeaulais, dont une bonne partie sont des acteurs bénévoles lors du spectacle nocturne au château.

> **AU PLAISIR DE DIEU**
> Gravée sur le chambranle d'une porte près de la chapelle, en haut de l'escalier monumental, cette inscription rappelle le titre d'un roman de Jean d'Ormesson, dont la famille maternelle a des attaches à St-Fargeau.

comprendre

Un château romanesque – Édifié en plusieurs étapes, à partir de la Renaissance, le château actuel est à l'emplacement d'une forteresse élevée par un parent d'Hugues Capet vers 980. Sur les six tours qui encadrent le bâtiment, la plus grosse (au point de renfermer une cour intérieure à ciel ouvert) fut bâtie par Jacques Cœur, banquier du roi Charles VII propriétaire quelque temps de St-Fargeau. Un ancien compagnon de Jeanne d'Arc, le guerrier Antoine de Chabannes, l'acquiert lors de l'emprisonnement de ce dernier, et y fait exécuter d'importants travaux d'agrandissement en lui donnant son plan pentagonal.
C'est surtout Mlle de Montpensier, exilée dans la place, qui fit transformer l'aspect des bâtiments et concevoir l'aile qui porte son nom par l'architecte de Versailles, Louis Le Vau (v. 1655). En 1681, elle fait don de St-Fargeau au duc de Lauzun, courtisan en disgrâce auquel elle s'unit en secret, après de nombreux projets de mariage avortés.

> **MAUVAISE FORTUNE ?**
> La **Grande Mademoiselle** passa cinq années à St-Fargeau sur l'ordre de son cousin Louis XIV après sa participation à la Fronde. Parmi les 3 châteaux qu'il lui proposa, elle choisit celui-ci pour sa relative proximité d'avec la cour ; mais lorsqu'elle y pénétra en 1652, elle trouva une bâtisse délabrée et dut « traverser la cour avec de l'herbe jusqu'aux genoux ».

carnet pratique

RESTAURATION
• À bon compte
Ferme-auberge Les Perriaux – *89350 Champignelles - 3 km au NO de Champignelles par D 7 (dir. Château-Coligny) puis rte secondaire -* ☎ *03 86 45 13 22 - ouv. w.-end hors sais. et tlj en juil.-août - réserv. conseillée - 10,50/31,50€.* Dans cette ferme du 16e s., aujourd'hui vouée aux céréales et à l'élevage de volailles, venez déguster tous les produits du terroir : terrines, foie gras et cidre maison. Cadre rustique agrémenté d'un feu de cheminée. Une chambre d'hôte agréable à l'étage.
Auberge La Demoiselle – *2-4 pl. de la République -* ☎ *03 86 74 10 58 - fermé déc. à fév., dim. soir, mer. soir et lun. hors sais. - réserv. conseillée le w.-end - 12,95€ déj. - 16/25,15€.* La Demoiselle, Mlle de Montpensier, habita le château et son portrait orne la cheminée de la salle à manger de ce restaurant. Intérieur jaune à la fois gai et chaleureux avec poutres apparentes et tomettes au sol. Cuisine bien tournée.

HÉBERGEMENT
• À bon compte
Chambre d'hôte Le Moulin de la Forge – *89350 Tannerre-en-Puisaye - 11 km au NE de St-Fargeau par D 18 puis D 160 -* ☎ *03 86 45 40 25 -* ▱ *- 5 ch.: 50€.* Ancien moulin à tan du 14e s. lové au pied de son parc. Vous serez charmé par le jardin paysagé avec sa piscine et son étang poissonneux. Les chambres sont confortables avec poutres apparentes et mobilier des années 1930.

En 1715, la propriété est acquise par Le Peletier des Forts. Son arrière petit-fils **Louis-Michel Le Peletier de St-Fargeau** réélu député du Tiers à la Convention nationale en 1792, vota la mort au procès de Louis XVI. Assassiné la veille de l'exécution du roi par le garde du corps Pâris, il fut considéré par les révolutionnaires comme le premier « martyr de la liberté ». Son corps repose dans la chapelle. Vous pouvez voir son effigie en cire dans une des salles du rez-de-chaussée.

visiter

Tour de l'Horloge
En contrebas du château, cette tour carrée en brique et pierre est une ancienne porte fortifiée de la fin du 15e s.

Église Saint-Ferréol
La façade gothique de la fin du 13e s. s'éclaire d'une rose rayonnante inscrite dans un carré.

Elle conserve d'intéressantes pièces comme dans la nef, à droite, une pietà en pierre polychrome du 15e s. et dans le chœur, des stalles du 16e s. ainsi qu'un Christ en bois, du 14e s. Dans la chapelle du bas-côté Sud sont réunis un triptyque de la Passion, une statue de la Vierge, en bois polychrome et la « Charité de saint Martin », remarquable bois sculpté du 16e s.

Château★★
 ♿ *D'avr. au 11 nov. : 10h-12h, 14h-18h (juil.-août : 19h). 6,86€ (enf. : 3,81€). ☎ 03 86 74 05 67.*
La tendre couleur rose de la brique enlève à cette imposante construction, cernée de fossés, l'aspect trapu que pourraient lui conférer ses tours massives. De la même façon celles-ci s'affinent grâce à des lanternes ajourées très élancées, installées par Le Vau. À l'intérieur de ce corset féodal, la vaste cour d'honneur, entourée de cinq corps de logis (le plus récent à droite de l'entrée datant de 1735), forme un ensemble d'une élégance inattendue. La visite peut se faire en trois temps : en partie libre et en partie guidée dans les appartements de Le Peletier et dans les combles.

Dans l'angle des deux ailes principales, un escalier semicirculaire donne accès à la rotonde d'entrée. La chapelle est aménagée dans l'une des tours : à gauche s'ouvre la galerie des portraits qui desservait les appartements de la Grande Mademoiselle, entièrement brûlés en 1752 ; à droite s'étend la salle des Gardes du 17e s. Grâce aux efforts de l'actuel propriétaire, les appartements de famille du Conventionnel, salle de billard, grand salon et salle à manger ont retrouvé du mobilier et des éléments décoratifs d'époque. Dans la belle bibliothèque de bois clair (19e s.) vous pourrez repérer quelques ouvrages originaux de Voltaire. La visite des combles permet de faire le tour des toitures et dévoile de fortes charpentes, dont certaines ont près de quatre siècles.

L'ÉPOPÉE DE ST-FARGEAU
▣ Le spectacle historique est un des plus importants de France. En une quinzaine de tableaux, 600 acteurs et 60 cavaliers se chargent de vous faire vivre près de mille ans d'histoire en Puisaye.

À l'étage inférieur, sous la galerie, une exposition présente des personnages de cire ainsi que le projet de construction d'un château fort à proximité de St-Fargeau *(voir Chantier de Guédelon à La Puisaye).*

Le château de St-Fargeau vu du parc.

Dans le parc anglais de 118 ha aux belles futaies, l'immense pièce d'eau est alimentée par le ruisseau de Bourdon. Vu de la berge, le monument se présente sous son meilleur jour.

Ferme du Château

Avr.-sept. : tlj sf. lun. (hors vac. scol.) 10h-18h (juil.-août : 10h-19h). 4,57€ (enf. : 3,05€). ☎ 03 86 74 03 76.
Les bâtiments ont été réaménagés et des Fargeaulais ont revêtu la tenue de leurs aïeux pour présenter la vie rurale et les métiers de la campagne au début du siècle *(à 700 m du château).*

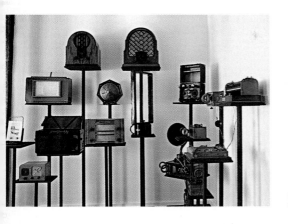

La première ouverture sur le monde.

Musée de la reproduction du son★

D'avr. à fin oct. : 10h-12h, 14h-18h. 3,81€. ☎ 03 86 74 13 06.
Objets de souvenir pour les uns, de curiosité pour les autres, phonographes, radios et toutes sortes d'instruments de musique mécanique forment une des plus belles collections du genre. C'est à une véritable remontée dans le temps que nous invite ce musée qui rend hommage à l'ingéniosité des nombreux inventeurs : Cros, Edison, Bell, Lioret, Pathé, Berliner... des noms souvent bien connus mais désormais associés aux gracieuses formes des phonographes et surtout à leurs sons inoubliables. La radio a également connu ses heures de gloire que l'on peut suivre à travers l'exposition qui réunit des centaines de postes : récepteurs à cohéreurs, à galène, à lampes extérieures... ▶

> **À L'ÉCOUTE**
> La visite se fait aux sons des vénérables appareils qui font l'objet de la visite. Quelques bornes grises permettent de les différencier. Une salle est dédiée à « l'immense » et pourtant si menue **Édith Piaf** qui a si souvent fait vibrer ces étranges instruments.

environ

St-Amand-en-Puisaye

13 km au Sud par la D 18.
Idéalement installée sur un gisement d'argile de Myennes, cette petite ville est la capitale de la Puisaye ▶ potière.
Musée du Grès – *Juin-sept. : tlj sf mar. 10h-12h30, 13h30-19h ; avr.-mai : w.-end et j. fériés 10h-12h30, 14h-18h30. 0,75€. Mairie. ☎ 03 86 39 63 72.*
Le château Renaissance de St-Amand accueille dans deux salles les pièces qui retracent l'évolution de la production régionale, depuis les grès utilitaires déjà répandus au 14e s. jusqu'à la poterie décorative développée à la fin du 19e s. par le sculpteur Jean Carriès et ses amis représentants de l'Art nouveau. Remarquer une superbe tête de berger par son élève Paul Jeanneney, intitulée *Le Défi.*

> **À VOIR**
> Parmi les nombreux ateliers et points de vente, ne manquez pas d'aller rendre visite à la boutique de Jean Cacheleux, qui expose par ailleurs ses céramiques d'art en région parisienne et en Normandie via l'association Tout Terre.

Saint-Florentin

Petit centre industriel d'une région où l'on fabrique des fromages réputés, le soumaintrain et le st-florentin, c'est un lieu de villégiature apprécié des amateurs de pêche et des plaisanciers ; son théâtre de verdure et la proximité des forêts d'Othe et de Pontigny lui confèrent un agrément supplémentaire.

HÉBERGEMENT ET RESTAURATION

Les Tilleuls – *3 r. Decourtive* – ☎ *03 86 35 09 09* - *fermé 10 fév. au 11 mars, 26 déc. au 3 janv., lun. sf le soir de juin à août et dim. soir de sept. à mai* - 🅿 - *9 ch.: 39,64/53,36€* - ☷ *6,40€* - *restaurant 18/38€.* Si les murs pouvaient parler, ils conteraient la longue histoire de cet ancien couvent fondé en 1635. Aujourd'hui blottie dans son petit jardin fleuri, la maison propose des petites chambres et une table classique servie sous les poutres de la salle ou en terrasse.

La situation

Cartes Michelin n°s 61 Sud du pli 15 ou 237 pli 46 – Yonne (89). À 33 km au Nord d'Auxerre par la N 77. Étagé sur une colline dominant le confluent de l'Armance et de l'Armançon, St-Florentin est desservi par le canal de Bourgogne.

🚩 *8 r. de la Terrasse, 89600 St-Florentin,* ☎ *03 86 35 11 86.*

Le nom

Issu du martyr dont on apporta des fragments du crâne pour fonder une abbaye. *Castrodunum* à l'époque gallo-romaine (place forte), siège d'un important bailliage au Moyen Âge, la ville a porté pendant la Révolution le nom de Mont-Armance.

Les gens

5 748 Florentinois qui aiment bien faire la fête. Tout au long de l'année se succèdent : journée gauloise, fête folklorique, fête de l'amicale des Portugais, fête du Port, festival en Othe, fête du cheval, foire St-Simon puis Ste-Catherine...

se promener

Église

Visite sur demande auprès de l'Office de tourisme. ☎ *03 86 35 11 86.*

Entourée de rues pittoresques, elle s'élève au sommet de la colline, avec son clocheton. Sa construction, ralentie par la guerre de Cent Ans et les guerres de Religion, s'échelonna de 1376 à 1614. Le monument comprend une nef inachevée, longue de deux travées, tandis que le chœur, prolongé par une abside à déambulatoire, en compte trois. Le gros œuvre de style gothique finissant a été enrichi par des décors Renaissance comme en témoignent les portails du transept, le jubé à triple arcature cintrée, le retable du maître-autel et la clôture du chœur.

Les **vitraux**★ du 16e s. forment un véritable ensemble. On y reconnaît le travail (au même titre que pour la statuaire) de la florissante école troyenne. Il faut surtout remarquer l'Arbre de Jessé et la Genèse à droite du chœur, et l'Apocalypse, inspirée des gravures de Dürer, à gauche après le jubé.

L'ÉCOLE TROYENNE

L'école troyenne se caractérise par son goût pour les couleurs intenses, la fréquente utilisation du thème de la vie des saints et le réemploi des cartons afin de rentabiliser le capital de l'atelier.

Grande Fontaine

Cette belle fontaine de style Renaissance est une reconstitution (1979) de l'ancienne, démolie au 19e s. Seuls sont d'origine (1512) les trois griffons de bronze crachant l'eau.

Promenade du Prieuré

De cette terrasse, sur le lieu de l'ancienne abbaye, on a une jolie **vue** sur la vallée de l'Armançon et sur la vieille ville qui a conservé de ses fortifications une tour du 12e s. dite « tour des Cloches ».

alentours

Neuvy-Sautour

7 km. Quitter St-Florentin au Nord-Est par la N 77.

Dominant le bourg, l'**église**, construite aux 15e et 16e s., possède deux beaux portails latéraux. Le chœur et le transept sont de style Renaissance ; les influences champenoises et bourguignonnes s'y entremêlent.

Remarquer à droite du chœur une grande croix en pierre du début du 16ᵉ s. – dite Belle-Croix – ornée de nombreuses statues.

Brienon-sur-Armançon

8 km à l'Ouest.
Cette ville d'origine gauloise dispose de « monuments » civils consacrés à l'eau : un très joli lavoir ovale à *impluvium* d'époque Louis XV et les plus anciennes maisons éclusières du canal de Bourgogne (fin 18ᵉ s.).

Saint-Honoré-les-Bains ⚜

La station thermale de St-Honoré s'est affirmée depuis le Second Empire et l'exploitation moderne de ses sources comme un lieu de cure et de villégiature très apprécié.

La situation

Cartes Michelin nᵒˢ 69 pli 6 ou 238 pli 35 – Nièvre (58). Nevers est à 69 km par la N 81 et les D 37 et D 106. À la lisière du Morvan, St-Honoré constitue un excellent point de départ pour la visite de cette belle région. 🅱 *13 r. Henri Renaud, 58360 St-Honoré-les-Bains,* ☎ *03 86 30 71 70.*

Le nom

Un prieuré bénédictin consacré à saint Honoré fut fondé ici au 10ᵉ s.

Les gens

763 Saint-Honoréens, plus de 54 000 hôtes en saison.

découvrir

La station

Découvertes par les Romains l'année du siège d'Alésia, ses eaux sulfurées, arsenicales et radioactives sont employées contre les maladies des voies respiratoires, asthme, bronchite, emphysème, et en ORL. L'établissement thermal a été construit en 1854 sur l'emplacement des bains antiques. Les curistes peuvent jouir des ombrages du parc tapi dans un vallon ou utiliser les nombreuses installations sportives mises à leur disposition.

Si le sujet de la résistance en Morvan les intéresse, une présentation en est faite dans l'ancien hôtel du Guet, au **musée Georges-Perraudin**, complémentaire à celle de St-Brisson. *Juin-sept. : tlj sf lun. et mar. 14h30-18h30. 3,05€.* ☎ *03 86 30 72 12.*

circuits

Vieille Montagne

Gagner les Montarons (6 km au Sud) pour prendre la D 502 vers le Nord-Est, puis 1/2 h à pied AR.
Partant d'une clairière *(où laisser la voiture)* entourée de beaux arbres, un sentier donne accès au **belvédère** de la Vieille Montagne, dans un site agréable près des ruines d'un château et d'où l'on bénéficie d'une vue étendue *(en partie masquée par la végétation)* sur le mont Beuvray et la forêt de la Gravelle.
Vous pouvez revenir à la station en faisant une boucle par le hameau du Niret, au pied du mont Genièvre (637 m) puis le joli village de Préporché.

LE CŒUR A SES RAISONS
C'est dans l'un des beaux hôtels de St-Honoré que Louis Malle a tourné en 1971 *Le Souffle au cœur*. Le sujet étant autobiographique, il est probable que la cure traitant le mal dont le réalisateur avait souffert dans son adolescence, n'ait pas eu lieu ici.

Vandenesse
Circuit de 16 km. Quitter St-Honoré par la D 106.
La route traverse presque constamment la forêt.
En arrivant à Vandenesse, on voit de la route le vaste château, construit en 1475 et flanqué de nombreuses tours.
Retour à St-Honoré par les D 3 et D 403 qui offrent de belles vues sur le lac de Chèvre.

Rémilly
10 km au Sud par la D 403.
Dans ce bourg où se trouve la gare de St-Honoré, on peut voir des maisons fortifiées du Moyen Âge. Revenir par Sémelay vous permettra de découvrir les vestiges d'un castrum gallo-romain.

Saint-Thibault

Ce village d'Auxois se pare d'une église dont le chœur est d'une exquise finesse et dont le portail est un des plus beaux morceaux de la sculpture bourguignonne.

La situation
Cartes Michelin nos 65 pli 18 ou 243 pli 14 – Côte-d'Or (21).
19 km au Sud-Est de Semur-en-Auxois par la D 970.

Le nom
Siège d'un ancien prieuré le village reçut, au 13e s., les reliques de saint Thibault.

Les gens
138 Théobaldiens et presque autant de représentations du saint.

découvrir

Église★
Visite :1/2 h. De mi-mars à mi-nov. : 9h-18h. Visite de la chapelle St-Gilles sur demande. ☎ 03 80 64 66 07 ou 03 80 64 62 63.

On aborde l'édifice par le flanc Nord. De l'église construite grâce aux libéralités de Robert II, duc de Bourgogne, et de sa femme Agnès de France, fille de Saint Louis, pour abriter les reliques du saint, il ne reste que le chœur, une chapelle absidale et le portail sculpté appartenant à l'ancien transept (écroulé avec la nef au 17e s.).
Le **portail**★ est un admirable livre d'images. Les sculptures du tympan, consacrées à la Vierge, ont été exécutées dans la seconde moitié du 13e s.
Vers 1310, cinq grandes statues furent ajoutées : saint Thibault, le duc Robert II et son fils Hugues V, bienfaiteurs de l'église (sous l'aspect de Aaron et David), la duchesse Agnès et l'évêque d'Autun, Hugues d'Arcy (Salomon et la reine de Saba) ; l'expression des physionomies donne l'impression de vie. Les vantaux aux beaux panneaux sculptés sont de la fin du 15e s.

Intérieur – La modeste nef, reconstruite au 18e s., est décorée de boiseries de l'époque, provenant de Semur-en-Auxois, mais tout l'intérêt se concentre sur le chœur et l'abside, édifiés à la fin du 13e s., chefs-d'œuvre de légèreté.
Le **chœur**★ à cinq pans est la plus élégante des constructions bourguignonnes de l'époque. Du sol aux voûtes, les fines colonnettes s'élèvent d'un seul jet, unissant dans le même mouvement ascensionnel l'arcature aveugle du soubassement, les fenêtres basses bordées d'une claire-voie délicate, le triforium et les fenêtres hautes.
À droite du chœur, sous un enfeu aux bas-reliefs restaurés en 1839, tombeau de Hugues de Thil, à côté, piscine d'autel à deux vasques, tous deux du 13e s.

DISTINGUO
Qu'est-ce qui différencie les Vierges sages (à gauche) des Vierges folles (à droite), visibles sur les voussures ?
L'orientation de la lampe, bien sûr !

Saint Thibault est présent sous de multiples formes : statue du trumeau ; dans le chœur, à gauche, statue en bois (fin du 14e s) ; épisodes de sa vie sculptés sur les retables de l'autel ; châsse en bois dans la chapelle.

Le **mobilier**★ est fort intéressant : l'autel est décoré de deux retables ; au fond du chœur, un grand crucifix du 14e s. et, au-dessus de l'autel, sur une belle crosse, une colombe eucharistique du 16e s.

Dans la nef, à droite, contre le mur du chœur, jolie statue de la Vierge regardant Jésus jouer avec un oiseau (14e s.) ; enfin, dans la chapelle St-Gilles, partie la plus ancienne de l'église, accompagnant la châsse de saint Thibault, les statues figurant l'Ancien et le Nouveau Testament.

alentours

Vitteaux
7 km au Nord-Est.
L'**église St-Germain** possède un portail aux lignes harmonieuses du 13e s. avec des vantaux sculptés du 15e s. comme à St-Thibault. À l'intérieur, les amateurs de bois sculpté seront enchantés : belle tribune d'orgues qui retrace le récit de la Passion selon saint Matthieu et stalles au scènes délectables, les deux ensembles réalisés au 15e s.

Les **halles** couvertes du 13e s. ont été récemment restaurées. Près des halles, demeure aux fenêtres gothiques dite maison de Bélime.

Arnay-sous-Vitteaux
15 km au Nord.
À proximité du village, sur la Brenne, le **Parc de l'Auxois** est un but de promenade récréative comportant différentes attractions, outre les animaux dont certains sont mis en vente (chasse interdite) : poules, cailles, faisans, moutons, daims, pigeons, paons... &. 10h-18h. 8,38€ (enf. : 6,25€). ☎ 03 80 49 64 01.

Château de Posanges
10 km au Nord-Est.
Cette imposante construction, érigée par Guillaume Dubois, premier maître d'hôtel et conseiller du duc Philippe le Bon, date du 15e s. Remarquer la poterne d'entrée fortifiée : un pont-levis commandait autrefois l'accès du château.

Les quatre tours rondes de ce château fort sont reliées par des courtines.

> **LA VOUIVRE**
> À l'emplacement de l'ancien château subsiste un vieux puits où résiderait la Vouivre, créature mythique, mi-serpent, mi-humaine... Pour en savoir plus, lire le roman de Marcel Aymé.

Vallée de la **Saône**★

La Saône prend sa source à Vioménil au contact du Plateau lorrain et des Vosges, à 395 m d'altitude.

Sa très faible pente et la régularité de son débit en font une voie d'eau facile et douce, navigable sur la plus grande partie de son cours.

La situation
Cartes Michelin nos 66 plis 13, 14, 70 plis 1 à 3, 74 pli 3 et 243 plis 17, 28.
La Saône pénètre en Bourgogne aux abords de Pontailler, et après un parcours total de 480 km, via Chalon-sur-Saône, Tournus et Mâcon conflue avec le Rhône à la Mulatière, au sortir de Lyon.

Le nom
À l'époque romaine, la rivière s'appelle *Arar*. Elle devient *Souconna* après la conquête, à partir d'une racine qui signifie « marécage ».

Les gens
L'axe de la Saône étant la seule grande voie naturelle Nord-Sud de l'Europe occidentale, dès l'âge du bronze, au 2e millénaire avant J.-C., la Bourgogne s'ouvrait aux voyageurs... de commerce, avec les routes de l'ambre (venant de la mer Baltique), de l'étain (de Cornouailles, par la vallée de la Seine) et du sel (d'Italie).

> **HÉBERGEMENT ET RESTAURATION**
> Hostellerie Bourguignonne – *Rte de Ciel - 71350 Verdun-sur-le-Doubs -* ☎ *03 85 91 51 45 - fermé fév. et mar. d'oct. à mai - 26,68/65,55€.* Dans son jardin arboré, cette grande bâtisse fleure bon la tradition. Sa table fait la part belle aux recettes du terroir dans un cadre rustique plaisant et soigné. L'été, la terrasse dévoile ses charmes. Les chambres sont plutôt cosy avec parquet et tissus chatoyants.

comprendre

Paysages d'un passage

La Saône traîne ses eaux lentes dans une large plaine (fossé bressan) entre le Massif Central et le Jura. La rivière inonde sa vallée chaque hiver et dépose des alluvions fertiles dont bénéficient les prairies voisines, les « paquiers », ainsi que les cultures maraîchères (vers Auxonne). Les vallées de l'Ouche et des Tilles, anciens marécages, sont aujourd'hui dévolues à des cultures industrielles comme le tabac ou la betterave. Après Seurre, la Saône se rapproche de la « Côte » mais en reste séparée par une zone boisée discontinue (forêt de Cîteaux, de Gergy).

Les échanges commerciaux se développent très tôt. Dès l'époque romaine, Lyon étant relié à Trèves par la Via Agrippa qui traverse Mâcon, Tournus, Chalon-sur-Saône et Langres. On emprunte aussi la rivière, et Chalon-sur-Saône joue dès lors un rôle de port fluvial et d'entrepôt de la corporation des « nautes ». Aux 13ᵉ et 14ᵉ s., les foires de Chalon-sur-Saône sont de grandes assises du commerce international : les drapiers de Dijon, Châtillon, Beaune y côtoient ceux de Flandre et les marchands italiens. Sous la Révolution, en 1793, la Saône est reliée par canal à la Loire, puis à la Seine en 1832, au Rhin en 1833 et à la Marne en 1907.

Des travaux d'aménagement devaient permettre la remontée des convois poussés de 4 000 t de Fos-sur-Mer à Auxonne. Le projet est abandonné et la navigation des convois de 4 000 t n'est possible que jusqu'à Mâcon. Pour l'instant, la Saône se contente des nombreux bateaux de croisière.

UNE CAVE INATTENDUE
Parmi les produits importés d'Italie figurait le vin : on a pu retrouver à Chalon-sur-Saône, dans le lit du fleuve, un dépôt estimé à 24 000 pointes d'amphores.

découvrir

DE TALMAY À VERDUN-SUR-LE-DOUBS
75 km – environ 3 h.

Château de Talmay★
De juil. à fin août : visite guidée (3/4h) tlj sf lun. 15h-18h. 5,34€. ☎ 03 80 36 13 64.

Le puissant donjon carré du 13ᵉ s., haut de 46 m, coiffé d'une toiture d'époque Louis XIV surmontée d'un lanternon, est le seul vestige du château féodal primitif qui fut détruit en 1760 et remplacé par le beau château actuel de style classique. Le corps de logis, entouré de jardins à la française arrosés par la Vingeanne, porte à son fronton une curieuse décoration : Cybèle au centre, le Soleil et la Lune à droite et à gauche. Les différents étages de la tour sont meublés avec goût. On visite tout d'abord de belles pièces Renaissance, avec plafond sculpté et boiseries du 17ᵉ s., et, au-dessus, la bibliothèque, une salle ornée de boiseries Louis XIV, le corps de garde doté d'une belle cheminée. Du haut de la tour, un panorama s'offre à l'Ouest sur la « Côte » prolongée au Nord par le plateau de Langres, tandis que se profilent au Sud-Est les hauteurs du Jura.

MADAME SANS-GÊNE
Thérèse Figueur, future hussard qualifiée de « Sans-Gêne » dans les armées napoléoniennes, est née au village de Talmay en 1774.

Pontailler-sur-Saône
6 km au Sud de Talmay.

Du mont Ardoux, éminence dominant la localité au confluent de la Vingeanne, on jouit d'une belle vue sur la plaine de la Saône et sur les sommets du Jura qui la limitent à l'Est.

Auxonne *(voir ce nom)*
16 km au Sud de Pontailler.

St-Jean-de-Losne
18 km au Sud-Ouest d'Auxonne.

Véritable « échangeur » en eau, le site est à l'origine du canal de Bourgogne et à proximité du point de départ du canal du Rhône au Rhin. C'est aussi la plus petite commune de France, avec 56 ha dont 20 d'eau.

Cette ancienne place forte soutint en 1636 un siège mémorable contre les Autrichiens, alors que la Saône servait de frontière entre la France et l'Empire. Les quelques centaines d'hommes de sa garnison résistèrent aux 60 000 soldats du général Gallas, les contraignant à la retraite. L'église est surmontée d'un clocher avec tourelles et de beaux toits à forte pente.

Seurre
16 km au Sud-Ouest de St-Jean-de-Losne.
Cette active petite ville est située près du confluent de deux bras de la Saône : un point de vue s'offre sur ce site depuis l'extrémité de la rue de Beauraing. Seurre possède un **hôpital** du 17ᵉ s. dont la salle commune rappelle, en plus modeste, la Grand'Salle de l'hôtel-Dieu de Beaune. On peut voir aussi l'église St-Martin, du 14ᵉ s., quelques maisons à pans de bois et, au nº 13, rue Bossuet, la maison où vécurent les parents du grand prédicateur et où cohabitent maintenant l'Office de tourisme et l'Écomusée de la Saône.

Verdun-sur-le-Doubs
20 km au Sud-Ouest de Seurre.
Cette petite localité occupe un joli site au confluent de la Saône nonchalante et du Doubs turbulent, dans un paysage de prairies et de murailles en ruines.
Surplombant le confluent, la 🏠 **maison du Blé et du Pain,** antenne de l'Écomusée de la Bresse bourguignonne, rappelle que Verdun-sur-le-Doubs est au débouché de la plaine céréalière du val de Saône. On y découvre les origines et l'évolution de la culture du blé, ainsi que l'histoire de la meunerie et de la panification ; collections de pains. *De mi-mai à fin sept. : tlj sf mar. 15h-19h. 2,29€.* ☎ *03 85 76 27 16.*

DE VERDUN-SUR-LE-DOUBS À MÂCON
90 km – environ 2 h 1/2.
À partir de Verdun-sur-le-Doubs, la Saône devient plus large. Peu avant d'entrer dans Chalon, la D 5 traverse le canal du Centre qui rejoint la Loire par la vallée de la Dheune et la Bourbince. La base de loisirs et de sports, la roseraie St-Nicolas occupent la boucle du dernier méandre avant Chalon.

Chalon-sur-Saône★ *(voir ce nom)*
Quitter Chalon par la N 6, puis tourner à gauche dans la D 6 pour rejoindre Marnay au débouché de la Grosne. Suivre la direction de Boyer et de la halte nautique.

Ancienne écluse de Gigny
Avec la maison de l'éclusier (aujourd'hui café-restaurant en saison), voilà un excellent point d'observation sur la Saône. Depuis Chalon la rivière a pris, large et majestueuse, son axe tranquille Nord-Sud, qu'elle garde jusqu'à son embouchure avec le Rhône.
Sur la rive gauche (côté Empire pour les anciens par opposition au côté Royaume) s'étendent d'immenses prairies inondables qui permettent l'élevage extensif des bovins. Les amateurs de marche pourront suivre à leur guise l'ancien chemin de halage. Les bois où les rangées de peupliers font partie du paysage tout comme les péniches et, en été, les bateaux de plaisance.
La route rejoint la N 6 à Venière, 3 km avant Tournus.

GRAVÉ DANS LE VERRE
Les vitraux de l'église font le « commentaire » en images de l'étonnante victoire contre les Impériaux. Par ailleurs, les archives municipales (à partir du 15ᵉ s.) se sont ouvertes au public pour la première fois en mai 1999.

LA PÔCHOUSE
C'est la spécialité de la région, une matelote de poissons comme le brochet, le perche et l'anguille. Une confrérie en maintient la tradition à Verdun-sur-le-Doubs, les intronisations ayant lieu en octobre.

UN POISSON GÉANT
Originaire d'Europe centrale, le silure est en train d'envahir de nombreux cours d'eau. Très allongé, sans écailles, brun marbré sur le dos et les flancs, plus clair sur le ventre, il a une tête énorme, aplatie, munie de barbillons. Il nage lentement et affectionne les fonds vaseux. Vorace, il se nourrit de poissons, de petits mammifères, de canards et de poules d'eau... Ce « monstre » peut être pêché avec un matériel assez léger, au vif, au poisson mort ou au lancer avec des leurres.

Le Silure Glane peut atteindre 3 m de longueur et peser plus de 100 kg.

Tournus★ *(voir ce nom)*

Au Sud de Tournus, la Saône reçoit la Seille, sur la rive
gauche, au petit village de la Truchère (charmante écluse
sur le bras Sud de l'estuaire de la Seille, restaurants et
location de bateaux).

De la N 6, tandis qu'à droite s'élèvent les monts du
Mâconnais, à gauche partent de nombreuses petites
routes qui mènent aux anciens « ports » de Farges,
d'Uchizy (en fait de simples accès à la rivière pour des
villages bâtis sur des terrasses hautes, à 2 ou 3 km de la
rivière). Les bords de la Saône, très agréables, permettent la pratique de la pêche.

Le Villars

Des plaques commémoratives fixées à l'entrée de l'église
rappellent que dans ce village vécurent le pianiste Alfred
Cortot (1877-1962) et l'ingénieur Gabriel Voisin (1880-
1973) qui fut, avec son frère, le premier à construire
industriellement des avions en France. L'**église,** curieux
édifice des 11e-12e s. à deux nefs (l'une condamnée était
réservée aux religieuses d'un prieuré contigu), est
précédée d'un vaste porche et contient quelques
sculptures.

Farges-lès-Mâcon

Ce village possède une **église** romane du début du 11e s.,
modeste par ses dimensions, dont l'intérieur ne manque
pas d'intérêt. La nef, aux beaux piliers, présente une certaine ressemblance avec celle de St-Philibert de Tournus.

Uchizy

L'**église** aurait été construite à la fin du 11e s. par les
moines de Tournus. Elle est surmontée d'un haut clocher constitué de cinq étages en dégradé, le dernier
n'étant pas d'origine.

Poursuivre par la N 6 située entre l'autoroute et la Saône.

Au niveau de Fleurville, la rivière reçoit la Ressouze qui
passe par Pont-de-Vaux.

Les amateurs d'églises romanes s'arrêteront à **St-Albain**
pour apprécier l'heureuse harmonie de l'église.

Peu avant d'arriver à Mâcon, à **St-Martin-Belle-Roche**,
remarquez les carrières dans des falaises de couleur
ocre.

Saulieu★

Aux confins du Morvan et de l'Auxois, Saulieu doit
sa réputation à la qualité de sa gastronomie, un
savoir-faire qui s'accompagne avec succès d'un faire-
savoir. En effet, l'animation de la rue du Marché, un
hall d'exposition ouvert toute l'année, les Journées
gourmandes organisées en mai et la verve de son
chef renommé en font une vitrine des mille saveurs.

La situation

Cartes Michelin nos 65 pli 17. Étape gastronomique traditionnelle, Saulieu doit sa vocation de ville-étape à la
réunion des états généraux de Bourgogne en 1651, qui
redonnèrent à l'ancienne route Paris-Lyon un tracé passant par la localité. L'endroit a su conserver sa tradition
de ville-étape et les restaurants, placés en enfilade au
bord de la N 6, ont à cœur de bien « traiter » les voyageurs de passage.
🏠 *24 r. d'Argentine, 21210 Saulieu,* ☎ *03 80 64 00 21.*

Le nom

Attestée sous l'antique appellation de *Sidolocum*, la ville
fut probablement placée sous le commandement d'un
militaire dénommé Sedios.

*Marie de Rabutin-Chantal,
marquise de Sévigné.*

carnet pratique

RESTAURATION

• À bon compte

La Vieille Auberge – *15 r. Grillot - ☎ 03 80 64 13 74 - fermé 4 janv. au 4 fév., mar. soir et mer. sf juil.-août - 11,43/26,68€*. Une auberge campagnarde à l'entrée de Saulieu. Dans sa salle coquette, aux tables soignées, vous aurez le choix entre différents menus aux prix sages qui pianotent sur des saveurs régionales ou traditionnelles réactualisées. Chambres simples en dépannage.

La Guinguette – *Moulin de la Serrée - 58230 Alligny-en-Morvan - 7 km au S de Saulieu par D 26 - ☎ 03 86 76 15 79 - ouv. sam. et dim. de Pâques à Toussaint et tlj en juil.-août - 14,48/18,29€*. Tout le charme d'une grande cabane au bord de l'eau, au milieu des roseaux, qui fera le bonheur des flâneurs. Élevage piscicole, truites fario et saumons de fontaine à déguster sur place ou à emporter. Prêt de cannes à pêche pour les amateurs.

• Une petite folie !

La Côte d'Or – *2 r. d'Argentine - ☎ 03 80 90 53 53 - 118,91/151,69€*. Bernard Loiseau a la cote ! Ultra-médiatique, le maître des lieux est devenu un personnage incontournable de la région. Il se décarcasse chaque jour pour séduire ses visiteurs à sa prestigieuse table qui attire gourmands et gourmets dans ce temple du bien-manger. Belle atmosphère raffinée et cosy dans cet ancien relais de poste.

Les gens

2 837 Sédélociens. Rabelais avait déjà vanté Saulieu et sa bonne chère. **Mme de Sévigné**, se rendant à Vichy par Autun, y fit halte le 26 août 1677 et avoua plus tard s'être grisée, pour la première fois de sa vie, au cours d'un plantureux repas. L'abbé Courtépée, natif de Saulieu, est l'auteur de l'un des premiers guides de tourisme « cultivé ». Depuis plus d'un demi-siècle, les grands chefs étoilés au Michelin se sont succédé : Alexandre Dumaine et Bernard Loiseau du restaurant La Côte d'Or.

comprendre

Sapin de Noël et bois du Morvan – À mesure que le progrès pénétrait dans les campagnes, Saulieu a dû transformer ses activités. L'exploitation des arbres de Noël peut entrer en ligne de compte puisque chaque année il en part plus d'un million (épicéas surtout) à destination de Paris, des grandes villes de France, d'Europe et d'Afrique. La reconversion des forêts, entraînant le développement des résineux, a cependant assuré aux futaies de hêtres et de chênes la place prépondérante. D'importantes pépinières expédient un peu partout plusieurs centaines de milliers de plants.

LOISIRS

🔲 La forêt domaniale de Saulieu (768 ha) a été aménagée (aires de pique-nique, de jeux et de stationnement, sentiers de promenade et sentiers équestres, étang à truites).

visiter

Basilique St-Andoche★

Visite : 1/2 h.

La basilique se dresse sur la place du Docteur-Roclore (jolie fontaine du milieu du 18ᵉ s.). Légèrement postérieure à celle de Vézelay, elle fut édifiée au début du 12ᵉ s. pour remplacer l'église d'une abbaye fondée au 8ᵉ s. sur les lieux du martyre de saint Andoche, de saint Thyrse et de saint Félix.

Intérieur – L'intérêt se concentre sur les **chapiteaux**★★ historiés ou décoratifs, inspirés par ceux d'Autun. On reconnaîtra notamment la Fuite en Égypte, l'âne portant Marie et l'Enfant au milieu des vignes, la Tentation du Christ au désert, face à un animal monstrueux, la scène dramatique de la Pendaison de Judas, l'Apparition du Christ à Madeleine, celui-ci opérant à la fois un mouvement de recul et d'ascension.

Les stalles du chœur sont agrémentées de figurines sculptées de l'école bourguignonne (14ᵉ s.), et de hauts-reliefs dont une belle Annonciation. La tribune d'orgues est du 15ᵉ s. Très restauré, le tombeau en marbre de saint Andoche se trouve dans la dernière chapelle du bas-côté droit. À droite du chœur, Vierge Renaissance en pierre

Ce beau monument roman a été fort maltraité : le chœur brûlé par les Anglais en 1359 a été reconstruit en 1704 ; le portail, mutilé au 18ᵉ s., a été refait au 19ᵉ s., sans toucher au sol exhaussé de l'intérieur, dans lequel la base des piliers est enterrée de près de 1 m.

La Pendaison de Judas.

et à gauche statue de saint Roch du 14ᵉ s. Dans le bas côté gauche, belle pierre tombale et pietà polychrome offerte, dit-on, par Mme de Sévigné, en guise de mea culpa *(voir plus haut)*. Trésor comportant un évangéliaire du 12ᵉ s. dit de Charlemagne.

Musée municipal François-Pompon

Avr.-sept. : tlj sf mar. 10h-12h30, 14h-18h, dim. et j. fériés 10h30-12h, 14h-17h ; oct.-mars : tlj sf mar. 10h-12h30, 14h 17h30, dim. et j. fériés 10h30-12h, 14h-17h. Fermé janv.-fév. 1ᵉʳ mai, 25 déc. 3,05€. ☎ 03 80 64 19 51.

Installé dans un hôtel particulier du 17ᵉ s. attenant à la basilique, ce musée propose des collections d'objets qui évoquent d'une part l'art lapidaire (stèles funéraires gallo-romaines, statues d'art sacré, sculptures de Pompon, bornes indicatrices...) et d'autre part l'art culinaire (salles de gastronomie).

Au rez-de-chaussée, des chartes médiévales et des bornes anciennes rappellent le rôle de ville-étape tenu par Saulieu depuis des siècles.

Le **1ᵉʳ étage** est consacré à l'œuvre (dessins, bronzes moulages) de **François Pompon**, l'enfant du pays (né en 1855), élève de Rodin, surtout connu pour ses sculptures animalières aux volumes arrondis et lisses.

Enfin, un large espace est réservé à la gastronomie.

De retour au rez-de-chaussée, la vie rurale traditionnelle reprend ses droits sous la protection des saints patrons.

Le Taureau★ a été dressé en 1948 dans un pré... (pardon, un square) à l'entrée Nord de la ville. La tombe de l'artiste, surmontée d'un condor, se trouve au cimetière de Saulieu.

Seignelay

Construite au flanc d'une colline boisée au pied de laquelle serpente le Serein, Seignelay, siège au Moyen Âge d'une importante seigneurie, doit à Colbert ses titres de noblesse... et vice versa.

La situation

Cartes Michelin nᵒˢ 65 pli 5 ou 238 plis 10, 11 – Yonne (89) À 16 km d'Auxerre par la D 84.

Les gens

1 546 Seignelois qui continuent de payer leurs impôts à l'adresse de Colbert.

comprendre

Un grand commis de l'État – Lorsqu'il fait, en 1657 l'acquisition de la baronnie de Seignelay, Colbert (1619-1683) est encore au service de Mazarin, qui le recommandera à Louis XIV. Fait intendant des Finances à la mort du cardinal, en 1661, ce fils de marchand drapier conduira la politique économique du royaume pendant près de 20 ans. Son système, qui consistait pour l'essentiel à augmenter la masse monétaire, a été appelé « colbertisme ».

Il fit ériger la baronnie de Seignelay en marquisat (son fils, futur ministre de la Marine, en portera le nom) et obtint, pour restaurer le château, le détachement de l'architecte du roi, Le Vau.

se promener

Château

Détruit à la Révolution, il n'en reste que l'ancien parc un pan de l'enceinte fortifiée, une tour, restaurée au siècle dernier, et un pavillon d'entrée construit à la fin du 17ᵉ s.

Place Colbert

Une avenue bordée de platanes aboutit à cette place au charme classique préservé.

L'ancien auditoire ou salle du bailliage (actuel hôtel de ville), remarquable pour sa façade ornée d'un fronton et ses portes à fortes moulures, fut édifié sous Colbert. À côté, le bâtiment qu'occupe le Trésor public est l'ancienne capitainerie, construite en équerre avec le pavillon d'entrée de l'ancien château. L'ensemble forme un corps de bâtiment harmonieux, avec ses toits à la Mansart couverts d'ardoises.

Face à l'auditoire, la pittoresque halle du 17ᵉ s., en bois, possède une toiture originale.

Église St-Martial

Visite guidée sur demande préalable au presbytère. ☎ 03 86 47 75 66.

Rebâtie au 15ᵉ s. sur une église romane dont les contreforts extérieurs ont été conservés, elle est dotée d'une belle tour-clocher, à la masse surmontée d'un lanternon ; elle surprend par son plan irrégulier (un seul bas-côté). Le chœur, l'abside, la chapelle de la Vierge et les fonts ▶ datent du 15ᵉ s.

Au siècle suivant, la voûte du collatéral a été élevée à hauteur de celle de la nef, alors refaite. De cette époque date aussi le petit portail Renaissance surmonté d'un auvent.

Aux fenêtres de la nef gauche et du chœur, restes des remplages de vitraux du 16ᵉ s., œuvre des frères Veissières et de leur élève Mathieu, originaires de Seignelay.

> **MOBILIER**
>
> L'intérieur abrite un banc d'œuvre Louis XIII ; dans le sanctuaire, six chandeliers Louis XVI en cuivre argenté provenant du château, ainsi que trois tabourets et deux petites châsses aux armes de Colbert ; une Vierge peinte du 17ᵉ s.

alentours

Appoigny

7 km au Sud-Ouest, sur la N 6.

Cette localité faisait partie du domaine des évêques ▶ d'Auxerre, qui y firent construire au 13ᵉ s. la **collégiale St-Pierre**. La haute tour carrée qui la surmonte fut ajoutée au 16ᵉ s. L'intérieur, très restauré, présente un beau jubé sculpté, daté de 1610. *Visite guidée sur demande auprès de M. Fouqueau.* ☎ 03 86 53 20 31.

> **ÉTIQUETTE GRAVÉE**
>
> Remarquez les grappes de raisin et les feuilles de vigne qui ornent le tympan : elles nous rappellent qu'à l'époque les vins d'Auxerre étaient les plus réputés de France.

Sources de la **Seine**

Les sources jaillissent dans un petit vallon planté de sapins. La ville de Paris est propriétaire de l'enclos aménagé sous Napoléon III.

La situation

Cartes Michelin nᵒˢ 65 pli 19 ou 243 plis 3, 15 - Côte-d'Or (21). 10 km au Nord-Ouest de St-Seine-l'Abbaye.

On atteint les sources de la Seine par la N 71 au Nord-Ouest de Dijon (37 km) direction Châtillon-sur-Seine. Sur la même route, à 10 km après St-Seine-l'Abbaye, prendre sur la gauche. **🅱** *Parvis de l'abbatiale, 21440 St-Seine-l'Abbaye,* ☎ 03 80 35 07 63.

Le nom

Étymologiquement le mot *sequana* ou *secana* serait tiré du celte *squan* ou *quan* qui signifie tortueux (il est vrai que le fleuve est assez sinueux). La déesse fluviale Sequana, vénérée aux sources de la Seine, aurait été « christianisée » dans le personnage de saint Seine (en latin Sequanus), moine qui aurait vécu en Bourgogne au 6ᵉ s., et qui serait le fondateur de l'abbaye du même nom.

... déjà 50 mètres !

découvrir

SOURCES ET EAUX VIVES

La Seine

La source principale bouillonne sous une grotte abritant une statue de nymphe personnifiant la Seine, copie de celle exécutée par Jouffroy. Le petit filet d'eau créé s'en va à travers le val, passant au bout de 50 m sous son premier pont, miniature.

En aval, des fouilles ont mis au jour les vestiges d'un temple gallo-romain, des objets en bronze (Faune, Dea Sequana, témoignant d'un culte) et nombre de statuettes en bois et ex-voto dont des « planches anatomiques » (au total 200 pièces environ) exposées au musée archéologique de Dijon.

Autres sources

Au hasard de randonnées sur le plateau de Langres, on rencontrera de nombreuses sources, celles de l'Ignon par exemple, qui va lui vers la Saône ; il s'agit souvent de résurgences vauclusiennes appelées *dhuys* ou *douix* dans la région, liées à l'existence d'un sous-sol argileux sous la couche calcaire.

Source de la Coquille – À Étalante *(27 km au Nord des sources de la Seine),* la source de la Coquille jaillit dans un joli site.

alentours

Aignay-le-Duc

À quelques kilomètres de la source de la Coquille, cette localité possède une intéressante **église** gothique du 13e s., de proportions régulières, coiffée d'un clocher de bardeaux. Dans le chœur, retable en pierre du début du 16e s. représentant des scènes de la Passion dans de hauts-reliefs polychromes de facture naïve.

BERTRAND LAVIER

Né à Aignay en 1949 Bertrand Lavier vit ici dans la maison familiale. Figure reconnue dans les milieux internationaux de l'art contemporain, c'est un « minimaliste » qui se joue de la représentation : par exemple il couvre un piano de peinture ou il superpose un réfrigérateur et un coffre-fort…

St-Seine-l'Abbaye

Proche des sources de la Seine, le village s'appelait *Siscaster* lorsque Sigo, au 6e s., fonda sur son territoire un monastère bénédictin auquel il donna son nom (adapté en « Soigne », puis associé à Seine).

Église St-Gilles – Du début du 13e s., elle marque la transition entre le style roman bourguignon et le style gothique venu de l'Île-de-France. Après un incendie (1255), elle fut restaurée au 14e s. La façade date du 15e s. Le porche est resserré entre deux tours épaulées de contreforts, mais seule celle de gauche est terminée.

La nef est éclairée de fenêtres hautes ; le chevet plat s'ajoure d'une belle rose reconstituée au 19e s. Sur le transept à fond plat s'ouvrent des chapelles communiquant avec les collatéraux du chœur par des clôtures de pierre ajourées de baies. Dans le croisillon, noter les nombreuses pierres tombales. L'ancien jubé a été placé au fond de l'abside. Les stalles sculptées (18e s.) s'appuient sur une clôture Renaissance, au revers de laquelle des peintures assez détériorées représentent d'un côté la légende de saint Seine (1504), de l'autre les litanies de la Vierge (1521).

En sortant de l'église, remarquer la fontaine de la Samaritaine dont le bassin est surmonté d'un bronze du 18e s

HÉBERGEMENT ET RESTAURATION
Chambre d'hôte
Manoir de Tarperon –
Rte de St-Marc - 21510 Aignay-le-Duc –
☎ *03 80 93 83 74 - fermé nov. à mars -*
- 5 ch.: 45/60€ - repas 22€. Malgré la proximité de la route, ce manoir est agréable dans son écrin de verdure, au bord de la rivière. Les coquettes chambres personnalisées sont colorées et meublées avec soin. Confortable salon bibliothèque prolongé d'une véranda. Parcours de pêche dans le parc.

HÉBERGEMENT ET RESTAURATION
La Poste – *21440 St-Seine-l'Abbaye –*
☎ *03 80 35 00 35 - fermé 23 déc. au 9 janv., fév. et mar. sf du 27 juin au 10 sept. -*
🅿 *- 19 ch.: 24,39/53,36€ -*
☕ *6,86€ - restaurant 13/46€.* Un ancien relais de poste bien au calme avec sa cour servant de terrasse. Les chambres sont un peu anciennes mais sont rafraîchies progressivement. Des cuivres étincelants et des étains anciens ornent la cheminée et les murs habillés de boiseries dans la salle à manger.

Semur-en-Auxois★

Capitale de l'Auxois, riche pays de culture et d'élevage s'inscrivant entre le Morvan et les plateaux dénudés du Châtillonnais, Semur bénéficie d'un site★ extravagant. Sur une falaise de granit rose dominant le ravin au fond duquel coule l'Armançon s'accrochent un entrelacs de petites maisons claires et une cascade de jardins, que dominent les grosses tours du donjon et la flèche effilée de l'église Notre-Dame.

La situation

Cartes Michelin n⁰ˢ 65 plis 17, 18 ou 243 pli 13 – Côte-d'Or (21). Sur la D 980 entre Montbard et Saulieu, Semur dispose d'une sortie sur l'A 6. De la route de Paris, dans la descente avant le pont Joly, belle vue sur la ville et sur les remparts. 🏢 *2 pl. Gaveau, 21140 Semur-en-Auxois,* ☎ *03 80 97 05 96.*

Le nom

Ayant toujours eu des remparts, la ville a été baptisée *Sinemuro castrum,* « sinemurus » étant la dénomination prélatine d'une citadelle.

Les gens

4 543 Semurois, rares parmi les Français à ne pas considérer Henri IV comme un « bon roi » depuis qu'il a fait démanteler le château en 1602 pour avoir servi de refuge aux Ligueurs.

Petite cité tranquille sur les bords de l'Armançon.

comprendre

Une ville réputée imprenable

Au 14ᵉ s., lorsqu'on eut renforcé sa citadelle par un rempart appuyé sur 18 tours, Semur devint la place la plus redoutable du duché. La ville se divisait alors en trois parties entourées chacune d'une enceinte. Au centre, occupant toute la largeur de l'éperon rocheux, le quartier du Donjon était une vraie citadelle, plongeant à pic, au Nord et au Sud, sur la vallée de l'Armançon, et flanquée, aux angles, de quatre énormes tours rondes : tour de l'Orle d'Or, tour de la Gehenne, tour de la Prison et tour Margot. À l'Ouest, le quartier du Château couvrait la partie haute de la presqu'île enfermée dans le méandre de la rivière. À l'Est, le bourg Notre-Dame demeura le quartier le plus peuplé même lorsque la ville se fut étendue sur la rive gauche de la rivière.

carnet pratique

RESTAURATION

• À bon compte

Le Calibressan – *16 r. Févret -* ☎ *03 80 97 32 40 - fermé 1ᵉʳ au 27 janv., sam. midi, dim. soir et lun. - 13€ déj. - 16/27,50€.* Ne cherchez pas, le nom de ce restaurant symbolise le mariage franco (le patron est bressan) californien (elle a traversé l'Atlantique). Cette alliance se retrouve dans la décoration (portraits d'indiens et maïs séchés aux murs) et dans la cuisine (poulets de Bresse et chilis).

HÉBERGEMENT

• À bon compte

Chambre d'hôte La Maison du Canal – *Au Pont-Royal - 21390 Clamerey - 16 km au SE de Semur-en-Auxois par D 970 puis D 70 (dir. Vitteaux) -* ☎ *03 80 64 62 65 - fermé nov. à avr. - 6 ch: 38/44€.* Cette maison du début du 19ᵉ s. plantée au bord du canal de Bourgogne face à un petit port de plaisance abritait autrefois un bureau de poste. Les chambres bien tenues s'ouvrent sur la calme campagne de l'Auxois. Information sur la navigation sur place.

Chambre d'hôte Les Langrons – *21140 Villars-Villenotte - 5,5 km au NO de Semur-en-Auxois par D 954 puis D 9ᴬ -* ☎ *03 80 96 65 11 - fermé déc. -* ⧄ *- 3 ch. : 40/50€.* Cette belle ferme restaurée est proche du bourg de Villars. Les chambres sont spacieuses et confortables, sous les poutres. Rideaux et couvre-lits ont une petite note anglaise, origine des propriétaires. Petits-déjeuners copieux. Joli gîte à l'entrée de la ferme.

se promener

Après avoir trouvé place au parking Collenot, prendre la rue de l'Ancienne-Comédie.

Porte Sauvigny

Précédée d'une poterne et décorée aux armes de la ville, cette porte marquait l'entrée principale de l'enceinte dite du Bourg-Notre-Dame. Elle doit son nom au receveur des Finances Jean de Sauvigny qui la fit construire en 1417.

Emprunter la rue Buffon : commerces et maisons du 16ᵉ s.

Église Notre-Dame★
Visite : 1/2 h.

Elle s'élève sur une petite place bordée de maisons anciennes.

Fondée au 11ᵉ s., reconstruite au cours du 13ᵉ s., plusieurs fois remaniée et agrandie par l'adjonction de chapelles sur les bas-côtés Nord, elle a été restaurée par Viollet-le-Duc.

> **APÉRITIF**
> De fines colonnettes encadrent le portail ; sur l'une d'elles, deux escargots sculptés représentent fièrement la gastronomie bourguignonne.

◀ **Extérieur** – La façade du 14ᵉ s., flanquée de tours carrées, est précédée d'un vaste porche.

S'avancer, à gauche de l'église, dans la rue Notre-Dame : la porte du croisillon Nord, dite porte des Bleds (13ᵉ s.), a conservé un beau tympan contant l'incrédulité de saint Thomas et l'évangélisation des Indes. Au sommet de l'archivolte, un ange ouvre les bras en un geste d'accueil. Le porche (15ᵉ s.), à trois arcades, abrite trois portails ; de sa décoration la Révolution n'a laissé, peuplant les piédroits de chacun des portails, que de petits personnages sculptés en bas-relief. Du jardin, derrière l'église, on a une jolie vue sur le chevet élancé, un peu surprenant par son élévation et ses chapelles aux toits coniques. Le carré du transept est surmonté d'une tour octogonale coiffée d'une flèche (56 m).

Intérieur – En entrant, on se fait tout petit devant l'étroitesse de la nef centrale (13ᵉ et 14ᵉ s.), qui accuse la hauteur des voûtes soutenues par de fines colonnes.

Gagner le bas-côté gauche où s'ouvrent plusieurs chapelles intéressantes : dans la 2ᵉ, une **Mise au tombeau★** polychrome (**1**) de la fin du 15ᵉ s. dotée de personnages monumentaux, fait songer à la tradition de Claus Sluter ;

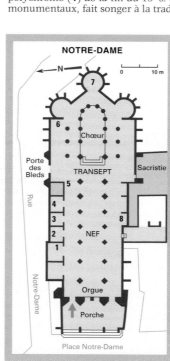

NOTRE-DAME

0   10 m

Chœur

Porte des Bleds

TRANSEPT

Sacristie

Rue

NEF

Orgue

Porche

Place Notre-Dame

la 3ᵉ, voûtée en étoile, est éclairée par un vitrail (**2**) du 16ᵉ s. illustrant la légende de sainte Barbe ; les deux dernières chapelles conservent des panneaux d'anciens vitraux offerts au 15ᵉ s. par diverses confréries de l'époque : bouchers (**3**) et drapiers (**4**), ce dernier en huit panneaux.

Derrière la chaire, adossé au mur, remarquable **ciborium** (**5**) en pierre, du 15ᵉ s., orné d'un clocheton finement sculpté, haut de 5 m.

Autour des bras du transept et du chœur règne un triforium aveugle aux élégantes colonnettes surmontées de masques sculptés d'un curieux réalisme. La grande clef de voûte peinte représente le Couronnement de la Vierge, au milieu de feuillages et de têtes angéliques.

Le chœur est accosté d'un double collatéral ; sur le déambulatoire s'ouvrent trois chapelles rayonnantes séparées par des fenêtres à triple baie. Certains vitraux ▶ datent du 13ᵉ s.

Dans la dernière chapelle du collatéral gauche, un retable peint en 1554 (**6**) représente l'Arbre de Jessé ; un dais gothique en bois sculpté le surmonte. De beaux vitraux du 13ᵉ s., restaurés par Viollet-le-Duc, éclairent la chapelle absidale dédiée à la Vierge (**7**).

Plus loin, la chapelle Ste-Julite (**8**) possède un encadrement Renaissance avec une jolie clef pendante ornée d'un ange lisant. Un Christ aux cinq plaies, statue polychrome de la fin du 15ᵉ s., montre de la main droite l'une d'elles.

Continuer rue Fevret.

Tour de l'Orle d'Or et musée

Fermé au public.

Cette tour lézardée faisait partie du donjon, démantelé en ▶ 1602. Elle doit son nom aux créneaux (supprimés), qui étaient revêtus de plomb cuivré (« un ourlet d'or »). Ses dimensions sont imposantes (44 m de hauteur, murs d'environ 2,20 m d'épaisseur au sommet, de 5 m à la base). Avant la construction du pont Joly (1787), cette tour était l'une des entrées de la ville. Elle est aujourd'hui le siège de la Société des sciences historiques et naturelles de Semur (**musée technique**). Des étages successifs – dont l'ultime est coiffé d'une belle charpente en châtaignier –, on découvre des vues renouvelées du donjon et de la ville.

Pont Joly

Du pont, on a une **vue d'ensemble**★ de la petite cité médiévale. Le pont franchit l'Armançon au pied du donjon qui verrouillait l'isthme étroit rattachant la falaise rose, où naquit la cité, au plateau granitique, où elle s'est depuis répandue. Au premier plan, la vue s'étend sur la vallée ; de gauche à droite on se régale des jardins, des rochers, des parcs, des cascatelles.

Le cachet inimitable de Semur l'a souvent fait choisir comme cadre naturel par les cinéastes, en particulier Yves Robert, qui y tourna deux comédies : une adaptation d'Alphonse Allais en 1957, Ni vu ni connu (premier film avec Louis de Funès), et une de Marcel Aymé, Clérambard, en 1969.

HAUTS TUYAUX
Remarquez l'orgue Grantin-Riepp-Callinet des 17ᵉ, 18ᵉ et 19ᵉ s.

OR ELLE DORT
N'ayez crainte de la grosse lézarde visible du pont, ni de l'impression de tempête marine lorsque vous serez sous la charpente les jours de grand vent : la tour tiendra encore longtemps.

L'hôpital est l'ancien hôtel du marquis du Châtelet, gouverneur de Semur et lieutenant général des armées du roi, dont la savante épouse, Émilie, fut la tendre amie de Voltaire.

Promenade des remparts

Aménagée sur l'ancienne muraille à la proue de l'éperon granitique, cette promenade, plantée de beaux tilleuls, domine en corniche la vallée. Il est possible de prolonger la flânerie en descendant la rue basse du Rempart. Le site est alors mis en valeur par les énormes masses de granit rouge pailleté de mica et de quartz qui servent d'assise au donjon.

En revenant rue Collenot.

Musée

Avr.-sept. : Tlj sf mar. 14h-18h (de mi-juin à mi.-sept. : 10h-12h, 14h18h) ; oct.-mars : 14h-17h. Fermé 1ᵉʳ janv., Pâques, 1ᵉʳ et 8 mai, 14 juil., 1ᵉʳ et 11 nov., 25 déc. 3,05€. ☎ 03 80 97 24 25.

Installé avec la bibliothèque depuis 1880 dans l'ancien couvent des Jacobines, il abrite au rez-de-chaussée une collection de sculptures du 13ᵉ s. au 19ᵉ s., dont de nombreux plâtres originaux dus pour l'essentiel à Augustin Dumont, auteur de décors monumentaux et statues commémoratives (Génie de la colonne de Juillet place de la Bastille à Paris). Au 1ᵉʳ étage, section de sciences naturelles. Au 2ᵉ étage, collections provenant de sites préhistoriques, gallo-romains (ex-voto des sources de la Seine) et mérovingiens. Une galerie de peintures du 17ᵉ s. au 19ᵉ s. abrite également quelques sculptures du 19ᵉ s., tandis qu'une petite salle est réservée au Moyen Âge et à la Renaissance.

alentours

Lac de Pont

3 km au Sud.

Long de 6 km environ, le lac artificiel s'étend entre Pont-et-Massène et Montigny. Cette retenue sur l'Armançon, d'une superficie de 80 ha, a été créée au 19ᵉ s. pour alimenter le canal de Bourgogne. Ses rives forment un joli site dans un cadre de verdure et de rochers (plage aménagée et sports nautiques).

Époisses

12 km à l'Ouest de Semur.

Cet agréable bourg, érigé sur le plateau de l'Auxois, fut le lieu de villégiature préféré de la reine Brunehaut établie à Autun au 6ᵉ s. Il doit sa célébrité à deux monuments : son château et son fameux fromage à pâte molle.

Château★ – *De juil. à fin août : visite guidée (3/4h) tlj sf mar. 10h-12h, 15h-18h ; parc ouv. toute l'année 9h-19h. 4,57€, 1,52€ parc. ☎ 03 80 96 40 56.*

Entouré d'une double enceinte de douves asséchées, par son ampleur il occupe une bonne partie de l'agglomération. Passé le porche d'entrée, on pénètre dans un véritable petit village où s'assemblent des maisons, des granges, autour d'une église, ancienne collégiale du 12ᵉ s., et d'un important pigeonnier Renaissance de 3 000 cases.

LA POISSE DE L'ÉPOISSES

La fabrication du roi des fromages (selon Brillat-Savarin) remonte aux cisterciens établis ici au 16ᵉ s. Pendant deux mois, ils prenaient le temps de retourner chaque pièce quotidiennement, de la laver à l'eau salée puis au marc de Bourgogne. Après guerre, la production chuta sévèrement avant d'être relancée en 1956 par les Berthaut, toujours n° 1 aujourd'hui.

Le château d'Époisses vu des jardins.

Avant de franchir le second fossé, contourner le château par la droite pour observer les quatre tours qui relient entre eux les bâtiments d'habitation. Elles étaient sept à l'origine mais la moitié Sud, démolie en 1794, a été remplacée par une balustrade ; remarquer, dans la cour d'honneur, le puits finement ouvragé.

Le château, propriété de la même famille depuis le 17e s., offre une suite de galeries et de salons richement décorés. Le grand salon abrite un beau mobilier Louis XIV, dont les sièges sont recouverts de tapisseries des Gobelins. Des tableaux et souvenirs évoquent de nombreux personnages historiques, en particulier les hôtes du château : les grands ducs de Bourgogne, Henri IV, Mme de Sévigné, Chateaubriand, le prince de Condé.

Château de Bourbilly

9 km au Sud-Ouest (D 9). ♿ *De juil. à mi-sept. : visite guidée (3/4h) tlj sf mar. 10h-12h, 15h-18h. 6,10€.* ☎ *03 80 97 05 02.*
Campé dans la vallée du Serein, il fut achevé en 1379 par Marguerite de Beaujeu. Il appartint à Jeanne Frémyot de Chantal, fondatrice en 1610 avec François de Sales de l'ordre de la Visitation et canonisée sous le nom de sainte Jeanne de Chantal.

Endommagé pendant la Révolution puis réhabilité au Second Empire, il a noble allure, dans son parc, avec trois ailes en équerre (la quatrième n'a pas été relevée) cantonnées de tours rondes et de hautes toitures où se dressent de curieuses **cheminées** cylindriques.

À l'intérieur, on visite la salle des Gardes où se voient une table, qui n'est autre qu'un billard Louis XIII, et une tapisserie flamande du 17e s. (*Prise de Tyr par Alexandre*) ; la chapelle réhabilitée avec des matériaux modernes (belle charpente) que ferme une grille en fer forgé aux motifs de roses et de croix (19e s.) ; la bibliothèque ; la salle à manger, ornée d'un plafond à la française ; enfin le grand salon, au décor vénitien : lustres fleuris en cristal de Murano.

> **QUIZ**
> Qui était la petite-fille de sainte Jeanne de Chantal ?
> La marquise de Sévigné qui séjourna à Bourbilly à plusieurs reprises notamment lors de son voyage de noces.

Sens★★

L'archevêché de Sens témoigne de la grandeur passée d'une cité devenue simple sous-préfecture. Concentrée autour de la cathédrale St-Étienne, la vieille ville est ceinte de boulevards et de promenades qui ont remplacé les anciens remparts.

La situation

Cartes Michelin nos 61 pli 14 ou 237 pli 45 – Yonne (89).
Sur la N 6 entre Fontainebleau et Joigny ou par les autoroutes A 5 et A 19. L'arrivée par la D 81 à l'Ouest procure une belle vue d'ensemble de la ville.
🛈 *Pl. Jean-Jaurès, 89100 Sens,* ☎ *03 86 65 19 49.*

Le nom

Provient de la tribu gauloise locale des Senons, après que le site occupé par César se fut appelé *Agedincum.*

Les gens

26 904 Sénonais dont la patronne est sainte Colombe, originaire de Saragosse, martyrisée à Sens par l'empereur Aurélien, au dernier jour de l'année 274.

comprendre

DES SENONS AUX CAMPONT

Le peuple des Senons fut longtemps un des plus puissants de la Gaule. En 390 avant J.-C., commandés par Brennus, ils envahirent l'Italie et s'emparèrent de Rome. Maîtres à leur tour de toute la Gaule quatre siècles plus

Le vitrail évoquant le Bon Samaritain est l'un des plus anciens de la cathédrale St-Étienne.

carnet pratique

RESTAURATION

• Valeur sûre

Au Crieur de Vin – 1 r. d'Alsace-Lorraine -
☎ 03 86 65 92 80 - fermé 3 sem. en août,
22 déc. au 4 janv., dim. et lun. - 17€. Les
vins de l'Yonne accompagnent cuisine
traditionnelle du marché (tête de veau,
salade de gras double...) et mets cuits à la
broche sous vos yeux (volailles, agneaux,
jambons). Vente de vin à emporter. L'adresse
étant bien connue des Senonais, il est
prudent de réserver.

HÉBERGEMENT

• À bon compte

Hôtel Virginia – 3 km à l'E de Sens par
N 60 dir. Troyes - ☎ 03 86 64 66 66 - 🅿 -
100 ch. : 33,54/41,16€ - 🖵 4,88€ -
restaurant 15/21€. Plusieurs pavillons
constituent ce motel moderne. Ainsi, vous
pourrez garer votre voiture devant la porte
de votre chambre. Restaurant-grill avec
menu pour les enfants. Salon avec billard.

SORTIES

Place de la République – La plupart des
cafés de Sens sont réunis autour de cette
placette, située face à la cathédrale. Un lieu
agréable et ensoleillé où l'animation va
toujours bon train.
Le Kilt Pub – 16 bd de Garibaldi - ☎ 03 86
95 28 05 - dim.-jeu. 17h-1h, ven., sam. 17h-
2h. Vous serez toujours bien accueilli dans
cette cave voûtée. Entre les prestations des
groupes de rock, de blues et de jazz, les
musiciens amateurs peuvent s'essayer au
piano dans une atmosphère intime et
décontractée.

ACHATS

Longue enfilade de commerces dans la
Grande-Rue piétonne.
À la Renommée des Bons Fromages.
G. Parret – 37 grande-Rue - ☎ 03 86 65
11 54 - lun., mer.-sam. 7h30-12h30, 15h-
19h30, dim. 7h30-12h30, j. fériés matin.
Dans cette petite crémerie, vous trouverez
tous les fromages de la région : l'époisses, le
chaource, le soumaintrain... Mais aussi une
sélection judicieuse de vins conservés en
cave.

CALENDRIER

Les Synodales – Mi-juin à mi-juil. -
☎ 03 86 65 19 49 (Office de tourisme). La
cour du palais de l'archevêché accueille
depuis déjà plus de 10 ans cette grande fête
de la danse. Les plus grands noms y côtoient
de nouvelles troupes (concours Jeunes
compagnies) qui y trouvent souvent une
véritable consécration. Du ballet à la danse
de rue le programme est varié et de très bon
niveau.
Fin avr.-déb. mai, grande foire annuelle.
À Sens, le marché a lieu le lun. et le ven.
matin.
Festival d'orgue à la cathédrale certains dim.
de juin à oct.

HÔTEL DE SENS

La résidence des arche-
vêques de Sens dans le
Marais à Paris, construite à
la fin du 15ᵉ s., montre
bien le rapport de forces
ecclésiastiques si long-
temps subi par la capitale.

tard, les Romains firent de Sens la capitale d'une province de la Lyonnaise, la Grande Senonie comprenant :
Chartres, Auxerre, Meaux, Paris, Orléans et Troyes.
Cette tutelle dura fort longtemps à travers l'archevêché
qui, ajoutant à ses suffragants l'évêché de Nevers, eut
pour devise « Campont » (acronyme formé de l'initiale
des sept cités).
Le séjour qu'y fit le pape Alexandre III en 1163-1164
transforma d'ailleurs la ville en capitale provisoire de la
chrétienté. Douze ans auparavant s'y était tenu sous l'autorité de saint Bernard le Concile qui condamna Abélard.
C'est dans la cathédrale que fut célébré, en 1234, le
mariage de Saint Louis et de Marguerite de Provence.
Avec celui de Paris, érigé en archevêché en 1622, le diocèse de Sens perdit Meaux, Chartres et Orléans.

se promener

Marché couvert

Face à la cathédrale, ces halles sont caractéristiques des
réalisations en vogue au cours de la seconde moitié du
19ᵉ s. : architecture métallique à remplage de briques.
Charpente apparente et charmante toiture à clochetons.
Au Sud des musées, la rue Abélard est bordée d'hôtels
particuliers des 17ᵉ et 18ᵉ s.

Quartier de l'église St-Pierre-le-Rond

De part et d'autre du clocher élevé en 1728, la façade de
l'**église** et celle de l'ancien hôtel-Dieu (13ᵉ s.), remontée
là en 1927, se répondent harmonieusement avec leurs
pignons ornés de hautes fenêtres lancéolées. *Fermé pour
restauration.*

À l'angle de la rue de la République et de la rue Jean-Cousin, la **maison dite d'Abraham**, du 16e s., montre un poteau cornier, très ouvragé, sculpté d'un Arbre de Jessé. La maison mitoyenne au 50, rue Jean-Cousin, dite maison du Pilier (16e s.), possède un porche singulier. Plus loin, au n° 8, la maison Jean-Cousin, dont la façade sur jardin donne sur la rue Jossey, est aussi une construction du 16e s. La Grande-Rue, piétonne et commerçante, est bordée de nombreuses maisons à colombages dont certaines portent des plaques rappelant leur activité passée.

Église St-Maurice

Bâtie sur l'île d'Yonne au cours de la seconde moitié du 12e s., elle présente un chevet plat à colombages et un toit asymétrique surmonté d'une flèche d'ardoise qui lui donnent, vue depuis la rive droite de la rivière, un cachet tout particulier.

Pignon de la maison dite d'Abraham.

La poterne

Sur le bd du 14-Juillet au Sud, on peut remarquer des vestiges de la muraille gallo-romaine.

Église St-Savinien

Au 137 bis r. d'Alsace-Lorraine, à 750 m du bd du Mail sur la gauche. S'adresser à l'Office de tourisme.

Construite au 11e s. sur l'emplacement de la première église de Sens, St-Savinien présente un plan basilical sans transept à trois absides orientées et une nef charpentée. À l'extérieur, le gracieux clocher est mis en valeur par la sobriété de l'édifice.

visiter

Cathédrale St-Étienne★★

Visite : 1/2 h. Possibilité de visite guidée en s'adressant au Musée-Trésor. ☎ 03 86 64 46 22.

Extérieur – La façade Ouest a de la majesté, même amputée de sa tour Nord, pourtant dite « de plomb » : édifiée à la fin du 12e s. avec la participation de Philippe Auguste, celle-ci était surmontée d'un beffroi en charpente couvert

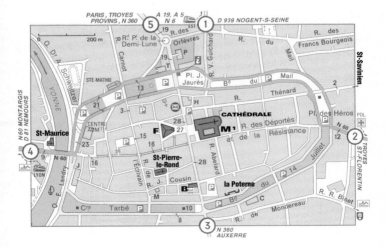

Maison dite d'Abraham	**B**	
Marché couvert	**F**	
Musée, Trésor et Palais Synodal	**M¹**	

Un exemple
Au trumeau du portail central, très belle statue de saint Étienne, en habit de diacre et portant l'Évangile. Cette œuvre de la fin du 12ᵉ s. constitue un bon exemple de la statuaire gothique à ses débuts.

Flamboyant
Au croisillon Nord magnifique façade de style flamboyant, exécutée de 1503 à 1513 par Martin Chambiges et son fils. Le décor sculpté est d'un grand raffinement. Au pignon, statue d'Abraham, moderne.

Importation
Le maître-autel monumental a été exécuté au 18ᵉ s. par Servandoni sur le modèle de celui de St-Pierre de Rome.

de plomb, détruit au siècle dernier. La tour Sud, ou « tour de pierre », écroulée pour sa part en 1268, fut rebâtie au siècle suivant et couronnée en 1534 par un élégant campanile, qui la porte à 78 m. Elle abrite deux cloches pesant respectivement 14 t et 16 t. Les statues de la galerie haute, ajoutées au 19ᵉ s., représentent les principaux archevêques de Sens.

◀ Au-dessus du portail central s'étagent une immense fenêtre rayonnante, une rose et un Christ bénissant (moderne).

Le tympan du portail de gauche (12ᵉ s.) évoque l'histoire de saint Jean Baptiste. À la base des piédroits des bas-reliefs figurent la libéralité et l'avarice.

Les bas-reliefs des piédroits encadrant le portail central représentent à droite les Vierges folles et à gauche les Vierges sages. Les statues des apôtres ont disparu de leur niche. Le tympan primitif, qui représentait, croit-on, le Jugement dernier, a été refait au 13ᵉ s. : il est consacré à des scènes de la vie de saint Étienne. Maintes statuettes de saints ornent les voussures.

◀ Le tympan du portail de droite (début 14ᵉ s.) est consacré à la Vierge. Les statuettes représentant les prophètes ont été décapitées.

Intérieur – L'ample nef communique avec les bas-côtés par des arcades surmontées d'un triforium. L'alternance de piles fortes et de piles faibles est caractéristique du gothique primitif. L'aspect primitif de l'église a été modifié par des remaniements successifs : les fenêtres hautes ont été encore rehaussées au 13ᵉ s. dans le chœur et au
◀ 14ᵉ s. dans la nef ; le transept fut ajouté au 15ᵉ s. par l'archevêque Tristan de Salazar (le fils d'un compagnon de Jeanne d'Arc) coupant ainsi le chœur de la nef.

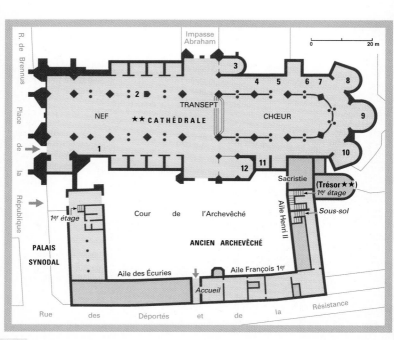

Les **vitraux**★★**,** exécutés du 13ᵉ au 17ᵉ s., méritent que l'on prenne le temps de les regarder.

Dans le bas-côté droit, à la troisième travée, vitrail (**1**) ▶ de Jean Cousin, de 1530. Sur le côté gauche, on peut voir soudé à un pilier un retable Renaissance et le monument (**2**) élevé par Tristan de Salazar à la mémoire de ses parents. La verrière du croisillon gauche a été exécutée en 1516-1517 par Jean Hympe et son fils, verriers à Sens ; la rosace représente le Paradis.

Le chœur est fermé par de belles grilles de bronze, relevées de dorures (1762) et portant les armes du cardinal de Luynes.

Dans le transept Nord, la chapelle de St-Jean renferme un beau calvaire (**3**) du 13ᵉ s.

Les vitraux les plus anciens de la cathédrale (fin 12ᵉ s.) éclairent la partie Nord du déambulatoire : on reconnaît l'histoire de saint Thomas de Cantorbéry (**4**), l'histoire de saint Eustache (**5**), la parabole de l'Enfant prodigue (**6**) et celle du Bon Samaritain (**7**). Le mausolée du dauphin, père de Louis XVI, et de la dauphine, Marie-Josèphe de Saxe, par Guillaume Coustou (**8**), est placé dans la chapelle suivante. La chapelle absidale du 13ᵉ s. conserve des vitraux (**9**) d'époque. Dans la chapelle du Sacré-Cœur, vitrail attribué à Jean Cousin (**10**). Un escalier du 13ᵉ s. donne accès au trésor en été (accès par le musée en hiver). Après la sacristie, dans une chapelle, retable Renaissance (**11**). Au-dessus de l'autel de la chapelle Notre-Dame, Vierge assise du 14ᵉ s. (**12**).

Sortir par le bras droit du transept.

Croisillon Sud – Exécuté par Martin Chambiges, maître d'œuvre de Beauvais et de Troyes, c'est une belle réussite du style flamboyant. La décoration du portail de Moïse est remarquable.

Musée, Trésor et Palais synodal★

Juin-sept : 10h-12h, 14h-18h (juil.-août : 10h-18h) ; oct.-mai : tlj sf mar. (hors vac. scol.) 14h-18h, mer., w.-end et j. fériés 10h-12h, 14h-18h. Fermé 1ᵉʳ janv. et 25 déc. 3,05€, gratuit 1ᵉʳ dim. du mois. ☎ *03 86 83 88 90.*

Cet ensemble, composant les Musées de Sens, occupe les bâtiments de l'**ancien archevêché** et du palais synodal qui bordent la cathédrale du côté Sud.

Ailes François Iᵉʳ et Henri II – Construites au 16ᵉ s., elles abritent des collections consacrées à l'histoire de Sens et du Sénonais. Les premières salles exposent des découvertes pré et protohistoriques : important outillage de pierre du paléolithique, sépultures et maison du néolithique (7500 à 2500 avant J.-C.), objets de l'âge du bronze (2500 à 750 avant J.-C.) dont le Trésor de Villethierry (fonds d'un artisan bijoutier), nombreuses armes et parures de l'âge du fer.

Noter la présence des ossements de l'*Homme des planchettes*, curieusement disposés, selon le mode des momies péruviennes.

Au sous-sol sont présentés des **vestiges gallo-romains**★ utilisés comme matériaux de récupération lors de la construction de la muraille de Sens : blocs d'architecture, ▶ sculptures, stèles...

La sculpture au 18ᵉ s. est présentée au premier étage par deux ensembles importants (maquettes) : bas-reliefs de la porte Dauphine élevée à la mémoire du dauphin, fils de Louis XV, et de sa femme, et éléments du jubé de la cathédrale (1762) démonté au 19ᵉ s.

Au 2ᵉ étage, peintures du 17ᵉ au 19ᵉ s.

Trésor de la cathédrale★★ – *Dans l'ancienne chapelle privée des archevêques et dans la sacristie, accès par le musée.* ▶ C'est un des plus riches de France. Il renferme une splendide collection de tissus et de vêtements liturgiques : suaire de saint Victor, mitre de soie brodée d'or du 13ᵉ s., aube de saint Thomas Becket du 12ᵉ ; des tapisseries de haute lisse du 15ᵉ s. en parement d'autels

À DÉTAILLER

Les verrières du croisillon droit, offertes par Tristan de Salazar, proviennent d'ateliers troyens (1500-1502) : celles qui figurent l'Arbre de Jessé et la légende de saint Nicolas sont remarquables ; la rosace représente le Jugement dernier.

Portail Sud de la cathédrale St-Étienne.

IN SITU

Sous la cour, des fouilles ont livré les bases d'un édifice thermal du 4ᵉ s. et, parmi le matériel retrouvé, une collection de peignes en os. Dans la salle attenante, grande mosaïque dite « des Cerfs », retrouvée dans un jardin voisin.

INDISCRET

Par la fenêtre de la tribune, on peut voir le chœur de la cathédrale. De là les archevêques pouvaient assister à la messe et contrôler les passages.

(Adoration des Mages, Couronnement de la Vierge) et des bourses à reliques ; des ivoires (pyxides, peigne liturgique de saint Loup du 7ᵉ s., la Sainte Châsse, coffret reliquaire byzantin) ; des pièces d'orfèvrerie (la Sainte Coupe, ciboire de vermeil et crosses d'évêques). Et aussi une belle Vierge hiératique en bois du 12ᵉ s...

Palais synodal – Construit au début du 13ᵉ s., il fut restauré et couvert de tuiles vernissées par Viollet-le-Duc. Au rez-de-chaussée, la salle voûtée à deux nefs était le tribunal de l'Officialité *(expositions temporaires)*. Deux travées ont été cloisonnées afin d'aménager une prison ; le 1ᵉʳ étage est occupé par une grande salle qui servait aux assemblées ecclésiastiques (synodes). Le dépôt lapidaire sera présenté au fur et à mesure de l'aménagement des salles du nouveau musée.

> **J'ÉCRIS TON NOM**
> Les cachots du 13ᵉ s. conservent de nombreux graffiti, dont quelques-uns d'époque médiévale.

alentours

Moulin à tan
À la sortie Sud, sur la route d'Auxerre.
🖼 Ce parc de 7 ha comportant une roseraie, un arboretum, un enclos animalier, une aire de jeux... est le premier pan d'un projet de ceinture verte autour de Sens.

Villeneuve-l'Archevêque
24 km à l'Est.
C'est dans cette petite ville de la vallée de la Vanne, fondée au 12ᵉ s. par Guillaume de Champagne, archevêque de Sens, que Saint Louis reçut solennellement des Vénitiens en 1239 la Couronne d'épines pour laquelle il fera construire un magnifique reliquaire à Paris : la Sainte Chapelle.

Église Notre-Dame – *Pâques-Toussaint : 9h30-19h ; possibilité de visite guidée sur demande auprès du syndicat d'initiative.* ☎ *03 86 86 74 58.*
La façade est flanquée d'une tour coiffée d'ardoise. À sa base, beau portail du 13ᵉ s. consacré à la Vierge. Au sommet du tympan, dont la voussure est formée par un triple cordon de personnages en relief, est représenté le Couronnement de la Vierge.
À l'intérieur, Mise au tombeau (1528) provenant de l'ancienne abbaye de Vauluisant (7 km au Nord) devenue une ferme.

Roche de **Solutré**★★

Véritable symbole du Sud-Mâconnais, aux confins du Beaujolais et au sein du cru pouilly-fuissé, la Roche de Solutré s'observe depuis la Bresse, de Bourg à Mâcon. Ce superbe escarpement calcaire, à la silhouette élancée et au profil de sphinx, est un des hauts lieux de la Préhistoire en France.

La situation
Cartes Michelin nᵒˢ 69 Sud du pli 19 ou 243 pli 39 – Saône-et-Loire (71).
À 9 km de Mâcon ; sortie de l'A 6 à 10 km.
🇧 *Rte des Vins, 71960 Roche de Solutré,* ☎ *03 85 35 81 00.*

Le nom
Le village s'appelait en l'an mil *villa Solistriaco.* Peut-être une origine celte qui désignerait « la montagne ».

Les gens
L'endroit fut certainement fréquenté par les premiers inventeurs. En effet c'est sur le site qu'a été identifié pour la première fois un outillage de pierre désigné dès lors solutréen (18 000 à 15 000 ans avant notre ère). Il se caractérise par des retouches plates obtenues par

pression, progrès technique de la taille qui permit de réaliser des bifaces d'une extrême finesse : les « feuilles de laurier ». La fin de cette période est marquée par l'apparition de l'aiguille à chas.

comprendre

UN IMMENSE OSSUAIRE

Les premières fouilles entreprises au pied de la Roche en 1866 mirent au jour un amoncellement d'ossements de chevaux formant, avec quelques os de bisons, d'aurochs, de cerfs et de mammouths, une couche de 0,5 à 2 m d'épaisseur sur près de 4 000 m² (environ 100 000 individus). Ce site de chasse fut fréquenté pendant 25 000 ans par les hommes du paléolithique supérieur (aurignacien, gravettien, solutréen et magdalénien).

> **LE PÈLERINAGE**
> Jusqu'aux dernières années de son mandat, le président Mitterrand avait l'habitude d'effectuer, une fois par an, l'ascension du rocher, accompagné de quelques fidèles.

> **LÉGENDE**
> L'hypothèse émise au siècle dernier suite aux fouilles, dans un roman « préhistorique », *Solutré ou les chasseurs de rennes*, est désormais caduque. Selon celle-ci, les chevaux étaient rassemblés au sommet de la roche où on les contraignait à se jeter dans le vide en les effrayant par le bruit et le feu. Les fouilles réalisées de 1968 à 1976 permettent de penser que c'est au pied même de l'escarpement que les troupeaux de chevaux sauvages étaient traqués, abattus puis dépecés au cours de leur migration saisonnière de printemps.
> Néanmoins, les romantiques invétérés sont autorisés à préférer la version mythique du rituel.

découvrir

Panorama

🔲 *En venant de Mâcon par la D 54, traverser Solutré et, après le cimetière, prendre la deuxième route à droite qui aboutit au parking. Suivre les marques jaunes, 3/4 d'heure à pied aller-retour.*

🚶 Un sentier conduit au Crot-du-Charnier (où se trouve le musée) puis au sommet de la Roche de Solutré (493 m d'altitude). Le parcours, bien que limité, assure une vue étendue sur la vallée de la Saône, sur la Bresse, le Jura et, par temps clair, sur les Alpes.

Musée départemental de Préhistoire

♿ *Juin-sept. : 10h-19h ; mai : tlj sf mar. 10h-12h, 14h-18h ; oct.-avr. : tlj sf mar. 10h-12h, 14h-17h. Fermé déc.-janv. et 1ᵉʳ mai. 3,05€. ☎ 03 85 35 85 24.*

🔲 Enterré au pied de la roche, le musée évoque successivement l'archéologie préhistorique du Sud-Mâconnais, les chevaux et les chasses du paléolithique supérieur à Solutré, et enfin le solutréen dans le contexte européen. Ces trois espaces sont séparés par deux points de vue privilégiés sur l'extérieur : la vallée de la Saône et la Roche de Solutré.

La Roche de Solutré, « sphinx aux griffes plantées dans les ceps », pose ses énigmes.

À la lisière de la petite commune de Tanlay, halte agréable au bord du canal de Bourgogne, l'élégant château séduit le visiteur autant par la richesse architecturale de son extérieur que par la qualité de la décoration et du mobilier des appartements.

La situation

Cartes Michelin nos 65 pli 7 ou 238 pli 12 – Yonne (89).
9 km à l'Est de Tonnerre. On peut emprunter au Nord-Est soit la D 952 qui longe l'Armançon et le canal de Bourgogne, soit la D 905, puis à gauche la D 965,.qui traverse la ligne de chemin de fer Paris-Marseille, l'Armançon et le canal de Bourgogne. Une belle avenue bordée de tilleuls séculaires mène au château.

Le monument

Par sa composition architecturale, cet édifice bâti vers 1550, peu de temps après le château voisin d'Ancy-le-Franc, est un beau monument de la Renaissance française, dégagée de l'influence italienne.

Les gens

Le grand château, construit à partir de 1559 sur une ancienne forteresse féodale par François de Coligny d'Andelot (4e fils de Gaspard, amiral de Coligny, et de Louise de Montmorency), a été terminé et embelli en 1642 par Michel Particelli d'Hémery, surintendant des Finances.

L'architecte Pierre Le Muet, ancien ingénieur militaire, responsable des travaux entre 1642 et 1648, imagina les curieux obélisques de forme pyramidale qui se dressent à l'entrée du pont. Il est aussi l'auteur du canal.

visiter

D'avr. à mi-nov. : visite guidée (1h) tlj., mar. sur RV uniquement, à 9h30, 10h30, 11h30, 14h15, 15h, 15h45, 16h30, 17h15. 6,56€, (enf. : 3,05€). ☎ 03 86 75 70 61.

Architecture extérieure – Le petit château (le Portal), gracieuse construction de style Louis XIII, donne accès à la cour Verte bordée d'arcades sur trois côtés ; à gauche, un pont franchissant les larges douves conduit au portail monumental et à la cour d'honneur du grand château.
Deux ailes en retour d'équerre et plus basses que le corps de logis principal s'articulent sur celui-ci par deux belles tourelles d'escalier à pans coupés. Chacune d'elles se termine par une tour ronde couverte d'un dôme à lanternon : à gauche la tour des Archives, à droite celle de la Chapelle.

Intérieur – Au rez-de-chaussée, le vestibule dit des Césars est fermé par une remarquable grille en fer forgé (16e s.), donnant sur le parc. On traverse le grand salon et l'antichambre où a été placé un joli bureau Louis XIV.

Salle à manger – Illuminée par la blancheur de la pierre d'une cheminée monumentale, elle abrite un étonnant cabinet Renaissance française et un coffre bourguignon.

Salon de compagnie – Les boiseries en chêne du 17ᵉ s. ► sont sculptées au chiffre MPH de Porticelli d'Hémery.

Chambre des Marquis de Tanlay – Au premier étage. Une peinture sur cuivre, de l'école allemande de la fin du 16ᵉ s., y est exposée.

CONSPIRATION HUGUENOTE

Les réunions des conspirateurs huguenots qui, à l'époque des guerres de Religion, se seraient tenues dans la pièce circulaire du dernier étage ont donné son nom à la tour. Comme son frère Gaspard de Châtillon (assassiné en 1572), François d'Andelot s'était tourné vers la Réforme. Tanlay devint alors, avec Noyers, fief du prince de Condé, l'un des deux centres du protestantisme de la contrée.

Grande galerie★ – Des fresques en grisaille (camaïeu) traitées en trompe l'œil dues à des artistes italiens ornent cette ancienne salle des fêtes.

Tour de la Ligue – La voûte en forme de coupole qui surmonte la pièce est ornée d'une peinture à la détrempe de l'école de Fontainebleau ; des catholiques et des protestants de la cour d'Henri II y sont représentés sous les attributs mythiques de dieux et de déesses, à partir d'une ode de Ronsard.

Détail des fresques de la tour de la Ligue.

Le parc

En partie accessible aux visiteurs.

Il s'ordonne le long du grand canal (526 m), bordé d'arbres centenaires.

Les communs abritent le **Centre d'Art contemporain** qui présente, chaque année, en saison, des expositions.

Butte de **Thil**★

Au centre d'une région exploitée autrefois pour son minerai de fer, la butte, qui culmine à 492 m, est couronnée des vestiges d'une ancienne collégiale et d'un château jadis redoutable, démantelé par Richelieu. Le panorama sur l'Auxois et le Morvan est magnifique.

La situation

Cartes Michelin nᵒˢ 65 pli 17 ou 243 pli 13 – Côte-d'Or (21).
On accède à la butte, reconnaissable de fort loin, par le hameau de Maison-Dieu depuis Précy-sous-Thil, à 16 km au Nord de Saulieu sur la D 980.

Le nom

Peut-être une ramification de « Til », et donc une branche de « tilleul ».

La sentinelle

La grande tour carrée, haute de 25 m, permettait de surveiller un territoire de 50 km à la ronde : on l'avait surnommée « l'espionne de l'Auxois » ou « la sentinelle ».

visiter

Pour visiter, s'adresser à M. Laurier à Maison-Dieu, à proximité du site. 1,52€.
Une allée bordée de tilleuls séculaires conduit, à droite, à la collégiale, à gauche, aux murs d'enceinte du château.

Les ruines du château et de la collégiale de Thil.

Ancienne collégiale

Fondée en 1340 par Jean II de Thil, sénéchal de Bourgogne, sur l'emplacement de l'église paroissiale du village disparu, cette collégiale a été consacrée quatre ans plus tard par l'évêque d'Autun. L'édifice, de plan très simple, comporte un chevet plat à trois baies. La voûte, avec ses pierres se présentant de chant, est remarquable (la toiture de laves s'est envolée). On notera quelques chapiteaux reposant sur des culs-de-lampe et la présence de trois pierres tombales. La tour-clocher, à gauche, est aménagée pour devenir la demeure du propriétaire des lieux.

Faire le tour de la collégiale par la droite, pour voir le bâtiment. Remarquer, à la corniche, une frise très fine et la belle tour carrée. Très beau **panorama** sur l'Auxois.

> **MYSTÈRE**
> Les inscriptions de l'une des dalles funéraires sont faites de caractères inconnus, d'aspect assez archaïque.

Château

Construit au sommet de la butte, directement sur l'oppidum romain dont il a adopté la forme ovale, la forteresse comporte des murs d'enceinte, percés d'étroites meurtrières, remontant au règne de Charlemagne, un donjon restauré du 14e s. et, parmi les vestiges de salles médiévales, des cuisines dotées de trois cheminées.

Au midi, fortifications en pierre de taille du 12e s.

Til-Châtel

Au confluent de l'Ignon et de la Tille, le bourg appartient au verdoyant pays des Tilles, délimité et arrosé par les nombreux affluents de la rivière. Célèbre pour son église modèle, dédiée à saint Florent qui fut martyrisé par les Barbares vers la fin du 3e s., il conserve quelques maisons anciennes.

La situation

Cartes Michelin n°s 66 Nord-Est du pli 12 ou 243 pli 4 – Côte-d'Or (21). À 21 km au Nord-Est de Dijon par la N 74 ; on peut aussi accéder par la sortie 5 de l'autoroute A31.

Le nom

Til et Tille, qui sont d'abord des noms de plusieurs ruisseaux et rivières de Côte-d'Or, ont peut-être un lien avec le tilleul, arbre qui peuple les bords de rivière dans la région.

La légende

Les 819 habitants, qu'on évitera d'appeler les « Tilleuls », seraient les descendants de rescapés de la guerre de Troie, ce qui ferait de Til le plus vieux village de France... et de loin !

visiter

Église St-Florent

Cette église romane (12e s.) s'ouvre par un beau portail : au tympan, le Christ en majesté est entouré des symboles des quatre évangélistes. Le portail latéral, d'inspiration identique, est plus dépouillé.

À l'intérieur, on remarque les chapiteaux de la nef, la coupole à trompes à la croisée du transept, l'abside en cul-de-four avec ses absidioles. Riche patrimoine : statues de bois anciennes (Christ aux outrages du 12e s. et calvaire italien du 17e s.), tombeau de saint Honoré et sa châsse naïve en bois peint, du 16e s., fonts du 9e s. et cinq pierres tombales gravées.

> **L**'autel du 12e s. est construit sur une énorme pierre qui serait celle du pont où fut décapité saint Florent.

alentours

Château de Grancey

26 km au Nord-Ouest par la D 959. De juil. à mi-août : visite guidée (3/4h) tlj sf dim. à 15h et 16h. Fermé 14 juil. 1,52€. ☎ 03 80 75 60 30.

À côté des restes d'un château des 12e et 15e s. : fossés, pont-levis, vaste chapelle seigneuriale, le château actuel de Grancey a été édifié aux 17e et 18e s., sur une terrasse dominant un beau parc dans un site attrayant.

Tonnerre

Entourée de vignes et de verdure, traversée par le canal de Bourgogne, Tonnerre est une agréable petite ville adossée à l'une des collines qui soulignent la rive gauche de l'Armançon. Vieille ville et nouveaux quartiers étagés sont dominés par l'église St-Pierre et la tour Notre-Dame.

Tour carrée de l'église St-Pierre.

La situation

Cartes Michelin nos 65 pli 6 ou 238 pli 12 – Yonne (89).
À 35 km d'Auxerre (sortie d'autoroute) par la D 965.
De la terrasse St-Pierre, vue d'ensemble très étendue.
i 42 r. de l'Hôpital, 89700 Tonnerre, ☎ 03 86 55 14 48.

Le nom

À l'époque gallo-romaine, *Tornodurum* marquait soit l'appartenance de la cité-forteresse à un certain Turnus soit sa dédicace au dieu de même nom.

Les gens

5 979 Tonnerrois. C'est à Tonnerre que naquit le célèbre « espion en trois lettres » Charles de Beaumont, chevalier d'Éon, si cher aux cruciverbistes.

comprendre

Le mystère de l'hermaphrodite – C'est à Tonnerre que naquit, en 1728, Charles-Geneviève de Beaumont, connu sous le nom de **chevalier ou chevalière d'Éon**. Après une carrière d'agent secret, au cours de laquelle il avait dû se déguiser, il subit des revers de fortune, s'exila à Londres et ne fut autorisé par Louis XVI à reparaître en France que sous des vêtements de femme. Reparti en Angleterre, il y mourut en 1810. Pris longtemps pour un hermaphrodite ; l'annonce de sa mort provoqua un vaste mouvement de curiosité. L'autopsie de son cadavre mit un point final à la controverse : Charles d'Éon n'était pas une femme.

Du cinéma
Le diplomate aux pratiques douteuses (incarné par Claire Nebout) fait une apparition à la cour de Londres, dans le film de Molinaro *Beaumarchais*.

carnet pratique

Restauration

• *À bon compte*

Le Saint Père – *2 av. G.-Pompidou - ☎ 03 86 55 12 84 - fermé 16 au 31 mars, 7 au 30 sept., mar. soir et mer. soir de nov. à mars, dim. soir et lun. - 11,28/35,06€.* Proche du centre-ville, un petit restaurant sans prétention dans une ancienne maison de pays. Salle à manger simple et proprette. La cuisine est traditionnelle avec un bon choix de menus et une bonne gamme de prix. Admirez au passage la belle collection de moulins à café.

Hébergement

• *À bon compte*

Gîte d'étape La Gravière du Moulin – *7 rte de Frangey - 89160 Lézinnes - 11 km au SE de Tonnerre par D 905 - ☎ 03 86 75 60 50 - mairie.lezinnes@wanadoo.fr - 32 pers., par nuit/par pers. : 9,80€.* Cet ancien moulin du 19e s. enjambe l'Armançon. En famille ou avec votre bande de copains (chambres de deux, six ou douze lits), venez dans ce gîte d'étape, il y aura de la place pour tout le monde ! L'aménagement est simple avec mobilier en pin. Bibliothèque et labo photo.

Chambre d'hôte M. et Mme Piedallu – *5 av. de la Gare - 89160 Lézinnes - 11 km au SE de Tonnerre par D 905 - ☎ 03 86 75 68 23 - ⊭ - 3 ch. : 35/40€.* Dans le respect de la tradition locale, cette maison toute neuve avec sa tour carrée en pierres a beaucoup de charme. Les chambres sous les toits sont spacieuses et confortables, meublées à l'ancienne. Petit-déjeuner sous la véranda.

• *Une petite folie !*

Hôtel de l'Abbaye St-Michel – *Montée St-Michel - ☎ 03 86 55 05 99 - fermé 14 nov. au 31 mars, dim. soir et lun. de mars au 19 juin - P - 11 ch. : à partir de 100€ - ☕ 6,86€ - restaurant 27,44/59,46€.* Sur les hauteurs de la ville, offrez-vous un séjour de calme pur dans une abbaye du 10e s. Dans les chambres rénovées, savourez l'heureux mariage du Moyen Âge et du design contemporain. Un luxe sobre. Parc fleuri et vignes. Vue superbe sur la ville et la campagne.

TONNERRE

se promener

On peut partir de la place de la Gare.

Promenade du Pâtis
Agréable promenade ombragée.
Franchissant la place de la République on rejoint un peu plus loin sur la droite la rue de la Fosse-Dionne.

Fosse Dionne★
Ce bassin circulaire, qu'emplit une belle eau de teinte bleu-vert (changeant selon l'heure et la saison), était utilisé comme lavoir. Il est alimenté par une source vauclusienne qui, après avoir parcouru dans les rochers une galerie à forte pente de 45 m de longueur, débouche par un entonnoir au centre du bassin ; son débit est très variable suivant l'abondance des pluies. Il se déverse dans l'Armançon par un petit cours d'eau.
Prendre le chemin des Roches.

Église St-Pierre
Visite guidée sur demande auprès de l'Office de tourisme ou de la mairie.
Elle s'élève sur une terrasse rocheuse offrant une belle vue sur la ville et les environs. Sauf le chœur, du 14ᵉ s., et la tour carrée, du 15ᵉ s., elle a été reconstruite en 1556 après le grand incendie. Sur le côté droit, beau portail avec statue de saint Pierre au trumeau. À l'intérieur, le buffet d'orgues est du 17ᵉ s. ainsi que la chaire et le banc d'œuvre (réservé aux marguilliers). Deux peintures sur bois, du 16ᵉ s., représentent la Passion.

FONS DIVONA

Qualifiée de « divine » (*fons divona* d'où Dionne) par les anciens, la tradition prétendait que le bassin était sans fond. Une légende en faisait une des entrées de l'enfer ; une autre affirmait qu'un serpent au regard meurtrier (le basilic) y habitait avant que l'évêque saint Jean de Réôme n'en débarrassât l'endroit.

L'étonnante et mystérieuse Fosse Dionne.

Gagner la rue St-Pierre pour voir la très curieuse façade de Notre-Dame, puis descendre par la rue de l'Hôpital, qui mène bien sûr à l'ancien hôpital. En chemin, à droite, prendre la rue des Fontenilles.

Hôtel d'Uzès

La Caisse d'Épargne occupe ce charmant logis de la Renaissance, maison natale du chevalier d'Éon de Beaumont ; le dessin des portes de la façade Est est d'un goût particulièrement délicat.

visiter

Ancien hôpital

Visite : 1/2 h.

Ce beau bâtiment, édifié de 1293 à 1295 par Marguerite de Bourgogne, veuve du roi de Naples et de Sicile, Charles d'Anjou, frère de Saint Louis, nous est parvenu intact, à quelques modifications de détail près.

Extérieurement, les murs de la salle, malgré leurs contreforts, semblent bien faibles pour supporter la volumineuse toiture (qui couvre une surface de 4 500 m²). La façade Ouest a été transformée au 18e s.

Intérieur★ – Bien que raccourcie au 18e s., la grande salle est de dimensions impressionnantes (longueur 90 m, largeur 18,20 m). Le berceau lambrissé et la **charpente** en chêne (visitable depuis 1999) sont remarquables. Les lits des malades, au nombre de quarante, étaient installés dans des alcôves de bois et s'alignaient le long des murailles percées de hautes baies cintrées que divisent des arcs brisés. À partir de 1650, la salle fut désaffectée et servit plusieurs fois d'église paroissiale (Notre-Dame-des-Fontenilles). Maints Tonnerrois y furent inhumés : c'est ce qui explique la présence de nombreuses dalles funéraires.

L'église de l'hôpital s'ouvre au fond de la salle (les malades suivaient depuis leur couche l'office célébré par le chapelain). Au centre du chœur, tombeau de Marguerite de Bourgogne, refait en 1826. Au-dessus de l'autel, Vierge en pierre, du 14e s. À droite du maître-autel, une petite porte donne accès à la chapelle du Revestiaire abritant une **Mise au tombeau**★ offerte au 15e s. par un riche marchand de la ville. Les personnages de pierre de ce sépulcre composent une scène d'une dramatique intensité (on y sent l'influence de Claus Sluter). Dans la chapelle latérale gauche, on peut voir le tombeau monumental de Louvois, ministre de Louis XIV, qui acquit le comté de Tonnerre en 1684. Les statues de bronze représentent l'une la Vigilance, par Desjardins, l'autre la Sagesse, par Girardon, concepteur de l'ensemble. Les statues de bois placées dans des niches au fond de la salle, au-dessus de la tribune, et représentant Marguerite de Bourgogne et Marguerite de Beaumont, comtesse de Tripoli, qui se retira ici avec la fondatrice, sont de la fin du 13e s. Dans la salle du Conseil de l'hôpital, parmi les objets exposés, on peut voir une grande croix d'or dans laquelle est enchâssé un morceau de la Croix.

Musée Marguerite-de-Bourgogne

De fin mai à fin sept. : tlj sf mar. 10h30-12h30, 13h30-18h30 ; de Pâques à fin mai et de déb. oct. à fin oct. : w.-end et j. fériés 13h-18h. Fermé de nov. à Pâques. 3,81€. ☎ 03 86 54 33 12.

Installé dans la partie classique de l'ancien hôpital, ce musée rassemble plusieurs objets et manuscrits liés à l'histoire hospitalière, entre autres un très beau reliquaire en argent massif du 18e s., la Charte de fondation de 1293, le testament de Marguerite de Bourgogne daté de 1305.

SAUVÉ DU FEU
Peu de monuments ont survécu à l'incendie qui ravagea la ville au 16e s., mais son vieil hôpital et le beau sépulcre qu'il abrite comptent parmi les trésors bourguignons.

EXEMPLAIRE
Si grand, si imposant, l'hôpital a servi de modèle pour la conception de l'hôtel-Dieu de Beaune, postérieur d'un siècle et demi.

VOUS AVEZ DIT GNOMON ?
Sur le dallage, on remarque un gnomon ou méridienne (sorte de cadran solaire) tracé au 18e s. par un bénédictin et l'astronome Lalande.

ÉTONNANT
On peut voir à l'étage la surprenante reconstitution d'un bloc opératoire de 1908 et l'équipement chirurgical complet de l'époque, ainsi qu'une chambre de malade de 1850.

Tournus ★

Un cadre agreste, les collines du Mâconnais, la navigation touristique sur la Saône, une région favorisée par la douceur du climat, une ville riche de vieilles pierres et des vins renommés, qu'attendez-vous pour vous arrêter à Tournus ? La splendeur architecturale de son église (10ᵉ s.) fait de Tournus l'un des plus importants témoins des centres monastiques de France.

La situation

Cartes Michelin nᵒˢ 69 pli 20 ou 243 plis 39, 40 – Saône-et-Loire (71). Tournus serre ses ruelles étroites et ses maisons entre la Saône et la N 6, en bordure de l'A 6, quasi à mi-chemin entre Chalon-sur-Saône et Mâcon. C'est ici le passage du Nord au Midi.

🚩 *2 pl. Carnot, 71700 Tournus,* ☎ *03 85 51 13 10.*

Le nom

Ce joli mot parti de *Tinurtium,* cité gauloise des Éduens, et passé par *Tornutium,* se prononce « Tournu ». Le quartier de la Madeleine correspond à l'ancien *castrum* romain, qualifié de *trenorchium.* Tours et détours...

Les gens

6 231 Tournusiens. Né à Tournus en 1725, **Greuze** est apprécié pour ses portraits, où son talent s'est exprimé plus librement que dans certaines scènes domestiques à caractère moralisateur, prisées en leur temps par Diderot. **Albert Thibaudet** (1874-1936) est également un vrai Tournusien ; critique littéraire, il analysait un texte comme un biologiste l'aurait fait d'un organisme vivant, cherchant à comprendre et non pas à juger.

carnet pratique

RESTAURATION

• *Valeur sûre*

Le Terminus – *21 av. Gambetta -* ☎ *03 85 51 05 54 - fermé 12 nov. au 20 déc., mar. soir, jeu. midi et merc. sf juil.-août - 14,94/42,69€.* Avant l'ère des autoroutes, Tournus était un passage obligé par chemin de fer ou par la Nationale 6. De cette tradition de voyages, reste cette maison avec sa confortable salle à manger flanquée d'un limonaire qui s'anime à l'occasion. Chambres rajeunies.

Aux Terrasses – *18 av. du 23-Janvier -* ☎ *03 85 51 01 74 - fermé 4 janv. au 4 fév., 12 au 19 nov., dim. soir sf juil.-août, mar. midi et lun. - 21,34/41,16€.* Faites un détour par ce restaurant réputé, à l'écart du centre-ville, vous ne le regretterez pas. La cuisine est soignée et goûteuse avec un bon choix de menus, certains à prix raisonnables. Quelques chambres au mobilier en bois cérusé.

• *Une petite folie !*

Restaurant Greuze – *1 r. A.-Thibaudet -* ☎ *03 85 51 13 52 - fermé 19 nov. au 9 déc. - 44,97/88,42€.* Dans sa belle maison de pierre, ce restaurant proche de l'abbaye est un véritable temple de la tradition culinaire française. La salle à manger est vaste et dépouillée avec ses murs clairs, ses boiseries sombres et ses nappes blanches. Cuisine authentique dans les règles de l'art.

HÉBERGEMENT

• *À bon compte*

Camping Château de l'Épervière – *À l'Épervière - 71240 Gigny-sur-Saône - 12 km au N de Tournus par D 271 -* ☎ *03 85 94 16 90 - ffh@wanadoo.fr - ouv. avr. au 15 oct. - réserv. conseillée - 100 empl.: 23,48€.* Ce camping est aménagé autour d'un château des 14ᵉ et 18ᵉ s., dans un parc boisé au bord d'un étang. Vous y trouverez des emplacements bien ombragés. Piscine avec bassin pour les enfants. Tennis à proximité. Gîtes à louer.

Chambre d'hôte Manoir de Champvent – *Lieu-dit Champvent - 71700 Chardonnay - 11 km au SO de Tournus par D 56 puis D 463 -* ☎ *03 85 40 50 23 - fermé nov. à fév. - 5 ch. : 34/46€.* Entrez par le porche et découvrez cette bâtisse en pierre jaune. Les chambres ont été aménagées dans les dépendances du manoir avec des meubles de brocante, certaines sous les toits. Représentations théâtrales pour les amateurs. Grand pré et cour très fleurie.

comprendre

Curriculum vitae d'une cité monastique – Ayant ▶ échappé aux persécutions lyonnaises de 177, saint Valérien (chrétien d'Asie Mineure) vient à Tournus évangéliser la population ; il y est martyrisé. Les sanctuaires fondés à l'emplacement de son tombeau sont convertis en abbaye et placés sous le vocable de saint Valérien.

Ayant fui au début du 9ᵉ s. devant les Normands, des moines vendéens mènent une vie errante avant de s'installer à l'abbaye, concédée par Charles le Chauve. Ils y apportent les reliques de saint Philibert, fondateur de Jumièges, mort à Noirmoutier en 685, qui devient le nouveau saint patron de l'abbaye et lui donne un élan considérable.

Une invasion hongroise, en 937, compromet sa prospérité. Incendiée, puis reconstruite, elle est quelques années plus tard abandonnée des religieux, regroupés en Auvergne au monastère de St-Pourçain. L'abbé Étienne, ancien prieur, est appelé à revenir à l'abbaye St-Philibert en 949, par décision du concile. Sous son impulsion reprennent les constructions, qui s'achèvent au 12ᵉ s. par l'une des plus belles parties de l'église. Plusieurs fois endommagée au cours des siècles, elle sera restaurée et remaniée jusqu'à sa mise à sac par les huguenots en 1562. Transformée en collégiale en 1627, l'abbaye devient église paroissiale en 1790, échappant ainsi à la destruction.

se promener

On peut se garer près du quai de la Saône et de la rue St-Laurent.

Musée bourguignon

Dans cette ancienne demeure familiale, léguée de son vivant par Albert Thibaudet à sa ville natale, est installé le musée folklorique.

(Description dans la partie « visiter »).

ABBAYE★★

Église St-Philibert

On y accède depuis la nationale par la rue Albert-Thibaudet passant entre les deux tours rondes qui marquaient l'entrée principale de l'enceinte de l'abbaye, la « porte des Champs ».

(Description dans la partie « découvrir »).

Vue du pont et des quais

Du pont sur la Saône, prolongeant la rue Jean-Jaurès, on a ▶ une belle vue sur l'église St-Philibert et sur la ville. N'hésitez pas à prolonger la promenade au port de plaisance. Jolie place de l'Hôtel-de-Ville autour de la statue de Greuze.

visiter

Musée bourguignon

D'avr. à fin oct. : tlj sf lun. 9h-12h, 14h-18h. Fermé 1ᵉʳ mai. 2,29€. ☎ 03 85 51 29 68.

Le musée folklorique abrite les collections offertes (les Tournusiens sont généreux) à la municipalité par M. Perrin de Puycousin en 1929.

Des scènes quotidiennes de la vie paysanne d'autrefois ont été reconstituées avec des mannequins de cire habillés en costumes régionaux. Les salles reproduisent l'intérieur d'une ferme bressane, un local tournusien, l'atelier des fileuses de chanvre et, au sous-sol, un cellier bourguignon.

Hôtel-Dieu★

&. *D'avr. à fin oct. : tlj sf mar. 11h-18h. 4,57€. ☎ 03 85 51 23 50.*

L'hôtel-Dieu a cessé de fonctionner en 1982. Les salles anciennes ont été restaurées pour témoigner des conditions de soins et de vie hospitalière depuis le 17ᵉ s.

Deux tours (ancienne enceinte) semblent protéger l'église St-Philibert.

◀ Les traditionnels lits clos en chêne sont toujours alignés dans la salle des femmes et celle des hommes séparées par la chapelle du Saint-Sacrement. Une très belle **apothicairerie**★ d'origine conserve pas moins de 300 pots en faïence de Nevers. Une herboristerie (19ᵉ s.) et une salle des étains complètent la visite de cet établissement dans lequel, en 1960, travaillaient encore cinq religieuses de l'ordre de Sainte-Marthe.

Église de la Madeleine
Construite au centre de l'ancienne ville romaine, elle offre, en dépit de dégradations extérieures, un aspect charmant. Le chevet, empâté dans de vieilles bâtisses, est à voir des bords de la Saône. L'ancien porche en plein cintre (12ᵉ s.) a subsisté avec ses fines colonnettes ornées de galons perlés, d'imbrication de guirlandes verticales ou rampantes et ses chapiteaux décorés de feuillage ou d'oiseaux affrontés. L'intérieur présente une nef voûtée d'ogives du 15ᵉ s. Dans le bas-côté droit s'ouvre une chapelle Renaissance dont la jolie voûte est décorée de caissons carrés reliés par un réseau de nervures. On y voit un tabernacle de style Empire et une Madeleine en bois doré.

découvrir

ABBAYE★★
Visite : 1 h.

Église St-Philibert
Juil.-sept. : possibilité de visite guidée tlj sf sam. et dim. matin à 10h30, 15h30, 17h. ☎ *03 85 27 00 20.*

Façade – Faite de belles pierres taillées aux 10ᵉ et 11ᵉ s., aux couleurs chaudes, elle se présente comme une sorte de donjon percé d'archères. La nudité des murs puissants est rompue par des bandes lombardes. Le parapet crénelé avec mâchicoulis reliant les tours accuse l'aspect militaire de l'édifice (galerie de la terrasse et porche sont l'œuvre de restaurations de Questel, au 19ᵉ s.). La tour de droite est coiffée d'un toit en bâtière, tandis que sa voisine a été rehaussée, à la fin du 11ᵉ s., par un clocher à deux étages ornementés et surmontés d'une flèche.
Pénétrer dans l'église par la porte du petit bâtiment, à droite de la façade.

ABBAYE

Chapelle St-Michel (a) – C'est la salle haute du narthex *(accès par un escalier à vis)*, dont la construction est antérieure à celle de la nef. Son plan est identique à celui du rez-de-chaussée, mais l'étonnante élévation du vaisseau central et la luminosité en modifient totalement l'aspect. La grande baie cintrée qui ouvre sur la tribune d'orgues mise en place en 1629 marquait l'entrée d'une abside construite en encorbellement à cette hauteur, alors sacrifiée. Autour de l'arche, les sculptures archaïques des chapiteaux sont une survivance de l'époque carolingienne : l'inscription de Gerlannus à la base de l'archivolte pourrait évoquer l'an mil.

Narthex – Dans la rudesse et la simplicité, son architecture atteint une singulière grandeur. Quatre énormes piliers à tailloir circulaire le divisent en trois nefs de trois travées. La voûte, dont une travée, à gauche, est peinte en échiquier noir et blanc (blason des Digoine, ancienne et puissante famille mâconnaise), s'orne au-dessus de l'entrée de la nef d'un Christ en majesté (**1**) ; une autre fresque du 14ᵉ s., sur le mur du fond du bas-côté gauche, figure la Crucifixion (**2**).

Nef – Dépourvue d'ornementation, la nef s'égaye dans une lumière rosée (début du 11ᵉ s.). Disposition très originale, la voûte centrale se compose d'une suite de cinq berceaux transversaux juxtaposés qui reposent sur des arcs doubleaux, aux claveaux alternativement blancs et roses, s'appuyant sur des colonnettes surmontant de grandes colonnes. Les fenêtres hautes qui éclairent la nef sont dissimulées par les arcs. Une voûte d'arêtes prodigieusement rehaussée, compartimentée par des doubleaux, couvre les collatéraux. Les chapelles latérales du bas-côté Nord ont été ouvertes aux 14ᵉ et 15ᵉ s. Une niche du collatéral Sud abrite une statue-reliquaire du 12ᵉ s. d'influence auvergnate, Notre-Dame-la-Brune (**3**). En cèdre peint et redoré au 19ᵉ s., cette Vierge a gardé sa beauté majestueuse au calme rayonnant.

Transept et chœur – Édifiés au début du 12ᵉ s. par Francon de Rouzay, ils tranchent avec le reste de la construction par la blancheur de la pierre et montrent l'évolution rapide de l'art roman. Après l'ampleur de la nef, une rupture s'opère au niveau du transept et le chœur surprend par son étroitesse, l'architecte ayant dû suivre les contours de la crypte existante. L'abside en cul-de-four est supportée par six colonnes surmontées de fenêtres entourées d'un fin décor sculpté. Le déambulatoire (début du 11ᵉ s.), voûté en berceau, compte cinq chapelles dont trois rayonnantes et deux orientées ; la chapelle absidale abrite la châsse de saint Philibert (**4**). Les vitraux modernes, d'un camaïeu rouge-brun, sont un exemple d'intégration.

Crypte★ (b) – *Accès par le croisillon Nord, à gauche du chœur. Éclairage assuré contre une petite obole.*
Cette crypte, aux murs épais, est une construction de l'abbé Étienne, de la fin du 10ᵉ s. ; sa hauteur sous clef de voûte (3,50 m) est exceptionnelle. La partie centrale, bordée par deux rangs de très fines colonnes, dont certaines à fût galbé, aux chapiteaux à feuillages inspirés de l'antique, est entourée d'un déambulatoire avec chapelles rayonnantes. La fresque (12ᵉ s.) décorant la voûte de la chapelle de droite, représentant une Vierge à l'Enfant et un Christ en majesté, est la mieux conservée de tout l'édifice. Sarcophage de saint Valérien.

Bâtiments abbatiaux

Pour rejoindre le cloître, on traverse l'ancienne salle des Aumônes (**c**) ou chauffoir ou parloir (13ᵉ s.) accolée au mur Sud du narthex. Elle abrite une collection lapidaire comprenant les statues-colonnes et les chapiteaux provenant de la tour Nord, ainsi que des sculptures venant du cloître.

▶ **FORME PARFAITE**
Les pierres tombales de forme circulaire, particulières à la région, font songer à des puits ou à des embases de piliers.

De hauts et rudes piliers cylindriques, en pierre rose de Préty, se terminent par de simples tailloirs.

▶ **« SANS FOND »**
Notez la présence d'un puits très profond à l'intérieur de la crypte.

ANTIQUITÉS
Le réfectoire sert de
cadre, fin mai, au Salon
des antiquaires.
L'ancienne église St-
Valérien (11e s.) est
pour sa part occupée à
demeure par un expert-
antiquaire.

LOISIRS
Base de loisirs
nautiques de Laives –
Lacs de Laives, ☎ 03 85
44 97 39. *Ouv. tlj.
Fermé nov.-fév.*
Baignade surveillée, jet-
boat, jet-ski, pédalo,
jeux, pique-nique,
balades en forêt,
poneys, VTT... et un bar
exotique avec soirées à
thème tous les jeudis
(karaoké, concerts...).
Ce lieu joyeux est tenu
par une équipe
énergique et
sympathique.

HORS
DES SENTIERS BATTUS
La réserve naturelle
de la Truchère. *Juil.-
août : visite guidée le
dim. Se renseigner au
Centre Eden Cuisery*
☎ 03 85 27 08 00 *et à
l'Office de tourisme de
Cuisery.* ☎ 03 85 40
11 70. *Pour une
promenade en bateau
ou une « escale »
gastronomique
rejoignez la base
nautique de La
Truchère,* ☎ 03 85 51
23 00.

Cloître – De l'ancien cloître St-Ardain du 11e s. il ne reste que la galerie Nord ; un portail du 13e s. s'ouvre à son extrémité sur le bas-côté de l'église. Les bâtiments Sud abritent la bibliothèque de la ville et celle de l'abbaye. La tour carrée du Prieuré les domine.

Salle capitulaire – Rebâtie après un incendie en 1239, par l'abbé Bérard, elle abrite des expositions tempo-raires. On peut en admirer l'intérieur voûté d'ogives par les baies romanes donnant sur le cloître.

Sortir place des Arts et admirer le chevet aux cinq cha-pelles ainsi que la belle tour-clocher du 12e s., d'inspira-tion clunisienne.

Logis abbatial – Jolie demeure *(privée)* de la fin du 15e s. en gothique flamboyant.

Prendre la rue des Tonneliers où la tour de Quincampoix fut érigée après l'invasion des Hongrois en 937. Elle fait partie de l'enceinte de l'ancienne abbaye, au même titre que la tour voisine, dite du Portier.

Réfectoire – Magnifique salle du 12e s., longue de plus de 33 m, haute de 12 m, c'est un grand vaisseau voûté d'un berceau légèrement brisé. En 1627, après la sécularis-ation de l'abbaye, elle fut utilisée pour le jeu de Paume, d'où le nom de Ballon qui la désigne encore.

Cellier – Également du 12e s., il est éclairé par deux ouvertures en forme de soupirail, placées très haut, et voûté en berceau brisé sur doubleaux. Les caves immenses, où travaillent des artisans, s'étendent en des-sous. Expo-vente à l'entrée.

alentours

Sennecey-le-Grand
10 km au Nord.
Au bord d'une grande place ceinturée de fossés, la mai-rie occupe ce qui reste du château féodal. La partie dis-parue a été remplacée au 19e s. par une **église** monu-mentale de style classique.
On peut voir à proximité du bourg les églises romanes de deux villages voisins, l'une et l'autre de plan très simple, montrant extérieurement des arcatures lom-bardes, des toitures de laves et, au-dessus de la croisée du transept, un clocher carré porté par une petite cou-pole sur trompes.

Église de St-Julien – *Près de l'autoroute. Visite sur deman-de préalable dim. 15h-19h. M. Colmant.* ☎ 03 85 44 92 26. Sa nef et son clocher sont du 11e s. ; le reste de l'édifice est du 15e s.

Église St-Martin de Laives – *À 2,5 km à l'Ouest. Accès par la D 18 et, après le passage sous l'autoroute, par un che-min se détachant à gauche. S'adresser à l'Office de tourisme.* ☎ 03 85 44 82 54.
Située sur un éperon d'où la vue s'étend sur la Bresse, le Jura, Chalon et ses environs, la vallée de la Grosne et le Charolais, elle a été construite comme St-Julien au 11e s. et complétée par des chapelles au 15e et au 16e s. Clefs de voûte sculptées.

Cuisery
8 km à l'Est. Pour les amateurs de vieux livres et éditions anciennes, le village de Cuisery s'organise un **centre du livre**, des métiers du livre et du multimédia. Ateliers de démonstration d'imprimerie à l'ancienne, enluminures, bouquinistes se succèdent dans la Grande Rue.
Le centre Éden – *R. de l'Église.* ♿ *Juil.-août : tlj sf lun. 10h-18h ; avr.-juin et sept.-oct. : tlj sf lun. 10h-12h, 14h-18h ; nov.-mars. : tlj sf lun. 14h-18h. Fermé 1er janv., 1er mai et 25 déc. 3,81€* ☎ 03 85 27 08 00.
Cet espace muséographique résolument moderne per-met une approche aussi pédagogique que ludique du patrimoine naturel de Bourgogne.

Varzy

Blotti à l'orée des forêts du Nivernais, Varzy est placé, par ses activités, sous le signe du bois. De beaux boulevards ombragés enserrent ce petit bourg qui fut la résidence préférée des évêques d'Auxerre.

La situation
Cartes Michelin n°ˢ 65 pli 14 ou 238 pli 22 – Nièvre (58).
Dans un écrin de collines verdoyantes, Varzy est agréablement situé sur la jolie N 151, au carrefour de la D 977, entre Clamecy et La Charité-sur-Loire.
🛈 *3 fg de marcy, 58240 Varzy, ☎ 03 86 29 72 73.*

Le nom
Un rapport avec Var, le département ? C'est bien possible : *var* signifie ruisseau. Or un simple ru, le Var, prend sa source dans le bas du bourg. Mais « varzy », me direz-vous ? Peut-être de *varciacus*, un vieux celte qui habitait par là, près du ruisseau...

Les gens
1 303 Varzycois. Varzy étant placé sur le chemin de Saint-Jacques-de-Compostelle, on peut dire sans crainte de se tromper que ce furent des milliers de pèlerins qui vénérèrent ici, lors de leur passage, les reliques de sainte Eugénie d'Alexandrie.

> **NIÈVRE OU YONNE !**
> Depuis 1792, la localité est dans le département de la Nièvre, malgré le souhait de ses habitants de faire partie de l'Yonne.

se promener

Église St-Pierre
De style gothique rayonnant, elle date du 13ᵉ s. La nef aux hautes arcades comporte un élégant triforium. Dans le chœur, statue polychrome et triptyque de sainte Eugénie, du 16ᵉ s. Autre triptyque, du 17ᵉ s., dans le croisillon droit : scènes de la vie de saint Pierre.
Le trésor se trouve dans une chambre forte à droite du chœur.

> **LE TRÉSOR**
> Provenant de la collégiale Ste-Eugénie, le trésor renferme, entre autres, deux bras reliquaires (13ᵉ s.) de la sainte et de saint Régnobert, un coffret contenant le crâne de ce dernier et un Christ, en bois (début du 16ᵉ s.).

Musée Grasset
 ♿ *D'avr. à fin oct. : tlj sf mar. 10h-12h, 14h-18h, lun. et dim. 14h-18h (juil.-août : 10h-12h30, 14h-19h, dim. 14h-19h). 3,05€. ☎ 03 86 29 72 03.*
Depuis 1993 le musée a trouvé un espace à sa « démesure ». On y trouve plus de 4 000 objets, rassemblés par des amateurs éclairés dont l'inspecteur des Monuments historiques Auguste Grasset (1799-1879) et son collègue Prosper Mérimée : sarcophages égyptiens, objets rapportés lors des expéditions Dumont d'Urville dans les îles du Pacifique, armes, instruments de musique, faïences nivernaises et émaux limousins, meubles anciens, tapisseries (tapisserie d'Aubusson *Didon et Énée*), peintures (*Judith et Holopherne* attribué à J. Massys, *La Mort de Camala* par Girodet).
Prendre la rue St-Pierre au sortir du musée.

Lavoir
Ses deux auvents renfrognés, qui se font face de part et d'autre d'une petite pièce d'eau, témoignent par leurs dimensions de l'importance passée du bourg.
Prolonger la flânerie par la rue des Grandes-Promenades et par la commerciale rue Delangle.
Près du moulin Naudin, sur la route de Clamecy, (autre) plan d'eau aménagé.

Cavalier St-Hubert en faïence de Nevers de 1734.

Vézelay★★

Aux confins du Morvan, Vézelay occupe pentes et sommet d'une colline qui domine la vallée de la Cure. « Les charmes de Vézelay se méritent... Ils se découvrent aux flâneurs, aux curieux, aux courageux, aux amoureux et chaque détail, chaque pierre, chaque raie de lumière les rend plus fidèles encore à la colline éternelle... » Étape importante sur la route de Compostelle, Vézelay est si proche de l'esprit que nombre d'écrivains y ont élu domicile.

La situation

Cartes Michelin n°s 65 pli 15 ou 238 pli 23 – Yonne (89).
Pour les pèlerins en automobile : A 6 sortie Avallon ou N 6 puis D 951 à Blannay ou D 957 d'Avallon ; de l'Ouest, N 151 puis D 151 à Clamecy. N'ayez crainte, la basilique se voit de loin.
🛈 *R. St-Pierre, 89450 Vézelay,* ☎ *03 86 33 23 69.*

Le nom

L'origine est sûrement *Visiliacum*, que l'on pourrait rapprocher de celle du *Vésuve* : ici se rejoignent la terre et le ciel.

Les gens

492 Vézeliens. Chaque année, ce sont des centaines de milliers de visiteurs (princes, rois, moines ou manants) qui parcourent la butte. Mais, colline éternelle, haut lieu de l'art chrétien, Vézelay est aussi colline inspirée où souffle l'Esprit. De nombreux intellectuels (écrivains et artistes) sont venus ici et ont même pris racines ! Parmi les plus connus Théodore de Bèze, Romain Rolland, Paul Claudel, Pablo Picasso, Maurice Clavel, Max-Pol Fouchet, Jules Roy (auteur notamment de *Vézelay ou l'Amour fou*).

comprendre

LES RICHES HEURES DE L'ABBAYE

Girart de Roussillon, le fondateur – Au milieu du 9e s., Girart de Roussillon, pieux et riche chevalier, installe un groupe de religieuses à l'emplacement actuel de la commune de St-Père, remplacées plus tard par des moines.

carnet pratique

La « colline éternelle ».

Le monastère ayant été détruit lors des invasions normandes, il est transféré sur la colline voisine, position naturellement plus facile à défendre.
Dès 878, le pape Jean VIII la consacre.

À l'appel de saint Bernard – Quand, le 31 mars 1146, ▶
Bernard le cistercien lance du flanc de cette « colline inspirée » un vibrant appel en faveur de la 2ᵉ croisade, en présence du roi de France Louis VII, l'abbaye est à l'apogée de sa gloire. Depuis un siècle, l'église abrite les reliques de sainte Madeleine : Vézelay est devenue alors un grand lieu de pèlerinage et la tête de ligne de l'un des itinéraires qui, à travers la France, mènent pèlerins et marchands jusqu'à Saint-Jacques-de-Compostelle (les autres partant de Paris, du Puy et d'Arles).
La mission fut confiée par saint François d'Assise à deux de ses disciples d'y fonder le premier couvent de Frères mineurs en France, en 1217. Ils élurent domicile près de la petite église Ste-Croix, bâtie en souvenir du prêche de saint Bernard dans la vallée d'Asquins.

De la Réforme aux restaurations – En 1519, Vézelay vit naître **Théodore de Bèze**, qui prêcha la Réforme avec Calvin et en 1557 une communauté protestante s'y installe. La guerre de Cent Ans avait ruiné l'abbaye, les siècles suivants verront la dégradation de l'église ; transformée en chapitre de chanoines dès 1537, pillée de fond en comble par les huguenots en 1569 elle est en partie rasée à la Révolution. Grâce aux travaux de restauration du 19ᵉ s., celle-ci a retrouvé son âme et l'ampleur de ses pèlerinages.
Les fraternités monastiques de Jérusalem en ont actuellement la charge.

> **L'ÉPOQUE DES CROISADES**
> Au milieu du 12ᵉ s., Bernard, l'abbé de Clairvaux, jouit d'une telle autorité morale qu'il est considéré comme le véritable chef de la chrétienté. Son appel soulève l'enthousiasme de tous les assistants qui s'engagent à partir au plus tôt pour la Terre sainte.

se promener

Promenade des Fossés

De la place du Champ-de-Foire, en bas de la ville, suivre ▶
la promenade des Fossés aménagée sur les anciens remparts qui ceinturaient la ville au Moyen Âge et que jalonnent sept tours rondes.
La **porte Neuve** (14ᵉ-16ᵉ s.), sur laquelle on voit un écusson aux armes de la ville de Vézelay, est flanquée de deux tours à bossages et mâchicoulis et donne accès à une jolie promenade ombragée de noyers.
De la **porte Ste-Croix** ou porte des Cordeliers, d'où l'on a une jolie vue sur la vallée de la Cure, un chemin descend à la Cordelle, qui garde le souvenir de saint Bernard venu prêcher la 2ᵉ croisade, ce qu'une croix commémore également à cet emplacement.
La promenade aboutit à la terrasse du château, derrière la basilique.

Maisons anciennes

De la place du Champ-de-Foire, au bas de la ville, on peut accéder à la basilique en voiture par la porte du Barle puis par une rue en forte montée *(sens unique)*. On peut se garer près de l'église.

> **JEU DE PISTE**
> Amusez-vous à retrouver toutes les maisons d'hommes célèbres : Romain Rolland, Théodore de Bèze, Max-Pol Fouchet, Georges Bataille…
> Au nᵒ 20, Grande-Rue qui habita ? Celui qui aimait « le souffle des héros » et souhaitait en pacifiste l'éveil de la conscience européenne. Il y passa les dernières années de sa vie, rédigeant une biographie de son ami Péguy. Il mourut peu après la Libération.

Qui a le temps et se sent apte à marcher ne regrettera pas d'avoir laissé sa voiture sur la place, monté à pied par la promenade des Fossés et redescendu par la Grande-Rue en voyant les maisons anciennes : portes sculptées, fenêtres à meneaux, escalier en encorbellement formant tourelle, vieux puits surmontés d'une armature en fer forgé constituent le plus charmant des décors.

Un **musée d'Art contemporain** devrait prochainement ouvrir ses portes, à partir du fonds de la fondation Zervos, qui compte des œuvres de Picasso, Léger, Miro, Giacometti ou Chagall.

visiter

BASILIQUE STE-MADELEINE★★★

Visite : 1 h.

Fondé au 9ᵉ s., le monastère passe en 1050 sous l'invocation de sainte Madeleine dont il conserve les reliques. Les miracles qui se produisent sur le tombeau de celle-ci attirent bientôt une telle foule de pénitents qu'il faut agrandir l'église carolingienne (1096-1104) ; en 1120, un violent incendie éclate la veille du 22 juillet, jour du grand pèlerinage, détruisant toute la nef et tuant plus de mille pèlerins.

Les travaux reprennent aussitôt ; la nef est rapidement reconstruite, puis, vers le milieu du 12ᵉ s., l'avant-nef ou narthex. En 1215, le chœur romano-gothique et le transept sont terminés.

À la fin du 13ᵉ s., la découverte d'autres reliques de sainte Madeleine, à St-Maximin en Provence, confirmées par une bulle papale, jette le trouble dans les esprits : les pèlerinages s'espacent, les foires et marchés perdent de leur importance.

L'ancienne abbatiale, devenue église paroissiale en 1791, a été érigée en basilique en 1920.

L'extérieur

Façade – Elle a été refaite par Viollet-le-Duc d'après des documents anciens. Reconstruite vers 1150 dans un pur style roman, elle avait été dotée au 13ᵉ s. d'un vaste fronton gothique et comportant cinq baies étroites aux meneaux ornés de statues. La partie supérieure forme un tympan orné d'arcatures encadrant les statues du Christ couronné entouré de la Vierge, de Madeleine et de deux anges.

Trois portails romans ornent la façade ; le tympan du portail central a été reconstitué sur la base du tympan primitif très mutilé (conservé à l'intérieur) : la voussure supérieure de l'archivolte, ornée de motifs végétaux, est authentique, mais le reste des voussures et les chapiteaux sont modernes.

Le tour de la basilique – Contourner la basilique par la droite : on découvre la longueur du vaisseau que soutiennent des arcs-boutants.

Au fond, la salle capitulaire (fin du 12ᵉ s.) prolonge le croisillon Sud. La galerie du cloître a été entièrement recréée. À droite, de beaux jardins (privés) s'étendent sur les lieux des anciens bâtiments abbatiaux dont quelques vestiges subsistent (réfectoire du 12ᵉ s.).

Terrasse du château – On y accède par la rue du même nom, ombragée de beaux arbres et située derrière la basilique, à l'emplacement de l'ancien château des abbés.

Sur le côté gauche de la basilique, de jolies demeures ont été construites au 18ᵉ s. par les chanoines du chapitre.

L'intérieur

Entrer dans la basilique par la porte latérale droite du narthex.

Le narthex – Cette avant-nef, consacrée en 1132 par le pape Innocent II, est postérieure à la nef et à la façade intérieure. À la différence de l'église elle-même, voûtée en arêtes, des arcs brisés et des voûtes d'ogives coiffent cet espace de structure romane.

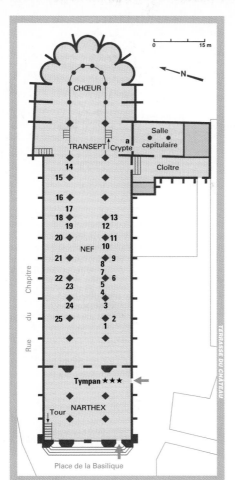

Par ses vastes dimensions, le narthex apparaît comme une première église, avec un vaisseau central de trois travées et deux bas-côtés surmontés de tribunes : c'est ici que les pèlerins se recueillent et se purifient avant d'entrer dans le sanctuaire... et dans la lumière.

Les quatre élégants piliers cruciformes sont ornés de chapiteaux historiés (restaurés) qui retracent des scènes de l'Ancien Testament (Joseph et la femme de Putiphar, Jacob, Isaac et Ésaü, la mort de Caïn, Samson terrassant un lion...) et des Évangiles (Histoire de saint Jean Baptiste, Résurrection d'un enfant mort par saint Benoît...). Trois portails font communiquer le narthex avec la nef et les bas-côtés. Lorsque le premier est ouvert, la perspective, sur le long vaisseau radieux de lumière que forment la nef et le chœur, est un émerveillement. Il faut prendre le temps d'examiner en détail leurs sculptures datant du second quart du 12ᵉ s., et surtout celles du portail central dont le tympan offre un magnifique exemple de l'art roman bourguignon.

Tympan du portail central★★★ – Au centre de la composition, le Christ (**1**), immense, trône dans une mandorle (amande). Il étend les mains vers ses apôtres (**2**) assemblés près de lui, et de ses stigmates rayonne le Saint-Esprit qui va toucher la tête de chacun des Douze. Tout autour, dans les tableaux de la première voussure et sur le linteau, se pressent les peuples évangélisés, qu'accueillent, aux pieds du Christ, saint Pierre et saint Paul (**3**), piliers de l'Église universelle.

> **DU GRAND ART**
>
> Dans cette œuvre magistrale, le souffle de l'Esprit envahit les Douze tel un vent tumultueux qui agite les draperies et les plis des robes, modèle les corps et dessine des tourbillons. La virtuosité de la ligne domine, trahissant l'œuvre d'un calligraphe que le sculpteur a probablement dû suivre pour la scène principale. Pour les médaillons du zodiaque l'artiste s'est senti libre de représenter avec bonhomie ses contemporains au travail.

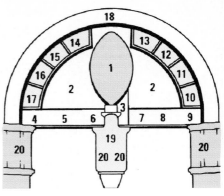

Tous les peuples sont appelés : sur le linteau, on reconnaît à gauche, des chasseurs à l'arc (**4**), des pêcheurs (**5**), des agriculteurs (**6**), et, à droite, des peuples lointains et légendaires : des géants (**7**), des pygmées (cherchant à monter à cheval grâce à une échelle – **8**), des hommes à grandes oreilles (dont un a le corps couvert de plumes – **9**).

Sur la voussure, ce sont les Arméniens (chaussés de socques – **10**) puis, peut-être, les Byzantins (**11**), les Phrygiens (**12**) et les Éthiopiens (**13**) ; à la droite du Christ des hommes à tête de chien (les cynocéphales d'Inde évangélisés par saint Thomas – **14**).

Les deux tableaux suivants rapportent que des miracles accompagnaient la parole divine annoncée par les apôtres : des lépreux se montrent leurs jambes guéries (**15**) et deux paralytiques leurs bras revivifiés (**16**). Enfin deux évangélistes écrivent ce qu'ils ont vu (**17**).

Cette grandiose composition montre que l'annonce de la parole divine touche le monde entier ; une deuxième voussure (**18**) coiffant l'ensemble est un calendrier où alternent les signes du zodiaque et les travaux des mois, introduisant la notion du temps : la mission des apôtres doit également se transmettre à travers l'histoire.

Au trumeau, le Précurseur saint Jean Baptiste (**19**) est placé sous les pieds du Christ, comme le supportant et l'introduisant à la place centrale qui lui revient. À ses côtés et sur les piédroits, des apôtres (**20**) complètent l'iconographie.

Tympans des portails latéraux – Sur les portes latérales, deux voussures ornées de rinceaux et de rosaces encadrent un tympan historié.

Le grand portail est consacré à la mission évangélique universelle que le Christ confie à ses apôtres avant son ascension au ciel. Tout pèlerin qui arrive à Vézelay peut donc constater que Dieu, le premier, est allé vers lui.

Celui de droite représente l'Enfance du Christ : au linteau, l'Annonciation, la Visitation, la Nativité ; au tympan, l'Adoration des Mages.

Celui de gauche représente les apparitions du Christ après sa Résurrection ; au tympan, Apparition aux apôtres ; au linteau, Apparition aux disciples d'Emmaüs.

La nef – Reconstruite entre 1120 et 1135 après un terrible incendie, cette nef romane se caractérise par ses dimensions imposantes – 62 m de longueur –, son appareil en pierre calcaire de tons différents et sa luminosité. Beaucoup plus haute que les bas-côtés, la nef est divisée en dix travées séparées par des arcs doubleaux en plein cintre aux claveaux alternativement clairs et foncés, ce qui adoucit la sévérité des lignes. Les grandes arcades en plein cintre, surmontées de fenêtres, reposent sur des piles cruciformes.

Les chapiteaux★★★ – Plus beaux que ceux du narthex et presque tous d'origine, la plupart méritent d'être examinés en détail.

Avec une science étonnante de la composition et du mouvement, le génie des artistes anonymes qui les ont créés – on veut reconnaître la main de cinq sculpteurs différents – se manifeste avec esprit et malice, et le réalisme n'exclut pas le lyrisme, le sens dramatique et même psychologique.

Le transept et le chœur – Construits en 1096 pour agrandir l'église carolingienne, le transept et le chœur romans ont été démolis à la fin du 12e s. et remplacés par ce bel ensemble gothique terminé en 1215.

Les arcatures du triforium se prolongent sur les croisillons du transept.

Un vaste déambulatoire avec chapelles rayonnantes enveloppe le chœur.

La crypte – La crypte carolingienne a été complètement remaniée dans la seconde moitié du 12e s. Sur la voûte, peintures du 13e s.

La salle capitulaire et le cloître – Construite à la fin ▶ du 12e s., peu de temps avant le chœur de la basilique, la salle capitulaire est couverte de six voûtes d'ogives. Elle a été restaurée par Viollet-le-Duc.

Rasé à la Révolution, le cloître comportait au centre une vaste citerne qui existe toujours et qui fut pendant longtemps la seule réserve d'eau de la ville. Viollet-le-Duc a reconstitué une galerie, en style roman.

> **RICHE DÉCOR**
> Un gracieux décor d'oves, de rosaces et de rubans plissés souligne les doubleaux, les arcades ainsi que les corniches, trouvant son point d'orgue dans la série de chapiteaux.

> **QU'EN EST-IL ?**
> Des reliques de sainte Madeleine seraient conservées dans le fût d'une colonne surmontée d'une statue moderne (a), dans le croisillon droit. La crypte abritait son tombeau lors des grands pèlerinages médiévaux et contiendrait actuellement une autre partie de ses reliques.

alentours

Chamoux

7 km en direction de Clamecy.

À vos enfants que l'austérité de Vézelay peut rebuter, offrez quelques heures de détente dans le parc « préhistorique » de **Cardo-land** 🖼, créé par un artiste d'origine espagnole. Un parcours conduit le visiteur au milieu de scènes reconstituées dans un cadre naturel, débutant dans un musée à vocation scientifique (moins redoutable qu'à « Jurassic Park ») et se terminant dans une grotte ornée. À l'entrée, une exposition des œuvres de Cardo montre l'étendue de ses talents. ♿ *D'avr. à mi-nov. : dim. et j. fériés 10h-18h, sam. et vac. scol. 13h30-17h30 (juin-août : tlj 10h-19h, sam. 13h30-19h). 6,85€ (enf. : 3,80€).* ☏ *03 86 33 28 33.*

Villeneuve-sur-Yonne

Aimablement située sur les bords de l'Yonne, Villeneuve est au cœur d'une région de collines boisées. La petite cité a conservé quelques charmantes demeures des 17ᵉ et 18ᵉ s. Les fossés de ses remparts, dont deux portes fortifiées subsistent encore, ont été aménagés en jardins.

La situation
Cartes Michelin nᵒˢ 61 pli 14 ou 237 pli 45 – Yonne (89).
La ville est en pleine vallée de l'Yonne, sur la N 6 à mi-chemin exactement entre Sens et Joigny (d'où le nom des portes Nord et Sud). 🚪 *Quai Roland-Bonnion, 89500 Villeneuve-sur-Yonne, ☎ 03 86 87 12 52.*

Le nom
Créée de toutes pièces en 1163 par le roi Louis VII, elle fut d'abord la « ville nouvelle », puis, résidence royale au Moyen Âge, ce fut Villeneuve-le-Roi, enfin plus récemment, la ville neuve. Si, dans l'Yonne on compte sept « Villeneuve », c'est plus de quatre-vingt-dix localités qui portent ce nom sur tout le territoire français... et on ne vous parle pas des villes nouvelles.

Les gens
5 404 Villeneuviens. À tout seigneur, tout honneur, ville royale, Villeneuve reçut des rois : Louis VII, Philippe Auguste et Saint Louis ; puis des combattants, les Armagnacs et les Bourguignons ; plus tard les riches mariniers des « rues basses » et les riches vignerons des « rues hautes », rois du négoce des vins, charbons et cuirs se disputèrent le haut du pavé. D'une célébrité toute relative le « bon docteur » Petiot, né à Auxerre et maire de Villeneuve, sera condamné à mort en 1946 pour usage aussi abusif que criminel de la chaux vive. Il habita l'hôtel Régence au 56 rue Carnot.

se promener

Laisser la voiture au parking des abords de l'Yonne, près de l'Office de tourisme.

La porte de Sens.

Porte de Sens (ou de Champagne)
Cet exemple de l'architecture militaire médiévale, presque un châtelet avec ses tourelles (13ᵉ s.), abrite depuis peu le Musée archéologique.
Poursuivre rue Carnot.

Maison des Sept-Têtes
Au 41, ancienne maison de poste du 18ᵉ s., dotée de balcons en fer forgé et de mascarons.

Église Notre-Dame

La façade Renaissance, due à Jean Chéreau, est remarquable tant par l'harmonie de ses proportions que par la délicatesse de son ornementation.
La vaste nef gothique est décorée de chapiteaux à feuillages. Le chœur et le déambulatoire sont les parties les plus anciennes. Dans le bas-côté gauche, la chapelle du Sépulcre abrite une Mise au tombeau : Christ en bois du 14ᵉ s. et personnages en pierre, de la Renaissance. Dans le droit, une statue de la Vierge, portant l'Enfant Jésus, loge dans la chapelle Notre-Dame-des-Vertus, au beau vitrail du 16ᵉ s.

Porte de Joigny★ (ou de Bourgogne)
Du 13ᵉ s. mais remaniée au 16ᵉ, elle forme un bel ensemble avec les maisons environnantes.

Grosse tour
Dans le quartier des Salles, un peu à l'écart, cet énorme donjon cylindrique, vestige de l'ancien château royal, a été édifié pour Philippe Auguste au début du 13ᵉ s.

alentours

Dixmont
10 km à l'Est.

De l'ancienne **église** romane, il ne subsiste que peu de chose ; renouvelée et agrandie, elle comprend divers éléments du 13ᵉ au 16ᵉ s. Au portail d'entrée, deux fines statues de l'Annonciation. *De juil. à fin août : visite guidée 1ᵉʳ et 3ᵉ sam. 10h-12h, 14h-16h.* ☎ *03 86 96 02 13.*

St-Julien-du-Sault
6 km au Sud.

Ce petit bourg s'élève sur la rive gauche de l'Yonne. Son origine remonte au 12ᵉ s. au cours duquel les archevêques de Sens construisirent, sur la butte de Vauguillain, une chapelle protégée par de solides fortifications.

Église – *Possibilité de visite guidée sur demande préalable auprès de M. Billaux.* ☎ *03 86 63 21 63.*

Des 13ᵉ et 14ᵉ s., elle fut en partie remaniée à la Renaissance. À l'extérieur, remarquer les porches latéraux et à l'intérieur, le chœur de proportions hardies.

De la place du Général-Leclerc, prendre, devant la façade Ouest de l'église, la rue Notre-Dame (D 107) en direction de Courtenay.

Maison de bois – Dans la première rue à gauche (rue du Puits-de-la-Caille) vers la place Fontenotte s'élève une belle maison du 16ᵉ s., à pans de bois.

Chapelle de Vauguillain – Une route en forte montée conduit à la chapelle et aux vestiges du **château** édifiés sur la butte. De là, on découvre une belle vue sur St-Julien et la vallée de l'Yonne.

> **À VOIR**
> Beaux vitraux à médaillons du 13ᵉ s., dus pour certains aux verriers de la Sainte Chapelle ; et vitraux à personnages (saint Julien) du 16ᵉ s.

Vallée de l'**Yonne**

La vallée de l'Yonne traverse toute la basse Bourgogne, région vallonnée où les plateaux portent des champs et des forêts et les versants bien exposés des vignes et des arbres fruitiers. Parmi les rivières morvandelles, l'Yonne est la plus importante, et suivre son cours constitue pour le touriste une agréable voie d'accès vers les sommets du Morvan. La rivière coule, paisible et sereine, accueillant parfois dans ses méandres les baigneurs ou les pêcheurs. Un régal à la belle saison !

La situation
Cartes Michelin nᵒˢ 61 pli 14, 65 plis 5, 15 et 16 et 69 pli 6 ou 237 pli 45 et 238 plis 10, 11, 22, 23 et 36. En venant de Paris par l'A 6, si vous voulez aller au plus court, vous pouvez entrer dans la vallée de l'Yonne à Auxerre, la porte de la Bourgogne. Mais, si vous avez un peu plus de temps, empruntez l'A 5, puis l'A 19 et passez donc par Sens et Joigny.

Les gens
Une part importante de la population riveraine (les Icaunais) vivait autrefois (jusqu'en 1923) de l'utilisation de l'Yonne et de la Cure comme « chemins d'eau », grâce à l'invention du « flottage à bûches perdues » *(voir Clamecy).* On ne voit plus, le long des rives, les « triqueurs » harponnant leurs bûches, mais des plaisanciers qui suivent tranquillement le cours de la rivière. La région attire également de nombreux artistes séduits par cette campagne verdoyante proche de Paris.

> **HÉBERGEMENT ET RESTAURATION**
> **Le Cépage et Hôtel Europe** – *7 Grande-Rue - 58800 Corbigny -* ☎ *03 86 20 09 87 - fermé 10 fév. au 7 mars, mer. soir, dim. soir et jeu. sf juil.-août - 16,01/47,26€.* Cette maison de village dans la rue principale propose deux restaurations. Prenez le temps d'un repas traditionnel dans la salle à manger aux pierres et poutres apparentes. Ou bien, au bistrot, dégustez le menu bourguignon et des plats régionaux. Quelques chambres toutes neuves.

comprendre

Un cours d'eau peu à peu dompté

Née à 730 m d'altitude, sur les pentes du mont Preneley au Sud-Est de Château-Chinon, l'Yonne se jette dans la Seine à Montereau après un parcours de 273 km. Les pluies fréquentes qui tombent sur le Morvan et l'imperméabilité de presque tous les terrains que la rivière traverse provoquent des crues violentes. L'Yonne, élément perturbateur, est considérée comme l'enfant terrible du système hydrographique du bassin de la Seine. La construction d'un certain nombre de barrages et de retenues, dont le principal ouvrage est celui de Pannesière-Chaumard, a permis de régulariser le débit en retenant une partie des eaux des crues et en lâchant ces eaux pendant la saison d'été.

À partir d'Auxerre l'Yonne est classée comme rivière navigable ; des locations de bateaux permettent de descendre l'Yonne jusqu'à Montereau.

Le canal du Nivernais et le canal de Bourgogne, également navigables, relient l'Yonne aux bassins de la Loire et de la Saône.

> **MAIS QU'EST-CE QUI COULE À PARIS ?**
> Au confluent à Montereau, le débit de l'Yonne est supérieur à celui de la Seine, ce qui fait dire à certains que c'est l'Yonne et non la Seine qui baigne Paris. Allez savoir !

itinéraire

D'AUXERRE À CLAMECY

59 km – environ 3 h.

Longer l'Yonne jusqu'à Vincelles (13 km au Sud), de préférence par la D 163. Poursuivre en direction de Bazarnes (D 100).

◄ Au sommet d'une côte, on a une vue vers l'Est sur le village de **Cravant** au confluent de l'Yonne et de la Cure. Après Bazarnes, la route longe de très près la rivière bordée d'arbres. La vallée est souvent encaissée et le cours est plus rapide.

> **D**'Auxerre à Cravant, l'Yonne présente les caractères d'une rivière de plaine ; ses eaux, grossies de celles de la Cure, s'étalent dans une vallée assez large. Les coteaux voisins sont couverts de vignes ; ceux qui dominent la route, à droite, sont plantés de cerisiers.

Mailly-le-Château

Cet ancien bourg fortifié commandé par les comtes d'Auxerre est bâti sur un escarpement qui domine un méandre de l'Yonne. Une terrasse ombragée au-dessus des remparts offre une jolie **vue** sur la rivière et le canal du Nivernais, tandis qu'au loin se détachent les collines du Morvan. De l'extrémité droite de la terrasse, on aperçoit le bourg d'en bas, construit au bord de l'eau, avec son vieux pont du 15ᵉ s. dont une pile supporte une petite chapelle.

Église St-Adrien – Cet édifice fortifié du 13ᵉ s., surmonté d'un solide clocher à gargouilles, se singularise par une façade de style gothique primitif à pignon aigu et galerie d'arcs en plein cintre reposant sur des statues-colonnes. Les personnages représentés seraient la com-
◄ tesse Mathilde (ou Mahaut) entourée de serfs.

> **FÉODALITÉ DE PROGRÈS**
> Fille de Pierre de Courtenay, signataire de la charte d'affranchissement de 1223, Mathilde aurait, elle aussi, beaucoup contribué à l'abolition du servage.

Chapelle du cimetière – De la fin du 12ᵉ s., restaurée, elle présente un chevet plat et, sur son toit, un joli clocheton de pierre à arcades trilobées. L'intérieur, éclairé par six petites fenêtres en plein cintre, est décoré de peintures murales (vie du Christ).

Après Mailly-le-Château, on franchit deux bras de l'Yonne sur un joli **pont** du 15ᵉ s., en double dos d'âne et avec chapelle, qui offre une jolie vue sur la falaise de Mailly. Après avoir franchi le canal du Nivernais, la route suit alors la rive droite et passe, face au village joliment situé de **Merry,** au pied des rochers escarpés du Saussois.

Rochers du Saussois

Ces rochers calcaires constituent une véritable muraille, utilisée comme école d'escalade. Les hautes falaises de calcaire de la région attirent un grand nombre de varappeurs.

> **ESCALADE**
> Une école d'escalade, des passages aménagés et des capacités d'accueil en développement (à Coulanges par exemple) participent à ce succès.

Châtel-Censoir

Cette localité est adossée à une colline qui domine le confluent du Chamoux et de l'Yonne. La **collégiale St-Potentien,** bâtie au sommet de la colline et entourée de hautes murailles que l'on franchit par une poterne, conserve un chœur roman du 11ᵉ s. La nef et les bas-côtés s'ouvrent par deux portails de la Renaissance. Dans le bas-côté gauche, on peut voir deux bas-reliefs : la Cène (16ᵉ s.) et, très endommagée, la Crucifixion, du 15ᵉ s. De la sacristie, dans le bas-côté droit, on a accès à la jolie salle capitulaire du 12ᵉ s. Le chœur surélevé au-dessus d'une crypte a des chapiteaux romans archaïques. De la terrasse près de l'église, jolie vue sur la ville.

Après Châtel-Censoir, on aperçoit à gauche le château de Faulin.

Dans Lucy-sur-Yonne, tourner à gauche (D 214).

Château de Faulin

À Lichères, belle et massive demeure de la fin du 15ᵉ s., entourée d'une enceinte de hauts murs flanquée de tours circulaires. Sa restauration est en cours (chapelle décorée).

Revenir à Lucy et poursuivre 5 km à l'Ouest.

L'imposant château de Faulin et son pigeonnier cernés par les champs.

Surgy

L'**église** Saint-Martin, du 16ᵉ s., se remarque par son clocher surmonté d'une belle flèche de pierre.

Après ce village, la route passe au pied des roches de Basseville, suite de falaises et d'escarpements calcaires *(école d'escalade)*, et atteint Clamecy par sa banlieue industrielle.

DE CLAMECY À CORBIGNY

38 km – environ 2 h 1/2.

Quitter Clamecy à l'Est.

De Clamecy à Corbigny, la route longe l'Yonne au pied de mamelons boisés.

Armes

Cette petite localité occupe un site agréable en bordure de l'Yonne et du canal du Nivernais.

Poursuivre au Sud-Est par Dornecy et Brèves (tombe de Romain Rolland) : la route suit la vallée de l'Armance.

> **À VOIR**
>
> Sur la place du village de Dornecy, joli lavoir à charpente de bois.

Metz-le-Comte

Perchée sur une butte isolée du village l'église constitue, avec son cimetière ombragé de beaux arbres, un **site★** original. De la terrasse, derrière l'église, on découvre une **vue★** étendue sur l'Avallonnais et le Morvan et, de l'autre côté, sur la vallée de l'Yonne.

Tannay

Par la D 165 qui franchit la rivière puis le canal.

Au centre d'un vignoble s'étalant sur des collines calcaires bien exposées et produisant un excellent vin blanc, sec et très bouqueté, Tannay est perchée sur un coteau qui domine la rive gauche de l'Yonne. De belles maisons anciennes lui donnent aussi du cachet.

L'**église St-Léger,** édifiée au 13e et agrandie au 15e s., flanquée d'une massive tour carrée, a belle allure. Les voûtes de la nef sont supportées par des piliers sans chapiteaux, en palmiers.

Faites un arrêt au village d'**Amazy** au Nord de Tannay pour visiter son église gothique richement ornée (16e s.).

Corbigny
16 km au Sud de Tannay.

Située aux confins du Morvan et du Nivernais, Corbigny est une petite ville active par ses foires et ses abattoirs. Au bord de l'Anguison guettent quatre tours des anciennes fortifications. L'église St-Seine est un édifice gothique flamboyant revu au 16e s.

DE CORBIGNY À CHÂTEAU-CHINON
45 km – environ 2 h.

De Corbigny à Château-Chinon, la fougue naturelle de l'Yonne est brisée par divers travaux destinés à régulariser son cours : Rigole d'Yonne qui, d'autre part, alimente le canal du Nivernais, barrage de compensation et barrage-réservoir de Pannesière-Chaumard.

Marcilly – Château du 15e s.
Poursuivre 11 km au Sud-Est.

Un aqueduc apparaît, barrant la vallée de ses treize arches.

Aqueduc de Montreuillon
Long de 152 m et haut de 33 m, cet ouvrage d'art qui franchit la vallée de l'Yonne est utilisé par la Rigole d'Yonne.

Aussitôt l'aqueduc dépassé, la gorge cesse et les pâturages réapparaissent dans une vallée élargie. La route est encadrée, à droite par l'Yonne, à gauche par la Rigole d'Yonne. On passe entre un étang et le lac-réservoir formé par le barrage de compensation édifié en aval du barrage de Pannesière-Chaumard.

Après l'Huis-Picard, obliquer au Nord vers le barrage sur la crête duquel on passera.

Barrage de Pannesière-Chaumard★ *(voir Château-Chinon)*
Longer le lac par le côté Est puis gagner Château-Chinon. En amont de Pannesière, l'Yonne n'est qu'une toute petite rivière indisciplinée.

Sources iconographiques

p. 1 : G. Gsell/PHOTONONSTOP
p. 4 : Mastrojanni/PHOTONONSTOP
p. 4 : B. Kaufmann/MICHELIN
p. 5 : Ph. Gajic/MICHELIN
p. 5 : B. Kaufmann/MICHELIN
p. 15 : E. Planchard/PHOTONONSTOP
p. 17 : D. Rozencwajg/
    PHOTONONSTOP
p. 19 : E. Planchard/PHOTONONSTOP
p. 22 : Parra-Bordas/PHOTONONSTOP
p. 23 : Mastrojanni/PHOTONONSTOP
p. 24 : J.-D. Sudres/PHOTONONSTOP
p. 25 : Ph. Gajic/MICHELIN
p. 25 : E. Planchard/PHOTONONSTOP
p. 27 : P. Somelet/PHOTONONSTOP
p. 30 : Ph. Gajic/MICHELIN
p. 32 : Ph. Gajic/MICHELIN
p. 33 : V. Pompon/PNR Morvan,
    ©Adagp Paris 2000
p. 34 : A. Millot/PNR Morvan
p. 36 : Ph. Gajic/MICHELIN
p. 37 : P. Somelet/PHOTONONSTOP
p. 38 : A. Millot/PNR Morvan
p. 38 : C. Lebourg/PNR Morvan
p. 39 : A. Doire/CRT Bourgogne
p. 39 : M. Grenet/PHOTONONSTOP
p. 40 : J.-M. Klein/CRT Bourgogne
p. 41 : Ph. Gajic/MICHELIN
p. 41 : B. Régent/PHOTONONSTOP
p. 48 : Ph. Gajic/MICHELIN
p. 49 : Ph. Gajic/MICHELIN
p. 50-51 : Kunsthistorisches
    Museum,Wien
p. 51 : DAGLI ORTI
p. 51 : Musée des Beaux-Arts, Dijon
p. 52 : J.-P. Langeland/
    PHOTONONSTOP
p. 52 : LAUROS-GIRAUDON
p. 53 : DAGLI ORTI
p. 54-55 : Musée de Clermont-
    Ferrand/ROGER-VIOLLET
p. 57 : AFP Photo
p. 58-59 : B. Kaufmann/MICHELIN
p. 58 : GIRAUDON
p. 59 : J. Picot/CIRIC
p. 60 : P. Thebault/MICHELIN
p. 60 : Ph. Gajic/MICHELIN
p. 61 : A. Pimoges/CIRIC
p. 62 : Ph. Gajic/MICHELIN
p. 62 : Ph. Gajic/MICHELIN
p. 63 : Lightstein/
    CAMPAGNE CAMPAGNE
p. 63 : Ph. Gajic/MICHELIN
p. 63 : Ph. Gajic/MICHELIN
p. 64 : R. Rozencwajg/
    PHOTONONSTOP
p. 64 : Ph. Gajic/MICHELIN
p. 65 : Ph. Gajic/MICHELIN
p. 66 : Ph. Gajic/MICHELIN
p. 66 : E. Simanor/HOA QUI
p. 67 : Ph. Gajic/MICHELIN
p. 67 : Ph. Gajic/MICHELIN
p. 67 : Ph. Gajic/MICHELIN
p. 68 : E. Valentin/HOA QUI
p. 68 : J.-D. Sudres/PHOTONONSTOP
p. 69 : J.-D. Sudres/PHOTONONSTOP
p. 69 : D. Thierry/PHOTONONSTOP
p. 72 : T. Perrin/HOA QUI
p. 72 : T. Perrin/HOA QUI
p. 72 : T. Perrin/HOA QUI
p. 73 : C. Boisvieux/HOA QUI
p. 73 : T. Perrin/HOA QUI
p. 73 : E. Valentin/HOA QUI
p. 74 : R. Corbel/MICHELIN
p. 75 : R. Corbel/MICHELIN
p. 76 : R. Corbel/MICHELIN
p. 77 : R. Corbel/MICHELIN
p. 78 : R. Corbel/MICHELIN
p. 79 : R. Corbel/MICHELIN
p. 80 : Musée archéologique, Dijon
p. 80 : Musée archéologique, Dijon
p. 81 : Musée Rolin, Autun
p. 81 : Musée Rolin, Autun
p. 81 : Musée archéologique, Dijon
p. 81 : Musée archéologique, Dijon
p. 82 : Ph. Gajic/MICHELIN
p. 82-83 : Ph. Gajic/MICHELIN
p. 82 : B. Kaufmann/MICHELIN
p. 83 : B. Kaufmann/MICHELIN
p. 83 : J.-P. Garcin/PHOTONONSTOP
p. 84 : Ph. Gajic/MICHELIN
p. 84 : Ph. Gajic/MICHELIN
p. 84 : Ph. Gajic/MICHELIN
p. 85 : P. Somelet/PHOTONONSTOP
p. 86 : Ph. Gajic/MICHELIN
p. 87 : S. Chirol
p. 87 : Ph. Gajic/MICHELIN
p. 88 : A. Carpentier
p. 89 : Le Naviose/
    CAMPAGNE CAMPAGNE
p. 89 : Ph. Gajic/MICHELIN
p. 89 : Ph. Gajic/MICHELIN
p. 90 : LAUROS-GIRAUDON
p. 90 : M. Troncy/HOA QUI
p. 90 : J. Roubier/TALLANDIER

p. 91 : TALLANDIER
p. 91 : Ph. Gajic/MICHELIN
p. 92 : L. Monier/GAMMA
p. 93 : Ph. Gajic/MICHELIN
p. 93 : R. Dazy/TALLANDIER
p. 94 : Ph. Gajic/MICHELIN
p. 94 : B. Kaufmann/MICHELIN
p. 95-96 : FREE LANCE
p. 95 : B. Kaufmann/MICHELIN
p. 96 : B. Kaufmann/MICHELIN
p. 96 : FREE LANCE
p. 97 : M. de Meyer/FREE LANCE
p. 97 : FREE LANCE
p. 97 : FREE LANCE
p. 98 : F. Lechenet/HEMISPHERES
p. 99 : F. Lechenet/HEMISPHERES
p. 100 : B. Kaufmann/MICHELIN
p. 101 : R. Rozencwajg/
    PHOTONONSTOP
p. 102 : Ph. Gajic/MICHELIN
p. 103 : S. Chirol
p. 104 : Maison Régional des Arts de
    la Table
p. 105 : D. Thierry/PHOTONONSTOP
p. 109 : Ph. Gajic/MICHELIN
p. 111 : D. Delacroix/MICHELIN
p. 111 : S. Chirol
p. 112 : D. Thierry/PHOTONONSTOP
p. 113 : Ph. Gajic/MICHELIN
p. 114 : M.-G. Éditions
p. 114 : M.-G. Éditions
p. 115 : D. Delacroix/MICHELIN
p. 117 : D. Delacroix/MICHELIN
p. 119 : Ph. Gajic/MICHELIN
p. 119 : D. Faure/PHOTONONSTOP
p. 121 : B. Merle/PHOTONONSTOP
p. 123 : P. Somelet/PHOTONONSTOP
p. 125 : D. Delacroix/MICHELIN
p. 125 : D. Delacroix/MICHELIN
p. 127 : Musée des Voitures de chef
    d'Etats
p. 129 : Ph. Gajic/MICHELIN
p. 130 : B. Kaufmann/MICHELIN
p. 133 : Musée du vin de Bourgogne
p. 136 : Ph. Gajic/MICHELIN
p. 137 : P. Somelet/PHOTONONSTOP
p. 137 : Ph. Gajic/MICHELIN
p. 138 : © Musée Marey, Beaune
p. 138 : Ph. Gajic/MICHELIN
p. 140 : A. de Valrogre/MICHELIN
p. 141 : Ph. Gajic/MICHELIN
p. 142 : A. de Valrogre/MICHELIN
p. 148 : Ph. Gajic/MICHELIN
p. 148 : Haken/
    CAMPAGNE CAMPAGNE
p. 151 : Ph. Gajic/MICHELIN
p. 152 : Ph. Gajic/MICHELIN
p. 155 : Ph. Gajic/MICHELIN
p. 157 : Ph. Gajic/MICHELIN
p. 158 : Ph. Gajic/MICHELIN
p. 159 : Ph. Gajic/MICHELIN
p. 160 : Château de la Bussière
p. 161 : Ph. Gajic/MICHELIN
p. 164 : B. Kaufmann/MICHELIN
p. 166 : Ph. Gajic/MICHELIN
p. 167 : J.-D. Sudres/PHOTONONSTOP
p. 168 : D. Delacroix/MICHELIN
p. 172 : V. d'Amboise/PIX
p. 172 : Ph. Gajic/MICHELIN
p. 173 : Ph. Dannic/PHOTONONSTOP
p. 174 : Ph. Gajic/MICHELIN
p. 175 : Ph. Gajic/MICHELIN
p. 177 : Ph. Gajic/MICHELIN
p. 181 : Société des Amis des Arts,
    Charlieu
p. 182 : Office du tourisme de
    Charlieu
p. 183 : T. Lager/Musée de la Soierie
p. 184 : Musée hospitalier
p. 184 : Y. Travert/PHOTONONSTOP
p. 185 : Ph. Gajic/MICHELIN
p. 187 : Ph. Gajic/MICHELIN
p. 189 : D. Delacroix/MICHELIN
p. 190 : Musée hôtel-Dieu
p. 190 : J. Damase /MICHELIN
p. 192 : D. Delacroix/MICHELIN
p. 192 : M. Thibaut/HOA QUI
p. 194 : E. Planchard/
    PHOTONONSTOP
p. 196 : TALLANDIER
p. 197 : La Carrière d'Aubigny
p. 199 : Ph. Gajic/MICHELIN
p. 201 : TALLANDIER
p. 202 : Haras National
p. 205 : Ph. Gajic/MICHELIN
p. 206 : D. Delacroix/MICHELIN
p. 207 : M. Simonet-Lenglart/
    Château de Cormatin
p. 210 : D. Delacroix/MICHELIN
p. 211 : Ph. Gajic/MICHELIN
p. 212 : Gash/
    CAMPAGNE CAMPAGNE
p. 213 : Ch. Boisvieux/HOA QUI
p. 213 : J.-D. Sudres/PHOTONONSTOP
p. 216 : Ph. Gajic/MICHELIN

p. 218 : Ph. Gajic/MICHELIN
p. 219 : Ph. Gajic/MICHELIN
p. 221 : D. Delacroix/MICHELIN
p. 222 : Ph. Gajic/MICHELIN
p. 225 : Crown Blue Line
p. 227 : Zen/PIX
p. 229 : B. Kaufmann/MICHELIN
p. 231 : Musée des Beaux-Arts, Dijon
p. 232 : B. Kaufmann/MICHELIN
p. 233 : Ph. Hée/MICHELIN
p. 235 : J.-P. Langeland/
    PHOTONONSTOP
p. 240 : Ph. Gajic/MICHELIN
p. 241 : B. Kaufmann/MICHELIN
p. 241 : Ph. Gajic/MICHELIN
p. 243 : Ph. Gajic/MICHELIN
p. 244 : Ph. Gajic/MICHELIN
p. 245 : Ph. Gajic/MICHELIN
p. 246 : GIRAUDON/© Adagp Paris
    2000
p. 247 : VMF-Galeron/SCOPE
p. 248 : R. Rozencwajg/
    PHOTONONSTOP
p. 250 : MICHELIN
p. 254 : D. Delacroix/MICHELIN
p. 256 : Ph. Gajic/MICHELIN
p. 256 : D. Delacroix/MICHELIN
p. 257 : J. Progou/Musée rural des
    arts populaires de Laduz
p. 257 : S. Chirol
p. 260 : Ph. Gajic/MICHELIN
p. 261 : LAUROS-GIRAUDON
p. 264 : P. Tournier/Musée des
    Ursulines à Mâcon
p. 267 : D. Delacroix/MICHELIN
p. 268 : Grotte d'Azé
p. 269 : Ph. Gajic/MICHELIN
p. 269 : Ph. Gajic/MICHELIN
p. 270 : Ph. Gajic/MICHELIN
p. 273 : J. Guillard/SCOPE
p. 277 : Ph. Gajic/MICHELIN
p. 278 : D. Delacroix/MICHELIN
p. 279 : D. Delacroix/MICHELIN
p. 280 : Ph. Gajic/MICHELIN
p. 282 : Parc naturel régional du
    Morvan
p. 283 : Ph. Gajic/MICHELIN
p. 286 : Ph. Gajic/MICHELIN
p. 289 : Ph. Gajic/MICHELIN
p. 290 : Mémoires Vives, Anost
p. 293 : Collection Cahiers du
    Cinéma
p. 293 : Fayence d'Art de Nevers
    Montagnon
p. 294 : Ph. Gajic/MICHELIN
p. 294 : Ph. Gajic/MICHELIN
p. 296 : Ph. Gajic/MICHELIN
p. 298 : A. de Valroger/MICHELIN
p. 299 : Ph. Gajic/MICHELIN
p. 300 : Ph. Gajic/MICHELIN
p. 301 : D. Delacroix/MICHELIN
p. 303 : D. Delacroix/MICHELIN
p. 305 : Ph. Gajic/MICHELIN
p. 306 : J.-P. Garcin/PHOTONONSTOP
p. 307 : Ph. Gajic/MICHELIN
p. 309 : Ph. Gajic/MICHELIN
p. 310 : Ph. Gajic/MICHELIN
p. 311 : Ph. Gajic/MICHELIN
p. 313 : D. Delacroix/MICHELIN
p. 315 : Conservation des musées de
    la Nièvre
p. 317 : Ph. Gajic/MICHELIN
p. 318 : D. Delacroix/MICHELIN
p. 318 : Ph. Gajic/MICHELIN
p. 320 : Ph. Gajic/MICHELIN
p. 322 : Ph. Gajic/MICHELIN
p. 323 : D. Delacroix/MICHELIN
p. 326 : Ph. Gajic/MICHELIN
p. 329 : M. Dewynter/MICHELIN
p. 330 : Musée Carnavalet,
    Paris/ROGER-VIOLLET
p. 331 : B. Kaufmann/MICHELIN
p. 332 : Ph. Gajic/MICHELIN
p. 332 : Ph. Gajic/MICHELIN
p. 333 : D. Delacroix/MICHELIN
p. 335 : B. Kaufmann/MICHELIN
p. 337 : R. Roezncwajg/
    PHOTONONSTOP
p. 338 : Ph. Gajic/MICHELIN
p. 339 : B. Kaufmann/MICHELIN
p. 341 : D. Delacroix/MICHELIN
p. 343 : B. Kaufmann/MICHELIN
p. 345 : Ph. Gajic/MICHELIN
p. 346 : Ph. Gajic/MICHELIN
p. 347 : D. Thierry/PHOTONONSTOP
p. 347 : B. Kaufmann/MICHELIN
p. 349 : Ph. Gajic/MICHELIN
p. 350 : Ph. Gajic/MICHELIN
p. 353 : Ph. Gajic/MICHELIN
p. 355 : B. Kaufmann/MICHELIN
p. 357 : Musée A. Grasset
p. 359 : R. Mazin/PHOTONONSTOP
p. 362 : Ph. Gajic/MICHELIN
p. 364 : B. Kaufmann/MICHELIN
p. 367 : Ph. Gajic/MICHELIN

Index

LE GUIDE VERT a changé, aidez-nous à toujours mieux répondre à vos attentes en complétant ce questionnaire.

Merci de renvoyer ce questionnaire à l'adresse suivante :
**Michelin Éditions des Voyages / Questionnaire Marketing G. V.
46, avenue de Breteuil — 75324 Paris Cedex 07**

1. Est-ce la première fois que vous achetez LE GUIDE VERT ? oui ☐ non ☐
Si oui, passez à la question n° 3. Si non, répondez à la question n° 2.

**2. Si vous connaissiez déjà LE GUIDE VERT, quelle est votre appréciation
sur les changements apportés ?**

	Nettement moins bien	Moins bien	Égal	Mieux	Beaucoup mieux
La couverture					
Les cartes du début du guide					
Les plus beaux sites					
Circuits de découverte					
Lieux de séjour					
La lisibilité des plans					
Villes, sites, monuments.					
Les adresses					
La clarté de la mise en pages					
Le style rédactionnel					
Les photos					
La rubrique Informations pratiques en début de guide					

3. Pensez-vous que LE GUIDE VERT propose un nombre suffisant d'adresses ?

HÔTELS :	Pas assez	Suffisamment	Trop
Toutes gammes confondues			
À bon compte			
Valeur sûre			
Une petite folie			
RESTAURANTS :	Pas assez	Suffisamment	Trop
Toutes gammes confondues			
À bon compte			
Valeur sûre			
Une petite folie			

**4. Dans LE GUIDE VERT, le classement des villes et des sites par ordre
alphabétique est, d'après vous, une solution :**

Très mauvaise	Mauvaise	Moyenne	Bonne	Très bonne

5. Que recherchez-vous prioritairement dans un guide de voyage ?
Classez les critères suivants par ordre d'importance (de 1 à 12).

6. Sur ces mêmes critères, pouvez-vous attribuer une note entre 1 et 10 à votre guide.

	5. Par ordre d'importance	6. Note entre 1 et 10
Les plans de ville		
Les cartes de régions ou de pays		
Les conseils d'itinéraire		
La description des villes et des sites		
La notation par étoile des sites		
Les informations historiques et culturelles		
Les anecdotes sur les sites		
Le format du guide		
Les adresses d'hôtels et de restaurants		
Les adresses de magasins, de bars, de discothèques...		
Les photos, les illustrations		
Autre (spécifier)		

7. La date de parution du guide est-elle importante pour vous ?   oui   non

8. Notez sur 20 votre guide :

9. Vos souhaits, vos suggestions d'amélioration :

Vous êtes :   Homme   Femme   Âge

Agriculteur exploitant	Employé
Artisan, commerçant, chef d'entreprise	Ouvrier
Cadre et profession libérale	Préretraité
Enseignant	Autre personne sans activité professionnelle
Profession intermédiaire	

Nom et prénom :

Adresse :

Titre acheté :